福岡県の城郭

戦国城郭を行く

Castles of Fukuoka

福岡県の城郭刊行会 編

銀山書房
＊かぼちゃ堂内＊

題　字　木村迦葉
装　幀　遠藤　薫

26　障子ヶ岳城全景（みやこ町　50頁）

1　門司城遠景（北九州市　16頁）

54　雁股城登り石塁（上毛町・豊前市　80頁）

22　馬ヶ岳城遠景（行橋市　45頁）

14　小倉城堀（北九州市　33頁）

14　小倉城天守閣（北九州市　33頁）

36　香春城石垣　上部破却（香春町　61頁）

14　小倉城石垣　寛永２年以前構築（北九州市　33頁）

62　**花尾城主郭部**（北九州市　90頁）

62　**花尾城全景**（北九州市　90頁）

68　**黒崎城石垣　上部破却**（北九州市　98頁）

62　**花尾城井戸**（北九州市　90頁）

90　**益富城遠景**（嘉麻市　129頁）

84　**岳山城外郭堀**（宗像市・岡垣町　119頁）

110　**古処山城遠景**（朝倉市・嘉麻市　152頁）

85　**許斐岳城遠景**（宗像市・福津市　121頁）

139　**福岡城本丸表御門　明治初期**（福岡市　190頁）

136　**立花山城遠景**（新宮町·久山町·福岡市　183頁）

139　**福岡城多聞櫓**（福岡市　190頁）

136　**立花山城石垣**（新宮町·久山町·福岡市　183頁）

147　**柑子岳城遠景**（福岡市　201頁）

139　**福岡城多聞櫓（左）・鉄物櫓（中央）・追廻橋（右）明治初期**（福岡市　190頁）

159-162　**高良山城郭群**（久留米市　218頁-222頁）

142　**安楽平城遠景**（福岡市　193頁）

165　鷹取城郭端の土塁（久留米市　227頁）

159　毘沙門岳城の空堀（久留米市　218頁）

165　鷹取城畝状竪堀群（久留米市　227頁）

163　久留米城石垣（久留米市　223頁）

204　柳川城　明治３年（柳川市　270頁）

187　猫尾城虎口部分石垣（黒木町　251頁）

210　堀切城の堀（みやま市　277頁）

188　高牟礼城遠景（星野村　253頁）

発刊を祝って

九州国立博物館長　三　輪　嘉　六

福岡県下では古代史が盛んである。なぜか、戦国期を中心とした中世史は人々になじみが少ないのをなにかとさみしく思っていた。そんな矢先、二二〇余りの城郭を紹介する本書発刊の計画を知るところとなった。

中世城郭の調査研究は日本各地で行われるようになって久しい。福岡県もその例にもれず、城郭の調査研究が進捗してきた地域である。古くから貝原益軒や大倉種周、矢野一貞らの優れた歴史学者が輩出しており、城郭に関する優れた書籍も数多く刊行されている。そして、再びこの分野が脚光を浴びるようになった。

この度、『福岡県の城郭』の発刊は、日頃大学や研究機関で城郭研究に取り組んできた研究者と長年に亘り現地・山城の踏査を続け、また近年の多くの発掘調査に携わってきた人達が一丸となって創り上げたものである。誠に喜ばしいことである。

内容面では、北部九州近世城郭研究会の会員を中心とした長年に亘る城郭の現地調査の成果である縄張り図と古文書などに基づく記述は、今後の城郭研究に大きな影響を与えるであろう。とかく趣味的に走りがちであった城郭の調査研究を中世史の中に定着させることになれば幸いである。

それぞれの執筆者の持ち味が遺憾なく発揮され、城郭研究の基礎資料として重要な一書となっている。立花道雪、田尻親種、秋月種実、宗像氏貞、高橋鑑種などの武将が活躍した福岡県下の戦国史への興味を掻き立てられる。

専門家はもちろん戦国史に興味を持たれている方に是非とも一読をお勧めする。

220　三池山城（大牟田市　288頁）

発刊を祝って

別府大学文学部史学・文化財学科教授　白峰　旬

この度発刊された『福岡県の城郭』は、文字通り福岡県内の城郭約二二〇城について、北部九州中近世城郭研究会会員をはじめ気鋭の執筆陣が執筆した内容となっている。福岡県内の城郭ということは、旧国名でいうと、筑前国・筑後国・豊前国の各城郭に該当する。本書の編集スタイルは、各城の城名・現住所・旧郡名を記載したあとにその城の歴史的沿革を記述し、縄張り図などの城に関連した図も例示されている。

こうした構成での類書には『日本城郭大系』第一八巻（新人物往来社、一九七九年）があるが、すでに約三〇年前のものであり古くなっているので、福岡県内の最新の城郭情報を得るためには、本書『福岡県の城郭』は必要不可欠なものと言えよう。特に、各城の現住所は平成の市町村大合併によって住所表記が以前と変わっているものがあり、その意味でも、本書はそれぞれの城を調べる場合に便利である。また、旧郡名を記載していることは、江戸時代の史料に出てくる城について調べる場合、郡名表記がされることが多いので、これまた便利に活用できよう。

私事で恐縮であるが、私が大学に入学したのは一九七九年であり、当時、刊行がスタートした『日本城郭大系』は、その後の城郭研究に与えた大きさという点では、画期的な企画であると感じたものであるが、そうした成果ももはや古ぼけてしまうほど、今日の城郭研究の進捗の速さは目覚ましいものがある。こうした城郭研究の進展の基盤をささえているのは、各地で城郭研究に専心しておられる方々のたゆまぬ御努力によるものであることは言を俟たない。本書も、そうした各地の城郭研究における研究成果の一翼を担うものとして、今後大いに活用されることを願ってやまない。

自分の経験でも、史料などを読んでいて、中世城郭などで知らない城名が出てくる

49　大平城と溝口館（築上町　76頁）

と、まず、その城の歴史的沿革を知る必要があり、各城の現住所を調べてインターネットの地図サイトでその住所から大まかな位置を確認したりするので、福岡県内の主要城郭を網羅している本書のような内容・構成は大変ありがたく、最新の情報を提供してくれるという点で有意義であると感じている。特に山城関係は、多くの城をいっぺんに気軽に調査するということがなかなかできないので、山城の調査成果の公表という意味でも本書の意義は大きいものがあると思う。

本書の推薦文を依頼された中村修身氏は、現在、北部九州中近世城郭研究会の会長をされており、その情報紙が二〇〇九年三月には一六号まで刊行されているので、そちらの研究成果も本書とあわせて検討すれば、福岡県に限らず、北部九州の城についてより理解が深まると思われる。

205　蒲池城（柳川市　271頁）

推薦の言葉

北部九州中近世城郭研究会顧問、史学博士　廣崎篤夫

城といえば、姫路城や熊本城といった近世（江戸時代）の城郭を思い浮かべます。「五層、六層の天守閣が聳え立ち、それを支える石垣、堀には水を満々とたたえている」。これが城のイメージでしょう。しかし、城郭はそうした近世の城だけでなく、奥深い山、なだらかな丘陵、平地に築かれた南北朝時代、戦国時代の中世の城郭が大半です。

これらの城郭は人々の持っている〝城〟というイメージからはほど遠い存在です。石垣もなく、白壁の塀もなく、訪れる人とてなく、険しい山道を登っていけば、ただ生い茂った草木の中に埋もれた土塁や空堀があるだけです。しかし、これこそ〝城〟なのです。

福岡県内には、千をこす城郭があります。このたび、北部九州中世城郭研究会の会員を中心とした城郭研究者が約二二〇余の城を分担、執筆しました。執筆者はここ二〇数年間福岡県内を中心に各県の中世城郭の現地調査をおこなってきた人々です。新しく発見、確認されたことがもりだくさん集録され、彼らの力がいかんなく発揮されています。

一人でも多くの読者が本書を持って、実際に現地を訪れ、城郭のもつ魅力と文化遺産としての価値を知っていただくことを願って本書は著されています。ぜひ一読をお奨めいたします。

41　岩石城全景（添田町　67頁）

はじめに

福岡県内の中世・戦国の城館については昭和四二年刊行の『日本城郭全集』、昭和五四年刊行の『日本城郭大系』、平成七年刊行の『福岡県の城』などで紹介されている。『福岡県の城』刊行後の一〇数年間に、北部九州中近世城郭研究会の活動が平成一四年から本格化したことに伴って活動参加者が増加し、新しい正確な情報が次々と報告されて来ている。

今回、福岡県内の北部九州中近世城郭研究会の会員を主体に多くの方々と共に執筆を分担して新しい情報を取込み『福岡県の城郭』として刊行することになった。今回の執筆者は県市町村の文化財関係者、会社員、公務員、自営業、定年退職者など多岐に渡り三八人である。皆さん全員が実際に現地を踏査された結果を基に執筆された。

この『福岡県の城郭』が、初心者が中世・戦国の城館の世界に入るに当ってのガイドとして役立つ事と、今後の福岡県内の中世・戦国の城館研究の基礎となることを期待したい。

刊行に当り、お祝いの言葉をいただきました九州国立博物館館長三輪嘉六先生、城郭研究の第一人者・別府大学教授白峰旬先生、『福岡県の城』をまとめられた廣崎篤夫先生にお礼申上げます。

平成二一年一〇月三〇日　　福岡県の城郭刊行会

216　江ノ浦城本丸址碑（みやま市　283頁）

例言

一、本書は福岡県下の中世城郭研究の現時点の成果を中心として編集した。
二、城館のすべての別称を挙げえていない。
三、城郭の部分名称・呼称は統一していない。
四、縄張り図は都市計画図、国土地理院の地図などを参考に調査者が測量し作成したものを主に使用した。
五、図内に方位がない場合は図の上を北とする。
六、所在地は、山中に多いことや過疎化が進んだことや市町村合併が行われたため、確認ができなく正確性に欠けるものもあることとをお断りしておきたい。
七、各城の執筆者名は文末に掲げた。
八、巻末の城郭一覧には本文記載の城館は除いた。
九、城郭一覧には所在地や存在が危ぶまれるものでも過去に城館として報告されている城館は載せた。
一〇、本書は福岡県下中世城郭すべてを載せることにつとめたが、もれた城館もあると思われる。

山城散策の心得

山城や遺跡は他人様の土地であるので調査や散策において次のことに留意してください。

一、立ち入りについては地元関係者および関係機関に連絡をすること。
二、動物、植物、昆虫、石などをもちかえらないこと。
三、動物を殺したり、傷つけないこと。
四、植物を伐採したり、折ったりしないこと。
五、弁当殻やペットボトルなどゴミは必ず持ち帰ること。
六、地元の迷惑となることはしないこと。

文化財愛護シンボルマーク

目次

筑前国

筑後国

豊前国

豊前の概要

豊前国は本州と九州をつなぐ位置にあり、政治上、戦略上の重要な地理的条件を占めている。古代からたどれば、磐井の乱（五二七～五二八）では『日本書紀』によれば、磐井は海路を封鎖したという。筑紫国にくわえて、豊国（豊前・豊後）、火国（肥前・肥後）を押さえ、新羅との間に独自の外交を行っていたという磐井による海路の封鎖は、関門海峡の封鎖も含まれていたと考えていい。また藤原広嗣の乱に際しても、政府軍は板櫃鎮（小倉北区小倉城跡あたり）を先ず占領し、最後の決戦は板櫃川の東に政府軍、西に広嗣軍が陣を布いている。こういう事例から見てわかるように、豊前は本州側の勢力と九州の勢力が軍事的衝突をする際に、しばしば重要な役割を果たす。豊前の中世城郭史は、こういう政治・軍事上の衝突と切り離せない。

鎌倉幕府が成立する以前、九州は平氏側の重要拠点であった。平清盛は大宰大弐に任じ、次いで弟頼盛も実際に大宰府に赴任している。その上で家人となった原田種直を大宰権小弐に任命して、九州支配の要とした。

頼朝は九州支配の責任者として天野藤内遠景を派遣したが、遠景は荘園領主側とトラブルを繰り返して解任された。遠景解任後豊前の守護は武藤（小弐）資頼が補任されたと考えて良さそうである。資頼は大宰小弐にも任命されており、鎌倉幕府の九州支配の要の位置を占めていた。ところが佐藤進一氏『鎌倉幕府守護制度の研究―諸国守護沿革考証編―』によれば、弘安二年（一二七九）六月一日以前に北条氏の一門の金沢氏が守護となっている。以後金沢氏一門から文保元年（一三一七）以前に同じく北条一門の糸田氏へと移っている。これは多くの先学が指摘されるように、モンゴル軍の来襲により九州支配を強化せねばならない北条氏が、鎮西探題を派遣し、さらに軍事力把握のために九州での守護職のポストを増やしたものと考えていい。

北条氏の立場からいえば、守護職は吏務の職であり、権利や利権ではないという法的な根拠に基づく処置であるが、武藤氏の立場からいえば、罪もないのに「世襲」の「権利」を奪われたと受け取ったようである。これが建武政権成立の際の武藤氏の行動を規定したといえる。

南北朝期には先ず武藤氏が守護となるが、観応の擾乱で武藤氏は直義＝直冬側となり、室町幕府は大友氏を守護に任命する。その後応安七年（一三七四）一一月以前に九州探題となった今川了俊が守護に任命され、康暦二年（一三八〇）三月以前に了俊の誘いに応じて九州へ兵を出した大内義弘が守護に任命される。

大内氏は以後豊前守護を握り九州への進出拠点とする。武藤氏にとっては、先祖伝来の地位を奪還することが悲願となり、以後事あるごとに大内氏と衝突を繰り返すこととなった。

豊前の中世城は知られている限りではいずれも山城である。これは地形的に山がちの地域であるから、それを利用して城を構築するのは防御上も経済上も得策だからである。

早くから存在する城は多くの場合、緊急の避難場所から始まる。里城と呼ばれるもので屋敷の直近に存在する。次に現れるのは交通路を把握するための城がある。その典型の一つは関門の水路を守り、関銭徴収の権利を守るために設けられた門司城である。しかし海路を押さえるものはこの時期には他にはなくて、豊前の比較的に古いと判断される城郭の場合、ほとんどが陸路掌握か、里城タイプ、更に里城タイプが発展して強固な城郭になった（この場合は陸路を押さえる地理的条件が重なる）かであり前者は公的な城が多い。

若干例を挙げれば、香春岳城は大宰府へつながる内陸の主要幹線を押さえるという陸路掌握のための城といえる。同じ田川郡の一四世紀と伝承のある戸城山城は豊前・筑前の堺にあり、これも陸路掌握の城であろう。こういう陸路掌握型の城郭の一つの特徴は、多くが数百メートルの高所に本丸などを設けていることである。勿論裾野部分に切岸や城戸を設け、当然に板塀で囲われていたはずであるが、この点は発掘調査でしか証明はできない。

小倉城は港とつながった城郭である。小倉津は南北朝期から史料に見え、門司・赤間関を武家方・宮方両軍が競合した上で、破れた宮方の水軍が小倉津へ撤退したという史料が見られる（観応三年（一三五二）一月）。また同年三月の史料には前年一一月に小野三郎左衛門、宗像資村が、小倉城追い落としの際に合戦の忠を致したと述べている。小倉城は小倉津防衛のために築かれたものと考えられる。一方小倉津は中世後期には港であるだけでなく、陸化した干潟に技術者や商人が集まる無縁所として自治都市が形成されており、軍事・警察・裁判の機能も保持していたと考えていい。永禄二年（一五五九）に大友氏と毛利氏が豊前北部で戦った際に、小倉津を押さえようとした大友氏の軍に対して「小倉町人」（おそらくは小倉町の傭兵隊）が抵抗している。おそらく小倉町の自治を守るための抵抗だろうが、大名同士の戦闘に巻き込まれるのを避けることができなくなった以上、どちらかに付くしかない。永禄一〇年（一五六二）に毛利勢が豊前・筑前に猛攻をかけた際に、小早川隆景は小倉城を強化した。本来小倉町と小倉城は、小倉津という共同で利用する立場ではあっても、自治を貫いていたはずで、大友側との戦闘が、城下町化への道を開いたのではなかろうか。結果として小倉城は港湾都市を権力の中に納めることとなり、大坂城などに先駆ける海港を抱え込んだ城下町になる。なお経済的な意味は軽いと思われるが、簑島城は行橋の港を抱える位置にあり、近世の状況から考えると、更に先駆的存在というべきかもしれない。

戦国期も一六世紀に入ると、違った目的を持つと考えられる城郭がでてくる。河川流通を掌握する目的を持ったと考えられる城である。近世までの日本は、内陸流通では重量のある品物を運ぶに適した河川流通の重要性は非常に高いものであるが、どうも一五、一六世紀あたりから、これに注目する権力が現れたのではないかと思える。こういう目的を持つと考えられる城の場合の特徴は、数百メートルといった高地ではなくて数十メートルの位置であり、当然に数百メートル級の山城のような攻撃困難な城とは違っている。

河川流通という流れの緩やかな地理的条件が要求される所であることも、比較的に低地に立地する事になる理由であろうが、それだけでなく防御に主体の設置ではなくて流通把握に目的をおいた城と考えて良さそうである。したがってこういう城の場合には何々城の出城という言い伝えが存在する場合が多い。また流通ということから当然に要求される事であるが、陸路との繋がりもある場所が選ばれている。鎌倉期と考えられる門司城のように高い山の上に築かれた難攻の城との違いは明らかである。

具体的にいくつかの事例を挙げれば、(旧)仲津郡不動ヶ岳、田川郡城腰、明神山、旧築城郡赤幡、旧上毛郡下川底、広津などである。いずれも緩やかな流れに接し、陸路にもつながるところで数十メートルの標高という共通点を持っている。

なお現在の所では何ら証拠を挙げることができないが、こういう河川流通を把握する城のある場所には、神社と門前町が存在したのではなかろうか。門前町は網野善彦氏が指摘されたように、無縁所であり、世俗の縁や身分が消え、商取引が自由に行える場所で「楽市楽座」の成立するところである。河川に沿った丘陵部は荷揚げするにも便が良く、洪水の危険性もないので倉庫を設置するにも格好の場所であり、陸路との繋がりも良いとなれば、流通のきわめて盛んな一六世紀としては申し分のない立地である。

こういう水運を把握する権力の動向は、豊臣政権による全国統一によってさらに進展する。小倉城が先取り的な海港を抱えた城となったと述べたが、豊臣政権下の諸大名の主城は地理的条件が許す限り、海港を抱えた城になっている。それまでの権力が河川流通に力を入れて、海港を掌握する動向をほとんど見せなかった理由は、自領内の流通掌握しか考える余地がなかったからであろう。互いに割拠・対立する地域権力は、他の地域権力に対して積極的に市場を開放するはずがない。

豊臣秀吉や姻戚の浅野氏などは商業流通関係の出自ではないかという見解がある(藤田達生『秀吉神話をくつがえす』(講談社刊))。それが実証できるかどうかはともかくも、豊臣政権は大坂を米の市場として全国に開き、江戸末期まで続く最大の米市場を形成した。後に江戸もこれに倣ったわけだが、他の城下町のほとんどや主要港湾では米の輸入についてはきわめて閉鎖的な政策を採っている。米を自分の城下でできるだけ高値で売りたいが為の政策であるが、全国統一政権の成立は、流通政策面で画期的な役割を果したといえるだろう。(木村忠夫)

〔文献〕『鎌倉幕府守護制度の研究—鎌倉期諸国守護沿革考証編—』佐藤進一。
『室町幕府守護制度の研究—南北朝期諸国守護沿革考証編—下』佐藤進一。
『無縁・公界・楽—中世日本の自由と平和—』網野善彦。
『北九州市史　古代中世編』ほか

1　門司《もじ》城

所在地　北九州市門司区大字門司一帯
旧　郡　企救郡

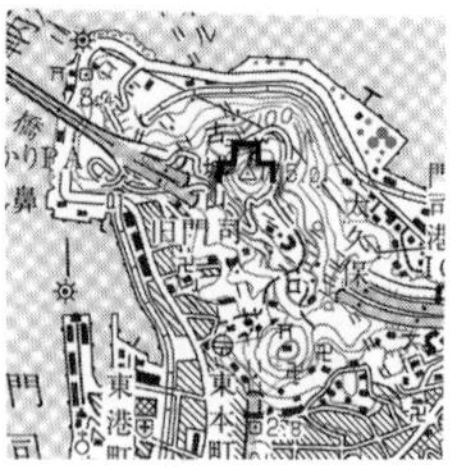

北九州市門司区門司の古城山にかって存在した城。山頂部周辺は明治二二年以後陸軍の砲台となったために、ほとんどが破壊されており、石積みなどが若干残る。あるいは麓の大久保一丁目の緩斜面、畑田町の緩斜面、門司二丁目の緩斜面などで発掘調査をすれば、切岸（段、段床）や門、柱穴などが見つかるかもしれないが、これらの地域は住宅地になっており、中世の城郭としての工事か、近現代の工事であるかの見分けは表面だけでは不可能である。また発掘調査を行って遺跡であるかどうかの確認がなされない限り、判断ができない。また住宅地であるだけに発掘調査はよほど行政上の必要性がなければ行うことはできないだろう。したがって現状では全く不明である。なお古城山全山が城塞化されるのは、おそらく一六世紀で、鎌倉、南北朝、室町と、戦争の規模、参加人員の増大などで次第に拡張されたと考えるのが、城郭史一般の事例から見て、妥当なところであろう。

門司城を最初に築いたのは北条氏の被官として、門司が関を管理するために下向した下総（後に門司を名字とする）氏と考えられる。築城時期は現状では不明だが、おそらく文永の役以後に蒙古軍に備えた築城だったと考えていいだろう。この想定を前提とすれば、下総次郎三郎親胤が「蒙古人警固之忠」によって、正応年中（一二八八－一二九三）に陸奥国会津内上荒田村田畠在家を拝領したというから、「警固之忠」の中に門司築城が入っていた可能性がある。それならば鎮西探題の指示のもとでの築城ということになり、門司氏の個人的な城ではなくて、いわば幕府執権の支配下になる公的な城ということとなる。

南北朝期にはいると、貞和六年（一三五〇）に対立を深めた足利尊氏と同直義の妥協の産物として、尊氏の実子で直義の猶子の直冬が長門探題として中国の支配者として派遣された。直冬はすぐに門司関に今川直貞を派遣しており、関門重視の姿勢がわかる。観応擾乱の一環で足利直冬が直義方として下総氏を把握しており、下総親胤は観応二年（一三五二）一〇月に近所の敵の出撃を受け、七日に笠取原で合戦している。同年一二月にも長門守護厚東氏の水軍の攻撃を受けて戦うなど、古城山・門司関周辺での陸上、海上での合戦が行われた。文献上、門司城の名が最初に確認できるのは貞治二年（一三六三）七月一九日に菊池氏の代官鞍掛中務丞や門司氏同族の若狭守らが攻め寄せ、門司（下総）親尚・同元親が門司城山に籠もって、宮方を撃退したときであるが翌年菊池武元によって攻め落とされている。この時点ではあるいは門司氏の私的な城だった可能性も考えられるが、その後の状況から見ても室町幕府による関門支配の拠点だったと考えるほうが合理的である。その後、何時の時点からかは特定できないが、室町幕府側が門司関、門司城を奪回したようで、その後は南北朝期を通して幕府の管轄下にあるが、室町期のある段階で豊前守護大内氏の管理する城になったようである。ここがしばしば攻防の場になった理由は、海上交通の要衝であり、九州への上陸拠点であるという要地の門司ヶ関を守るためであったことは明らかである。そのためこの城は以後も重要な戦場となる。文明二年に大内氏の勢力が北部九州からほとんど駆逐されたときに、門司城は大内側として残っており、文明九年には門司宗房への大内政弘の感状が出されている。ここが残ったために、文明九年に京都を撤退した大内政弘は九州へ大軍を入れて、大内氏の京都出兵に乗じて筑前・豊前を回復していた武藤（太宰少弐）氏を、一挙に北部九州から後退させるための上陸基地の役割を果たした。

門司城本丸　石垣と裏ごめ石

門司城遠景

大内氏滅亡後に、大友氏は北部九州のほとんどを制圧したが門司城は毛利方の拠点として残り、対岸の赤間関と並ぶ北部九州の大友氏から逃れた勢力の結集点となった。この城が残ったことは北部九州からの亡命者とともに、毛利氏にとっては利点と同時に重荷にもなり、以後両面（山陰・北部九州）、あるいは三面（山陰・北部九州・山陽）での軍事行動を要求されることとなった。

　毛利氏の反攻拠点になる可能性のある門司城は、大友氏にとって除去すべきポイントであるので、永禄二年（一五五九）に攻勢を掛け落城させたが、永禄四年に再び毛利氏側の攻撃で一一月に落城した。同五年にも門司周辺で攻防が繰り返されたが、毛利側は守り通した。

　こういう状況の中で、大友義鎮が長門・周防への支配権を要求できる大内家の家督を将軍から獲得したことは、毛利氏を激しく刺激したと考えられる。そのため防衛的だった毛利氏が、ここらを基点に九州へ積極的な攻勢を掛けることとなって、永禄一〇年には寶満・岩屋両城督の高橋鑑種の寝返りを誘い、さらに永禄一一年には毛利氏が北部九州への総攻撃を掛けることとなった。この戦いは立花城を挟んで大友・毛利両軍の総力戦に発展するが、大友側が大内輝弘に兵を授けて山口を奇襲させることで終了した。

　以後は門司周辺へは大友氏の勢力は及ばず、

毛利氏支配下の城として、豊臣秀吉の九州制圧まで続いた。豊臣秀吉は島津氏が北上してくるのに備えて、天正一四年（一五八六）に赤間関、門司とその周辺を堅固に固めるように黒田孝高に指示し、要衝には城を造りあるいは強化することを命じている。従ってこの時点では門司城は毛利氏の支配から離れて、豊臣氏の管理下に措かれ、黒田孝高が管理業務を行っていたと考えられる。門司が戦略上の重要拠点と考えたのは豊臣政権でも同様であった。天正一五年（一五八七）七月に秀吉は九州の国割りを行い、豊前は毛利氏から切り離されて秀吉近臣の毛利勝信が企救郡、田川郡を宛われたので、自動的に勝信の支配下に入ったはずである。

慶長五年（一六〇〇）の関ヶ原合戦で、当然に西軍に属した勝信は豊前北部を奪われ、細川忠興が豊前一国を与えられた。忠興は同族の長岡勘解由を門司城代に任じたが、元和の一国一城令で門司城は廃城になった。

しかし明治二二年（一八八九）には関門海峡を制圧できる陸軍の砲台が築かれて前述のように山頂部はほぼ破壊された。この時点までというより、昭和二〇年（一九四五）まで下関要塞の一部である状態は続いており、戦略上の要衝という関門海峡の位置が変わらなかったことがわかる。

山上の和刈公園まで乗用車で行ける。ここも城域で永禄期の城内であるが、そこから古城山頂まで歩いて一〇分程度。（木村忠夫）

2　三角山《みすみやま》城

所在地　北九州市門司区大字門司
旧　郡　企救郡

門司港地区の南に円錐形の山容を示している標高一九四メートルの三角山の山頂を中心に造られた小規模山城である。現在の登城口は西側の上清滝公園グラウンドの前にある。

創築は鎌倉時代初めの文治年間（一一八五～一一九〇）に門司氏の祖となる下総前司親房が門司城の支城として築城したと伝わるが明確でない。南北朝期の観応三年（一一五二）二月に清滝村の在所に南朝方の長門の厚東氏が押寄せ、合戦が行われたことを示す軍忠状が門司文書に有るのでこの頃には山頂の城郭も存在したと考えられる。その後「応永戦覧」にもこの城の名が出てくる。江戸時代の軍記物によれば永禄四年（一五六一）までの大友氏と毛利氏との合戦時に毛利方が門司城防衛の端城あるいは攻める大友方が向城として使用されたようだ。

永禄四年の大友氏による門司城攻めの失敗以降は、文書史料に名前が出てこないが、天正一五年（一五八七）の豊臣秀吉の九州平定までは城郭として確保されていたと考えられる。

城の規模、造りは山頂に約二〇メートル×三〇メートル程の主郭を中心に南北の尾根上に曲輪を並べている。北には二段の曲輪があり上の段にはテレビの中継所が建てられている。南には二ないし三段の曲輪がある。主郭の東には幅約三メートルの腰曲輪があるがテレビの中継所が建てられている。また、現在の登城道がある斜面にもいくつかの階段状の曲輪が残っている。

現在山頂の主郭には毘沙門天王を祀った祠とテレビの中継所が建てられていて、城としての雰囲気が感じにくい。（村上勝郎）

〔文献〕『門司市史』。『中世北九州落日の譜―門司氏史話』門司宣里

3 猿喰城《さるはみ》

所在地　北九州市門司区大字猿喰・大字畑
旧　郡　企救郡

城山霊園や大久保貯水池の南東の城山（標高二一〇メートル）の山頂に造られた小規模山城である。登城口は旧道の七ツ石峠の近くにある。城跡案内板が建てられている。

創築時期については判らないが、門司城の支城として三角山城などの支城と同じ南北朝期に築城されたものと推測出来る。

この城での大きな事件は貞治《じょうじ》三年（北）・正平一八年（南）（一三六三）の門司一族が南朝（宮）方と北朝〈武家〉方に分かれて争ったことで起きた戦闘である。この時城内にいた南朝方の猿喰城主門司若狭守親頼とその他の南朝方の一族が北朝方の夜襲で一族及び郎党、若党合わせて七三人全員が殺害された。

この頃は菊池氏を中心とした南朝方が優勢で北上してきて企救郡内一帯で北朝方との合戦が繰広げられていた。この状況の中で門司氏は南朝方は門司若狭守親頼を中心とし、北朝方は門司城主門司左近将監親尚を中心として分かれて同族内抗争を続けていた。

城の規模、構成は山頂の約一二メートル×約六〇メートルの主郭、その下に約三メートルの高低差で北から南側に腰曲輪と二の丸がある。また、主郭の西の尾根筋に三段の曲輪がある。堀切から登城口までの尾根筋上にも城郭遺構と感じられる平地が見られる。現状の遺構ではこの城は永続的な居城でなく戦術的な城だったと考えられる。また、登城口近くに平時の居住区域が存在したと考えられるが今の所見つかっていない。

猿喰城については この南北朝期の合戦以後の文書記事が無いので判らないが、企救半島の山越えの要衝なので戦国末期まで城郭として確保

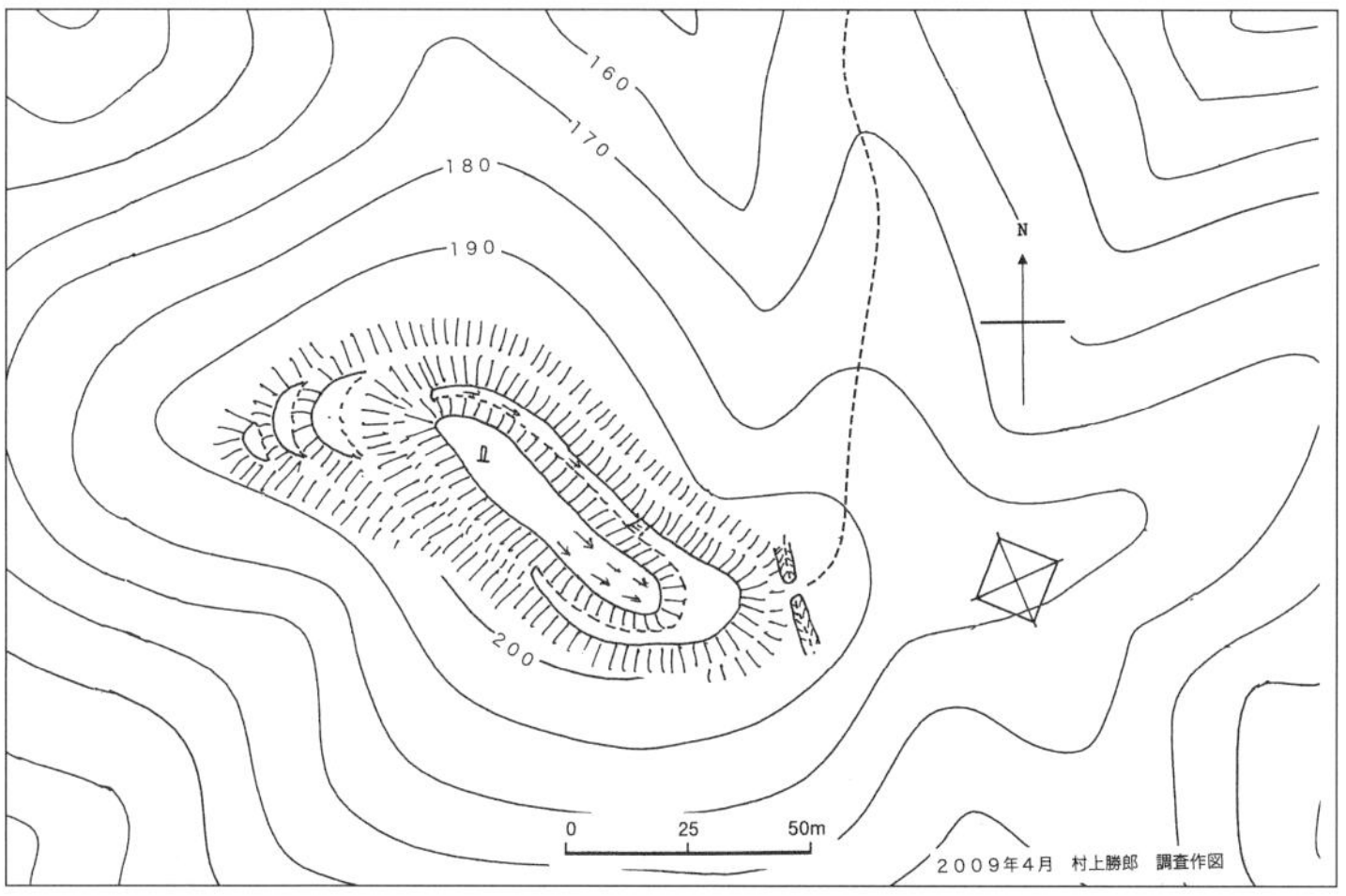

猿喰城図（村上勝郎作成）

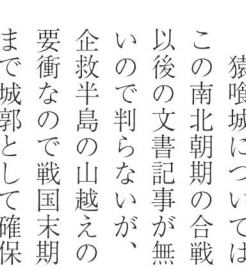

されていたと考えられる。

現在、山頂には貞治三年の戦死者供養の石祠とテレビの中継所がある。（村上勝郎）

〔文献〕『企救郡誌』伊藤尾四郎。『中世北九州落日の譜―門司氏史話』門司宣里

4　長野城《ながの》

所在地　北九州市小倉南区大字長野

旧　郡　企救郡

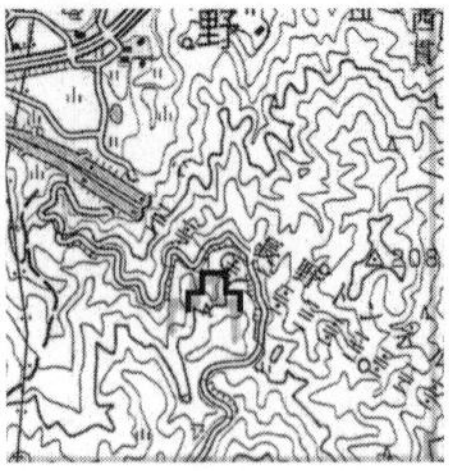

長野城は小倉南区大字長野に所在し、その標高二三七メートルを最高に三つの郭で構成され、北側に開いた馬蹄形の配置を取る。その中心の郭が本郭、北東側が二の郭、北西側が三の郭と称しているが、いずれも独立性の強い構成を成している。その各郭にはその最上部の曲輪内に櫓台を配している。

残存する施設は、曲輪、櫓台以外に空堀、土塁、切岸、土橋、虎口が機能的に配置され、山上の自然地形を最大限利用している。これらの施設の中で最大の特徴は、連続した竪堀を周囲の斜面に配した畝状空堀群が所在することである。畝状空堀群は横から見ると連続した馬の背の様であり、攻め手の威力を削ぐ有力な戦法である。長野城の場合、本郭の南側斜面が比高差の少ない緩斜面で、攻めやすい弱点とされ、その位置に二段からなる畝状空堀群を入念に施している。これ以外にも馬蹄形地形の外側斜面のすべてに畝状空堀群が見られ、その数二四八条にも及ぶ全国一の規模である。

実は、長野城の周囲の山塊においても山城の遺構が分布することが、先年の分布調査で明らかになっている。それは一つ谷を隔てた山嶺付近に、山塊をつなぐ空堀と土塁や、その背後の曲輪等で構成され、その方向がすべて長野城を意識した方向を向いている。これは明らかに長野城を攻めるための陣城であり、にわかに造った観が否めない。

長野城を含め周辺を支配したのは長野氏である。元は宇佐宮の荘園支配から始まり、治承《じしょう》五年（一一八一）に中原助光が地頭に任ぜられ、その後長野氏を名乗ったものとする説が有力である。長野氏に関する文献が少ない中、滅亡する前の動向は、豊後の大友氏と防長の毛利氏による北部九州の争奪戦の中で苦しめられ、永禄八年（一五六五）の大友氏からの攻撃、永禄一一年に寝返り後の毛利氏からの壊滅的攻撃にさらされ、長野氏は再起不能の状態になる。

確定的ではないが、長野城包囲の陣城は永禄八年の大友氏による造作とする想定をしている。また畝状空堀群の造成は、永禄八年の大友氏の攻撃に対する防衛措置とする考えと、永禄一二年以降の小倉に入った高橋鑑種によるものとの考えに分かれる。これまで平成一〇年度までの第七次に渡る確認調査の実施では、各遺構の時代を確定するまでには至っていない。

現地に行くには、上横代バス停を下車してから、南東方向に林道を徒歩で約一時間。（栗山伸司）

〔文献〕『長野城』北九州市教育委員会

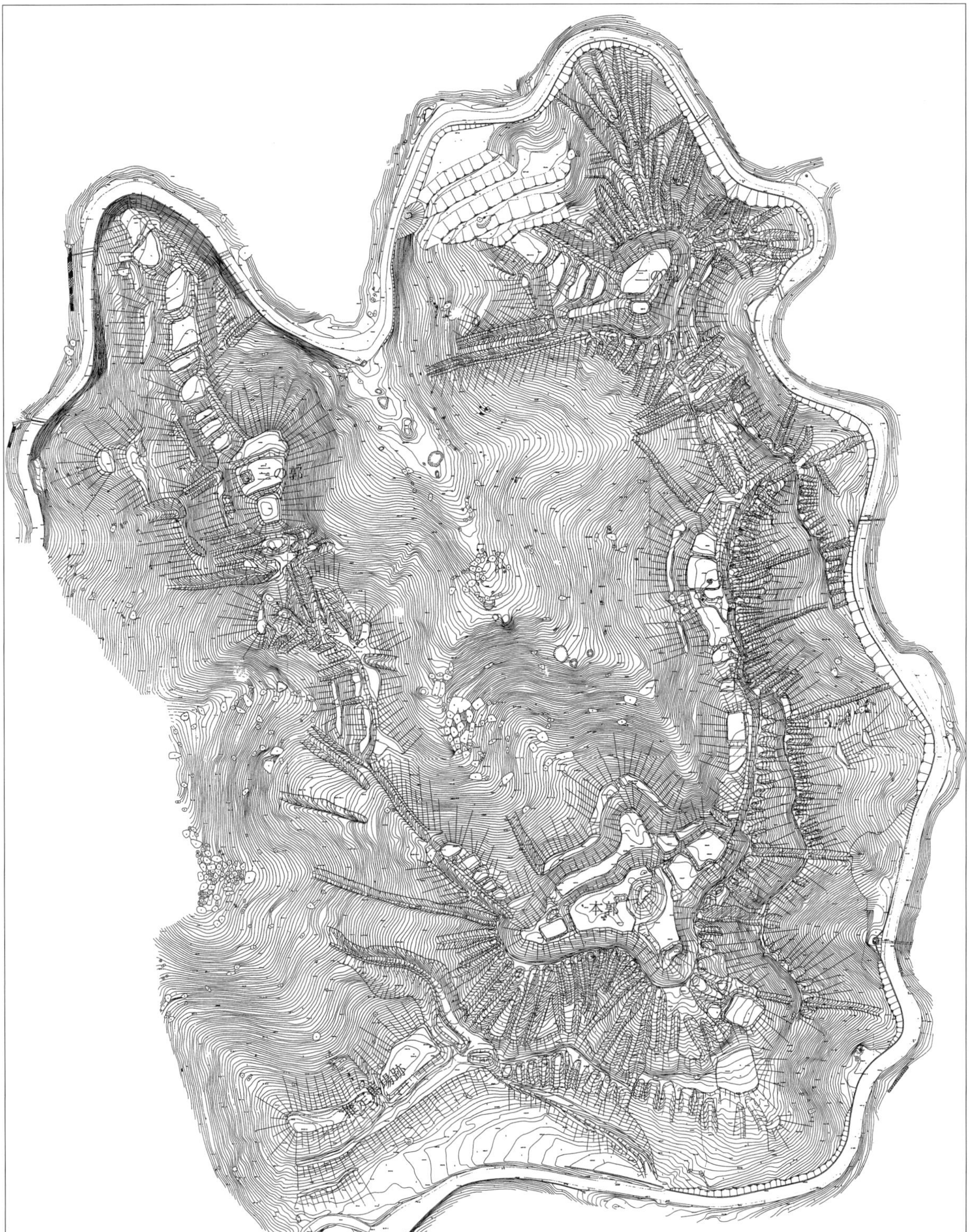

長野城図（北九州市教育委員会　1998年）

5 三岳城《みつだけ》

別称 三岡城
所在地 北九州市小倉南区大字辻三
旧郡 企救郡

三岳城とはJR鹿児島本線の小倉駅の南西約八キロメートル、小倉南区辻三の三岳梅林の北の大三岳城と南の小三岳城を合わせての呼名である。この二つの城は別城とされているが、実際は一体的に使われており、古文書でも一つの名前で書かれている例が有り、今回は一つの城塞として扱う。

確実な文献史料が少ないので三岳城の創築については判らない。『長野家譜』では南北朝期（一三世紀後半）に大三岳城と小三岳城が長野氏によって別々に創築されたとあるが、確実性が高いのは『応永戦覧』の時代（一四世紀末から一五世紀初め頃）に創築されたと考えるのが妥当であろう。永禄一一年（一五六八）の毛利氏による長野退治で落城していることから、現状の遺構は戦国時代後期（弘治、永禄年代）のものである。

豊前国企救郡南部の有力国人だった長野氏一族の主要城郭で長野城、京都郡苅田町の等覚寺城と共に一族の有力者の居城だった。

三岳城は永禄八年（一五六五）の豊後大友氏による長野成敗で長野氏は開城して降伏し、それまでの毛利方から大友方に寝返った形になった。永禄一一年の長野退治で毛利氏の大軍に攻められて落城し、長野氏は企救郡から追出された。この時の最大の攻城戦が三岳城で行われた。

三岳城は、北側の標高四一四メートルの峰上を主郭とする大三岳城と、南側の谷（現三岳梅林）の挟んで標高三〇七メートルの峰上を主郭とする小三岳城で構成されていた。城主の平時の屋敷地は現在の護聖寺の付近だったとされている。

小三岳城は各曲輪の削平の程度や畝状竪堀の存在、あるいは西側の四条の堀切、石積の存在（痕跡）などから戦国後期は小三岳城が本城であり、大三岳城は造りが粗く、防御施設も整備されていないので永禄一一年直前までは放棄されていて荒れていたのではないかと推測される。永禄八年に長野氏が大友方に変って以降、筑前側の麻生氏を従えていた毛利氏の圧力に対抗するために大友氏の支援を受けて大三岳城を陣城として整備、改修されたものと考えられる。毛利氏が永禄八年以降、長野氏を攻略する目的で豊筑国境の峰や尾根上に三岳城に対峙する陣城（向城）を築き始めたので大三岳城の大改修（整備）や小三岳城の西側の堀切を増やしたしたのではないかと推測できる。

永禄一一年八月、毛利氏の軍勢（吉川元春、小早川隆景）が大挙して渡海して豊前入りし、神田松山城や門司城および椎山城などを基地として大友方長野氏の等覚寺城、宮山城、三岳城を攻め落とした。毛利軍は東から西谷に入って三岳城の麓から攻めると共に筑前側からの向城吉川城や三角城を本陣として高地を取って北や西の背後から攻めたものと推測される。九月三日から三岳城攻めが始り、四日に小三岳城、五日に大三岳城が落城した。この時、城主の長野兵部少輔弘勝が討ち取られた。また等覚寺《とがくじ》城も五日に落城した。等覚寺城城主の長野三河守は豊後に逃れ、その後馬ケ岳城（行橋市）まで

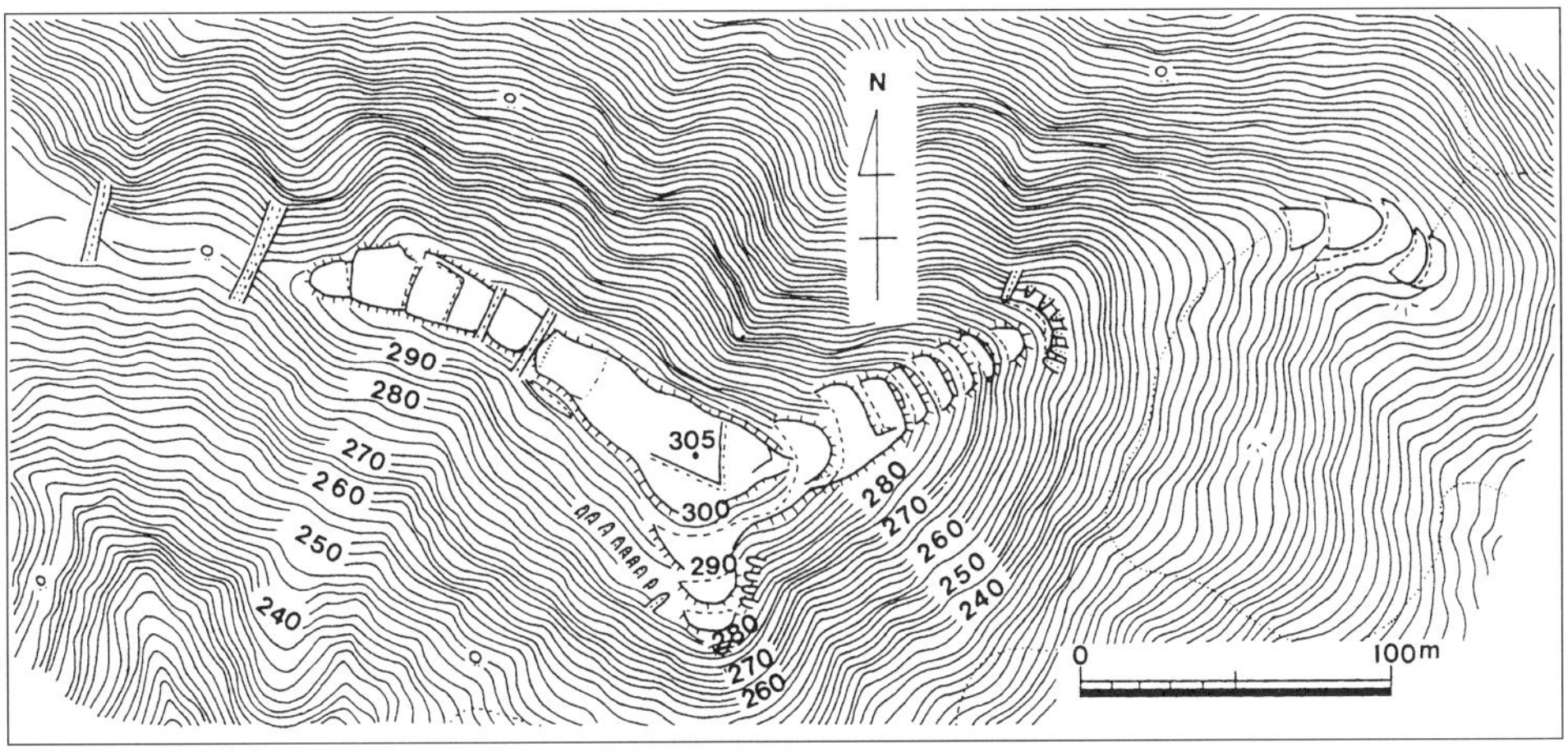

小三岳城図　（中村修身作成）

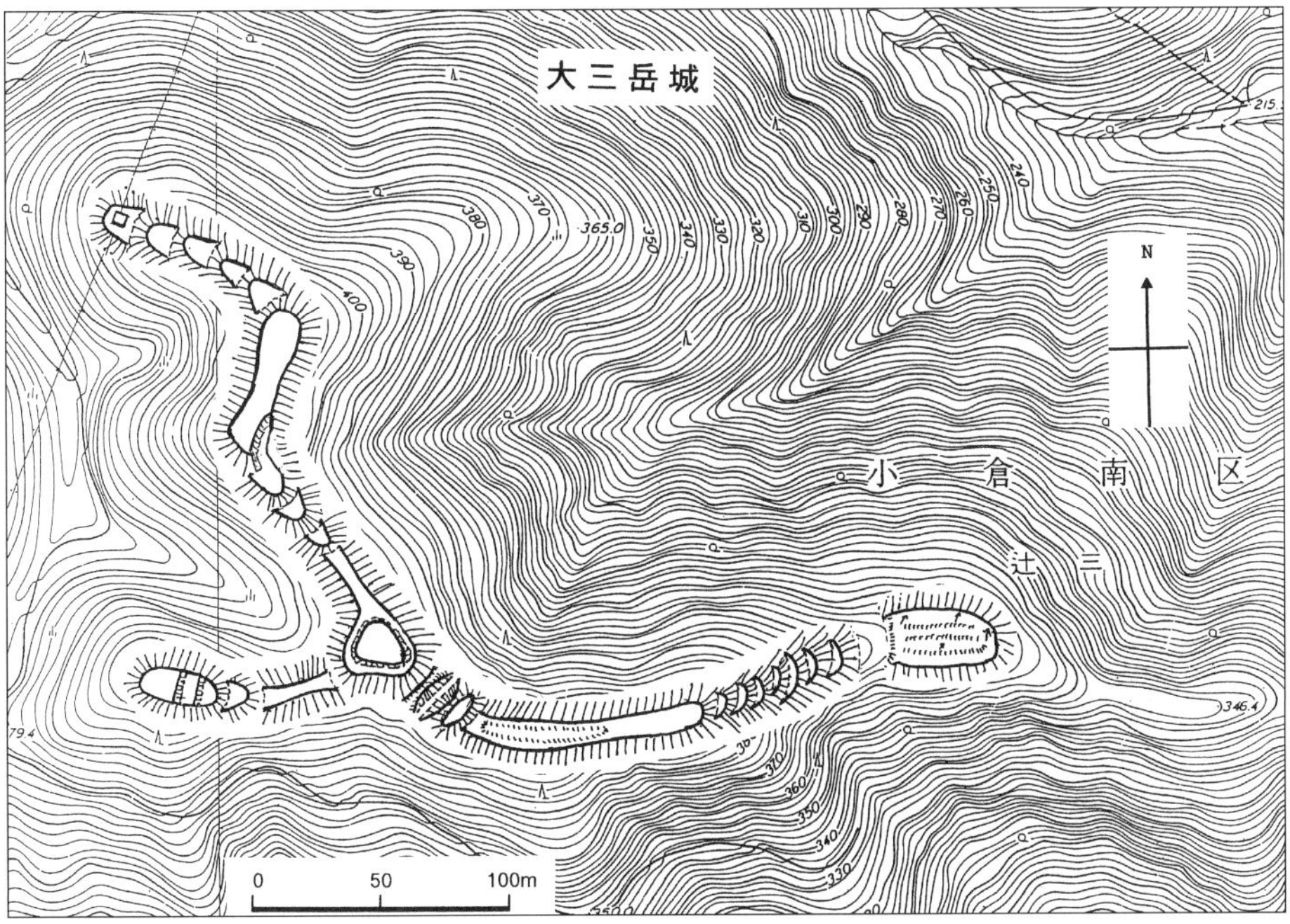

大三岳城図（村上勝郎作成　2009年。『長野城』所載の村田修三氏作成の図を基に現地調査）

戻って来た。

　毛利方の『堀立文書』に「小三岳より調略を以て降伏云々」の書状が有るので短時日での攻城は軍勢の多寡以外に城内に手引するよう毛利方の調略を受けた者がいたことを示している。

（村上勝郎）

〔文献〕『長野城』北九州市教育委員会。『小倉市誌（補遺）』

6 堀越城《ほりこし》

別称　横代城、鷲岳城、鷲ケ城
所在地　北九州市小倉南区堀越・横代
旧郡　企救郡

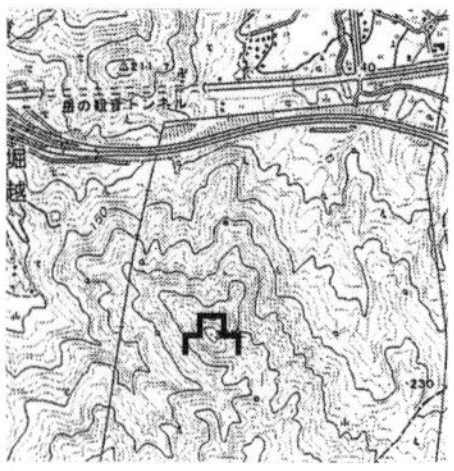

ＪＲ日田彦山線志井駅の南東約二〇〇〇メートル、長野城の西約五〇〇メートル、丸ケ口城とは東九州道を挟んで南約一〇〇〇メートルの標高三五四メートルの山頂に主郭を置き、北東側は東に接する鷲岳《わしがだけ》（標高三二二メートル）からの尾根筋の曲輪群と主郭から北西の尾根上に曲輪を並べた大城、小城と呼ばれる曲輪群から構成された山城である。二つの尾根筋の間に谷を抱えた規模が大きな城である。

明確な文献史料が無いので沿革等が判らない。この城であろうと考えられる城の記事が出てくるのは永禄一二年（一五六九）に高橋鑑種が大友氏に降伏して筑前から豊前国企救郡の小倉城に移された頃の書状が次の二件ある。『大友宗麟資料集』の永禄一三年の大友宗麟から田原近江守と田原常陸介宛の「鷲ケ岳の城拵を急がせる書状」及び元亀元年（一五七〇）の毛利氏側の『堀立文書』の吉川元春の書状で「高橋の足弱、近日鷲岳へ罷越し云々」である。これは小倉城の高橋鑑種の動きを押える目的で大友氏が築城あるいは改修整備をしたことと、この城が完成した後でおそらく府内（大分）にそれまで抑留していた高橋鑑種の家族（足弱・・老人、女子供）を解放して引渡すために小倉へ送る途中、堀越城に駐屯していた田原氏の元へ立寄ったことを示していると考えられる。高橋鑑種の家族は単独で動いたのではなく、大友方の護送部隊が付いていたはずで有る。

創築時期や存続期間については全く判らないが、現状の城の遺構（構造、造り）から考えると築城時期は少なくとも二回あったと推測できる。一つは東の横代側の鷲岳を最高所とする北東尾根上の曲輪群である。もう一つは現在の城の最高所（主郭）から北西の堀越側への曲輪群である。東の鷲岳側の曲輪群の造りは小さな曲輪列であり、古い時代のものが残っていると考えられる。また北西側の尾根上の曲輪は広く造りもしっかりしており、新しい時期のものと考えられる。

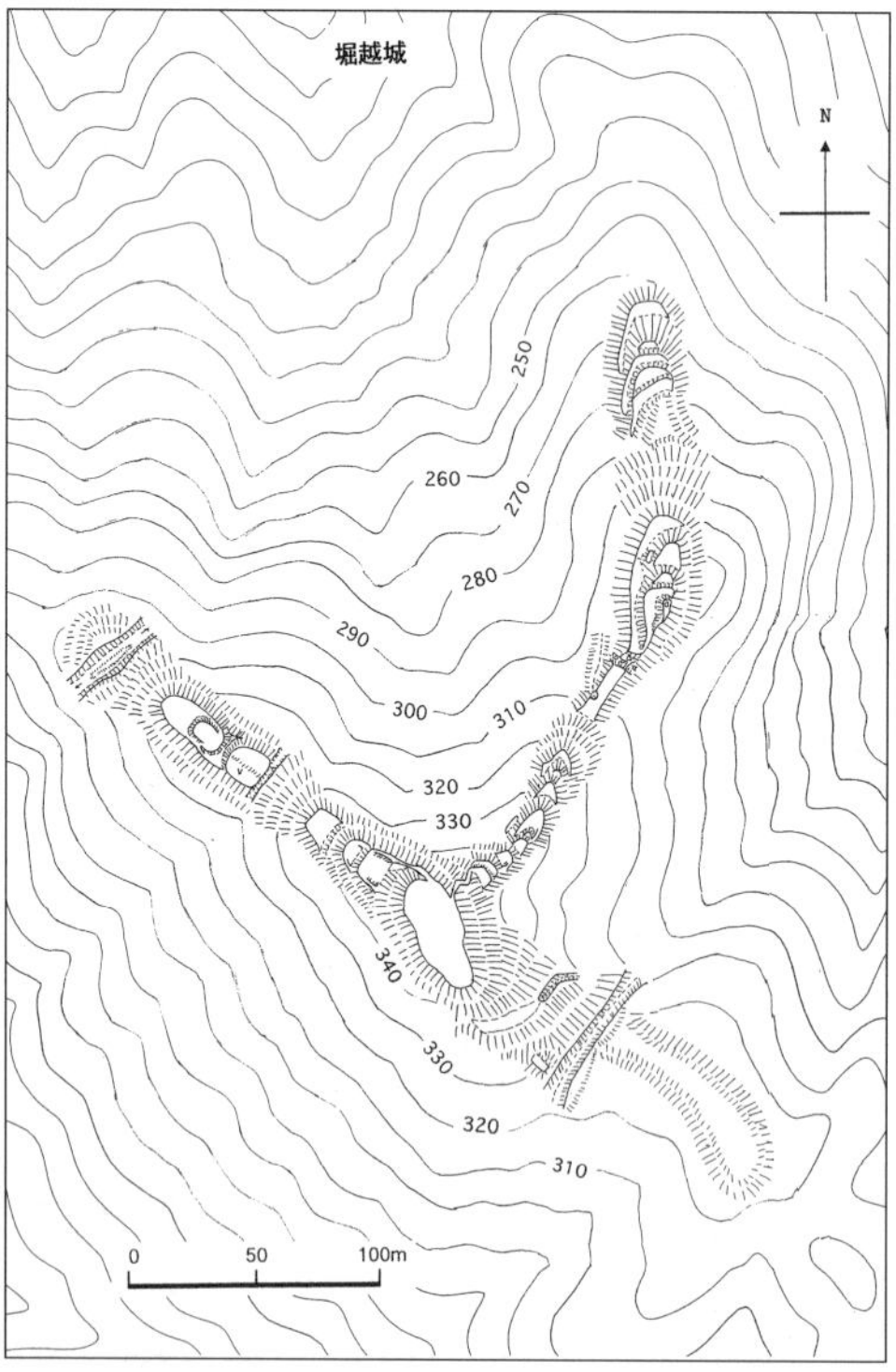

堀越城図（村上勝郎作成、田中賢二協力2009年）

鷲岳側の山城は古くは長野氏一族の城だったが永禄八年（一五六五）の大友氏による長野成敗の時には大友方の陣城に使われて、その後廃城、放棄されていたが、高橋鑑種を抑える城として西側の尾根上に新たに拡張したと考えられる。この時に北の丸ケ口福相寺城も合わせて改修された可能性が強い。登城道は堀越側よりは横代側からの方が行きやすい。（村上勝郎）

〔文献〕『大友宗麟資料集』。

「吉川元春書状」『堀立家証文写』

堀越城の東からの遠景　右が鷲岳でその左奥が主郭

7
宮山城《みややま》

別　称　宮尾城、稗畑山城
所在地　小倉南区大字山本
旧　郡　企救郡

山本小学校東南約三〇〇メートルの標一三〇メートルの宮山にある。麓に西大野神社が鎮座している。宮山城の眼下の中谷は頂吉《かぐめよし》、吉原《よしはら》を通り田川郡採銅所《さいどうしょ》に至る。また、東側東谷も新道寺、呼野、金辺峠《きべとうげ》を通り田川郡採銅所に通じる。周囲には小舟山城《おふなやまじょう》、宝積寺《ほうしゃくじ》城《じょう》、高野山城《たかのやまじょう》、椎山城など小規模城郭が点在する。又、西方約五キロメートルには長野氏の大規模城郭群（小三岳城、大三岳城）がある。

宮山城は宮山の山頂、北側尾根筋、東側尾根筋の三カ所の郭群から構成されている。北側尾根筋には四の郭《くるわ》の東側を横堀で防備し、郭間の通路が整備され、東側尾根筋には四の郭で構成されている。その内一郭は比較的広い郭で残りは小さく補助的である。山頂は一の郭と大堀切で構成され、通路が整備されている。郭群間が空いているが、全長約四三〇メートルの大規模城郭である。一六世紀末に中国で作られた陶器などが採集できる。

某チヤは田尻親種に永禄二年（一五六九）九月二一日宮雄要害《みやおようがい》（宮尾城）を攻落とし郡（企救郡）内を放火したことを報告し、この件は豊後への敵対行為ではなく、真清への個人的な宿意である趣旨を大友氏へ奏上して欲しいと嘆願《たんがん》した。

大友勢と毛利勢が北部九州で拮抗する永禄一一年（一五七八）の五月三日、毛利勢に与する到津氏の家臣が長野《ながの》筑後守《ちくごのかみ》吉辰《よしたつ》を謀殺した。また、これとほぼ同時に毛利勢は小倉南区三岳城と苅田町等覚《とかく》寺城《じじょう》の通路にあたる宮山城《みややまじょう》を占領した。長野筑後守亡き後、長野兵部、同左京が三岳城を守り、長野三河守が等覚寺城を持ちこたえ、大友氏の指示を仰いでいる。同五月二日には毛利勢五〇余人を討ち取り、宮山城を取り返した。それも束の間、同八月一六日より毛利勢は海を渡り、宮山城を攻め取り、長野城、三岳城を取り巻いた。九月上旬には三岳城（小三岳城、大三岳城）、等覚寺城などが落城し、長野氏は規矩郡から京都郡に基盤を移した。

天正一四年（一五八六）一〇月、豊臣秀吉九州出兵にともない、高橋元種《たかはしもとたね》勢が守る宮山城を毛利勢が攻め落とした。平賀元相は、この合戦で家臣の菅源左衛門が敵を打ち取ったことを桂右衛門尉に報告している。同一一月一二日に毛利輝元は福原内蔵太夫に対して、取り返されないように指示している。

県道二五八号線すがお小学校前バス停下車、東へ約五〇〇メートル西大野八幡神社の裏山にある。（中村修身）

〔文献〕『行橋市史 中巻』

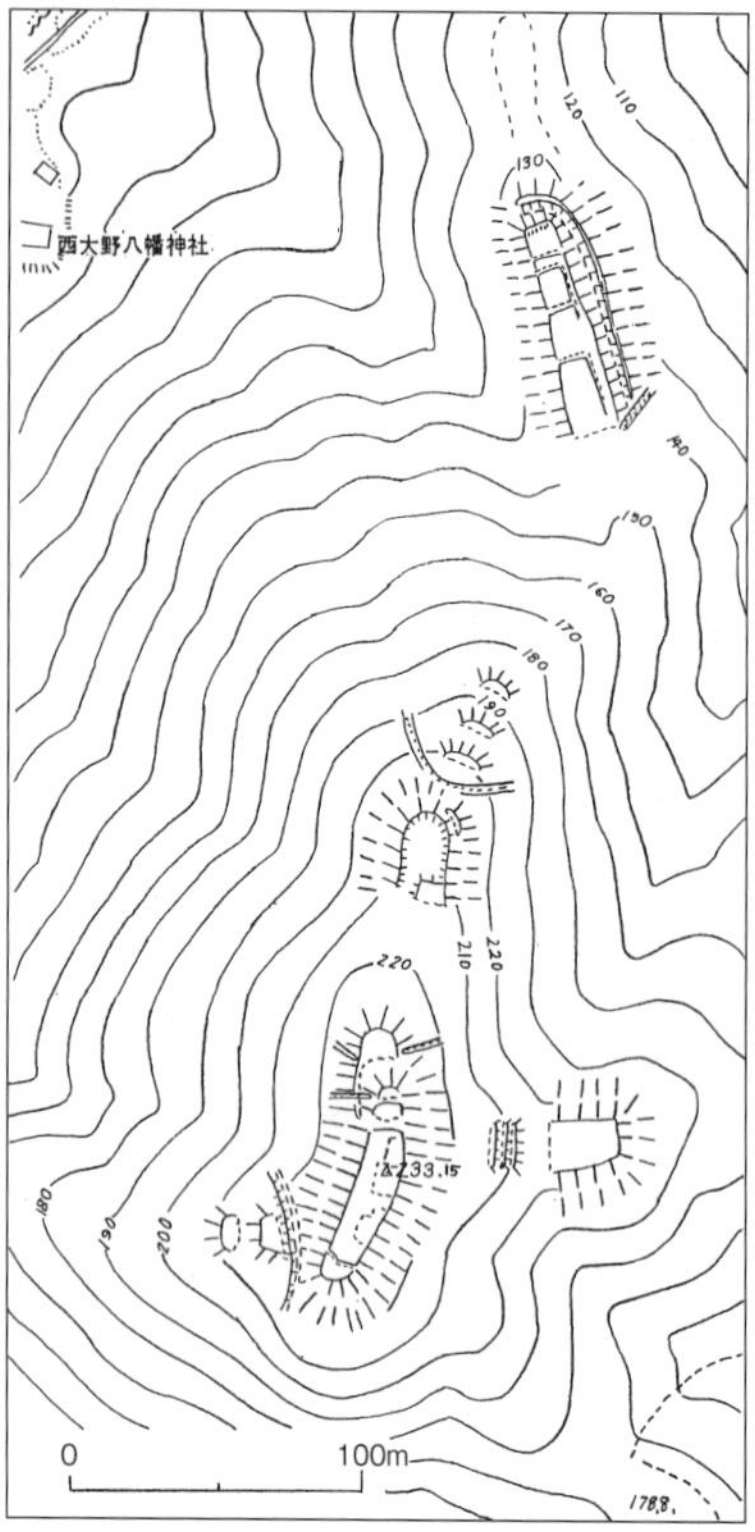

宮山城図（中村修身作成）

宮山城遠景

8 虹山城《にじやま》

別称　虹城、二神山城、巣山城
所在地　北九州市小倉南区大字蒲生
旧郡　企救郡

ＪＲ鹿児島本線小倉駅の南西約五キロメートルの紫川の西岸の山塊の東端、小倉霊園の南の独立峰の山頂、標高一二一メートル）に造られた山城である。東の麓の紫川との間が戦国時代終りまでの小倉城（小倉津）から南の中谷、東谷から田川郡へ通じる幹線道路であり、北から恵里《えり》城、虹山城、長尾城、小舟山城と小規模山城が連なっている。

この城については鎌倉時代末期、南北朝期に蒲生城として名が記事が有り鎮西探題北条英時の子規矩時秋、高政が築いたと伝えられるが、現在見られる城郭遺構は戦国後期のものであり沿革等は判らない。おそらく小倉南区一帯を本拠地としていた長野氏関係の端城だったと考えられる。そして永禄八年（一五六五）あるいは永禄一一年の大友氏や毛利氏による長野退治の後廃城となったと考えられる。

城の規模は東西約五〇メートル、南北約二五〇メートルであり、曲輪、堀切、土塁、竪堀が良く残っている。また東斜面下には現在では竹林して整備され平地は確認できないが出丸跡と思われる空堀囲みの区域がある。ここの空堀の内、南北の堀は傾斜が緩い東斜面防御の堀切跡ではないかと考えられる。また、城域の北側の部分は城郭遺構としては明確ではないが水の手あるいは搦手口としての機能を有していたと推測できる。

現在、東斜面から孟宗竹の竹薮が拡がって来ている。（村上勝郎）

〔文献〕『小倉市誌（続）』。『北九州市史　古代・中世編』

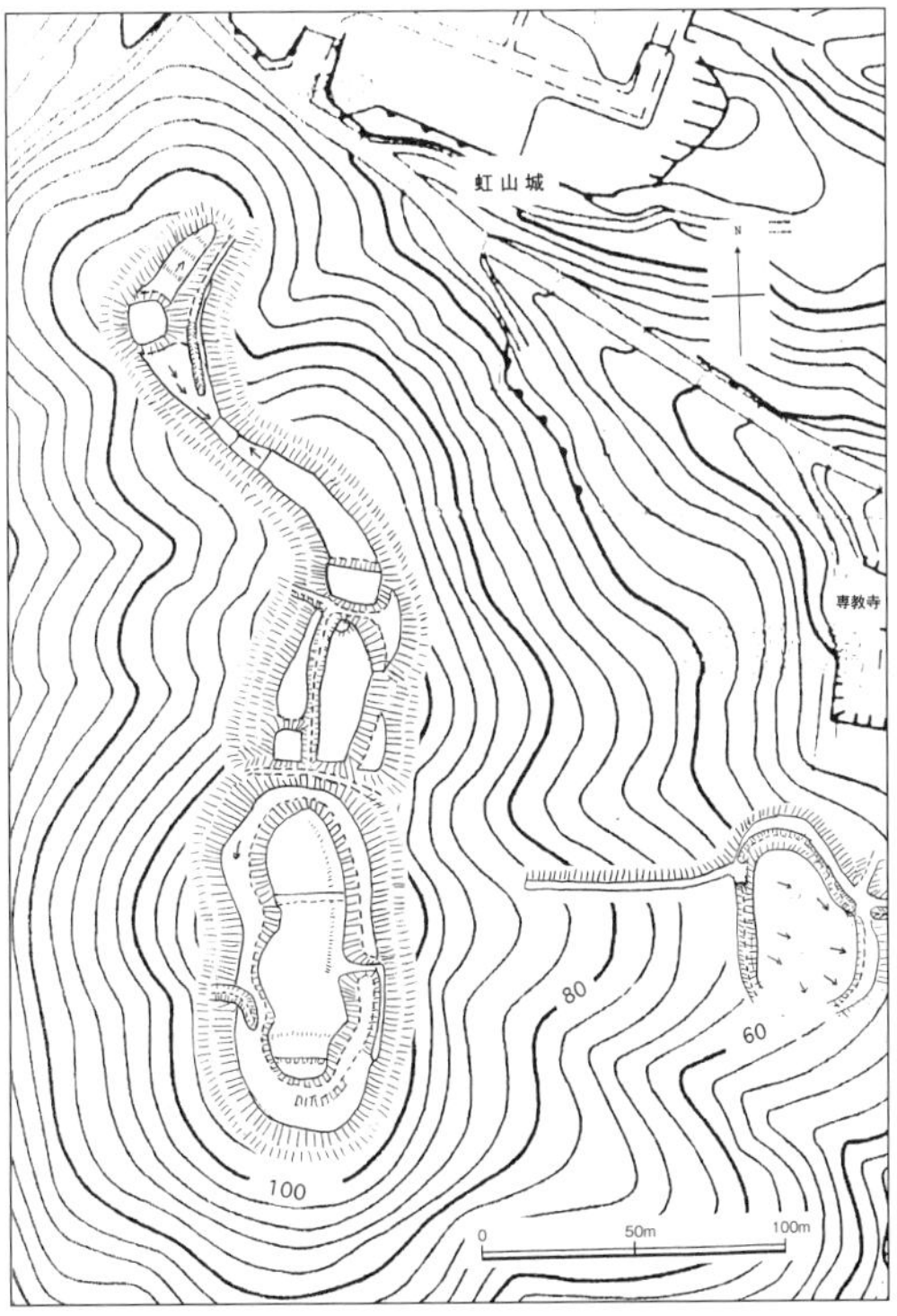

虹山城図（村上勝郎作成　2008年。『福岡県の城』所載図をもとに調査）

9 丸《まる》ケ《が》口《くち》福《ふ》相《そう》寺《じ》城

別　称　丸ケ口城、福相寺城、隠蓑城
所在地　北九州市小倉南区横代・隠蓑・堀越
旧　郡　企救郡

JR日田彦山線志井駅の東約一〇〇〇メートル、横代、隠蓑、堀越の三つの大字の境の貫山塊から北に突き出た標高二一一メートルの山頂にある小規模山城である。麓の丸ケ口集落に以前福相寺が存在していたのでこの名が伝わっている。また、隠蓑城の名前が伝わっていて所在が明確でないが、この城が隠蓑地区にも掛っており隠蓑城とも呼ばれていたと推測される。

軍記物に名前が出てくるが、確実な文献資料が無いので沿革等は判らないが、永禄一一年（一五六八）の毛利氏による長野退治までは小倉南区を本拠地としていた長野氏関係の城だったと考えられる。その後、永禄一二年の高橋鑑種の小倉入部後は天正年間まで高橋氏が確保していたと推測される。天正一四年の豊臣秀吉の九州平定時には廃城になっていたと思われる。

城は山頂部の曲輪群と東の一段下った現在観音堂がある場所の曲輪で構成されていたと考えられる。要所要所に堀切を入れて厳重な防御構造となっている。主郭には約六、七メートル四方の高さ一メートル程の土壇があり櫓台だったと考えられる。

南の堀越城（横代城、鷲岳城）との関係は判らないがこの二つの城の間の峠道（近世の塩の道）を押さえる機能が考えられるので一体で運用されていたとも推測される。城の造りが新しい様なので元亀、天正年間に大友氏あるいは小倉の高橋氏による改修があった可能性も推測される。（村上勝郎）

〔文献〕『小倉市誌（続）』

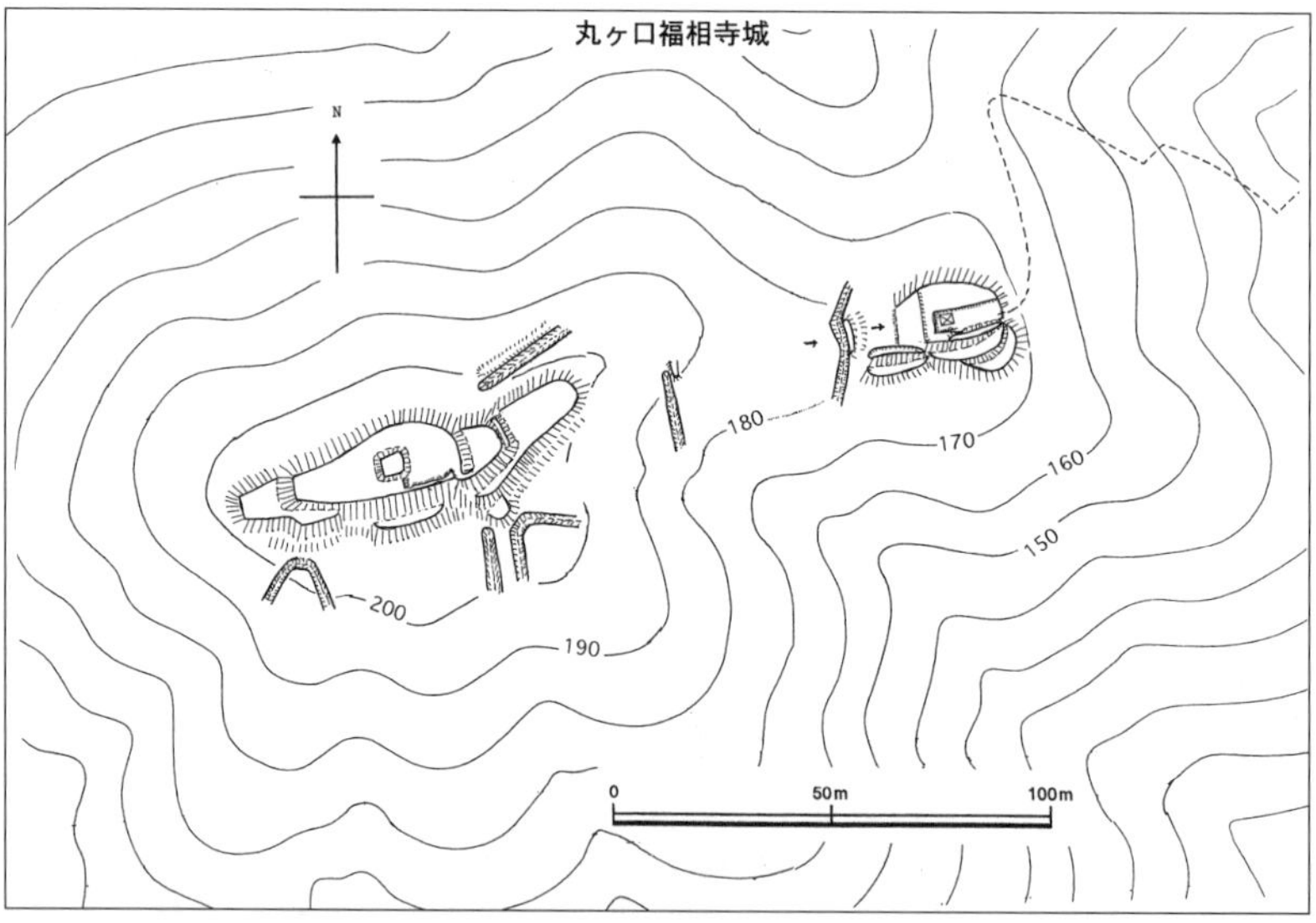

丸ケ口福相寺城図（村上勝郎作成　2009年）

10 小舟山城《おふなやま》

別　称　山本城
所在地　北九州市小倉南区大字山本
旧　郡　企救郡

ＪＲ日田彦山線志井駅の西約二〇〇〇メートル、九州自動車道小倉南ＩＣの西約六〇〇メートル、中谷地区と西谷地区の入口部の山本集落の西方寺の背後、標高一四九メートルの独立峰上に造られた小規模山城である。谷を隔てて東の峰上に稗畑山城、北には長尾城が存在していた。

明確な文献史料が無いので沿革等は判らないが小倉南区一帯を本拠地としていた長野氏関係の城だったと考えられる。『応永戦覧』に応永年間（一三九四～一四〇八）に長野兵部少輔義冨の六男山本八郎義親が城主だったとの記事が有るが確認出来ない。永禄一一年（一五六八）の毛利氏による長野退治の頃に廃城となったと推測される。

数個の曲輪群が南北に長い尾根上に造られていて、東西約二〇メートル、南北約一二〇メートルである。遺構は曲輪、北側の堀切、主郭の西側斜面の土塁を持つ横堀状の腰曲輪および西側の斜面したの堀切がある。また、西側の堀切の先もほぼ三角形の平地が有り、城の一部とも考えられる。

この城の南西約一五〇〇メートルの尾根続きの標高約四二〇メートルの峰上に単郭の水上城が有り、腰曲輪と南側に堀切が有る。小舟山城との関係では尾根筋に平地がいくつか存在していることと堀切が一ヶ所および水場と見られる所もあるのでこれらは一体の城塞として造られたと推測される。麓の西方寺付近に城主の居館が存在していた可能性がある。（村上勝郎）

〔文献〕『応永戦覧』陣山緩編。『豊前古城記』

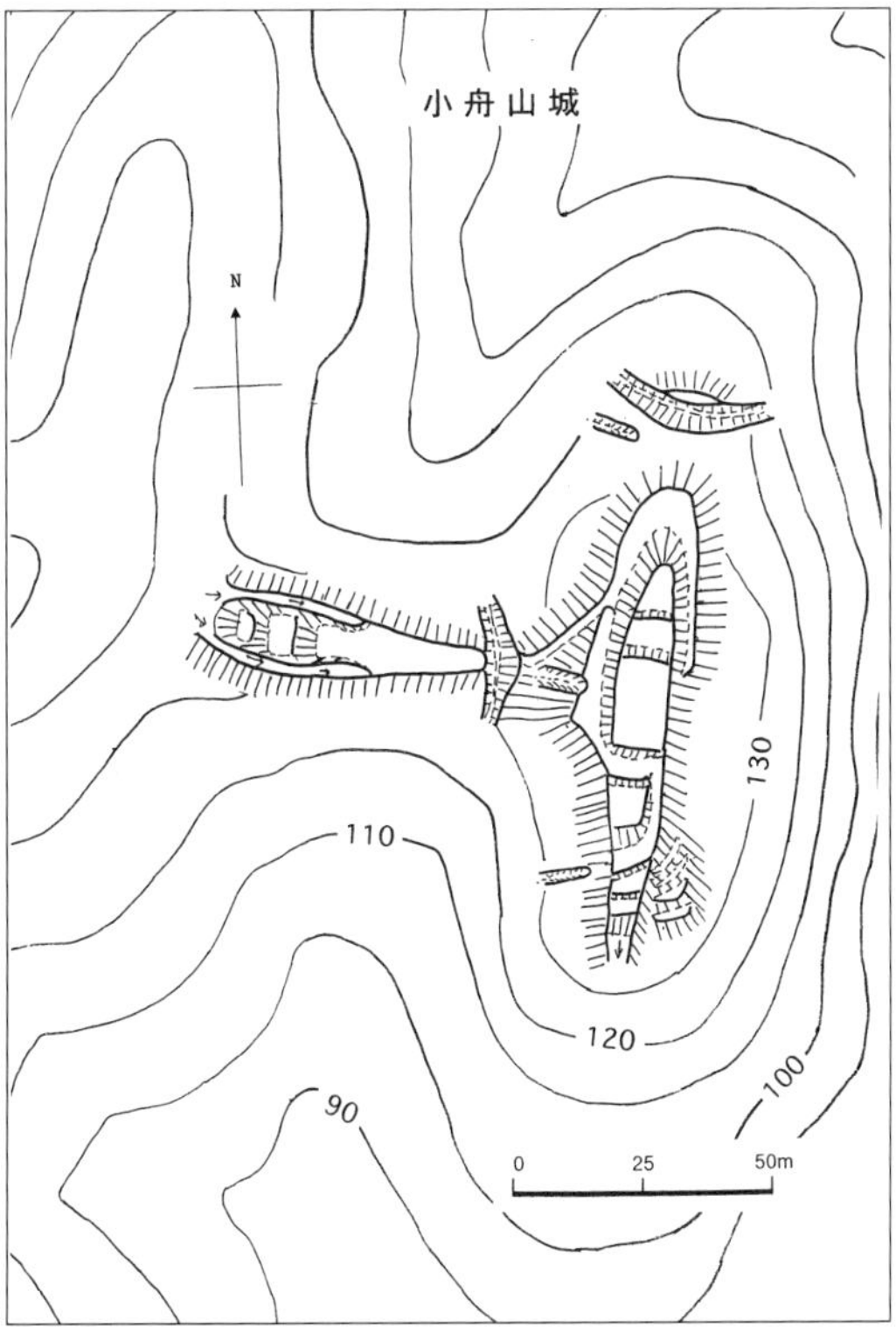

小舟山城図（村上勝郎作成　2009年）

11 吉川《きっかわ》城・三角《みすみ》城

所在地　北九州市小倉南区大字辻三、八幡東区大字大蔵（吉川城）・大字田代（三角城）
旧　郡　豊前国企救郡・筑前国遠賀郡

吉川城と三角城は三岳城（大三岳城および小三岳城）を北側から西側を取囲む形で配置された向城（陣城）群の本陣的な山城である。いずれも豊前と筑前との国境となっている尾根筋の峰の上につくられた。付属の向城はほぼ豊前側の斜面に造られている。吉川城の標高は四四八メートル、三角城の標高は四三〇メートルである。

伝承のみで文献史料が無いので沿革は全く判らない。城の構造、造りから吉川城は永禄八年（一五六五）の大友氏による長野成敗で長野氏が大友氏方になったので毛利氏が新たに築城した陣城で、三角城は以前から存在していた小規模山城を改修、整備したものと考えられる。いずれにしても永禄八年の長野成敗以降に毛利氏が筑前国境の防衛と長野退治を考えて築城、改修整備を行ったと推測できる。

吉川城は大三岳城の北側を攻める形で配置された削平地（陣城）群の本陣的存在で、大三岳城を見下す位置にある。三角城は大三岳城の西側に有り、大三岳城と小三岳城とを結ぶ連絡道を押える位置に配置された削平地（陣城）群の本陣的存在で小三岳城を攻める機能も持っていた。

三岳城を攻める場合、山の麓からでは攻める側の損害が大きいので、より高い位置に向城を築き、麓は大軍で押える戦法を毛利方が取ったものと考えられる。（村上勝郎）

〔文献〕『長野城』北九州教育委員会。『小倉市誌（補遺）』

三角城要図（村上勝郎作成　2009年）

吉川城図（『長野城』所載図を転載）

12

木下《きのした》城

別称　西ノ奥城
所在地　北九州市小倉南区大字木下・道原《どうばる》
旧郡　企救郡

JR日田彦山線石原町駅の南西約四〇〇〇メートル、小倉南区の中谷地区と東谷地区を区切る南北に連なる尾根上の標高二八九メートルの峰上に在る。（三角点が設置されている）比高は中谷地区（道原《どうばる》）からも東谷地区（木下）からも約二〇〇メートルである。登城は中谷側からの方が判りやすい。

東麓（東谷、木下）の小野田屋敷の詰めの城との伝承があるが関係する文献史料が無いので築城、城主、廃城などの沿革は判らない。主郭の北斜面下に東谷と中谷を結ぶ交通路だったと思われる峠（鞍部）が存在することから企救郡南部（現小倉南区）を本拠地とした長野氏が南から金辺《きべ》（木辺）峠を越えて来る豊後の大友勢の中谷地区への侵入を防ぐ目的で築城した城と考えられる。城主はいなくて長野氏の家臣団（道原村在）が守る陣城だったとも考えられる。

小規模城郭であるが遺構は良く残っていて、三つの曲輪、三条の堀切、数条の畝状竪堀が明瞭に見られる。遺構の状況から戦国末期永禄八年（一五六五年）の大友氏による長野退治のころの改修あるいは築城のものと考えられる。

明治初年に企救郡役所が作成して内務省に報告したとされる『企救郡古城址取調簿』に書かれている内容と実際の遺構が全く異なっており、当時の調査の内容の信憑性に疑問がある。（村上勝郎）

〔文献〕『小倉市誌（補遺）』

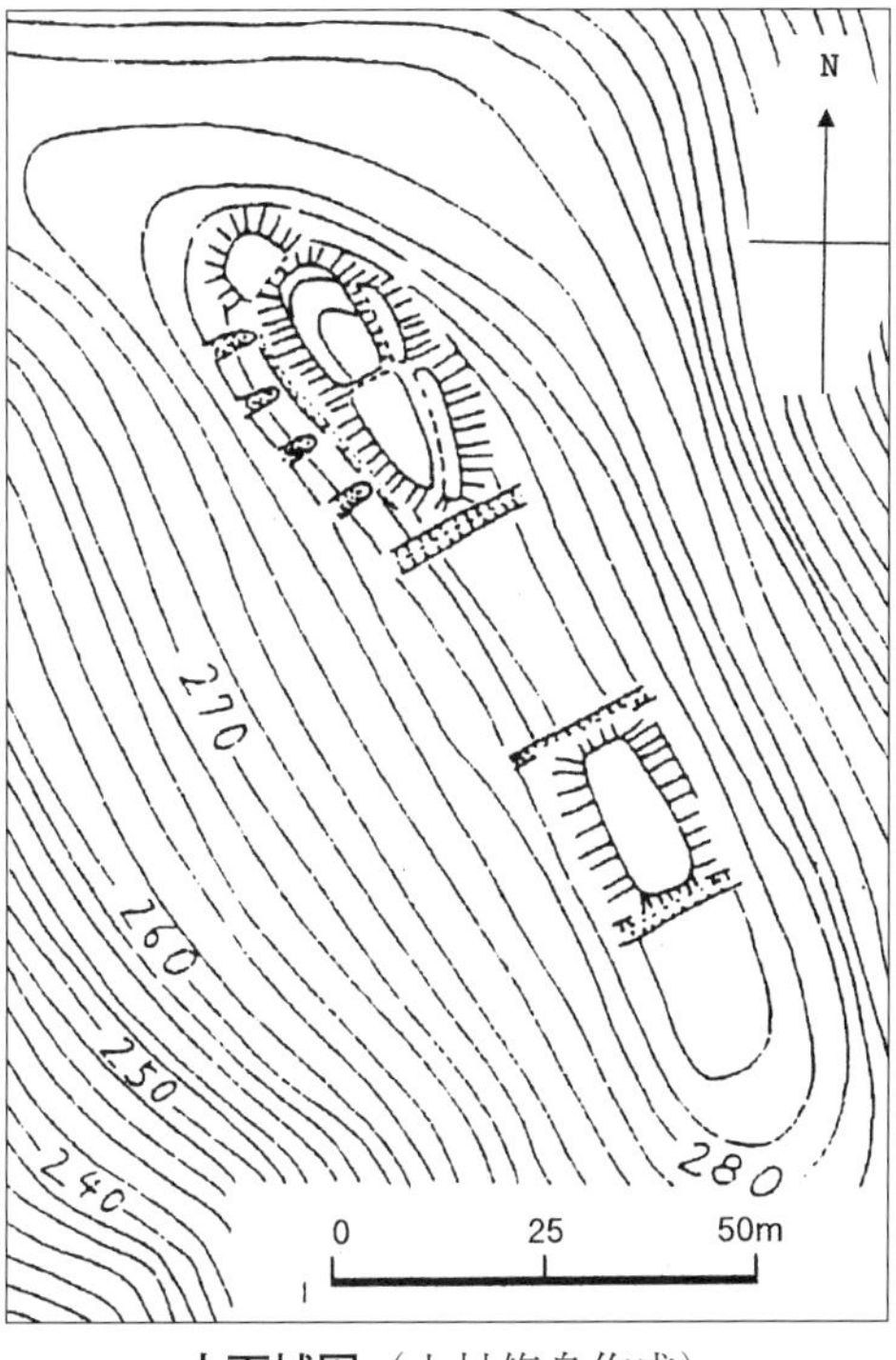

木下城図（中村修身作成）

13 茶臼山城《ちゃうすやま》

別　称　木部城、海老野城、呼野城、茶臼山城
所在地　北九州市小倉南区大字頂吉《かくめよし》、田川郡香春町大字採銅所
旧　郡　企救郡、田川郡

JR日田彦山線呼野駅の南西約三キロメートル、企救郡（小倉南区）と田川郡（香春町）との境界線の尾根上の標高四〇八メートルの峰に主郭を置き南北と東の尾根に曲輪を配置した山城である。信頼できる文献史料が無く、江戸時代に作られた『応永戦覧《おうえいせんらん》』のような軍記物や異本が多い『豊前古城記』に城名が出てくる城であり、築城時期、城主などの沿革については全く判らない。

古代からの企救郡と田川郡を結ぶ主要な交通路であった金辺（木辺）峠を押さえる位置にある城で創築時期はかなり古い（南北朝期から戦国初期頃か）と推測できるが、現在見られる遺構は戦国末期のものと思われる。

また、切岸などの防御の方向が北や東（金辺峠）側に向いているので豊臣秀吉が九州平定を開始した天正一四年（一五八六）頃に香春岳城を本城とした高橋元種が北からの侵攻に対処して改修、拡張を行ったものと推測される。これは南の尾根続き約一〇〇〇メートルに在る新城山（標高四〇四メートル）上の小城郭とその間のほぼ標高四〇〇メートルレベルに存在する広い平坦地から推測できる。

城としての最終段階は香春岳城の出城だったと考えられる。城の規模は主郭が東西一六メートル、南北三〇メートルの長円形で北側から東側を三、四段の腰曲輪で囲み、南側の尾根筋に四、五段の階段状の曲輪段が有り、東西八〇メートル、南北約一二〇メートルの城域である。主郭の西側は急斜面であり防御施設はない。

（村上勝郎）

〔文献〕『小倉市誌（補遺）』。『応永戦覧』陣内緩編

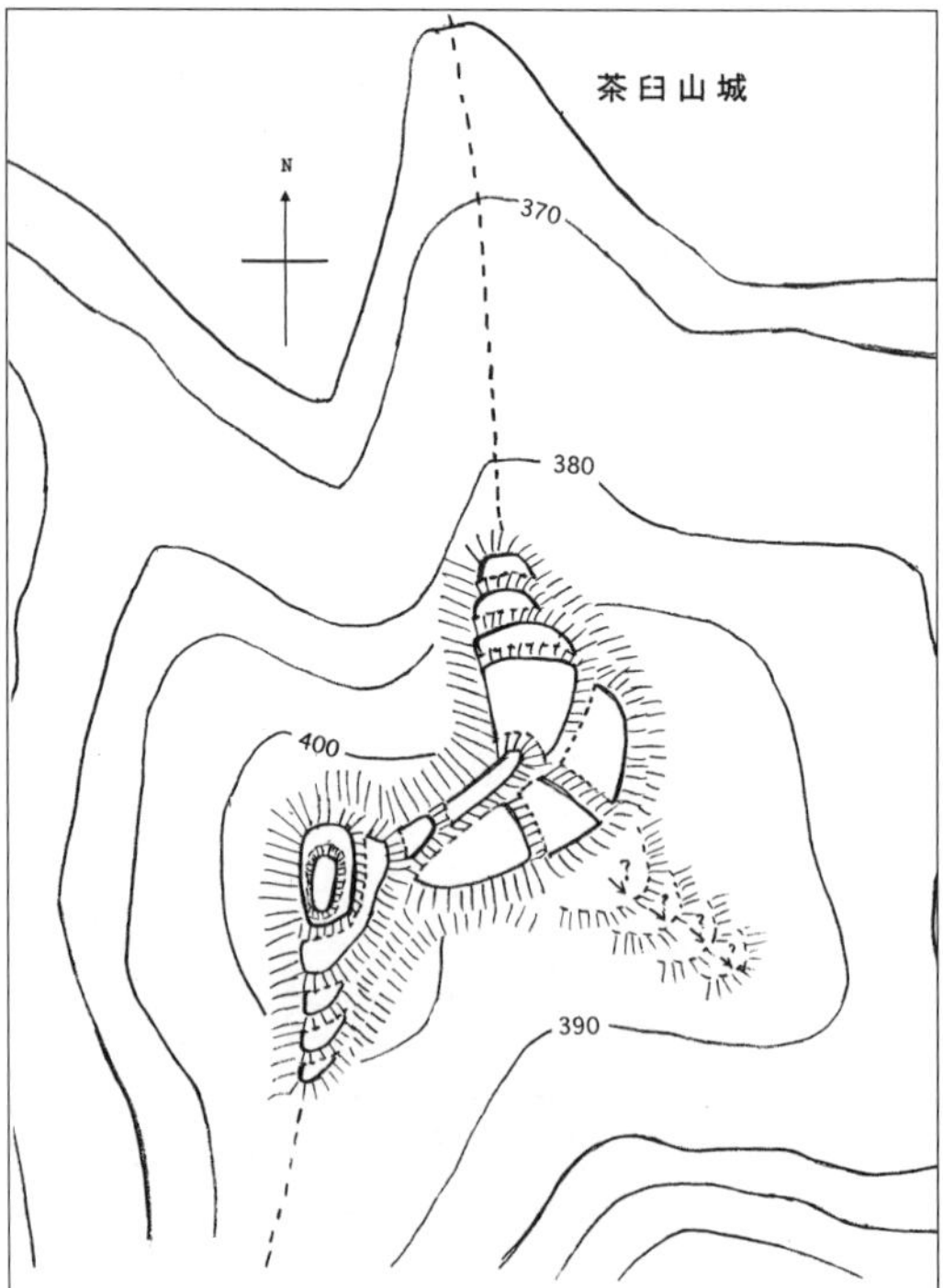

茶臼山城図（村上勝郎作成　2007年）

14 小倉城《こくら》

別称　勝山城、指月城、勝野城、湧金城
所在地　北九州市小倉北区城内（本丸部）
旧郡　企救郡

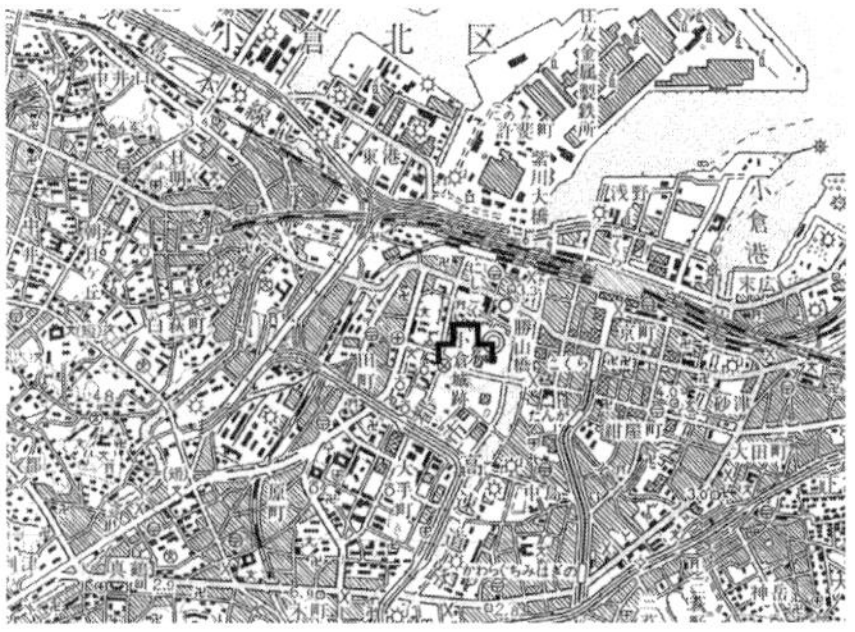

現在見られる小倉城は慶長七年（一六〇二）に細川忠興が築城した近世城郭の遺構である。

小倉城の沿革で明確なのは永禄一二年（一五六九）に中国の毛利氏が筑前の立花山城攻撃のため中継、兵站基地として平城を築城した時以降である。これ以前は鎌倉時代始めから（源平合戦期）、鎌倉時代後期（文永の元寇期）、南北朝期そして一四世紀末頃からの大内氏の豊前支配（守護）の時代の事が『倉城大略誌』、『豊前志』等の江戸期の編纂物に書かれているが伝承に基づくもので確証がある内容ではない。この時期の小倉城は位置が明確でなくまた連続して城が存在していたとは考えられない。特に大内氏支配の一六世紀前半から永禄一二年の毛利氏の築城までは小倉津支配の代官所があった程度で城郭ではなかったと推測される。

毛利氏が築城した小倉城は平城で周囲を囲む塀は木造だった様で難破船の船材を使うとの文書が残っている。この時から小倉城は現在地に存在した。現在の本丸と北の丸部分と考えられる。

永禄一二年一〇月の毛利氏の立花山城からの撤退に伴い宝満山城から高橋鑑種が元亀元年（一五七〇）正月に豊前国企救郡に移封されて小倉城に入った。天正七年（一五七九）に高橋鑑種が亡くなるが、城郭としては毛利氏が築城した規模と造りのままだったと推測される。この時期（天正三年―一五七五）に薩摩の島津家久が上方への旅の途中、城の横を通っており、その道中記に「高橋殿の館」と書かれている。

高橋鑑種の死後跡を継いだ秋月氏からの養子元種は本城を田川郡の香春岳城に移したので小倉城は城代が在城する端城となった。

天正一四年（一五八六）、大友宗麟からの願いに始った豊臣秀吉の九州平定の先鋒として黒田孝高が派遣され毛利氏と共に島津方だった秋月方を攻め、小倉城は遠賀郡の古賀城、浅川城、鞍手郡の剣岳城と共に落城した。この後は豊臣方の中継基地となった。天正一五年の九州国割りでは小倉城は豊前の二郡（企救郡、田川郡）五万石の領主となった毛利勝信（森吉成）が城主となり、織豊系城郭として改修されたようである。

慶長五年（一六〇〇）の関ヶ原合戦では毛利勝信は西軍方だったので中津の黒田孝高（如水）に攻められて落城、戦後処理で改易された。関ヶ原合戦の大名配置で豊前八郡と豊後の国東、速見二郡を拝領した細川忠興は始め、中津城に入ったが、旧西軍方の防長二州の毛利氏と筑前国五二万石の黒田氏対策および交通の要衝を押えるなどの理由で小倉城を大改修して本城とした。

細川忠興が築城した小倉城は戦国後期に発展してきた総構（外郭）を持つ巨大近世城郭である。戦国初期からの山城が戦国大名の大規模化に伴い、平城化して行く過程で城下町全体を囲込んだ北条

豊前小倉図　宝暦頃（北九州市立自然史歴史博物館蔵）

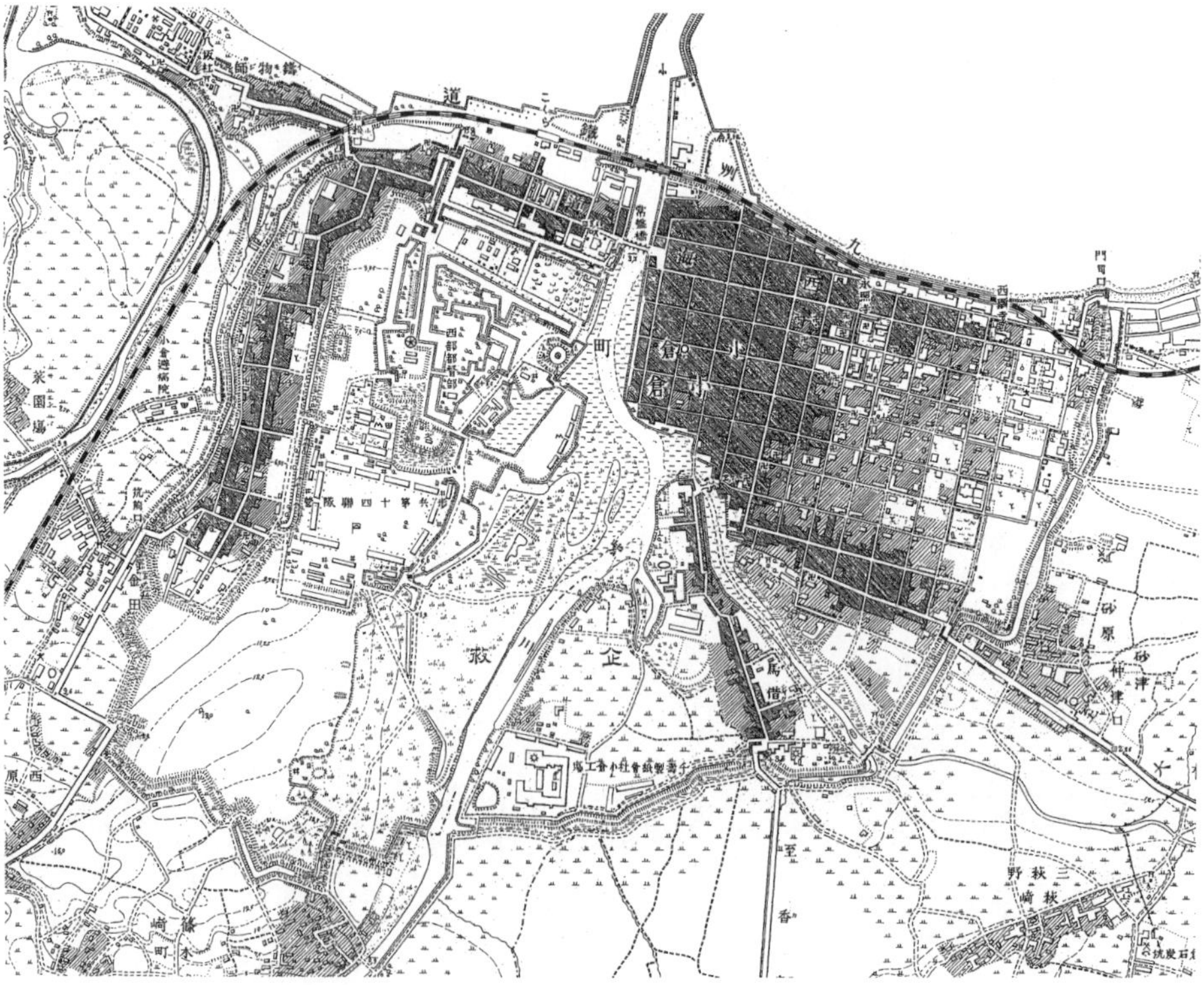

小倉城地図（大日本帝国陸地測量部作成　明治32年発行）

小倉城二の丸石垣

氏の小田原城、そして豊臣氏の大坂城などの実例を参考に計画、設計された城郭が出来上がった。

　細川氏の小倉城の規模は外郭が東西約二〇〇〇メートル、南北約一五〇〇メートルで北の海岸は石垣、土塀、櫓が有り、東西と南の三方は大きな堀（水、空）土塁で囲まれていた。

　門は外郭の東から時計回りに門司口門、富野口門、中津口門、香春口門、蟹喰口門、篠崎口門、清水口門、筑前口門、溜池口門、敷石口門の一〇ヶ所が有った。明治三十一年の地形図ではこれらが石垣あるいは土塁の形で存在が判る。城内の櫓は延享三年（一七四六）の記録で天守閣以外で平櫓が一一七棟、二階櫓が一六棟、門櫓が一二棟あった。天守閣は外見五層内部六階のいわゆる南蛮造りと称されて、破風の無い層塔式と呼ばれる形式だった。現在の昭和三四年に復元された天守閣には大きな破風が付けられているのが本来の小倉城のものと異る部分である。層塔式は新しい形式で九州では島原城のものが同形式である。また、南蛮式と呼ばれる形の天守閣は津山城と高松城にあった。この二つは明治期の写真が残っている。

　城郭の構造は、細川氏以前は紫川の西岸、板櫃川との間の勝山丘陵上に存在した城を中心にした西曲輪と紫川の東一〇〇〇メートルの所に砂津川を外堀として開削して東曲輪を設け、外郭の南側は板櫃川から神嶽川をつなぐ形で西は丘陵を断切り、東は平地を区切る大きな堀と土塁を造った。

　城の中枢部部分は西曲輪に置かれ大身の家臣団の屋敷地も西にあった。東は新開地で町人が多く居住したが下級家臣や陪臣も多く居住した。この大きな小倉城の城域が明治から大正初期の小倉町、小倉市の市町域となっていた。

　細川氏が寛永九年（一六三二）に肥後国熊本に移封となり、播磨国明石から譜代の小笠原氏が豊前六郡一五万石で小倉城に入った。小笠原氏の時期は天下泰平の時代であり、城郭の改修はほとんどなく修理程度で、細川氏築城の形がほぼそのまま幕末まで続いていた。天守閣は天保八年（一八三七）の本丸火災で焼失し、再建されなかった。その時の江戸とのやり取りの書状に「土蔵のことか」との文言があり、江戸時代後期は倉庫的に使われていたようだ。

　幕末、慶応二年（一八六六）の第二次長州征伐の際、将軍家茂死去に伴う幕府軍の撤退で小倉藩は小倉城を自焼して田川郡方面に退去したので城の大部分の建物は焼失した。最近の御代米蔵の発掘調査で堀の中に焼落ちた櫓材が発見されている。また、明治初年に海岸側の櫓の払下げの記事が有るので二、三ヶ所の櫓は焼けなかった可能性がある。

小倉は九州の入口で要衝なので明治五年（一八七二）の廃城令では建物は残っていないが存城とされ、国内の治安維持のための陸軍の駐屯地となった。明治一〇年の西南戦争では乃木連隊長指揮の歩兵第一四連隊が出動した。その後、日露戦争前には第一二師団が新設され本丸に司令部が置かれ、森鴎外が師団軍医部長として赴任した。

小倉城障子堀

大正期の陸軍軍縮で第一二師団司令部が久留米移転し、第一四連隊が北方移転して旧駐屯地は陸軍用地のまま空地になっていたが、昭和八年に関東大震災で被災した東京砲兵工廠を小倉に誘致した際に旧三の丸地区は大きく改変され、南の外郭の堀の外の民有地も買収され、痕跡程度に残っていた堀や土塁も埋立て、削平された。最近の開発に伴う発掘調査で大きな堀だったことがはっきりし、障子堀《しょうじぼり》だったことが判明した。

現在、小倉城は明治以後の都市化、近代化で本丸周辺の城の中枢部分以外は判り難くなっているが仔細に見て行くと外郭や三の丸の様子がいくつか見られる。（村上勝郎）

〔文献〕『豊前叢書』。『倉城大略誌』春日信映。『小倉城』北九州の文化財を守る会

15 足立山《あだちやま》城

別　称　妙見山城、黒原城、吉見城
所在地　北九州市小倉北区大字足原（一部小倉南区）
旧　郡　企救郡

小倉の市街地の東にそびえる足立山の山頂に築かれた山城である。足立山は古来から企救郡全体を見渡せる眺望が良い山なので物見や烽火の場所、あるいは修験道の地として使われていた。現在は最高峰の霧ケ岳《きりがだけ》（標高五九八メートル）を足立山としているが昔は南北に連なる山塊全体を足立山として妙見山《みょうけんさん》（標高五一九メートル）、南岳（標高四四二メートル）そして北端の小文字山までを含んでいた。

足立山城あるいは足立城とはこの山塊の峰、尾根上に築かれた山城を指していたと考えられる。

足立山城の沿革については明確な文献史料が無いので山のどの場所に誰が何時築城、在城したのかがはっきりしない。明治初年に作られた『企救郡古城址取調簿』では鎌倉時代始めに門司氏が創築と

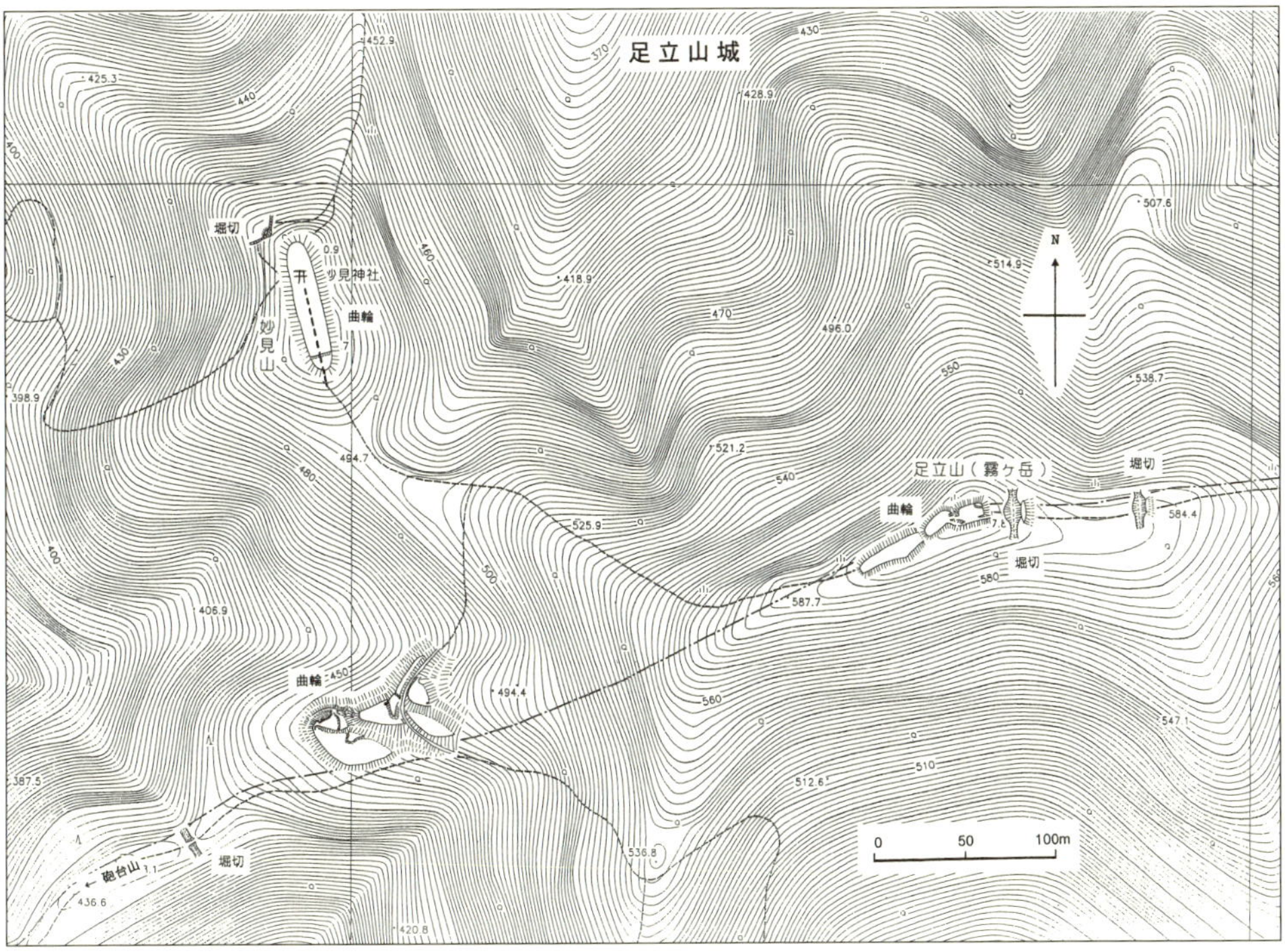

足立山城図（村上勝郎作成　2009年）

か南北朝期や応永年間の記事がある。その後の山城の明確な記事は見当らないので、山城として存続、機能したのは一四世紀から一五世紀終わり頃まではなかったかと推測される。

その後は一六世紀半ば頃に足立陣として大友氏や毛利氏が陣所を置いたとの記事が見られるので、おそらく山麓に陣所を置き、山頂には小数の物見や烽火の兵を置いた程度だったと考えられる。

これまでの足立山城については南岳（通称砲台山）に存在したとされて来たが、南岳から妙見山への尾根筋に大きな堀切の痕跡が見られることや妙見山城の別名や妙見山や霧ケ岳の城郭の遺構の存在などから南岳の城と妙見山および霧ケ岳の山城は時期や築城者が異っていたとも推測できる。

南岳の山頂には曲輪だったとも感じられる平地があるが江戸時代の住居跡や昭和の高射砲台の跡が中世、戦国

足立山城遠望

時代の遺構を破壊、消滅させている。石垣については『企救郡古城址取調簿』に記載があるので江戸時代のものが多く、全てが昭和のものではない。黒原城の別名から南岳の山頂にも城が存在したと推測できる。

　南岳への登城道は西麓の黒原《くろばる》と南麓の湯川からであり、水の手と思われる谷川もこちらにある。これに対して妙見山、霧ケ岳への登城道は北の小文字山からの尾根道、大谷の谷筋（現在自衛隊の弾薬庫）、東の高蔵山や大台ケ原（大里藤松方面）もある。妙見山と霧ケ岳との間の鞍部から大谷方面が本来の登城道だったと推測できる。ここはまた水の手でもある。

　現状では南岳には改変、破壊で山城の遺構は見られない。妙見山は山頂の曲輪が神社の祠造営で掘込まれているが南側に三段ほどの曲輪段と北側の尾根道に堀切の痕跡が有る。霧ケ岳には山頂部に三つの曲輪の平地が有り、東の切岸下の尾根筋に二条の堀切が有る。南岳から妙見山／霧ケ岳への尾根に幅四メートルほどの堀切の跡があり、この上の尾根に数段の平地が有る。ここが足立城の主郭部分だったと考えられる。また、妙見山と霧ケ岳との間の鞍部も後世の改変が大きく旧状が判らないが曲輪が存在したと推測できる。（村上勝郎）

〔文献〕『小倉市誌（続）』。『応永戦覧』陣山緩編

16 引地山《ひきちやま》城

別称　到津《いとうず》城
所在地　北九州市小倉北区都一丁目
旧郡　企救郡

　西鉄バス下到津バス停の西約四〇〇メートル、到津八幡神社のある丘陵の西側の谷を隔てた丘陵上（舌状尾根の先端）に造られた城である。現状は城域の北側が宅地開発で削られて消滅しているが堀切、土塁、曲輪二段が残っている。南側から東側に流れる板櫃川を外堀とした城である。

　戦国期に入って、大内氏の支配下にあった宇佐八幡宮の荘園だった到津荘を防衛する目的で築城されたものと考えられる。

　到津荘には宇佐八幡宮の代官として清末氏が派遣されており、『企救郡古城址取調簿』に「天文ノ頃清末駿河守公朝・同左馬助相継き城主タリ云々」との記事があるので天文年間には存在していたと考えられる。清末氏が城代を務めていたと推測される。永禄四年（一五六一）に宇佐八幡宮は大友氏に攻められて、時の大宮司到津公達は宇佐を逃れて引地山城に天正一一年（一五八三）まで滞在したと伝えられる。廃城時期は明確では無いが豊臣秀吉の九州平定の頃までに廃城となったと推測される。

　城の規模は上段の曲輪が東西約二六メートル、南北約三〇メートルで下段の曲輪は東西約四六メートル、南北約二六メートルである。城域の北側と東側が周辺の開発で改変されており、内部も後世の耕

作地となっていたようなので明確な城郭遺構は上段の曲輪の北側の土塁と堀切のみである。（村上勝郎）

〔文献〕『小倉市誌（続）』

引地山城土塁

17 松山城

別　称　苅田城
所在地　京都郡苅田町大字松山
旧　郡　京都郡

苅田町大字松山に所在する。松山城は標高一二八メートルの独立丘陵で三方を周防灘《すおうなだ》に囲まれた岬にある。中世大橋（現行橋市）や簑島を東側にひかえている。城跡は土取りなどで甚だしく欠損している。一五以上の郭、土塁、石垣、石造りの階段、横堀、畝状竪《うねじょうたて》堀群《ぼりぐん》、長大な土塁《どるい》などで構成されている。石垣、石造りの階段、長大な土塁は天正一四年ごろの特徴を示している。畝状竪堀群も修築の痕跡を辿るところがる。郭と郭をつなぐ通路が発達している。天正一四年の建物跡であろうか、瓦が数カ所で集中して確認できる。

北朝方として戦った西郷《さいごう》式部大夫有政《ありまさ》は観応《かんおう》二年（一三五一）八月、仲津郡大坂及崎山両関所へ味方を遣わし連日合戦をおこない、同年二月には南朝の支配下にあった豊前国苅田城（松山城）を攻め落とした。陶晴賢《すえはるたか》を倒し中国地方の覇権《はけん》をにぎった毛利元就は、豊

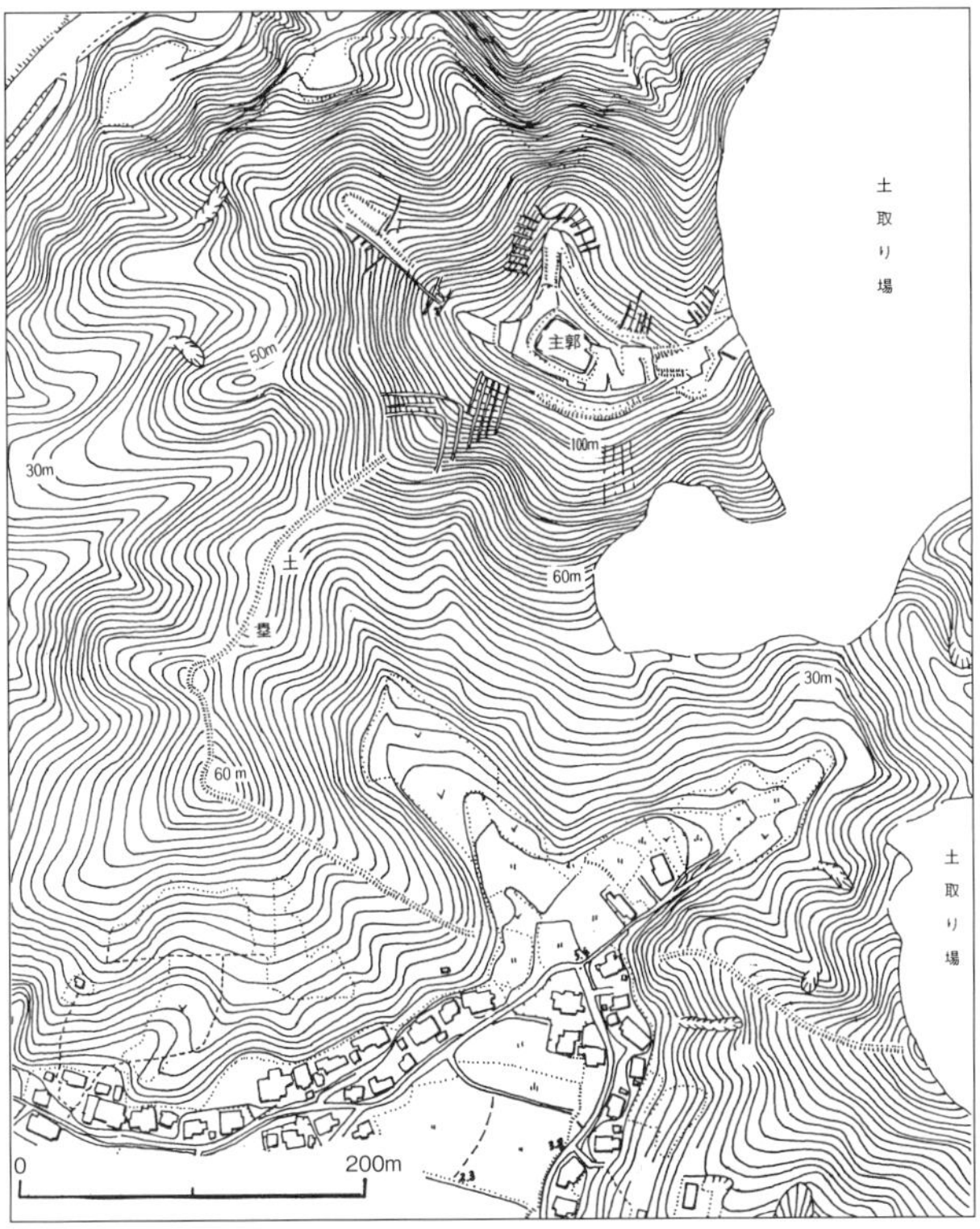

松山城図（中村修身作成　1987年）

前国、筑前国の権益確保のため軍を九州に進めた。大友勢との戦いは規矩郡門司城が主戦場であったが松山城も重要な役割を果たした。

　永禄四年（一五六一）一一月五日に豊後勢が門司表陣で大敗した直後の一一月一二日、大友勢が籠もる松山城も毛利勢が攻め落とした。小早川隆景は小笠原《おがさわら》長雄《ながお》へ、筑豊は平静を保っていること、松山城は国中で第一堅固な場所にあること物寄（船着き場か）の普請をしたことや高橋鑑種《たかはしあきたね》は豊前規矩郡を襲撃《しゅうげき》すべく苅田松山城に取り付いていることなど諸情勢を伝えている。このころ毛利方内藤就藤らは松山表に勤番している。

　永禄五（一五六二）年七月杉連緒の働きで松山城は毛利勢の手中に落ちる。同年八月には毛利隆元配下毛利元種らが松山城に勤番している。大友義鎮の命により戸次忠務少輔、長野主水助、野上孫三郎らは、同年冬に毛利勢守る松山城の切岸を数度攻めるなど大規模な合戦が繰り広げられた。永禄六年（一五六三）正月二七日豊後大友勢の松山城攻撃に対し、杉松千代（杉重《すぎしげ》良《よし》）被官たちが防戦した。毛利元就は、松千代が幼年なので天《あま》野《の》隆重《たかしげ》を付けて補佐させた。永禄四年頃から松山城は杉松千代の守る城であった。

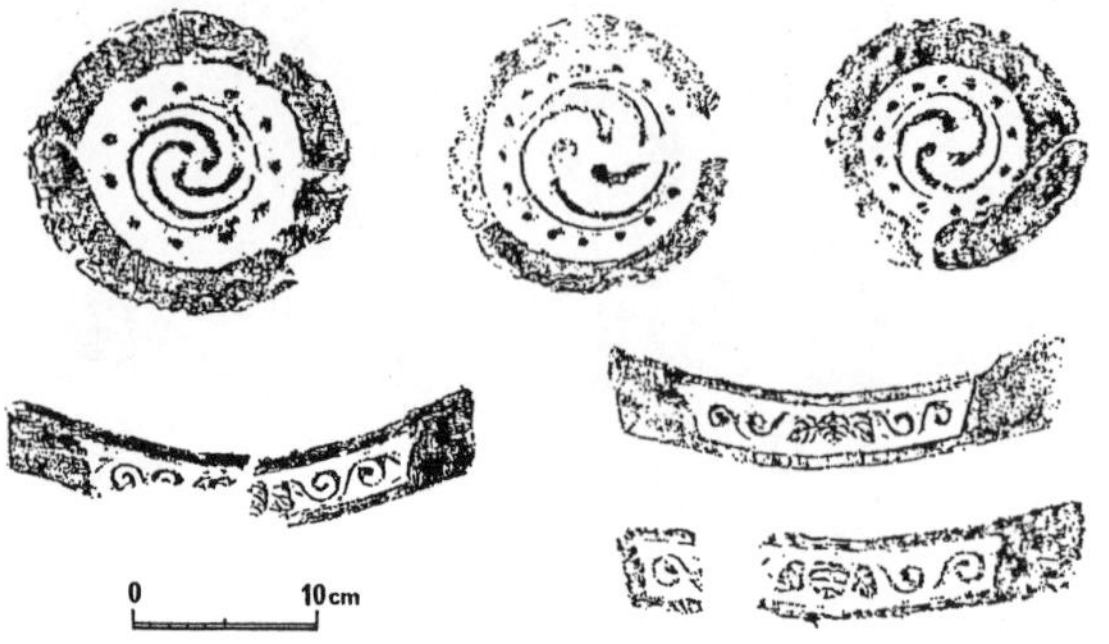

松山城出土瓦（天正14年の改築に使用）

　永禄一一年（一五六八）の筑前国立花城合戦の時、各地で毛利大友両勢力が激突、松山城でも城を守る中国毛利勢（杉重良、天野隆重）と攻める大友勢（田北鎮周等）の間で数度の合戦が繰り広げられた。同年一二月一二日に毛利元就と毛利輝元連名で杉重良とともに松山城に立て籠もり守った原田余二郎、安東縫殿允、伊佐源七郎、庄筑後守、庭津右衛門尉、丸毛木工助らの功績を承認している。毛利勢の立花陣総撤退とともに大友勢が松山城を摂取し、長野《ながの》助守《すけもり》が守備にあたった。

　天正七年（一五七九）九月二八日付け長野助守書名の覚えに「一、豊筑立柄のこと、付松山城普請を御延引の事」と書かれている。この覚えが誰に宛てたものか確定しづらいが、毛利方に宛てたとすれば、大友方から命じられた松山城の修理を引き延ばしていることになる。

　天正九年（一五八一）一〇月二八日毛利輝元は吉見《よしみ》正頼《まさより》父子に、毛利方長野守助が守備する松山城攻撃の件について、高橋元種に敵意があるのかを龍造寺や秋月等に事情聴取し報告する事を命じた。天正一四年（一五八六）一一月一六日以降高橋元種と手を結ぶ加来の立て籠もる宇留津《うるづ》城《じょう》攻撃までの間、黒田孝高は豊前国京都郡の内苅田という所に陣を構えた。この苅田とは松山城を指している。現地に残る石垣、土塁、石段それに瓦類は天正一四年の改修によるものである。関ヶ原の合戦が行われた慶長五年（一六〇〇）に黒田長政は苅田の城に配下の衣笠久右衛門、鉄砲頭高橋彦二郎などおおよそ一五〇余人を駐屯させた。

　松山集落までは乗用車でいける。ここから山頂まで歩いて一五分程かかる。（中村修身）

〔文献〕『行橋市史 中巻』。『黒田家譜』貝原益軒

18 等覚寺《とかくじ》城

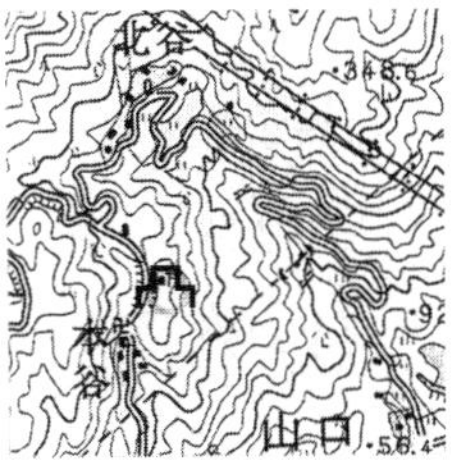

別称　山口城
所在地　京都郡苅田町大字山口
旧郡　京都郡

カルスト台地「平尾台」東側中腹の山岳地帯にある等覚寺地区は、大字山口の一部で、尾根を境に本谷地区と北谷地区とに分かれる。英彦山六峰のひとつ「普智山等覚寺」として栄え、山岳修験道と一体をなす歴史を有した地域で、標高三〇〇メートル前後にある山城跡は、その尾根上にある「白山多賀神社」境内一帯にある。当神社は、四月に行われる祭礼「等覚寺の松会」（国指定重要無形民俗文化財）で有名である。南北約二五〇メートル、東西約一二〇メートルの範囲に遺構が分布する。縄張りは、八〇条をこす堅固な二段の畝状竪堀群（尾根南東側は一部三段）が特徴的であり、横堀で区切られている。土塁、郭一五ヶ所、北側には、掘切五条がよく残り区画されている。修験道の全盛期は、永和年中頃、子院三〇〇坊があったと伝わる僧正堯賢の頃。『応永戦乱』によると、応永五年（一三九八）、大友氏対大内氏の戦「神田潟の合戦」に際して、この堯賢は、山伏三〇〇人余りを率いて大友氏の援軍として戦ったとある。応永年間（一三九四〜一四二一）の戦で、多くの山伏僧兵が戦死し、衰退していったと伝えられる。

応仁の乱ののち、豊前地域は、大友氏と毛利氏が戦をくりかえした。豊前支配をめぐる大友氏と毛利氏と抗争であった永禄二年（一五五九）の「文字ヶ城の攻防」（門司城の戦）を発端に、以後一〇余年、両氏の豊前争奪戦がつづき、はざまにあった当地域は、各地で焼き討ちなどにまきこまれたという。戦国期には、等覚寺城は、規矩郡の長野氏が〝京都郡の抑え〟としていた山城で、長野三河守助守が在城した。永禄八年（一五六五）六月二二日から始まった大友勢による長野攻めは、三ヶ月以上の長期にわたった。九月には　規矩郡の長野氏の諸城は、すべて陥落したとされる。この「長野成敗」で、永禄八年九月二〇日頃には、等覚寺城も陥落。また、宇佐の『到津

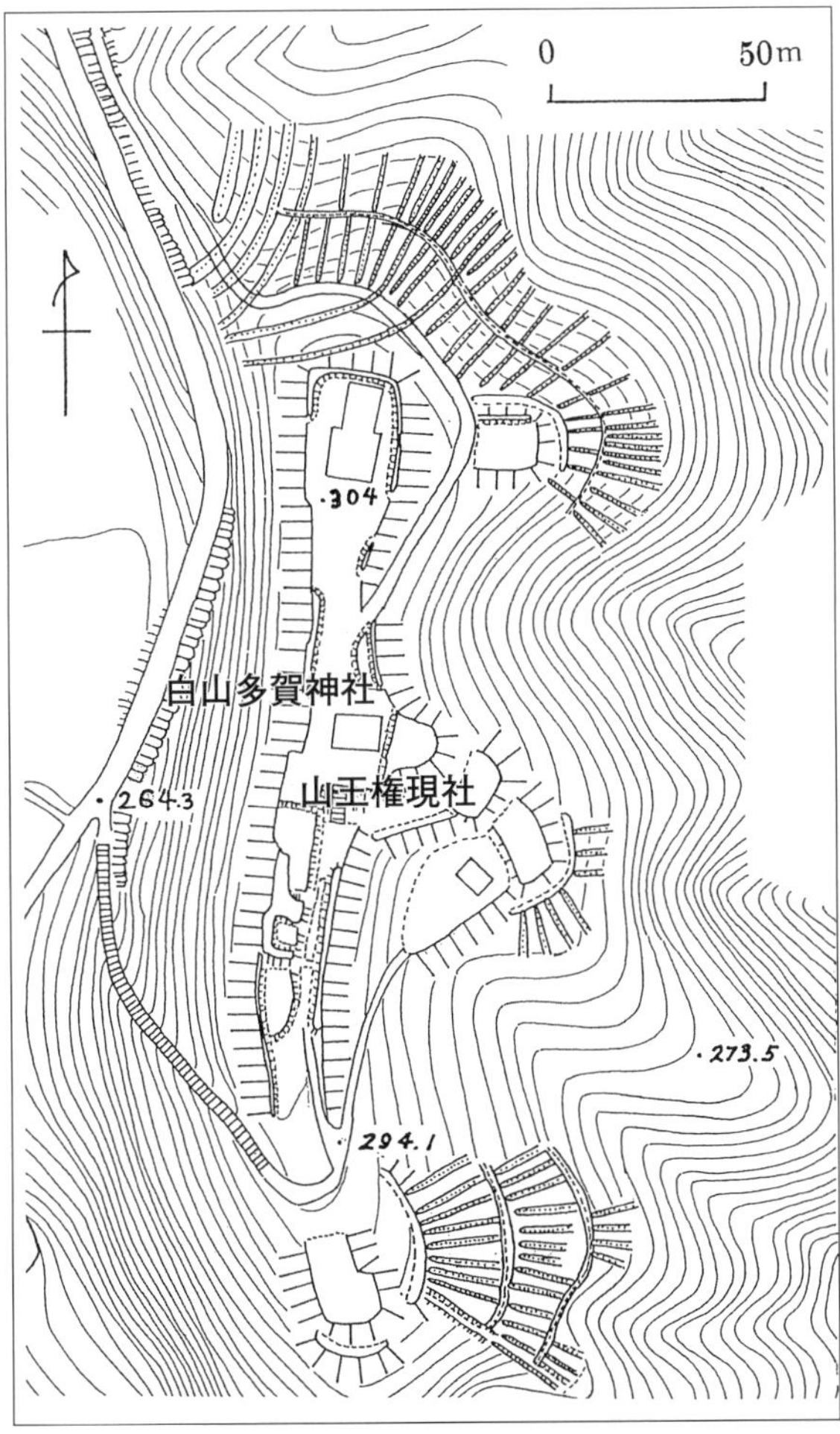

等覚寺城図（中村修身ほか作成に加筆）

文書』や『合志文書』などでみると、大友方の規矩郡の長野助守は、京都郡の等覚寺を防衛していたが、永禄一一年（一五六八）六月二八日に京都郡岩隈城の敵討ち取りの戦功を、大友宗麟から賞されている。同年九月五日には、毛利勢のために、落城。長野助守は、豊後大友の陣営に逃げ込んだ、とある。毛利勢の「長野征伐」で、長野氏は平安期以来の本拠地・規矩郡の領地を失い、大友の配下として、京都郡馬ヶ岳城周辺にて、わずかな領地を与えられた。

JR日豊本線「小波瀬西工大駅」より西へ約一〇キロ。車で約二五分。（中原博）

〔文献〕「普智山等覚寺の修験と民俗」『郷土誌かんだ第一号』坪井亨『北九州戦国史』八木田謙

等覚寺城（白山多賀神社）

19 大平《たいへい》山《やま》城

別称　稲光城
所在地　京都郡苅田町大字下片島
旧郡　京都郡

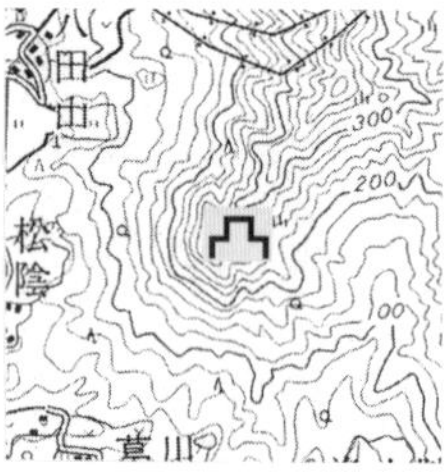

京都平野の北にある高城山から南に続く山並みの頂部（標高三二七・七メートル）に築かれた山城。

曲輪である山頂の平坦地は南北二八メートル、東西一一メートルで北東側に腰曲輪、北西側に二段の削平段と一本の竪堀を付設する。

文献等に記録は見えず、築造時期などは不明である。小規模で簡素なつくりの山城であるが、眺望が良く南に広がる京都平野や京都峠へのルートを眼下に収め、見張場として有用である。近接し相互に視認できる高城山城や等覚寺城との関係も考える必要があろう。北の高城山より尾根伝いに南下すると城端に至るが、道は未整備。（小川秀樹）

大平山城（中村修身作成）

20 南原城《みなみばる》

別　称　西谷城
所在地　京都郡苅田町大字南原
旧　郡　京都郡

東流し周防灘へ流れ込む殿川の右岸にある。換言すれば、高城山《たかじょうさん》（高城山城）から東に延びる尾根筋の先端、標高約一二〇メートルに造られている。西に行くと京都峠にいたる主要往還は殿川《とのがわ》に平行して通っている。周防灘に浮かぶ簑島や松山城、北九州市足立山《あだちやま》城《じょう》などが、まじかにみえる。

五箇の郭を三本の堀切、土塁などで防備している。小規模な城郭である。

苅田町役場の西約一〇〇〇メートル、殿川ダムの入口に位置する。（中村修身）

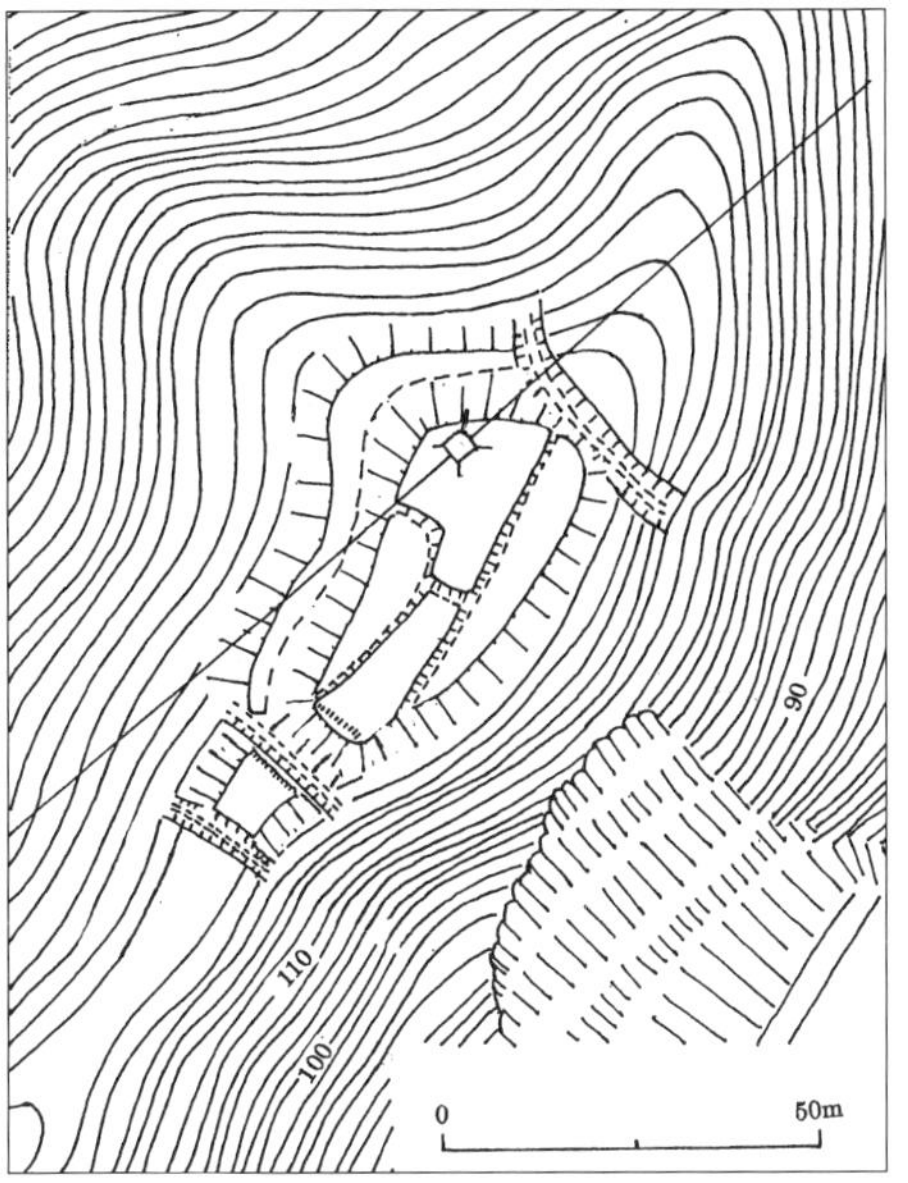

南原城図（中村修身作成）

豆知識　中世城郭の特徴

城郭（お城）といえば、政治経済文化の中心地を想像する人が多いのではなかろうか。それは近世城郭であり、中世は軍事施設である。中世における最大の紛争は農業に経済基盤を持つ勢力とそれ以外に経済基盤を持つ勢力との激突である。

城郭といえば石垣、水堀と天守閣を思い出す人が多いと思われる。それは近世のお城であって、中世城郭は土造り土塁、堀切、横堀、畝状竪堀や切岸で防備された軍事施設である。

両勢力は軍事行動に当たって、戦術的施設、戦略的施設など各段階の施設を造る。北部九州中近世城郭研究会の仲間の長年の調査で、中世城郭はその規模から小規模城郭、中規模城郭、大規模城郭そして巨大城郭の存在を明らかにできた。全国的に小規模城郭が圧倒的に多く、戦いの勝敗に関係なく放棄されることすらある。中規模城郭の争奪は郡域の支配権を左右する。巨大城郭の争奪は国域の支配権を左右する。さらに、福岡県下天正一五年前後から馬ケ岳城、立花山城、岳山城、中世秋月城などの巨大城郭が誕生する。

これらの城郭がどのような役割機能を果たしたか、また、どちらの勢力の城郭であろうか、大変興味をひく課題で今後の研究が期待される。（中村修身）

21 高城山《たかじょうやま》城

所在地　京都郡苅田町大字南原
旧　郡　京都郡

ＪＲ日豊本線苅田駅の南西約二〇〇〇メートル、戦国時代までの企救郡から京都郡への主要道路だった京都峠の南約四〇〇メートルの苅田町の集地区と山口地区の境の標高四一六メートルの高城山頂を中心に造られた山城である。

高城山から南へ尾根続きに諫山、大久保山、大平山（稲光）城と峰が続き、また諫山から北東への尾根先端部には南原《みなみばる》城が有る。諫山から南原城の間の尾根筋にも城郭遺構らしき地形が存在している。

確実な文献史料が無いので明確な沿革等は判らないが、戦国中期頃に企救郡の長野氏が京都峠を押える目的で端城として築城したもので、その後大内氏の豊前守護代だった苅田松山城の杉氏が端城としていた様だ。永禄八年（一五六五）の大友氏による長野退治、永禄一一年（一五六八）の毛利氏による長野退治の際には大友氏や毛利氏が確保して陣城、向城として使ったとも考えられる。

曲輪は山頂部に東西一三メートル、南北二五メートルの主郭を置き、南側に一段、北側には三段の曲輪を並べている。また、東斜面にも三段の腰曲輪が造られている。現在、苅田町の公園として手入されていて主郭からの眺望が良く、この城の目的、機能が良く判る。

南側の曲輪の下の斜面には未確定だが畝状竪堀の痕跡が数条見られる。また北側の曲輪の下（登山道）には造りが甘いが尾根上の平場が存在しており、京都峠を見下す曲輪が存在した可能性が考えられる。大平山城や南原城そして諫山、大久保山を含む尾根筋の城郭遺構らしい地形の存在から苅田松山城と一体となった防衛線あるいは企救郡を攻める拠点の向城の中心だったとも推測出来る。（村上勝郎）

〔文献〕『苅田町史』。
『京都郡誌』伊東尾四郎

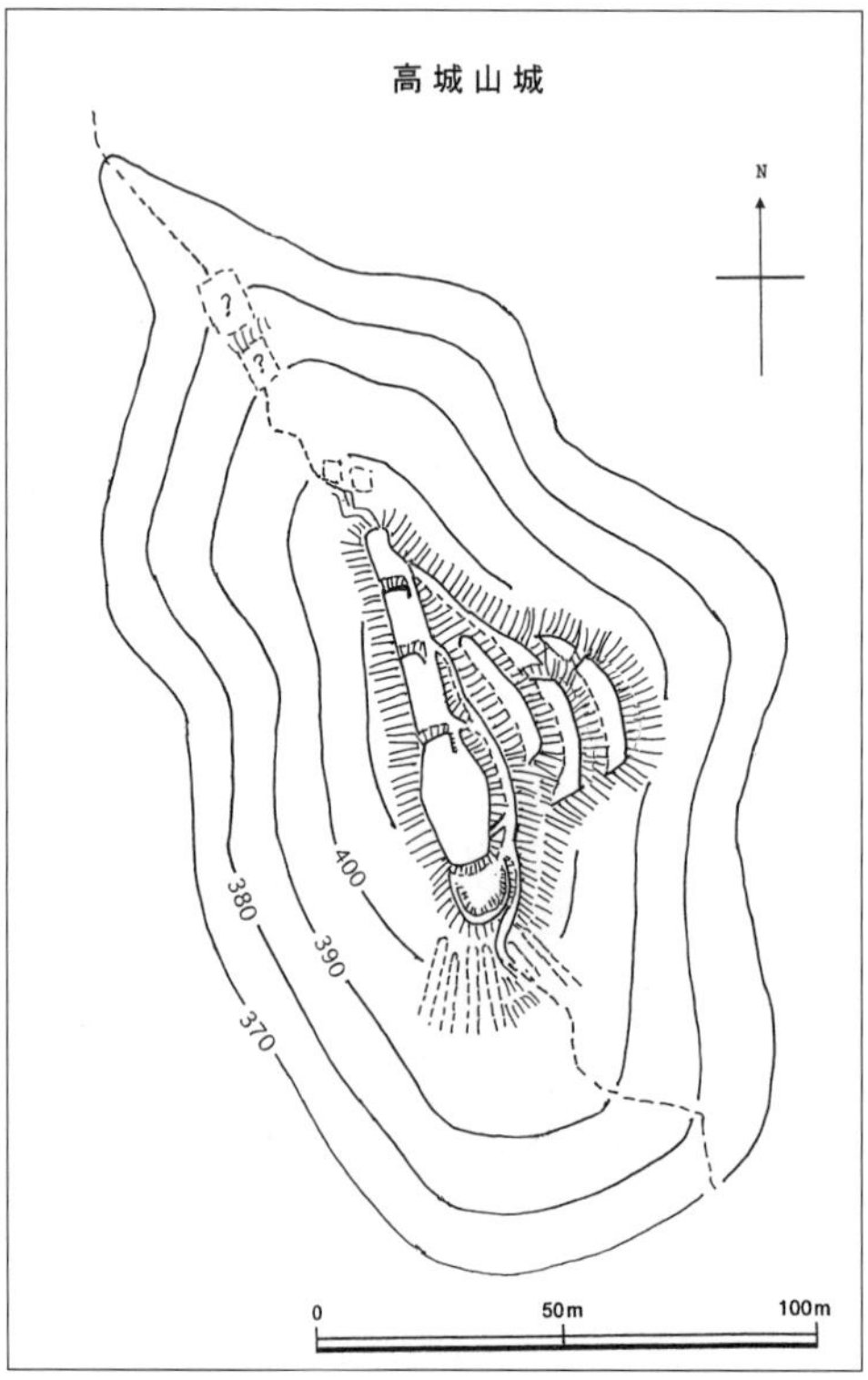

高城山城図（村上勝郎作成　2008年）

22

馬《うま》ヶ《が》岳《だけ》城

別　称　大谷城
所在地　行橋市杉下・馬ヶ岳
旧　郡　京都郡

京都郡、仲津郡境に聳える標高二一五メートルの馬ヶ岳山頂から北側山麓の大字大谷および大字西谷にまたがる広大な城域を持っている。一部みやこ町花熊《はなぐま》にも広がっている。馬ヶ岳は馬ヶ嶽、馬の岳、むまのたけなどで文献に登場する。馬ヶ岳山頂の西山から東山にかけて八個の郭とこれから派生した尾根筋四ヶ所に七本の堀切で遮断している。山頂部の城郭関連遺構は比較的古く造られたと見られる。北側山麓に造られた土塁と畝状竪堀群及び水堀は天正一五年（一五八七）に豊臣秀吉御動座《ごどうざ》にともなって小早川隆景の手によって急造されたもので、広大な城域を造りだしている。土塁は一部畝状竪堀群と横堀を併設し、全長約五〇〇メートルの規模である。また、その外側（東側）に幅約一〇メートル、長さ約一〇〇メートルの水堀が造られている。九州で最も古い水堀の例ではなかろうか。

少貳資頼方渋川氏と探題方大友氏が豊前国の支配権を争った応永一二年（一四〇五）一一月一七日付、渋川満頼《しぶかわみつより》から詫摩《たこま》氏へ宛てた書状に「豊前での戦いは去る八日鳥越の敵城を攻め落とした。後やがて、香春岳の一岳と二岳及び馬ヶ岳を攻め落とした」と、記している。

文明八年（一四七六）六月一三日付けで、大友親治から豊筑の奪還を目した大内政弘から宇佐郡衆へ宛てた書状に「去る三月二七日周防灘を渡って豊前国に入り、滝池山に陣取った。馬ヶ岳・岩《がん》石《じゃく》両城の凶徒等を追い払った」と、記している。

馬ヶ岳城遠景

豊前国仲津郡沓尾崎《くつおざき》と京都郡馬ヶ岳城で大友少弐の連合軍と大内軍の大規模な衝突があった文亀元年（一五〇一）八月一三日、大内義興から門司民部丞へ宛てた書状に「七月二三日、豊前国小馬岳の詰口において凶徒《きょうと》大友勢同少貳勢を一日にして追い払った。合戦の時、骨身を惜しまず戦った報告があった」と大内方は馬ヶ岳城を守り抜いたことが、記されている。

弘治二年（一五五六）八月二〇日付け神代《こうしろ》中務隆綱へ宛てた大内氏奉行連署奉書《ぶぎょうれんしょほうしょ》によると、馬ヶ岳城は神代余三兵衛尉が城督として守備していた。

弘治三年大友方田原親宏勢は、山田隆朝の山田里城を攻め落とし、同七月三日に仲津郡へ兵をすすめ翌四日には馬ヶ岳城を攻め落とし

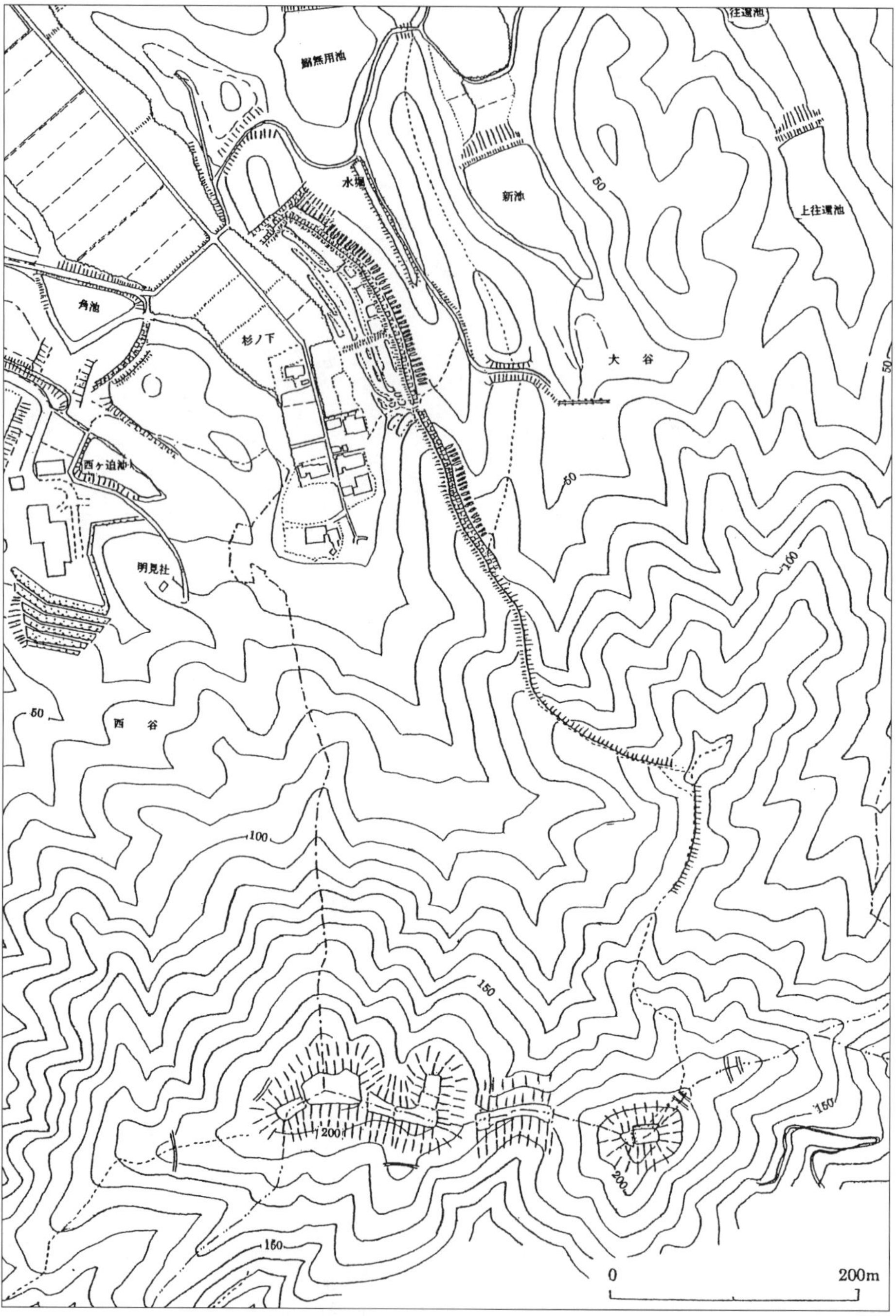

馬ヶ岳城図（中村修身作成　2007年）

た。城督《じょうとく》ヨシガイ、城督ミナギ甲斐守、その他秋月衆一〇〇余名を討ち取った。一方田原衆は親宏自身が負傷し、松木甲斐、茅嶋らが戦死した。

永禄二年（一五五九）に大友方は門司城、花尾城の残党討ち果たしの後方支援をおこなう。義鎮は安心院興生と佐田隆居に馬ヶ岳城の勤番を命じた。また、永禄八年九月一〇日付けで宗麟から田原常陸介、木付紀伊入道、大神兵部小輔入道、田北弥十郎、田原近江守、奈多大善大夫ら国東衆にあてた書状に「豊前京都郡表世情不安を心配し、様子をつぶさに報告すること、各自の苦労はよく解っているので加勢の衆の下知をするので安心せよ。馬岳城米のことは承知した。黄金五十両を申し付け送るので、しっかり警固《けいご》するように」と記している。同九月二三日には宗麟は浦部衆に馬ヶ岳城の城拵えと警固のため出張を命じている。手中に収めた馬ヶ岳城の維持に並々ならぬ決意がうかがえる。

島津家久は、天正三年（一五七五）三月七日に京への道すがら彦山から仲津郡内を今井へ向かう途中、城井殿と言う人の隠居所《いんきょじょ》を一見し、それより行くと左側に馬ヶ岳と言う長野氏の城が見えると、記している。

秋月種実と長野の縁色相違により、天正一〇年（一五八二）三月下旬に秋月、高橋両勢は長野氏の馬ヶ岳城を攻める。

『九州御動座』には、天正一五年三月二九日の項に、豊臣秀吉は馬ヶ岳城に一日御逗留《ごとうりゅう》。この馬ヶ岳城は長野という侍が数年持っていた山城であり、二〇〇〇ばかりの兵を抱えていた。去年より無二の味方となった仁であると、記している。ちなみに、天正一四年一二月二六日付け、小早川隆景から新屋右衛門尉へ宛てた書状に長野方より当家の味方にして欲しいとの申し出があったので、味方とした」と記している。これにともなって長野氏は馬ヶ岳城を失う。

天正一五年七月三日付け御朱印状に、黒田勘解由に恩地として豊前国京都、築城、仲津、上毛、下毛、宇佐六郡の知行を承認する。ただし、宇佐郡内妙見、龍王両城は知行分から除くと、記している。これを機会に黒田勘解由（孝高）は宇佐郡時枝城にはいる。その後、孝高は築城郡八田の法念寺を仮の宿としばらく留まったが、息子の黒田長政は馬ヶ岳城に在城しており、中豊前の政治的軍事的要として用いた。『黒田家譜』によると、はじめは馬ヶ岳城を居城していたが、其の境地、心にかなわないので、後に下毛郡《しもげぐん》仲津川に城を築いて移ったと、記している。

関ヶ原の合戦が行われた慶長五年（一六〇〇）に黒田長政は馬ヶ岳城に配下の桐山孫兵衛、宮崎助太夫に三〇〇余の兵を付け守らせた。（中村修身）

〔文献〕『行橋市史　中巻』。『黒田家譜』貝原益軒

23 元永城《もとなが》

所在地　行橋市大字元永字城尾《しろのお》
旧　郡　仲津郡

祓《はらい》川の河口部から南側の覗山まで周防灘に平行して断続的に続く丘陵地帯あり、元永城はその北端付近の丘陵上（標高七六メートル）に位置する。

尾根を削平して形成された主郭と腰曲輪、堀切一本が残っている。主郭は尾根の形状に沿った長径約三三メートル短径一四メートルの楕円形を呈する。北東方向に伸びる尾根を遮断する堀切は現況で幅約一〇メートル、高さ約二メートルである。

『豊前古城記　安政六年写』に「城跡一ケ所　元永村内　山城」とあり、この城を指すものであろう。

簡素なつくりの山城で築城の時期も不明だが、一・八キロメートル離れた同じ丘陵地帯の南端に位置する覗山城との関係が考えられる。

太陽交通バスで祇園橋下車。今井祇園社として知られる須佐神社の参道脇の小道を登ったところに建つ新四国第三九番札所（大師堂）ある平場が城跡である。（小川秀樹）

〔文献〕「行橋市内の山城」『行橋市史　中巻』中村修身

24 覗山《のぞきやま》城

別　称　馬場城、稲童城
所在地　行橋市大字馬場・稲童《いなどう》
旧　郡　仲津郡

行橋市大字稲童と大字馬場の境にある標高二一一・七メートル覗山《のぞきやま》の山頂に所在する。その山名が示すように周防灘にも内陸部の平野に対しても城からの眺望が極めて良好である。

平成六年、行橋市教育委員会による分布調査で城の遺構が確認され、平成九年には無線中継所とその管理用道路建設にともない福岡県教育委員会によって部分的に発掘調査が行われた。

山頂には十数個の曲輪、畝状竪堀群《うねじょうたてぼりぐん》、堀切などの城郭遺構が残る。畝状竪堀群は帯曲輪から山腹にかけて掘られ、断面V字形の薬《や》研堀《げんぼり》である。発掘調査で曲輪の外側の斜面などに一辺数メートルの竪穴状遺構が複数確認され、建物遺構と推定されている。

『豊前国古城記　安政六年写』に「城跡一ヶ所　下馬場ノソキ山」の記載がある。また文明八年（一四七六）七月二三日付で大内政弘から門司彦九郎へ宛てた感状に「去五月廿九日除陣合戦之次第注進到来了・・」「去五月廿九日於豊前国除合戦之時、被疵之条神妙也・・」とある。城についての記載はないが、ここに見える「除《のぞき》」が行橋市馬場字「覗《のぞき》」のことであれば、文明八年に城が存在していた可能性は高い。発掘調査では一四世紀後半と一六世紀中頃の陶磁器や土師器が出土している。また畝状竪堀群の存在はこの城が一六世紀後半まで用いられたことを示している。

第二次世界大戦時の遺構や無線中継所などで一部欠損した所があるが城の縄張りは比較的良好に保存されている。城跡はＪＲ新田原駅の東北約二キロメートルにある。（小川秀樹）

〔文献〕「行橋市内の山城」『行橋市史　中巻』中村修身。『穴田古墳群硯山城跡』福岡県教育委員会

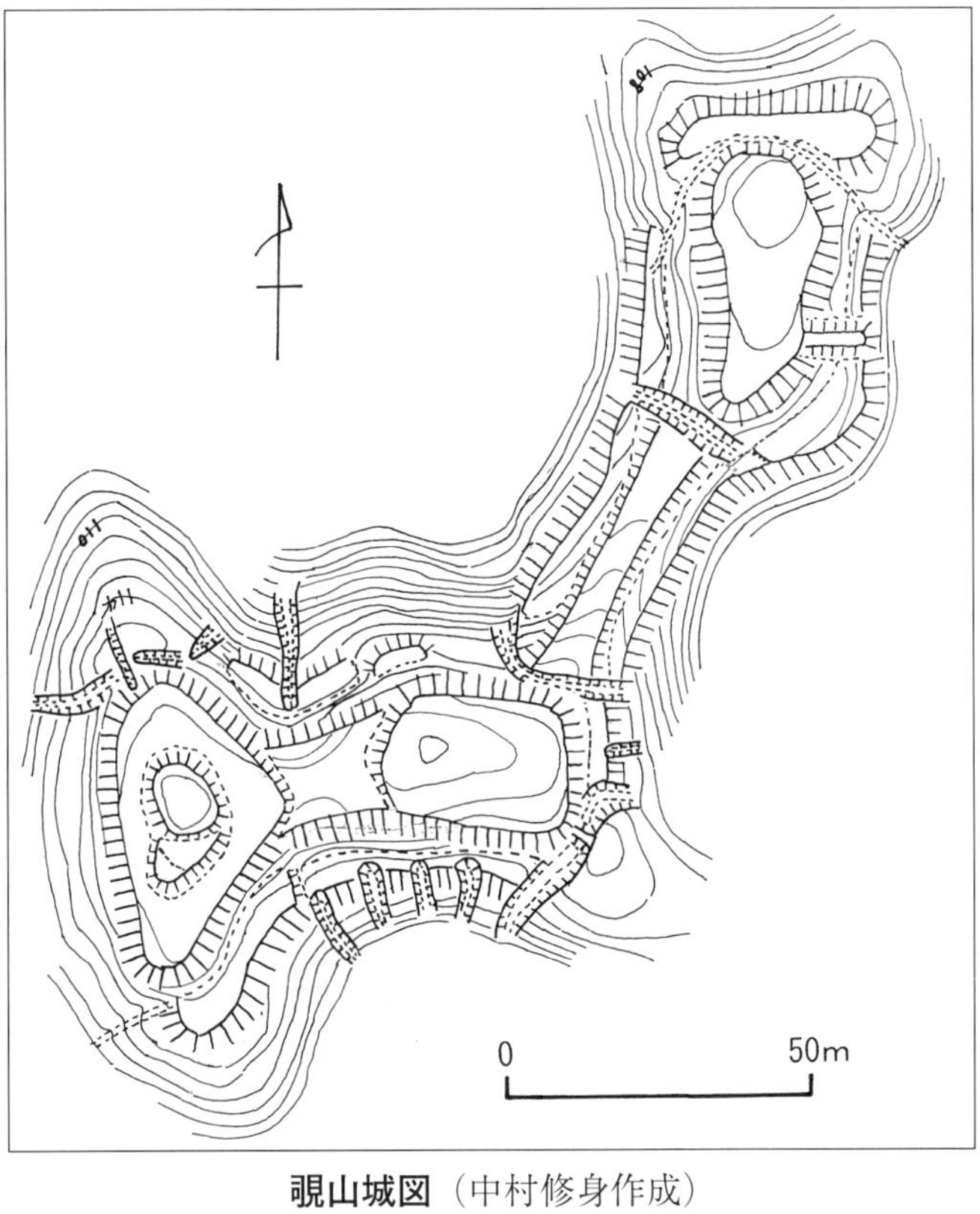

硯山城図（中村修身作成）

25 勝山《かつやま》城

別　称　長川城
所在地　京都郡みやこ町勝山黒田
旧　郡　京都郡

勝山城については『豊前古城記』に「遠見場之跡一ケ所　黒田村　勝山」という記載がみられ、これに該当する城郭遺構が京都郡みやこ町勝山黒田に確認できる。築造時期、築造者については不明である。城郭遺構は勝山黒田及び諫山の平野部を見下ろす丘陵上に位置しており、北側近くには五〇年ほど前まで使われていた黒田と長川を往来するための峠道を現在もみることができる。

城跡は大きく主郭と北東部に設けられた曲輪からなり、主郭は東西約三五メートル、南北約三一メートルを測る、台形状を呈した曲輪の上に長軸約一五メートル、高さ約三メートルの段丘状の施設が設けられている。この上段部分は、頂部に一部陥没が確認でき、付近の尾根上に六世紀の古墳群が数多く分布する事などから、古墳の墳丘を転用した可能性が高い。

台形状の曲輪は高さ〇・三～

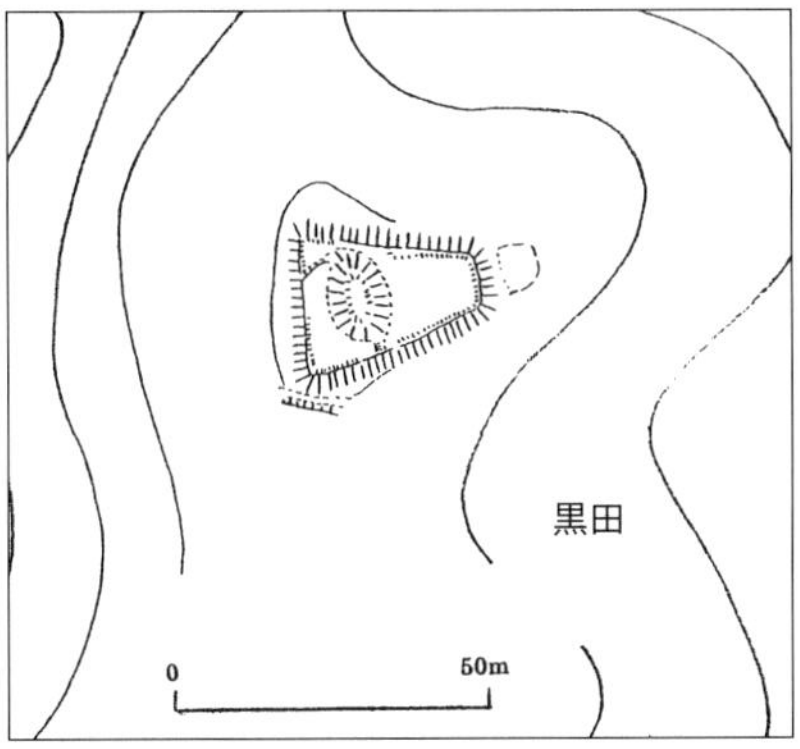

勝山城図（中村修身作成　2008年）

○・七メートルの土塁で囲まれており、高さ約二メートルを測る。また南東面は一部自然地形を利用しながら人工的に削られた切岸を確認することができる。JR「行橋駅」から太陽交通バス「黒田小学校」下車徒歩約四〇分。（井上信隆）

〔文献〕「豊前古城記」『福岡県郷土叢書　第一輯』。
『勝山町史　上巻』

26 障《しょう》子《じ》ヶ《が》岳《たけ》城

所在地　京都郡みやこ町大字上野ほか
旧　郡　京都郡・田川郡

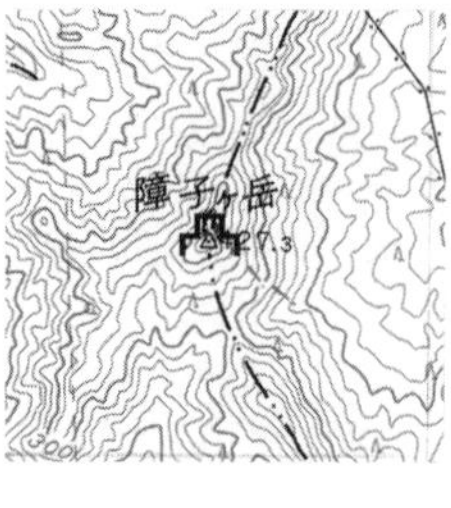

みやこ町上野集落の西にある障子《しょうじ》ヶ《が》岳《たけ》頂（標高四二七メートル）に所在する。西に香春岳城が間近に見え、東は馬ヶ岳城をはじめ覗山城など京都平野の城郭を見渡す事が出来る。田川郡と京都郡境を南北に走る尾根筋には他に二つの城郭といくつかの陣跡が残っている。障子ヶ岳城は、八個の郭を二本の堀切、切岸で防備している。各郭を防備する土塁は良く発達している。城内の通路や小口がはっきりとしている。大半の郭は天正一四年の改修とおもわれる。堀切より南側にある二つの郭は古い形態を留めている。中規模な城である。

障子ヶ岳城遠景

一五世紀、一六世紀前半は大内氏の城郭である。長享《ちょうきょう》元年（一四八七）には神代《こうしろ》次郎兵衛門の管理下門司氏が勤番し、大永二年（一五二二）宇佐衆が勤番《きんばん》を課せられていた。また、享禄《きょうろく》五年（一五三二）には沼田敦定は父以来遠田石見守広常に付いて妙見城や障

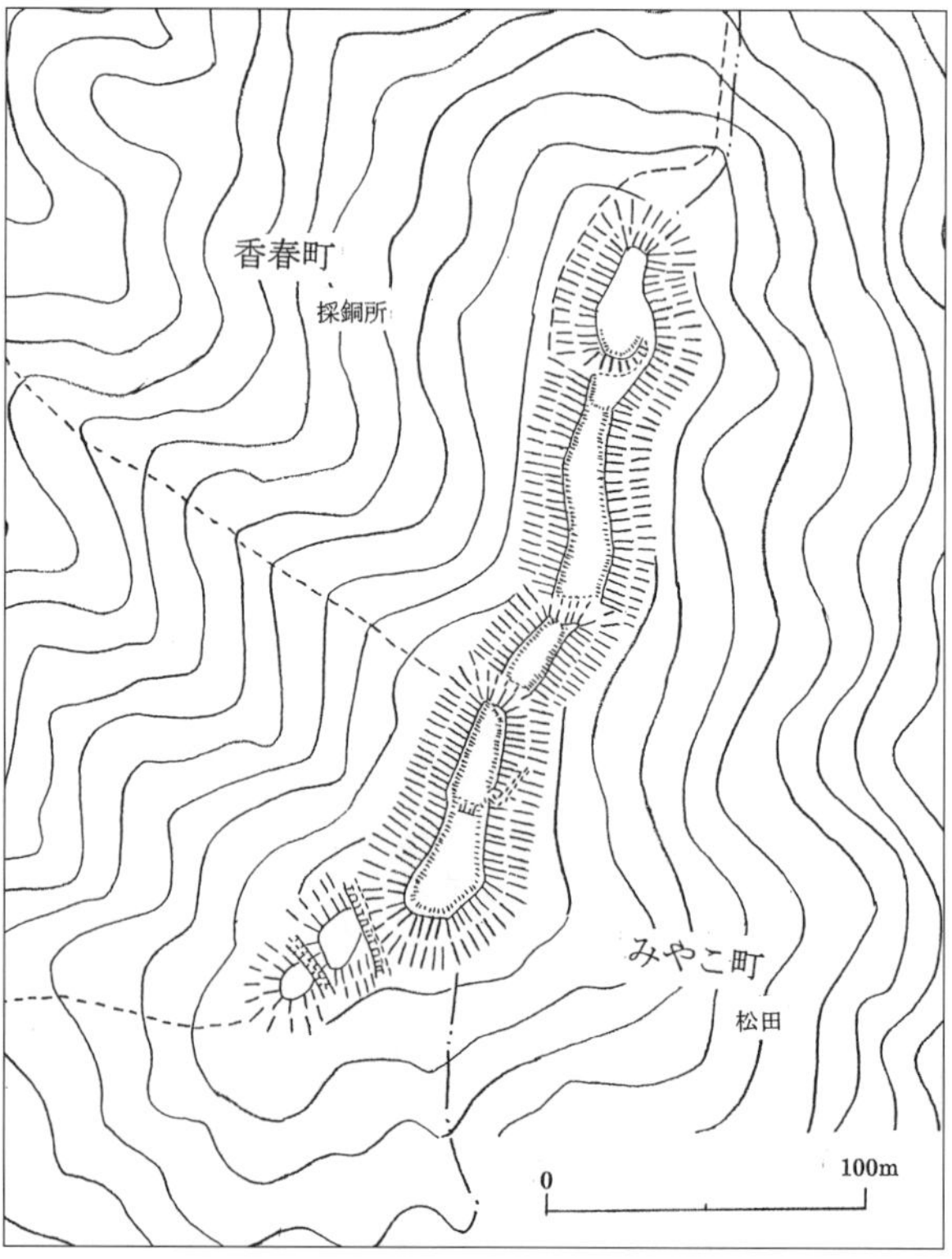

障子ヶ岳城図（中村修身作成）

子ヶ岳に勤番した。天正一四年（一五八六）一一月一五日に羽柴秀吉の黒田勢及び毛利勢は高橋元種の端城《はしろ》障子ヶ岳城を攻落した。同年一二月一日に、羽柴秀吉は小早川隆景、黒田勘兵衛等に対し、障子ヶ岳攻略及び高橋元種の本城田川郡香春岳城の包囲を賞した。

　香春町側から味見峠まで車で行ける。峠から障子ヶ岳城まで徒歩約四〇分程。車では行けない。（中村修身）

〔文献〕『行橋市史　中巻』。『黒田家譜』貝原益軒

27 小倉《おくら》山城

別　称　岩隈城、尾倉山城
所在地　京都郡みやこ町勝山岩熊
旧　郡　京都郡

　諫山小学校東横にある小倉山城は標高約八〇メートルの通称「小倉山」という丘陵を利用して造られている。『豊前古城記』には「揺揚　一ヶ所岩熊村之内尾倉山」と記されており、『京都郡誌』には「尾倉山堡、岩熊村の東南に小丘あり、高さ三十間、周囲五丁余もあるべし、頂上の平地、南北十間、東西七間あり、その西面今尚胸墻を存し、櫓下一帯の平地あり、二廓の類ならんか」と記されている。

　城郭は大きく三段に築かれ、高さ約〇・七メートルの土塁で囲まれた主郭は東西一二メートル、南北二〇メートル、高さ五メートルを測る。

　主郭を取り巻くように幅四～八メートルほどの腰曲輪が二段に設けられ、南北一〇〇メートルを測る。城の築造年代については不明であるが、貞治五年（一三六六）六月付けで少弐冬資から門司親長宛への軍忠状に「去九日岩熊城、同十一日伊田城御合戦之時、致忠節まで」とあり、肥後の菊地武光の軍勢がこの城に立て籠もり、北朝方の門司親長の軍勢が攻めていることが確認できる。

　その後、この城は大友宗麟と毛利元就との争いの舞台となり、永禄一一年（一五六八）、毛利方は岩隈城、小倉南区宮山城に兵を配置、永禄一二年七月三日付で大友宗麟から長野三河守に宛てた書状に「前廿八京都郡之内於岩隈村、敵楯籠候之處」という記載がみられ、六月二八日に岩隈城を舞台に合戦が展開されたことがうかがえる。JR行橋駅から太陽交通バス黒田橋停下車、徒歩約四〇分。

（井上信隆）

〔文献〕『行橋市史　中巻』

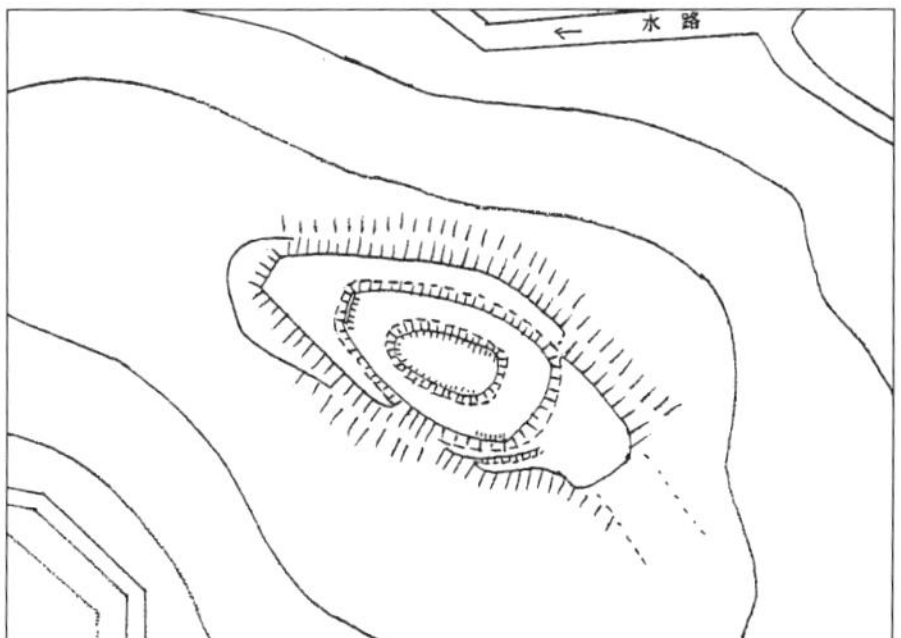

小倉山城図（中村修身作成　2008年）

28 大坂山《おおさかやま》城

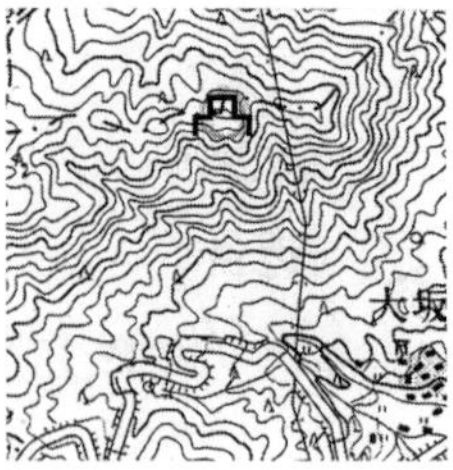

別　称　因州城、大坂城
所在地　京都郡みやこ町犀川大坂・勝山松田
旧　郡　京都郡・仲津郡

犀川盆地北西部、田川郡との境にも近く、アンテナ塔が林立する「飯岳山」（標高五七三メートル）からさらに東側に一キロメートル付近に送電線の鉄塔がある。尾根上にあるその送電線西側周辺に、東西約五〇〇メートルにわたり遺構が分布する大規模な山城である。『犀川町内遺跡等分布地図』には、千草山の山上に所在し、曲輪や堀切や土塁が残ることが記されている。主な縄張りは、東側は、標高四六六メートル付近、西側は四七〇メートル付近の峰にある。郭は二〇箇所、北側緩斜面には竪堀四〇条からなる畝状竪堀群、南側山腹にも郭が数箇所つくられている。『応永戦覧』にある、探題渋川満頼が反室町幕府軍を破った応永一二年（一四〇五）「豊前猪岳合戦」は大坂山城の西にある飯岳山をさすものと考えられる。犀川盆地周辺をおさめた、二系統ある西郷氏のうち、六代目宇都宮冬綱の子・有政の流れである西郷隆頼が「大坂山城」城主として知られる。なお『豊前古城記』にある「大坂村の内いんしう城」というのは、「到津文書」永禄一一年（一五六八）六月二十日の記事にある「杉因幡守」からきているとすれば、大坂山城のことをさしているものかと考えられる。

なお、大坂山城の南麓にある集落・大坂地区には、様々な旧跡が

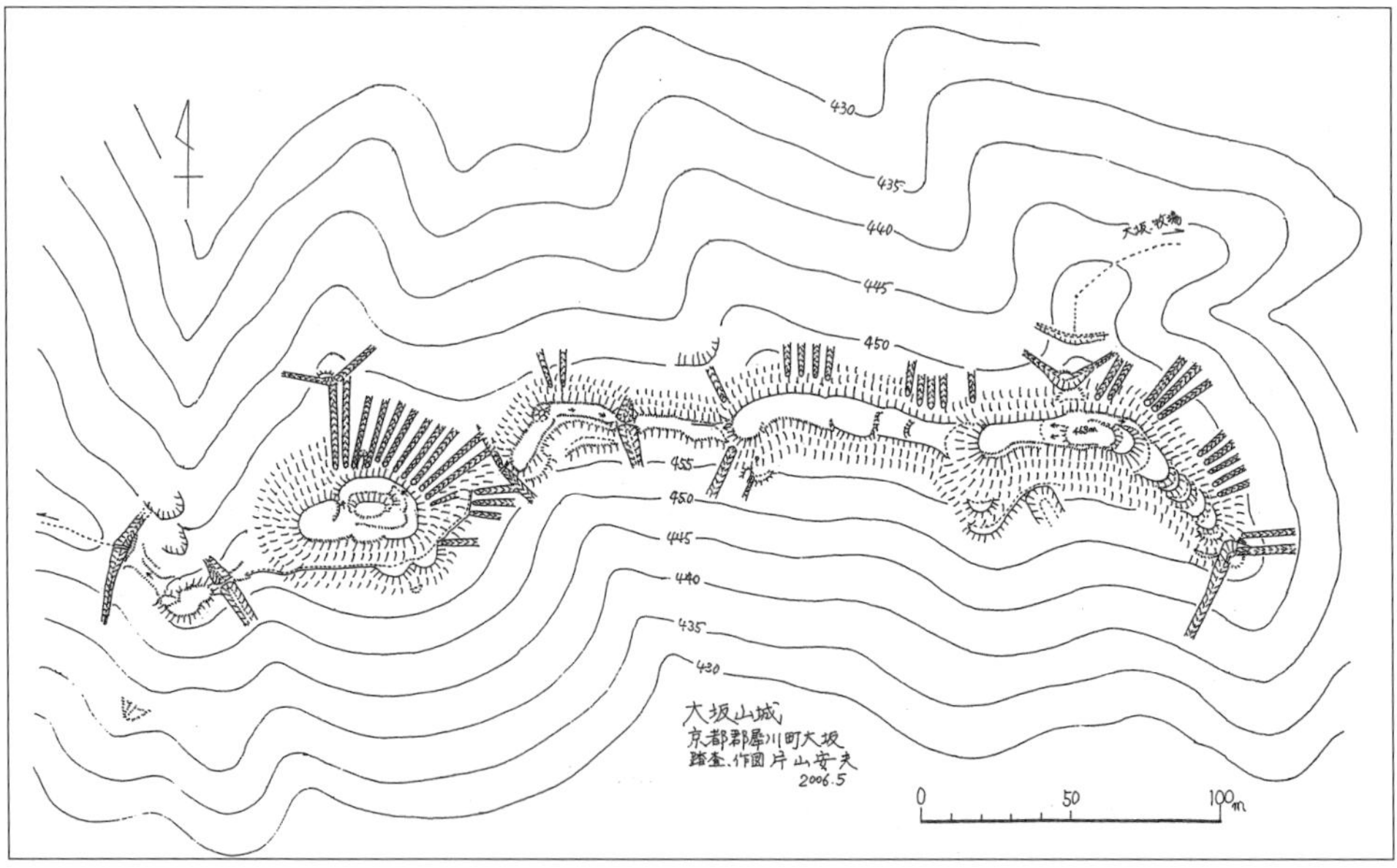

大坂山城図（片山安夫作成）

ある。西郷氏の菩提寺・曹洞宗「興聖寺」、寺の背後には、天正年間に当地域で遭難した西郷刑部の墓という伝承がある「肉塚」、天正年間以降歴代住持の墓石がある「興聖寺墓地」など、西郷氏にまつわる旧跡が数多く伝わっている歴史ある地域である。また、現代では、「九州自然歩道」、古くは英彦山から福智山へかけての山岳信仰の宿「飯岳宿」「大坂宿」といった宿があり、山岳修験道の「峰入り道」も通る場所ともなっている。

平成筑豊鉄道田川線「犀川駅」より北西へ約八・五キロ。香春町「呉」バス停より南へ約五・五キロ。（中原博）

〔文献〕「福岡県みやこ町大坂城の紹介」『北部九州中近世城郭・情報紙12』中村修身。『犀川町内遺跡等分布地図』

飯岳山と大坂山城（本庄池より）

29

不動《ふどう》ヶ《が》岳《だけ》城

別　称　大村城、西郷要害
所在地　京都郡みやこ町犀川大村
旧　郡　仲津郡

城は、犀川盆地北西部、今川左岸に近い標高五〇メートル前後の丘陵上に所在し、大村地区東部の通称「城山」にある。縄張りは、横堀、竪堀、郭群など遺構の残りが良好である。本丸は長方形の平坦地で、南北約四三メートル、東西約二二メートルの規模となっている。周囲に高さ一メートル前後の土塁がめぐるのが特徴的である。主郭の北とから東にかけて深い横堀と土塁を築いており、深さは約二～五メートルを測る。特に、北側の尾根は、幅と深さ約五メートル、長さ約三〇メートルの堀で区画されて堅固なものとなっている。主郭南側に、石垣、竪堀も一部見られる。丘陵の南と西は急斜面の断崖である。主郭の南東側にのびる尾根には、曲輪群が数段築かれている。

城の一角には、「廣瀬院唯官居士」という銘がある墓石があって、城主の墓だとする伝承がある。城主は廣瀬唯信とも伝えられている（『京都

不動ヶ岳城（南から）

郡誌』）。ちなみに、「不動ヶ岳城」の北西にある「大坂山城」とは、三・五キロメートルほど離れた位置関係にある。不動ヶ岳城は、豊前宇都宮氏の流れをくむ一族「西郷氏」の城郭跡である。その居城とした領地「西郷」の地名をとって「西郷宇都宮氏」あるいは「西郷氏」を称した。西郷氏には、二系統ある。ひとつは、六代目宇都宮冬綱の子・有政の流れである西郷隆頼が「大坂山城」城主として知られる。いまひとつは、初代宇都宮信房の弟・宇都宮業政から流れで、その系譜をひく西郷氏が「業政系西郷氏」として「不動ヶ岳城」城主として配置されたことが知られている。

西郷要害は、永禄二年（一五五九）、大友氏対毛利氏による豊筑取り合いの激戦地の一つとなった。八月二二日、大友義鎮は、当城を攻撃。大友方の田原親宏の軍勢によって落城した。犀川盆地各地（古川地区ほか）に、一族の居館が点在する。

平成筑豊鉄道田川線「犀川駅」より北西へ約一・五キロ。

（中原　博）

〔文献〕『福岡県の城』廣崎篤夫。『北九州戦国史』八木田謙

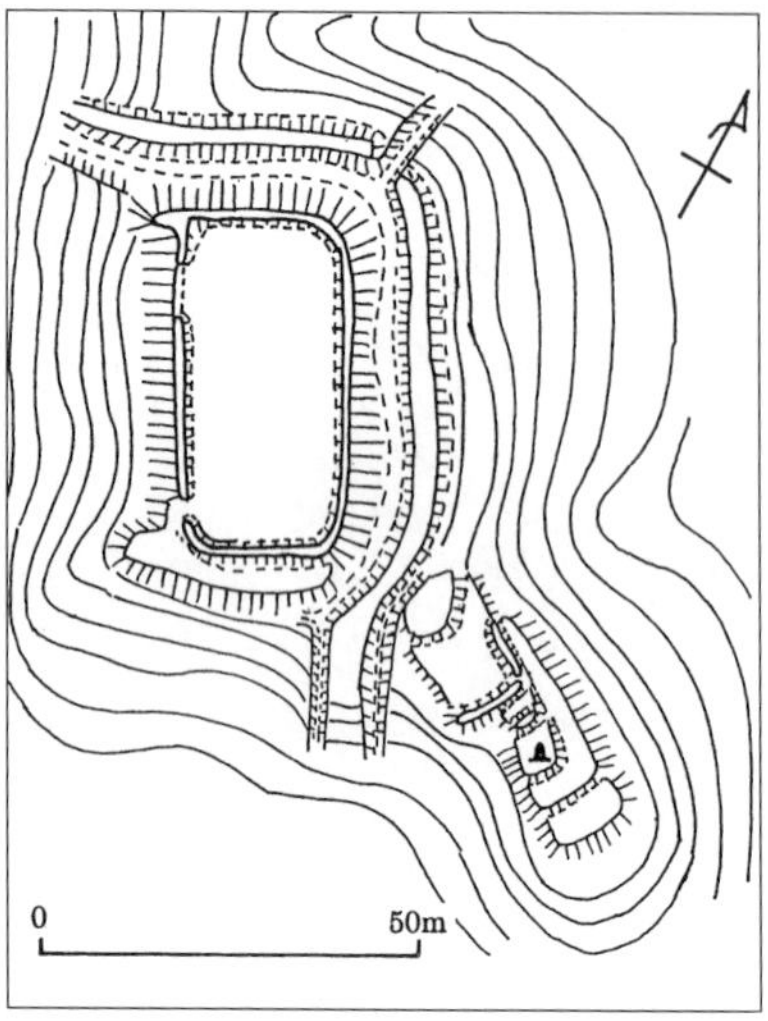

不動ヶ岳城図（中村修身作成）

30 柳瀬城《やなせ》

別称　茶臼山城
所在地　京都郡みやこ町犀川柳瀬
旧郡　仲津郡

柳瀬城はみやこ町犀川柳瀬にある通称「茶臼山（または城山）」（標高九一メートル）と呼ばれる里山の山頂に所在する城郭である。山頂域に曲輪群が良好な状態で遺されているが、そのうちのいわゆる本丸に相当する最高所の曲輪が茶臼状にそびえ立っていることからその名が付いたようである。

柳瀬地区は中世の犀川盆地（西郷と呼ばれた）を支配した西郷氏（鎮西宇都宮氏庶流）の拠点・大村の南西一キロメートルほどを隔てた位置にあることから、大村の防衛線を構成する城郭の一つとも考えられるが、文献等の資料に乏しく明治期の村誌に名称由来と城の規模等が記されるほかは興廃不詳としている。

遺構については東西一〇〇メートル、南北二〇〇メートルほどの範囲に展開し、十数個の曲輪群や物見台等からなる。柳瀬集落東端部の尾根先が大手口とみられ、これを五〇メートルほど進むと物見台とみられる平場があり、大村集落を遠望できる。これをさらに二〇メートルほど進むと曲輪群が階段状に展開をはじめる。五〇平方メートル前後の曲輪が連続して山頂に向かって展開し、最後の山頂部がいわゆる本丸に相当する曲輪となる。この曲輪は城（山）名由来のとおり、四〇度ほどの急傾斜でそそりたち直下の曲輪との比高

差は五メートルほどあり、小規模ながらも見るものを威圧する雰囲気がある。

なお、本丸への尾根はもう一本小規模なものが東に分岐してこれにも同様の曲輪群が展開することから、大村に向かって二股状に曲輪が展開する城郭となっている。

以上の構造を現地で確認してみると、大村への対峙の意識も窺えることから、本城が永禄年間に起きた大村を戦場とする西郷合戦に際し、寄手となった大友氏が築いた（改造した）可能性を考えることもでき興味深い。

現地へは平成筑豊鉄道「崎山」駅から徒歩約二〇分で進入口へ至る。（木村達美）

柳瀬城　集落背後の里山全域

31
ツバメ岩《いわ》城

所在地　京都郡みやこ町犀川崎山
旧　郡　仲津郡

ツバメ岩城はみやこ町犀川崎山にある通称「城山」（標高二八三メートル）と呼ばれる里山の山頂に所在する小規模城郭である。山頂域に燕岩（「ツバクロ岩」ともいう）とよばれる巨岩があることからその名で呼ばれることとなったようである。
崎山地区は古来今川沿いの路を通じて田川郡と仲津郡とをつなぐ重要な中継地と見なされており、これに由来する神功皇后伝説や、近世以降の秋月街道や鉄道田川線の沿線地として栄えた歴史がある。
『豊前古城記』には「一、搔揚一箇所　崎山村の内ツバメ岩　右は香春岳城の取手（砦）なり」と記され、同様のことが産土社・崎山八幡宮の縁起にも記されている。縁起では城主を中尾右京太夫吉国として応永年間の活動を記すが、典拠を江戸期の編になる『応永戦覧』に求めているようで注意を要する。
遺構は主郭となる小規模な曲輪（長軸約二〇メートル、短軸約八メートル）を核にその両端を堀切（幅約三メートル、深さ一メートル未満：現状）、その先に半月状の曲輪を一つ設けるか否かといったごく単純な構造からなる。この点からみると香春岳城の砦だったという伝承は相応に真実味を帯びてくるようである。現地へは、平成筑豊鉄道「崎山」駅から徒歩約二〇分で進入口へ至る。（木村達美）

32 神楽《かぐら》城

別　称　神楽山城、城井城
所在地　京都郡みやこ町大字木井馬場字神楽城
旧　郡　仲津郡

周防灘に流れる払川の中流にある木井馬場集落の背後にある標高二七二メートルの神楽山にある。このあたりは古くより宇都宮氏が勢力をはった地域である。神楽山は城山ともいう。山頂約一七〇メートルに亘って主郭や腰郭など約二〇個の郭、畝状竪堀群、堀切、土塁などが造られている。郭群のほぼ中央に造られた堀切の横矢かけは良く残っている。腰郭に取り付けた三〇本以上の竪堀からなる畝状竪堀群は規則正しく美しく造られている。堀切に石を用いた土橋が造られている。これなどは改築されたことを示しているのではなかろうか。中規模な城郭である。現在見ることができる城郭遺構は永禄後半の施設を天正一四年頃に改修したものと考えられる。城の下にある木井馬場集落には犬馬場の地名や高さ二メートル近い五輪塔なども残っている。集落内の社には荒倉明神と宇都宮大明神が祭られている。

征西府《せいせいふ》の手中にあった九州に、室町幕府の命を受けて入った今川了俊《りょうしゅん》は、応安五年（一三七二）には大宰府を落とした。宮方勢力は早い段階で豊前から撤収したようで、大きな抵抗もなく幕府方に従う大勢となった。豊前守護は探題了俊が兼任し、子息の氏兼《うじかね》が実務にあたった。

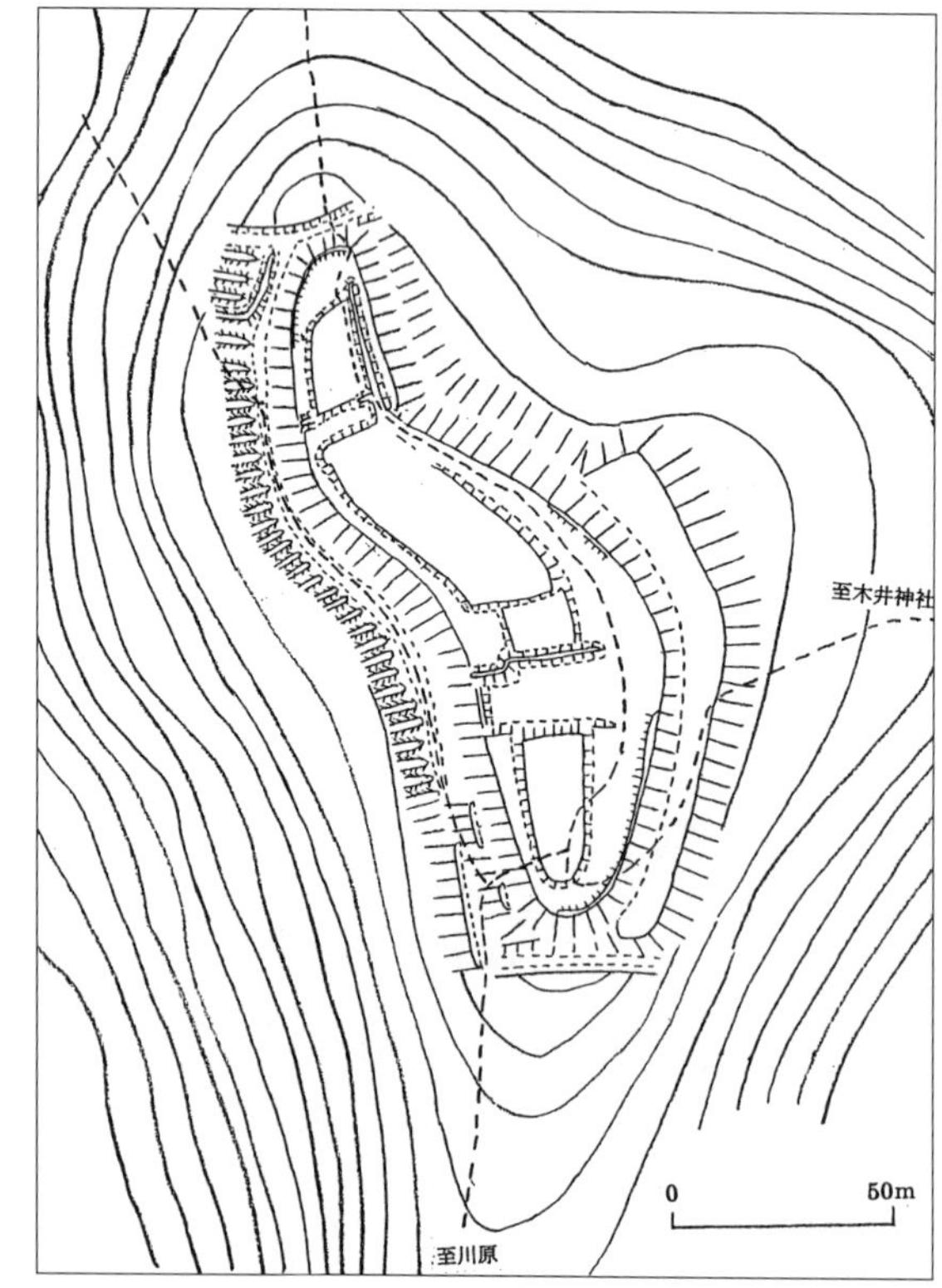

神楽山城図（中村修身作成）

応安七年（一三七四）二月三日付けで大友親世《おおともちかよ》から田原氏能へ宛てた手紙に「今川了俊を支援するため豊前国へ進発するように先日申し伝えた。豊前国に遣わした使者は今日の朝戻ってきた。城井を焼き払ったこと、城郭に追い入れたことなどの報告があった。今の様子だと要害《ようがい》も落居すること間違いない」と記している。この城郭・要害は神楽城をさしている。

応永七年（一四〇〇）正月、城井谷を根拠地とする宇都宮守綱が裏切り突如宮方に立った。

応永一二年（一四〇五）一一月一七日付けで渋川光頼《しぶかわみつより》から詫摩満《たこまみつ》親《ちか》へ宛てた手紙に「きくち二郎、おおむら去る一八日小崎に陣をとった。今月九日御味方より城井手に対して城攻めの間」と記している。この城とは神楽城のことである。

永正《えいしょう》二年（一五〇五）七月付け佐田泰景軍忠状によると、文亀元年（一五〇一）二月九日城井城（神楽城）において大内勢と大友勢の合戦に泰景は大内方として戦っている。現在山頂に残っている城郭遺構は天正一五年前後の改修によると思われるが、この当時のこの地域と城の動向は城井鎮房と関係するものと思われるが、はっきりしない。

平成筑豊鉄道犀川駅でタクシーで一〇分程で城井馬場集落につく。あと徒歩で三〇分程で神楽城につく。（中村修身）

〔文献〕『行橋市史　中巻』

楞厳寺大五輪塔（城井氏の墓）

豆知識　館と宅所

城好きの仲間に現地案内をお願いすると、城郭と紹介されているもののなかに、前原市波多江城や北九州市の戸畑城などのように在地領主の宅所（いわゆる館）が含まれている。

戦闘が激化すると城郭で一戦構えられる前、つまり武装はしていても宅所を攻撃するほうが手っ取り早い。具体例をひとつ紹介しておこう。先に挙げた戸畑城は研究書には中島城の端城とされている。しかし、古文書資料には戸畑城は小田村備前宅所として記され、永禄一二年一〇月九日に田原親宏に奇襲されている。いわゆる宅所と城郭がはっきり区別されている例で、在地領主たちは宅所と詰め城を持っていた。

ところで、宅所も館も領主の政治経済の中心地であり、住まいであるという点では同じであるが、館は方一町であるが、宅所の多くはその半分以下で、規模にあきらかな違いがある。この差は在地（農業）に生産基盤を持つ領主層の屋敷が宅所であり、それ以外に生産基盤を持つ領主（戦国大名など）の屋敷が館であるといえよう。小規模城郭と呼ばれているものの中には城郭とともに宅所が多く含まれている。（中村修身）

33 渋見《しぶみ》城

別称　城山、香具女山、渋見山
所在地　京都郡みやこ町節丸・犀川内垣
旧郡　仲津郡

渋見城はみやこ町節丸と犀川内垣にまたがる通称「城山（または香具女山・渋見山）」（標高二〇五メートル）と呼ばれる里山の山頂に所在する城郭である。

渋見城は中世豊前の覇者として知られる鎮西宇都宮氏（のち城井氏を名乗る）の拠点「城井（みやこ町犀川木井馬場）」から北へ一・五キロメートルほどの位置にあることから、城井ゆかりの城跡であろうとは考えられていたが、これまでは『豊前志』に「渋見城址　節丸村にあり、今村式部居城」とあるほかは確たる史料に恵まれなかった。しかし近年確認された「隈元正幸軍忠状写」により、南北朝期における幕府方への一大反乱「城井（高畑城）合戦（応安七年［一三七四］）」の舞台となったことが再確認され、その中で当城が城井の中心城郭・神楽城の北の防衛線を構成する「要害」と位置づけられていたことが明らかになった。

現在現地は採石のために大規模な地形改変を受け、遺構の大部分は失われているが、一九九〇年に行われた廣崎篤夫氏による踏査によれば南北約一〇〇、東西約五〇メートルの範囲に十数個の曲輪が作られ、付随する土塁・石塁・堀切等が知られる。

現地へは、国道四九六号線沿「内垣」集落から徒歩約二〇分。但し、現地は登山道等未整備の上、採石場となっている為、入山には許可がいる。（木村達美）

34 上《かみ》伊《い》良《ら》原《はら》城

所在地　京都郡みやこ町上伊良原　城山
旧郡　仲津郡

英彦山に源を発する祓川《はらいがわ》の左岸、中村集落の高木神社《たかきじんしゃ》の東約四〇〇メートルに位置する城山《じょうノやま》（標高三四四メートル）頂にある。城の北側には伊良原谷から蔵持《くらもち》谷に至る道が通っている。上伊良原城から伊良原谷下流へ約三キロメートルに神楽山城が、また、上流へ約三キロメートルの帆柱集落の傍にも小規模な城郭（帆柱城）がある。

上伊良原城は城山頂約六〇メートルの間に四郭と一ヶ所に一本の堀切《ほりきり》を設けている。小規模な城郭である。村の城の可能性が高い。

平成筑豊鉄道犀川駅から中村集落の高木神社まではタクシーが便利。タクシーを降りてから道はない。約一五分で城山頂にいたる。

伊良原ダムの建設最中で集落や道路など付近の様子は日々変化しているので注意を要する。（中村修身）

35 香春岳城《かわらだけ》

所在地　田川郡香春町大字香春
旧　郡　田川郡

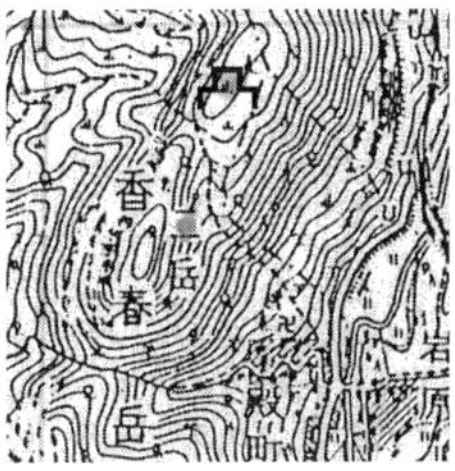

香春岳城は、田川郡香春町のシンボルである香春岳（一ノ岳、二ノ岳）に築かれた山城である。

現在の香春岳は、セメントに用いる石灰岩採掘により一ノ岳とその周辺は破壊されている。かろうじて二ノ岳周辺の城郭遺構が残されている。現在は立入りが制限されており、採掘が続くといずれ二ノ岳まで消滅する運命にある。

香春町の調査により、現状では「タゴ土塁」と呼ばれる一ノ岳に続く鞍部の遺構と、二ノ岳の曲輪や石塁、そして三ノ岳へ続く鞍部に「人枡」と呼ばれる土塁遺構が確認されている。

中世の香春岳は豊前・筑前の交差点とも言える交通の要衝であり、南北朝以来数々の合戦が行われた。一五世紀後半には香春岳は大内氏の豊前支配の拠点となった。大内氏滅亡後は毛利氏と大友氏の間で激しい争奪戦が続いた。毛利氏撤退後は大友氏が豊前に進出し、香春岳城には大友方の千手氏が在番したとされる。天正六年（一五七八）の高城・耳川合戦で大友氏が敗退すると、小倉の高橋鑑種が香春岳城を奪取し、以後鑑種《あきたね》・元種《もとたね》の拠点となった。

天正一四年（一五八六）に、高橋元種は九州に進発した豊臣軍と戦い小倉を明け渡して一旦は和睦するものの、島津氏の北上に呼応して再び香春岳に籠城する。豊臣方の毛利・黒田勢は一一月に香春岳城を攻める。島津氏の北上を目前にした前哨戦として激しい攻勢が加えられた。翌月に付城を築き水の手を断つことで落城させた。その後、香春岳城は廃城となったとみられる。但し、細川氏時代には山腹に支城の鬼ヶ城が築かれている。

遺構が現存する二ノ岳周辺を中心にみると、香春岳城の縄張りの

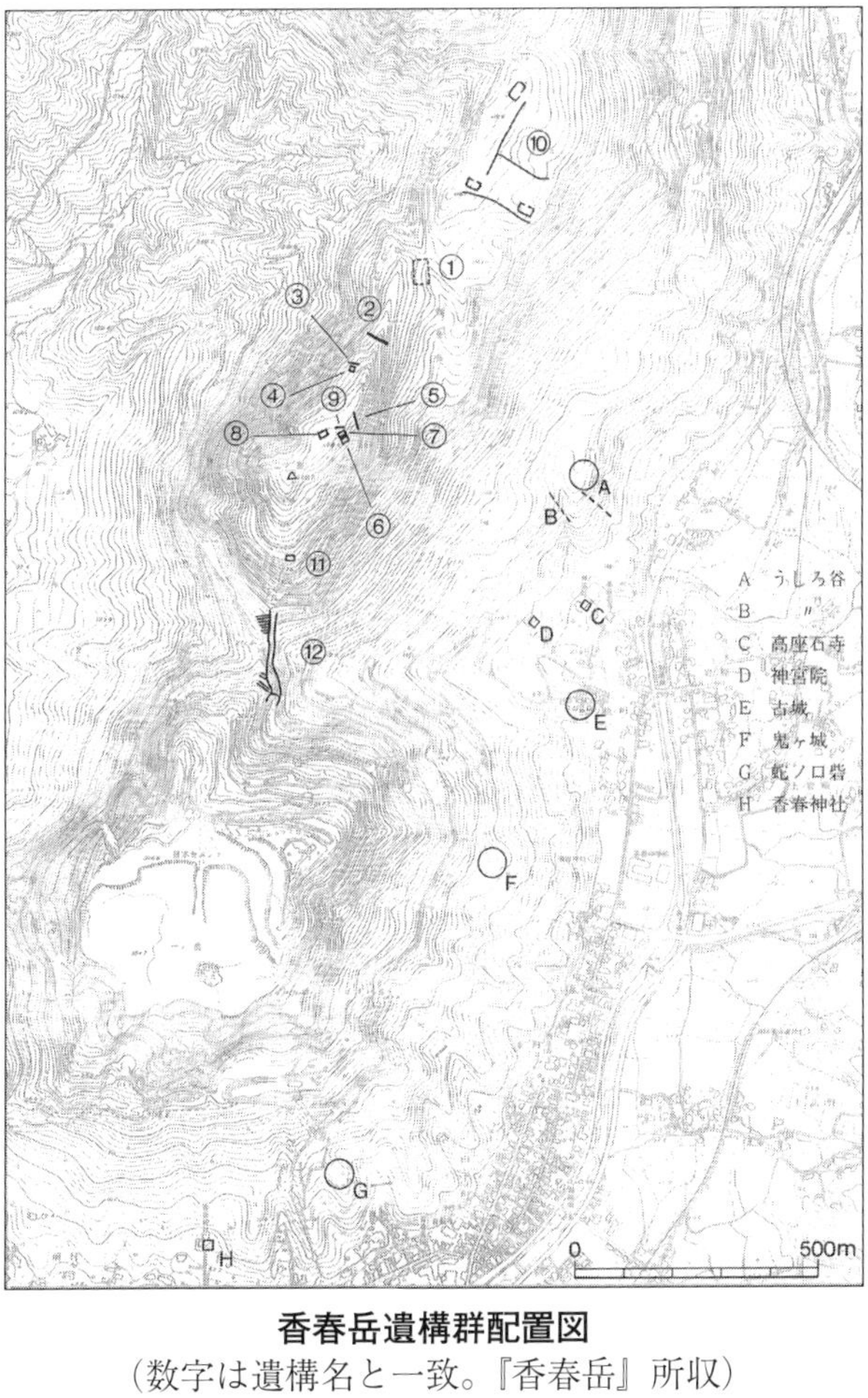

香春岳遺構群配置図
（数字は遺構名と一致。『香春岳』所収）

特徴は次のように指摘される。

（1）香春岳は石灰岩の岩山であるため、削平により曲輪や切岸を積極的に築くことが難しい。そのため、二ノ岳では露出する岩盤の間に石塁を築いた長城ラインが随所に構えられた。この長城ラインを幾重に築くことで攻め手の侵入を防ぐ足場とし、後背の山頂部や平坦地を城域として確保した。

（2）一ノ岳に続く鞍部にはタゴ土塁と呼ばれる技巧的な防塁型ラインが築かれた。土塁で両側を固め、直下の斜面に畝状空堀群を築いた。岩山ながら相当の作業量が加えられており、一ノ岳と二ノ岳をつなぐ鞍部を確保することに高い関心が払われたことがわかる。

（3）畝状空堀群と土塁を積極的に用いて防塁型ラインを築く技術は、益富城や高鳥居城など秋月氏に代表される豊筑の有力国衆が共有した縄張り技術である。タゴ土塁にみられる防塁型ラインは、当該地域で最も高度に発達した縄張り技術のひとつである。年代的にみて天正後期の高橋元種（秋月氏出身、鑑種の養子）により整備されたことを示す。

石塁

（4）城域の外側に石塁や防塁型ラインを築き攻め手の侵入を遮断することに高い関心が払われている。その一方、背後の城域は主郭から第二郭・第三郭・・・と階層的に仕切られていない。よって一端外郭部を突破されると、反撃する手段が限られる弱点を持つ。

（5）三ノ岳へ続く広い鞍部には「人枡」と呼ばれる土塁状遺構がある。攻め手の遺構とする説や馬の放牧のための囲いとする説などがある。考古学的調査によっても性格を特定できていない。

香春岳城の縄張りから、石塁を用いて二ノ岳の随所に構えた長城ラインと、タゴ土塁にみられる土塁に畝状空堀群を組み合せた防塁型ラインに、築城主体の高橋氏の特徴をみることができる。すなわち豊臣軍と対峙した高橋氏が、周囲の在地諸勢力を取り込み巨大化した兵力を香春岳山上に集約させたことと、その際に効率的に機能させるために強固な防塁型ラインを指向したことが推察される。

ＪＲ日田彦山線採銅所駅・香春駅よりタクシーで五徳越峠へ。三ノ岳への登山道あり。（中西義昌）

〔文献〕『香春岳』春香町教育委員会。『郷土史かわら　第六〇号』春香町郷土史会。

36 香春《かわら》城

別称　鬼ヶ城
所在地　田川郡香春町香春
旧郡　田川郡

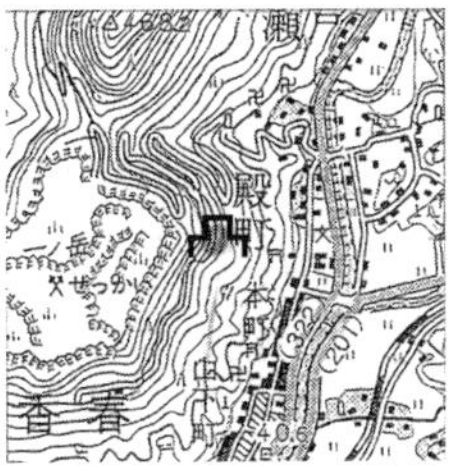

田川郡香春町香春字「鬼ヶ城」に所在する。一ノ岳（標高四九一）東側の中腹に地元では「鬼ヶ城」と呼ばれる場所があり、数段からなるかなりの広場がある。中でも天守閣のあったとされる一の曲輪は、東西五〇メートル、南北六〇メートルほどの広さで軒先瓦や瓦片、陶磁器片が散乱する。全体では、三段の大曲輪と二段の小曲輪からなり、東西約一〇〇メートルを越える。残念なことに石垣は明治の終わり頃、石灰の焼成のため一部持ち出されている。ここから北側に約一二〇メートル行くと石灰岩盤状に「天主台」と呼ばれる櫓台も備えており、東側が一望できる。

近年、香春岳山頂にある城とこの城を同一のように思われてきたが、瓦に鉄線で挽いたような痕跡（コビキB）のある瓦や中心飾り三葉紋の唐草瓦の特徴や、横矢掛りを配した内枡形虎口や礎石等の豊織系の技術が入っている縄張りから高橋氏以前の中世城郭ではなく新たに築造されたことが判明した。天正一五年（一五八七）、秀吉は豊前八郡のうち六郡を黒田孝高に与え、企救・田川郡の二郡を森吉成（後の毛利壱岐守勝信）に与えた。小倉城主として入城し、小倉城では金箔付きの鬼瓦片も見付かっており、吉成は小規模ながらも、豊臣秀吉の威光を背景にした城造りを

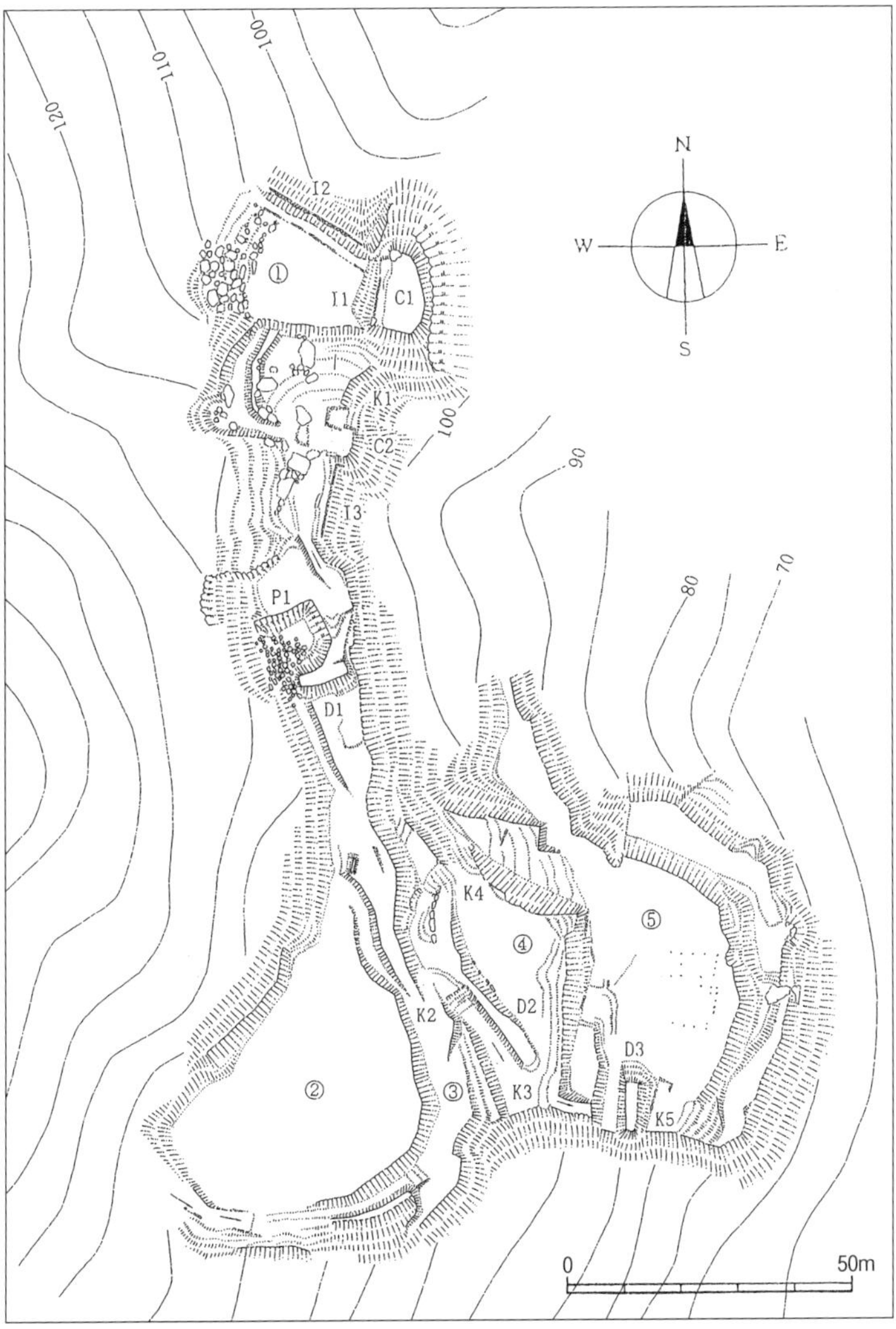

香春城図（木島孝之作成　2001年）

行っていたのである。香春岳城は、豊臣秀吉に仕えていた犬甘九左衛門時定（小笠原家の旗本犬甘大炊助政徳の嫡男、九郎左衛門とするものもある）に与えられ、時定は森吉成の一門に加わって、吉成とともに毛利姓を名乗ることになる。その知行高は六～七〇〇〇石という（『倉城大略誌』）。慶長五年（一六〇〇）、九州にも西軍と東軍の抗争が熾烈で、大友吉統を討った黒田如水はこの城にも攻めて来ているが、降伏し、西軍に属する毛利氏は改易となる。

慶長六年（一六〇一）、細川氏入国、その支城に取り立てられ藩主忠興の末弟、中務少輔孝之が二万五〇〇〇石を以って入城し、その際、細川藩記録等により、支城は新に孝之の本城（香春城）として一の岳中腹に築かれ、元和令によって石垣など破却、廃城となったとされる。二ノ岳山麓、神宮院と高座石寺の周辺には、城館跡と伝わる所が散在し、この付近は中務少輔孝之の居館跡といわれ高座石寺庭園には細川幽斎五輪塔がひっそりとたたずむ。また、城下集落として、堀の内、殿町などの地名が残り、短冊型の地割も残存する。須佐神社境内は細川藩時代の鋳銭場跡と言われる。

JR香春駅で下車、徒歩一五分ほどで香春中学校前の須佐神社にたどり着く。この山麓より、急な山道をさらに一五分ほどで到着する。（野村憲一）

〔文献〕『城郭の縄張り構造と大名権力』木島孝之。
『香春町史 上巻』。
『松井文庫所蔵古文書調査告書二』八代市立博物館未来の森ミュージアム

37 弁天《べんてん》城

所在地　田川郡福智《ふくち》町上弁城《かみべんじょう》
旧　郡　田川郡

上弁城奥畑《おくはた》集落の背後の台形状の山である。弁城の地名は鎌倉期に見え、近接する上野《あがの》、伊方《いかた》、金田《かなだ》と共に古くから荘園開発された地である。平安時代末に平家方の城として築かれ、上弁城永野氏の祖永野新九郎が城主として入るというも諸説あり不明。上方〝平家屋敷〟あり。

遺構の状態は良好で北部九州の山城ではかなり進んだ縄張りである。通路が発達し竪堀と土塁、石塁を自在に使いこなし虎口を工夫する等、中小国人のレベルではなく大きな勢力の関与を感じる。天正期とみるのが妥当。

北に鷹取城、南に香春岳城があり、弁天城はこの両城の動向に左右されたと考えられる。永禄六年（一五六三）七月、大友宗麟は香春岳城調略の働きに対し、弁城六〇町分を宝珠山左近将監隆倍に預け置いている。天正七年（一九七九）六月大友方鷹取城主毛利（森）兵部少輔鎮実は、小倉城主高橋元種の圧力を受け、持城三ヶ所（高鳥居、上野弁城、中元寺《ちゅうがんじ》）の内の一城の借受を強要され、窮状の斡旋を毛利の重臣内藤隆春に依頼している。上野弁城は弁天城で高橋元種は同年九月に大友方千手《せんず》鑑元の籠る香春岳を落城させている。また毛利鎮実は天正九年一一月の鞍手郡清水原《きよみずばる》合戦（小金原合戦）まで鷹取城に籠城しているので、この時弁天城に高橋元種が入り改修を加えた可能性は高い。その後弁天城は香春岳城の支城として天正一四年一二月の香春岳落城まで存続したと考えられる。

『豊前古城記』に弁天城の記載はないが、上弁城に高橋元種の砦として新田城と、宝珠山弥左衛門の居城として弥次郎畑城をあげている。

田川・直方バイパス又は平成筑豊鉄道かなだ駅より車で「方城藤湯の里」方面へ。（片山安夫）

〔文献〕『宝珠山村誌資料』。『方城町の文化財』

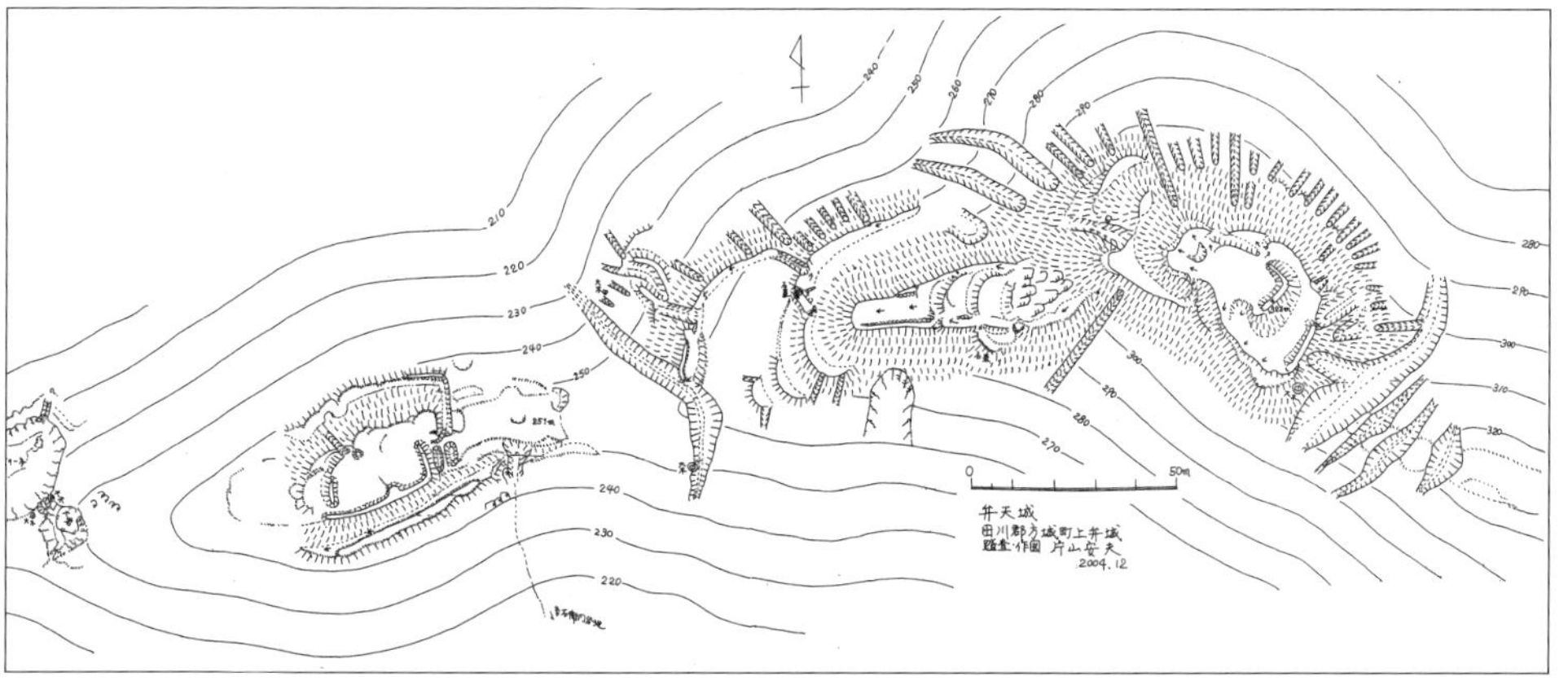

弁天城図（片山安夫作成　2004年）

38 戸城山城《としろやま》

別　称　戸代山城
所在地　田川郡赤村内田
旧　郡　田川郡

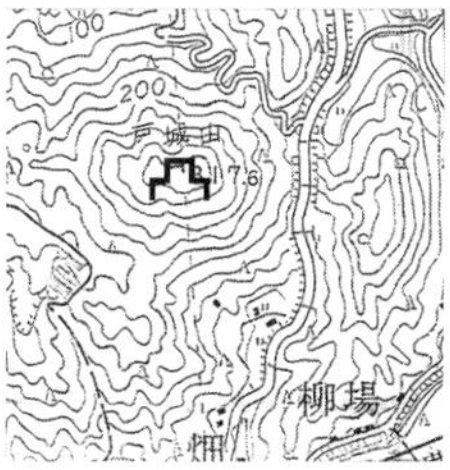

田川郡赤村内田に所在する。この位置は筑豊地域と豊前地域の境目にあたり、香春岳城、馬ヶ岳城、岩石城を結ぶ重要なところにある。山の頂上部には、頂上から東西にいくつかの曲輪が並び、その周囲を横堀と無数の竪堀群が張り巡らされ非常に防御力の高い構造をしている。特に、南側は二重の横堀となり、北側は非常に高い土塁をもつ。頂上にある主郭部は、東西約二五メートル、南北約一八メートルの楕円形でその下の曲輪は東西約八五メートル、南北約五〇メートルとかなり広く、現在、アスレチック場となっている。

戸城山城は、『豊前国志』によると延元四年（一三三九）菊池武重が戸城山に城を築き、その嫡男武光に守らせたのが始まりとされる。天文二二年（一五五三）には、宇都宮城井氏の一族西郷入道の居城となる。天正七年（一五七九）には、小早川備後守義平が城主であったとされ、その死後、馬屋原左馬助元有が城主となる。その馬屋原氏は、秋月氏や高橋氏の勢力下にあったと思われる。現在、残っている高度に発達した縄張り技術は、北部九州において天正年間以降にならないと出現しないものと考えられ、おそらく豊臣秀吉の九州征伐に備えて改修されたものであろう。天正一五年（一五八七）三月、九州征伐の先遣隊として黒田如水が戸城山に侵攻し、秋

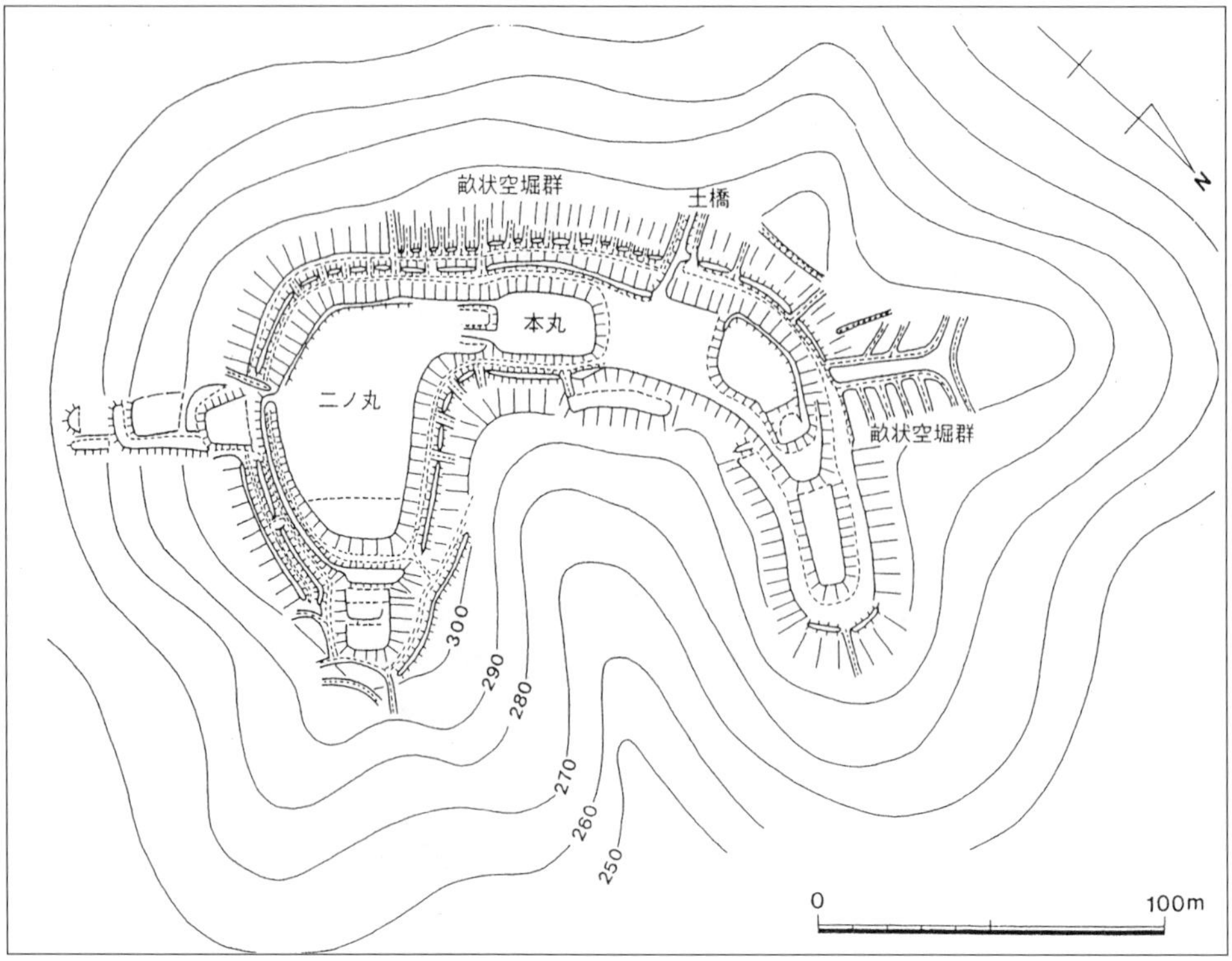

戸城山城図（中村修身作成　2000年）

月・高橋氏を離れ、降伏を申してるが許されず有元は自害したとされる。その直後、豊臣方の岩石城攻撃の際に、「日本外史」によると、豊臣秀吉は杉原において観戦したとされる。戸城山との見解もあるが、赤村には杉原という地名が残っておらず、また、字にもない。地元では戸城山を杉原と言わないことから、「杉」ではなく「板」と読むならば、伊田あたりの丘陵に布陣していたのではないだろうか。

平成筑豊電鉄の柚須原駅で下車、徒歩五分ほどで登山口に着き二〇分で鞍部に至り、二五分で山頂（標高三一八）に到着する。（野村憲一）

〔文献〕「北部九州の畝状空堀群」『長野城』中村修身。「戸城山城（田川郡赤村大字内田所在）の踏査報告―福岡県内の戦国期城館（2）」『福岡考古 21』岡寺良

戸城山城横堀

39 上《かん》仏《ぶ》来《く》山《さん》城

所在地　田川郡添田町大字英彦山
旧　郡　田川郡

上仏来山城は添田町大字英彦山にある上仏来山（標高六八七メートル）と呼ばれる円錐形の山の頂部に所在する城郭である。城（山）の名は霊山・英彦山の境内地における独特の山容から何らかの神仏勧請儀礼を行ったことに由来するとみられるほか、山頂には城の守護神（毘沙門天）に由来する上津神社もまつられている。

当城が所在する英彦山は平安期以降九州最大の霊山として名をはせ、その勢威は大名級と評価された。このため英彦山をめぐっては近隣の勢力が懐柔強硬様々な干渉を行う一方、英彦山自身も法城としての独立保持のため衆徒（山伏）の武装化と山内の城塞化をすすめ、その傾向は戦国期に頂点に達するが、上仏来山城はその究極の存在として登場することとなる。

上仏来山は英彦山の宿坊の大部分が集中する大門筋を南から擁護する位置にあり、北から擁護する花見ヶ岩とともにこれら二地点を繋ぐ一ノ岳付近を結節点として総延長三キロメートルほどの一大防衛線を構成していたようである。

城はその線の南端部に築かれたもので、東西三〇〇メートル・南北一五〇メートルの範囲に十数個の曲輪や堀切、竪堀等の遺構が展開する（縄張図参照）ほか、周辺には「水の手」「城ヶ辻」等のいわゆる城郭地名も散見される。

城が実戦の舞台となった確実な記録が残るのは永禄一一（一五六八）年と天正九（一五八一）年で何れも大友氏による攻撃によるものである。両度の戦いとも伽藍や宿坊は占拠・炎上の被害を受けたが、城についてはその記録がなく、ゲリラ戦を展開しながら強固に持ち堪えたようである。これは城に拠った山伏たちの特殊な能力によるところが大きく、彼らの修行で鍛えた強靭な心身と優れた集団行動力は、大名軍をして容易に屈服し難い「山武士」軍でもあった。

現地へは、英彦山スロープカー「参道駅」から徒歩約三〇分ほど。

（木村達美）

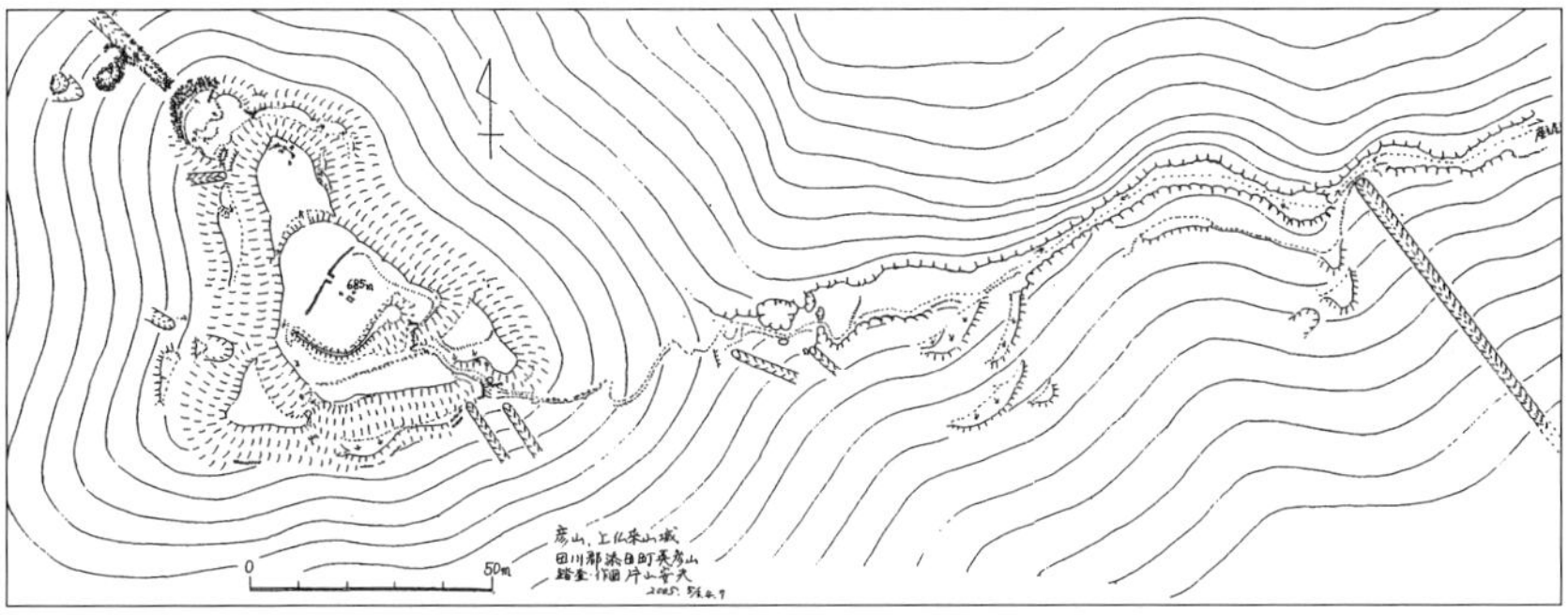

上仏来山城（片山安夫作成　2009年）

40 中元寺城《ちゅうがんじ》

別　称　左衛門之城《さえもんのじょう》
所在地　田川郡添田町上中元寺・落合
旧　郡　田川郡

添田町の南方に聳え立つ、標高四八九メートルの宝ヶ岳の北西の尾根筋標高三一二メートルの山頂を中元寺城としておく。検討の余地は残しておきたい。主郭は尾根の南側にあり、広さ南北三一二メートル、東西一二メートル。中央は一段高くなっており、西は急斜面で天然の防御となっている。北に一ヶ所、北東に下った尾根に一ヶ所、南の尾根には二ヶ所の堀切が主郭を防御している。特に南側尾根の主郭に近い堀切は、両斜面にかけて竪堀が続いているが、途中ははっきりしない所がある。また曲輪らしき削平地もみられ、その先の宝ヶ山方面からの進入を防いでいる。北の尾根の約五〇メートル先にも北西に下る尾根に数段の曲輪らしきものがある。また、北東に延びる尾根の先にも一段高くなった所があり出丸と考えられるが、主郭の三方の堀切内が城域と考えるべきであろう。小規模な山城である。

　明治一五年の『中元寺小字調』によると、陣馬、陣屋、馬場、城の迫などの中世からの字と思われるものが残っている。『内藤文書巻九十九』の毛利鎮真書状に「高橋宗仙家中の拾篇、高鳥居（鷹取）、上野弁城、中元寺、彼三ヶ所の内一ヶ所を暫宿の城として移り仕るべきの段、始中終申しされ候」と出ている。『添田町誌』の左衛門之城址の項に「豊前誌に中元寺城とあるが、左衛門之城であろう」としている。

　陣屋の駐車場に車を止めて、尾根伝えを徒歩で約二〇分程度で城跡に着く。（中村正）

〔文献〕『中元寺小字調』。『内藤文書巻九十九』。『添田町誌』

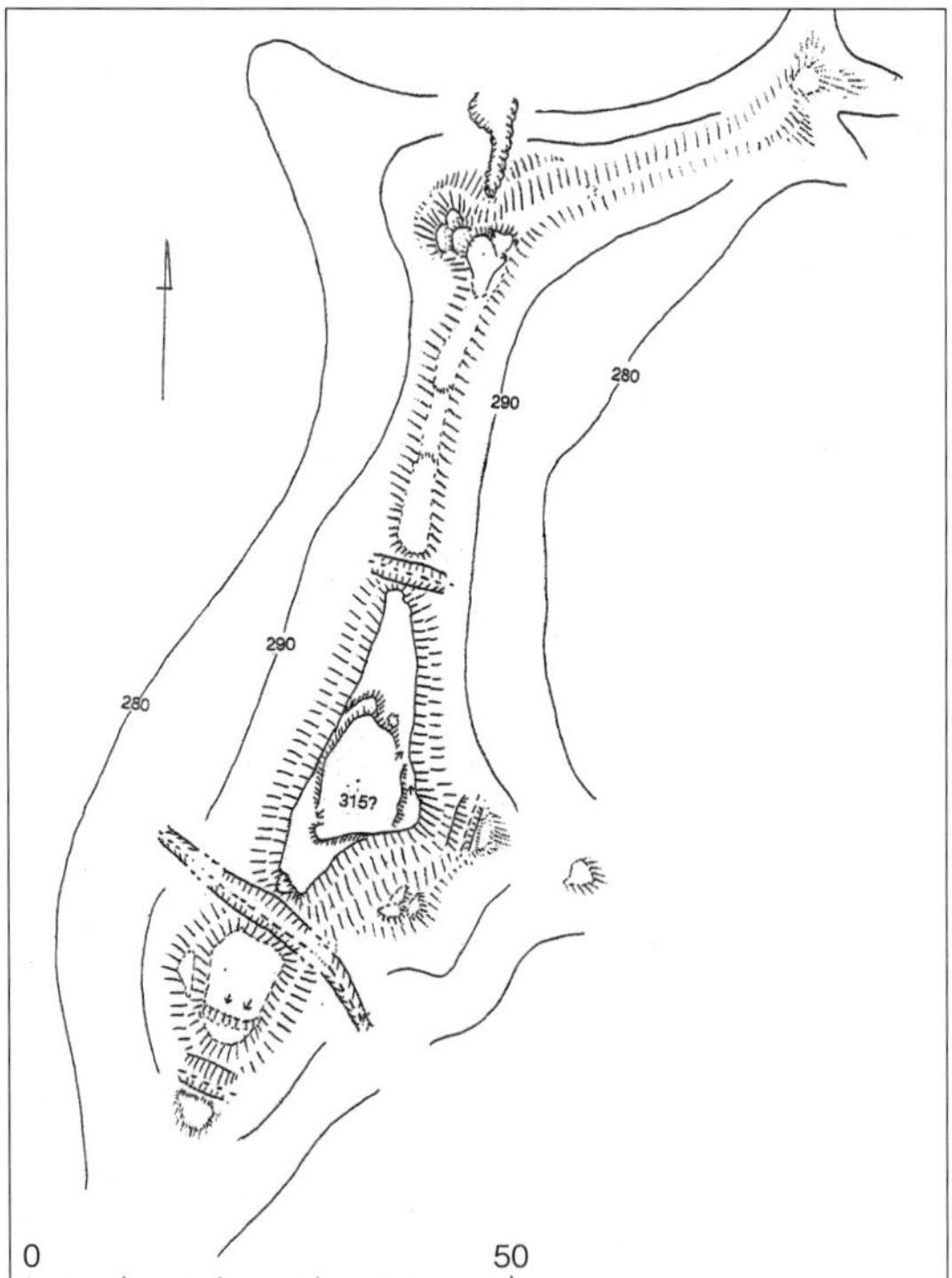

中元寺城図（中村正作成　2008年）

41
岩石城《がんじゃく》

所在地　田川郡添田町添田・赤村
旧　郡　田川郡

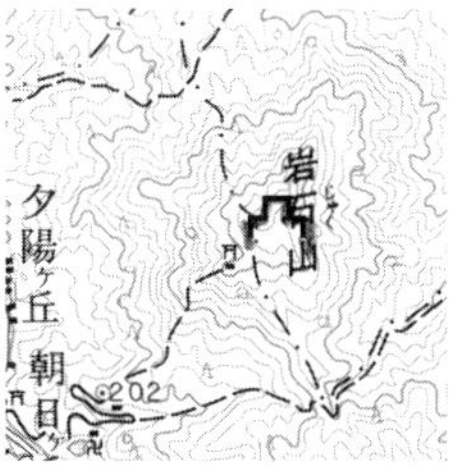

九州役において筑前・豊前国の最有力領主秋月氏の城将熊井越中らが、豊臣軍本隊を迎撃したことで知られる。城は天正一五年（一五八七）四月一日の攻撃で僅か一日で落城。この豊臣軍の猛威に震撼してか、同日、秋月種実は居城益富城を出て降伏し、ここに九州役の大勢が決した。役の後、小倉に入城した森勝信の支城となった。慶長五年（一六〇〇）、細川忠興が豊前に入国すると、英彦山から豊後山国へ抜ける要衝（「忠興書状」）として支城に取立てられた。その後、元和城割で廃城となった。

主郭①の裾には花崗岩の割石が散乱する。割肌面に矢穴がみられることから細川期の改修が考えられる。曲輪②には巨大な内枡形虎口K1があり、隅部に石垣が僅かに残る。門口と城道には突出部C1から横矢が効く。この虎口も明らかに織豊系の技術であり、細川期の改修と考えられる。曲輪③の直下にも主郭①裾部と同様の石材が散乱する。ここは城の正面口ゆえに意識したのであろう。曲輪④の南・北壁の一部に高さ二mほどの石垣が残る。これも裏込を施す技法に鑑みて細川期の改修と思われる。細川期の改修と考えられる近世的技法の石垣は、谷を塞ぐ石塁I1・I2・I3にもみられる。特に正面口に当たる西側の谷は、I1・I2で二重に厳重に塞がれている。なお、

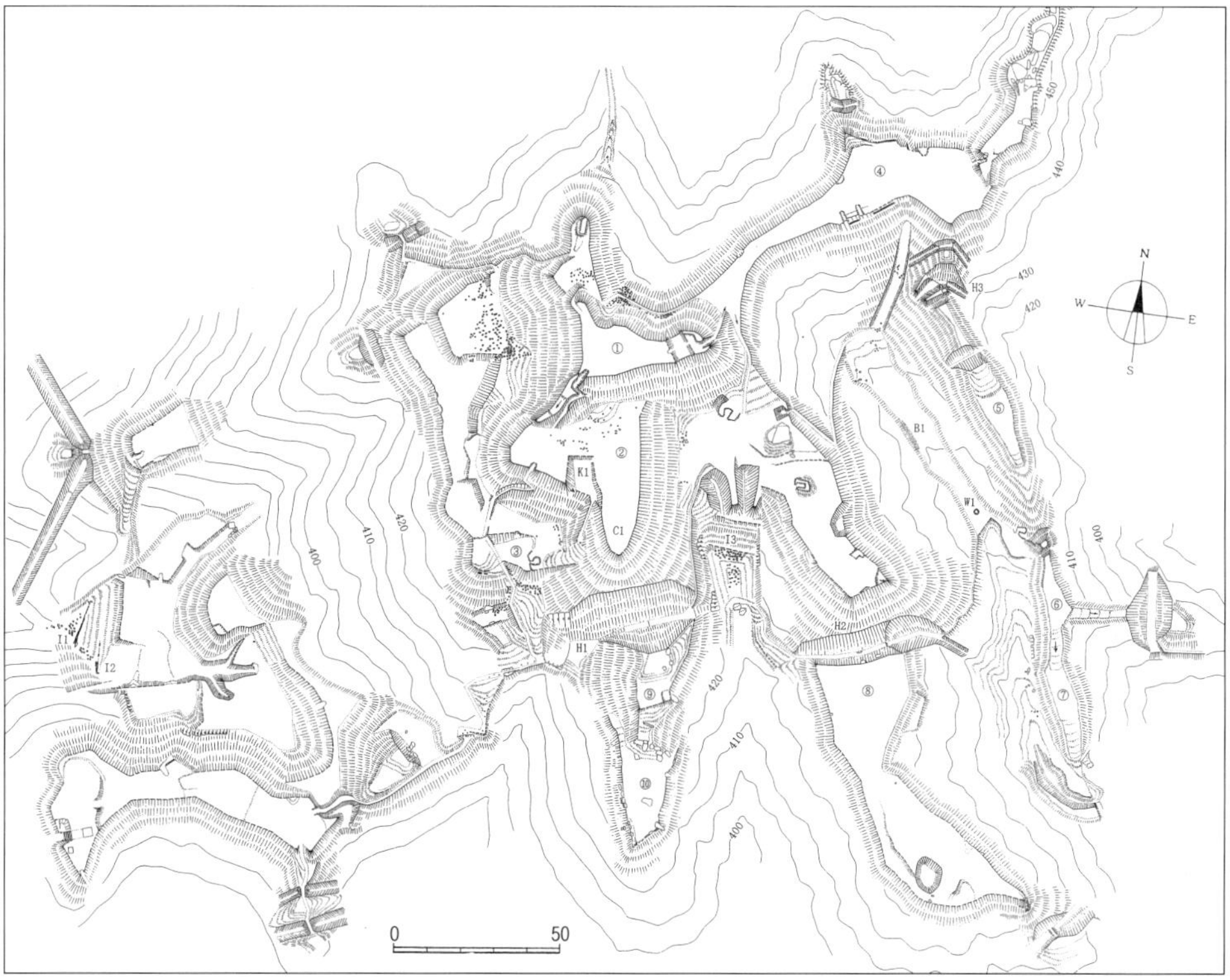

岩石城図（木島孝之作成）

曲輪①～④の塁線の形状（横矢掛りの有無など）は石垣の崩落が激しく不明で、崩落した石材についても全てが城割によるものか否か不明である。

石垣による改修部分（推定を含む）をみると、堀切H1・H2・H3と連携して一続きの遮断線を形成する。この線の外に戦国期の虎口跡が不明確で削平の甘い曲輪⑤～⑩が連なる（これらも一部で石垣を用いるが、大粒の自然石を積むというよりも並べただけの単純な技法である）。つまり細川期の改修の主眼は、戦国期の雑多で肥大化した城域を整理・再編し、石垣造りでコンパクトな遮断線を構築することにある。これは、谷までも石塁で封鎖する点に顕著である。そして新たに設定された城域は、以前の規模よりかなり小さい。これは、戦闘機能の追求と支城主の統制という支城に対して複雑に交錯する要求のバランスから導いた「適正規模」の兵力で堅持できる城域を意識した結果と考えられる。同じ傾向が黒田領の益富・鷹取城、加藤領の愛東寺・水俣城、田中領の猫尾城など織豊取立大名領で広く確認できる。

建物については、曲輪①・②と谷底B1地点にコビキB痕瓦が散在し、また桐紋二転唐草の軒平瓦も表採されている。これらの織豊系瓦も細川期の改修時に持ち込まれたものと考えられる。

JR添田駅から山麓まで徒歩二〇分。中腹まで車道あり。（木島孝之）

〔文献〕『城郭の縄張り構造と大名権力』木島孝之

豆知識　城郭の石垣

城郭研究史上、石垣が注目を集めたのは、織田信長、豊臣秀吉政権が全国制覇にともなって広まった礎石を用い、瓦を葺いた建物をもち、高さ三メートルを超える石垣を敷設した城郭を築城してからである。これを織豊系城郭と言い、この石垣を織豊系石垣と言う。織豊政権の広がりを示すと同時に近世城郭の基礎となった。

九州で城郭に石垣を使用し始めたのは、天正一五年の秀吉による島津討伐からとされていた。北部九州城郭研究会の研究によって、これ以前に石垣を築いた城郭（二丈町二丈岳城、北九州市花尾城、福岡市立花城など）があることが明らかにされた。花尾城の石垣は約二メートルの高さに石を積み、その下に犬走りを設け、その下にまた約二メートルの高さに石を積む二段構造になっている。花尾城の石垣、井戸様遺構、石塁など石を多用いた構造物は天正元年から天正一五年の間に築かれたものである。近年、美しく重壮な様相が年々人為的ないしは自然崩壊が進んでいることはまことに残念である。

肥後一揆に際して辺春氏が築いた熊本県なごみ町坂本城、豊前国六郡を領した黒田孝高配下の栗山備前が守備した大分県中津市平田城それに那珂川町一ノ岳城は天正一五年から文禄元年頃までに石垣を築いた例として注目を要する。（中村修身）

42 城平城《じょうびら》

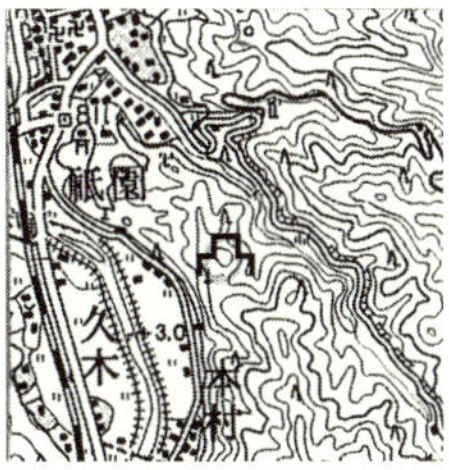

所在地　田川郡添田町大字野田
旧　郡　田川郡

添田町の中心を北流する彦山川の右岸沿い野田集落の背後の南北に連なる尾根筋の標高一八七メートルの峰上を最高所とする山城である。現在は大部分が植林地で西斜面の一部が墓地となっている。

伝承では岩石城の出城で、天正一五年（一五八七）の豊臣勢による岩石城攻め、落城時に同じく落城とされているが文献史料が全く無く沿革等は不明で有る。元々は在地の国人級の山城だったのが戦国中期以降の大内氏、大友氏、秋月氏等の争いの中で主城である岩石城の出城であったり、攻める側の向城だったりしたものと推測される。

城域の規模は東西約一五〇メートル、南北約二〇〇メートルであり、添田町では岩石城に次ぐ大きな山城である。この城の特徴は中核の三つの曲輪が大きく造りがしっかりしており、また曲輪間を大きな箱堀式の堀切で区切っていることである。これらの三つの曲輪は各段差が約一〇メートルあり、最高所の曲輪は威圧感が有ったと感じられる。箱堀式の堀切の存在から戦国末期の新しい造りと推測できる。

中核の三つの曲輪群からほぼ東西南北四方の尾根上に曲輪や堀切が造られていた。北は長い緩やかな尾根筋山道風の平地や段が続いており何処までが城域だったか明確でない。北東方向の尾根筋は平地が続く部分が城域で途中二ケ所に堀切があった。（一か所は後世に埋められている）また中核曲輪の東の斜面には割合大きな腰曲輪が有り、東の谷の防御線となっている。西側斜面の尾根筋の三、四段の平地が有り尾根筋防御の腰曲輪と考えられる。以前はこの尾根筋が墓地や城跡への道だったので元々の城道だったと考えられる。南には堀切を挟んで一つの曲輪があり、その南の大堀切状の鞍部で南側の尾根筋に対する防御線としている。この曲輪の西斜面の墓地段は元々の城の腰曲輪を改変したものと推測できる。（村上勝郎）

〔文献〕『岩石城』添田町

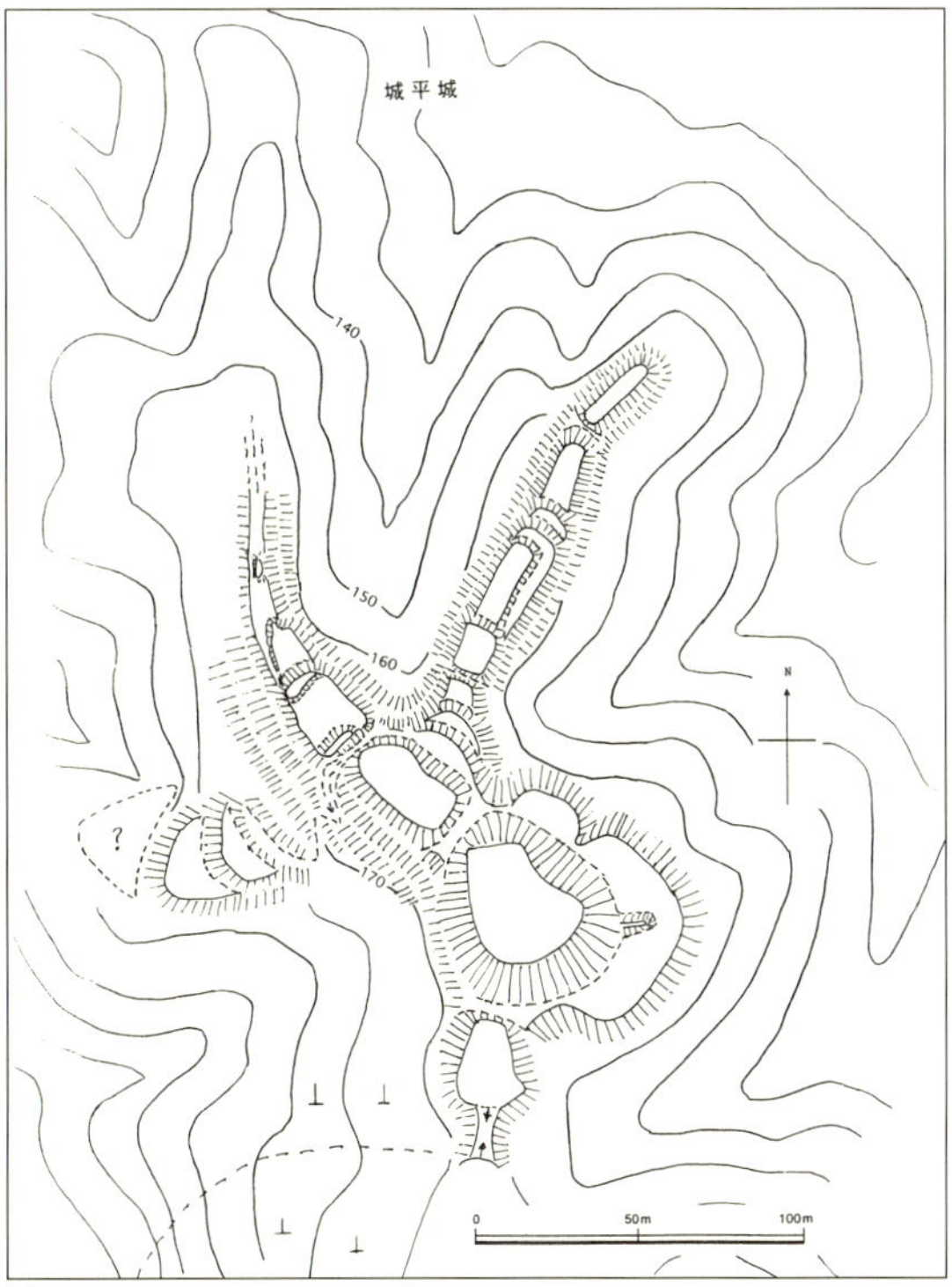

城平城図（村上勝郎、田中賢二、坂田淳一郎作成2008年）

43 城越城《じょうのこし》

別称　城腰城
所在地　田川郡大任町今任原《いまとうばる》上今任
旧郡　田川郡

平成筑豊鉄道の勾金駅の南約三〇〇〇メートル、大任町の中央を北流する彦山川の右岸の丘陵地帯から西に突出た舌状台地（標高約五〇メートル、比高約一五メートル）に造られた三つの曲輪を並べた連郭式の城である。

以前は城館遺構と認知されておらず城越遺跡とされていた。文献史料が無いので沿革等は全く判らない。この地区の南に存在したとされている建徳寺城の位置が判らないので、あるいはこの城越城が建徳寺城だった可能性がある。現状は城跡の大部分が墓地となっていてどこまでが城館の遺構だったのかが判りにくい。

舌状台地の付根（東）に現在は植林地となっている曲輪があり、次に堀切で区切って中央の墓地となっているほぼ方形の曲輪そしてまた堀切で区切って同じく墓地となっている曲輪がある。西曲輪の西に城域の西端と考えられる堀切が残っている。現在、墓地への参道が通って一部破壊されている。

中央曲輪と西曲輪の北側には東曲輪との間の堀切から続く腰曲輪か空堀跡かと思われる平地段が有り西端の堀切につながっている。また南側の斜面には巾数メートル位の腰曲輪があり元々は北側と同様の土塁があって横堀状だったと言われている。この城の大手虎口は西端の堀切の北側の斜面下にあったと推測される。登城道跡と考えられる竪堀道とこれを東西から挟んで見下す形の曲輪群が存在している。西曲輪の西側の斜面には尾根の先端まで江戸時代から墓地になっていた階段状の平地がある。

城郭としての伝承が無いので戦国時代中期までの国人領主クラスの城で後期には彦山川沿いの交通路を押さえる陣城だった可能性が考えられる。（村上勝郎）

〔文献〕『福岡県の城』廣崎篤夫

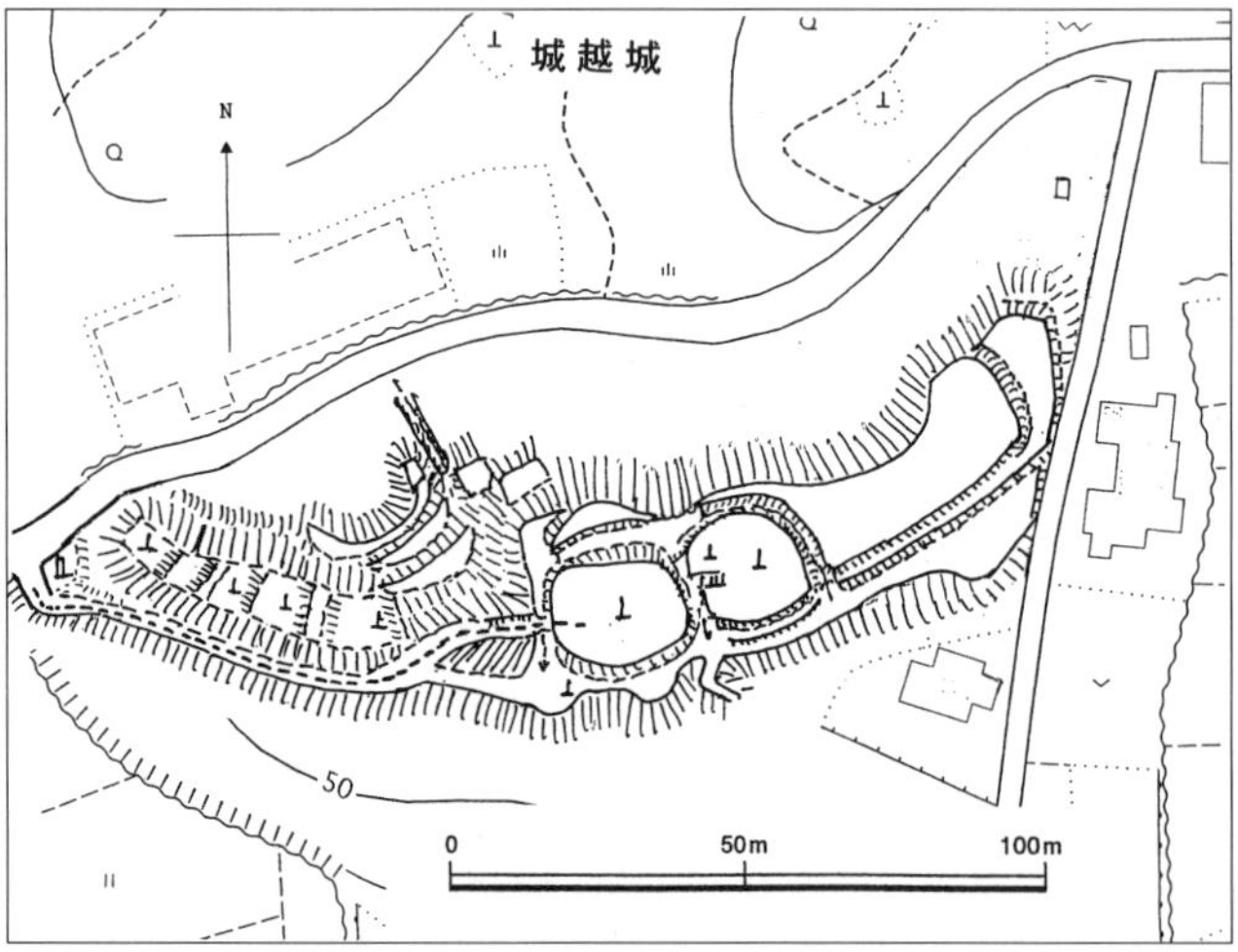

城越城図（村上勝郎作成　2008年）

44 明神《みょうじん》山《やま》城

所在地　田川郡大任町今任原桑原
旧　郡　田川郡

平成筑豊鉄道の勾金駅の南約二七〇〇メートル、大任町の中央部を北流する彦山川の右岸の丘陵端の標高約六〇メートル（比高約三〇メートル）の峰上に築かれた小規模城郭である。城の北側に大悲神社（桑原神社）と公園がある。この地は律令時代に桑原屯倉が置かれたとの伝承が有るが明確ではない。

北約一〇〇〇メートルに蛇面城、南約一二〇〇メートルには城越城が存在していた。大任町には八ヶ所の中世城館の存在が確認されているが明神山城は明確な城郭遺構を残している。

大任町の中世城館については明確な文献史料が残されておらず、史料的には疑問が多い『応永戦覧』に記載が有るのみで城主、築城時期その他の沿革は不明である。『応永戦覧』では当時の城主は曽我太郎祐長とあり、北の蛇面城は弟の曽我九郎祐能が城主だったとされている。

大内盛見《もりはる》の応永六年（一三九九）の豊前、筑前侵攻時に大友方だった曽我祐長の明神山城は弟祐能の裏切りで落城したとある。その後の文献史料は無い。

城の規模は東西約七〇メートル×南北約五〇メートルの長楕円形の単郭で、郭の周りを空堀（横堀）とその外側の土塁が巡らされている。南側の堀、土塁は土取で一部破壊されている。また東側の丘陵本体が宅地造成で破壊されていて旧状が判らない。

この城の特徴は郭内の東端の段とほぼ中央部に約一〇メートル四方の高さ一から一・五メートルの土壇の存在で、物見の櫓や城将の本陣位置だったと推測される。現状の遺構から戦国末期（一六世紀半ば以降）まで出城あるいは陣城として使われた可能性が考えられる。（村上勝郎）

〔文献〕『応永戦覧』陣山緩編。『大任町文化財調査報告書　第8集』

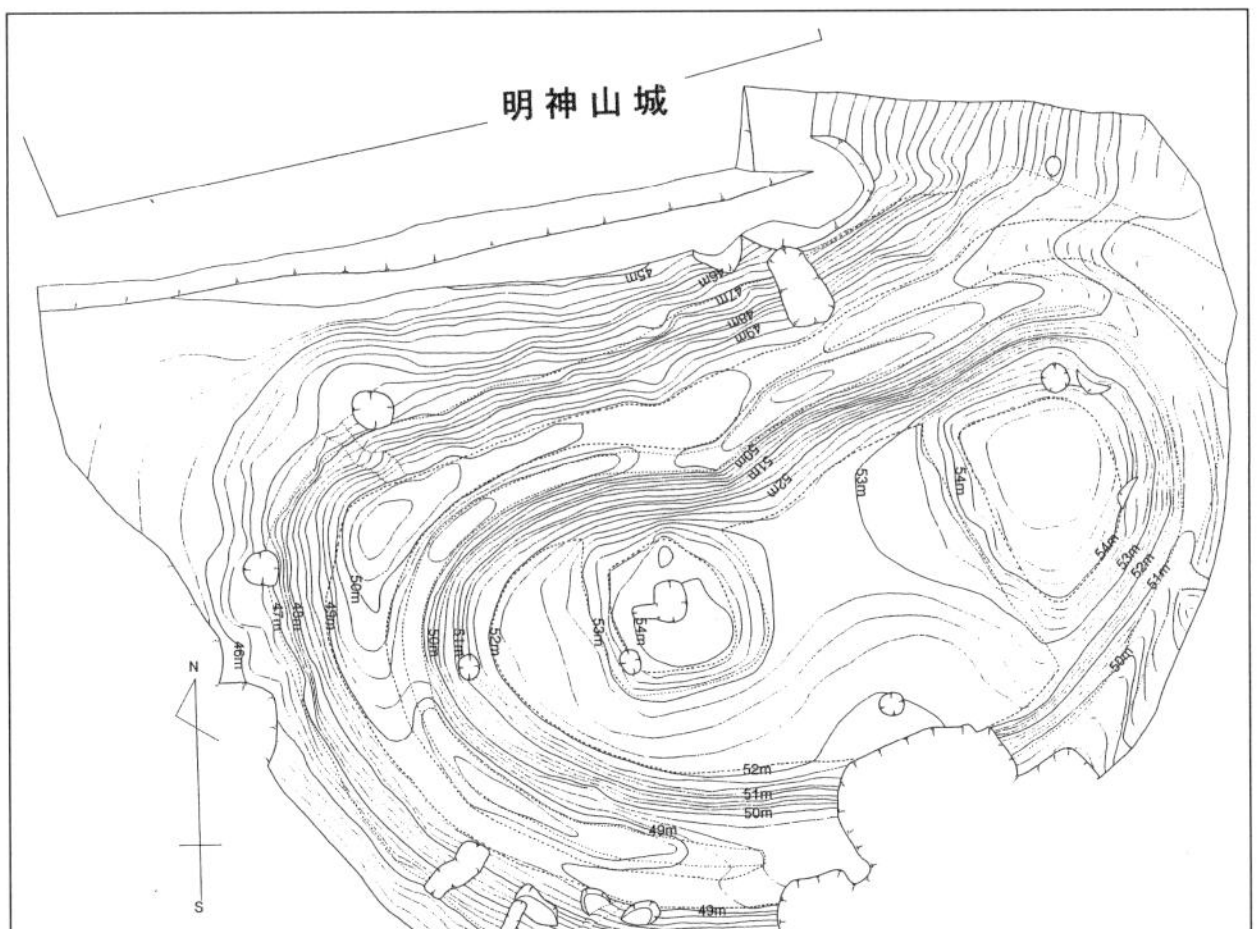

明神山城図（『大任町文化財調査報告書第８集』所載）

45
広幡城

所在地　築上郡築上町大字水原・広末
旧　郡　築城郡

『豊前国古城記』に「広末村水原村広幡村堺広幡山右昔宮原中将と云ふ者切開き、其後城井《きい》民部《みんぶ》重房《しげふさ》出城に立取、瓜田春水と云ふ者城代此は如水に内通城井の郷案内せしよし」とある。

広幡城は東西方向に走る丘陵の頂上に営まれており、北に急で南に緩やかな山城に適した地形である。標高約六〇メートル、平地との比高差は四〇メートルである。広幡城は椎田バイパス建設で東側が消失した。建設に先立ち福岡県教育委員会が調査し、調査報告書が刊行されている。

報告書によれば広幡城はⅠ郭（本丸）とⅡ郭（二の丸）を東西に配していた。ともに南西に張り出し〔横矢掛け〕を配した堀が巡り、堀の外側（南側）に土塁が作られている。Ⅰ・Ⅱ郭の北川は土塁を配するのみで、土塁の外側は急崖となる。Ⅰ郭は東西六〇メートル、南北二〇メートル、Ⅱ郭は東西六三メートル、南北一二―二二メートルである。Ⅱ郭の西側には六本からなる畝状竪堀群が、またⅠ郭には一本の竪堀が掘削されていた。調査者はⅡ郭の南側に土塁などが測量で判明しており、Ⅲ・Ⅳ郭の存在を想定している。なお広幡城の土塁と重複して近世以降の村堺の土塁がつくられている。（図の中には示していない）

広幡城跡で出土した土器の年代は一六世紀中ごろであり、築城の年代は天文年間（一五三三―一五五五）になろう。廃城は、宇都宮氏が黒田氏に滅ぼされた天正一六年（一五八八）に近い頃であろう。

広幡城は日豊本線椎田駅より徒歩で三〇分。

（米田鐵也）

〔文献〕『築城町誌』。『広幡城跡Ⅱ』椎田町教育委員会

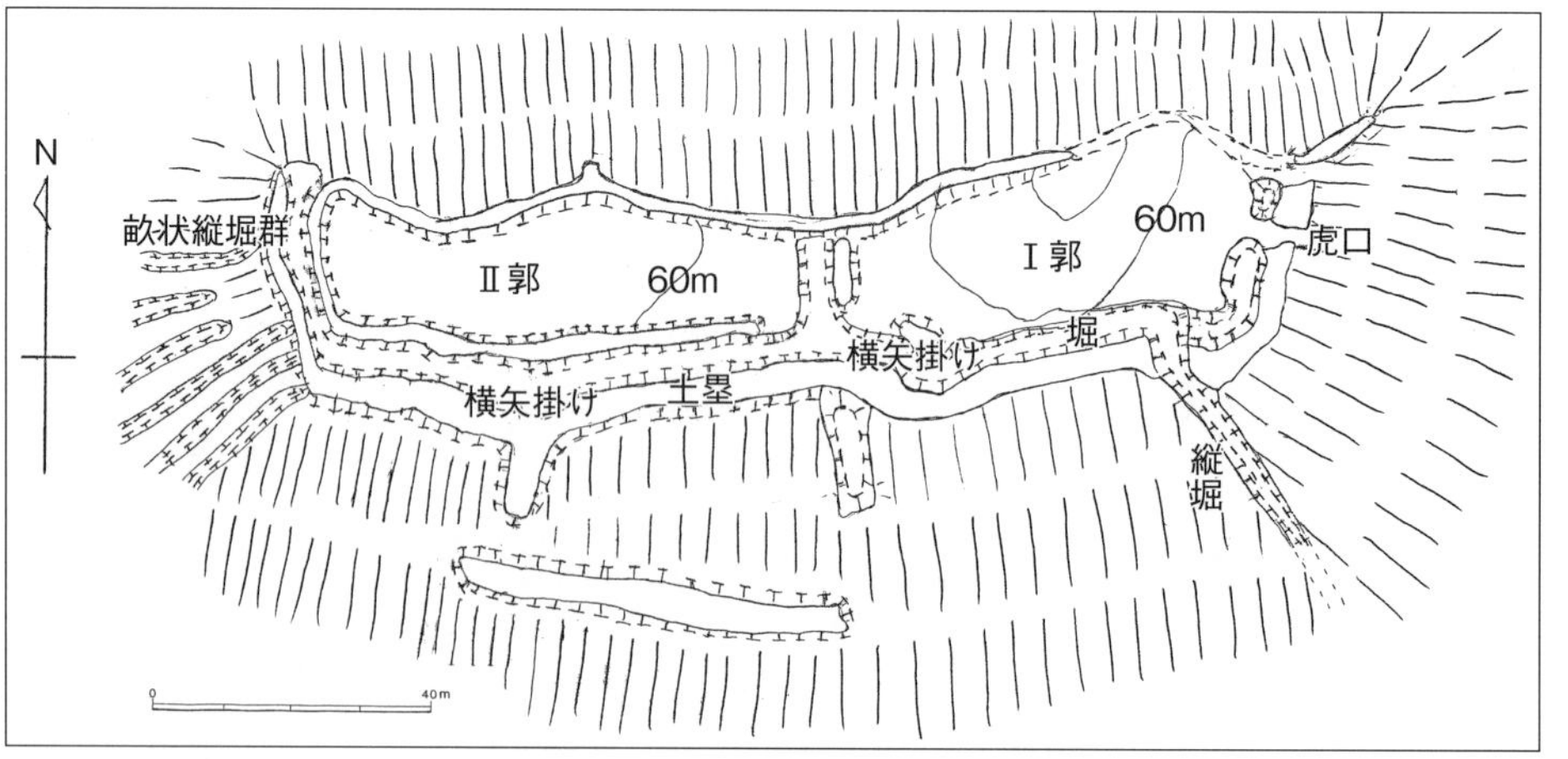

広幡城図（『築城町誌』を一部改変）

46 赤幡城《あかはた》

別　称　淵上寺城
所在地　築上郡築上町赤幡、ほか（小字切寄平）
旧　郡　築城郡

城井川右岸に沿って城井谷から北へ延びる尾根先端の赤幡神社の南約四〇〇メートルに位置し、標高約八〇メートル、比高約四〇メートルの尾根上に築かれている。城井谷の最前線、平野部から山間部に入る関門に位置する。城跡の西側崖中腹に巌洞山淵上寺のお堂がある。故に別名淵上寺城と云われる。この城跡より東一・六キロの所に広幡城跡がある。

郭・空堀・土橋・土塁が残る。城域はほぼ長方形で約四〇メートル弱×九〇メートル、東および南北に幅約一〇メートル・深さ一～二・五メートルの空堀をコの字に配して、西側は城井川を天然の堀として崖となる。虎口は北側、南北に土橋を配した単郭（南北約六〇メートル×東西約二〇メートル）の簡単な造りである。地形は要害とは言えない。

『黒田家譜』巻之五に天正一五年（一五八七）の秋以後として「其後赤旗といふ所に、城井中務より出城をかまへ其家人壁兵庫、城井宮内といふ者両人をこめ置ける、云々」とある。城井宇都宮氏が豊臣秀吉の豊前の国割を不満とし、黒田氏に抵抗して寒田の塞に籠ったときの最前線の砦の一つである。城井宇都宮氏の出城の一つ。築城者は城井鎮房。築城年代は天正中頃以降であろう。

ＪＲ日豊本線築城駅～寒田線バスで赤幡下車。バス停側の「赤幡観音⇒」の表示に沿って南に徒歩約一〇分で「赤幡観音⇒」の表示がある入口に着く。この矢印に沿って北へ徒歩約五分で城跡に着く。車の場合は、国道一〇号線～県道二三七号線に入り安武の信号から赤幡橋を渡り、赤幡バス停手前を右折、「赤幡観音⇒」表示の所に一台程度は駐車可能。（小田正雄）

〔文献〕『黒田家譜』貝原益軒。
「豊前国古城記」『福岡県郷土叢書　第一輯』

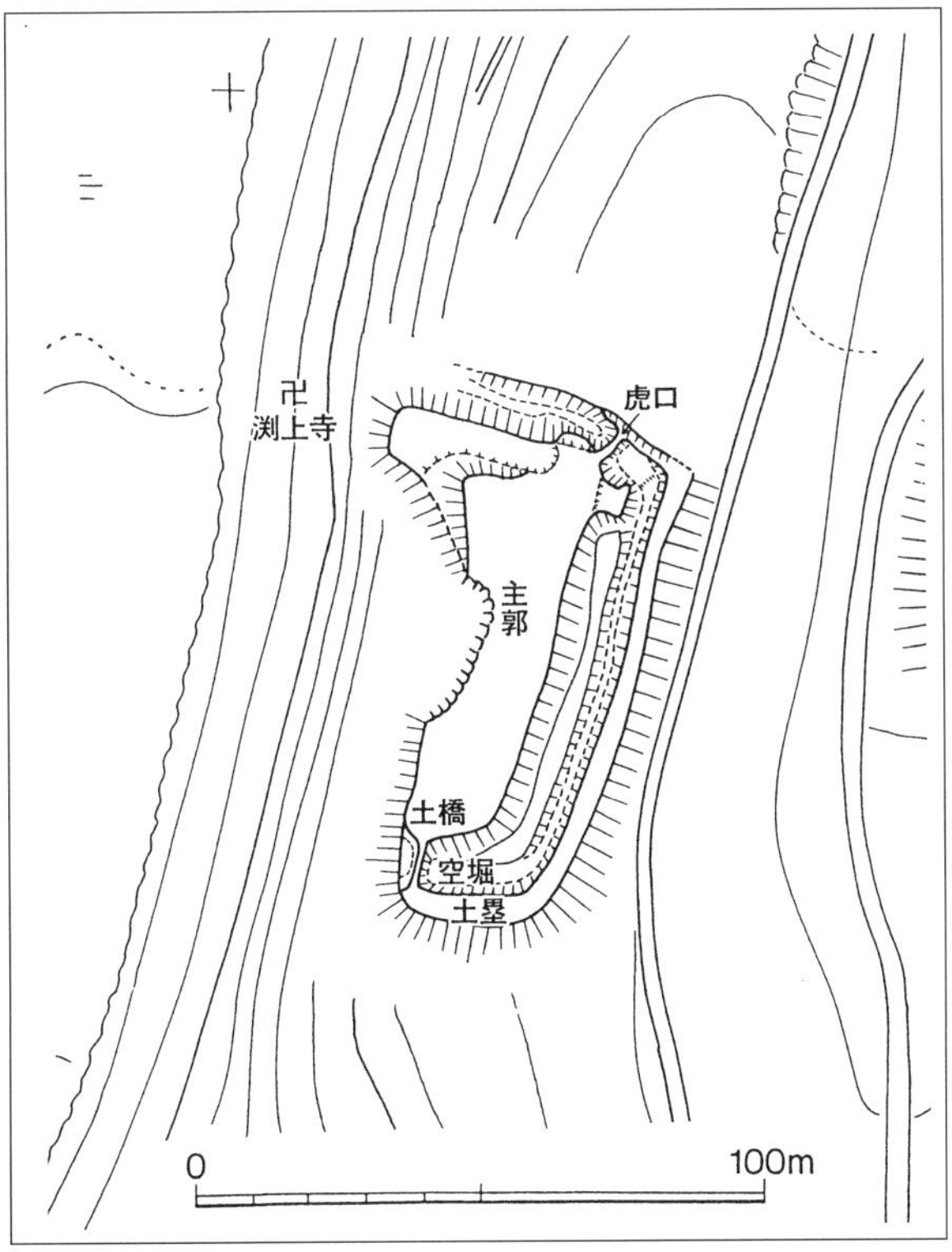

赤幡城図（築上町教育委員会作成）

47 宇留津城《うるづ》

別称　塩田《えんた》城
所在地　築上郡築上町宇留津
旧郡　築城郡

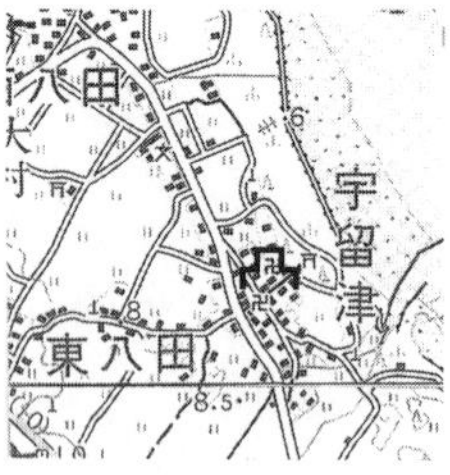

『豊国紀行』（貝原益軒）に「宇留布津と云う所椎田の少し北にあり、築城郡の海辺なり、城あと有是黒田孝高の天正一四年せめ落給ふ城也」とあるが、その宇留津城跡はまだ確認されていない。いくつかある候補地の一つが宝積寺《ほうしゃくじ》（浄土宗西山派）である。宝積寺は字屋敷にあり、その北は字東塩田、西塩田である。そこには塩田《えんた》（湿田）が東西に連なり堀跡のように見えた。宝積寺の寺域は方一町で周囲（東側は不明）を幅約一〇メートルの湿田が囲んでいた。この水田部分を堀跡と推定している（『築城町誌』）。天正一五年（一五八七）二月七日に宇留津城を攻めてきたのは黒田孝高と毛利、吉川、小早川の中国勢である。彼らは秀吉の九州出兵の先遣隊で豊後への途次にある宇留津城の城主加来新外記に降伏を勧告した。しかし新外記は父道順が高橋元種の香春岳城に人質になっていると言い降伏しなかった（『陰徳大平記』）。元種は秋月種実の弟で、ともに島津方であった。この時の攻撃軍の軍勢は二万八〇〇〇余騎、一方宇留津城には二〇〇〇余人が篭城していた。戦いは一日で終わり、篭城軍は一〇〇〇人余りが首をとられ、三七三人が生け捕られ磔にされた（『黒田家譜』）。宇留津城の報告を受けた秀吉は「心知よき次第に候」と喜んだ（『吉川家文書』）。このように喜んだのは加来新外記は「野郎大将《やろうたいしょう》」で島津氏に登用され、時には夜討強盗もする一種の野武士的集団の統率者であった。他にもいるであろう野郎部隊に対する見せしめに徹底的弾圧が加えられた（『椎田町史』）。

宇留津城には日豊本線椎田駅より徒歩三〇分で到着する。（米田鐵也）

〔文献〕『築城町誌』。『椎田町史　上巻』

宇留津城の推定地　宝積寺と字西塩田（現在は宅地）

48
堂山城《どうやま》

別　称　伝法寺城
所在地　築上郡築上町大字伝法寺ほか
旧　郡　築城郡

築上町とみやこ町の境（城井川左岸）に続く尾根から東に分岐して延びる尾根が城井川の龍神淵手前で分岐する山頂に位置する。ここが本庄と伝法寺の境となる堂山である。堂山は城井谷が最も狭くなった要所で、山頂から周防灘まで一望出来たと云われ、古くより「一の戸」「遠見番所」と呼び、狼煙台を置いたと伝えられる。東と南側は本庄と伝法寺をつなぐ主要道と城井川が通り、城井谷奥の本城を守る要衝の地である。標高一五六メートル。比高約五〇メートル。堂山の北に延びる尾根の先端に城井宇都宮氏持仏堂の不老山正光寺、さらに隣接して北側に城井宇都宮氏初代信房が下野国の一宮の二荒山神社を勧進したとされる岩戸見神社がある。

郭・堀切・土塁・切岸・土橋が残る。主要部は郭六個、堀切二個、土塁、切岸で防備されている。主郭の西尾根方面は堀切と切岸で防備し、東と南は城井川が自然の堀となり、急崖に守られる。主郭北側は急斜面で、地形的に弱いと思われる北東方面は縄張図の（別区1）と（別区2）の郭で防備される。主郭部は東西約一〇〇メートル×南北約八〇メートルである。旧築城町教育委員会による平成十年の発掘調査で副郭から延びる郭先端部に櫓跡と思われる四基の柱穴が検出されている。

『豊前国古城記』文化八年写本に「掻揚一ヶ所　松丸村の内堂山右は由来傳なし」とあるが、城跡に関する文献はない。築城年代は不明である。『歴代鎮西要略』巻第一二に「その城たるや、口狭くして内広し。形は瓢箪に似たるを以って瓢箪城と名づく。（また曰く城井谷と号す）」とあるように、この堂山城はその瓢箪の括れた位置に当る。城井宇都宮氏が犀川町（現在のみやこ町）の神楽城より城井谷に移って後、常に本庄より奥の城井谷を守る関門として重要な位置を占めたものと思われる。『築上郡史』には「宇都宮文書に云、伝法寺云、伝法寺兵部大輔鑑満之宇都宮鎮房時代の城主」とある。

ＪＲ日豊本線築城駅～寒田線バス上伝法寺下車。徒歩約五分で正光寺。正光寺左手より城域に至る。車の場合は国道一〇号線から県道二三七号線に入り、城井川沿いを上流に進む。伝法寺に入り正光寺前の駐車場を利用。（小田正雄）

〔文献〕『豊前國古城記』。『築上郡史』。『歴代鎮西要略』

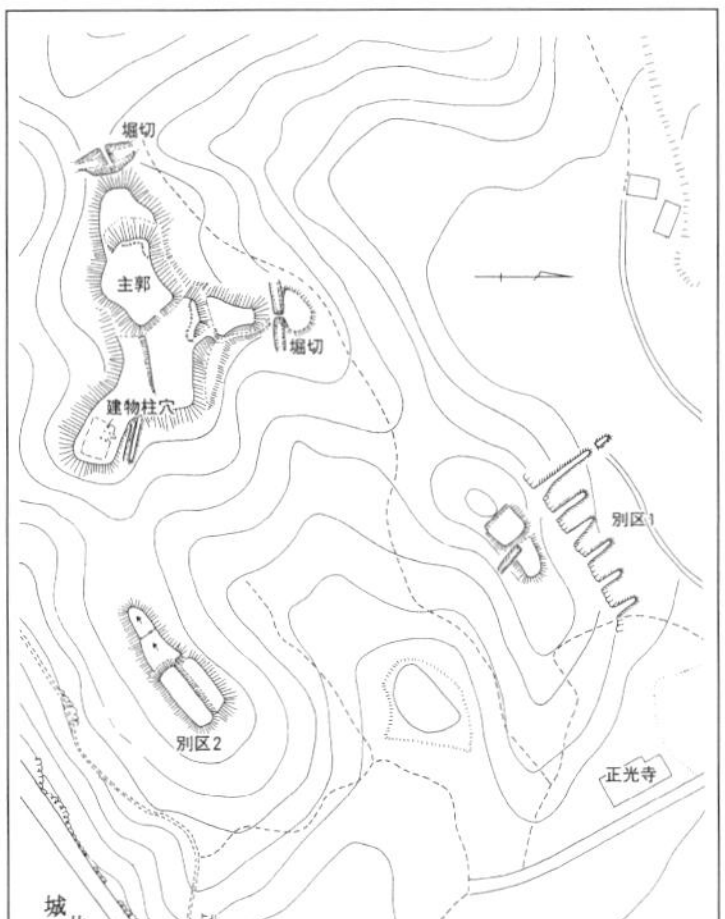

堂山城図（築上町教育委員会作成）

49 大平城《おおひら》

別称　城井城
所在地　築上郡築上町寒田《さわだ》
旧郡　築城郡

『豊前国古城記』に「城跡　一ヵ所　右は城井氏代々の城なり。其外溝口という屋敷あり。常には是に居住なり。右は城主宇都宮《うつのみや》大輔鎮房《しげふさ》なり」とある。引用文中の城跡は寒田の大平山（標高四七五メートル）に築かれた山城で、麓の溝口屋敷（屋敷推定地の下を溝口川が流れている）の南方、背後にあたる。城跡は二個の曲輪群からなっている。主郭には低い土塁が残り、土塁で防備され、他の郭も東側（求菩提山側）に土塁を設けている。南郭群では二個の郭が確認できる。城域は北郭群で南北一七〇メートル、北西－南東一〇〇メートルである。築城の時期は鎮西宇都宮家第一八代鎮房が活躍した一六世紀中ごろから後半であろう。

この時代、九州では薩摩の島津氏が全盛期で、その北進に耐えかねた豊後の大友宗麟が天正一四年（一五八六）豊臣秀吉に援軍を乞うた。秀吉は九州出兵を決意し、天正一五年に九州入りを果たした。宇都宮氏鎮房の嫡男信房も島津攻めに参加した。秀吉は五月七日に島津久光を降伏させ出兵の目的を果たし、六月には九州諸大名の領地を定めた。その結果鎮房の勢力圏築城郡、仲津郡は黒田領となり、鎮房は四国伊予に国替を命ぜられたが城井谷から動こうとしなかった。その後森吉成《よしなり》（小倉城主）に説得され、吉成の領地内の田川軍赤郷に移ったが、一〇月に城井谷に攻め入り大平城に立て籠もった。これに対し黒田長政（孝高の嫡男）は一〇月九日毛利輝政の応援を得て、大軍で城井谷を攻めたが大敗した。その後秀吉の意向もあって和睦が成立したにもかかわらず、四月二〇日鎮房は中津城で黒田長政に謀殺され、黒田孝高と肥後にいた朝房はその地で殺された。鎮房の父長甫《ちょうほ》が残っていた溝口屋敷も黒田軍に破られた。大平城も廃城となった。

大平城跡には県道豊前犀川線の途中の登山口から徒歩二〇分で城跡に到着する。（米田鐵也）

〔文献〕『築城町誌』

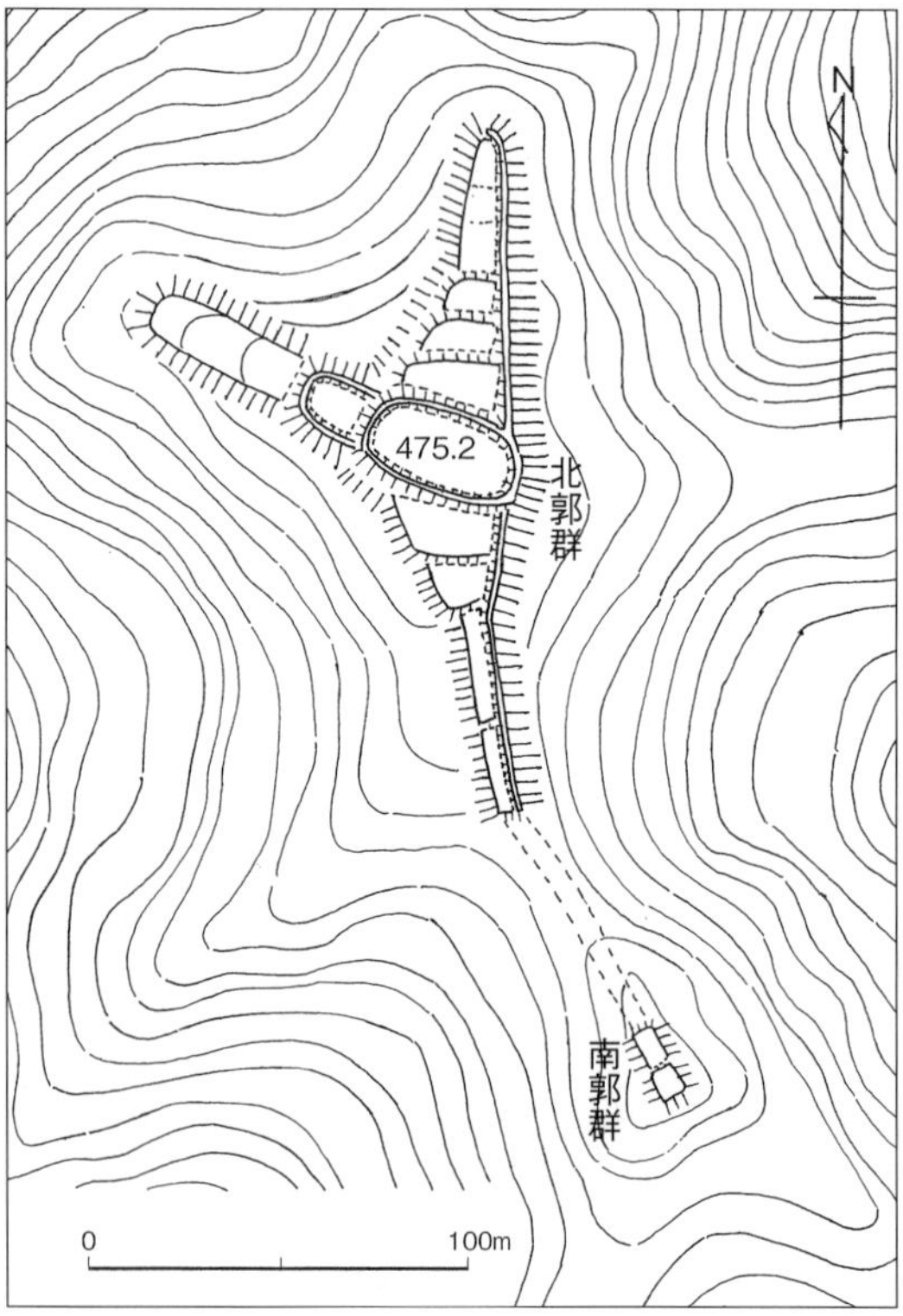

大平城図（中村修身作成）

50 本庄城《ほんじょう》

別称　小河内《おがうち》城、横瀬城、小川内城
所在地　築上郡築上町大字本庄字小河内
旧郡　築城郡

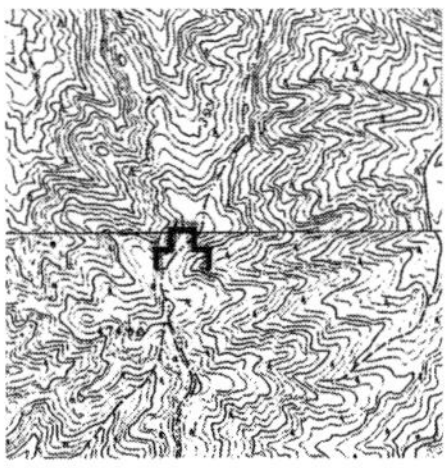

築城町大字本庄字小河内とみやこ町大字横瀬にまたがっている。周防灘へ流れる城井川の左岸の尾根筋、言い換えると仲津郡と築城郡境南北に延びる尾根筋にある。この尾根筋には本庄と横瀬をつなぐ茅切峠もある。

標高三九八メートルの尾根筋に七郭、三ヶ所に堀切、土塁、切岸が設けられている。全長約二〇〇メートルの城域にこれら遺構は造られている。東側尾根に連なる部分の防備は尾根の幅を一メートル未満の通路としている。土塁を巡らせた中心部の郭や南側の土塁を伴う堀切（堀）は天正一五年（一五八七）ころの増築と思われる。大規模な城郭である。この堀に架かる土橋《どばし》は後世の山仕事にともなって造られた道である。

明応一〇年（一五〇一）二月一六日に大内義興は二月九日に城井日向守以下が立て籠もる築城郡本庄城を攻め落としたことを称賛している。当城は、黒田が城井討伐の時に使用した向城である萱切《かやきり》城《じょう》（茅切城）からの位置と、天正一五年前後の改築が加えられていることから、太閤の国割《くにわり》に反対した城井鎮房《きいしげふさ》らの一揆側の軍事的要として使用されたと、考えられる。『黒田家譜』には茅切城より城井が要害（本庄城）までは「この間七、八町ほどあるべし」と記されている。萱切城と当本庄城との距離と合致する。

本庄城は本庄大楠の西側の萱切峠近く東西に延びる尾根筋にあるテレビ中継所から南に約一キロメートルにある。（中村修身）

〔文献〕『築城町誌　上巻』。『黒田家譜』貝原益軒

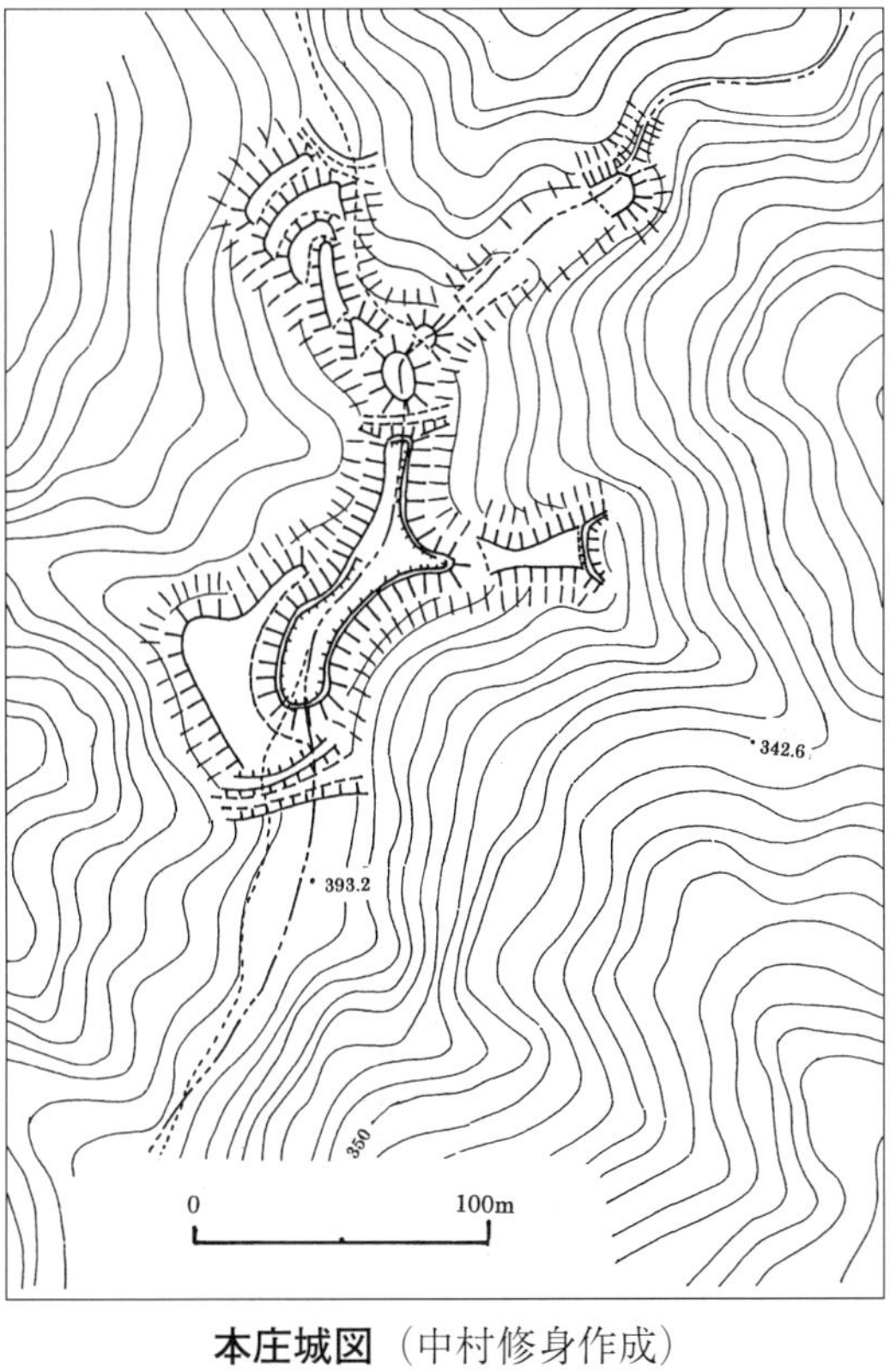

本庄城図（中村修身作成）

51 茅切城《かやきり》

別　称　通楽城
所在地　築上郡築上町本庄字通楽ほか
旧　郡　築城郡

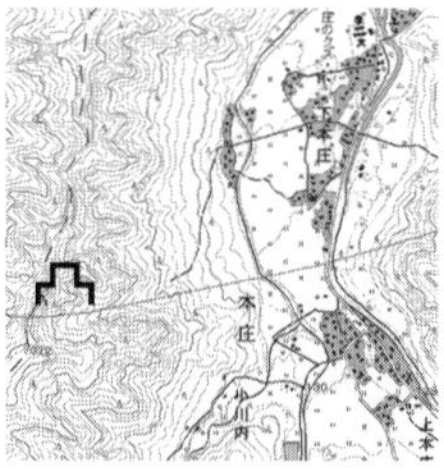

築上町とみやこ町（旧築城町と旧犀川町）の境（城井川左岸）に続く標高三五〇メートル・比高約二二〇メートルの尾根上に位置する。郭の中心付近にＮＨＫテレビ電波中継所があり、ここから北約三〇〇メートルに本庄と横瀬を結ぶ茅切峠や明治期の隧道がある。また、ここより南側約五〇〇メートル尾根伝いに小川内城跡がある。この尾根と城井川を挟んで向いの尾根伝いに、城井宇都宮氏の籠った城井の上城・大平城・小山田城などが在る。

郭と堀切が残る。尾根筋の南北を堀切で防備した、長さ約一五〇メートル、幅約二〇メートルの単郭の城である。堀切は不明瞭で、土塁・切岸など見当たらないが、東西の斜面は急であり、南北の堀切だけでも要害の地形である。城跡の形態から見て、時代的にはやや遡ると思われる。

茅切山の城跡については、『豊前國古城記』・『豊國紀行』・『黒田家譜』・『陰徳太平記』に記述がある。これらの文献に登場する城跡は、黒田氏または吉川氏の城井宇都宮氏の籠る城に対する向城である。茅切山には、小川内城跡と茅切城跡が残るが、この両城を比較するに小川内城が城域の広さ・備えなど格段に優れ、向城に相応しい。茅切城については確実な文献もなくその歴史は定かで無い。ただ、『陰徳太平記』には二ヶ所の向城が記述されており、茅切城を広さ・単純さの点で、『黒田家譜』並びに『陰徳太平記』巻第七十四「黒田長政城井の城を攻むる事」の項に出る黒田氏の向城とし、小川内城を『陰徳太平記』巻第七十四「宇都宮鎮房降参附生害の事」の項に出る吉川氏の向城とする推論が出来るかもしれない。

ＪＲ日豊本線築城駅～寒田線バスで下本庄下車。バス停の南、向田橋の前を西（右）に曲り、約五〇〇メートルで論手橋。橋を渡りに進み、丸木と角材を渡した橋を渡る。道が狭くなり、登山道に入る。高圧線の真下を目標に登る。尾根筋に出て右（北）に行けば茅切城跡、左（南）に行けば小川内城跡。車の場合は国道一〇号線から県道二三七号線に入り、城井川に沿って二三七号線を南進、本庄の大樟の駐車場を利用できる。（小田正雄）

〔文献〕『黒田家譜』貝原益軒。
『陰徳太平記』香川景継

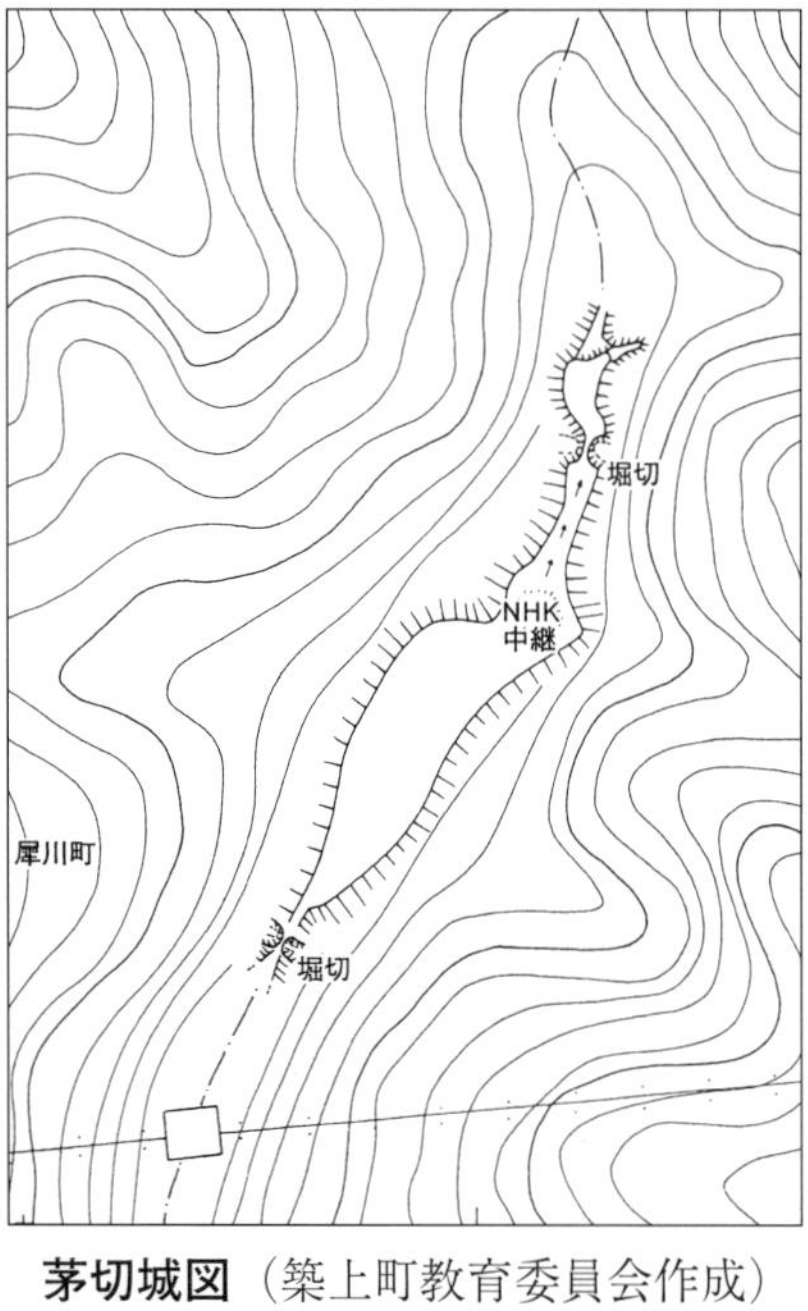

茅切城図（築上町教育委員会作成）

52 櫛狩屋城《くしかりや》

別称 山田城
所在地 豊前市大字川内字櫛狩屋
旧郡 上毛郡

上毛郡山田氏の詰め城であるという理由から山田城とも呼ばれている。周防灘に流れ込む中川の左岸、東西に延びる尾根筋にある。中川に架かる三《さん》ノ《の》渡《わた》り橋《はし》の北の尾根筋にある。中川下流約一一〇〇メートルには八田城がある。また、山岳仏教で栄えた求菩提山も近くにある。櫛狩屋城は全長約二三〇メートルの間に一三郭、四ヶ所一〇本の堀切、六本の竪堀からなる畝状竪堀群が設けられている。北側斜面は切り立った岩場で守られている。東側の四本からなる堀切と畝状竪堀群の組合せは目を引く。ここに面する郭の斜面には荒い石垣を積んでいる。幾つかの郭には自然地形が随所に見られる。

弘治三年（一五五七）六月一八日、大友義鎮の命をうけた田原親《ちか》宏《ひろ》は秋月に与する上毛郡の山田氏退治に出陣。同六月二一日に山田城を攻め落とした。山田安芸守隆朝《たかとも》は逃れたものの、子の満千世丸《まんちよまる》は捕らえられ頸をはねられた。さらに、山田山（櫛狩屋城）に立て籠もった者の頸《くび》八〇〇余りを取った。隆朝は山口に逃れ毛利元就の庇護をうけていたことが、後に判明。

公共交通機関は不便なため、ＪＲ日豊本線宇島駅から櫛狩屋までタクシーを使うのが良い。宇島駅から櫛狩屋まで約四〇〇〇メートルである。（中村修身）

〔文献〕『行橋市史 資料編中世』

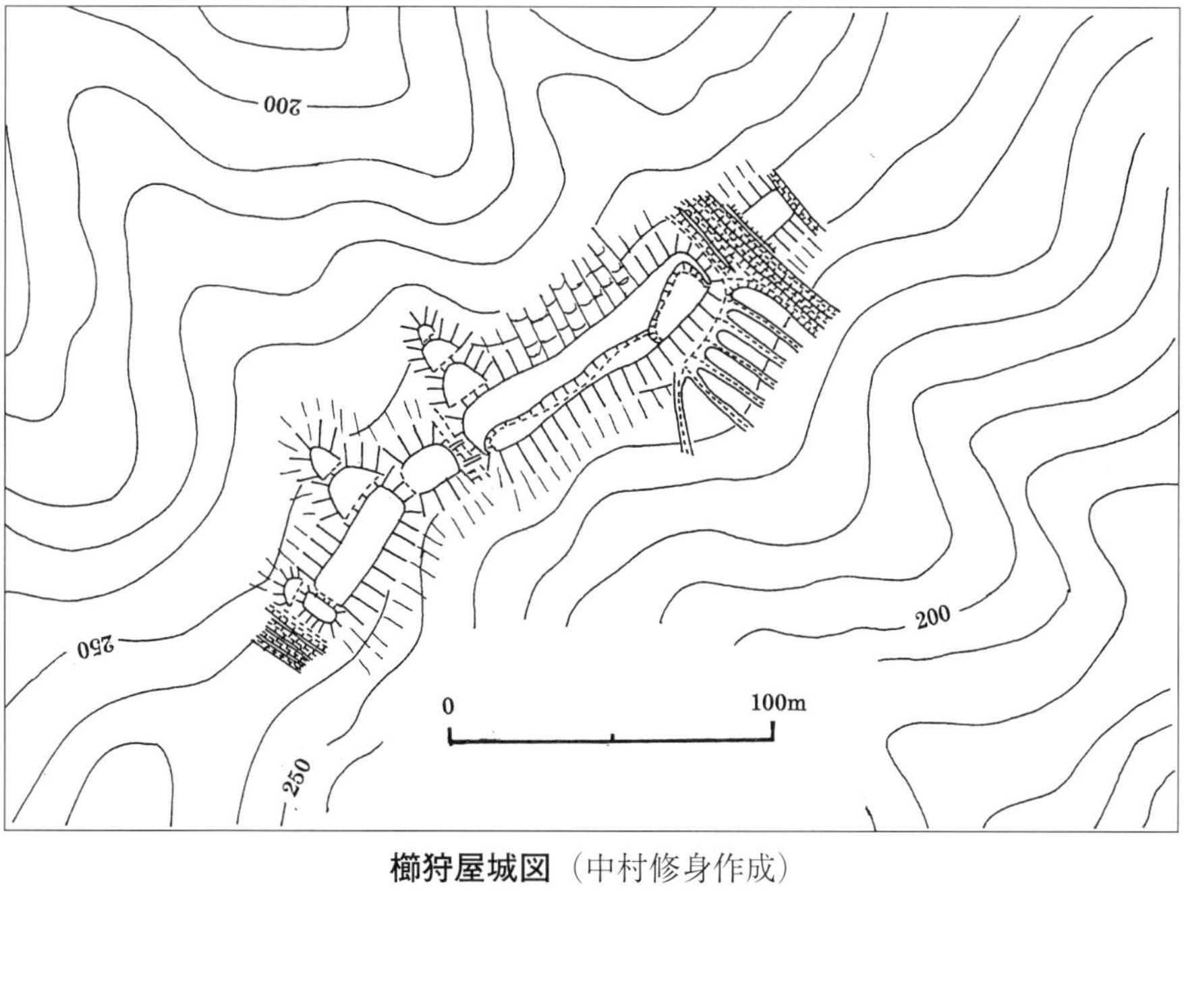

櫛狩屋城図（中村修身作成）

53 馬場城《ばば》

別　称　城山城
所在地　豊前市大字馬場・城山公園
旧　郡　築城郡

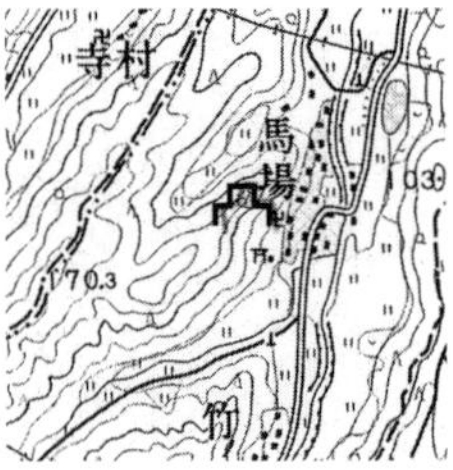

　馬場集落の裏山（城山）にある。周防灘《すおうなだ》に流れ込む角田川の左岸の南北に延びる尾根筋城山を中心に約二〇〇メートルに亘って、七郭、三ヶ所五本の堀切、横堀、土塁が設けられている。中規模城郭である。土塁と横堀の特徴は天正一五年以降の築城を示している。『豊前古城記　文化八年写本』には、城井の八屋幡十郎統重が在城し、天正一六年の豊前一揆で黒田如水に攻め落とされたと、記している。公園として整備され、良く残っている。

　ＪＲ日豊本線豊前松江駅から南に約一〇〇〇メートルに位置する。

（中村修身）

〔文献〕『築城町誌　上巻』

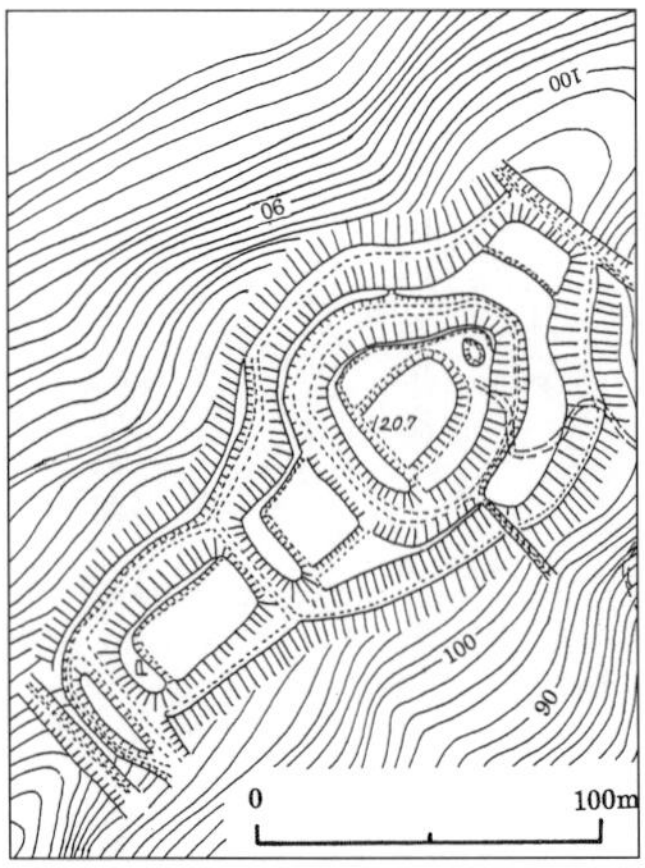

馬場城図（中村修身作成）

54 雁股城《かりまた》

別　称　狩股山城
所在地　築上郡上毛町西友枝、豊前市松野川内、大分県中津市津民
旧　郡　上毛郡・下毛郡

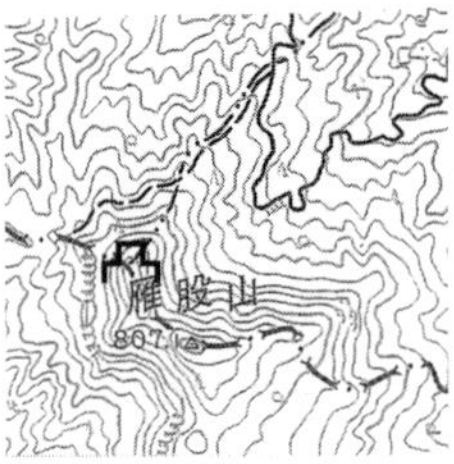

　『豊前国古城記』に「城跡　一ヶ所　西友枝の内狩股　右は下毛郡津民（長）岩の城主野中兵庫頭鎮兼《のなかひょうごのかみしげかね》の出城なり。友枝大膳丞《ともえだだいぜんのじょう》と云ふ者在城なり。黒田如水より責落さる」とある。雁股山は福岡・大分両県の県境で山頂は東西に分かれている。城跡は西側（西の台）の尾根上に残っている。標高八〇〇メートルで、麓との比高差四二〇メートルの山城である。城跡の周辺は急峻な斜面である。狩股山城で注目される石垣は一番南にある郭の南西隅から傾斜に沿って東西方向に築かれている。現存するのは長さ約四メートル、幅・高さは約一メートルである。平らな板石（鉄平石《てっぺいせき》）を積み上げた石垣で、南西に望まれる長岩城の石積遺構との関連が指摘されている（口絵参照）。

　郭は尾根の方向に従って南北に並び、尾根上一二〇メートルの中に納まる。郭は長方形や弧状で、大きい郭でも長さ四〇メートル、幅二〇メートルを越えない。北部の東斜面には郭を階段状に並べ防備を強化していた。『豊前国古城記』に雁股山城に在城した友枝大膳丞は天正一五年（一五八七）黒田軍と上毛郡一揆勢が観音原《かんのんばる》（桑野原、旧唐原村）で合戦した時に討死した。長岩城と狩股山城は同時に終わりを迎えた。天正一六年四月黒田軍によって攻められた。

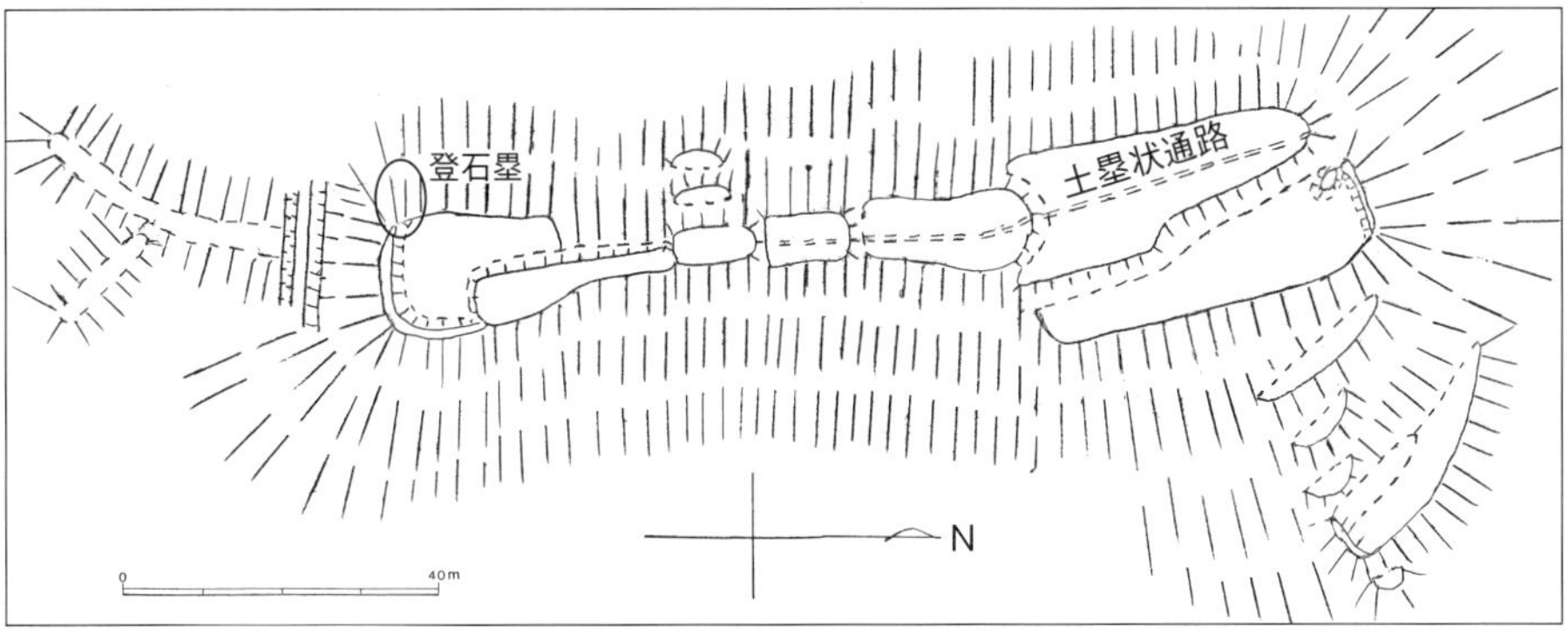

雁股城図（米田鐵也作成）

この時狩股山城には長岩城主野中鎮兼の弟野中兵庫助が楯籠っていた（『太宰管内志中巻』）。この落城をもって廃城となる。築城の時期は戦国時代末期である。

　小型乗用車で雁股峠まで行き、自然遊歩道を歩いて九〇分ほどで城跡に着く。（米田鐵也）

〔文献〕『大平村誌』

55 八田《はった》城

所在地　豊前市大字川内字中田
旧　郡　上毛郡

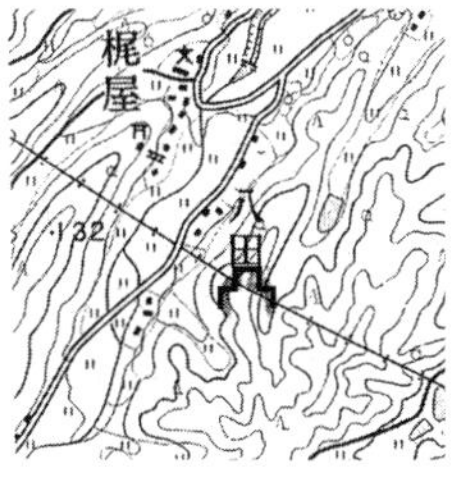

　周防灘に流れ込む中川の右岸の南北に延びる尾根筋にある。中川《なかがわ》の上流約一一〇〇メートルには櫛狩屋城があり、更に南東側には山岳仏教で栄えた求菩提山がある。中川に架かる中島橋から東に約四二〇メートルにある。当該地を地元民は「しろんでい」と呼んでいる。城の台がなまったものと考えられる。全長約一二〇メートルの範囲に、四郭、腰郭、土塁、四ヶ所に五本の堀切、堀が設けられている。堀切（横堀）と連なる腰郭と主郭とその南側郭間の堀が特徴である。中規模城郭である。城の下には八田《はった》集落がある。

　JR日豊本線宇島《うのしま》駅から八田までタクシーを使うのが良い。宇島駅から八田まで約三〇〇〇メートルである。宇島駅から櫛狩屋への途中にある。（中村修身）

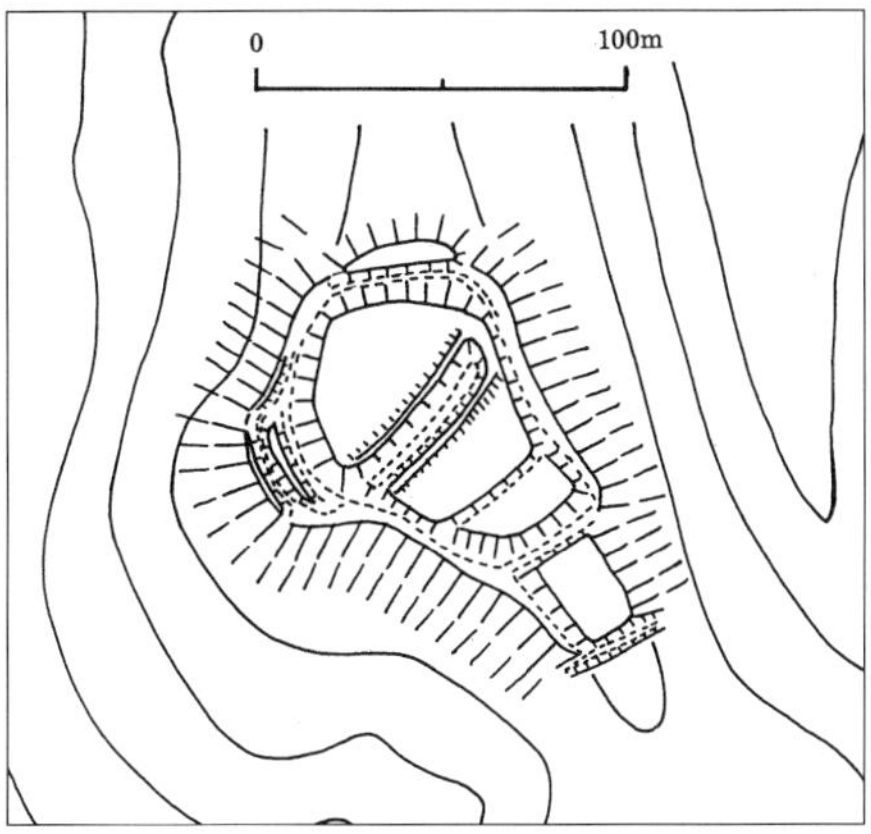

八田城図（中村修身作成）

56 高田城《たかだ》

別　称　神畑城
所在地　豊前市高田
旧　郡　上毛郡

旧勅使街道の南側の微高地、高田集落内に立地し、西三〇〇メートルに大ノ瀬《だいのせ》遺跡（古代の郡の役所である評衙）がある。

城の痕跡としては、集落の西端で土塁の一部が、集落の真ん中付近の地形の段差で南北に走る堀の痕跡が目立つ。なお、この堀の水は東側で近接する佐井川から引いた可能性を容易に想像できる。宅地、畑地化が著しい。なお、江戸時代貝原益軒が著した『豊国紀行』でも「小土手・堀」の存在が指摘されている。

宇都宮氏旗下、有吉家代々の居城といわれる。『黒田家譜』巻之五、天正一五年（一五八七）に「高田といふ所にも敵どもかきあげこしらへ籠もりける」や「是に依て高田の城も亦降参す」と上毛一揆の折の記載が散見される。なお、この時の城主は有吉内記といわれる。一説には高田左衛門忠次という説もある。前述の『豊国紀行』では、古老の話として、有吉内記・同宮内が守るところで、黒田長政が日隈城を攻めたときに、城側についた旨の話を紹介している。また、『有吉系図』には天正一六年三月に神畑城落城の記載がある。いずれにせよ、城の存続時期は、宇都宮氏滅亡前後と思われる。

ＪＲ宇島駅下車。市バス轟線で岸井または、黒土郵便局前で下車。東に徒歩二〇分弱。バス便数少。（吉田和彦）

〔文献〕『築上郡志』

57 下川底城《しもかわそこ》

別　称　海老名城、川底城
所在地　豊前市下川底
旧　郡　上毛郡

北に岩岳川、南に佐井川が流れ、それが合流する地点の尾根丘陵先端に立地する。尾根沿いに西三〇〇メートルに旧合河小学校跡（現在は公民館）、同西に六〇〇メートルに合河中学校（川底城：別名岡城）がある。本丸と考えられている場所には、現在、貴船社が鎮座する。平地からの丘陵の高さは一五メートルほどで、北側、および南側の東側は断崖絶壁である（西側は中途に帯曲輪が二段にわたってある）。

縄張図のように、城は細長く、丘陵に沿った東西は三一〇メートル弱、尾根の上面の最大幅は八〇メートル弱である。なお、貴船社社地（本丸）が東西四四メートル×南北二二メートルの長方形台地で東側に寄り、西側に櫛や曲輪が展開する。東側の丘陵先端には「城ノ尾」、西側には「城山」、西端には「城井の前」という地名が残る。なお、この「城井の前」は本城である川底城に対してである。

川底城の出城と考えられる。『宇都宮日記』には天文一四年（一五四五）に宇都宮正房が築城、如法寺座主が城代を務めたとする記事がある。ほか城代としては遠藤源兵衛の名が確認できる。なお、この時の川底城城主は城井弥七郎知房である。『豊前古城記』には「城跡一ヶ所　下川底の内城山、右は城井弥七郎家来、遠藤源兵衛と云う者城代の由」という記載が、『津野田文書』には天正一四年（一五八六）付の山田元房発給の感状の中に「如法寺庄河底」で「城井宗永被官円藤源兵衛尉」を討ち取ったという記載がある。なお、「去月七日」という記載もありこれは「一一月七日」のことで、豊臣軍が宇留津城を攻撃した日に当たる。このとき元房は豊臣方であった。『宇佐郡記』には天正一五年（一五八七）一〇月上旬の日隈の役で城《き》井知房《いともふさ》が戦死し、また「川底等を攻落」したとある。

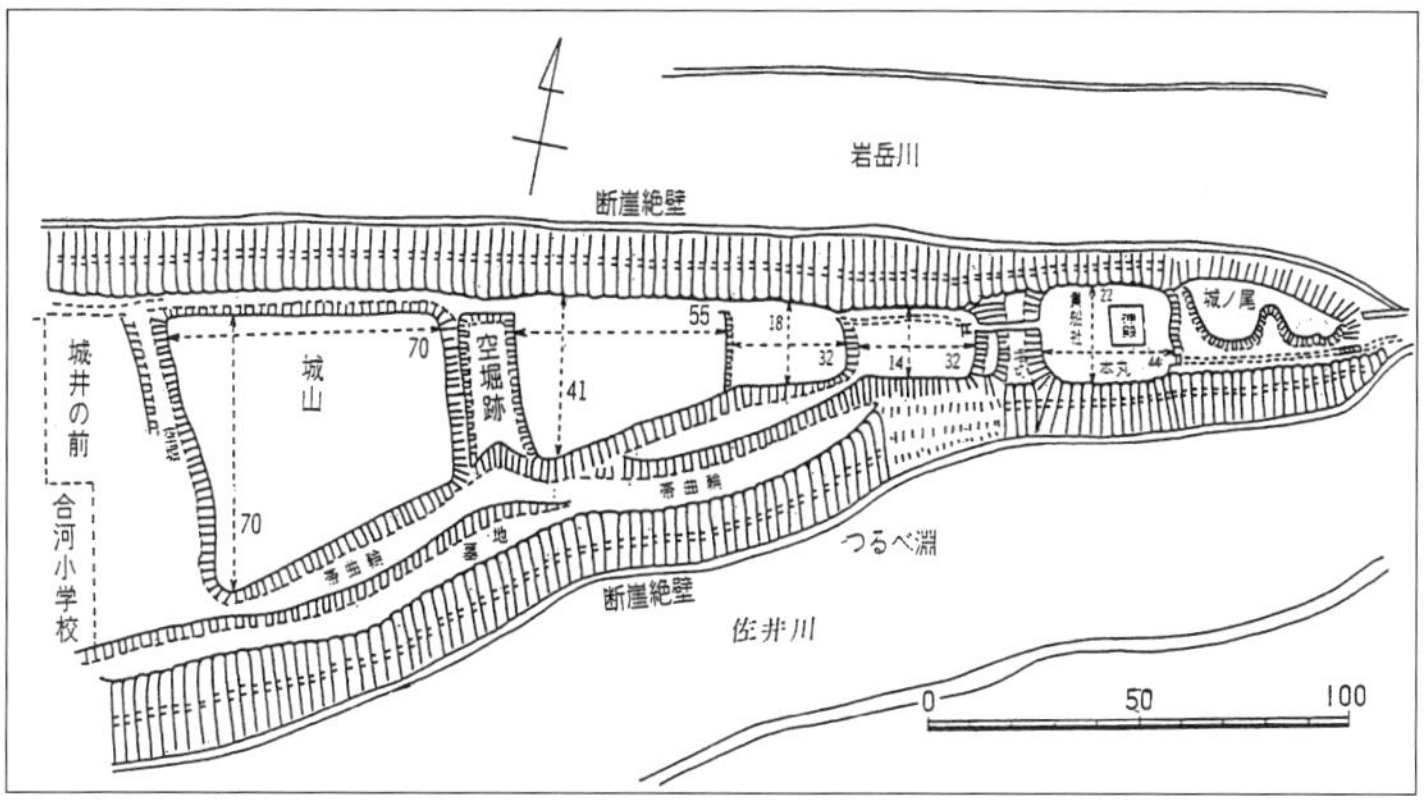

下川底城図（廣崎篤夫作成）

　よって、当城もこの時落城したものと思われる。

　ＪＲ宇島駅下車。市バス求菩提資料館行等に乗り、合河中学入口停で下車。南行し、橋をわたり東行する。徒歩一五分。（吉田和彦）

〔文献〕『築上郡史　上巻』。『豊前市史　上巻』

58 追揚《おいあげ》ヶ城

所在地　築上郡上毛町東下城村
旧　郡　上毛郡

　周防灘に流れる山国川支流友枝川の右岸にある尾節上に造られている。

　内尾伊豆守の出城として内蔵寺城と雁股城への街道の分岐点の丘陵の先端に築かれた城。両城及び本城の中津市長岩城を守るための野仲氏の要となる重要な城と考えられる。そのため大規模な城普請をおこなっており、大形の堀切や連続竪堀がのこる。街道側正面に位置する北側の堀切は上幅五メートル以上最深二メートルを測る。城の奥側の二本は西側で一本になるものの、郭間は幅一〇メートル、深さ五メートルを測る。西側は傾斜が緩やかであるため六本の連続する竪堀がある。この竪堀も大型のもので幅五メートル　深さ一・五メートルを測る。東側は傾斜が急であるために連続した竪掘は見られない。この図面の後方八〇〇メートルに郭と思われる平地と堀切が見られる。この遺構がこの城のものか叶松城のものかは定かでない。この城の大きな城普請は天正一五年に行っており、黒田氏に対してのものと思われる。しかしこの城での攻防戦はなく、観音原の戦いで内尾氏が敗北すると、叶松城と共に開城したと思われる。

　ＪＲ中津駅から築上東部乗合タクシー（コミュニティバス）に乗り、上毛町役場大平支所前で下車。歩いて約三分。（塩濱浩之）

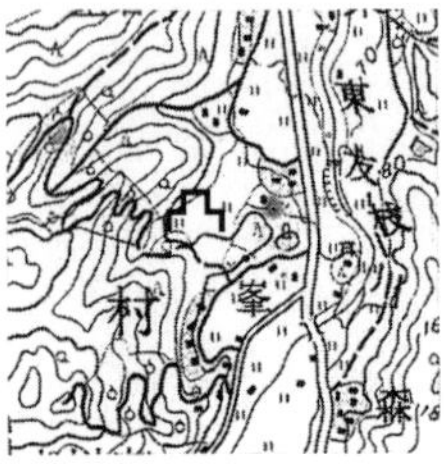

59

内蔵寺《ないぞうじ》城

所在地　築上郡上毛町東上峯
旧　郡　上毛郡

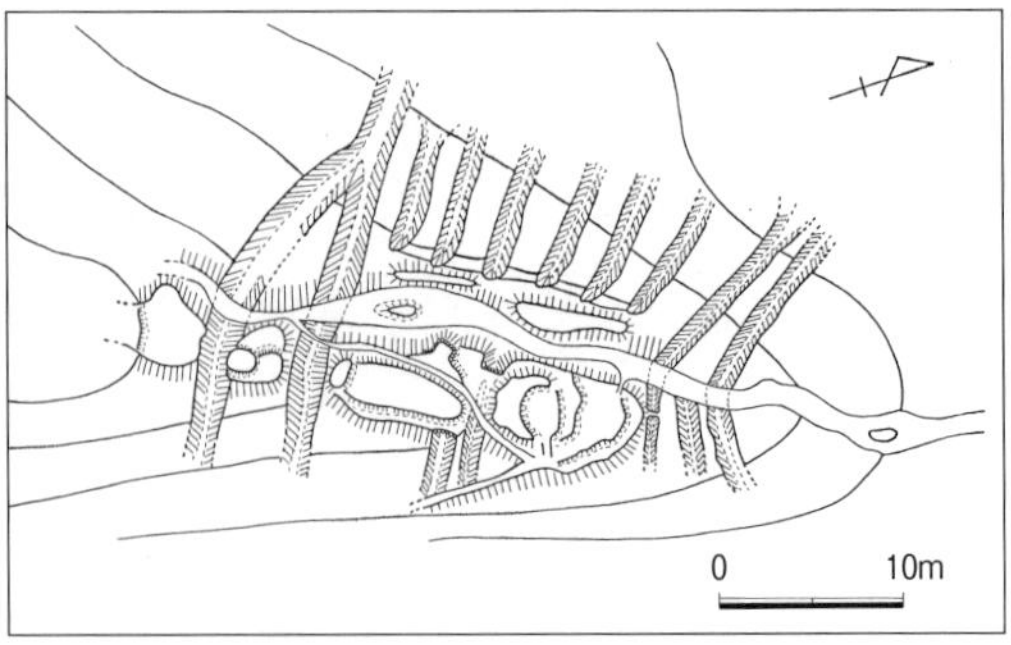

追揚ヶ城図（大平村教育委員会作成）

現在は友枝公園と呼ばれている。東上から雁股山に続く街道沿いの丘陵の先端部の低い台地上に築かれた城で、内尾氏の城館であったと考えられる。一部二重の堀に囲まれた非常に堅固な城であり、堀は大きな所では幅一〇メートル、深さ五メートルを測る。内部は約三〇〇〇ヘーホーメートル、発掘調査等は行われておらず建物の規模等は不明である。城の南方にあった内蔵寺が名前の由来であるが、文献には内蔵寺城としての記述は見られない。これほど大掛かりな城普請を行いながら文献に記述がないことに疑問が残る。

JR中津駅から築上東部乗合タクシー（コミュニティバス）に乗り、上毛町役場大平支所前で下車。歩いて約一五分。（塩濱浩之）

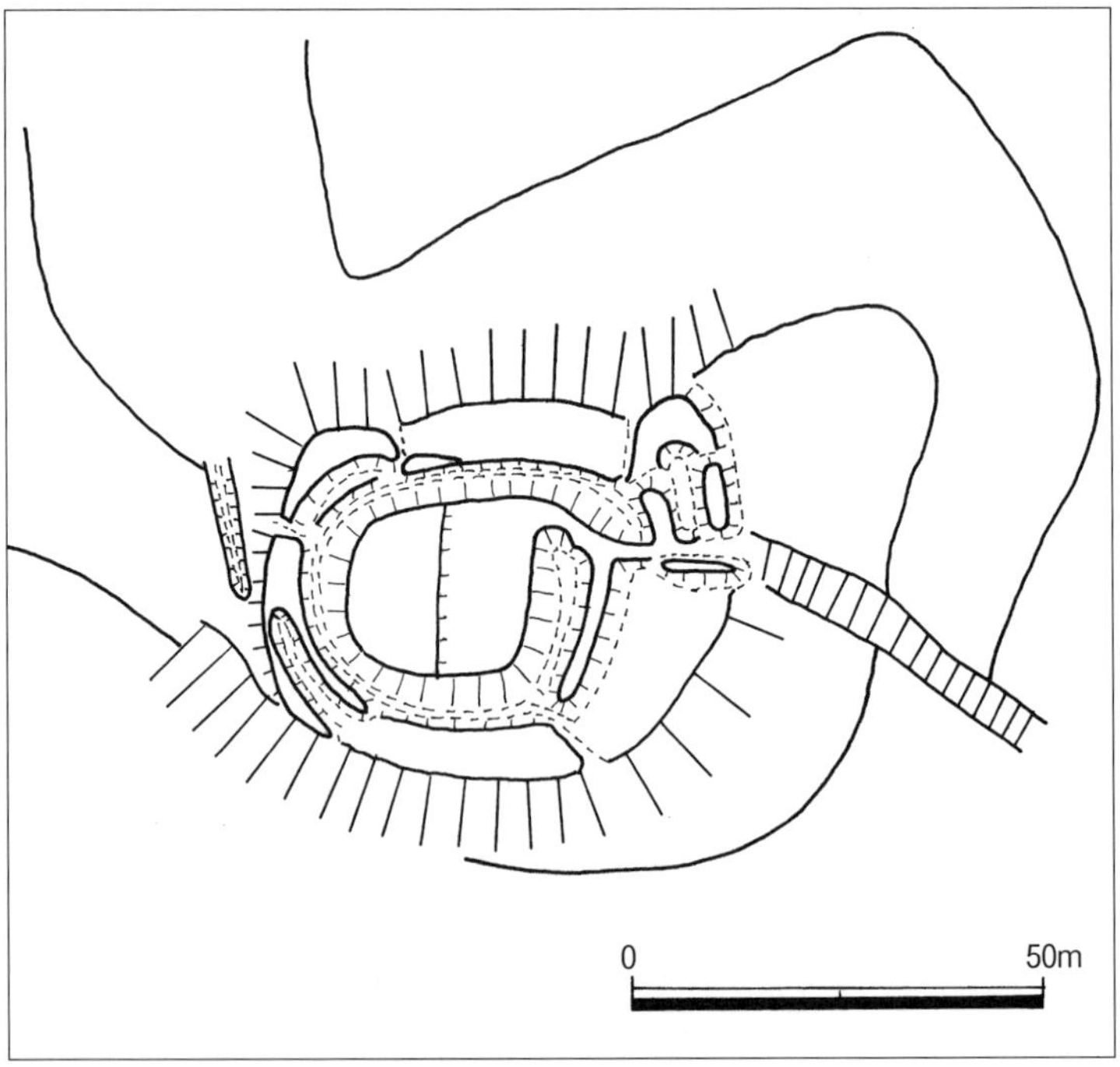

内蔵寺城図（中村修身作成）

60 叶松《かのうまつ》城

別称　加能松城
所在地　築上郡上毛町東下西
旧郡　上毛郡

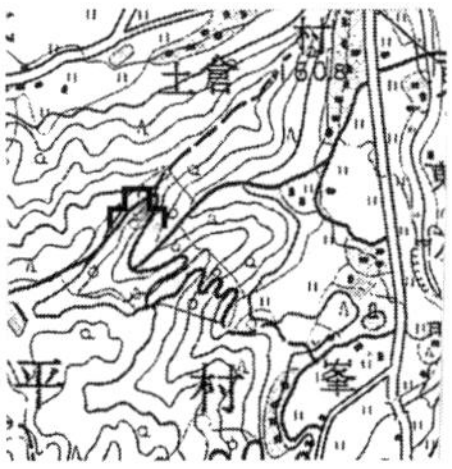

福岡県大分県境にある瓦岳から舌状に発生する丘陵の標高二〇〇メートル程の尾根上にある山姥ヶ平が城跡と伝えられる。戦国期に宇都宮氏の系列の友枝氏の雁股城の出城として築いたもので、後に下毛郡から進出してきた野仲鎮兼に友枝氏が降ると、家臣の内尾伊豆守に守らせた。追揚ヶ城を尾根伝いに上がり八〇〇メートル程後方に堀切と郭と思われる平地があり、それが城跡であると思われる。しかしながらそれ以外は大きな遺構もなく、追揚ヶ城からの距離も近いことからその遺構は追揚ヶ城の一部である可能性もある。また内蔵寺城、追揚ヶ城ともに非常に大きな堀や縦堀、堀切等が造られているのに対し、内尾氏の本城でありながら文献に残るような大規模な城普請がされた跡が発見されておらず、現在伝えられている場所を叶松城であると決めることは難しい。そのため文献等で残るものは内蔵寺城、追揚ヶ城と混同されて伝わったものとも思われる。天正一五年（一五五七）の黒田氏との観音原の戦いで雁股城主友枝大膳丞が討ち死にすると城主内尾藤太郎は大膳丞の弟新兵衛と共に黒田氏に降り開城したといわれる。

追揚ヶ城からしか登れず、徒歩約一〇分。（塩濱浩之）

61 広津《ひろつ》城

所在地　築上郡吉富町広津
旧郡　上毛郡

広津城は山国川左岸にある。対岸には中津城がみえる。

築上郡吉富町広津の天仲寺山を利用して、天慶四年（九四一）藤原純友の乱に備えて源経基が築いた城と言われる（『吉冨町史』）。その後鎌倉時代に宇都宮氏より攻め落とされ、宇都宮氏の被官広津氏の城となる。毛利氏により大内氏が滅亡すると弘治三年（一五五七）には毛利氏に内通した秋月文種方の山田隆朝らが広津鎮種の宅所へ攻めてきたため、広津城に籠城していた大友方の杉隆哉、佐田隆居らと攻防戦を行った。その際山田勢数千に対し大友方も数千が籠城しており空堀等が掘られたが、現在は住宅地となって把握しづらい。その後大友と毛利の間での攻防戦に巻き込まれた広津城であったが、秀吉による島津征伐の際に黒田氏が入部すると、その軍門に下り開城し天正一五年に黒田孝高が中津城を築城する際に廃城となった。

ＪＲ日豊本線吉富駅より徒歩一〇分。（塩濱浩之）

豆知識　攻めの城郭と守りの城郭

近世のお城は政治経済の中心である。一方、中世の城郭は戦争施設といっても過言でない。中世末期は在地の土地に生産の基盤をもった勢力と土地以外に生産の基盤を持った勢力が激しく激突した。つまり、城郭には攻め手の城郭と守り手の城郭がある。それを明らかにすることはきわめて困難であったが、北部九州中近世城郭研究会の長年の現地調査でその幾つかがおぼろげながら分かってきた。

豊前国人長野氏の長野城や三岳城を攻める毛利方吉川城、三角山城が小倉南区で明らかとなってきた。

立花道雪が守る立花山城はその規模の巨大な事で良くしられているが、これを攻める向の城というか、陣城と言うかはさておき、毛利勢の巨大な城郭の存在が藤野正人氏の手によって再確認された。立花の陣の折、筑前立花山城支援のために豊後を出発した大友義鎮が在陣した筑後高良山城（杉ノ城か）のことも話題に上っている。

この時の陣地・城郭はどのように配置されていたのであろうか。其のことの解明もそう遠くはなかろう。

そのためには、近年の研究で、城郭の規模を明らかにする作業や陣屋、砦、お城、館の実態を明らかにする作業はきわめて有意義である。（中村修身）

筑前国

筑前の概要

筑前の鎌倉期の守護は武藤（大宰小弐）氏である。武藤氏は一時豊前・筑前・肥前・壱岐・対馬の守護を兼ねるが、モンゴル軍の来襲に備える幕府のために豊前・肥前の守護職を更迭される。建武政権の成立によって筑前の他に豊前の守護職も復活した。しかし幕府は宮方対策の一つとして、九州探題のポストを設置し、大宰小弐という九州を管轄する律令上の権限を持つ武藤氏の権限を掣肘する処置を執る。これに不満の武藤氏は観応の擾乱の際に直義＝直冬側につき、文和元年（一三五二）一一月以前に守護職を奪われる。直冬の力が強い間は直冬方の守護として通用するが、直冬が山陰へと転進すると、九州の直冬方は衰え、武藤氏は宮方へ転向、宮方守護となる。この行動で幕府の信用をなくした武藤氏は、常に幕府の監視・警戒を受けることとなり、武藤冬資は九州探題今川了俊の手で肥後水島陣において殺されるという事件にまでいたる。その後守護には復権するが、永享元年（一四二九）には、筑前国は将軍の御料国とされ、大内盛見が代官になる。

盛見の権限がどのようなものかは明らかではないが、現実に二〇万疋を納めており、筑前国全体に及ぶ権限を握っていることがわかる。これは鎌倉期以来大宰府の現地トップであり、早くから鎮西奉行を大友氏と共に兼ね、筑前守護も常に保持してきた武藤氏の立場を大きく揺るがすものになった。

大内盛見は永享三年に筑前に攻め込み、大友氏と武藤氏への攻撃を始め、大友氏の筑前支配の拠点の一つ立花新城を攻め落とし、さらに筑前深く攻撃を広げる。ところが同年六月に盛見は怡土郡萩原で突然敗死する。状況はよくわからない。猿楽見物中に急襲されたという説もある。その後も中国勢力と九州勢力の対立は続き、大内—武藤・大友後述の花尾城攻防戦、毛利—大友の立花城攻防戦などがあり、最後の段階で豊臣政権も介入する島津氏の北上と北部九州での大友勢の抵抗による岩屋城の攻防が行われる。

戦国期までの筑前の城は豊前の城と同様に山城が基本である。筑前の場合、若干平野が大きいが、山がちであるから経済性を考えれば当然のことである。豊前と同じく館近くに避難用の城を築くのが本来で、一六世紀後半にそれと違ったものが増えてくる。

前者の典型は弘治三年（一四八八）に大友氏の軍勢に攻略される筑紫氏の城＝筑紫里城である。これは近世の筑紫郡原田村の城と考えられる。この経験によって筑紫広門は肥前に勝尾城を築く。このタイプの城がこのときに出てきたのではなく、大友氏が筑前支配の拠点として築いた立花城、柑子岳城のように強固で大規模な城は一四世紀には姿を現している。

立花城は筑豊方面から太宰府へ向かう主要陸路を把握し、筑前北部の平野部全体をにらむ城である。柑子岳城は、大友氏の筑前最大の所領怡土荘を支配する軍事・支配の拠点で、おそらく博多湾全体を俯瞰する目的も持っていた。近くに唐泊、今津湾があり、関係するのかもしれない。ただ一六世紀末の小倉城（「豊前の概要」参照）や名島城とは性格が異なる。大内氏は大友氏に対抗する城として、怡土郡の古代城怡土城の一角に高祖城を築き、大内氏の直属城の権限代行者である城督をおく。大友氏も立花、柑子岳両城には遅くとも戦国期には城督をおいている。

内陸の水路も城と関係があると考えねばならない。粕屋町大隈にある丸山城は極小の城で、筆者は大隈の集落の避難所的なものと考えていたが、片山安夫氏に麓の多々良川を押さえる城であるとお教えを受けた。多々良川は中世では海中の小島の名島に河口でつながるのみならず、現在は宇美川が流れる箱崎のJR沿線に存在した南側の海（試掘の為、詳細は不明だが船着き場址を発掘。大庭康時氏談）と連結する。箱崎は戦国初頭には大内氏から博多と同額の矢銭を科され、博多が対外交易の拠点で、箱崎は国内交易と大名権力の税の集積場であったと考えられ、ここにつながる水路はきわめて重要である。また丸山城は太宰府と豊前をつなぐ主要陸路とも繋がり、流通経路の掌握を考えると重要なポイントといえる。

他にも水陸両路につながる城が戦国期にはあちこちに設置されたようで、北九州市の浅川城、遠賀郡芦屋の山鹿城、岡垣町岡城、鞍手郡宮若市草場城などを揚げることができる。いずれも一六世紀ではないかと思われ、標高も低いという点でも陸路とのつながりの面でも、豊前、筑後と共通する。

古代九州支配の拠点であった大宰府は、政庁が破壊されて以後天満宮門前町的な形で都市化する。中世にも重要性存続するのは、内陸の市場と技術者の集積地であったことによる。ここを拠点とした大宰少弐武藤氏が遅くとも一四世紀初頭には内山城を築いているが、これは本来は本拠太宰府からの避難所的＝里城的なものである。しかし大宰府を軍事的に威圧する位置にあり、大宰府の性格変化にともない役割に変化が起こったと考えられる。同様のことは天拝山を城郭化した筑紫氏にもいえることで、麓の二日市が御笠川の支流である鷺田川を活用していると考えられ、やはり内陸流通拠点を掌握する城といえる。

また大宰府へつながる道路は内陸の大きな都市への通路であるから、中世での重要性は高い。大友氏が筑前支配の拠点の一つとして南北朝期に築いた立花城は、豊前から大宰府へ向かう主要道路を掌握することを大きな目的の一つとしていたと考えられる。

海の直結する河口港を抱える筑前の城は、名島城が最初であろう。前述の通り、箱崎への入り口を押さえる位置にあり、この時代の特徴である城下町形成がはっきりしないが、国内流通の重要拠点の箱崎が内港の中でつながっている。

戦国の城は防御施設であるが、実際に本格的な戦闘が行われて、城の頂上まで攻め上るという事例はほとんどない。具体的な事例で考えてみよう。『正任記』という大内氏の側近相良氏の日記が残っており、そのために城攻めの状況がそれなりに判明する事例として花尾城がある。花尾城は麻生氏の城であるが、麻生氏は戦国初頭に家が分裂し、同城は武藤氏に付いた麻生氏が初期戦乱で押さえ、大内氏と共に京都で戦った家延は、しばらく筑前へ戻れなかった。文明一〇年（一四七八）に大内政弘の軍は、一気に豊前・筑前を押さえたが、花尾城は籠城を続け、包囲した大内勢は、城の塀際まで詰め寄るが、攻撃はせず、籠城した麻生氏と開城条件の交渉が断続的に継続する。兵力的には城を落とすことは勿論可能なのだが、圧力を掛けるだけで攻めないのはなぜか。兵力の損耗が大きいからである。博多で行われた大内氏の会議では強硬論も出るが、莫大な戦死者が出るいう反対論が勝つ。つまり城が強固であれば、攻撃側は本格的な攻城作戦には出ない。

しかし例外的に激戦が行われての落城例がある。岩屋城である。

この城ではなぜ最終段階までいったか。天正一三年（一五八五）、島津氏は豊臣秀吉の和平命令を無視して北上して大友氏を攻めた。筑後を制圧してさらに翌年に筑前に攻め上り、城督高橋紹運の守る岩屋城を包囲、開城を勧告した。紹運は様々な条件を出して、秀吉の九州上陸を待った。引き延ばしに気づいた島津側は秀吉上陸前に九州を制圧するために、予定外の城攻めに踏み切った。おそらく九州戦国史上の最激戦の末に岩屋城は落城した。この戦いは『上井覚兼日記』という最高の同時代史料が残っているために、解城の交渉、城攻め、戦闘の様子がわかる戦いであるが、また城の防御がいかなる設備によって行われたか、石打などという原始的に見える防御法が大変有効であるといったことを示す点（これは戦国期にも盛んに利用された「武器」であり、後述の立花城を巡る大友・毛利の戦いでも使用されている）でも、大変貴重な記録である。ところで島津氏はこの強攻の打撃は大きく、立花城を包囲するまではできたが、攻撃する余力はなく、秀吉勢の上陸で撤退した。正面からの城攻めは引き合わないのである。

もう一つ城攻めではないが、急戦を挑んだ大友氏の軍が大敗した事例を紹介する。永禄一二年（一五六九）五月の立花城を巡る大友・毛利の攻防の一部である。永禄一一年から毛利氏は本格的な北部九州侵攻を開始し、一二年には立花城を包囲した。大友氏は筑後を経由して、戸次鑑連率いる援軍を送り込んだ。鑑連は途中、秋月氏の守る休松城を攻めて敗退したが、そのまま北上し立花城近辺に至った。毛利氏は近辺の傾斜地に堀と柵で陣を形成し、鑑連を待ち受けた。この場所については、貝原益軒『筑前国続風土記』は、多々良の丘陵部と推測しているが、本書の執筆者の一人藤野正人氏の考察によれば、名子周辺と考えた方が良さそうである。名子の北東には城郭遺構が残る三日月山があるし、名子の山塊のに連なる北西には消滅した御飯山城があった。それに向かい西方に大友側が本陣を敷いた杉山もある。周辺状況として、信ずべきではなかろうか。前に平野後ろに山、斜面に堀と柵という敵に対して、兵力に大差がない限り攻略するのは困難である。鑑連に選択できるのはまれな僥倖を頼んで無理な攻撃をして敗退するか、救援をあきらめて撤退するかである。鑑連は突撃攻撃を選んだ。結果は大友勢のほとんどは鉄砲に阻まれて、白兵戦まで及んだのは、鑑連直属軍などわずかしかおらず敗退した。山城ではなくて丘陵でさえも十分に備えた敵は攻められないことをこの戦闘はよく示している。なお毛利氏が鉄砲を使用し、大友氏側は鉄砲を遣った形跡がないのは、斜面を攻め上る側は、反動の大きいこの時代の鉄砲では後ろへ転倒の可能性が高いからと考えるべきである。岩屋城攻撃でも島津氏は大量の鉄砲を所持していながら、城の斜面にかかると鉄砲を使用していないのもそのためである。（木村忠夫）

〔文献〕『鎌倉幕府守護制度の研究―鎌倉期諸国守護沿革考証編―』佐藤進一。
『室町幕府守護制度の研究―南北朝期諸国守護沿革考証編―下』佐藤進一。
『太宰府・太宰府天満宮史料』竹内理三・川添昭二氏編。
その他多数

62 花尾城

所在地　北九州市八幡西区大字熊手・大字鳴水ほか
旧　郡　御牧郡

麻生氏の家城《いえじろ》である帆柱《ほばしら》城のすぐ北、大きな谷をはさんだ所、八幡西区と八幡東区にまたがる標高三五一メートルの花尾山《はなおやま》にある。山頂からは門司区門司城、小倉南区長野城、宮若市龍徳城、宗像市蔦ヶ岳城《つたがたけじょう》がみえる。北側は、響灘《ひびきなだ》や山口県の山々が一望できる。

遺構は東西に延びる尾根筋に山頂を中心に約六〇〇メートルに造られている。大規模城郭である。郭《くるわ》は一一、畝状竪堀群《うねじょうたてぼりぐん》、土塁、石垣、石塁、石組み井戸（？）がみられる。各郭は途中に犬走りを併設した石垣を多用している。また、郭の端に低い土塁が巡らされていたと推測される。郭はいずれも非常に広い。堀切は六条ある。主郭には土塁、石垣が設けられている。礎石と思われる石も残っていた。主郭すぐ東側堀切《ほりきり》は極めて大きい。複数の竪堀《たてぼり》で構成されている畝状竪堀群が見られる。主郭と二ノ郭には防備と通路を兼ねた土塁が設けられている。二ノ郭から主郭部への通路は、通路を併用した空堀《からほり》が設けられている。空堀に木橋を渡していたと思われる。郭と郭は堀切で独立性が保たれている。言い換えると、郭と郭の間の堀切は木橋を架けて通路としていたと見られる。馬場と呼ばれている郭に巡る土塁は高さ一・二メートルと復元できる。主郭を取り囲むように巾が広く高い畝状竪堀群が設けられている。これらの遺構は長い花尾城《はなおじょう》の長い歴史の最終段階の改修と見られる。年代的には天正期前半の改修であろうか。昭和四〇年代に各郭から鐚銭《びたせん》、食器、鉄器、鉄滓《てっさい》、炭化した米などが採集されている。食器などの生活用具は多種多様で、一六世紀前半から後半にかけての品物である。染め付けは中国の明で生産され日本に輸入されたものである。

最も古い記載は、文明一〇年（一四七八）相良正任《さがらまさたか》の日記『正任記』である。『正任記』に大内氏家臣相良正任らが筑前国麻生氏の家督相続に絡んで麻生家延《あそういえのぶ》が立て籠もる花尾城を攻めている。この時相良正任は麻生家延の居城（家城）を花尾城の南にある帆柱城と認識している。家延は麻生の総領職《そうりょうしょく》は上意（大内氏）に従い譲るので、花尾城はいままで通り自分に預けて欲しいと降伏の条件を提示した。これは花尾城が大内氏直轄の御城であることを示している。

大永七年（一五二七）に宗像正氏《まさうじ》は家臣吉田行部少輔、紙屋帯刀左衛らを花尾城に出陣させているが、いかなる合戦か不明である。

享禄二年（一五二九）七月八日門司八幡宮惣追捕使《そうついぶし》金剛丸は「門司関六ヶ郷惣田数注文」を筑前花尾城で書き写している。

前大宮司到津公澄《きみすみ》の訴え（企救郡到津庄に御城を造ることに反対）があった。天文七年一〇月六日付け大内奉行衆貫武助《ぬきたけすけ》、杉興重《すぎおきしげ》から前大宮司到津公澄に対する回答の書状に、花尾城督高石兵庫助に到津庄は御神領《しんりょう》であるので築城を禁止する命令が出されたことが、記されている。

永禄年間、大友氏と毛利氏は北部九州の覇権《はけん》を競った。大友義鎮は永禄二年（一五五九）八月二一日、田原常陸介親宏《ちかひろ》、田原民部大輔親賢《ちかたか》に毛利方が守備する門司城、花尾城、香春岳城を攻め一人残らず討ち果たすように命じている。門司城で大友勢が毛利勢に大敗した永禄四年と思われる一一月七日に小早川隆景は堀立壱岐守直雅《なおまさ》から、大友勢立て籠もる花尾城を攻め落としたとの報告を受け、児玉三郎右衛門尉を下向させるので花尾城を渡し、諸事を良く相談して行うように指示している。室町幕府の命を受けた久我晴道《くがはるみち》、聖護院道増《せいごいんみちます》によって大友毛利の講和が成立した後の永禄八年（一五六五）一一月二二日、大友宗麟（義鎮）の重臣田原親宏派奈多鑑種《なたあきたね》や田原親賢らに、花尾城および諸牢人の許容について連絡し、麻生隆実《あそうたかざね》の花尾城下城について、奉行人や毛利方国清寺恵心、久我愚庵の使者らが見届けた後隆実の人質を帰すよう命じている。花尾城を明け渡した隆実は麻生氏の家城である山鹿城に入った。

花尾城の登り石塁

花尾城郭の石垣

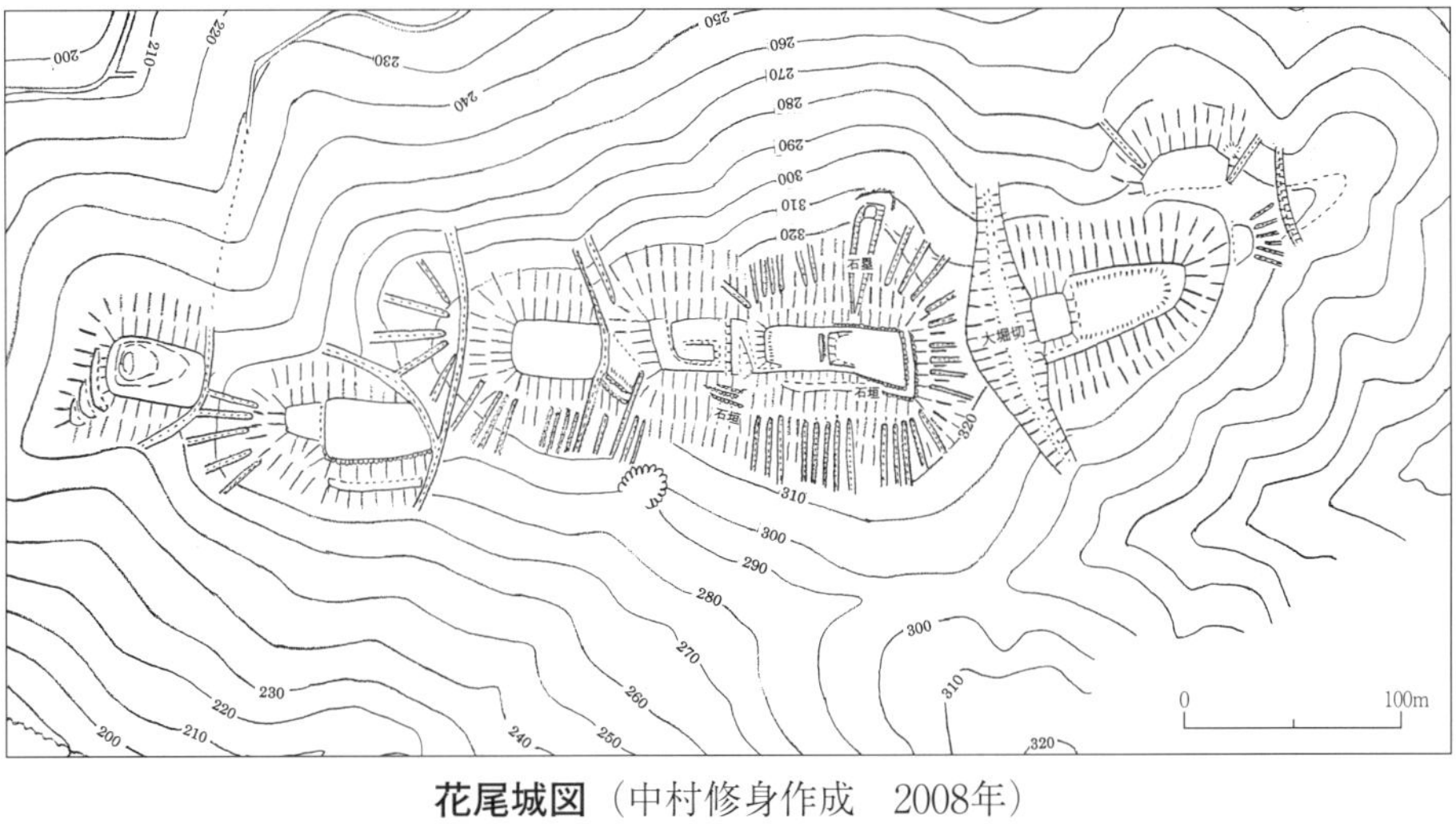

花尾城図（中村修身作成　2008年）

天正一六年（一五八八）と思われる四月一〇日に豊臣秀吉は、毛利輝元に諸事の命令をだしている。その一つに、門司城、麻生城、山鹿城に兵と兵糧を蓄えることを指示している。この麻生城は花尾城の可能性が高い。なお、応安五年前後に筑前国麻生山合戦での記事がみられる。この麻生山は多良倉城、鷹見城両城をさしている。

西鉄バス停花尾西登山口から登城。バスは黒崎バスセンターから出ている。（中村修身）

〔文献〕『中世資料集筑前麻生文書』北九州市立歴史博物館

63 帆柱城《ほばしら》

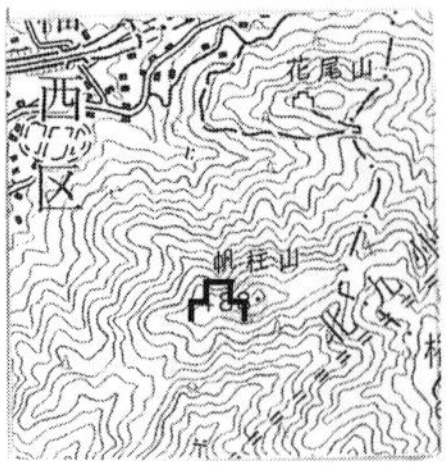

別　称　帆柱山城
所在地　北九州市八幡西区大字熊手
旧　郡　御牧郡

ＪＲ鹿児島本線黒崎駅の南東約二五〇〇メートル、皿倉山塊の西端にそびえる標高四八八メートルの帆柱山の山頂を中心に東西の尾根上に曲輪を並べた連郭式の山城である。東隣にはいずれも古い時代に山城があったとされる標高六〇〇メートルを超す権現山や皿倉山があり、北斜面下の花尾山（標高三四八メートル）には花尾城があった。また南斜面の西端には市瀬城、その南には竹の尾城が存在していた。

帆柱山城は南北朝期の建武元年（一三三四）の北条氏再興を目的

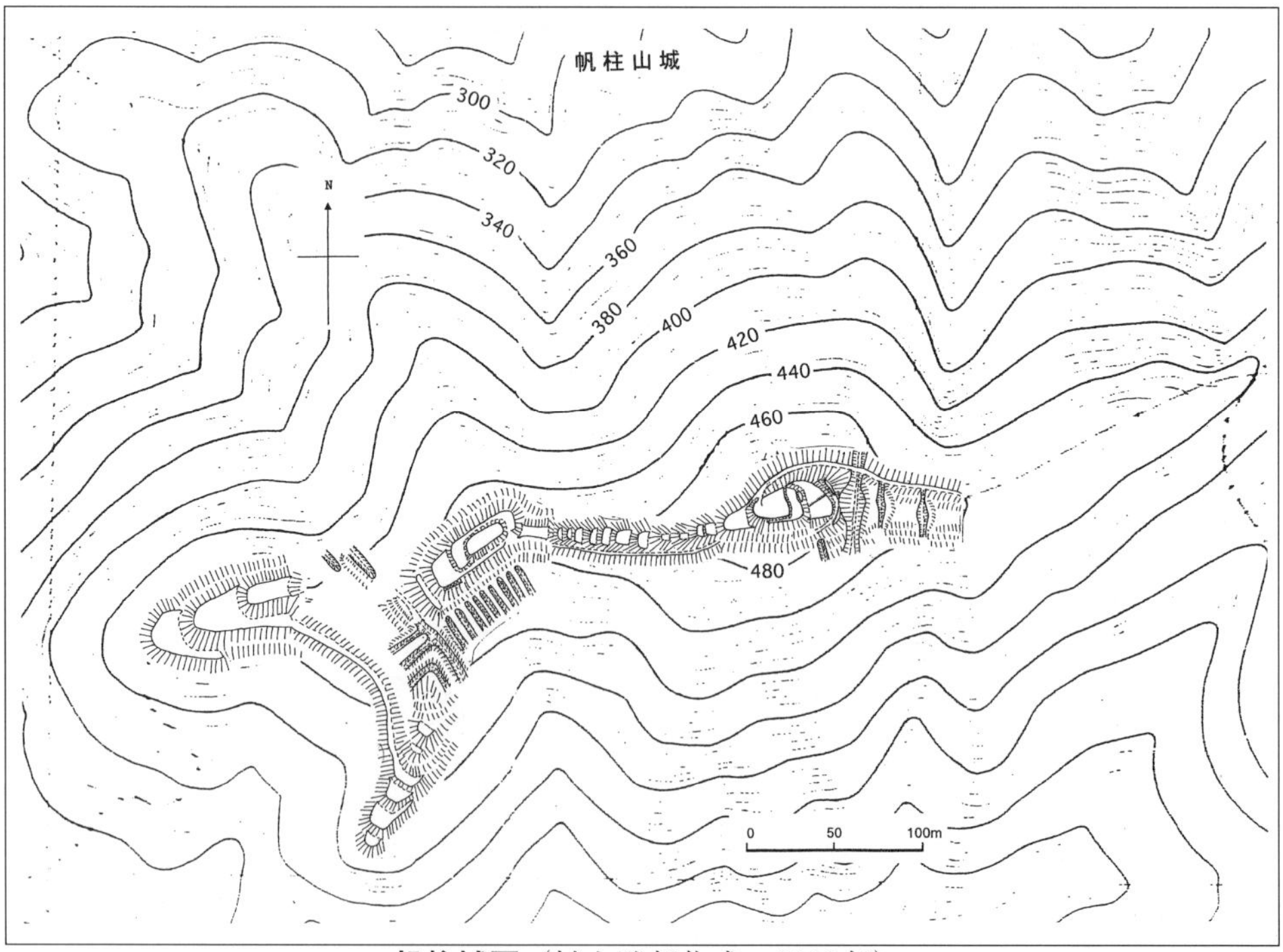

帆柱城図（村上勝郎作成　2009年）

とした糸田貞義、規矩高政の挙兵時に規矩高政が拠点としたことで歴史上に名前が出て来た。その後は名が出ることは少なかった。次に名が出たのは『正任記』に記載の文明一〇年（一四七八）の大内氏による麻生家延攻め（いわゆる花尾城合戦）での降伏交渉の文書の中に「帆柱城は麻生の家城云々」の文言である。この頃は花尾城は大内氏の持ち城で遠賀郡、企救郡支配の拠点の城で、麻生家延は花尾城督として在城していた。この合戦後、帆柱城は大内氏に取上げられ、大内氏の滅亡まで大内氏の持ち城だった様だ。

帆柱城遠景　花尾城本丸から写す。左の最高峰から右（西）に曲輪が続く

大内氏滅亡後は基本的には麻生氏の持ち城だった様だが、麻生一族内の分裂、抗争で竹の尾城を居城としていた麻生鎮里《しげさと》、統春《むねはる》方の持ち城となっていた。麻生氏が中国の毛利氏の配下となったことで、永禄一二年（一五六九）の毛利氏による立花山城攻めの際に毛利勢の本陣を帆柱山に移すとあるが、この場合は花尾城や河頭《ごうとう》山などを含んだ広い意味での帆柱城だったと考えられる。その後、特に文書史料は無いが天正一四、一五年の豊臣秀吉の九州平定の頃までは存続していたと推測される。これは城の造りや黒田孝高の家臣の三宅山太夫の文書などで推測できる。

城域は東西約六〇〇メートル、南北は上中段が二〇メートル前後で、下段は約一〇〇メートルで東の帆柱の辻側には主郭を防御する堀切、土塁、曲輪がある。ここの土塁には石混りの土石塁とでも言えるものがある。西側は十数個の曲輪が階段状に連なっていて上段の小曲輪段には石積みが残っている。これらの曲輪群の南斜面には石積み（石垣）や一三条の畝状竪堀が残っている。これらの存在から戦国末期まで使われたと推測できる。城域は標高三九〇メートルレベルの曲輪までとされているが、籠城の際の水の手、居住性からはこの城域では不十分であり更に西側の標高三〇〇メートルレベルの尾根上に見られる平地群に居住区域があったのではと考えられる。

登城口は花尾城側、皿倉山側、市瀬谷側からなどいくつかある。

（村上勝郎）

〔文献〕『北九州市史　古代・中世編』。『北九州市立歴史博物館研究紀要　5』

64
竹《たけ》の尾《お》城

別　称　上津役《こうじゃく》城
所在地　北九州市八幡西区大字上津役・市瀬
旧　郡　御牧郡

　JR鹿児島本線黒崎駅の南約五〇〇〇メートル、八幡西区上津役と市瀬の境の皿倉山塊から西に突出た送電鉄塔がある舌状尾根の上に築かれた丘城である。城の最高部は標高一七四メートルである。舌状尾根の根元のくびれた部分から西を城域としている。現在城内には高圧送電線の鉄塔が建てられており、西の切岸下の斜面には都市高速道路が通っている。

　この城の創築については明確ではないが、戦国時代後期に麻生氏内部での分裂により築城されたものと考えられる。城主としては麻生鎮里《しげさと》、統春《むねはる》親子とされているが城はもう少し前から存在していた可能性もある。城域は東西約三〇〇メートル、南北約六〇メートル（最大）で全部で大小一〇個の曲輪が有り、全体を切岸と曲輪端部の土塁とその下の横堀で囲まれていたと思われる。麓の市瀬集落からの比高が三〇メートルから五〇メートル程度であり、居住性に重点を置いた居館風の城である。

　この城を里城（平時の居館）と考えると詰の城は北東の標高四八八メートル帆柱城だったと考えられる。

　永禄期に麻生氏内部で本家筋を巡って芦屋山鹿城の麻生隆実《たかざね》と麻生鎮里《しげさと》が争いだした。これは永禄四年（一五六一）の大友氏による麻生退治で本家の当主麻生隆守《たかもり》が死亡し本家が断絶したので麻生隆《たか》実《ざね》と麻生鎮里《しげさと》の争いとなったのが原因である。天正期まで内部抗争が続いた。この間大友氏と毛利氏との北部九州を巡る勢力争いの中で麻生鎮里《しげさと》は大友方であったり、毛利方だったりと目まぐるしい転変があった。

　天正一四年（一五八六）頃、鎮里《しげさと》は（および子統春《むねはる》）は島津、秋月方となった。（麻生隆実《たかざね》の孫家氏は毛利方）天正一四年の豊臣秀吉の九州平定開始の際、麻生鎮里《しげさと》、統春《むねはる》は浅川城、古賀城、竹の尾城で秋月方として参戦して敗れた。この時山鹿城の麻生家氏は毛利氏の配下で黒田孝高の軍勢に加わり浅川城、古賀城、竹の尾城の攻撃に加わった。秋月方敗戦後の麻生鎮里、統春の消息は判らない。

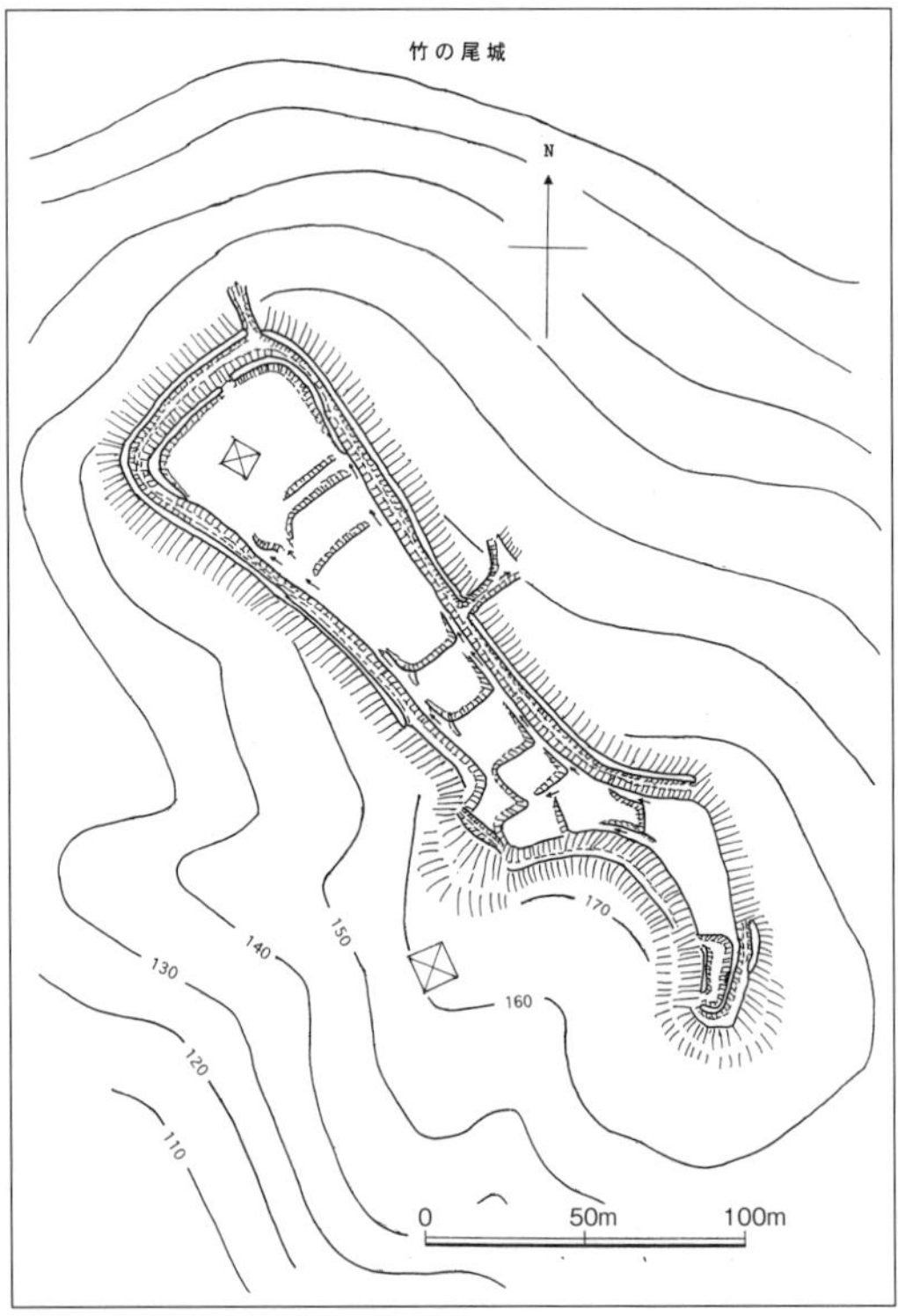

竹の尾城図（村上勝郎、田中賢二作成　2008年）

自害したとも、島津氏を頼って薩摩に逃げたとも伝えられる。（村上勝郎）
〔文献〕『筑前国続風土記』貝原益軒

竹の尾城の遠望　北西より望む。鉄塔より左に曲輪が続く

65 園田浦城《そのだうら》

所在地　北九州市八幡西区北筑二丁目・里中三丁目
旧　郡　御牧郡

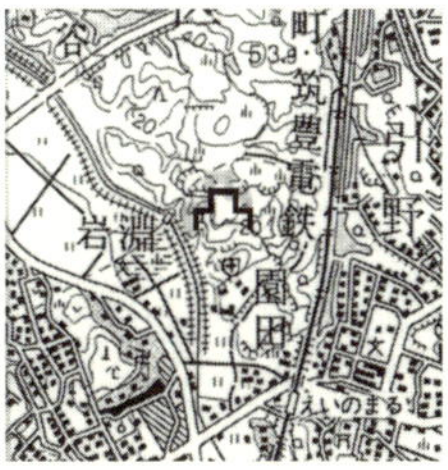

永犬丸の谷平野の東側はかつて山塊が広がり、その谷平野を見下ろす西端の一角に園田浦城は存在した。今は城跡が所在した山間部も区画整理による宅地造成で見る影もない。

園田浦城は概ね南北方向に並んだ三か所の東西尾根で構成され、平成八年の発掘調査のときに北郭、本郭、南郭の名称をつける。発掘調査は昭和四一年のセメント原料用土壌採取によるものと、平成八年の区画整理事業に伴うものとの二回実施している。昭和四一年の調査では本郭内の各曲輪にトレンチ、またはグリッドを設定した部分的な調査を実施している。平成八年の調査では北郭の大半と本郭の残存している追加調査を実施した。

城域は広さ約七万平方メートル、標高は本郭が推定五六メートル、北郭と南郭はそれよりも一〇〜一五メートル低い。本郭はこの山城の中核的存在であり、その最上部の曲輪《くるわ》には櫓台《やぐらだい》と掘立柱建物が存在したというが詳らかではない。北郭は、最上部の曲輪や一段下がる腰《こし》曲輪等から竪穴建物なる遺構が四基明らかになっている。平面形は長方形を基本とし、一部が不整形に崩れた形状になるものもある。また、その一辺の長さも三メートルから約一五メートルまであり、深さも二〇から五〇センチまである。床面には組めるような柱穴はなく、原始・古代に見られる竪穴住居とは形態に違いが見られ、多分柱穴を伴わずに屋根を付設する構造が想定できる。その他、多くの曲輪はもちろんのこと、水溜状遺構や柵、攻撃用のかぶち石の集積場等も明らかになっている。出土遺物は土師器の杯が最も多く、土師器の皿・鉢、青磁、白磁、陶器等があり、一四世紀後半から一五世紀前半のものが大半である。

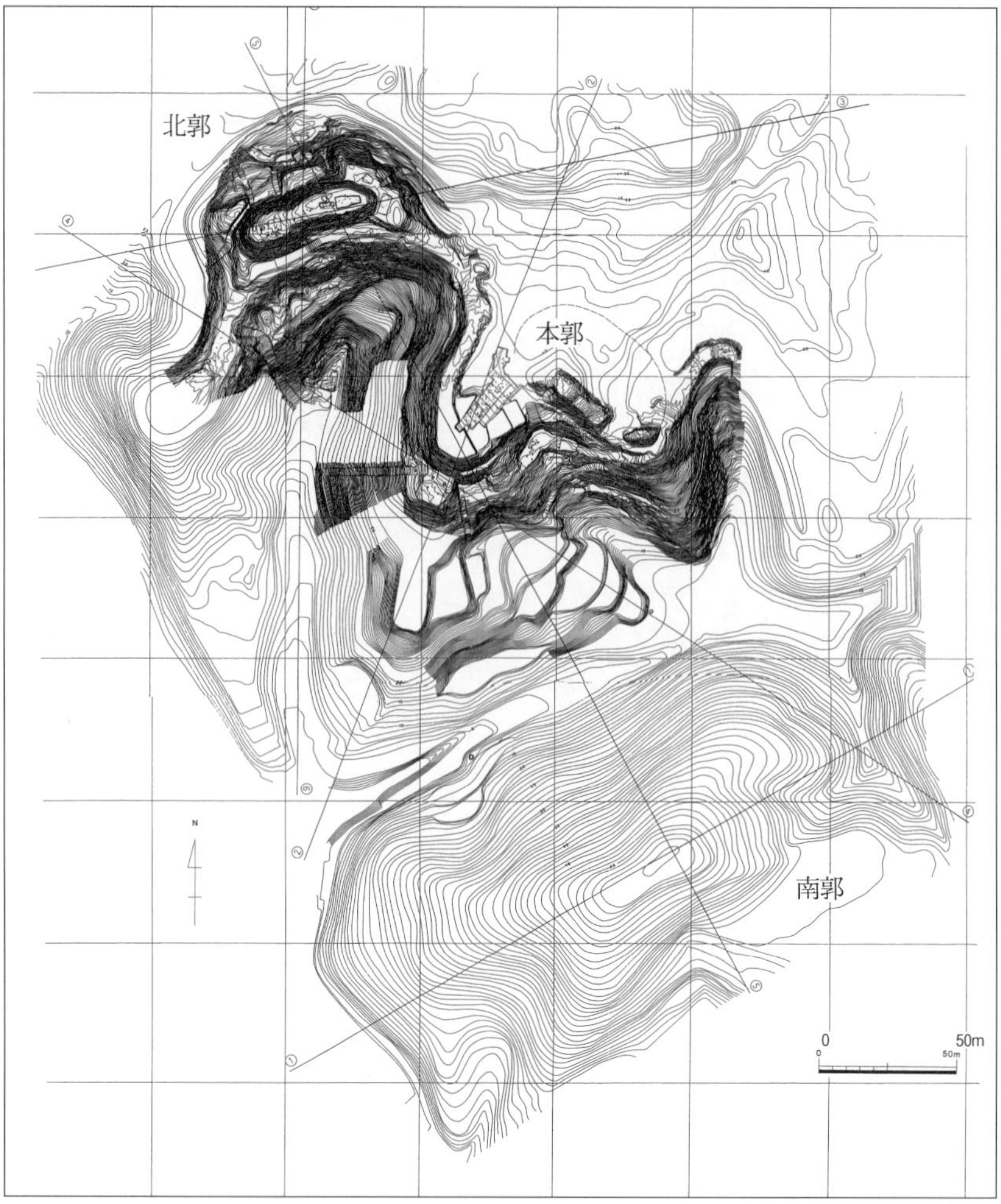

園田浦城（㈶北九州市芸術文化振興財団　1996年）

　この城の造営時期は、発掘調査で一四世紀から一五世紀のものが出土していることから、少なくともこの時期には存在したことは確実である。城主は『筑前国続風土記拾遺』で麻生近江守の砦とあることから麻生氏の城であることは間違いないものの、近江守が在城したかどうかは不明である。本城は東四・七キロメートルにある花尾城であり、その一端城として永犬丸の谷平野を正面に見下ろすように存在していた。

　現地に行くには筑豊電鉄の永犬丸駅を下車し、北西方面に約徒歩で一〇分。（栗山伸司）

〔文献〕『園田浦城址発掘調査報告書』。
『園田浦城址』北九州青年郷土史会

66 浅川城《あさかわ》

所在地　北九州市八幡西区大字浅川
旧　郡　御牧郡

ＪＲ鹿児島本線の水巻駅の北約三〇〇〇メートル、遠賀平野を北流する遠賀川の右岸に接した標高五〇メートルから七〇メートル前後の丘陵の尾根上に築かれ、西側の遠賀川と北側の江川の水上交通を押さえる位置にあった。遠賀郡の国人麻生氏の城で遠賀川沿いに同じ麻生一族の城だった芦屋町の山鹿城、水巻町の古賀城（豊前坊城）が在った。

築城時期は不明だが戦国末期に築かれたと推測される。豊臣秀吉の九州平定時には島津、秋月方だった麻生鎮里《しげさと》、統春《むねはる》親子の持城だった。この頃、山鹿城は敵対していた麻生家氏の城で、古賀城は浅川城の本城だった。天正一四年（一五八六）に秀吉の先鋒の黒田孝高勢に攻められて落城した。この時に廃城となったと思われる。

城域は東西約二五〇メートル×南北約六〇〇メートルの範囲の尾根上である。城の構造としては丘陵地帯の数ヶ所の峰の部分を中心に尾根上を曲輪でつなぎ、要所に堀切を設けて防御性を確保している。居住区域は丘陵の形（西側は急斜面）から東側の谷間や峰上の平地だったと思われる。

城の機能・役割は現状の遺構から居城でなく麻生氏内部の対立で麻生家氏方の山鹿城、花尾城の連絡を断つ目的で鎮里《しげさと》、統春《むねはる》方が造った出城と推測される。その後、鎮里《しげさと》、統春《むねはる》方は島津、秋月方となり豊臣秀吉の九州入りの頃は秋月方の最北端の防衛拠点機能主体の陣城だったと考えられる。（村上勝郎）

〔文献〕『中世資料集筑前麻生文書』北九州市立歴史博物館。
『黒田家譜』貝原益軒

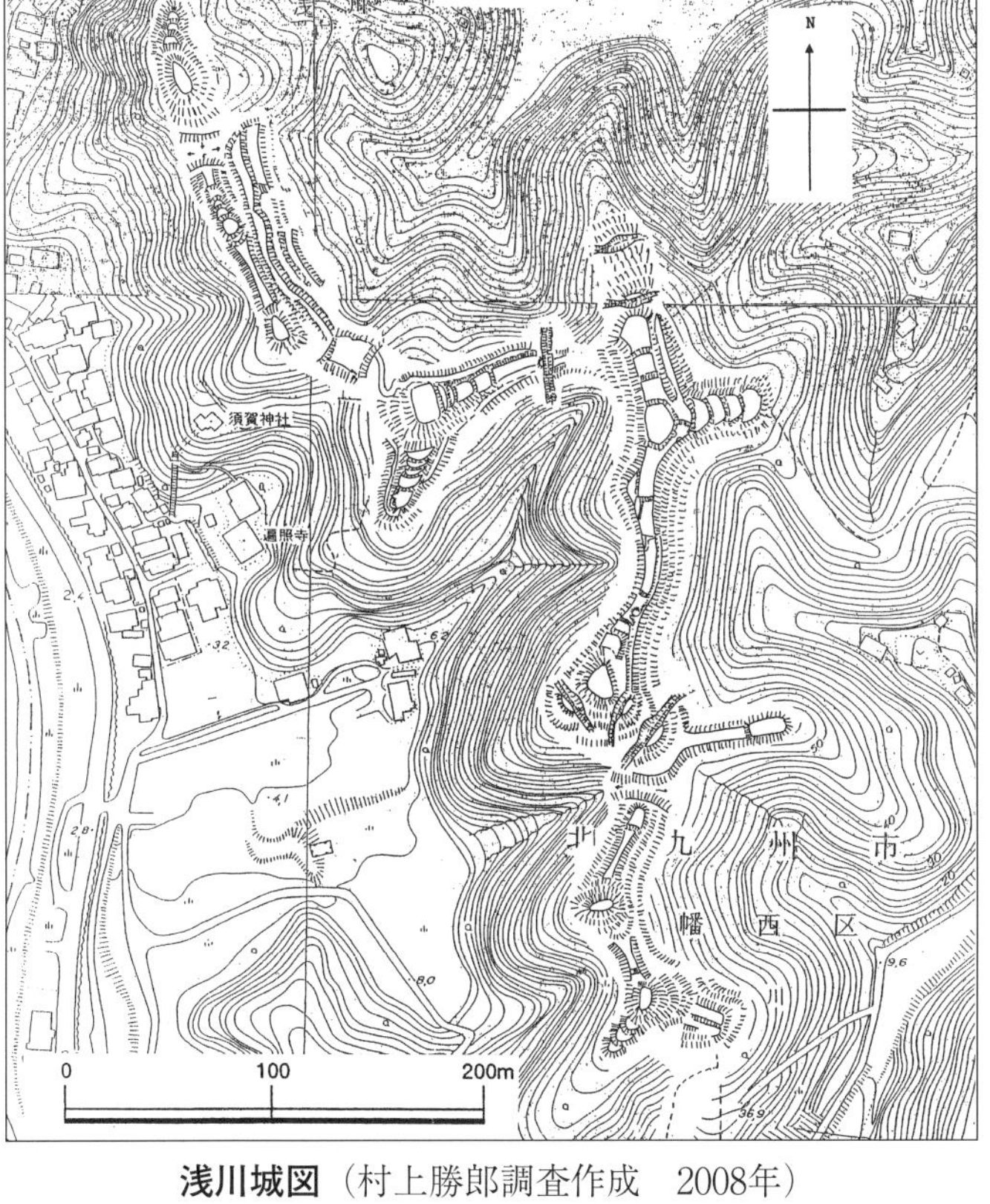

浅川城図（村上勝郎調査作成　2008年）

67 多良倉城《たらくら》

所在地　八幡東区大字大蔵・尾倉山
旧　郡　御牧郡

標高六二六メートルの皿倉山頂《さらくらさん》にあった。多良倉山がなまり皿倉山となった。昭和三〇年代皿倉山頂きにテレビなどの通信施設が設置された時に城郭遺構は消滅した。地形からみて小規模な城郭である。山頂から洞海湾、若松区石峰山、宗像市蔦ヶ岳城《つたがたけじょう》（岳山城）、響灘《ひびきなだ》のむこうに山口県の山々が一望できる。

南北朝の動乱期、室町幕府の命を承けた今川了俊は、応安《おうあん》五年（一三七三）二月一〇日、南朝が立て籠もる筑前麻生山を攻め落とした。この筑前麻生山とは多良倉城がある皿倉山と鷹見城《たかみじょう》がある鷹見山のことである。皿倉山の西約一〇〇〇メートルにある鷹見城も山頂にテレビ通信施設建設の折に壊れてしまって往時を偲ぶことは難しい。この合戦で今川了俊方として戦った周布士心の息子左近将監氏連、舎弟修理亮兼良、若党長見与一兼俊など多数が負傷した。

皿倉山頂からは色々の時期の遺物が採集できるが、多良倉城と関係すると思われる遺物に青磁や土師器の皿や古銭等がある。

帆柱ケーブル帆柱山上駅より徒歩四～五分で皿倉山頂にいたる。

（中村修身）

〔文献〕『中世資料集筑前麻生文書』北九州市立歴史博物館

68 黒崎城《くろさき》

所在地　北九州市八幡西区屋敷一丁目
旧　郡　御牧郡

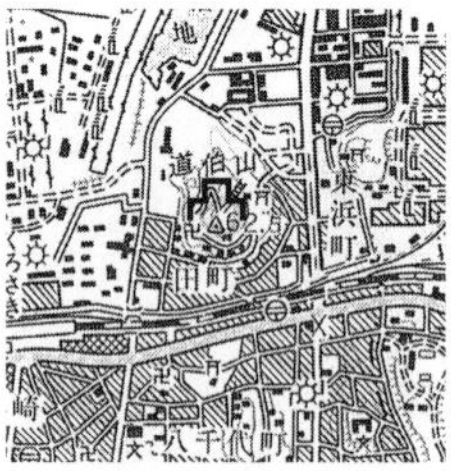

ＪＲ鹿児島本線黒崎駅の北東約五〇〇メートルにある小山（標高六〇メートル）の上に造られた丘城である。現在は市の公園として「城山公園」の名で桜の名所として知られている。

城の立地については現在は住宅地や工場地帯で周囲を囲まれているが、築城当時は南を除く東、北、西の三方が海に面していた。洞海湾の港を防衛する機能を持っていたと推測される。

この城は慶長五年（一六〇〇）の関ヶ原合戦で徳川方として功績が大きかった黒田長政がそれまでの中津城で豊前六郡の領地から筑前五二万石の大幅な増封で福岡に移った際に領内に六つの端城を築き重臣を配置した内の一つである。

黒崎城には重臣第一位の井上周防之房《これふさ》が城主として入って築城した。六端城の内、黒崎城のみが全くの新規の築城であり他の五城は中世、戦国の城を近世城郭に改修したものである。慶長六、七年頃には城は完成したと考えられるが、徳川幕府が元和元年（一六一五）の一国一城令を発令し諸大名に対し領内の本城以外の支城（端城）の廃城、破却を命じたので黒田家も本城の福岡城以外の六端城を全て廃城とし破却した。これにより黒崎城は一五年足らずで歴史

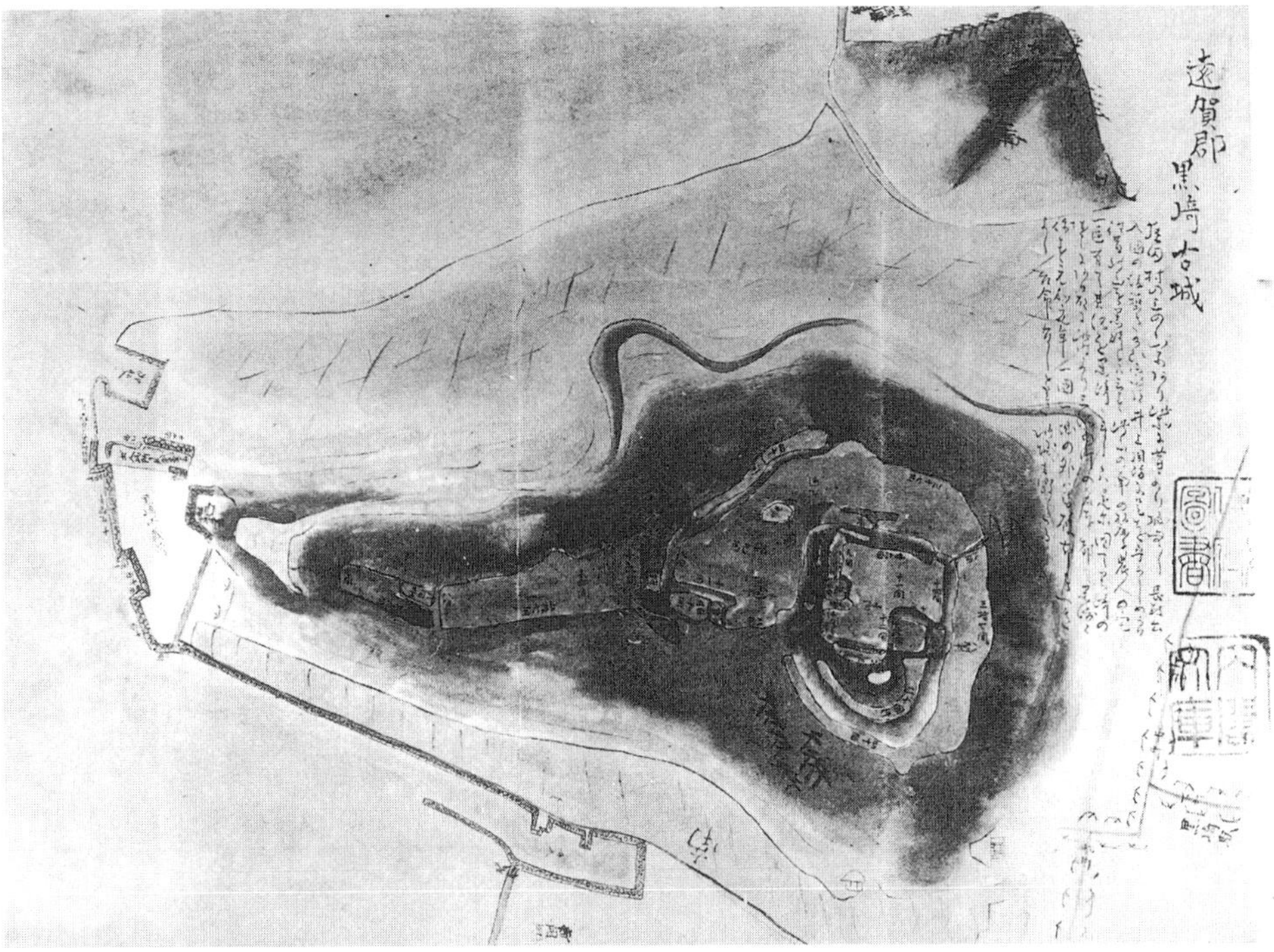

黒崎城図（『古戦古城之図』大蔵種周・種教　国立公文書館蔵）

黒崎城遠望

を閉じた。この後、城跡の山は井上之房の出家名道柏を取り道伯山と呼ばれている。

黒崎城については歴史が短かったことにより城があった頃の文献史料や古絵図などが少ない。江戸時代後期に秋月藩士大倉種周《たねちか》が黒田領内の古城を踏査して作成した『古城古戦之図』の中に収められた「黒崎古城図」が唯一の史料である。

黒崎城の廃城後は南の麓の堀が埋められて道路となり江戸時代を通じて長崎街道の黒崎宿の一部となった。周囲の海面も新田開作（干拓、埋立）で現在のような地形になった。

廃城後、山の上の城跡は次第に破壊が進み、特に第二次大戦後の公園化工事で大きく破壊された。また石垣の石が西側の麓の海面埋立（城石開作）に使われたとの伝承が有るが、かなりの石垣の石が山上の城跡に残っている。また一部の石垣の基部も地表面に出ているのが認められる。平成一八年に行われた発掘調査でも石垣の基部が土中に存在していることが確認された。

（村上勝郎）

〔文献〕『筑前国続風土記』
貝原益軒

69 茶臼山城《ちゃうすやま》

別　称　大蔵村古城
所在地　九州市八幡東区尾倉・大蔵
旧　郡　御牧郡

板櫃川支流傾城川《けいじょうがわ》の上流の尾根筋の城山にある。尾根筋（茶臼山城）から西南方向に登ると皿倉山頂（多良倉城）にいたる。茶臼山城からは洞海湾や響灘が一望できる。貝原《かいはら》益軒《えきけん》が大蔵村にある古城と記したことから大蔵村古城と呼ばれるようになった。南側尾根を　遮断する堀切は大きい。尾根筋二一の郭と堀切一本、切岸から構成されている。腰郭が多いのが特徴である。全長約一五〇メートルの中規模な城郭である。天正期の特長を持っている。天正期の豊臣政権下の小早川勢の築城の可能性が最も強い。

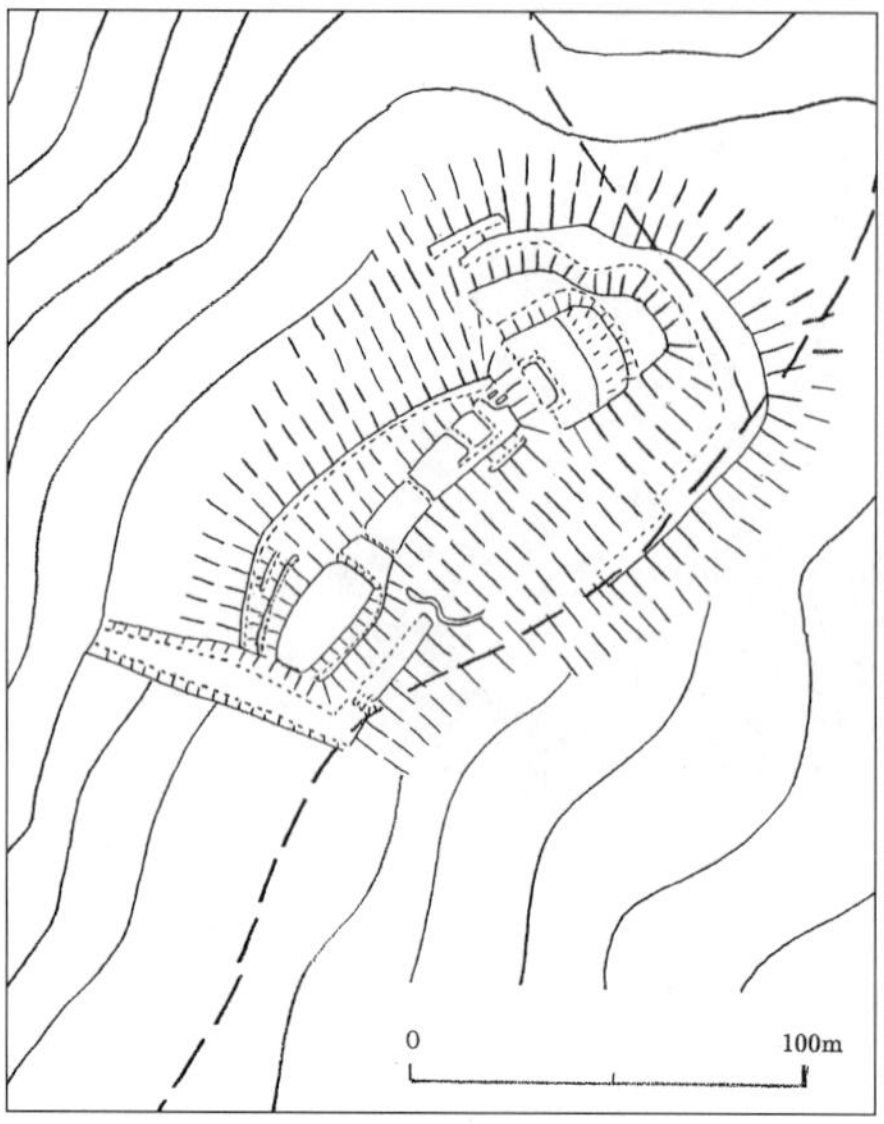

茶臼山城図（中村修身作成）

北九州小竹線景勝園《けいしょうえん》バス停下車、西側尾根筋に茶臼山城はある。直接いく道がなく、回り道をするので二〇分ほどかかる。（中村修身）

70 花房城《はなぶさ》

別　称　花房山城
所在地　北九州市若松区大字畠田
旧　郡　御牧郡

ＪＲ筑豊本線二島駅の北東約一二〇〇メートル、若松区畠田と二島の境にある岩尾山の北側の尾根続きに有る標高二〇二メートルの四方の眺望が良い峰上に在る。南北を堀切で仕切った単郭の山城である。

麻生遠江守の居城だったとの伝承があるが、確実な文献史料が無いので沿革等は判らない。現状の城の遺構は戦国末期のものであり、造りとしては戦術的で物見の城、陣城的な城であり居住性が無い。

西側の斜面の途中に居館跡があるので当初は詰の城だったが戦国末期におそらく毛利氏の手で戦術的な城に改修されたと考えられる。門司城、花尾城、芦屋の山鹿城、小倉城等の毛利方の城との連絡網の一環だったと推測される。

城の規模は東西約三〇メートル、南北約四〇メートルのほぼ菱形の曲輪がありその北に幅数メートル、南に幅約一〇メートルの堀切があり、西側は一〇条の畝状竪堀、東側は道路で破壊されているが

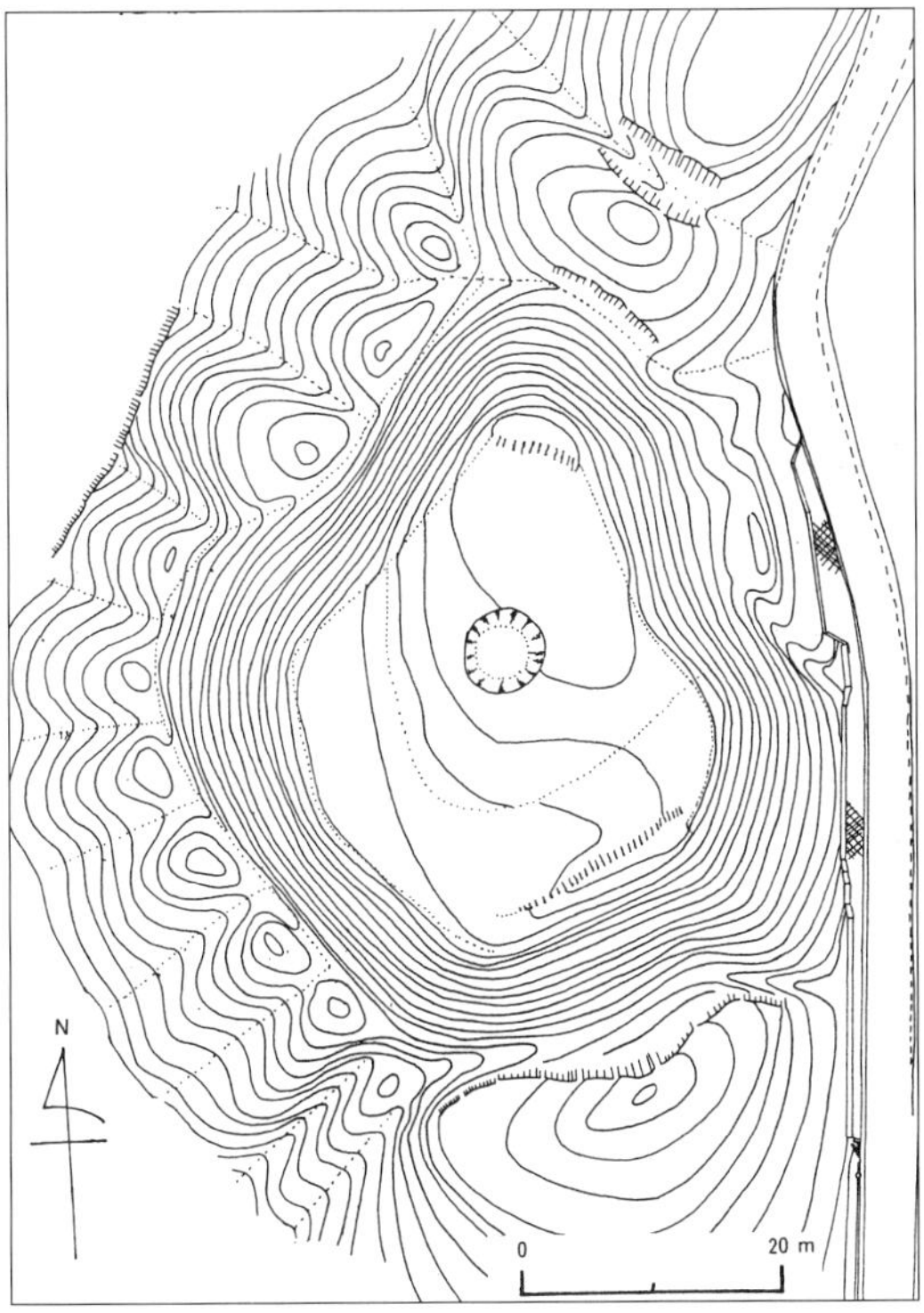

花房城図（中村修身作図）

腰曲輪あるいは横堀が存在した可能性がある。また曲輪内は現在は緩い傾斜があるが、元々は内部は二段あるいは三段だったと思われる。一部に土塁の痕跡もある。岩尾山にある電話の中継所用の道路が城跡の東を通っていて車で行ける。（村上勝郎）

〔文献〕『筑前国続風土記拾遺』青柳種信

71 山鹿《やまが》城

所在地　遠賀郡芦屋町大字山鹿
旧　郡　御牧郡

ＪＲ鹿児島本線水巻駅の北約五〇〇〇メートル、遠賀川右岸の標高約四〇メートルの丘の上に造られた城である。現在は城山公園となっている。周囲が埋め立てられて状況が大きく変っているが、往時は東西と南側を水面で囲まれていた。遠賀川も江戸時代の河川改修で流れが大きく変っているが、洞海湾からの江川と遠賀川の合流点近くを押さえる要衝で、水軍城の機能も持っていた。

この城は天慶年間（九三八～九四七）に俵藤太藤原秀郷の弟藤次が築城したと伝えれる歴史ある城である。藤次の子孫はこの地に定着して山鹿氏を名乗り、平安末期には平家の配下で繁栄していたが源平合戦でも平家方として戦い、寿永二年の壇の浦の海戦に敗れ没落した。その後、遠賀郡一帯は平家没官領として北条氏が地頭となり地頭代として関東から宇都宮一族が入ってきた。これが遠賀郡の麻生氏の祖となって天正一五年（一五八七）の豊臣秀吉の九州国割りまで山鹿城主として続いた。室町時代に入り麻生氏は山口の大内氏の配下に入った。天文二〇年（一五五一）の大内義隆の滅亡後は豊後の大友氏や中国の毛利氏の支配下になった。

戦国末期には麻生氏は毛利方の山鹿城、花尾城の麻生隆実《たかざね》、家氏方と竹の尾城、帆柱山城、古賀城の秋月方となった麻生鎮里《しげさと》、統春《むねはる》方に割れた。麻生家氏は豊臣、毛利方として働き秀吉から朱印状を受けているが九州国割りでは小早川隆景の配下で筑後に移封され山鹿城は廃城となった。

城の規模は城域が南北一五〇メートル、東西一一〇メートルで北側の丘の上に本丸と二の丸があり、これらの周囲に腰曲輪がある。また南側は改変が大きく明確ではないが自然地形を流用した土塁囲みの曲輪が存在したと思われる。（村上勝郎）

〔文献〕『筑前麻生文書』北九州市立博物館。
『筑前国続風土記』貝原益軒

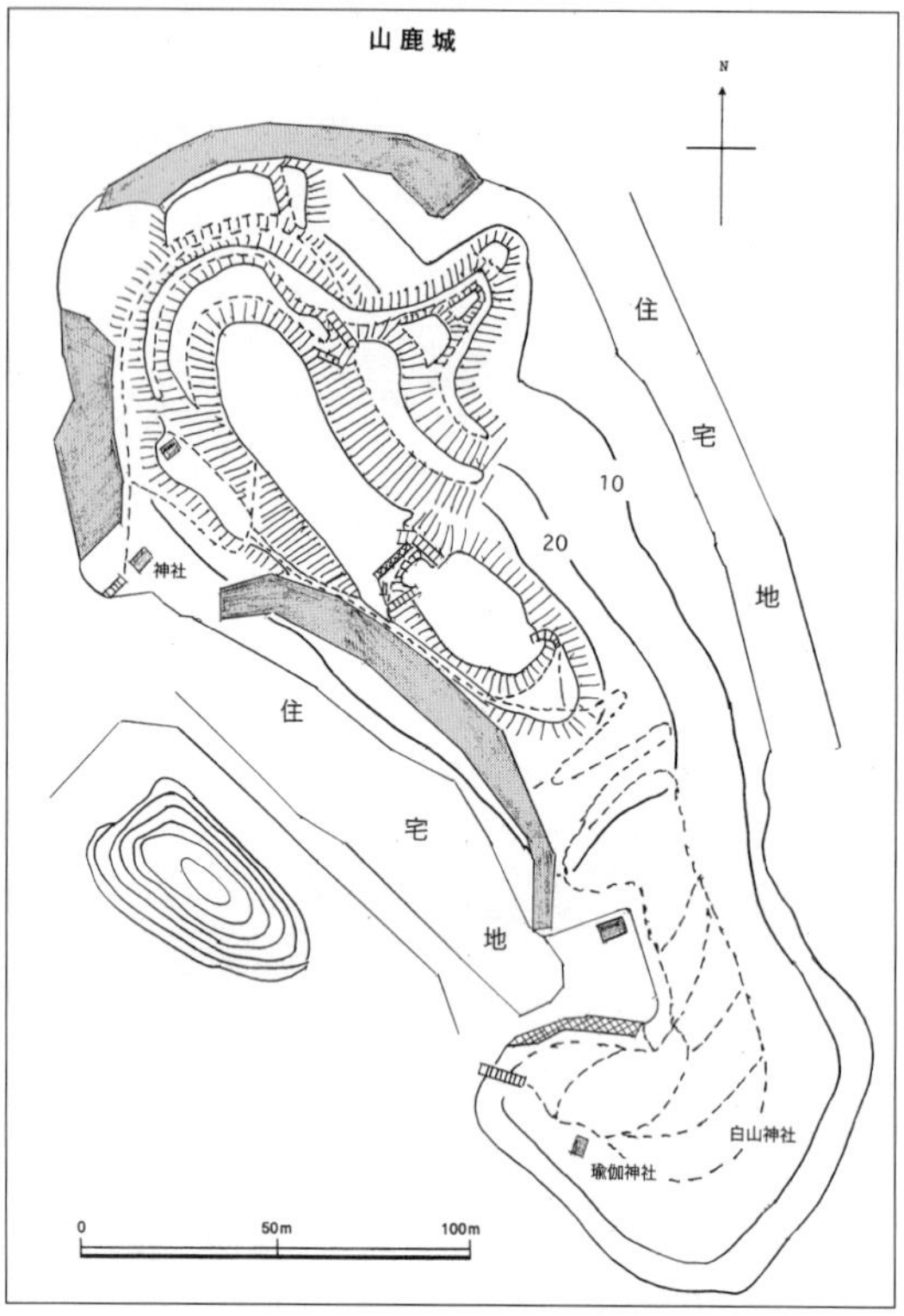

山鹿城図（村上勝郎作成　2008年）

72 岡《おか》城

別称　隆守城
所在地　遠賀郡岡垣町吉木字矢口
旧郡　御牧郡

岡城は汐入川《しおいりがわ》左岸の標高四〇メートルの丘陵にある。城郭の北側に吉木集落があり、西側には門田《かどた》溜池がある。汐井川にそって上ると地蔵峠《じぞうとうげ》を通り宗像郡山田にいたる。城郭の東直下隆守院には江戸時代の人によって祀られた麻生隆守の墓がある。隆守を慕って建てたものである。城郭は全長六〇メートルで、堀切、切岸、虎口、五ないし七の郭がある。虎口は大手であろうか、しっかりと造られている。小規模な城郭である。この城を麻生隆守の城とする説があるけれど、築城時期は天正期後半と考えられるので検討を要する。近くには雨乞山城、三吉城、龍昌寺城、城の腰城などの小規模城郭がある。

原海老津線吉木バス停下車、南に歩いて数分に位置する。隆守院の裏にある。（中村修身）

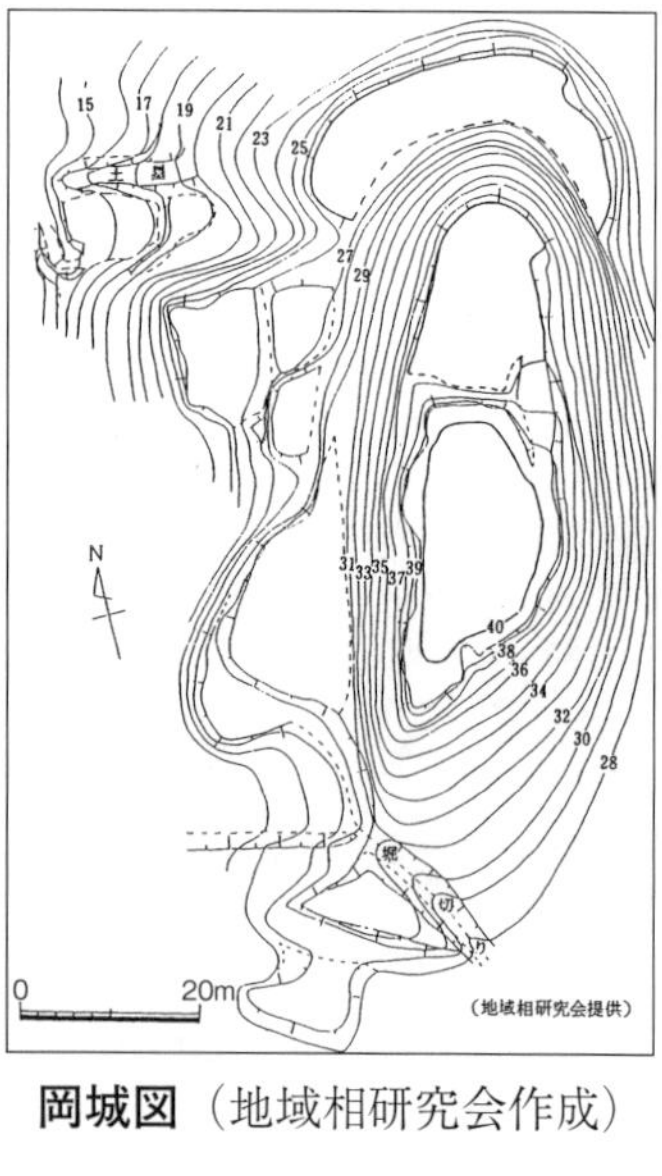

岡城図（地域相研究会作成）

73
龍ヶ岳城《りゅうがたけ》

別称　龍徳城
所在地　宮若市龍徳
旧郡　鞍手郡

龍ヶ岳城は犬鳴川の中流域、宮若市龍徳の北岸に位置し、龍徳城ともいう。六ヶ岳の支峰であり、剣神社裏の山頂に築かれ、二つ峯の郭で構成され、両郭の堀切までの長さは約四〇〇メートルである。本郭とおもわれる南岳は標高二二二メートル、副郭の北岳は標高二三〇メートルで、一六四メートルのV字形の通路で尾根上に連結している。西に祇園岳城（城山《じょうやま》、一五二メートル）、県道をはさんだ南側の丘陵上（六七メートル）に城《じょう》（宮若市本城）という城郭の遺構がある。龍ヶ岳城と祇園岳城間の谷で、龍徳村と本城村の境となす。

龍ヶ岳城の本郭は、祇園岳城側の西尾根と、南の城方向に延びた尾根上に堀切を有し、郭下にU字形の堀切や、腰郭、土塁、畝状竪堀で構成されている。副郭への通路は、犬走り状の切岸がなされ、鞍部に六×四メートルほどの水場の様なものがある。副郭は、北側高低に二条の堀切があり、土塁、腰郭、畝状竪堀で構成されている。祇園岳城は急峻な崖の一部を除いてほぼ回りを畝状竪堀で築いているのに対し、龍ヶ岳城は少ない。

龍ヶ岳城の城主は、大内氏の家臣杉連並《つらなみ》（連蓮）といわれ、天正九年（一五八一）一一月に発生した西鞍手最大の激戦であった小金原の合戦（清水原合戦）に登場する。宗像と立花との和睦に伴い、宗像氏貞は妹おいろ姫を立花鑑連に降嫁させた。その折化粧田として西郷庄を与え、これに不満を持つ郷士達が、小金原で立花勢と激突したのである。合戦の前日の一一月一二日、鷹取城（直方市）に向う立花勢に対し、連並は三百余人で対抗している。翌日帰路に向う立花に対し、笠木城の秋月勢と共に原田友池から小金原にかけて戦われた。『宗像記追考』の「小金原ノ図」の中に、友池の項に「軍爰ニテ初ル」と、稲光村の城山と小伏村の項には「爰ニテ戦有テ終ル鑓場ト今云也」とある。

因みに城山とは、稲光城（神屋根山《じんやね》）である。

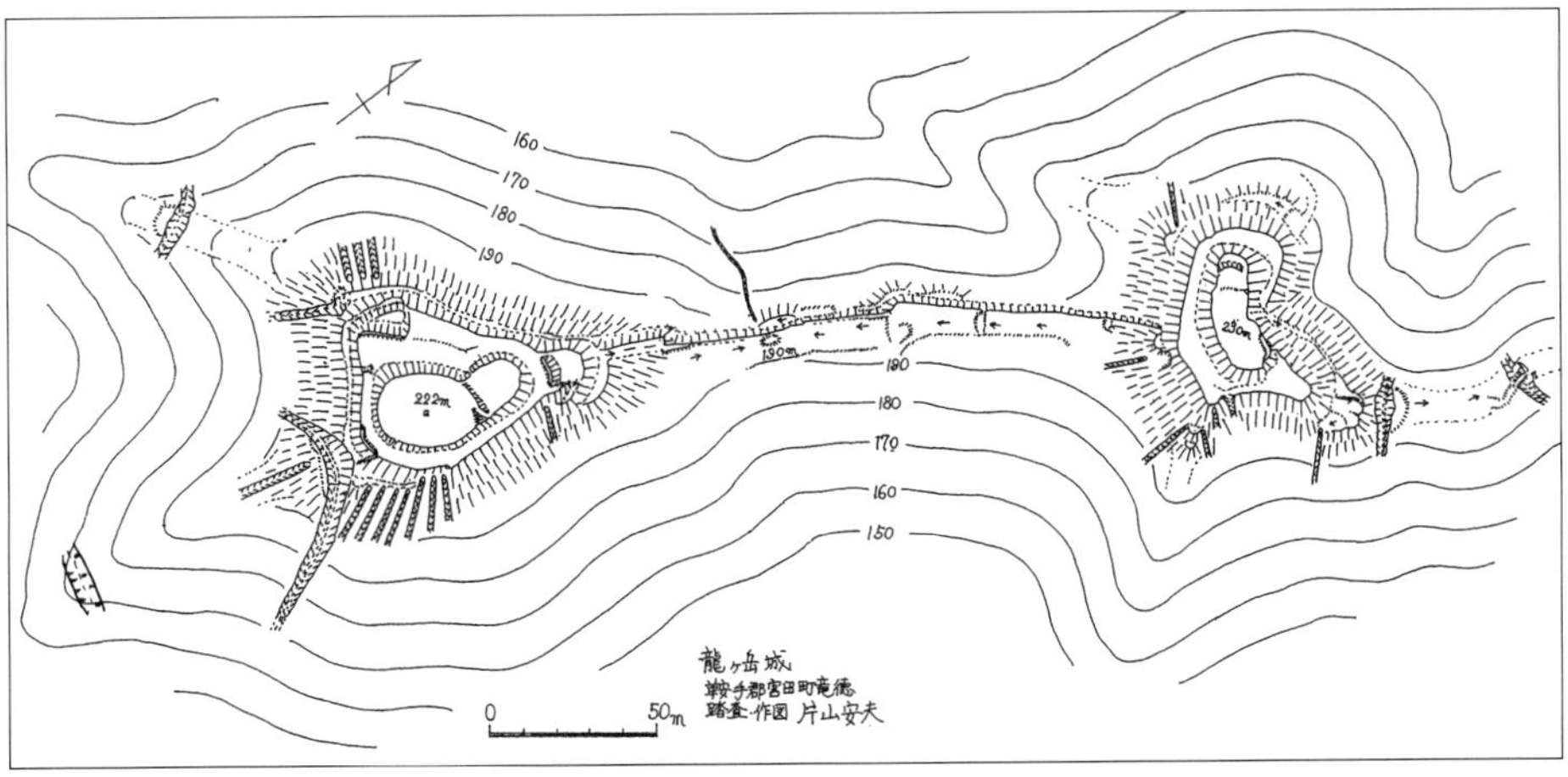

龍ヶ岳城図（片山安夫作成　2008年）

『立花家譜附録』に、天正一一年（一五八三）立花が許斐山城を攻め落としており、「直ニ杉連並カ龍徳城ヲ囲ミ、攻撃ツコト甚タ急ナリ、連並防禦スルコト能ハスシテ降ル」とある。

龍ヶ岳城の南麓を御館《おたて》といい、杉氏の館の伝承がある。左上に石仏と共権現堂があり、連並を祭っているといわれている。その地にいくつかの墓石らしきものがあり、連並の墓との伝承がある。先述した城は、祇園岳城より南に派生した丘陵上にあり、今は県道により分断され独立している。北側に堀切があり、底部に土塁が走る二重構造である。南の犬鳴川側の先端まで約二五〇メートルある。三方を直角に近いほど切岸している。中央部に約二五×四〇メートル程の平地があり、館の可能性も考えられる。しかも、この地は粥田庄の中心地で、粥田庄時代から引き継がれた可能性も考えられる。

龍ヶ岳城はＪＲバス「龍徳」下車。六ヶ岳登山道から登り、内野池から右に曲り北岳へ行ったほうが楽である。登山入口より、約四〇分。

（小方良臣）

〔文献〕『宮田町誌』

右・龍ヶ岳城　中央・祇園岳城　左丘陵・城

74 祇《ぎ》園《おん》岳《たけ》城

所在地　宮若市本城　祇園岳
旧　郡　鞍手郡

犬鳴川の左岸にある標高一五二メートル祇園岳（通称城山）に所在する。祇園岳の北裾を県道二一号線が通っている。谷を挟んで西隣り約二五〇メートルに龍ヶ岳城がある。南側麓の城山にも城がある。祇園岳城からは宗像市蔦が岳城、香春町香春岳城、北九州市花尾城がよく見える。香春岳城までは約一五キロメートルである。標高一五二メートルの祇園岳山頂に約一〇郭と約八〇本の竪堀からなる畝状竪堀群それに堀切が造られている。龍徳城とともに杉氏の城郭群と見ることができないだろうか。

県道二一号線北校下バス停下車、北西へ約六〇〇メートルの祇園岳にある。

（中村修身）

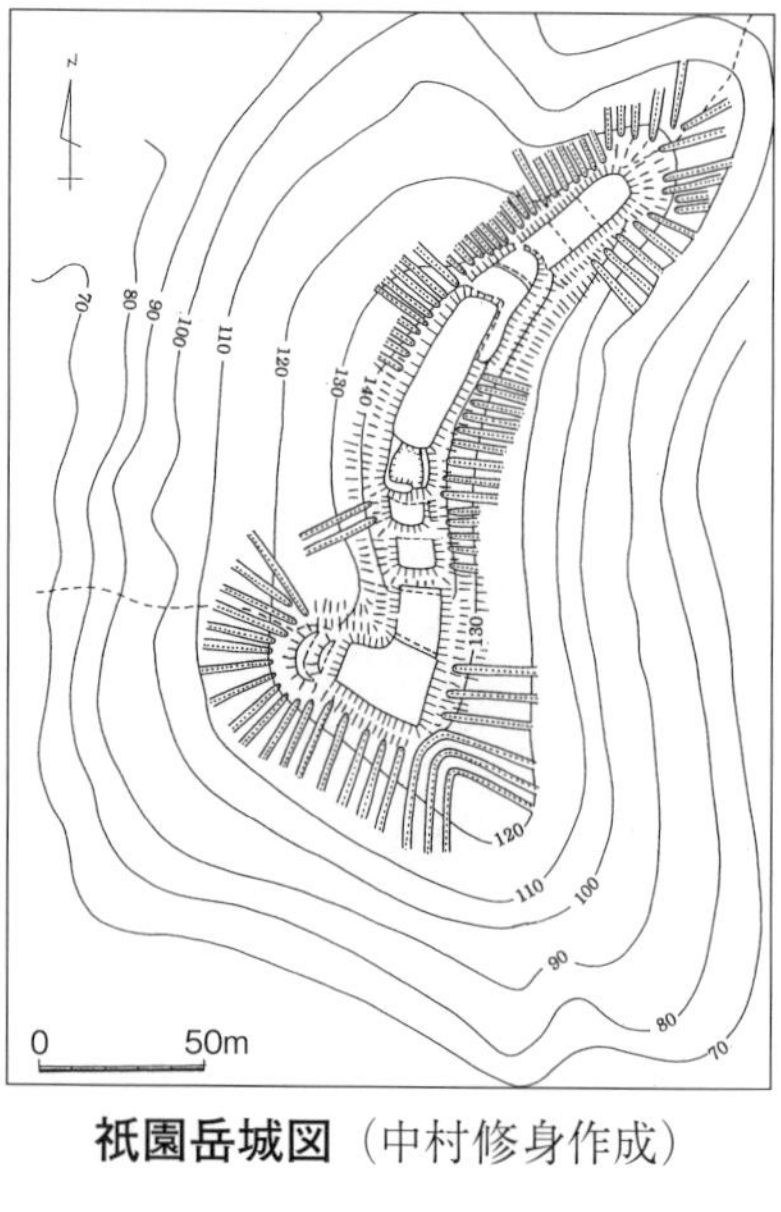

祇園岳城図（中村修身作成）

75 宮永城《みやなが》

所在地　宮若市宮永
旧　郡　鞍手郡

犬鳴川の支流黒丸川の北岸、宮永集落の背後にある雁城《がんぎ》（標高三三三メートル）の山頂にある。ガンギとは、雁が群れ飛ぶギザギザの形をいい、宮永城の畝状竪堀群を呼称した命名と言えよう。この一帯は、若宮盆地でも山城が集中した地域である。西に黒丸、六社八幡城、乙野の草場、篠城に続き、北は、高丸、茶臼山、尾園城などがある。宮永城は宗像の若宮支配の中心的な城である。『宗像記追考』（占部本）の「小金原ノ図」には、宮永の所に「城山」と見える。

山頂部に南北に延びた尾根上の約二〇〇メートルに渡って造られている。南に二本の堀切を有し、郭は七箇所有り、通路や土塁も良好に残っている。北端手前に土橋を有した堀切がある。東西の斜面に畝状竪堀群があり、特に西側はU字形の堀切を含め、全面に防御している。

宮永は元々宗像大社領であった。観応二年（一三五一）に、足利尊氏により宗像氏家に軍功の賞として宮永と片隈（宮若市水原）の田地を与え、氏家は地頭職に任じられている。宮永の氏神である宮永八幡神社は、「正平一三年宗像宮年中行事」にみえる「宮永若宮社」のことである。「社伝」によると、応保年間（一一六一～六三）に豊後国柞原《ゆすはら》八幡宮（大分市）から勧請されたとの事である。因みに、宮永八幡神社より平安時代後期の神像七体が発見されている。

宮永城の城主は、『宗像記追考』に「一鞍手郡宮永城　吉田杢之助定番」とある。宗像家臣の吉田家に関わる人物とおもわれる。「宗像市御代寺社武家知行帳」の鞍手郡山口・宮永の項に、「六町吉田杢之助」とある。天正九年（一五八一）の小金原合戦の様子について、『宗像軍記』に「宗像勢宮永村ニ着ケル時、（略）宮永ノ城主吉田杢之助カ館ニ打寄テ、軍評定シケルハ」とある。天正一一年、宗像氏貞から小早川隆景に宛てた書状に、「即時ニ田嶋宮永両口ニ向城銘々申付」とあり、宮永城を指したものと思われる。

宮永城図（『若宮町誌』上巻より転載）

宮永城は、現在宮永集落から、又は北西側の山口大谷から直接城を目指して登るしかない。（小方良臣）

〔文献〕「若宮町の城郭」『若宮町誌 上巻』中村修身

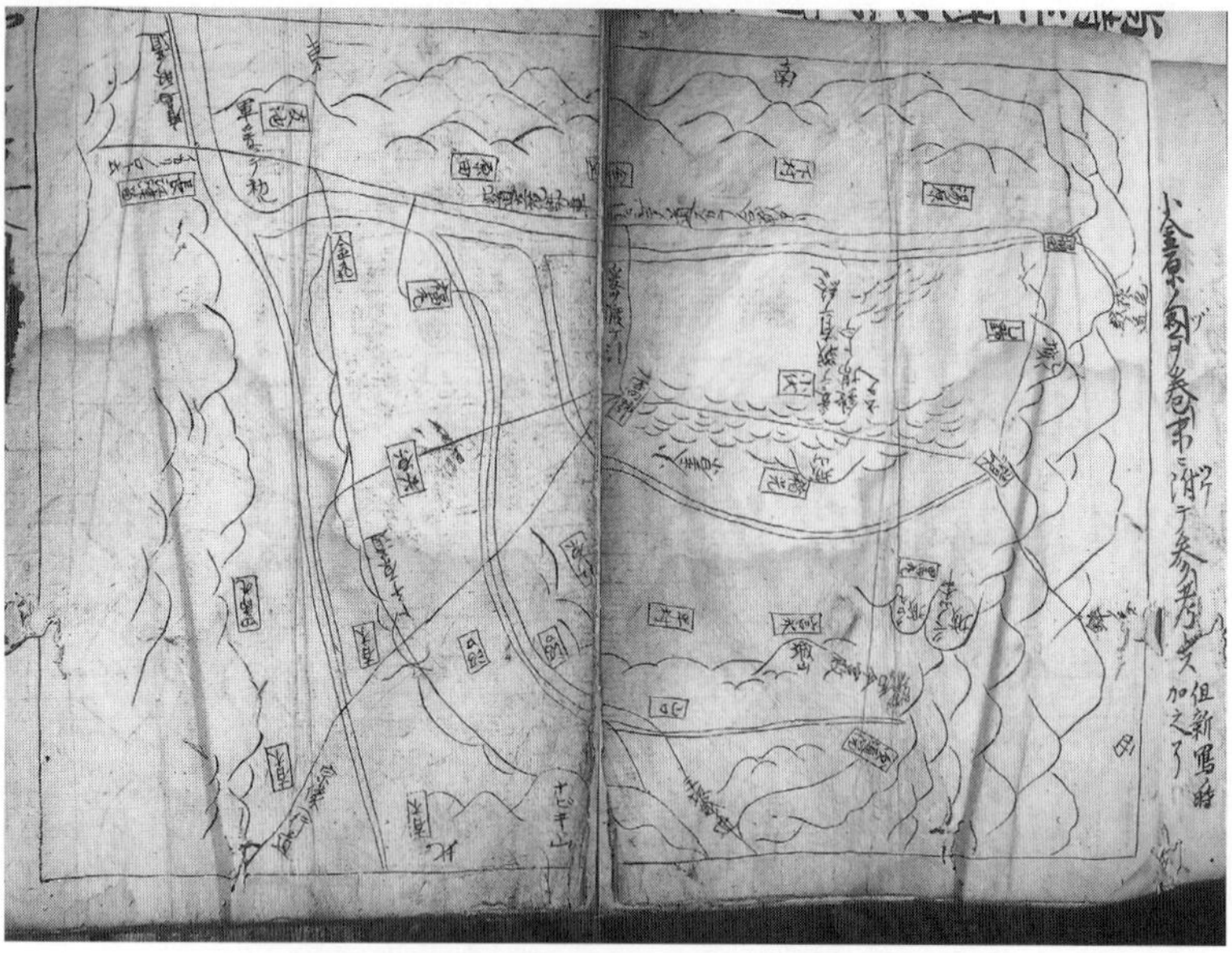

「宗像記追考」（占部本）の小金原ノ図

76 熊ヶ《くまが》城

別称　熊ヶ峯城
所在地　宮若市犬鳴
旧郡　鞍手郡

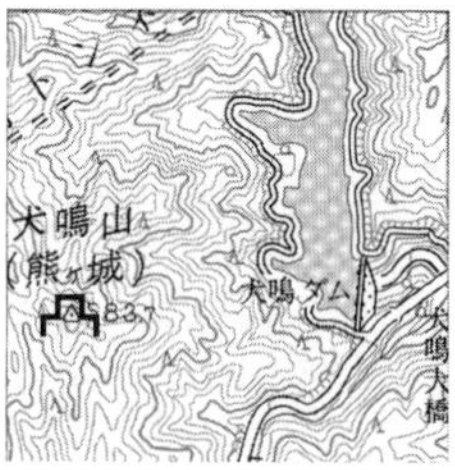

宮若市の西、西山連山が屏風のように聳え立つが、熊ヶ城はそのひとつ犬鳴山（標高五八四メートル）の山頂に造られている。犬鳴川流域では、一番高い山に位置する山城である。熊ヶ峯城とも言われ、『宗像記追考』（占部本）の「小金原ノ図」には、「クマノ峯城」と記されている。山頂部の東側は見晴らしよく、笠木山城が眼下に見える。西は展望できないが、西山縦走路より糟屋郡の立花山（城）が見えるので、往古は山頂より見えていたと思われる。

山頂部を本丸とし、周囲を削っている。郭群は、西と南の尾根斜面に形成されている。西は下るとすぐ縦長の二の丸と思われる郭に達す。さらにいくつかの郭を形成し、先端郭から急斜面に下り、下の鞍部に堀切があり、外側に土塁を有す。この急斜面に並行して、七条の畝状竪堀があり、東側の竪堀は堀切とつながる。南の斜面は、いくつかの小郭を経て、先端部尾根上に腰郭を有する縦長の郭を配す。さらにこの斜面より東南に下った尾根上に郭群が形成されている。先端の尾根上にこの郭群の中心的となる楕円形状の郭があり、この郭から南へ延びいくつかの小郭を形成している。東西約三〇〇メートル、南北約一一〇メートルである。

熊ヶ城は鞍手、糟屋郡境に造られている。戦国期の山城は、村の背後の里山的な山に形成されたものが多いが、ここは村とは隔絶している。因みに麓の犬鳴谷村は、江戸初期豊富な木材を利用するために福岡藩が開拓した村で、元禄期に庄屋を入れ村として成り立ったところである。

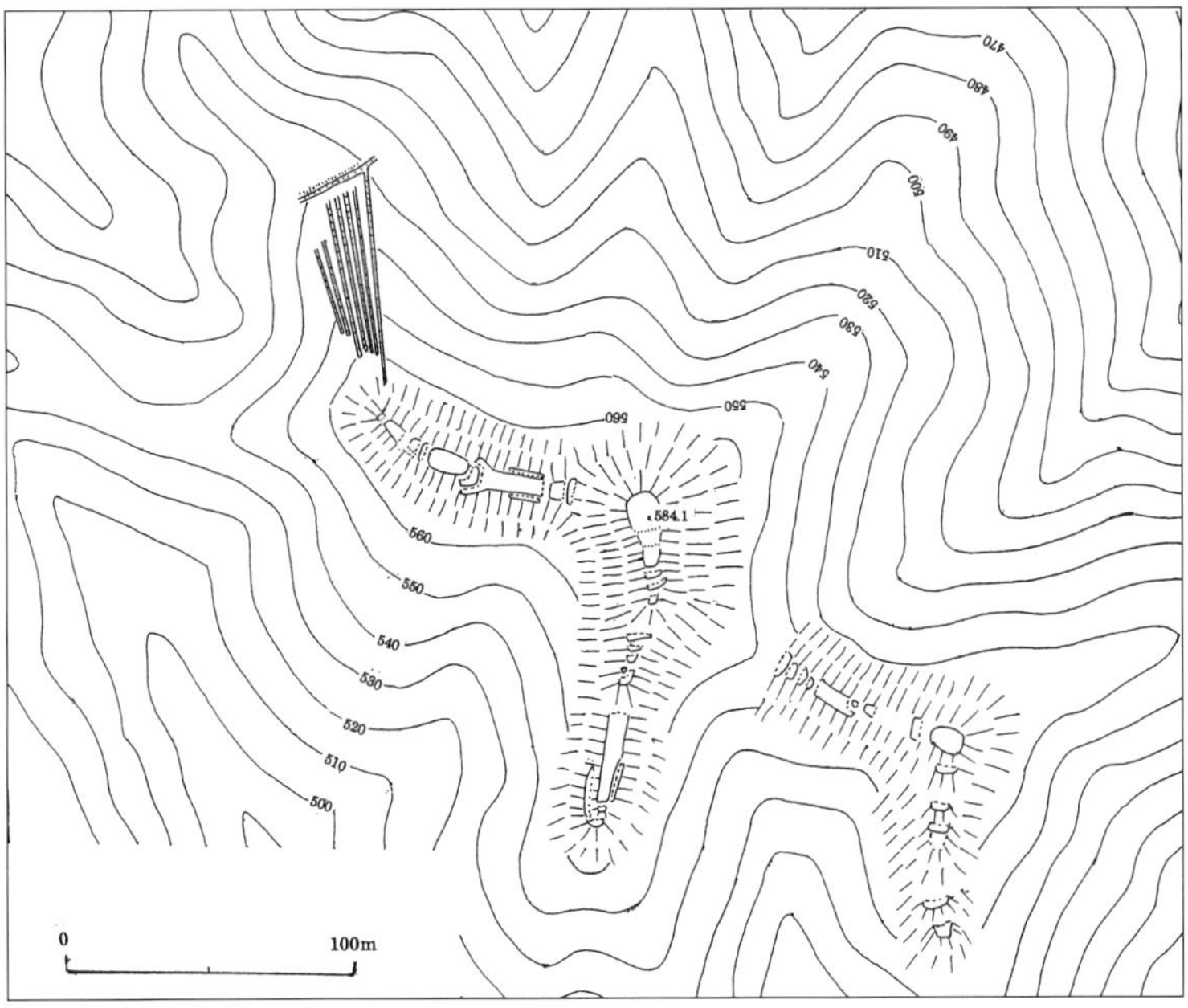

熊ヶ城図（中村修身作成）

熊ヶ城に関する史料は少ない。『筑前国続風土記拾遺』に、熊峯古城として記されている。さらに『山口県史料中世編』の「森脇飛騨覚書」に「明ル春ほはしらへ御陣替候、若松・芦屋の渡をさせられ、熊か嶺を御越、だんと申所中陣に被成、翌日筑前立花へ近陣よせられ候」とある。永禄一二年（一五六九）、毛利勢が立花城を攻めた時に、熊ヶ城を通って糟屋へ行っている。南や西方向を防御しているので、立花勢の鞍手侵攻を防ぐための城であったのだろう。

熊ヶ城へは犬鳴ダム駐車場より約一〇〇メートル行った左の谷より登る方が良い。尾根上から当時の通路と思われる尾根筋を行き、いくつか尾根上の兵站基地と思われ平地を見ながら先述の楕円形郭に達す。山頂まで、休みなしで約一時間。（小方良臣）

〔文献〕「若宮町の城郭」『若宮町誌 上巻』中村修身
『筑前図続風土記』貝原益軒

77 草場《くさば》城

所在地　宮若市湯原
旧　郡　鞍手郡

犬鳴川の南岸、湯原山から北に派生した標高一七九メートルの尾根上にある。南に堀切を配し、主郭となる高台からくの字に東北へ伸びた尾根上に大小いくつかの郭で構成された山城である。堀切から東北先端部まで、約一七〇メートルである。

堀切は底部に一条の土塁が設けられ、二条の溝が並列した構造で、城外側の底部が低い。宮若市本城の城《じょう》にもみられる。主郭には東側三方に腰郭がめぐり、比高約九メートルである。頂部に寛政一三年（一八〇一）に建てられた「湯原草場城主松井越後守秀郷之墓」の碑と、近年建てられた歌碑が建っている。東北部の郭群には、虎口状の通路や土塁などが残っている。先端部には堀切はないが、三方を囲むように畝状竪堀が巡っている。畝状竪堀はこの部分を含め約四〇条確認できるが、主に東北部から北にかけて多く造られており、北側からの防御に備えたものであろうか。南東部に七条の畝状竪堀があるが、これは芳ヶ谷に向けて通路と思われるものにつながっており、道路もしくは物資の運送用などに利用されたのであろうか。

草場城の位置するところは、中世は吉川と称するところで、『宗像記』に、延元元年（一三三六）に宗像家の家臣占部越前守に吉川庄三百町を宛がうと伝えている。さらに文明一〇（一四七八）に、大内正弘は河津弘業や大内領主に闕所地《けっしょち》として、吉川を集中的に与えている。大内の吉川支配が伺える。草場城築造に関わる史料がある。年号は不明だが、大友宗麟が小田鑑貞に宛てた三通である。『宗像市史史料編』では、永禄一二（一五六九）年に組まれている。一通には「当（吉川）庄之事、毎事堅固被仰付、無油断御裁判専一候」とある。吉川庄は油断ならないところであり、堅固することを説いている。もう一通には、「殊一城被取誘之由候」とあり、吉川庄内に城を築いたことが伺える。これこそ草場城をさしているのではなかろうか。

草場城はＪＲバス「脇田温泉」下車、南に旅館街をぬけ、正面の山、直接登ると約一〇分程。（小方良臣）

〔文献〕「若宮町の城郭」『若宮町誌 上巻』中村修身

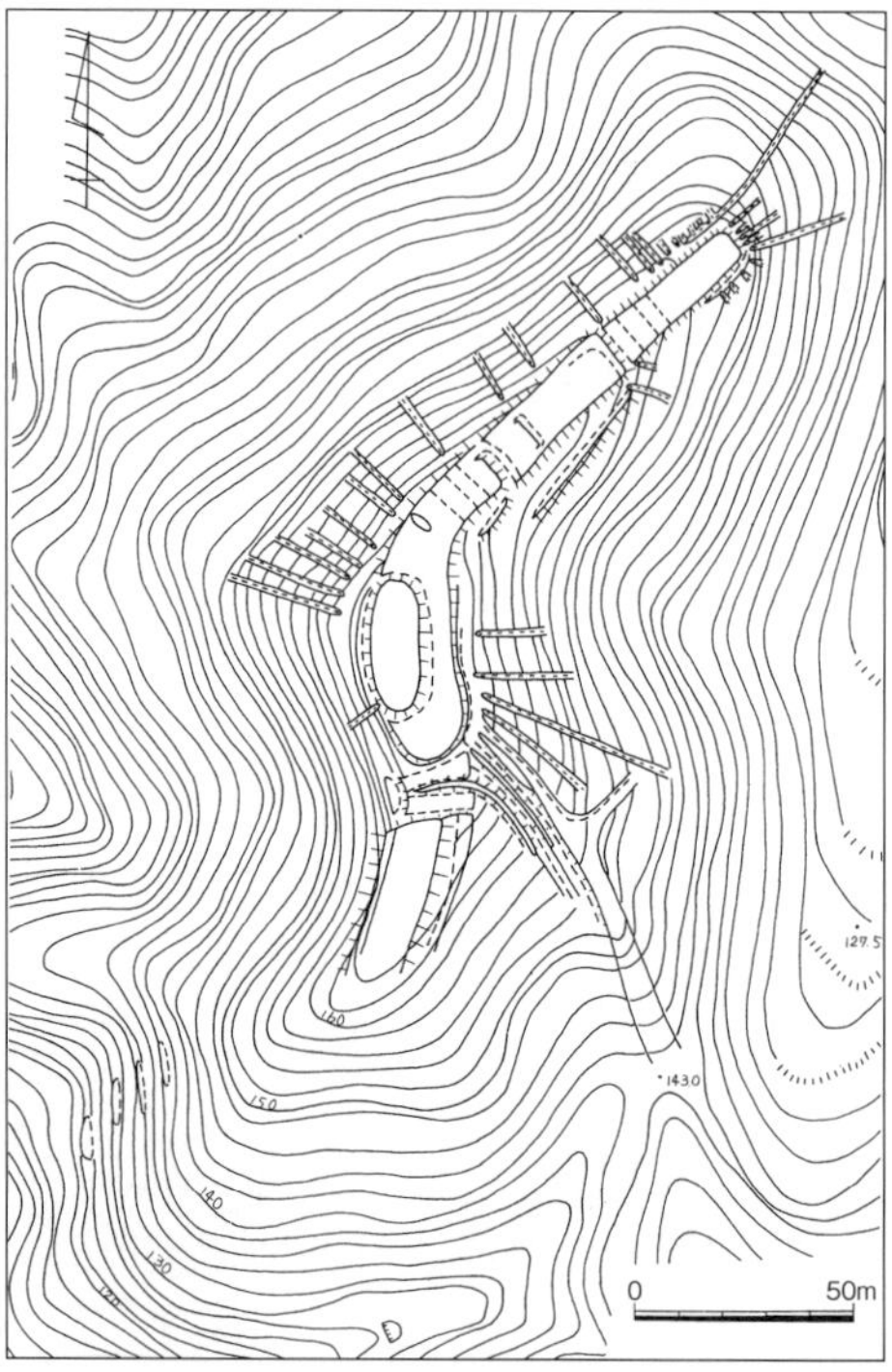

草場城図（『若宮町誌』上巻より転載）

78 黒丸城《くろまる》

別称　こがむね城
所在地　宮若市黒丸字城ノ脇
旧郡　鞍手郡

犬鳴川《いんなきがわ》支流黒丸川の右岸にある。若宮盆地の西側一偶にある。この水系を若宮庄でも宮《みや》永河内《ながこうち》と呼んでいる。北側約一二〇〇メートルには天正期に宗像氏が使用した宮永城があり、西側には天正期に使用された小規模な山城が四ヶ所（六社八幡城、篠城、乙野草場城、稲光城）にある。

黒丸城は黒丸集落のすぐ北に近接した標高約一三〇メートル（比高約八〇メートル）の山頂にある。細い尾根筋約三〇〇メートルに亘って一二から一五の郭と堀切がある。西側は切岸で防備している。郭の一つに大きな窪地《くぼち》がある。中規模な割に簡素な造りで、周囲の城郭より古いのではなかろうか。

若宮庄は一五世紀大内氏の影響下にあり、天文一二年（一五四三）三月二〇日には大内義隆家臣長門国守護代内藤興盛《ないとうおきもり》は、勝間田《かつまた》盛保《もりやす》の島根県（出雲国）での活躍に対して、右京進に任じると共に、若宮庄黒丸郷の能美又兵衛尉跡一〇石足地を与えている。勝間田は長門国守護代を世襲する家柄で内藤氏の家臣である。このことを重視するなら黒丸城は勝間田氏との関係を検討すべきである。（中村修身）

〔文献〕「若宮町の城郭」『若宮町誌 上巻』中村修身

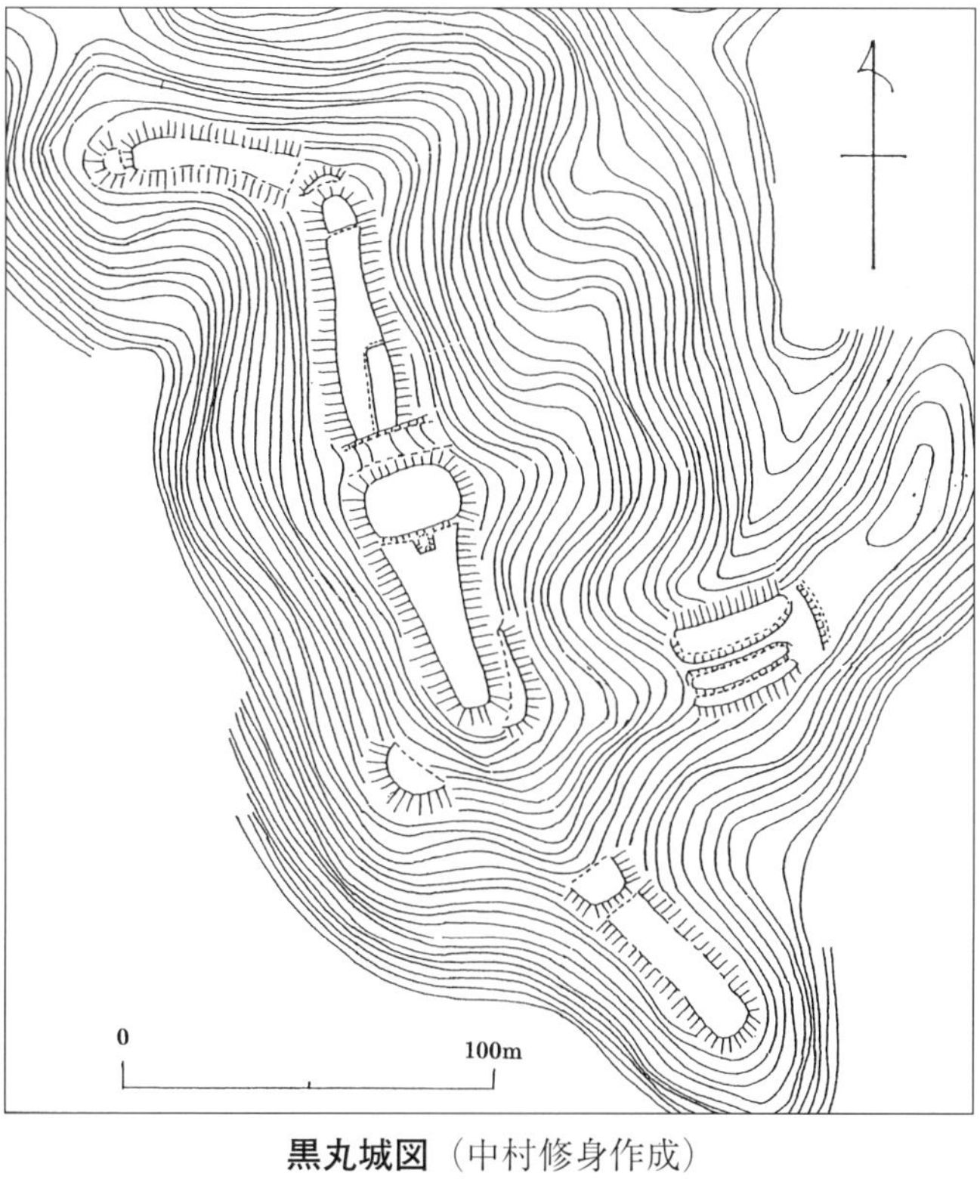

黒丸城図（中村修身作成）

79
笠木《かさぎ》城

別称　笠置城、笠木山城、笠置山城
所在地　宮若市宮田　笠置山
旧郡　鞍手郡

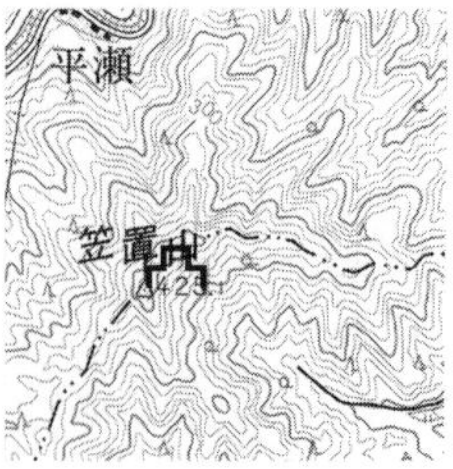

鞍手郡と穂波郡《ほなみぐん》境に聳える標高四二五メートルの笠置山頂に築城されている。東側は福知山と豊前境に造られた鷹取城がみえ、北西側には中国毛利勢が立花城攻めに使った熊ヶ峯城が手に取るように見える。南側は嘉穂盆《かほぼん》地《ち》の向こうに秋月氏の古処山城、益富城が見え、北側は千石川《せんごくがわ》が美しい渓谷をつくっている。

東西に延びる尾根筋約三七〇メートルの間に、五ヶ所の堀切、畝状竪堀群、一三の郭などが残っている。西側尾根を遮断する堀切は複雑で畝状竪堀群と見間違う。畝状竪堀群は北斜面に四三本以上の竪堀から構成されている。一部上下二段に敷設しており、北九州市長野城や苅田町等覚寺城と同様の特徴である。畝状竪堀群には竪堀の幅、深さなどから敷設の時期に二時期の可能性を示している。各郭の面積が広い。これら郭のア・イ・ウの場所は堀切を埋めて郭に改修している。イの北側斜面は堀切を郭に改修した時、石垣をもちいている。東側堀切の東側エ地点から約一〇〇メートルのオ地点には土塁と細長い郭が数段設けられている。その先に竪堀群・堀切と土塁で防備された小規模な城郭（砦）が設けられている。

永禄一一年（一五六八）と思われる七月一六日、大友宗麟は豊後国の国人入田義実《にゅうたよしざね》に鞍手郡若宮庄三五〇町を預けると同時に笠木

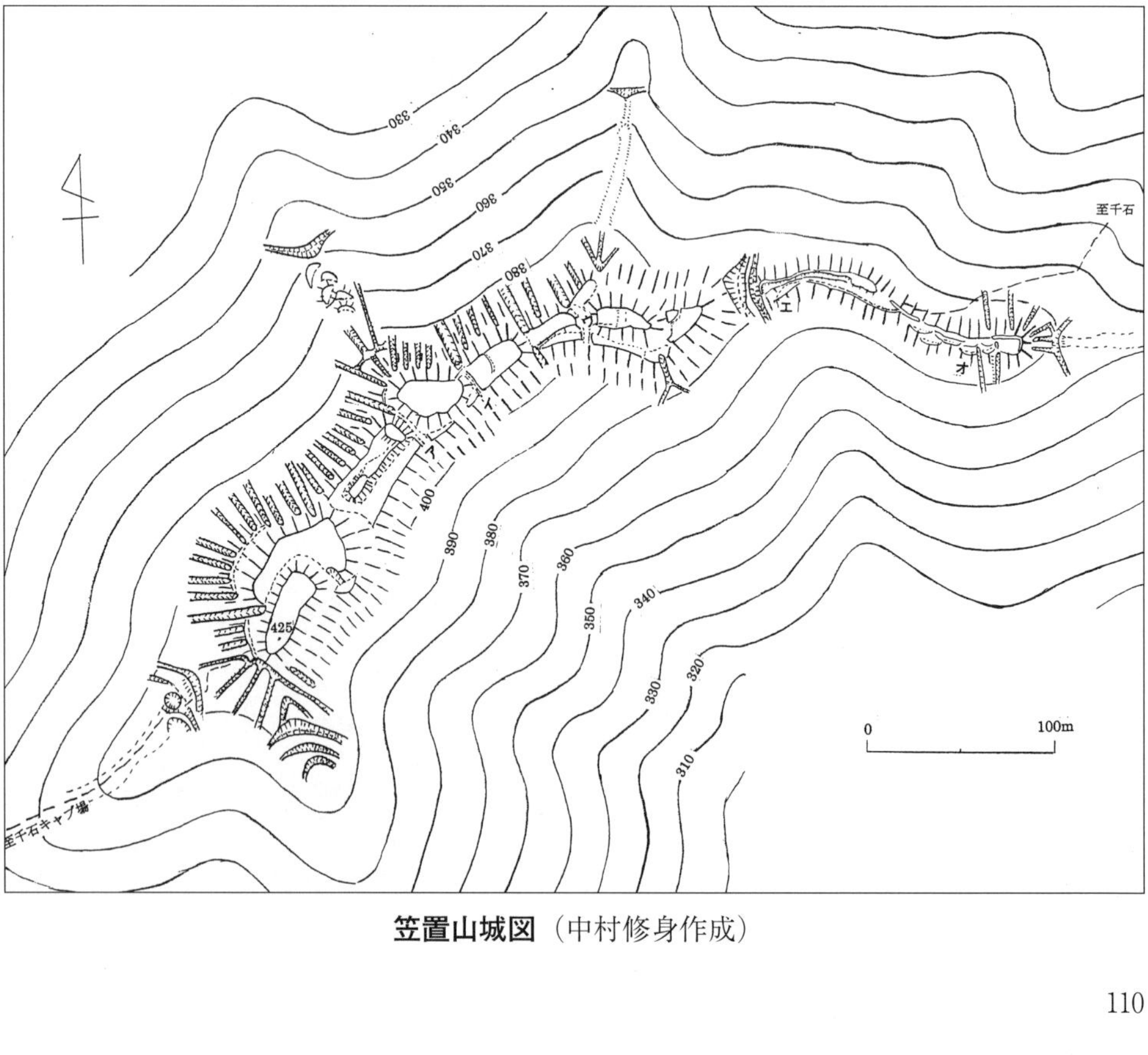

笠置山城図（中村修身作成）

城の築城と勤番を命じている。立花城の攻防が激化する中、同年一一月一八日付けで、毛利元就、毛利輝元《もうりてるもと》は麻生隆実に対して、笠木城を攻め取り、普請《ふしん》したことを称賛。これにともなって中国衆冷泉元満らが警固している。永禄一二年と思われる一〇月一五日に毛利勢立花陣敗走に際して千手尾張守は笠木城などに放火した。大友宗麟、これを賞する。

天正九年（一五八一）と思われる一〇月一五日の大友氏家臣朽網宗歴から肥後の鹿子木鎮有に宛てた書状には麻生、宗像氏貞が中国毛利氏との手切れをもつて参上し、秋月方の城（笠木岳）を攻め落としたことを伝えている。それから間もない天正九年一一月一三日清水原合戦（小金原《こがねはる》合戦）では宗像氏貞は毛利方として戸次道雪と戦った。この折、笠木城には宗像勢に与した秋月種実家臣が守備している。天正一四年（一五八六）一一月四日、豊臣秀吉九州出兵にともない、いち早く秀吉方として活躍した立花統虎《むねとら》は朝倉元息、杉元重に対して秋月方端城笠木城を攻め落としたことを喜び、上田秋宣の活躍を称賛している。また、龍徳城主杉統連は朝倉元息の笠木城の戦功を立花統虎《たちばなむねとら》に報告した。

県道四七一号線いこいの里千石までは乗用車。そこから徒歩約四〇分で笠置山頂につく。（中村修身）

〔文献〕『宗像市史 央料編二』
『宮田町誌』

80 鷹取城《たかとり》

所在地　直方市頓野・永満寺
旧　郡　鞍手郡

城跡は筑豊の母なる川遠賀川の中流域にあって、福智山山系の中、直方市の東側の頓野地区・永満寺地区にあたる。福智山の中腹で、標高六三二メートル、鷹取山山頂に位置する。石塁・土塁・空堀・畝状阻塞・枡形門の遺構が残り、本丸・二の丸跡も残っていた。

昭和六一年度から平成二年度の五ケ年間、国・県の補助事業として、地元の直方市教育委員会の手で発掘調査が実施された。本丸は東西三二メートル、南北四〇メートルほどの方形平地で北西部に枡形の門跡や礎石も残り、北側に高さ二メートルの石塁が二段に残っていた。

発掘調査では、高さ五メートルの堅固な石垣によって全体を囲み、二段の平坦部を有する。この両平坦部の大部分は地山の岩盤を削平整地して得られたもので、下段平坦部には北・東・南に明瞭な張出部を持つ北口張出部が永満寺口の城門となり、南口部張出部には、南口城門がそれぞれに設けられ、郭外との出入口となる。永満寺口城門は、入口部に大小二つの出入口を配置し、平時は通用口を使用していたと考えられる。南口城門は入口部の踏石下が崖状になっていて、出入りには跳橋、階段等の構造物が必要となる。下段平坦部から上段平坦部に昇る城門は、西口城門と東口城門の二ケ所があり、

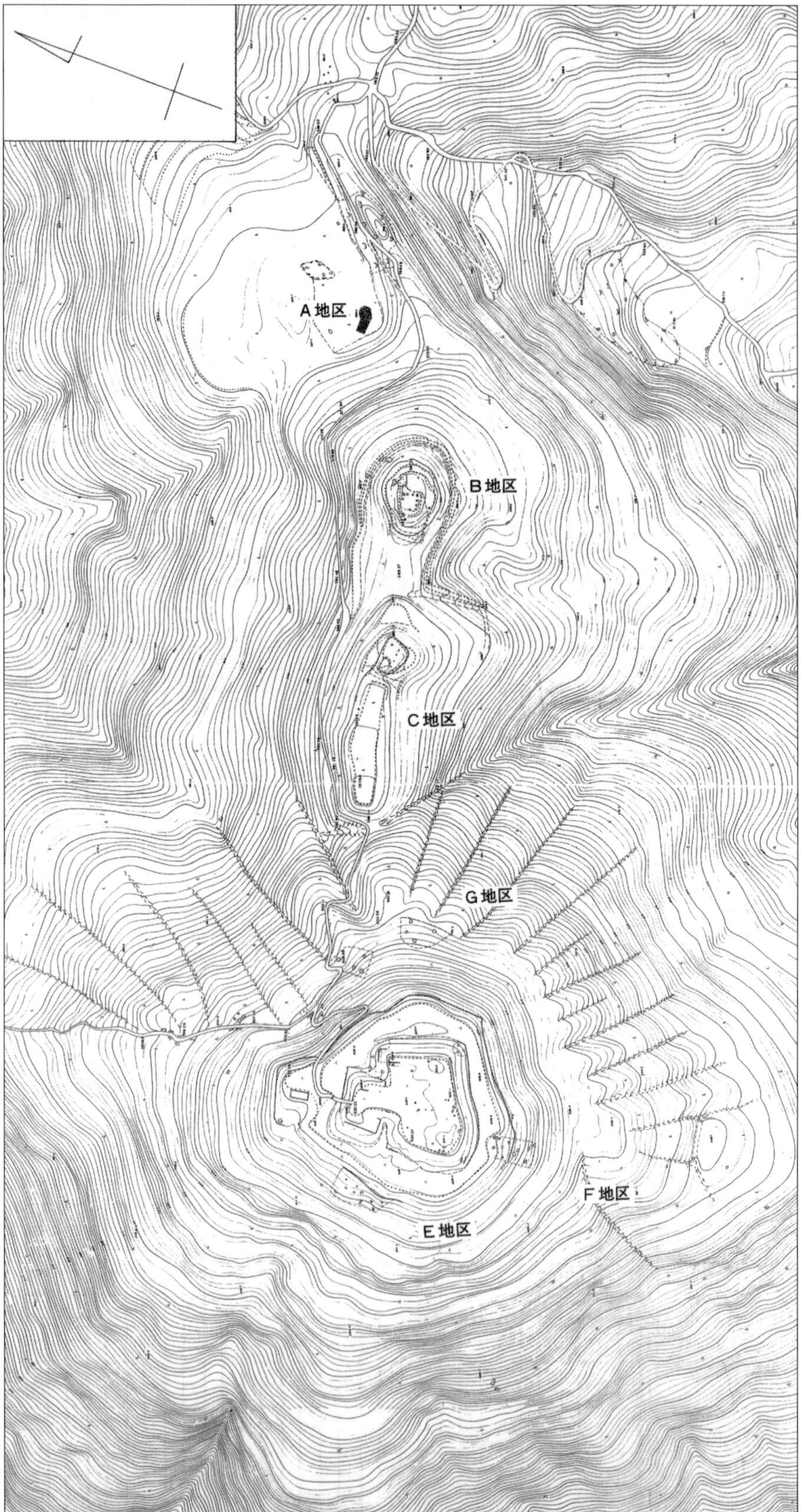

鷹取城図（縮尺1/2500）

西口城門は間口五・二メートルと広く、東行通路前面に三段、北行通路に八段の階段を設ける。以上四ケ所の城門はいずれもL字型に屈折しており、中枢にたどりつくには何度も曲がっており、侵入しにくい構造になっている。上段平坦部の東縁部、南縁部には建物を配置し、礎石は内側の一列のみが残っていた。上段平坦部の南西部には五間×六間規模の隅櫓と思われる礎石の建物が検出し、これらの建物は瓦葺で、永満寺口城門と西口城門からは鬼板瓦が出土している。

本丸の東は、三条の掘切によって二の丸と区画され、二の丸の周囲には土塁と空堀が巡らされ、また北西に続く尾根線上にも妙見曲輪と称する階段状の出丸跡が続く。本丸の南面から東北面にかけて畝状阻塞といわれる一四条の連続竪堀が続きその情景は圧巻である。

慶長六年（一六〇二）、黒田長政は、筑前の国守として入国すると、筑前国に六つの城を築き国の固めとする。この城は、いわゆる六端城の一つで、豊前固めとして、家老母里《ぼり》太兵衛友信（一万八〇〇〇石）をして城主とした。同年二月、益富城（嘉穂郡）城主後藤又兵衛基次が出奔し、母里友信が益富城に入り、手塚孫太夫水雪が在城した。

南口城門全景（西から）

元和元年（一六一五）、一国一城令により、廃城破却された。そして今回の発掘調査となったわけで、再建が不可能なまでに破却されていた。この城の歴史を若干翻くと、永承元年（一〇四六）、長谷川兵部卿吉武の家老永井因幡守宗久が築城したといわれる。貞和元年（一三四五）より筑紫上総介白心入道統種が在城し、総種、種遠、種重、種盛等代々の筑紫氏の居城であった。

応永六年（一三九九）二月、肥後の菊地武宗に攻略され落城した。天文から天正年間（一五三二－九二）にかけて毛利鎮実が居城としている。この時代は大友氏の勢力が下り坂で、大内氏にしたがっていた。天文一一年（一五四二）、大友宗麟に攻められ毛利鎮実は降伏し、大友氏に属した。天正年間に入ると、九州は二大勢力となり、大友氏と島津氏の対立が激しく、毛利鎮実と筑紫広門の交代が天正一四年（一五八六）におこなわれ、天正一六年六月に島津氏に攻められ、筑紫広門は肥前勝尾城に逃げ帰っている。その後豊臣秀吉の島津征伐となるわけで、秀吉が全国を統一した。関ケ原以後、黒田氏の領国となる。

城跡には福智山ダムの周縁堤に沿って、せぜり橋を渡り、駐車場から頓野林道にはいり道標に従って登ること四〇分である。

（副島邦弘）

〔文献〕『筑前鷹取城址 I』直方市教育委員会。
『筑前鷹取城址 V』直方市教育委員会

81 剣岳《つるぎだけ》城

所在地　鞍手郡鞍手町中山剣岳
旧　郡　鞍手郡

遠賀川右岸の平野に小高く聳《そび》える剣岳《つるぎだけ》（標高一二五メートル）の頂きに小規模な城郭が造られている。周囲三六〇度を展望することができ、八幡西区帆柱城、同浅川城、水巻町古賀城《こがじょう》、直方市鷹取城など同時期の城郭がみえる。南側眼下に音丸城《おとまるじょう》がある。

江戸時代はじめの神社築造などで城郭関連遺構はかなり欠損しているが、単郭を三本の堀切や土塁、二二本からなる畝状竪堀群で防備している。堀切の底部は通路となっていることが、よく分かる。全長約八五メートルの小規模な城郭である。若松区花房城《はなぶさじょう》と良く似ている。

天正一四年（一五八六）豊臣秀吉の九州侵攻に際して、黒田官兵衛の指揮のもとで麻生家氏、宗像氏は秋月勢を剣岳城から追い落とした。この時、帆柱城、浅川城、古賀城も同じ運命を辿った。

県道四七一号線不動院バス停下車、西に道行き約一一〇〇メートルで剣岳頂（剣岳城）につく。（中村修身）

〔文献〕『中世資料筑前麻生文書』北九州市歴史博物館

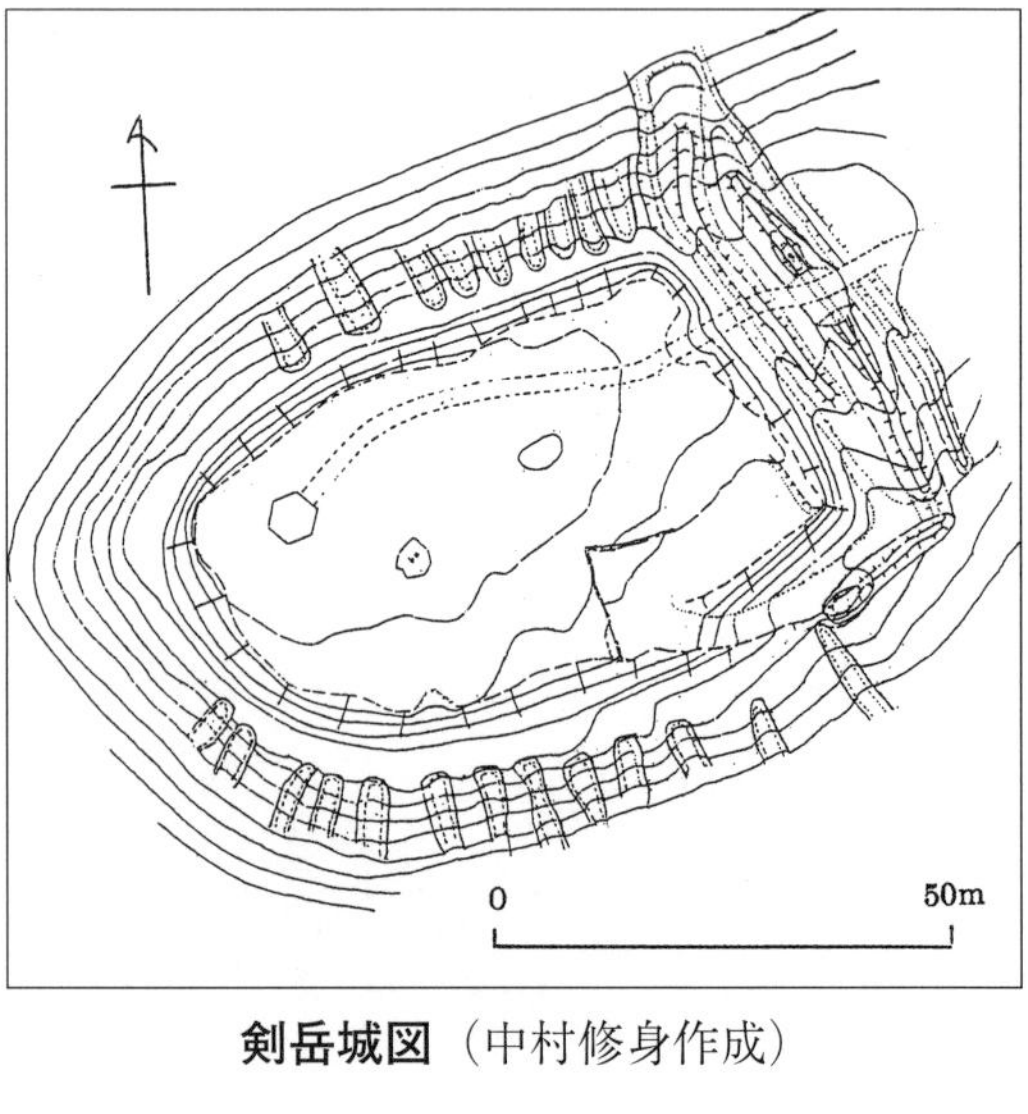

剣岳城図（中村修身作成）

82 白山《はくさん》城

所在地　宗像市山田
旧　郡　宗像郡

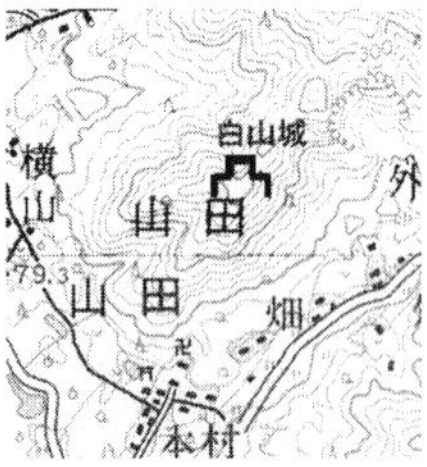

宗像と遠賀の境に並ぶ、四塚連山の一つ、孔大寺山（四九九メートル）より、西に派生する独立峰に白山城はある。

釣川支流山田川の上流山田にあり、山田の地蔵尊で知られる増福院の背後の山である。増福院の前には、駐車場もある。

山田川は、百合嶺を源流として白山と金山に挟まれた山田を通り、須恵、土穴《つちあな》、稲元の土地を潤す。

宗像大宮司七代氏高の一族は、山田を拠点とし、山田川の流れに沿って、須恵、土穴、稲元の地を開発し、勢力を増したと伝える。

白山城は、白山山頂を中心に、南西に本村増福院へ続く尾根、西に横山方面へ続く尾根、そして、東北、孔大寺山へ繋がる尾根上に曲輪群や、竪堀、堀切、土塁などの遺構が残っている。城域は、南北六〇〇メートルに渡る大規模な城郭である。

山上の広大な曲輪群や畝状竪堀と堀切を組み合わせた備えは、戦国期の城郭の様相をよく残している。現在の遺構は、宗像地方の領主としての最後の大宮司として知られる宗像氏貞が、天文二〇年（一五五一）宗像入部より、永禄五年（一五六二）岳山城へ居城を移すまで本城として機能していた時期の姿を残している

主曲輪は、各尾根が連結する最も面積が広い白山山頂曲輪（Ⅰ）だと思われる。ここからは、白磁片が採取されており、曲輪Ⅰは、居住空間として整備されていた可能性も考えることができる。特徴的なのは、増福院へ下る尾根と、西へ続く尾根の間に、畝状竪堀Ａを設置し、尾根の遮断と緩斜面における敵の移動を阻害している。竪堀の数は二〇数条を数える。西へ続く尾根は、竪堀の先端に横堀とも言えそうな土塁を伴う大きな堀切を設置し、西尾根からの侵入に備えている。

西方横山方面へ長く続く尾根には、やせ尾根に曲輪群（Ⅳ）や竪堀、堀切を設置しているが、特に尾根を遮断する目的で設置されたと思われる麓まで続く長大な二条の竪堀（竪堀Ｃ）は圧巻である。

城域の最も東、最高所三二四メートルのピークにも主郭を縮小し

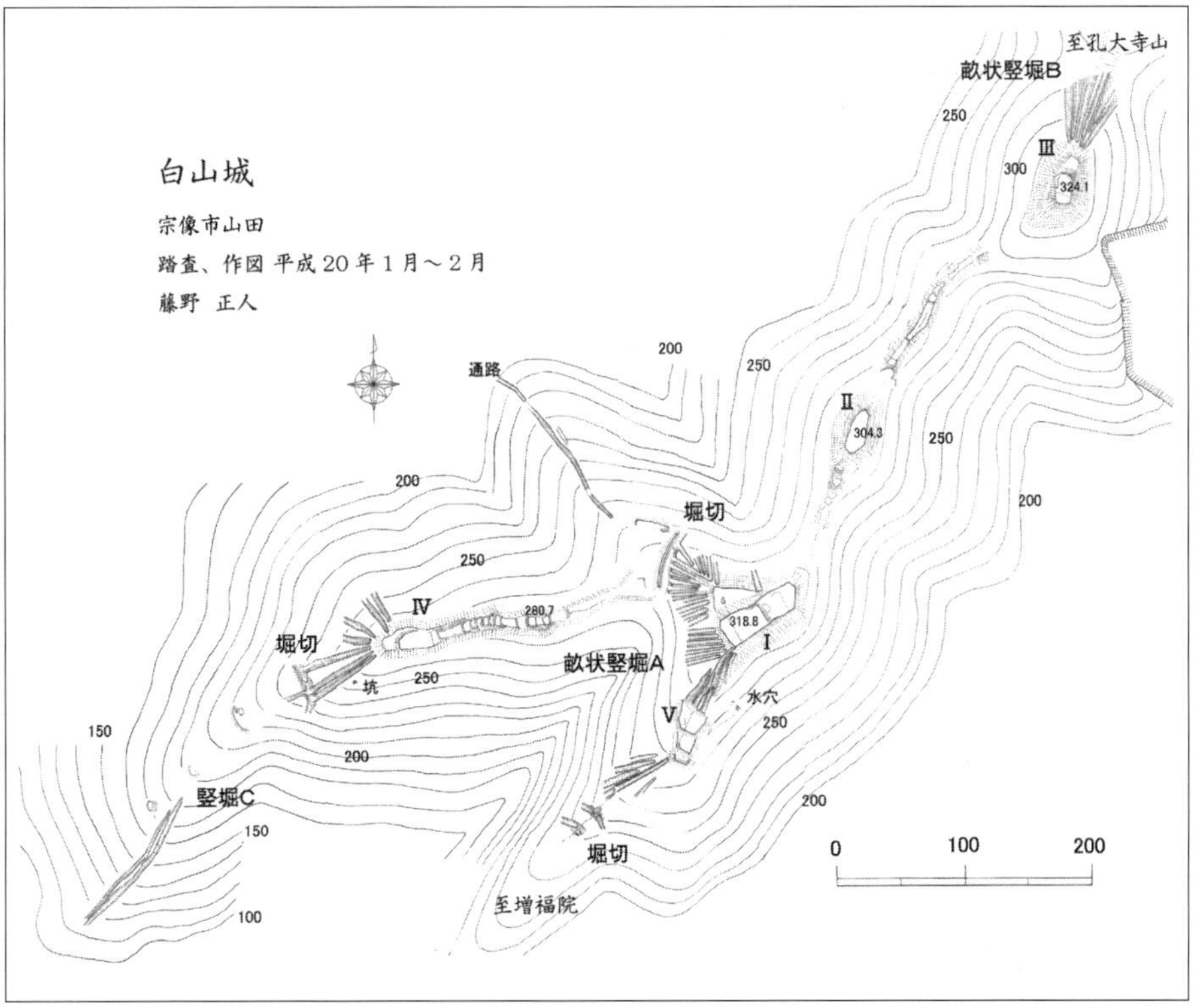

白山城図（藤野正人作成　2008年）

たような二段の曲輪（Ⅲ）がある。ここでも孔大寺山へ続く尾根を遮断する目的で六条の竪堀からなる畝状竪堀Bを設置し孔大寺山方面からの侵入に備えている。

増福院へ下る尾根は、竪堀の先に三段の曲輪（Ⅴ）が形成され、さらにそこから増幅院方向に尾根を遮断する竪堀が数条あり、竪堀の先には、堀切が二条確認できる。

白山城の最初の築城は、『宗像記』によると、鎌倉時代の大宮司氏国の築城によると伝えられている。

岳山城より北西、白山城を望む。（手前に見えるのは、平等寺城、右端は、孔大寺山）

天文一六年（一五四七）黒川隆尚（宗像正氏）は、大内義隆の裁許により、大宮司職と宗像の領主との地位を統合し、宗像氏続の実子、宗像氏男（黒川隆像）に相続させることとなる。隆尚は、正室との間に生まれた菊姫を娶わせる。家督を譲った黒川隆尚は、白山城のある山田に隠居する。黒川隆尚は、この年、山田で没する。

天文二〇年（一五五一）九月一日、中国地方から北部九州に勢力をもっていた大内義隆が、陶隆房の反乱により長門大寧寺で自害した。義隆に従っていた宗像氏男は、義隆に最後まで付き従い、ともに自害した。その後、大内家督は、陶隆房により、大友義鎮の弟晴英（大内義長）を迎え入れ継承させることになる。

義隆と氏男の死は、宗像氏の家督争いを生むこととなる。これに陶晴賢（陶隆房）は介入し、黒川隆尚の側室の子である六歳の黒川鍋寿丸（宗像氏貞）を宗像家督を継ぐものとして擁立し、天文二〇年（一五五一）九月一二日周防国吉敷郡黒川より宗像に下向させることとなる。

当時宗像の地には、先代氏男の遺族は健在であり。強行入部と伝えるように黒川鍋寿丸の相続に反対する勢力も多かった。黒川鍋寿丸は、当時宗像の中心地であったと思われる辺津宮のある田島の地に容易に入ることができなかったのかもしれない。また、白山城は、天然の要害であり、父黒川隆尚が隠居した山田の地にあり、父の遺徳を偲ぶ者も多く、宗像に地盤を持たない鍋寿丸にとって唯一拠点となりうる地であったとも考えられる。鍋寿丸擁立派は、白山城を拠点に、反対派を制圧していくが、このような中、白山城も整備改修されていったものと考える。

永禄二年（一五五九）七月二三日、一五歳になった氏貞は、自分の家督相続の犠牲となった異母姉らを祀る増福庵に田地を寄進してその菩提を弔っている。（藤野正人）

〔文献〕『宗像市史』。『中世筑前国宗像氏と宗像社』桑田和明

83 片脇城《かたわき》

所在地　宗像市田島
旧　郡　宗像郡

片脇城のある宗像市田島には、海上交通の守り神として、広く知られている宗像三社の一つ辺津宮がある。古来より宗像社の大宮司であった宗像氏は、同時に宗像地方を支配する領主でもあった。

辺津宮は、古くは海濱宮と記載されており、田島の地は、入江で海に面していたと考えられる。

また、東西に古代から道路が通じており、海陸ともに交通の要衝であった。田島の地は、宗像の政治、経済、信仰の中心であったと思われる。

辺津宮の周囲には、四つの城がある。北に吉田城、東に大障子城、西に勝浦岳城、そして、南に片脇城が配置されている。その中で最も辺津宮に近く最大規模の城郭が片脇城である。宗像氏の祖、清氏が居所を構えてより、代々の居城と言い伝えられている。

片脇城の遺構は、宗像氏の菩提寺である興聖寺裏手の山にある。南北に長く伸びる尾根を主として、そこから派生する尾根にも遺構が残っている。その範囲は、東西約三〇〇メートル、南北約五〇〇メートルに渡る。

片脇城の構えは、総じて東側を向いており、ＡエリアとＢエリアを囲むように、尾根上に曲輪を重ねている。そして、それぞれの尾根が連結するＤエリアの南に伸びる尾根の最高所を主郭とした構えになっている。初期は、麓に近いＡエリアに城館を構え有事の際、谷部のＢエリアに逃げ込むような構想のもとに作られたのではなかろうか。そして、Ｂエリアを守るために、谷を囲む尾根ＣＥを中心に削平を加え、曲輪を設置してきたものではないか。

最終的に、戦国期になり、山上に居住機能も含めた施設の構築が必要となり、ＣＤエリアに大規模な削平を加え、広大な曲輪群を作り出したものと考えたい。

なお、城が占地している山は、標高一〇〇メートル程度の緩やかな山である。特に、主郭と推定される最高所（Ｄ１の１）につながる西に下る尾根には、Ｄ１の１を掘り切って（ｈ１）独立させた他に防御施設はなく西からの備えは非常に脆弱である。

ただし、Ｆエリアのみは、他のエリアに比べると標高は低いものの天然の要害に畝状竪堀等を使用することにより、厳重な構えをしている。

当城は、伝説上の人物とも言われる初代大宮司清氏が居所を構えたなどの伝承が残る。『宗像記追考』等には、大宮司職をめぐる宗像氏一族間の争いの記述がたびたび出てくる。天養元年（一一四四）氏平、氏信が争い片脇館を焼くなどの記述がある。

『筑前国続風土記』などの記載によると、宗像地域の領主として最後の大宮司宗像氏貞の先代、氏男の代まで、田島の大宮司館に住むとあるように、氏男のときまで、田島が宗像の政治の中心であり、同時に、辺津宮に最も近い当城が、宗像氏の居城として機能していたと思われる。

天正九年（一五八一）一一月一三日小金原の合戦で、戸次氏と戦闘状態になったことにより、宗像氏貞は、合戦の翌日一四日、宗像領西部防衛の拠点、許斐岳城に、兵員を増強した。しかし、戸次勢の動きは早く、宗像領、宮地岳城（福津市）を攻略した。そのため、さらなる戸次勢の宗像領内侵攻に備えるため、宗像領北部宗像郡田島と宗像領南部鞍手郡宮永に、急遽、城の整備を行っている。

　この、田島と宮永の二つの城であるが、位置から判断すれば、宮永の城は、宗像氏の若宮庄支配の拠点である、宮永城（宮若市）と思われ、田島の城は、片脇城と思われる。

　この時整備が行われたのは、現在も宮地岳方面への通路（玄海田島線）に面し、唯一畝状竪堀が設置されているFエリアではないかと筆者は考えている。

（藤野正人）

〔文献〕「宗像氏の居城である片脇城について」『地域相研究　二一　下』小川賢。
「宗像郡片脇城」『北部九州中近世城郭情報紙一六』藤野正人

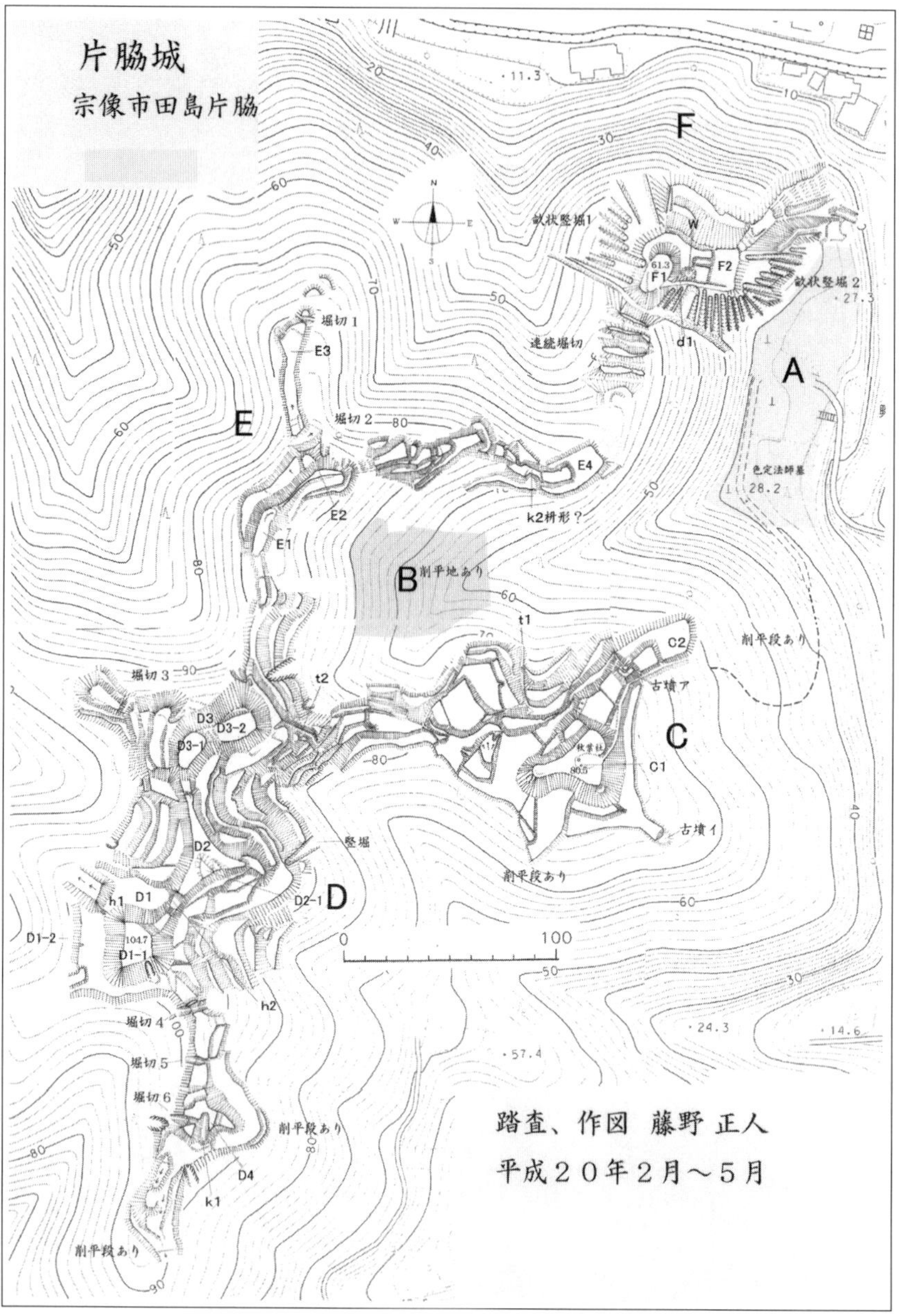

片脇城図（藤野正人作成　2008年）

84
岳山城《たけやまじょう》

別　称　蔦ヶ嶽城、赤間山城
所在地　宗像市陵厳寺・三郎丸・石丸、遠賀郡岡垣町上畑
旧　郡　宗像郡

岳山城は、宗像地方の領主としての最後の大宮司、宗像氏貞の本城である。

岳山城は、宗像市と岡垣町の境にある急峻な山である城山（標高三六九メートル）に位置している。登山口は、いくつかあるが、宗像市側からは、ＪＲ福岡教育大駅東より西鉄赤間営業所横の登山口表示に従っていくと、駐車場のある中道寺登山口に着く。

城の麓、赤間の町は、現在も鹿児島本線や国道三号線が通る交通の要衝である。古より博多往還の宿場町として栄えた古い町並みを今も残し、また、長崎街道の木屋瀬宿（北九州市）への分岐点ともなっていた交通の要衝である。

現在の山頂は、記念碑等が立ち改変されているが、山頂を中心とした尾根に、曲輪、堀切、竪堀等の遺構を今も見ることができる。山頂周囲から瓦、鉄滓《てっさい》、備前焼の陶器片等を採取できる。ある程度、山上での居住空間が整備されていたことが想像できる。

岳山城は、山上に残る城の遺構だけでも、東西八〇〇メートル、南北五〇〇メートルの範囲に及び福岡県内でも屈指の大規模城郭である。山頂を中心とする尾根の要所に、曲輪を配置し、それを守るように尾根筋に堀切を設置、特に、山頂より東尾根（門司口）には、急斜面のやせ尾根が続いており、八本に及ぶ大きな堀切を設置している。また、曲輪の斜面は切岸よく、その下方斜面には、畝状竪堀を設置している。特に主郭となる山頂周辺（約七〇本）や石峠方面（約一〇〇本）には、集中的に配置している。

また、支城もよく配置されており、北に、比較的なだらかな峠道である石峠を監視するために、金山より西に派生する尾根に平等寺城、西に城山中腹標高一五〇メートルに茶臼山城（宗像市三郎丸一の構え口）を配置、さらに東には、石丸城（宗像市石丸）を配置している。

さらに山麓の陵厳寺や三郎丸には、赤城、大門口、馬場、そして氏貞の母が住んだという川端、一の構え口、二の構え口等の城との関連を想像させる小字が今も残っている。氏貞の平時の居館位置は、不明であるが、推定させる場所として南山麓陵厳寺小字大力付近に地元の古老が大屋敷と呼ぶ畑があり興味深い。

また、西山麓、宗像市泉ヶ丘付近の若宮玄海線沿いには、道路造成等により破壊を受けているが、現在も南北約二〇〇メートルに渡り幅四メートルの堀を伴う土塁が残っている。おそらく、道路造成以前は、さらに長かったと思われる。設置時期、主体ともはっきりしないが、岳山城の城下防衛施設の一つであった可能性もある。

岳山城が、現在遺構として残る規模になったのは、宗像地方の領主として最後の大宮司である氏貞の改修によるものと思われる。

氏貞は、大内義長、陶晴賢政権の後援により天文二十年（一五五一）六歳で宗像に入部し白山城を拠点にしたといわれる。氏貞は、永禄二年（一五五九）宗像鎮氏の侵攻により大島へ避難する。

毛利元就の支援を得た氏貞は、永禄三年大島より渡海、鎮氏の拠

点許斐岳城を奪回することにより、旧領を回復その領域は、宗像郡全域、鞍手郡若宮庄、遠賀郡芦屋、広渡まで広がった。

そのような中、同年氏貞は、それまでの居城であった白山城に代え、新たな居城とするため蔦ヶ岳古城の改修を開始する。蔦ヶ岳は、

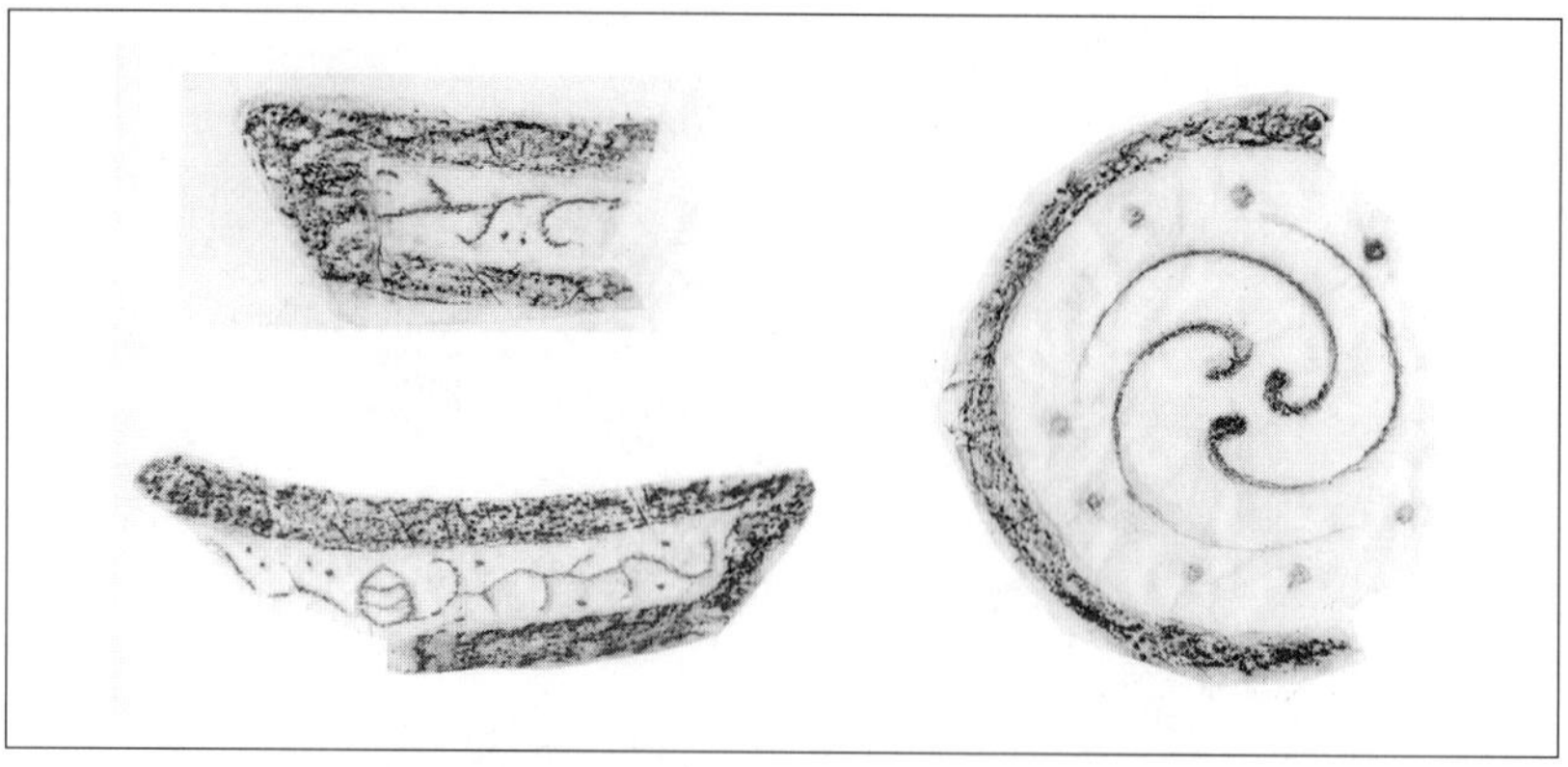

岳山城出土瓦拓影　右 軒丸瓦　左 軒平瓦

岳山城図（藤野正人作成　2009年）

遠賀郡、宗像郡の境に位置し、また、宗像郡の南部に位置し鞍手郡にも近く、拡大した領域支配のための選地と考えられる。

　そして、急峻なその山塊は、天然の要害であり、前年、鎮氏の侵攻により、大島に避難せざるを得なかった苦い教訓を生かし堅固な城郭の必要性を痛感したものと思われる。

　その後も、糟屋郡立花山城を拠点とする大友勢の宗像領侵攻は続き、宗像氏の西部防衛拠点の許斐岳城で双方は激しい戦いを継続する。宗像氏貞は、大友氏の攻勢を耐え抜き、永禄五年（一五六二）遂に蔦ヶ岳古城は、宗像氏の本城として規模を拡張し完成する。氏貞は、岳山城と命名する。

　永禄一二年（一五六九）宗像氏貞が与した毛利氏と大友氏の筑前を巡る戦いも最終局面を迎える。大内輝弘の山口侵攻を許した毛利勢は、十月筑前より撤退を開始。宗像氏貞も、飯盛山の陣を引き払い、すぐさま岳山城に籠城する。その後、敗走する毛利勢を追尾する大友勢は、岳山城山麓に陣を取る。

　二十五歳となった氏貞は、領民や家臣の家族を、再度、大島、地の島に避難させるが、自身は渡海せず、居城岳山城で抗戦の構えを示す。最終的に、氏貞は、宗像郡西郷など領地の削減を受け入れ和睦するが、下城することなく大友氏に宗像の領主として認めさせ、和議をまとめることに成功する。（藤野正人）

［文献］「当国無双の要害・蔦ヶ岳城」『福岡の歴史』片山安夫。
『中世筑前国宗像氏と宗像社』桑田和明

85 許斐《このみ》岳城

別　称　許斐要害、許斐城
所在地　宗像市王丸、福津市八並
旧　郡　宗像郡

　宗像市の西、福津市との境にある許斐山（標高二七一メートル）に位置。山麓の宗像市王丸このみ公園、福津市八並の吉原登山口には駐車場があり、登山道もよく整備され市民の憩いの山となっている。

　宗像郡の中央部に位置する独立した山塊であり、その頂上からは、ほぼ宗像郡全域を見渡せる。

　南側山麓には、博多往還が東西に走り、八並には、天正十五年（一五八七）、豊臣秀吉が九州平定時に立ち寄ったと伝える太閤水の古跡、さらに西に進むと、許斐岳の支城とも考えられる、螻蛄羽子《けらはご》城、高宮城、さらに、立花領糟屋郡との境に、飯盛城が、中世の道路に沿って配置されている。また、文献などから許斐里城、吉原里城と呼ばれる里城の存在が指摘されている。

　遺構は、標高二七一メートルの山頂を中心に谷を挟んで南側の尾立山まで曲輪が展開している。山頂で確認できる遺構の範囲は、南北約六〇〇メートル、東西約四〇〇メートルに及ぶ大規模な城郭である。

　山頂の遺構は、大きく分けると三つの区画に分けることができる。

　Ⅰ区　山頂二七一メートルを中心に、北と東に展開する郭群である。山頂周囲からは、土師器片や青磁、青花片等の輸入陶磁器も採

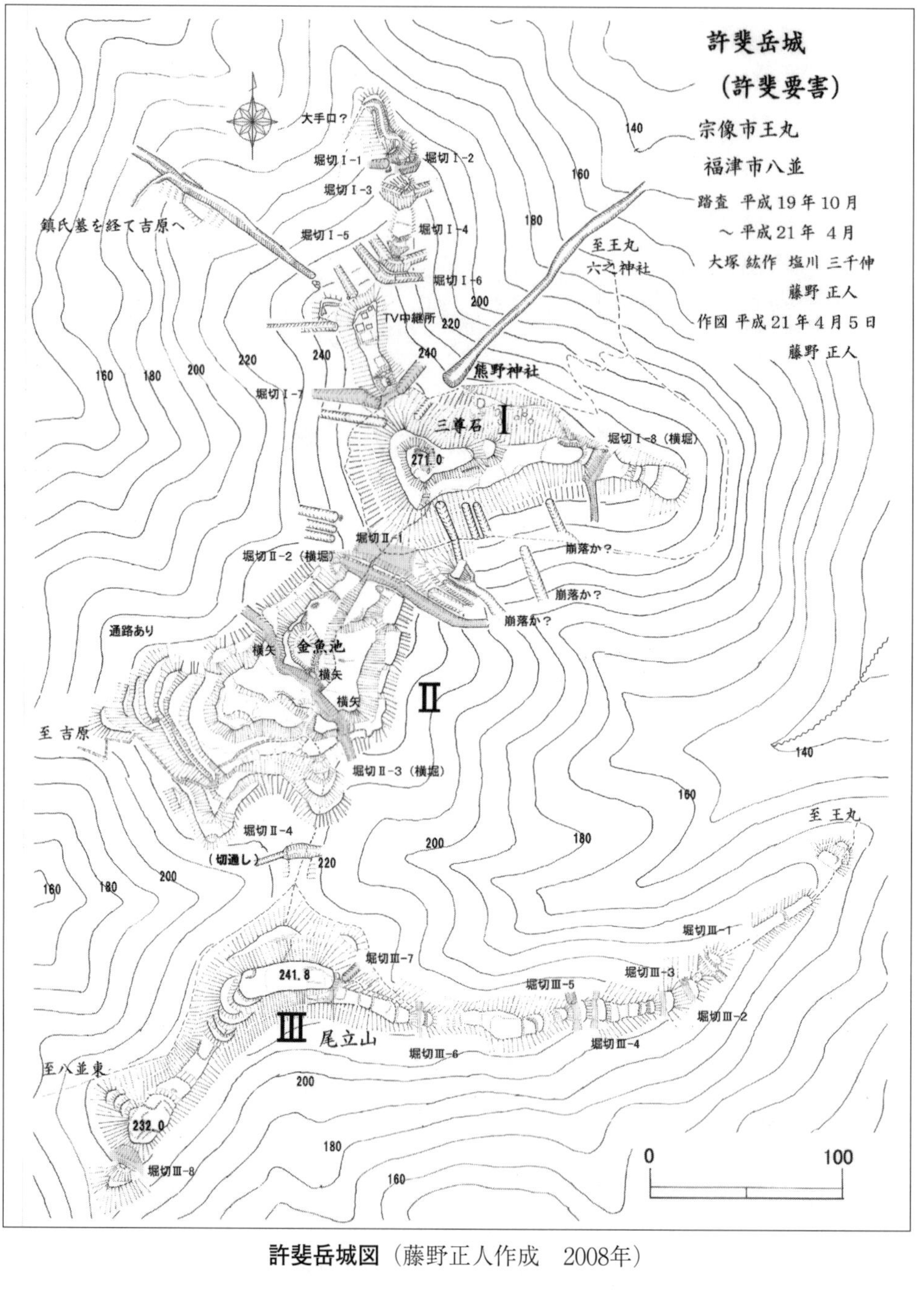

許斐岳城図（藤野正人作成　2008年）

許斐岳城遠景（岳山城より撮影）

取できる。

　東には、山頂郭を取り巻くように階段状に曲輪群が展開している。

　また、北尾根には、大きな堀切（堀切Ⅰの7）を隔てて、現在テレビ中継塔等がある曲輪がある。特徴的なのは、この曲輪より北に続く尾根に多数の深い堀切が尾根筋を遮断し厳重に防備していることである。堀切Ⅰの1の先端は、堀底道となり西の吉原方向に続いている。谷筋の道ははっきりしないが、途中曲輪も確認できる。

Ⅱ区　Ⅰ区より西南に大堀切（堀切Ⅱの1）を隔てた一城別郭の曲輪群である。特徴的なのは、南北に区画を分ける長い横堀（堀切Ⅱの2、3）が二条確認できる。また、『筑前国続風土記』が記すところによる城の用水池と伝えられる「金魚池」がある。現在でも雨が降った後には、水が溜まっているのを確認でき、その周囲は土塁で囲まれている。三つの区域の中で土塁や、横矢掛り、横堀を設置した最も技巧的な曲輪群が展開している。

Ⅲ区　Ⅱ区の南に、切通し（堀切Ⅱの4）隔てた尾根筋に展開する。尾立山と呼ばれ、東西に二つの郭を中心とした曲輪群がある。王丸方向へは、長く緩やかに下る尾根が続いており、この緩やかな尾根からの侵入を警戒して、現在は、ほぼ埋まってはいるが、多数の堀切（堀切Ⅲの1～7）を設置している。南麓には古くからあったと思われる博多往還が東西に走る。

　許斐岳城が、戦の舞台として度々現れるようになるのは、弘治三年（一五五七）四月、当時の宗像大宮司氏貞を後援してきた大内義長が毛利元就に攻められ自刃し、中国地方、並びに北部九州をその領国とした大内氏が滅亡してからである。

　永禄二年（一五五九）大友氏の支援により宗像氏貞を大島へ追いやった宗像鎮氏は、許斐岳城を拠点とするが、その支配は長く続かず、毛利元就の支援を得た宗像氏貞は、翌永禄三年（一五六〇）三月二八日許斐岳城を夜襲し、鎮氏を討ち、これを奪回、旧領を回復する。以降、宗像郡を含む筑前国は、その領有を巡って大友氏と毛利氏の争奪の場となっていく。

　同三年八月一六日、大友勢は、赤間表に侵入、翌一七日には、許斐里城に攻め寄せる。この両日の戦いは激しく宗像氏貞は、占部尚持を始め家中に多数の戦死者を出すこととなるが、許斐岳城を堅守。その後も大友勢の攻勢を耐え貫き筑前の有力国人としてその地位を固めていくことになる。

　なお、永禄初期の頃の発給文書と思われる、大友宗麟が、筑後の国人麦生鑑光に宛てた年未詳六月二八日付文書に、「宗像氏貞至許斐城盾籠之条」と氏貞が許斐岳城に立て籠もっていると記したものがある。氏貞の大島渡海前後のものと思われる。また、前述の氏貞の許斐岳城回復後、永禄三年八月一七日の許斐里城を巡る戦闘には、宗像氏の主要な家臣の多くが参加していることが、氏貞の発給文書から窺える。このことは、宗像氏が総力を挙げて許斐岳城防衛に当たっていたと考えられる。

氏貞を大島へ追いやった鎮氏も許斐岳城を居城としたように、宗像郡の中央に位置する許斐岳城を領有できるか否かが、宗像支配の鍵になっており、氏貞にとって絶対に渡すことができない城が許斐岳城であった。そのため、自身も許斐岳に籠城し、領内の総力を挙げて許斐岳城防衛に当たったと考える事も出来ないだろうか。岳山城の完成する永禄五年までの時期、実質的な氏貞の居城は、許斐岳城だった可能性も考えたい。

永禄一二年、遂に毛利本軍が筑前をその支配下に置くため、博多を目指し筑前に侵攻、大友氏の筑前拠点立花山城を開城させる。宗像氏も毛利氏に与し、立花山城への通路上の要地である許斐岳城には、毛利氏家臣小笠原兵部大輔が入城している。

天正一五年（一五八七）豊臣秀吉の九州平定により、新たに小早川隆景が筑前国主として入部し、宗像郡における宗像氏の支配が終わり、宗像領西部防衛拠点としての許斐岳城は役割を終えることとなる。

許斐岳城の廃城の時期は定かではない。しかし、現在の遺構の中で気になる点が一つある。

Ⅱ区金魚池に近い横堀（堀切Ⅱの3）である。許斐岳城には、他に堀切Ⅱの2、堀切Ⅰの8の横堀が見られる。横堀は、堀の中でも最も発達した手法であり、かつ堀切Ⅱの3については、中央登山道付近また、両端において「横矢掛かり」の手法を見ることができる。横矢掛りは、守備側が側面射撃を攻城側にかけるために、わざと曲輪の塁線に折れを作る技巧的手法であり、北部九州では、豊臣秀吉の九州平定以前には、あまり見ることができない。

このことから、宗像氏の支配が終わる天正一五年以降、許斐岳城が改修された可能性を考えることはできないだろうか。

許斐岳城の南、大穂《おおぶ》にある宗生寺は、宗像氏の一族許斐氏の墓もある許斐岳城との関係が深い寺である。ここに小早川隆景の墓があるのも興味深い。（藤野正人）

［文献］『宗像市史』。『中世筑前国宗像氏と宗像社』桑田和明

86 大島城《おおしま》

所在地　宗像市大島
旧　郡　宗像郡

大島城のある大島は、釣川河口に近く、宗像水軍の拠点でもあった神湊《こうのみなと》より、市営渡船で約二五分の玄海灘にある。

大島城は、大島の港から、中津宮を経て島の西部、津和瀬に向かう途中にある独立した円錐形の急峻な城山（標高一六〇・五メートル）の山頂に位置している。

城の遺構は、南北約一〇、東西約二〇メートルの削平地があり、周囲に土留めと思われる石列（北東隅に一部石積みあり）が見られ

る。遺構の規模は狭小で、多くの人数が籠もることは望めない小規模な城郭である。

城山は、大島の最高峰ではないが、山頂からの眺望は良好であり、北方は、大島最高峰の御岳（標高二二四メートル）に遮られるがそれ以外は、東は鐘崎から、西は津屋崎の海岸線を望み、宗像氏の主要城郭である白山城、岳山城、そして、許斐岳城を望むことができる。また、すぐ南東の直線上には、勝島城（勝島）、草崎城（神湊）を間近に見ることができる。

この城の築城年代は、不明であるが、島の西海岸近くに位置し、その立地から玄界灘の制海権を確保するために一翼を担った海上監視のための城と考える。

大島が、戦国期に脚光を浴びるのは、永禄二年（一五五九）、大友氏に支援された宗像鎮氏の宗像侵攻に対し支えきれず、時の大宮司宗像氏貞は、家臣や領民を連れて大島、地島へ避難する。その後、毛利元就の後援を得て在島を続けた氏貞は、翌三年渡海し、大友方勢力の拠る、許斐岳城を攻め落とし本領を回復する。

その後、永禄一二年大友氏と毛利氏が、筑前の覇権を巡り争ったとき、毛利氏に与していた宗像氏貞は、岳山城に篭城し、領民や家臣の家族合わせて数千人を再び、大島、地の島へ恙無《つつがな》く避難させたと「宗像第一宮御宝殿置札」に記載されている。

大島、地島は、島自体が、海に囲まれた天然の要害であり、その周囲の海を、玄界灘の浦、島の人々で構成された強力な宗像水軍に守られた名実ともに宗像氏の詰城であったのであろう。（藤野正人）

〔文献〕『宗像市史』。『中世筑前国宗像氏と宗像社』桑田和明

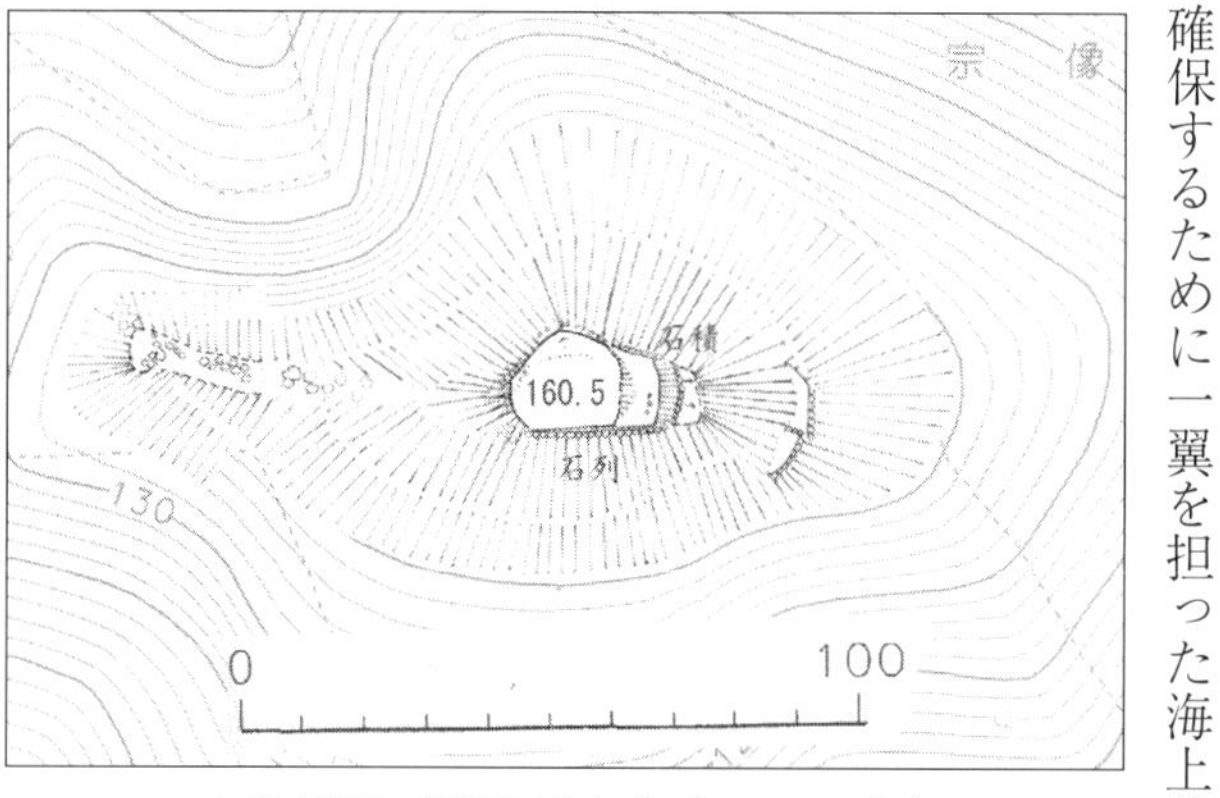

大島城図（藤野正人作成　2008年）

87 名残《なごり》城

別称　徳重城、縁《へり》城
所在地　宗像市名残・葉山
旧郡　宗像郡

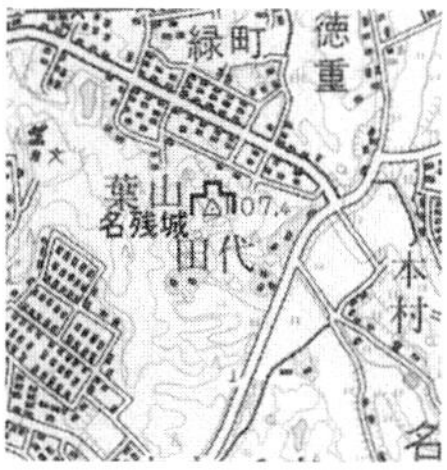

宗像市の南部、名残と葉山の境にある、標高一〇七・四メートルの山頂に遺構が残っている。北に、博多往還を望み、東南に宮若市境の赤木峠を睨む位置にある。また、岳山城と宮永城を結ぶ直線上に名残城が位置しているのがわかる。
城の規模は、主郭が約五〇〇平方メートル、その北西に約三〇〇平方メートルの曲輪がある。また、主郭の周囲を腰郭が巡っており、このことが、縁《へり》城の所以かもしれない。
主郭と北西の曲輪との間には、土塁を挟んで掘切が二条確認できる。また北西の曲輪の先には、尾根が続き、土塁を設けた堀切が一

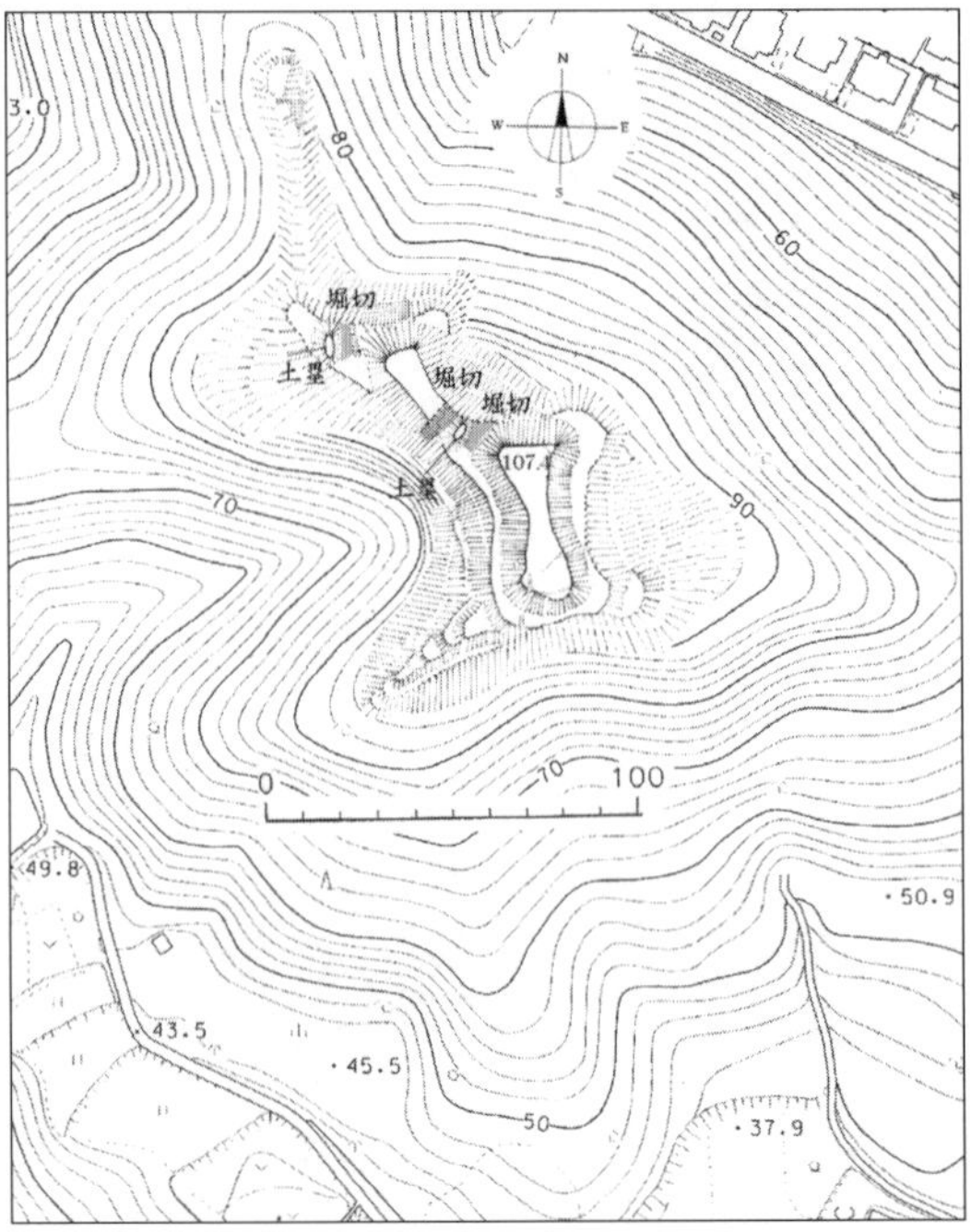

名残城図（藤野正人作成　2007年）

条あり、北西尾根からの侵入を防いでいる。

『筑前国続風土記拾遺』によると、この城は宗像大宮司氏続が、大友勢力の侵入に対し、赤間庄三百町を城領として筑前守護職の大内義隆に援兵を請い、大内義隆は先代の大宮司で山口に出仕していた、黒川隆尚（宗像正氏）を派遣、名残城に入城させたと伝える。

一五世紀頃より、大内氏は北部九州に進出し、少弐、大友氏の勢力を圧迫、筑前守護職を獲得して筑前国の領有化を進め、宗像においても大宮司職の相続にも介入し、さらには宗像正氏に周防国吉敷郡黒川郷を与え、山口に出仕させるなど、宗像氏の家臣化を進めていた。

宗像郡内においても赤間、野坂庄を鞍手郡に編入し、また西郷庄を糟屋郡に編入し直轄領とし、大内氏の郡代の統治下に置き、宗像地方の直轄領化を進めていた。

名残城は、赤間庄にあることから、大内氏直轄領経営のための拠点城郭であったとも推測される。『筑前国続風土記拾遺』の大内氏の家臣となった黒川隆尚の入城は、このように大内氏勢力が宗像郡に浸透したことを婉曲的に伝えているのではないだろうか。

また時代は下り、弘治三年（一五五七）大内氏は滅亡し、宗像地方の大内氏直轄領は、再び宗像氏の支配するところとなる。

宗像氏貞は、永禄五年（一五六二）赤間庄の蔦ヶ岳城を大改修し、本城（岳山城）とするが、名残城は、岳山城の西南を守る支城として、また、宗像氏の若宮庄の拠点城郭宮永城や、西部防衛拠点の許斐岳城との通路上の要地にもあることから各拠点城郭との繋ぎ（連絡用）の城として機能したものと推測される。（藤野正人）

〔文献〕『宗像市史』。『中世筑前国宗像氏と宗像社』桑田和明

88 冠山城《かんむりやま》

別　称　手光城
所在地　福津市大字手光《てびか》字冠
旧　郡　宗像郡

JR鹿児島本線の東福間駅の北西約二〇〇メートル、冠集落の背後（西）、宗像市と福津市との境の山の福津市側の尾根筋の標高一六四メートル（比高約一〇〇メートル）の峰上を中心に造られた山城である。従来は山頂の曲輪跡や北西の堀切部分のみを城郭遺構

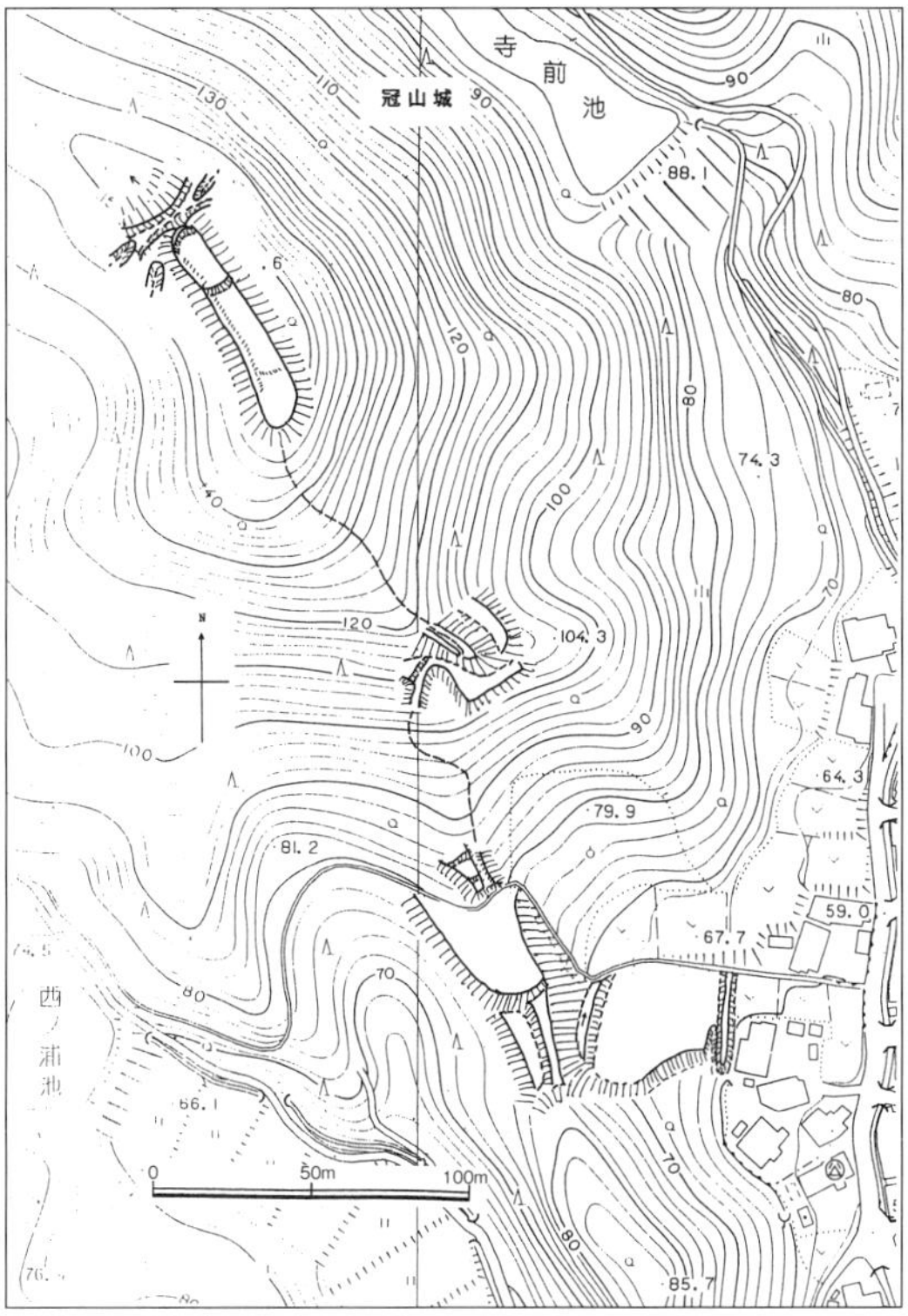

冠山城図（村上勝郎作成　2009年）

としていたが、麓の冠集落の背後に土塁と曲輪跡が二段以上有り、登城道の途中にも明確な切岸や土塁が残っている。麓部分と山頂部分が一体となったかなりな規模の城郭だったと推測出来る。

確実な文献が少ないので沿革等が明確ではないが、初めは地元の国人の河津氏の居城として造られたが戦国時代の進行の中で河津氏が宗像氏の配下に組込まれて宗像氏の端城と成ったようだ。戦国末期には宗像氏の城番が入っていた。この城の機能は大内氏や毛利氏と敵対する豊後の大友氏の筑前東部の拠点だった立花山城に対する境目の城だったと推測出来る。

山頂の主郭部は幅一〇～一五メートル、全長約六〇メートルの平坦地だが二、三段くらいに分かれていた様だ。堀切は巾約一〇メートル、深さ四メートル、長さ約二二メートルで両側は竪堀となって斜面に下っている。中段には曲輪跡と思われる平場や切岸、土塁が見られる。麓部には幅一〇メートル、下からの高さが約一五メートルの大きな土塁が残っていて内側の曲輪となっている。この曲輪のもう一段上には高さ五メートルの切岸を持つ曲輪がある。この曲輪跡の傍には竹薮で判りにくいが平場が存在しており城の部分がかなり広いものであったと判る。現在は登山道（山仕事道）が土塁や切岸を削って造られている。これらの遺構から兵站基地、前進根拠地的な機能を持っていたと推測できる。（村上勝郎）

〔文献〕『筑前国続風土記』貝原益軒。『宗像市史資料集』

89
飯盛《いいもり》城

所在地　福津市内殿
旧　郡　宗像郡

城址は、内殿《うちどの》の南にある飯盛山（標高一五七・二メートル）の山頂にある。付近は、團《だん》氏の伝説が残る旦ノ原という標高約九〇メートルの台地になっており、名前のように飯を盛ったような円錐形のその山容は、周辺からよく見える。山頂までは、遊歩道がよく整備されており、また麓に駐車場もある。

現在、山裾の北を東から西に走る県道町河原赤間線は、博多往還と重複している。この道路に沿って東には、螻蛄羽子《けらはご》城(本木)、高宮城(畦町)等の許斐岳城を拠点とする宗像氏の西方防衛の城砦が道路に沿うように設置されている。

また、糟屋郡との境目に近く、山頂から西には、眼前に立花山の山容を望むことができる。隣接する舎利蔵《しゃりくら》、薦野《こもの》、米多比《ねたび》等の地は、立花山城を拠点とする大友氏勢力が支配した地である。飯盛城の西には、鷺白城(古賀市莚内)、東に鶫《つぐみ》岳城(舎利蔵)、東南に、薦野城(古賀市薦野)南に米多比城(古賀市米多比)の大友方の諸城が飯盛城を囲む。

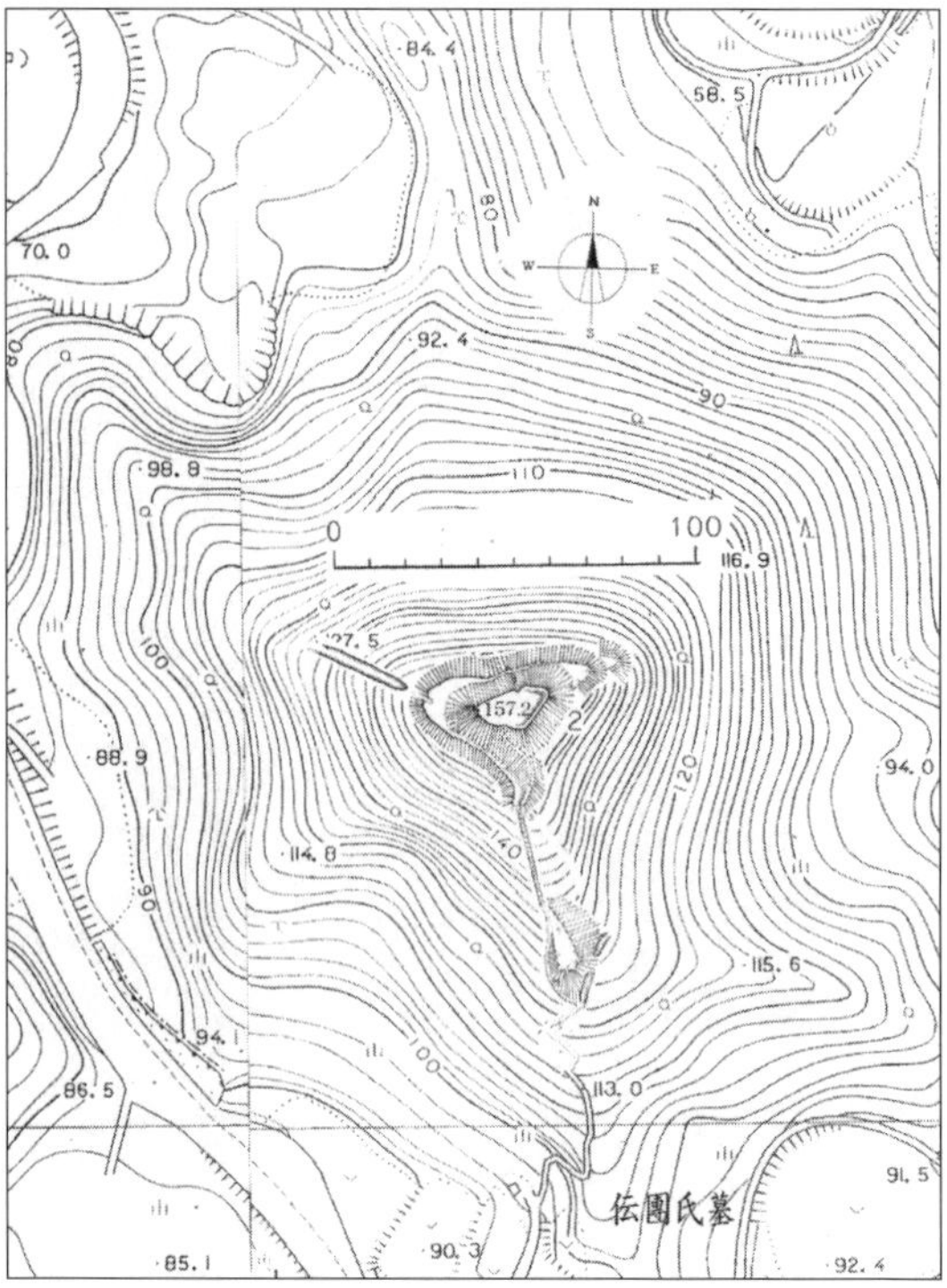

飯盛城図(藤野正人作成　2008年)

遺構は、山頂に、東西約二〇、南北約一〇メートルの削平地があり、これを主郭とした小規模城郭である。主郭には、郭の縁を東から南にかけて土塁が巡っている。また、東西には腰郭が各々ある。西の腰郭から西北に下る尾根に約二五メートルの竪堀を見ることができる。この尾根は、そのまま内殿集落へ続き、尾根に通路が残っていることから、この竪堀状遺構も通路の一部ではないかと思う。山頂より、南に約三〇メートル下ると南北約一五、東西約五メートルの削平の甘い踊り場状の平地がある。この平地の東尾根には、南北斜面に一条ずつ堀がある。元は、この二本の堀は、繋がっていて堀切であったかもしれない。東の薦野方面には緩やかに尾根が続いていることから、この尾根からの侵入を防御する目的で設置されたと考えることもできる。

飯盛城をめぐっては、永禄一〇年(一五六七)九月一〇日に、宗像勢は、立花城を拠点とする大友方の立花・怒留湯勢と飯盛山山麓で戦っていることが、宗像氏貞が合戦に参加した家臣に送った感状として残っていることからわかる。

また永禄一二年、毛利氏は筑前を手中にしようと、筑前に侵攻、立花山城を巡って大友氏と合戦に及ぶ。『森脇飛騨覚書』には、毛利勢は立花山城攻めの際に「だん」に中陣を敷くとあるが、飯盛山周辺である旦ノ原のことと思われる。

この時、氏貞は毛利方に与し、飯盛城に陣を敷いた。(藤野正人)

〔文献〕『宗像市史』。『中世筑前国宗像氏と宗像社』桑田和明

90 益富城《ますとみ》

別　称　大隈城
所在地　嘉麻市嘉穂町中益
旧　郡　嘉麻郡

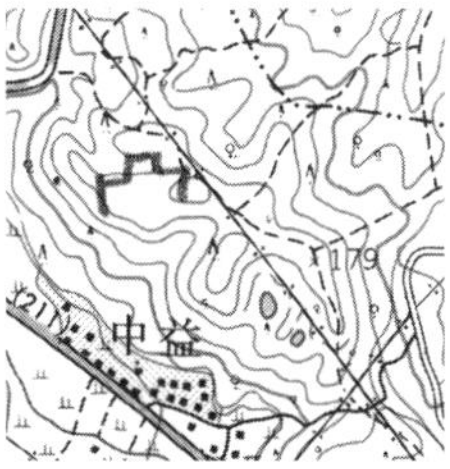

天正一三年（一五八五）、筑前・豊前国の最大の領主であった秋月種実は嗣子種長に家督と古処山城を譲る。その際、元老となって版図拡大の北進政策の陣頭に立つべく入居した城が益富城である。同一五年、九州国割で秋月氏は日向へ移封。慶長五年（一六〇〇）、黒田長政の筑前入封で六端城となり後藤又兵衛が入城するが、同一一年に出奔。代って鷹取城主母里太兵衛が転入した。その後、元和城割で長政から母里氏に城の破却と城内の櫓・倉の絵図作製と、福岡への提出が命じられた。これは長政（当主側）が城内の詳細を把握していない様子を窺わせ、支城統制の内実を知る上で興味深い。

当城は、「城山」と背後の山稜に跨る広大な城域を持つ。細長い「城山」山頂を主郭①と副郭②に分割して中枢部とし、同所にのみ黒田期に織豊系技術を用いた大改修を施す。具体的には、櫓台C5・C6・C7と大型の虎口空間S1・S2・S3を複合した嘴状外枡形虎口K1・K4（K4は内枡形を入れ子状に持つ。K1は連続型外枡形虎口でもある）、塁線や虎口K2・K3・K5に横矢掛りを効かす櫓台C1・C2・C4と張出D1～D4、矢穴割の花崗岩を用いた石垣、塁線を固める大型の石塁・土塁、C2直下の竪土塁で両脇を固めた曲輪、織豊系瓦（コビキB痕・家紋瓦・三葉紋均整唐草瓦・鯱瓦）、礎石群（飛石を含む）などで、その改修形態の意味は「岩石城」の頁で述べた。そして、これら以外は全て秋月氏末期の遺構とみてよい。

中枢部の両端を巨大な連続型外枡形虎口K1・K4で閉じるのに対し、主郭①と副郭②との区画は櫓台C3と平入虎口K2で処理され、相対に簡易である。例えるなら、小豆袋の両端を紐でがっちり縛ったような形態であり、細長い主郭①と副郭②全体を一続きの「壁塁型要塞」のプランで処理しようとする意図が窺える。これは横矢掛りの配置にも明らかで、中枢部の南側塁線全体をほぼ二等分する位置に張出D3、北側塁線全体を五等分する位置に張出D4・C1・D1・D2・D5・C2・C4を置く。この姿は対馬清水山城・長門浦倭城・梁山倭城を髣髴させる。

「城山」背後の山稜には延長一・五kmに及ぶ大外郭が展開し、「城山」を併せた城全体が延長二kmを越す一続きの防塁を成す。主郭への求心性の追求よりも「一線防御」的な迎撃を想定した縄張りである。そして大外郭

益富城　曲輪②南東側虎口（K4）

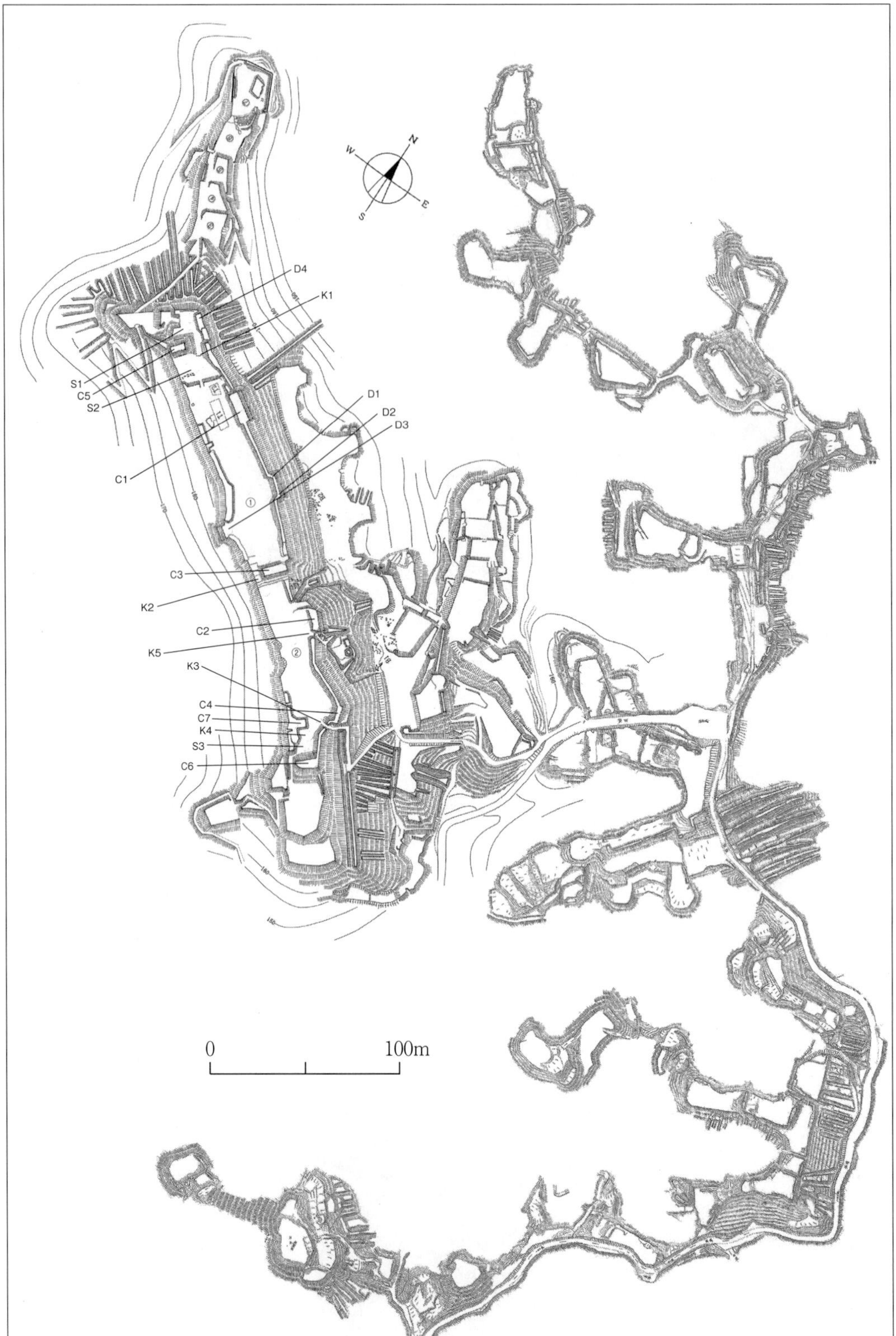

益富城図（木島孝之作成）

の壁面は、外向側を切岸・土塁・低い石垣・畝状竪堀・横堀を適宜用いて固める一方、内向側の仕上げは相対に甘い。また、独立性の強い曲輪や丘地形を包摂するが、内部の削平は相対的に甘い。

右に鑑みて当城の大外郭は、外向側の遮断施設の構築を最優先に突貫普請した臨時的性格の強いものと考えられる。また、「城山」を併せた特異に長大な規模は、本拠古処山城・荒平城（古処山麓の里城）をも凌ぐもので、秋月氏直轄の動員力だけでの運用は難しいと思われる。ここには、雑多で独立性の強い多数の部隊が相対的に緩やかな統率の下に結集する国衆一揆の姿が推察される。つまり、天正一四年六月から一五年三月にかけての筑豊地域では、島津氏の北上と豊臣軍の出向という未曽有の緊張状態を背景に、実力者種実の下に俄かに巨大な国衆一揆が形成され、当城において豊臣軍と主力決戦に臨む構想と準備が進められていたのではないかと思われる。

九州役で秋月氏一門（秋月・高橋・長野氏）が豊臣政権に抗した選択を、情勢認識の甘さとみるは容易い。しかしながら、彼等が当城や長野城（高橋氏の本拠小倉の背後を固める拠点城郭）で多様なサイズの畝状竪堀を二百本前後も用い、しかも堀頂部に側射を効かす小曲輪や、「横軸」の遮断施設（横堀・土塁・低石垣）と連携して使いこなす様は、全国一の畝状竪堀地帯である北部九州でも卓抜する。つまり、枡形等の虎口プランや横矢掛りを全く発達させることなく畝状竪堀技術の深化に軍事的エリートの姿を追い続けた北部九州の文化圏にあっては、その技術の頂点に位置した秋月氏一門が自信と自負を抱いたのも無理からぬことかもしれない。

飯塚バスセンター～大隈行終点（城内まで車道あり）。（木島孝之）

〔文献〕『城郭の縄張り構造と大名権力』木島孝之

91 平家《へいけが》城

所在地　嘉麻市大字屏字荒谷
旧　郡　嘉麻郡

馬見神社の北西約六〇〇メートル、屏山から北に伸びる尾根の先端部（標高約二四五メートル、比高約八〇メートル）に築かれた中規模山城である。これまでの文献（編纂物）では四畝ばかりの小さな山城との記述であったが現地を調査してみると造りのしっかりした規模も大きな山城だった。この城の東方約五〇〇メートルには毛利ケ城とも馬見城とも呼ばれているほぼ同規模の丘城があるが造りが全く異っていて築城主体や築城時期が違う城だと推測される。

城の沿革等については確実な文献史料が全く無いので判らないが、城の構造や位置から戦国後期の大友氏と秋月氏との戦いが激しかった頃の築城の遺構と考えられる。

城の規模は東西約一〇〇メートル、南北約二五〇メートルであり、大小一〇個の曲輪群で構成されている。この城の特徴は南側（上から－屏山側）の尾根筋を防御する三条の堀切と西側の尾根筋（下から）を断切る二重の堀切である。これらからこの城の防御正面が南から西側だったと考えられる。これは西側斜面に畝状竪堀の痕跡がみられることでも推測される。城の大手口は北側だったと考えられるが東斜面に登城道とも考えられる竪堀が有り、搦手口あるいは出撃口だったと考えられる。東斜面下には川が流れて堀の機能が有る。

曲輪内の一部に石積の痕跡が見られることや一六世紀後半の青花磁器、土器片が採取できたので永禄から天正期（一五五八〜九一）までの期間にかなりなレベルの人間の居城だったと考えられる。居住性がある城なので城主または城将は城内で居住していたとも考えられる。

この城の城主として一番有力なのは鷹取城主でもあった大友方の毛利鎮実《しげざね》である。東の馬見城（毛利ケ城）との関係が判らない。中国の毛利氏が秋月氏を支えるために馬見要害を確保、兵站補給をしていたので非常に紛わしい。また、秋月の出城であり、籾井氏が城主だったとの伝承もあるようだ。古い時代は現在の大字馬見、屏、椎木は一括して馬見郷と呼ばれていたようなので古くからの城（屏村）には毛利鎮実《しげざね》かその一族が居て、その後中国の毛利氏が馬見村に要害（城）を築いたのでこの二つを区別するため屏村の城がなまって平家城となったと推測できる。ただ、馬見城（毛利ケ城）付近の森氏には毛利鎮実《しげざね》関係の伝承がある。（村上勝郎）

〔文献〕『筑前国続風土記』貝原益軒。『嘉穂郡誌』

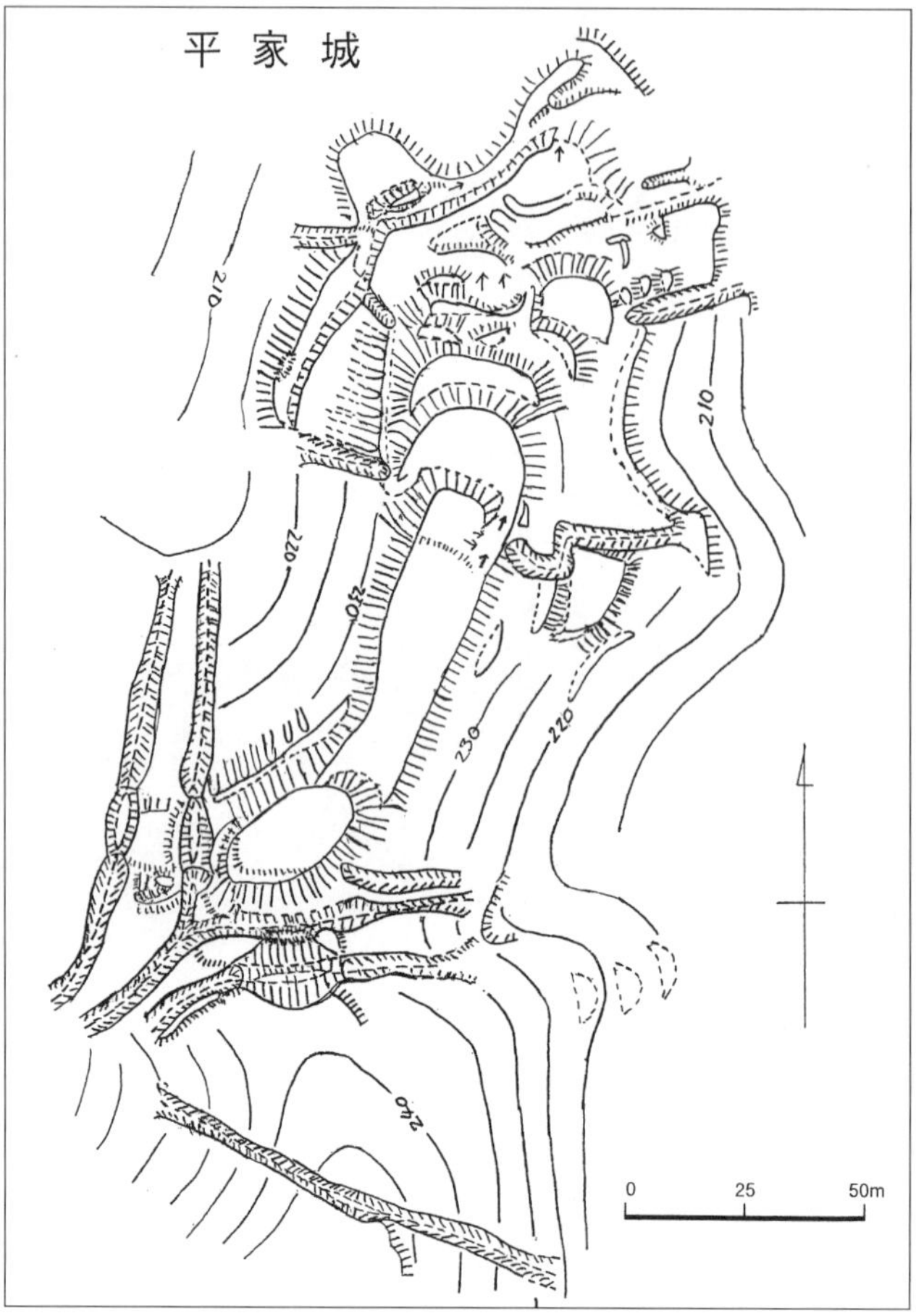

平家城図（村上勝郎ほか作成　2006年）

平家城　堀切・竪堀

92 千手《せんず》館

別　称　千手城
所在地　嘉麻市千手
旧　郡　嘉麻郡

嘉麻市の千手は、近世秋月街道の宿場町の一つとして知られるが、その千手集落の南側にある千手八幡宮の境内には戦国期の城郭が残されている。

現在、境内一帯は半独立丘陵をなしており、標高一一六メートルの八幡宮本殿のある場所は、南北約八〇メートル、東西約五〇メートルの主郭にあたる。

また、その主郭の北側と西側には幅一〇メートルを越える非常に大規模な横堀が囲繞しており、独立丘陵上の方形居館的な様相を呈している。東側は一部帯曲輪が見られる他は切岸となっており、南側は後世の境内の改修等の所作により、よく分からなくなっている。

この千手城については、地誌類等では、その存在は一切知られておらず、『日本城郭全集』や『福岡県の城』によって、その存在が指摘されているに過ぎないが、横堀を始めとする防御施設の存在から、戦国期城館であると判断してまず間違いないであろう。

城主については判然としないが、『日本城郭全集』では千手八太郎を城主としている。おそらく秋月氏の家臣で、千手の地一帯を治めていた千手氏の居城と考えて差し支えないのではなかろうか。現地へは、JR福北ゆたか線桂川駅から西鉄大隈行バスで終点下車上、そこから嘉穂バス千手内廻線で、中村停留所下車、徒歩すぐで到着する。（岡寺良）

〔文献〕「千手館」『日本城郭全集　一四』小和田哲男編

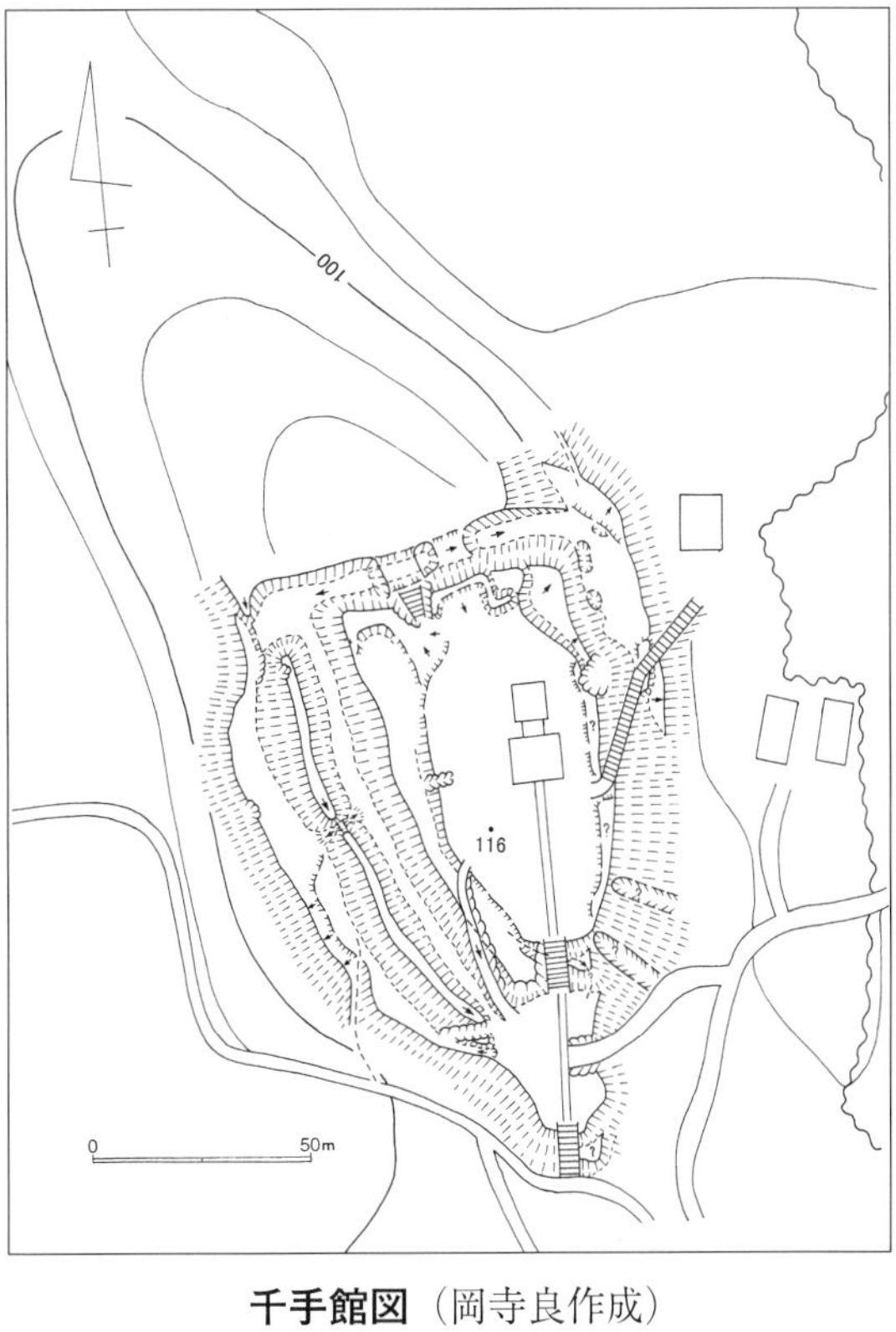

千手館図（岡寺良作成）

93

長谷山城《はせやま》

所在地　嘉麻市碓井
旧　郡　嘉麻郡

長谷山城は遠賀川上流嘉穂盆地の南の一隅嘉麻市の長谷山、標高三一一メートルの山頂部にある。

　南側は古処山などの山々が連なり、八丁越をとおって秋月に近い。長谷山山頂に東西一八〇メートル、南北五〇メートルの広さに曲輪が点在する。東西両端には土塁がある。西端南側には石垣らしきものがある。この石垣については『嘉穂郡誌』にも記されている。中央部に主郭がある。東側は不明瞭である。秋月黒田家文書に「平山の方大手にて才田の方はからめ手なり」と記されているように、北側に大手と思われる遺構があり、南側にもからめ手と思われる遺構がある。曲輪の東端の両斜面と西端の南斜面に竪堀がある。西端の北斜面にも短い竪堀らしきものがある。両尾根の防御は東尾根に二条の堀切が、約一二〇メートルの間隔で設けられている。各堀切とも北斜面にかけて竪堀が続いている。西尾根には等間隔で堀切が三条確認できるが、小規模である。これらは築城当時のものとおもわれ、東尾根の堀切は秋月氏の支城の時改修されたものと思われる。なお、長谷山から北東部と北西部に延びる尾根筋に郭や堀切や土塁を発見したことを付記しておく。

　長谷山頂付近から多量の土師器や経筒などが出土している。山城築造以前は宗教遺跡であったと思われる。室町時代、豊前国および筑前国の守護・大内盛見が築き、嘉麻、穂波、三笠の三郡郡代高橋盛綱が守備した。盛綱は麓にある秋月氏菩提寺である永泉寺を文安五年（一四四八）に開基した人物である。秋月氏の二四城の一つと考えられている。長谷山山頂近くまで舗装した林道が通っている。林道から山頂まで徒歩で約五分程度である。

（中村正）

〔文献〕『嘉穂郡誌』

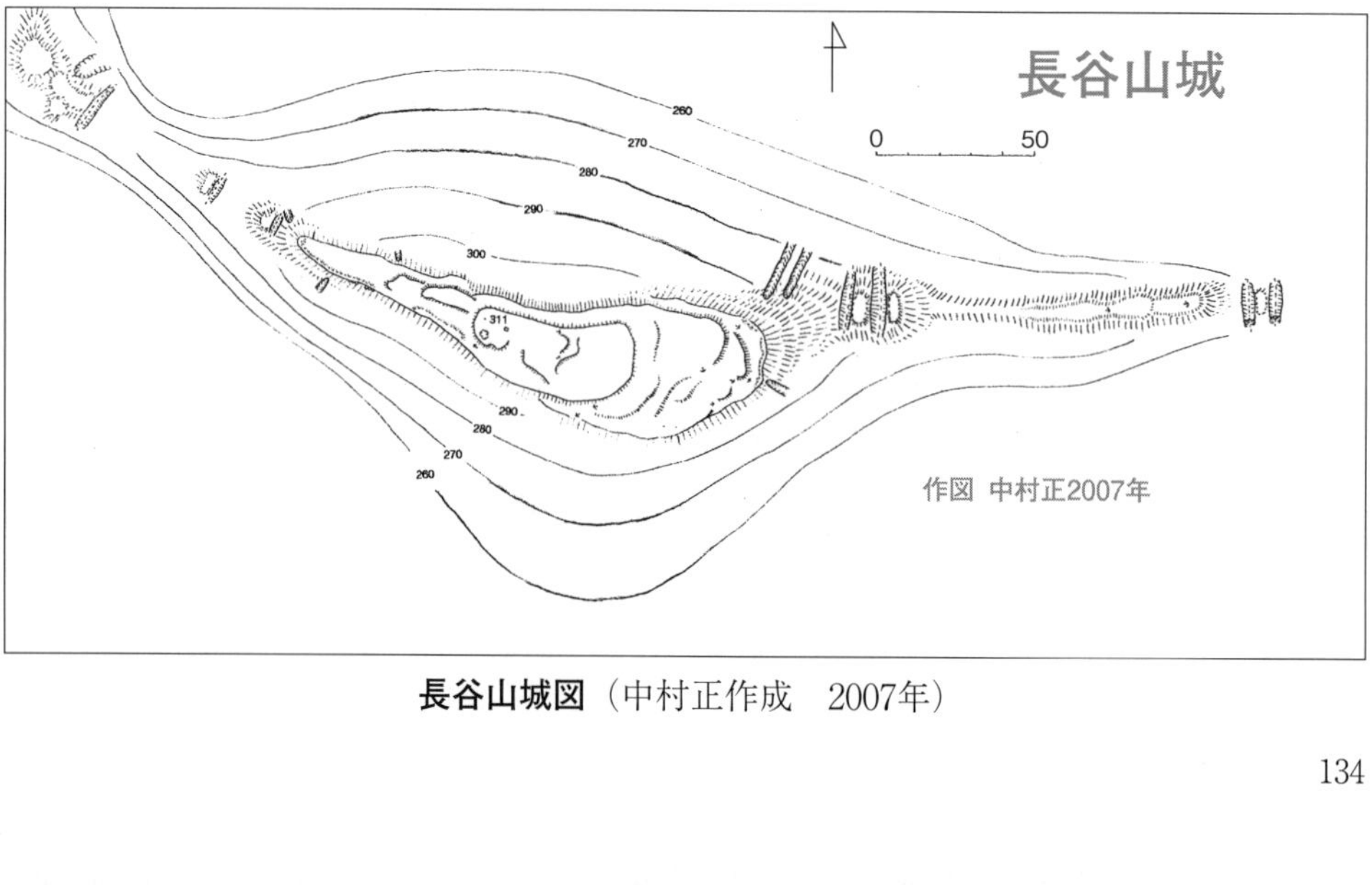

長谷山城図（中村正作成　2007年）

94 馬見城《うまみ》

別　称　毛利ヶ城
所在地　嘉麻市馬見字宮小路
旧　郡　嘉麻郡

　馬見城は馬見神社と道路を挟んで西側の岡にある。『嘉穂町誌』は当遺跡を馬見城址とし、別称として毛利城と言うとしている。『嘉穂郡誌』は馬見城の位置を馬見古城の項を設け「馬見村の上に古城の跡とあり」と記している。馬見村の上には茅城、屏山城それに古処山城がある。馬見集落から見て上と感じるのは茅城である。茅城は馬見山城の別称を持っているのはこの点に由来するのであろうか。このこととともに地元で当城を馬見城と呼んでいる。『嘉穂郡誌』は毛利城址を馬見神社の西北三〇町許にありと記している。『筑前国続風土記附録』に「毛利か城、馬見大明神の社より、西北の方三町ばかりにあり」としている。『嘉穂郡誌』がこれを誤写をしたと見れば、当城は毛利ヶ城である。

　馬見城の郭は、比高約二〇メートルの岡の頂から北側斜面に、五個造っている。ほかに堀切が一本ある。宮小路川など二本の小河川を堀の代わりにうまく活用して防備線を造っている。全長約一五〇メートルの中規模城郭である。天正後半鞍手郡鷹取城にて大友方として活躍した毛利鎮実在城の伝承がある。（福島日出海、中村修身）

〔文献〕『嘉穂郡誌』。『嘉穂町誌』

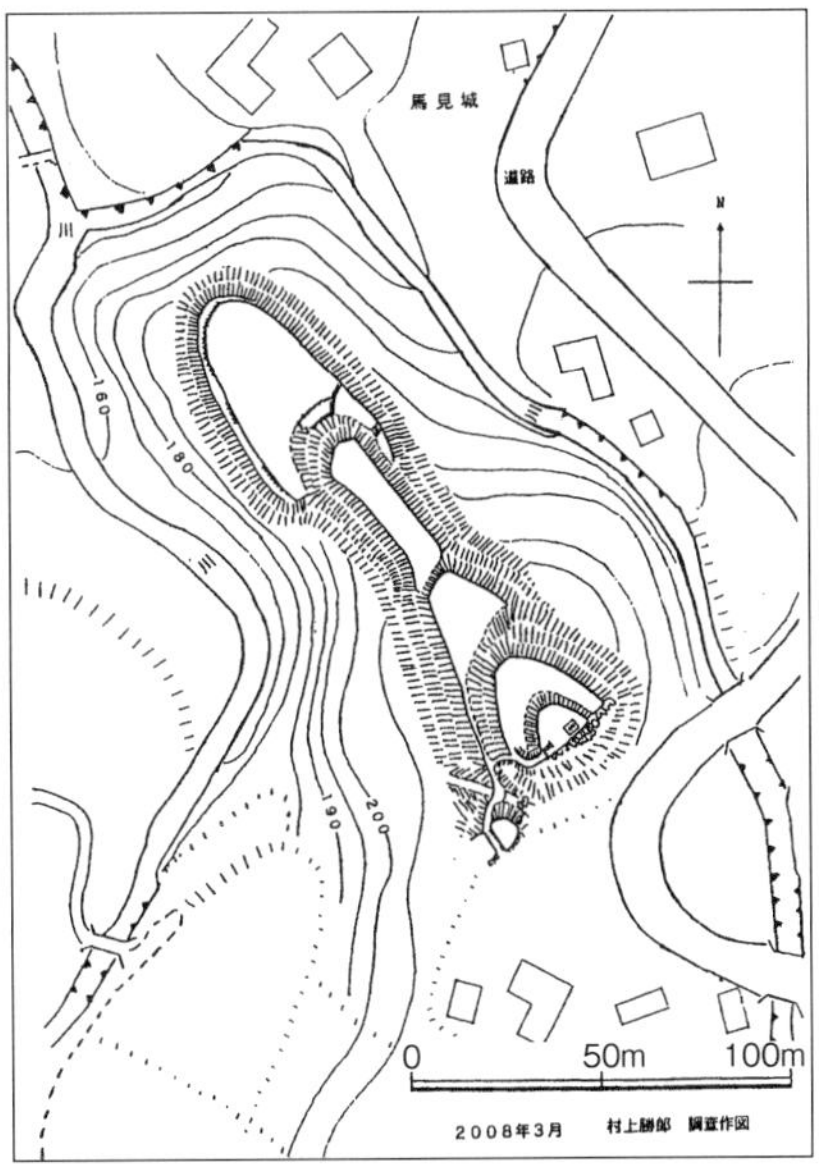

馬見城図（村上勝郎作成　2008年）

95
屏山《へいやま》城

所在地　嘉麻市千手、朝倉市江川
旧　郡　嘉麻郡・夜須郡

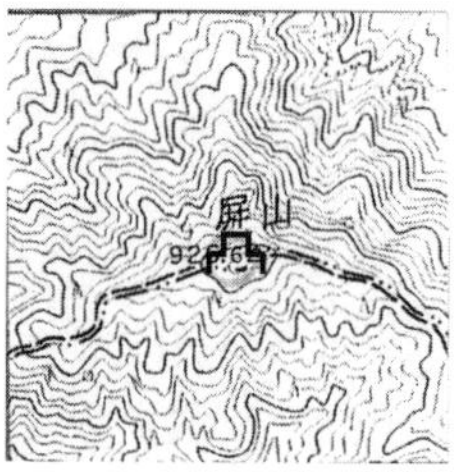

嘉麻市と朝倉市の境界である古処山、屏山、馬見山の連山の中央の内最高峰、標高九二七メートルの屏山の頂上部に造られた山城である。

この連山には東に馬見山との間の宇土浦越の東上、標高八〇〇メートル付近に茅城《かやん》（別名馬見山城）と西に秋月氏の本城である古処山城（標高八六〇メートル）がかって存在していた。

この城についての文献史料が見当らないようで最近まで山城の存在自体確認されていなかった。城の造りから推測してこの城は弘治三年（一五五七）の大友氏が秋月氏を攻めて古処山城を落城させた時の古処山城攻めの陣城（向城）だったと考えられる。これは城の構造として、防御正面が古処山側（西側の緩斜面）に二条の大きな横堀風の堀切と南西側の尾根を遮断する堀切があること、東の宇土浦越側の尾根筋には後方支援用の陣城跡と感じられる平地や水場が存在しておりこの方向の防御機能が弱い（ほとんど無い）ことで推測できる。宇土浦越の東の茅城が東に防御正面を造っているのと対照的である。茅城は秋月氏が元亀、天正期（一五七〇〜九一）に築城したものと考えられる。

城の構造は単純な造りで屏山頂全体を幅二〇メートル前後、長さ約八〇メートルの広い平坦地に削り、西斜面に一段下って腰曲輪を設けている。また西の斜面が尽きた所にかなり広い平坦地が有り、良く判らないが古処山城攻めの際の攻撃部隊の集結地（勢溜《せいだまり》）の用途に使われた可能性がある。（村上勝郎）

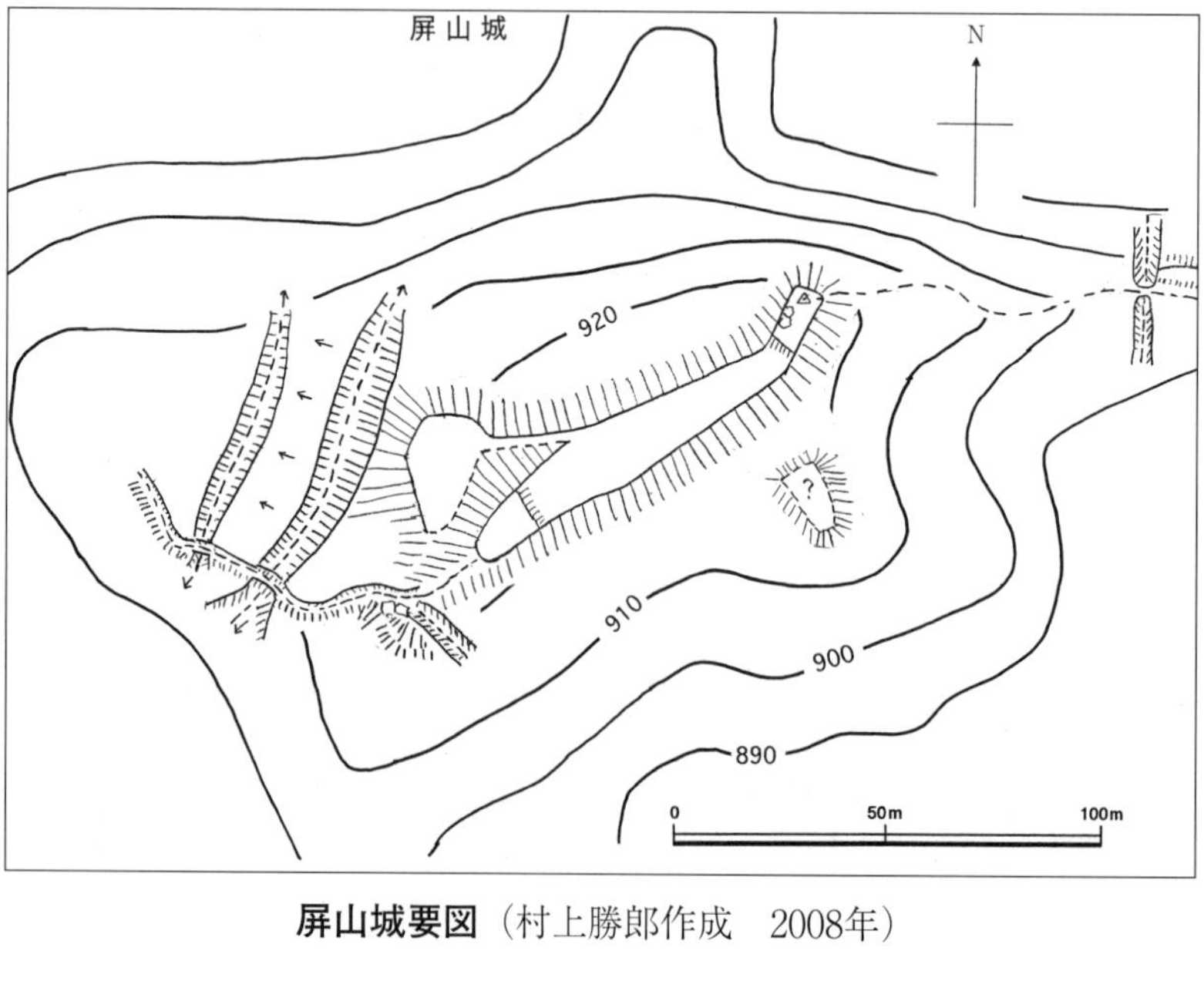

屏山城要図（村上勝郎作成　2008年）

96 茅城《かやん》

別称　馬見山城、馬見要害城
所在地　嘉麻市馬見字うどうら
旧郡　嘉麻郡

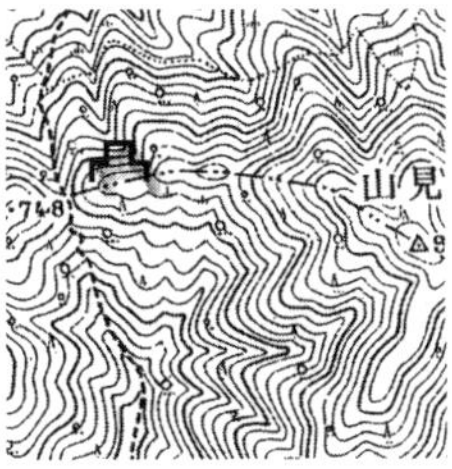

古くから馬見山城と言うと、標高九七七メートルの馬見山頂の城郭では思われがちであるが、馬見山頂には城郭はなく、茅城をさす。茅城は宇土浦越《うどうらごえ》と馬見山をつなぐ尾根筋、宇土浦越から尾根筋を東に進むこと約四〇〇メートルに位置する。宇土浦越から尾根筋を反対側の西に進むと屏山城を経て秋月氏の古処山城にいたる。茅城から北を望むと遠賀平野が、また、南を望むと籾岳、鳥屋《とや》山などの山々の向こうに筑後平野が広がっている。

城郭は二つの群からなっている。宇土浦越側の一群は四個の郭と堀切で構成されている。その東側馬見山側の一群は六個の郭に三条の堀切と登り土塁で構成されている一群からなっている。東側の一群には高さ約八〇センチメートルの石垣が郭間に積まれている。茅城は全長約三〇〇メートルであるけれど、二群の空間を考慮すると小規模城郭である。

城郭の東側に幅約一〇メートルの堀切を三条と登り土塁を設置している。これらは馬見山側からの進入を防ぐことを意識している。ここに砦を置いたのは遠賀川側から秋月領内江川への通路の要・宇土浦越の確保と尾根筋伝いに古処山城への侵入を防ぐ防備線と考えられる。

秋月氏をめぐる毛利方と大友勢との攻防の最中、永禄一一年（一五六八）一一月ごろ、秋月氏に肩入れした毛利方小早川隆景、吉川元春の命を受けた井上元継《もとつぐ》、佐藤元実《もとざね》らの手によって普請され、守備された砦で馬見要害城と記るされている。その後茅城は大友氏のものとなり、天正七年ごろには、北麓の馬見城と共に大友方の毛利鎮実が維持した。天正期後半には鎮実は鞍手郡鷹取城に移っているので、このころ茅城は秋月氏の防衛線に組み込れていたと思われる。

嘉麻市宇土浦越馬見山登山口を徒歩で約四〇分。登山口までは車がいく。（福島日出海・中村修身）

〔文献〕「佐藤文書」『研究紀要7』有川博宜。
「古処山城の瓦と陶磁器について」『北部九州中近世城郭情報紙1』片山安夫

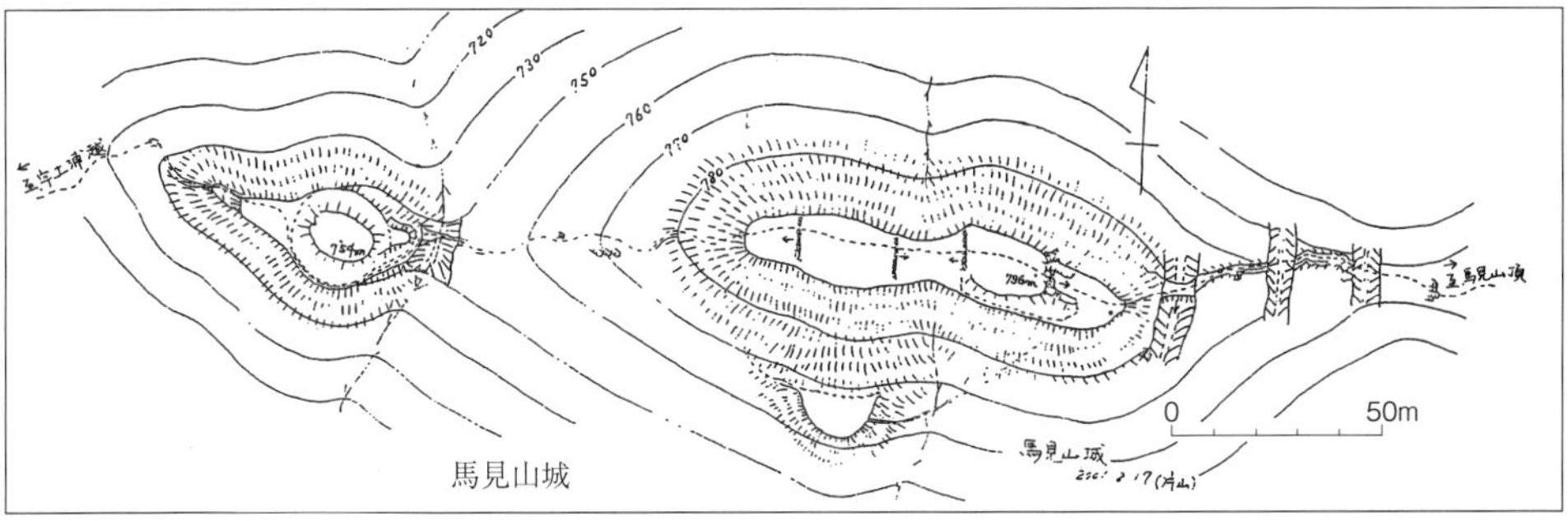

茅城図（片山安夫作成）

97
米《こめ》ノ《の》山《やま》城

別　称　牛頸城
所在地　飯塚市山口
旧　郡　穂波郡

飯塚市と筑紫野市の市境の峠は米ノ山峠と呼ばれている。その峠の飯塚市側にはかつて「米ノ山」という三郡山から派生した半独立峰があり、その山頂には戦国期城館の米ノ山城があったが、昭和四〇年代から現在に至る採石行為によりそのほとんどが消滅してしまった。その消滅の際には筑穂町教育委員会により発掘調査がなされたが、調査時には既に城域の大半が消滅しており、残念ながら井戸や石組み等の一部の遺構が調査されたにとどまった。

しかし、米ノ山城の全てが消滅してしまったわけではなく、現在もかつての山頂の北西側には山城に関する遺構が残されている。それは、米ノ山山頂から北西側に下ったちょうど鞍部になっている箇所で、堀切が三本確認できる。注目すべきは堀切の西側の曲輪である。その曲輪は東西約五〇メートル、南北約一〇メートルで谷に向かって三日月形を呈しており、堀切との間には土塁を構築している。「馬サシ」と伝承される曲輪で、南側の谷を登ってくる敵を、この曲輪から見下ろすように攻撃できるように工夫された出丸的なものであると考えられる。しかも興味深いことには、この曲輪は城域ラインとも言うべき三本の堀切の外側に作られており、一旦、攻城方の手に渡ってしまうと、逆にそこを攻城の足場とされてしまう、いわゆる「逆心曲輪」的な位置にある。他にあまり例は見られない珍しい位置にある曲輪である。

なお、『古戦古城之図』には、「此城ハ高橋紹運砦也」とあり、太宰府の宝満城・岩屋城主であった高橋紹運の穂波郡方面の出城であったことが分かる。現地へは、ＪＲ福北ゆたか線桂川駅から飯塚

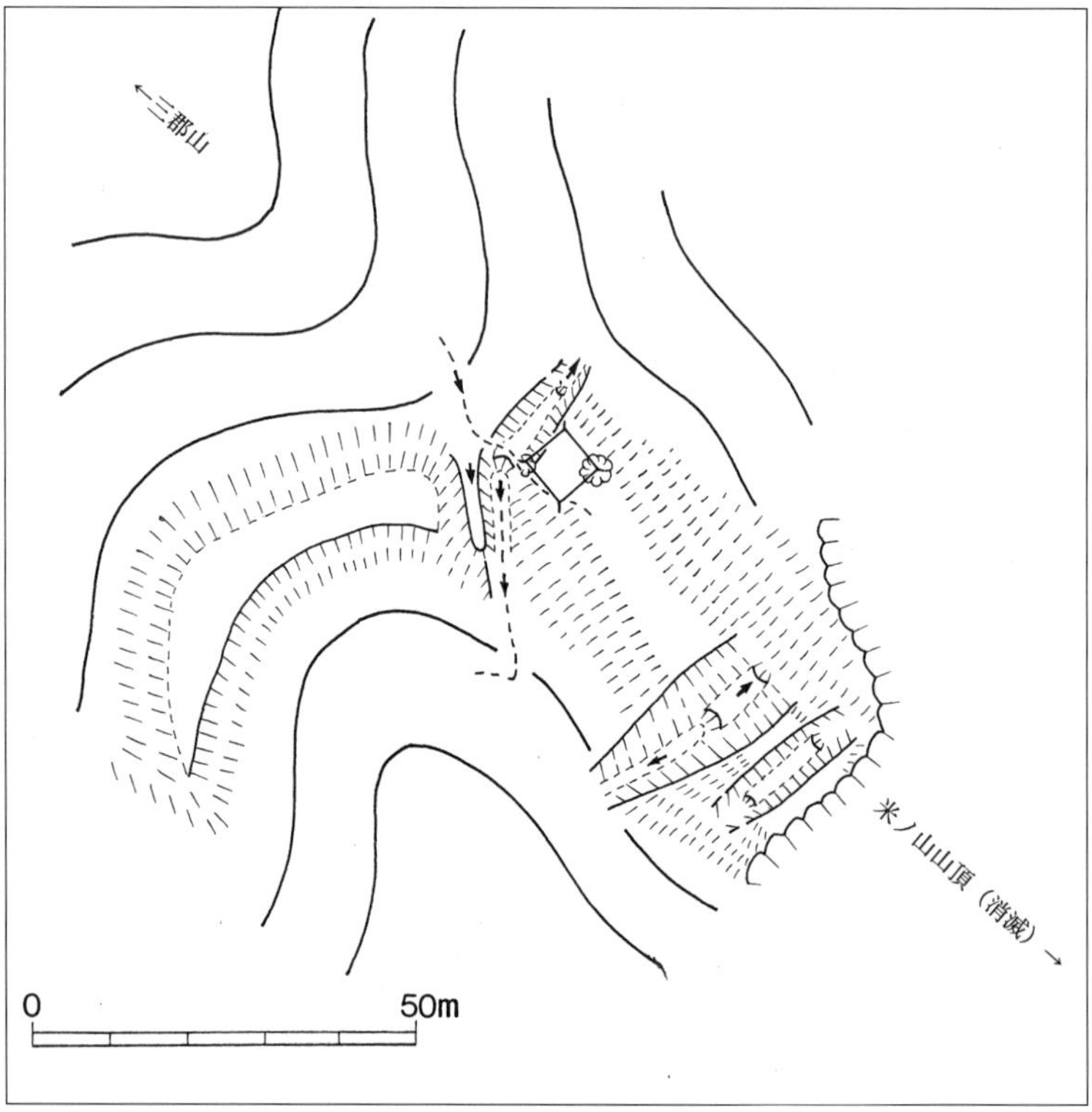

米の山城図（岡寺良作成）

コミュニティバス米ノ山線で米ノ山下停留所下車、そこから徒歩で約三〇分で到着する。（ただし、バスの便数は極めて少なく、筑紫野市柚須原方面からのアクセスとあわせて行程を組むことをおすすめする。）しかし、城跡は、山口採石所の構内となっているため非常に危険であり、立入りは、控えることをおすすめする。また、麓の若八幡宮の境内には、発掘調査時に検出された井戸が移築されており、こちらについては見学可能である。（岡寺良）

〔文献〕『米ノ山城跡』筑穂町教育委員会、
『三郡山遺跡ほか』飯塚市教育委員会

98 高野山《たかのやま》城

別　称　高の山城
所在地　飯塚市高田
旧　郡　穂波郡

高野山城は、飯塚市高田の城山と呼ばれる丘陵上に所在する。

『筑前國續風土記』には「高山古城　高山（田の誤りか?）村にあり。秋月の端城也」とあり、『嘉穂郡誌』には「高野山城址　高田村の西六町にあり、本丸の址一反餘、其下にも一反許の平地あり、南は険阻にして堀切の址二所あり、秋月氏の端城なり。」と記されている。

縄張りとしては、南北に長い尾根を利用し二〇余りの曲輪が築かれている。中心となる本丸は南端に位置し、東西一七メートル南北一四メートルの規模を測る。その他の主な遺構としては、尾根を東西方向に分断するように設けられた四条の堀切や土塁が残っている。

築城の経緯や城主については不明だが、この地が秋月氏と大友氏の勢力の接点であったことから、秋月種実が大友の家臣であり宝満・岩屋城主であった高橋紹運に備え築いた端城の一つと考えられる。小佐古城や城山城も同様である。

ＪＲ福北ゆたか線の筑前大分駅から北へ五〇〇ｍほどに位置し、主要地方道飯塚大野城線（ショウケ越）の道沿いに面す。丘陵南側を西から東へと流れる内住川に架かる黒石橋が目印。（須原緑）

〔文献〕『福岡県の城』廣崎篤夫。
『筑前国続風土記』貝原益軒

99 城山城《じょうやま》

別称　北古賀城
所在地　飯塚市筑穂町北古賀
旧郡　穂波郡

ＪＲ福北ゆたか線の桂川《けいせん》駅の西約五〇〇メートルの吉田集落の背後、旧筑穂町の大字北古賀と旧穂波町の大字久保白の境の尾根の標高一三五メートルの峰上の主郭として東西の尾根筋に曲輪を連ねた山城である。

確実な文献史料が無いので沿革などは判らないが『筑前国続風土記』には秋月氏の端城なりとある。

この地は南から穂波郡や嘉麻郡に進出してくる秋月氏と豊後から同じく嘉麻郡、穂波郡を通って糟屋郡の立花山城との連絡ルートを確保しようとしていた豊後の大友氏の勢力が交差する場所である。このため秋月氏が連絡ルートの確保と大友氏の動きを抑える拠点としたと推測できる。

現在残っている城の遺構から、この城は元々西側の峰を主郭とした在地領主の小規模城郭を戦国後期に秋月氏が大きく改修して城域を拡大したものと考えられる。城の西側の切通し状の谷を隔てた尾根上に小佐古城が存在しており城山城よりは新しい造りで陣城と見られるので城山城は古城を改修、小佐古城は拠点城郭として合わせて築城したと推測される。登城口は吉田集落にある。（村上勝郎）

〔文献〕『筑前国続風土記』貝原益軒。『筑穂町誌』

100 扇山城《おうぎやま》

別称　修理殿城《しゅりどのじょう》
所在地　飯塚市筑穂町阿恵
旧郡　穂浪郡

古代から往還が通る阿恵の南、約三〇〇メートルの先標高一五〇メートルの尾根筋に扇山城がある。北西に細長く延びる尾根に三ヶ所のピークがあり、主郭は南東端にある。東に下る尾根に堀切がある。北側半分が崩壊している。南西の尾根には横に長い曲輪群がある。一部に石列が残っている。からめ手と思われ西中央の尾根につながっている。水の手もここと思われる。主郭から北西に一五〇メートルにわたって三〇余りの曲輪が形成されている。東側は急斜面で天然の防御となっている。西側の三本の尾根にははっきりした防御施設は見られない。北端のピークの曲輪には見張り台らしき遺構が二ヶ所あり、大手と思われる。

『筑前国続風土記』に「天正九年（一五八一）一一月、立花城の戸次道雪、岩屋城の高橋紹運両家の勢五千余人を卒し、秋月領内に働き　秋月方には臼井、扇山、茶臼山、高の山、馬見などの城代共と合戦におよぶ」と記されており、扇山城が秋月氏の端城で二四城の一つであったことがわかる。

国道二〇〇号線沿いの阿恵橋の南、山麓墓地から尾根伝いに徒歩で一五分程度。（中村正）

〔文献〕『筑前続風土記』貝原益軒

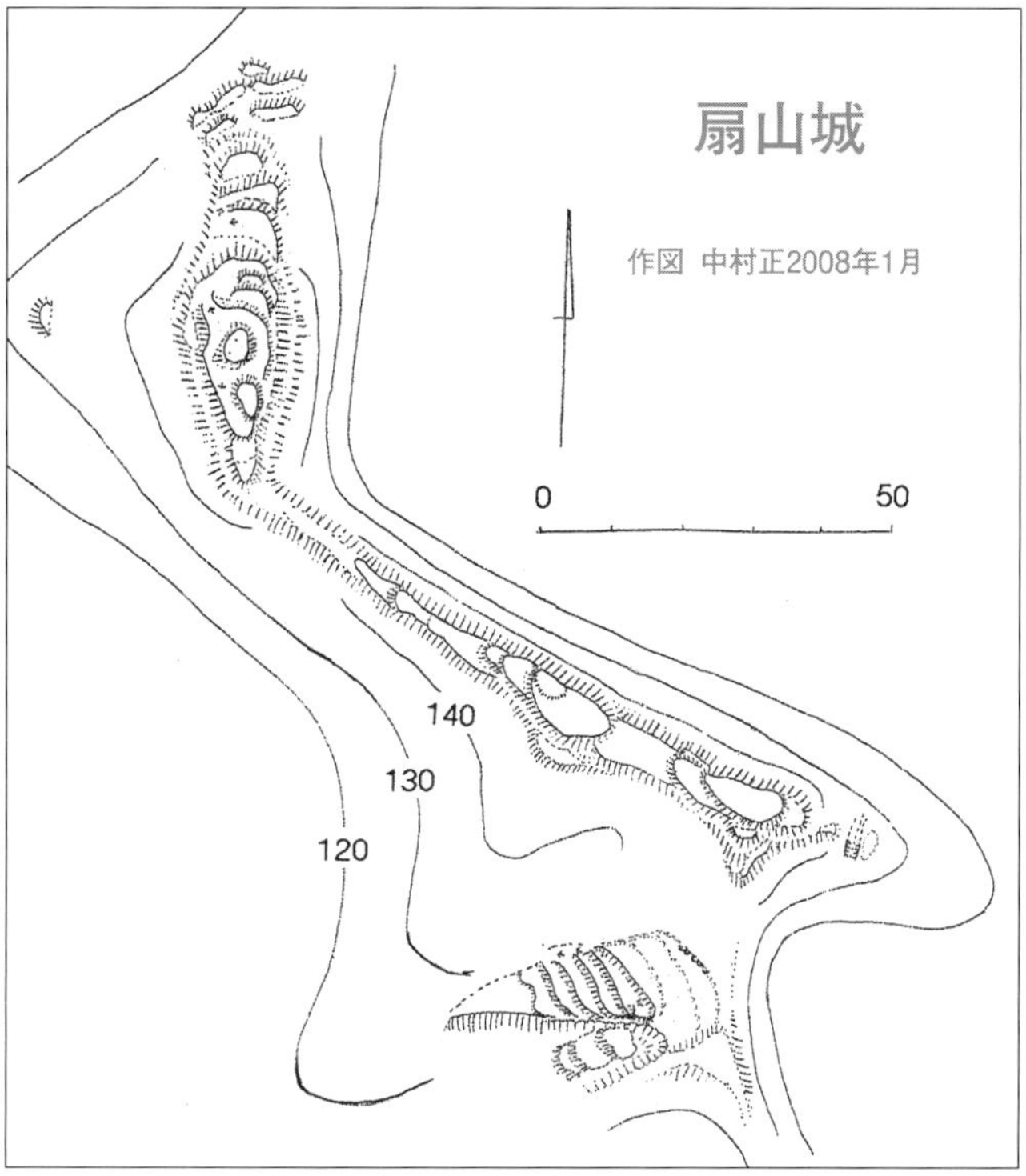

扇山城図（中村正作成　2008年）

101 小《こ》佐《さ》古城

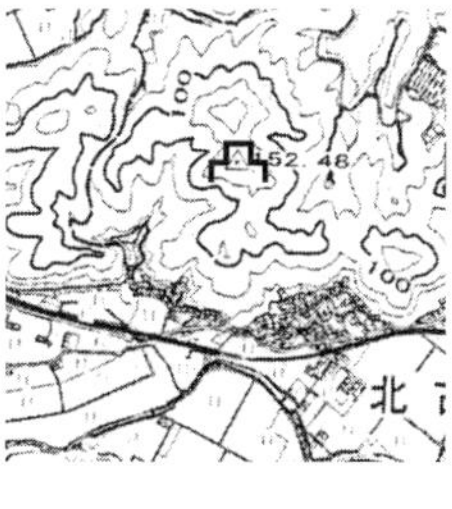

別　称　小佐城
所在地　飯塚市筑穂町大分
旧　郡　穂波郡

小佐古城は、飯塚市大分に所在する。飯塚市大分の中でも、飯塚市北古賀や飯塚市高田との境付近になる。

『筑前國續風土記』には「小佐古城址　北古賀村の内高田の境の山上に城址二所有。城主不詳」とあり、『嘉穂郡誌』には「小佐古城　大分村の東十七町餘にあり、二所東西に並べり、西方は平地二畝歩此村に属し、東の方は平地一畝歩餘此村及久保白、高田三村に境へり城主不詳」と記されている。

この城は、大きくは北と南に分かれる縄張りになっている。北は、東西二八メートル南北八メートルの本丸を中心とした造りで、竪堀・堀切の機能を併せ持つ掘と土塁も残る。南は、直径一一メートルの円形の二の丸と思われる曲輪を中心とした造りで、堀切と土塁も存在する。

築城の経緯や城主については不明であるが、この地が秋月氏と大友氏の勢力の接点であったことから、秋月種実が大友の家臣であり宝満・岩屋城主であった高橋紹運に備え築いた端城の一つと考えられる。高野山城や城山城も同様である。JR福北ゆたか線の筑前大分駅から東へ一キロほどの、氷屋地区の北側の丘陵に位置する。

（須原緑）

〔文献〕『福岡県の城』廣崎篤夫

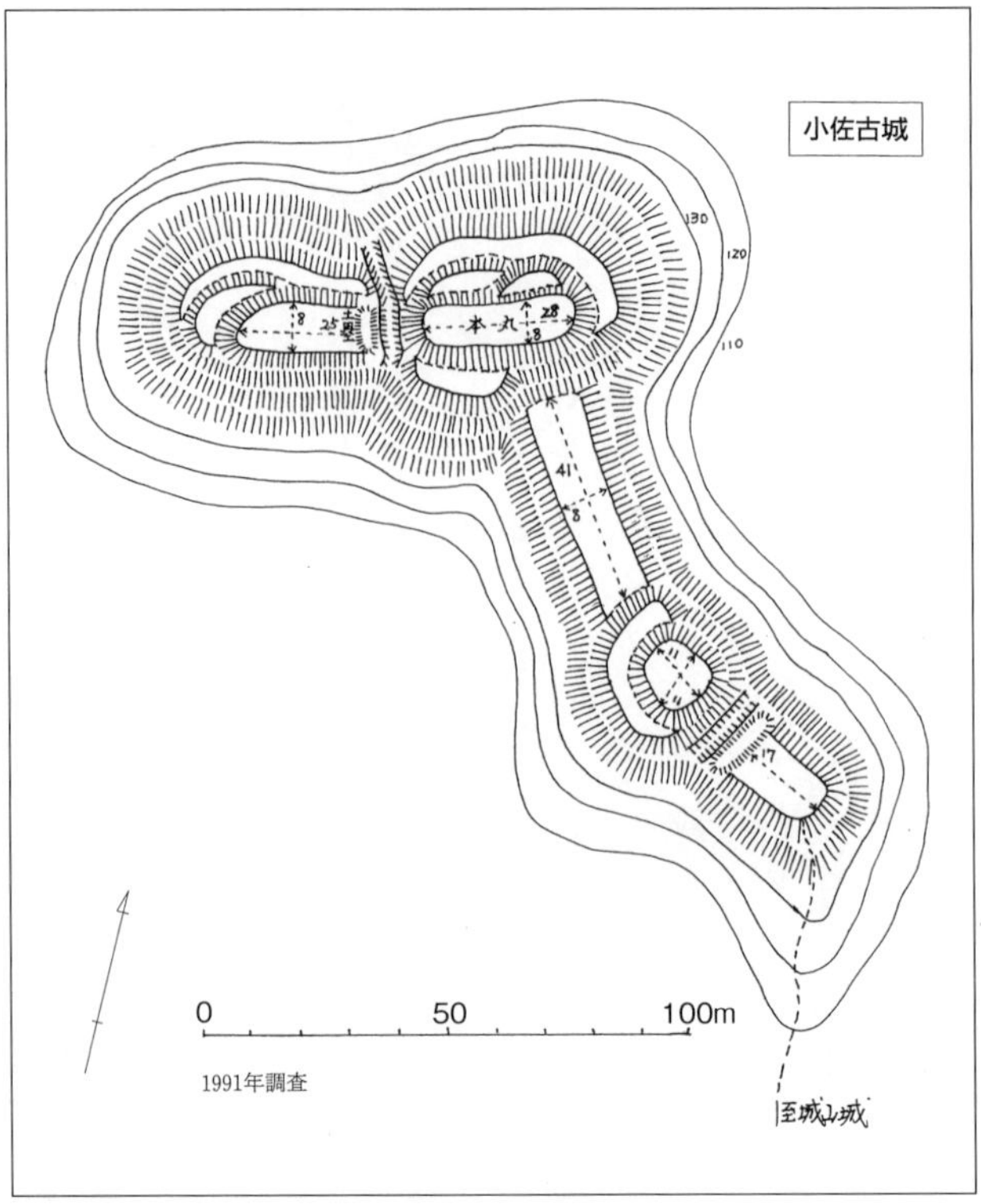

小佐古城（廣崎篤夫作成）

102
白旗山《しらはたやま》城

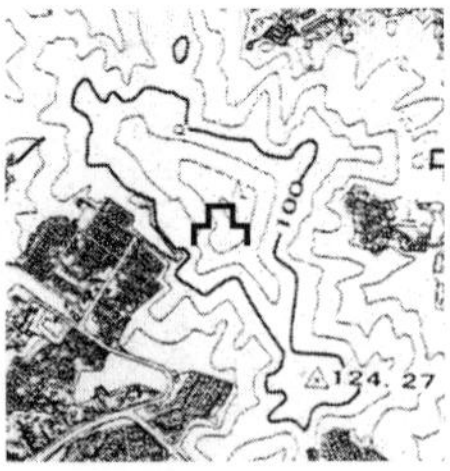

別　称　白旗城
所在地　飯塚市中・相田
旧　郡　穂波郡

白旗山城は、飯塚市中・相田の境にある白旗山に所在する。

『嘉穂郡誌』には「白旗山城址　白旗山にあり、本丸方四十間餘及び水の手門跡等殘れり、笠城山の端城なりしと云城主不知。」と記されている。

本丸は東西三〇メートル南北七〇メートルの平地があり周囲には空堀も残っているが、西側から南側にかけては鉱害により崩壊している。その他には、東側に空堀・水の手門跡、南東には石塁が一部残る。

築城の経緯や城主については不明であるが、笠木山城の出城の一つとして、秋月氏の持城であったと思われる。なお、伝承としては、藤原純友もしくは源為朝が白旗を立てたと伝わり、城の名の由来となっている。

飯塚市立幸袋中学校そばの寺ノ谷ため池北西側から、白旗山には登っていける。（須原緑）

〔文献〕『福岡県の城』廣崎篤夫

103 岩屋《いわや》城

所在地　太宰府市大字太宰府字岩屋
旧　郡　御笠郡

岩屋城は太宰府市の北側に位置する四王寺《しおうじ》山中にあり、市街地はおろか筑紫平野一帯を見下ろせる位置にある。

城跡は四王寺山を形成する岩屋山（標高二八一メートル）に、本丸跡（伝本丸）とされている曲輪（A）を最高所として、その南西側に高橋紹運の墓がある二ノ丸跡（伝二ノ丸）とされる城内最大の曲輪を配している。そして、これらの曲輪に到る尾根上には小曲輪群が配され、さらにこれらの斜面には竪堀や堀切で厳重に防御している。四王寺山山麓から伝二ノ丸に到る尾根筋には竪堀を幾重にも配した畝状空堀群《うねじょうからぼりぐん》と称される防御施設を確認することができ、山麓からの攻撃を強く意識した縄張りと読み取れる。一方では、伝本丸の北西側の四王寺山山頂に到る尾根続きは当城における最大の弱点と読み取れるが、ここには堀切が複数設けられて、伝本丸の北西側にある切出しと考えられる土塁によって防御している。

岩屋城に関する現地調査は古くは江戸時代後期まで遡るが、現在の城郭研究にみられる縄張り図の作成は一九八〇年代に始まり、複数の調査が行われている。図を掲載している岡寺良による調査が最新且つ最大城域を把握しているものである。

岩屋城は、文明一〇年（一四八〇）頃に豊前・筑前に進出してき

岩屋城図（岡寺良作成）

た周防・長門の守護大名大内氏の筑前御笠《みかさ》郡の軍事的拠点として築城された。大内氏滅亡後の天文年間（一五三二〜五五）には、豊後の守護大名大友宗麟が筑前御笠郡支配のために宝満山山頂とともに宝満・岩屋城督《じょうとく》を置いて、大友一族である一万田家から高橋家に養子に入った三河守鑑種《あきたね》が入る。しかし、高橋鑑種は大友宗麟に叛いた為にその任を解かれ、代わりに大友家重臣吉弘左近大夫鑑理《あきまさ》の次男鎮種《しげたね》（後の紹運《じょううん》）が高橋家の家督と宝満・岩屋城督を継ぐ。岩屋城は天正一四年（一五八六）、薩摩島津軍に攻められて落城したいわゆる「岩屋城合戦」で有名な戦国期城郭である。この時、高橋紹運は五万ともいわれる島津軍を相手に七六〇余名の城兵とともに一四日間の籠城戦の末、全員が討ち死にした壮絶な戦闘が展開された城跡としても大変有名である。

最寄り駅は西鉄太宰府駅で、城跡中心部までは四王寺林道を通って車で行くことができる。（下高大輔）

〔文献〕「太宰府岩屋城の研究（上）」『九州歴史資料館研究論集三二』岡寺良

104 有智山城《うちやま》

別称　内山城
所在地　太宰府市大字内山
旧郡　御笠郡

有智山城は宝満山山麓に位置する太宰府市内山九重ヶ原《ここのえがばる》という台地丘陵上に所在する。宝満山から派生する台地丘陵を遮断する形で巨大な横堀と土塁（A）があり、これらに守られた細長い曲輪（B）で構成される。これらよりもさらに標高の高い場所である北東側

（いわゆる城内側）にも平坦面があるが、表採遺物や植生、炭焼窯跡や九州電力の鉄塔跡などから近世以降の改変が著しく、純粋に中世城郭遺構とするのは早計といわざるを得ないのが現状である。また、横堀・土塁よりも標高の低い場所である南西側にも段造成が延々と続いており、これらは中世有智山寺の坊跡とする説もある。

この有智山城跡は『梅松論《ばいしょうろん》』や『筑前国続風土記《ちくぜんこくしょくふどき》』などから、鎌倉時代から南北朝時代に北部九州において勢力を誇った武藤《むとう》少弐《しょうに》氏の居城とされていた。しかし、近年の城郭（縄張《なわば》り）研究による宝満山周辺の城郭遺構の把握作業から、南北朝時代の城跡ではなく、戦国時代末期の宝満山城に伴う出城ではないかという説が挙げられている。このような現状から、文献史料に登場するいわゆる「武藤少弐氏の有智山城」と、現在「遺跡として見出されている有智山城跡」の再検討が必要な城郭といえる。西鉄太宰府駅から徒歩一時間強くらいだが、駅から内山方面への市バスもある。（下高大

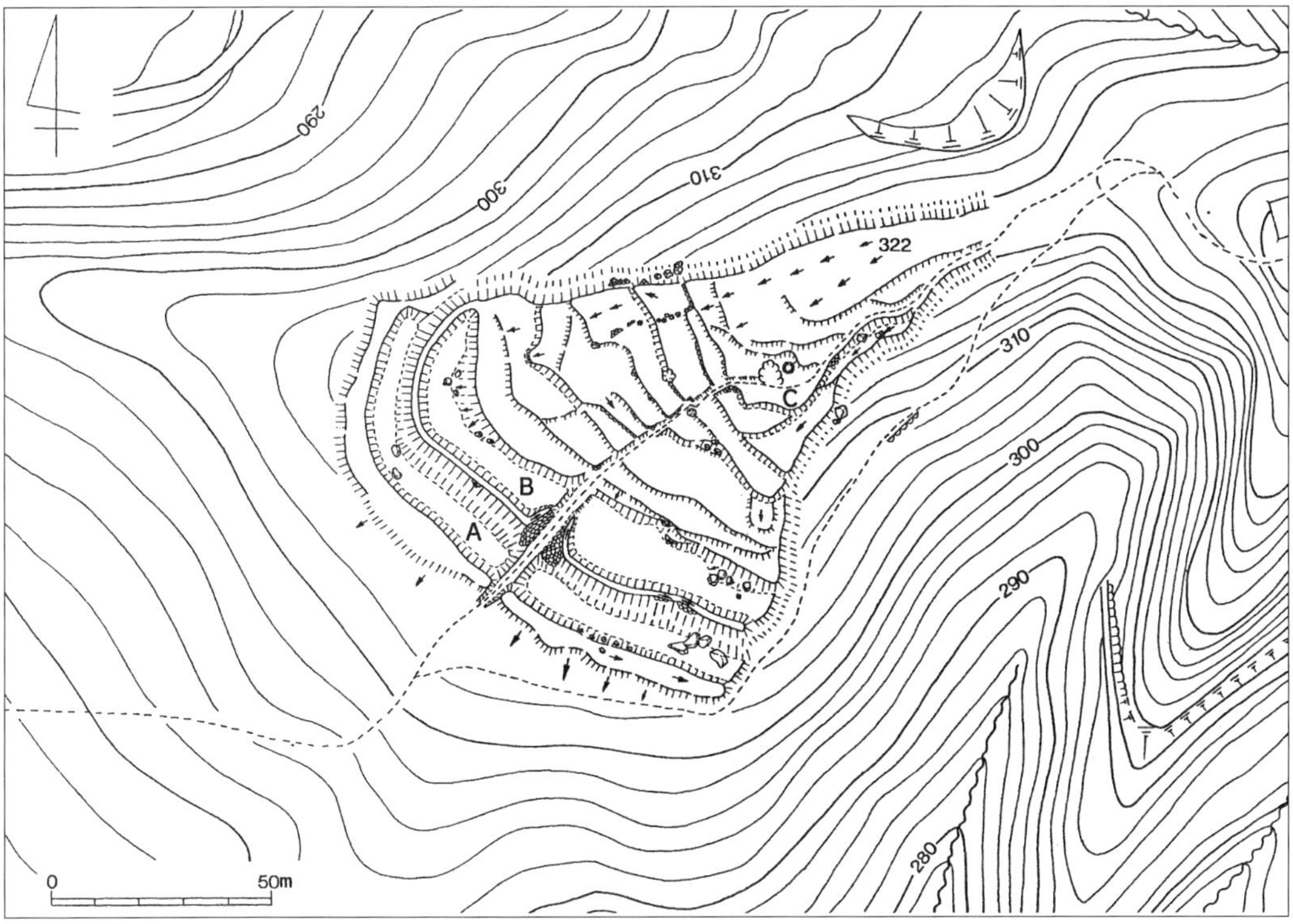

有智山城図（岡寺良作成）

輔）
〔文献〕「戦国期筑前中南部における領主権力の動向」『福岡地方史研究 四〇』中西義昌。「太宰府岩屋城の研究（下）」『九州歴史資料館研究論集 三二』岡寺良

105 高尾山城《たかおさん》

所在地　太宰府市高雄
旧　郡　御笠郡

高雄山は太宰府市の東側に位置して市街地に近い地区にある。山麓の西には石穴神社があり、南には市環境美化センターや住宅街、北側には大学、北東から東側にかけてはゴルフ場がせまっており、山頂部がひっそりと残っている標高一五一メートルの低い山である。その山頂部から東側へ続く尾根の最高部、標高一五八メートル地点を中心に城跡が展開している。主郭と考えられる付近にはテレビ局の電波基地があるために、城跡を目指すには目印になる。

山頂部の地形に制約された形で細長い曲輪が配され、その多くが土塁と横堀によって防御されている。さらに、これらに到る山麓からの尾根上には堀切が複数配置されている。また、江戸時代に描かれた『古戦古城之図』をみると、現在、太宰府ゴルフ場がある場所にも小曲輪群が描かれており、城域は現在確認できるものよりもさらに大きかったものと思われる。
『古戦古城之図』には、「立橋（高橋か?）紹運家臣之を守る」とある。また、『筑前国続風土記拾遺』には、「天正一四年薩摩勢岩屋城を攻し時、秋月氏の陣址と云。山上巽（南東）より乾（北西）に四三間。坤（南西）より艮（北東）に南にて四間半北にて六間有。東南の方に武者走あり。又筋違にから堀あり。」とある。さらに、佐賀県鳥栖市所在の勝尾城を本拠とする筑紫氏の持ち城の一覧が挙げられている福岡市博物館所蔵の筑紫家文書『城数之覚』には、「高尾ノ城・番持」とあり、筑紫氏の持ち城であったことが記されている。築城年代は不明であるが、これらの史料から高橋紹運の持ち城であったものが、天正一三年（一五八五）に筑紫氏が宝満山城を攻め取った際に高尾山城も筑紫氏のものとなり、その翌年の岩屋城合戦の折には薩摩島津方として参戦していた秋月氏が陣城として使用したという解釈が成り立つ。

なお、城跡へは筑紫女学園大学やゴルフ場の敷地からが行きやすいが、その際は許可を得る必要がある。最寄り駅は西鉄太宰府駅か五条駅で、各々徒歩四〇分程度である。（下高大輔）

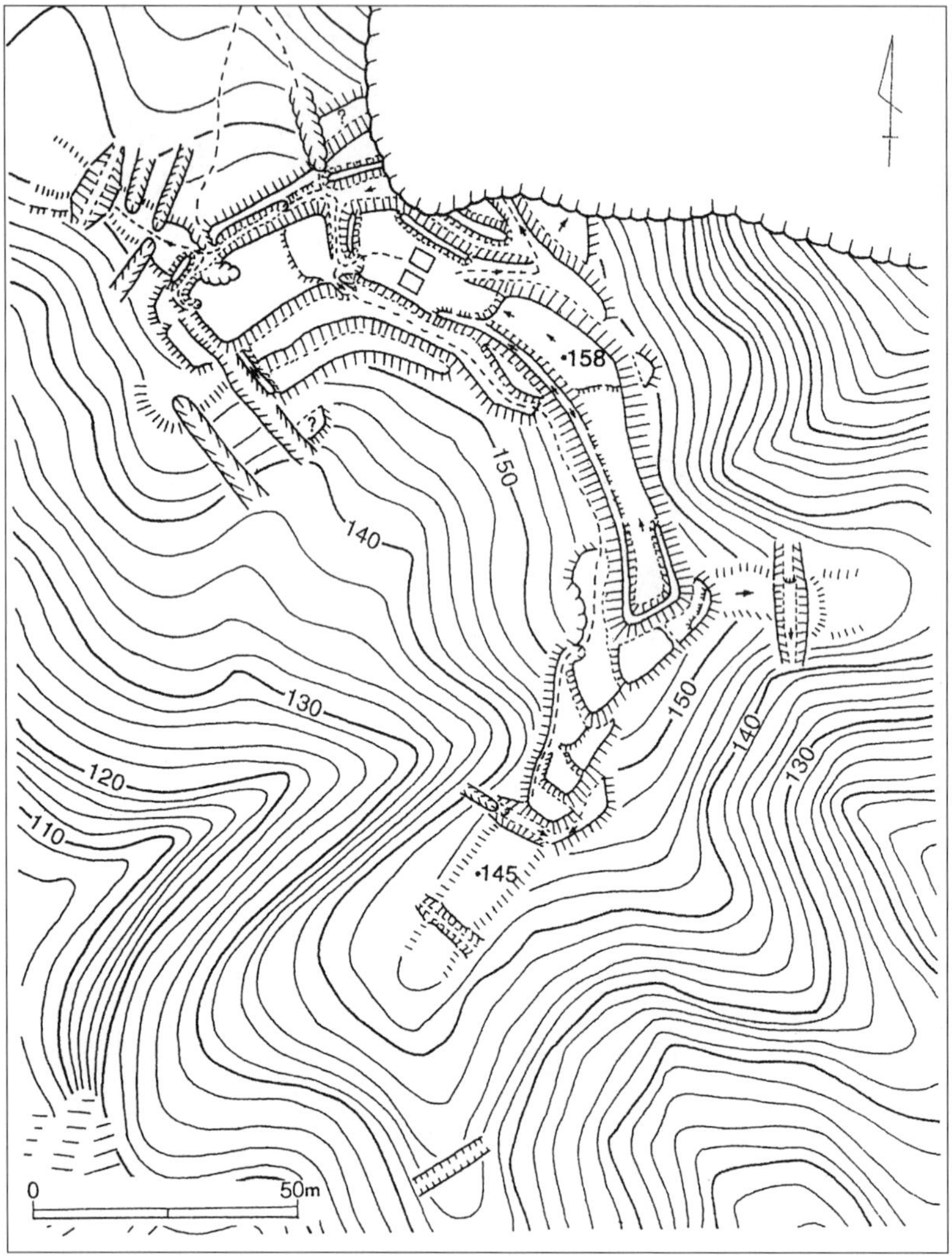

高尾山城図（岡寺良作成）

〔文献〕「御笠郡の戦国期城郭　高尾城」『歴史史料としての戦国期城郭』岡寺良。
「太宰府岩屋城の研究（下）」『九州歴史資料館研究論集三二』岡寺良

106 升形《ますがた》城

所在地　太宰府市大字内山、筑紫野市大字大石
旧　郡　御笠郡

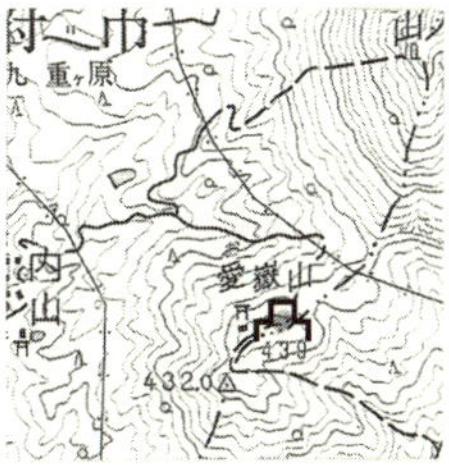

升形城は太宰府市と筑紫野市の市境にある宝満山の南西隣にある標高四四〇メートルの愛岳山《おだけさん》に所在する。筑前国続風土記《ちくぜんこくしょくふどき》の記述を基に城郭遺構を把握した結果、愛嶽《おだけ》神社のある最高所からみて南にある標高四三二メートル地点を周辺に曲輪と土塁・堀切を確認することができ、これらを升形城としてきた。しかし、再度升形城を含めた愛嶽神社周辺の段造成を調査した結果、神社のある東側の尾根上に宝満山山頂に見出される同様の段造成を確認することができ、これを江戸時代に神社を管理していた、いわゆる「宝満二十五坊」の一つである「財行坊《ざいぎょうぼう》（新坊《しんぼう》）」の跡に比定した。注目すべきはこの坊跡の北側で宝満山へと続く尾根筋を分断する形で明らかに人工的な堀切状の地形が連続で二つ確認することができたことである。このような地形は愛岳山財行坊跡と同様の坊跡を有する宝満山中には見出すことができない。よって、この地形は升形城に伴う城郭遺構の可能性が高いと考える。そうなると升形城は愛嶽神社のある場所を最高所として愛岳山山頂全域にわたって展開していた城郭の可能性が高いのである。この城郭中心部を利用する形で江戸時代になって神社と坊が形成されたと考えることができる。

升形城は、筑前国続風土記によると豊後大友氏の家臣である高橋

升形城図（下高大輔作成）

氏の出城であったとされている。西鉄太宰府駅からバスで内山方面、竈門神社前下車、徒歩五〇分くらいである。（下高大輔）

〔文献〕「御笠郡の戦国期城郭　升形城」『歴史史料としての戦国期城郭』岡寺良。
「太宰府市所在愛嶽神社周辺段造成の歴史的位置付け」『年報太宰府学　第二号』下高大輔

107 宝満山城《ほうまんさん》

別　称　竈門《かまど》山城
所在地　太宰府市大字内山、筑紫野市大字大石など
旧　郡　御笠郡

宝満山城は太宰府市と筑紫野市との市境に位置する標高八三〇メートルの宝満山山頂にあったとされている。この山は古くから信仰の対象とされ、江戸時代には修験の場として東院谷と西院谷というまとまりで坊が形成される。現在、これらの坊跡は江戸時代中期頃と考えられる石垣を伴った平坦面によって窺い知ることができる。これまで、宝満山城は堀や土塁などを伴わない、いわゆる城郭遺構のない城郭とされ、その実態は不明な点が多かった。しかし、近年、東院谷・西院谷を中心とした平面構造の把握がなされ、それぞれの坊は独立しており、城郭の曲輪配置とは異なるとされた。ただし、東院谷の座主跡とされる場所から仏頂山山頂に到るまでの尾根筋に堀切状の地形も確認できる。

宝満山城は天文年間（一五三〇年代）に豊後の守護大名大友家の家臣である高橋三河守鑑種《あきたね》が「宝満・岩屋城督《じょうとく》」として、岩屋城とともに居城としたのが、その始まりと考えられている。しかし、鑑種は大友家に叛いたために、高橋家の家督と宝満・岩屋城督は大友家の重臣である吉弘家出身の鎮種《しげたね》（後の紹運《じょううん》）に譲られた。その後、天正一三年（一五八五）には紹運の不在を狙い、筑紫《ちくし》廣門《ひろかど》によって占拠される。以後、筑紫氏の軍勢とその娘婿であり紹運の次男にもあたる統増《むねます》率いる高橋勢が宝満山城に在城した。しかし、翌年には薩摩島津氏によって再び落城して秋月氏の持ち城となる。最終的には豊臣秀吉による九州仕置《しおき》後に筑前に入部した小早川氏の名《な》島城《じまじょう》の支城という役割を最後にその役目を終える。（下高大輔）

〔文献〕「宝満山近世僧坊跡の調査と検討」『九州歴史資料館研究論集　三三』岡寺良

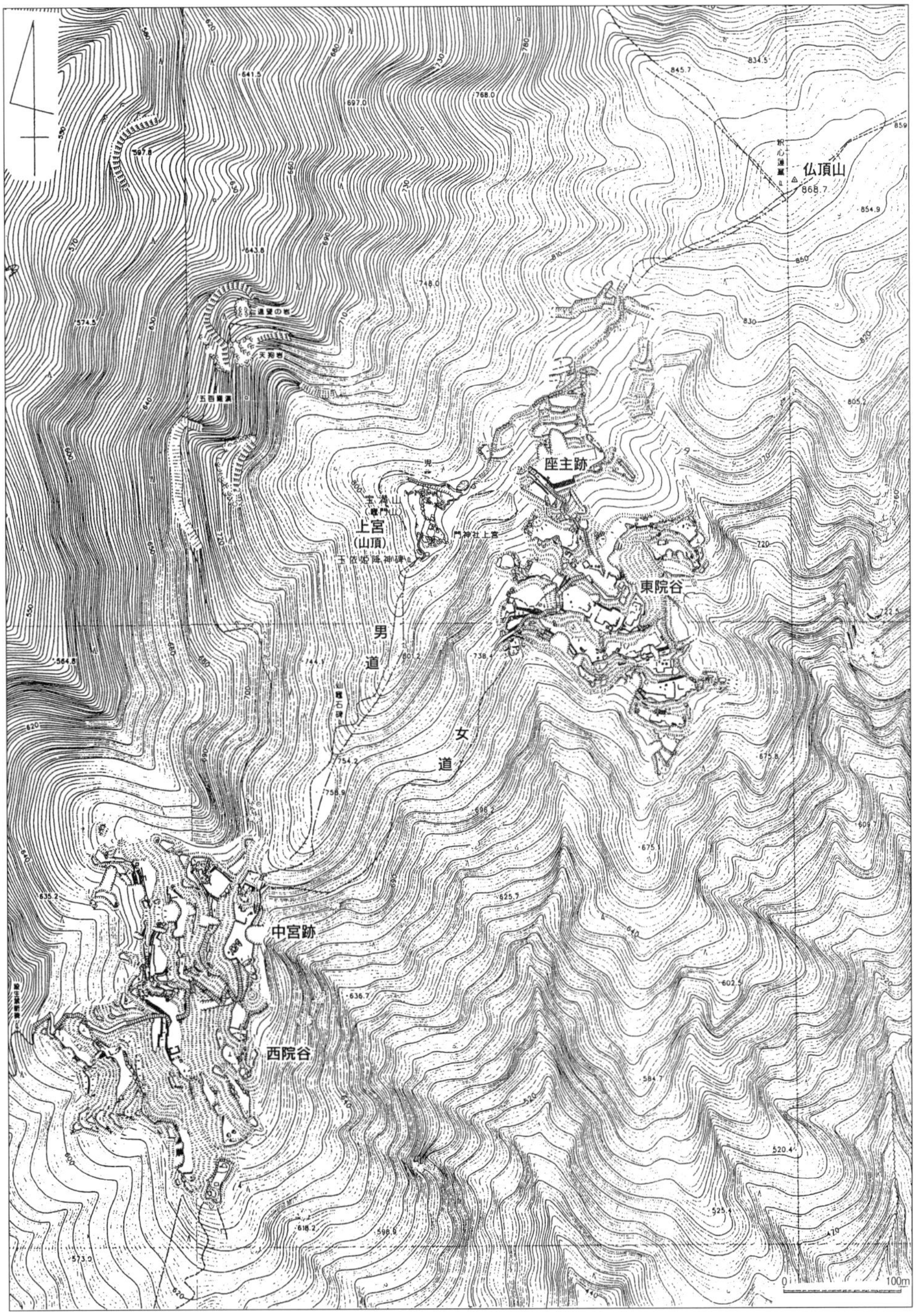

宝満山頂上周辺段造成展開図（岡寺良作成）

108
天判山城《てんぱんざん》

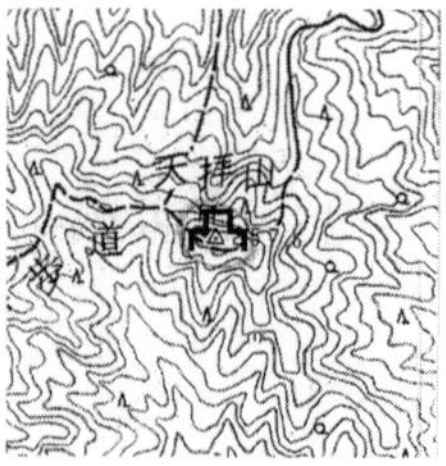

別称　武蔵ノ城
所在地　筑紫野市武藏・古賀
旧郡　御笠郡

九州最古ともされる二日市温泉の西側、菅原道真が無実の罪を天に祈ったと伝えられる天拝山《てんぱいざん》山頂（標高二五七メートル）に位置する。城郭の構造は天拝山山頂に、約二五メートル四方の主郭を設け、その東西両側に一つずつ曲輪が認められる。そして、主郭の南側と東側にそれぞれ二本ずつの堀切が掘られているのみの至って単純な構造を呈する。『筑前国続風土記』には、「天判山の上にあり。筑紫廣門の家臣帆足備後居住せしと云」とある。また、この天判山城の山麓にはこの他に、堂ノ山《どうのやま》砦と飯盛《いいもり》城の二つの城郭がある。

堂ノ山砦は、山頂から北へ伸びる尾根の先端、武蔵寺《ぶぞうじ》と御自作《ごじさく》天満宮の背後の山麓に位置する。かつて武蔵寺経塚として発掘された地点が砦の主郭部分にあたり、土塁や堀切が確認されている。

飯盛城は山頂から北東へ伸びる尾根の中腹、標高一五〇メートル地点とそこから北側へ約二〇〇メートル下った標高八三メートル地点にも、単郭の曲輪が存在する。『古戦古城之図』には、「城主不詳或云筑紫広門の家臣帆足弾正城番たりと云」とあり、また『筑前国続風土記』には、「天判山の内にあり。其上平なる所、長五〇間、横一六間許有。城主詳ならず。或説筑紫廣門家臣帆足弾正城番たりしと云。…」とあり、天正年間頃には、筑紫氏の家臣の帆足氏が城番であったことがわかる。

以上三つの城郭の位置関係を見ると、山頂部に天判山城があり、その中腹ないし麓に飯盛城、北側の麓に堂ノ山砦がある。つまり、一番高所にある天判山城を中心として、麓のおさえとして、飯盛城と堂ノ山砦が配置され、三つの城が一体になった城塞群であると考えられる。おそらく天正年間においては、筑紫氏の御笠郡における拠点として機能したものと考えられる。現地へは、JR鹿児島本線二日市駅から徒歩二〇分で、武蔵寺前の天拝山登山口へ到着し、そこから登山道を徒歩約三〇分で到着する。（岡寺良）

〔文献〕『歴史史料としての戦国期城郭』中西義昌・岡寺良

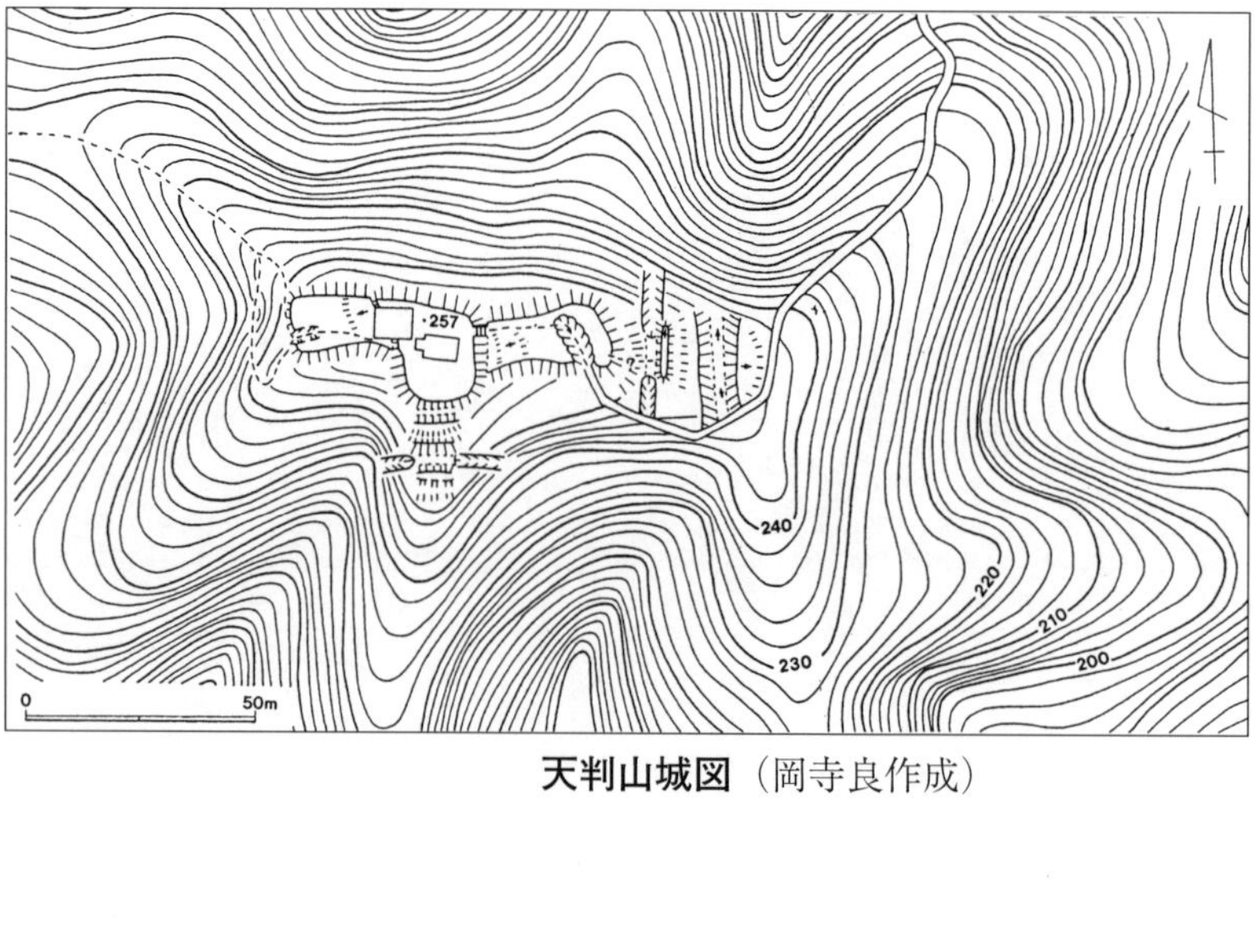

天判山城図（岡寺良作成）

109

博多見《はかたみ》城

別　称　うさか原の城、里岩城
所在地　筑紫野市山口
旧　郡　御笠郡

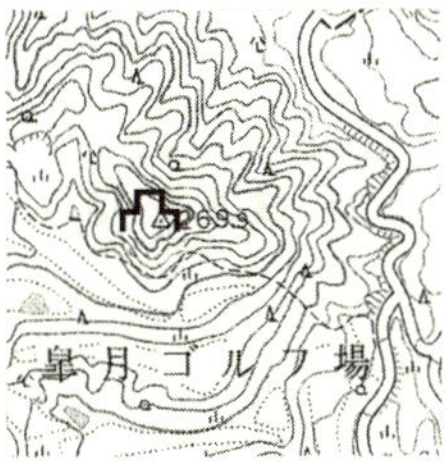

筑紫野市大字山口の、RKB皐月ゴルフ場の北側にあたる標高二六九メートルの山頂に位置する。比高は約一九〇メートルである。

『筑前国続風土記』には、「山口村にあり。又うさか原の城とも云。村より北なる高き山上にあり。城主詳ならず。」と記されている。また、『古戦古城之図』には絵図が収録されており、その記載には、「土人ハ里岩城ト云」とある。具体的な城主については不明である。

城郭の構造は、二六九メートルの山頂にある南北約二〇メートル、東西約一五メートルの主郭を中心として、北側に南北に細長い曲輪を一つ配し、さらにその北側の尾根上には、三本の連続堀切が認められる。また、主郭の南側から西側にかけて帯曲輪があり、その南側には一本の堀切を設ける。東尾根には一本の竪堀と一本の堀切があり、その東側に、南北約一〇メートル、東西約二〇メートルの非常に平坦になされた曲輪が認められる。その曲輪の東側約二〇メートル下ったところに深さ一メートル未満の浅い一本の堀切があり、城域の東側を限っている。

博多見城は、その名の通り、主郭部から博多方面を望むことができる。また、北側の天拝山の城郭群と密接な位置関係にある。そして、五ヶ山の一の岳城あるいは、肥前方面へ抜けるルートもおさえることができる。以上のことから、この城の城主は不詳だが、天判山城を含め、この一帯を支配していた筑紫氏のこの城に対する軍事的な重要性を窺うことができる。現地へは、JR鹿児島本線二日市駅または西鉄二日市駅から西鉄バス山口・平等寺方面に乗車し、天拝湖入口停留所で下車、徒歩で天拝湖北側から山頂まで約四〇分で到着する。（岡寺良）

〔文献〕『歴史史料としての戦国期城郭』中西義昌・岡寺良

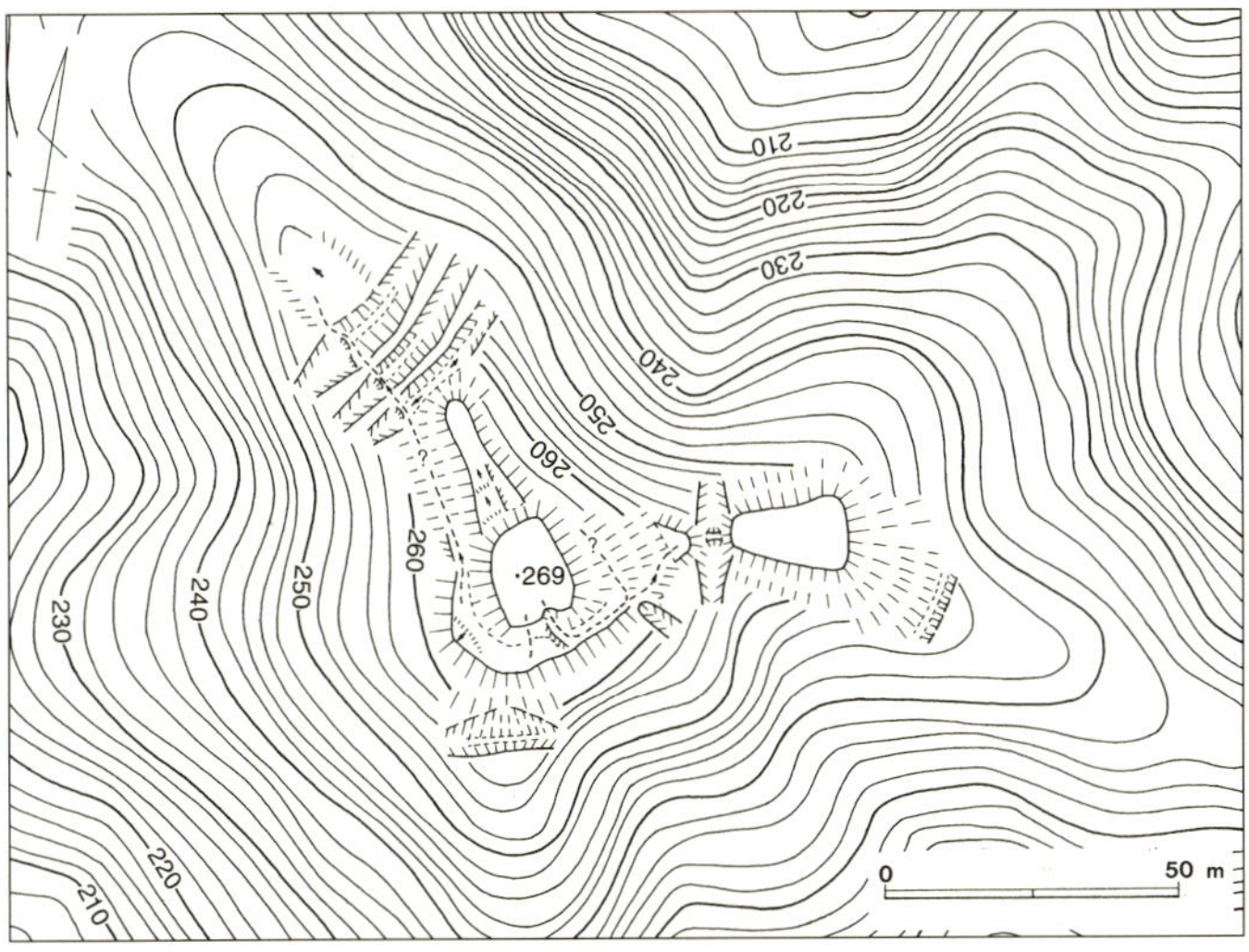

博多見城図（岡寺良作成）

110 古処山《こしょさん》城

別　称　古所山城、経ヶ峰城
所在地　朝倉市秋月野鳥・江川、嘉麻市千手
旧　郡　夜須郡・嘉麻郡

古処山城は、戦国時代秋月に本拠を構え、天正年間には筑前の中・南部の一帯を支配した国人領主秋月氏の本城である。城はその支配領域を示すかのように、南は本拠地秋月から、北は筑豊盆地を遙かに見晴るかす古処山の山頂に位置する。

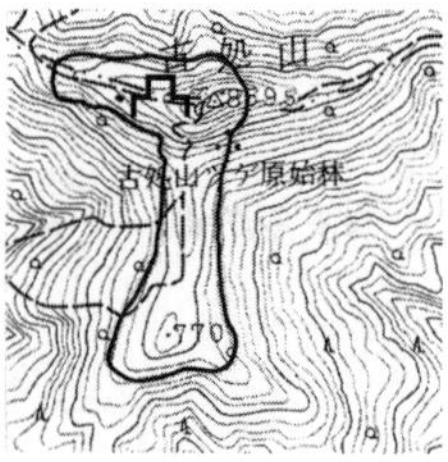

城の構造は、大きくわけて北側の郭群と、南側の郭群（経ヶ峰）の二つの部分からなる。北の郭群は標高八五九メートルの山頂部から西側尾根にかけて展開する。山頂部は、現在若干の平坦面が存在するものの、岩の露頭が非常に多く、宗教施設（白山権現）も存在するため、城郭に関係するような建物等を想定することは難しい。それよりも主郭に想定すべき箇所としては、『筑前国続風土記』にあるように、そこから西へ進んだ1の曲輪が考えられる。1の曲輪は南北約二〇メートル、東西約七〇メートルで、非常に平坦である。1の曲輪の一番西側には、現在秋月城の黒門として残っている門がかつてあった場所といわれているところもあるが、真偽のほどは定かではない。

1の曲輪の北側にもいくつかの曲輪が展開し、その北側に一五本の畝状空堀群が掘られている。斜面はかなり急で、竪堀頂部に犬走りや横堀などを設けることなく、斜面にそのまま掘られている。曲輪の両端は比較的大きな竪堀（a、b）が掘られ、曲輪を固める意識が見受けられる。また、曲輪群の西側尾根の北斜面にも畝状空堀が一四本並ぶ。これらの畝状空堀群のさらに西側に二本の大きな堀切を設け、西側尾根からの侵入を妨げている。

一方、古処山城の南側、経ヶ峰部分の郭群についてであるが、山頂部から南側へ下り、山の鞍部を過ぎた後、さらに南側に七七〇メートルのピークがあり、そこを中心に多くの曲輪が認められる。七七〇メートルのピーク部分は、非常に狭い平坦面があり、そこは求心性の高い曲輪とは認められない。むしろ、南側の郭群における中心的な曲輪は2の曲輪がそれに当たると考えられる。

2の東西に曲輪群が展開するが、東側の曲輪群は規模も小さく、平坦面はあまり顕著ではない。それに対して、西側には、数多くの曲輪が認められる。ただし3、4の曲輪を除き、ほとんどの曲輪の平坦具合は不明瞭で、短期間に拡張した様相を見て取ることができる。そしてそれらの曲輪群の西側と南側には、数多くの畝状空堀群が取り囲んでいる。北側の曲輪群の畝状空堀群とは異なり、これらの畝状空堀群の頂部には、犬走りや横堀が備えられ、北側の曲輪群の畝状空堀群より進んだ構造となっている。特に防御正面と想定される南西尾根側には、畝状空堀群の密度も濃く、防御性が高くなっている。そしてさらに尾根沿いに南西方向に進んだ所に一本の堀切を設け、城域を画している。

また、南側の郭群の北側（図中c）には、北側からの侵入に備えての障壁とも言える土塁があり、南側の郭群が、主郭の存在する北側の郭群に対して半ば独立した縄張りであることを示している。しかし、その一方で、山の鞍部には図中5に見られるように、平坦面と土塁を設けることで、北側の郭群と南側の郭群を結びつけようと

する動きも認められる。西側中腹には、一日千人の喉を潤した伝える「水舟」という水場があり、現在でも水が湧いている。また、城内では瓦や陶磁器が採集されている。現地へは、甘木鉄道甘木駅下車、甘木観光バスで野鳥もしくはだんごあん停留所で下車、徒歩九〇分で到着する。自動車利用の場合は、中腹の古処林道終点に駐車するのが便利である。（岡寺良）

〔文献〕「古処山城の瓦と陶磁器について」『北部九州中近世城郭情報紙 一』片山安夫。『歴史史料としての戦国期城郭』中西義昌・岡寺良

古処山城図（岡寺良作成）

111
荒平城《あらひら》

別称　荒平山砦
所在地　朝倉市秋月野鳥・秋月
旧郡　夜須郡

朝倉市の秋月城下町の北側の山中、標高二二八メートルの荒平山山頂に位置する。豊臣秀吉が九州征伐の際に逗留したとされることでも知られ、秋月氏の本城として詰城的性格の古処山城と対をなす秋月氏の「里城」と考えられる。

城の構造は、秋月城下町の北、荒平山山頂（標高二二八メートル）にあたる主郭部を頂点として、そこから南へ派生する東西二本の尾根上、及び谷を隔てた通称「いち木尾」と呼ばれる尾根上に曲輪群が展開している。曲輪群は大きくわけて五箇所に分けられる（Ⅰ～Ⅴ）。城の縄張りをみると、その特徴は、以下のように指摘できる。

①荒平城は、Ⅰの主郭aを頂点として、大規模な曲輪群を有する大規模な城郭である。

②曲輪群は大きく分けて、五つに分けることができる。相対的な位置関係においてⅠの曲輪群が優位な場所に位置づけられ、残りのⅡ～Ⅴの曲輪群は下位に位置づけることができる。比較的独自性を保った位置関係にあるといえる。しかし注目すべきはⅡ～Ⅴの曲輪群の縄張りもまた、個々に完結しており、それらの独自性が窺われることである。

③これら曲輪群には一〇〇本を超える膨大な数の畝状空堀群の囲

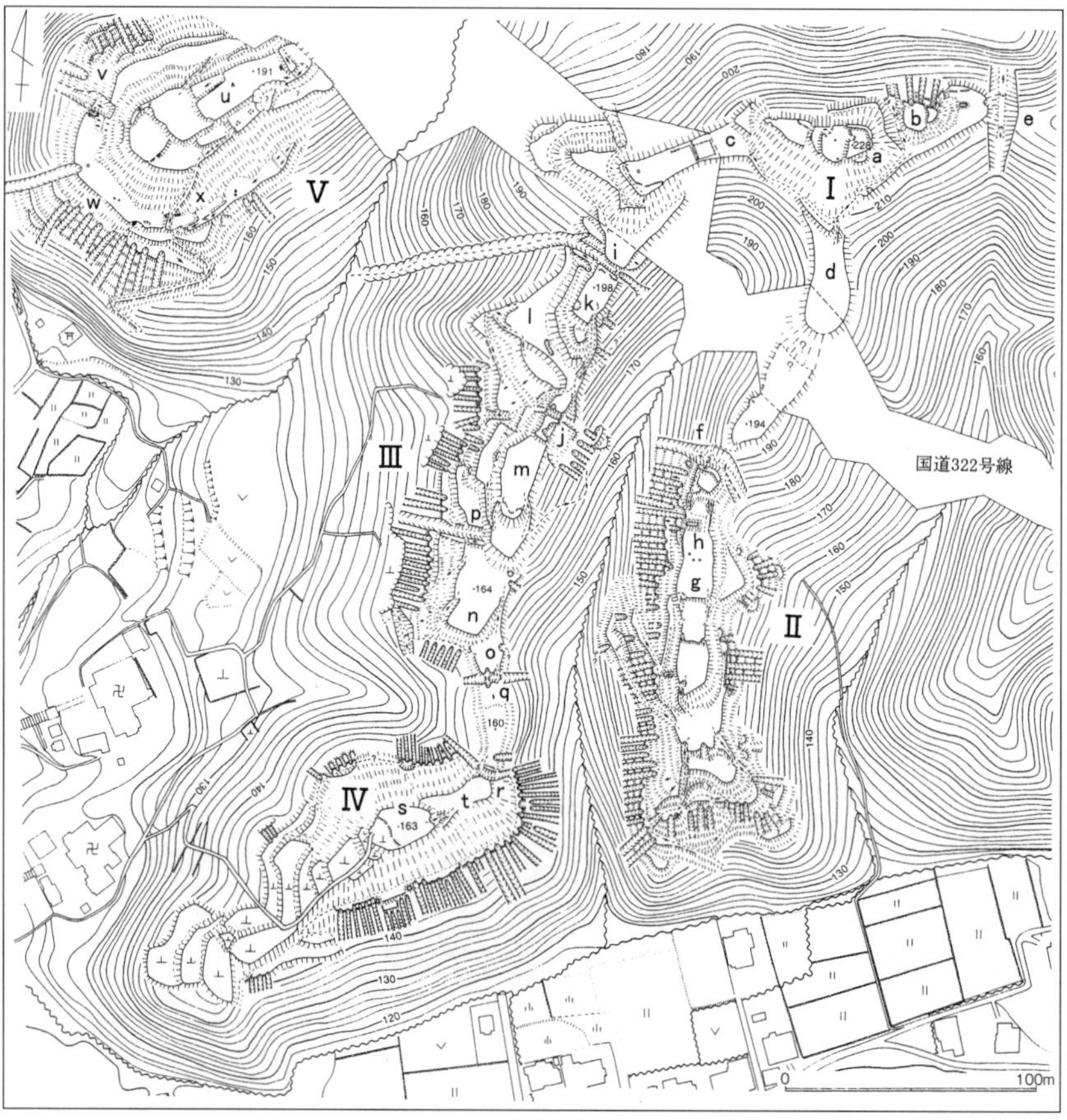

荒平城図（岡寺良作成）

繞を確認でき、厳重な防御が窺われる。

これらのことより、荒平城は古処山城と同じく、広大な曲輪群を膨大な畝状空堀群で囲繞する構造であったことがわかる。特に広大な曲輪群を畝状空堀群で囲い込むという趣旨により構築あるいは改修されたこの曲輪群は、秋月氏の本城として荒平城が重視されていたことを示していると考えられる。

また、このように考えると、Vの曲輪群の西側約五〇〇メートルに位置している殿神楽《とのかぐら》城の縄張りにも畝状空堀群が備わっていることから、この殿神楽城もまた荒平城と一体となって麓の谷部を囲い込んで防御していたと考えられるのではなかろうか。

そしてさらに、視野を広げてみると、秋月における城館の対照的な状況が浮き彫りになろう。すなわち本城（本拠）である古処山城・荒平城とそれに直接的に付随する荒平城Vの曲輪群（いち木尾城）・殿神楽城において畝状空堀群が確認できる一方で、それらとやや離れた位置にあって、秋月から古処山城に続く尾根上のルートにある城館には畝状空堀群が確認されていない。この偏在の理由については、一つには城館の機能差あるいは重要度の差と考えられる。周辺のさらなる調査も含めて今後詳細に検討していく必要があろう。

現地へは、甘木鉄道甘木駅下車、甘木観光バスで秋月停留所で下車、徒歩二〇分で到着する。（岡寺良）

〔文献〕「筑前荒平城の再踏査とその意義」『北部九州中近世城郭情報紙 一二』岡寺良

112 鼓嶽城《つづみがたけ》

所在地 朝倉市下淵《したぶち》・千手《せんず》
旧 郡 夜須郡

現在の甘木の市街と秋月のちょうど中間地点、小石原川東岸に位置する。標高二三七メートル、比高差一七〇メートル。城郭の構造は、東西それぞれにピークがあり、西側の頂上（標高二三七メートル）には、三つほど曲輪が連なる。その西側には特に堀切などは認められないが、逆にその曲輪の東側は、急激に下っており、堀切にしてはやや幅の広い標高二一九メートル地点から東側に連続堀切群が認められる。この連続堀切群は、三～五本を単位として三つの集まりが認められ、合計本数は一二本にものぼり、数の多さでは、全国的にもあまり類例はない。
一二本の連続堀切のさらに東側にもう一つのピーク（標高二二八メートル）があり、非常に平坦な曲輪が存在する。
この異常なまでの連続堀切の存在理由であるが、尾根を約一〇〇メートル近くも分断することで、尾根上の通行を妨げるだけでなく、尾根上の使用そのものを否定することを意図していると考えたい。つまり、防御側だけでなく、攻撃側にも使用されないことを意図したのである。しかし、連続堀切群を設けることによって、逆に主郭ではない東側の曲輪の独立性が高くなり、いわゆる別郭一城のような構造になっていることは注目すべきである。

そして、城域の北東側と東側はそれぞれ尾根上に堀切を配して、城域を画している。

『筑前国続風土記』には、「鼓か岳城」は、「下淵村に有。大友旗下の城也しと云。」とあり、また、『筑前国続風土記拾遺』には、城主は、秋月氏の家臣の福嶽美濃守とする。現地へは、甘木鉄道甘木駅下車、甘木観光バスで秋月方面へ乗車し、下淵停留所で下車、徒歩四〇分で到着する。（岡寺良）

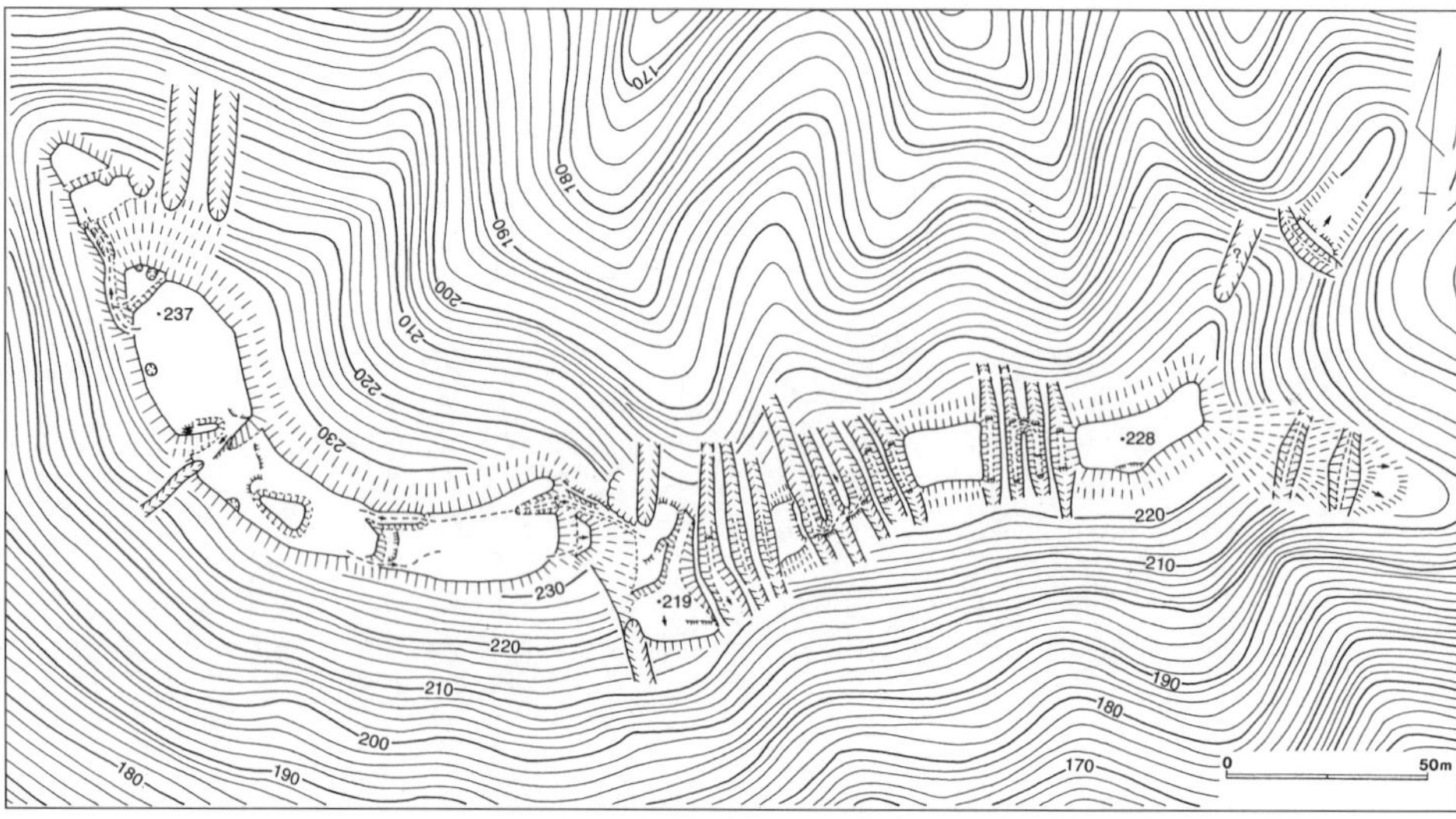

鼓嶽城図（岡寺良作成　2009年修正）

113 片山城《かたやま》

所在地　朝倉市持丸
旧　郡　夜須郡

朝倉市甘木の北に位置する大平山（三一五メートル）から西へ延びる尾根が小石原川に面する先端部、朝倉市持丸にある。明治三七年の古地図に見える甘木と秋月を結ぶ街道は、甘木を出た後この城に進路を阻まれ小石原川の西岸に移る。現在は採石場となっていることから、尾根の南端部だけが残り、一見独立した丘陵に見える。周辺と山頂の高低差は約五〇メートル、頂部には古墳が一基確認できるだけで、城跡であることを窺わせるような遺構は見当たらない。

文献では『筑前国続風土記』に「是秋月氏の端城にして、其家臣福嶽美濃入道居住せりと云。」とあり、『古戦古城之図』では縄張りを見ることができる。小石原川（『古戦古城之図』中では秋月川）と並行して南北に延びる尾根上に、細長い曲輪が三つ直線的に並ぶ。中央の曲輪には、東西両斜面に竪堀が五～六条、北の曲輪との間に堀切が三条、南の曲輪との間には小規模の曲輪を設けその南西斜面に竪堀が四条描かれ、堅固な構えが見て取れる。一方、南北の曲輪には周囲に堀切や竪堀がなく、わずかに南の曲輪の中央部に堀切が一条見られる程度である。

甘木から秋月へと向かう国道三二二号線沿い、甘木観光バスの持丸バス停が目印。（隈部敏明）

114

小《こ》鷹《たか》城

所在地　朝倉郡筑前町弥永
旧　郡　夜須郡

筑前町の東部、現在の朝倉市との境に近い弥永の集落の北西部にあたる標高二一三メートルの山頂に位置する。

『筑前国続風土記』によると、「弥永村にあり。むかし楢原《ならはら》備後守高利と云し者、此城を築て在城せり。其後秋月種実か出城となる。家臣内田善兵衛を城番とせらる。備後守が末、楢原刑部少輔と云者は、秋月氏の幕下となり、御笠郡不動か城にうつりぬ。其子兵庫、秀吉公九州征伐の時、秋月氏の先手として戦死せり。」とある。また、『筑前国続風土記附録』には、「本丸跡一反余あり。其南に一段低き所有。調馬場跡といふ。此山の北は栗田村に境あり。又本丸跡の東北に平かなる地有。たかをとしといふ。」とある。また、『古戦古城之図』にも図が載っており、現状とほぼ合致している。

標高二一三メートルの山頂に主郭は位置し、一辺約一五メートルである。その南側に下ったところには、やや狭い平坦面があり、そのさらに南側に堀切を設けている。主郭の北側には、幅二〇メートルで北西側に八〇メートル程延びる細長い曲輪が続く。その曲輪の平坦面は不明瞭だが、西側に高さ五〇センチほどの土塁が施されている。この曲輪の北側から東側にかけては犬走りが見られるが、その犬走りには、約五～一〇メートルの間隔を置いて、一〇本ほどの畝状空堀群がまばらに見られる。曲輪の北側には一本の堀切も見られる。

また、主郭の東側、畝状空堀群の一番南側では、竪堀の南側に急峻な切岸を設けることで、その南側の平坦面から竪堀側に攻撃を加えやすいような工夫がなされている。現地へは、甘木鉄道甘木駅で下車し、朝倉総合庁舎入口停留所から、朝倉街道・二日市方面のバスで久光停留所で下車し、徒歩約四〇分で到着する。（岡寺良）

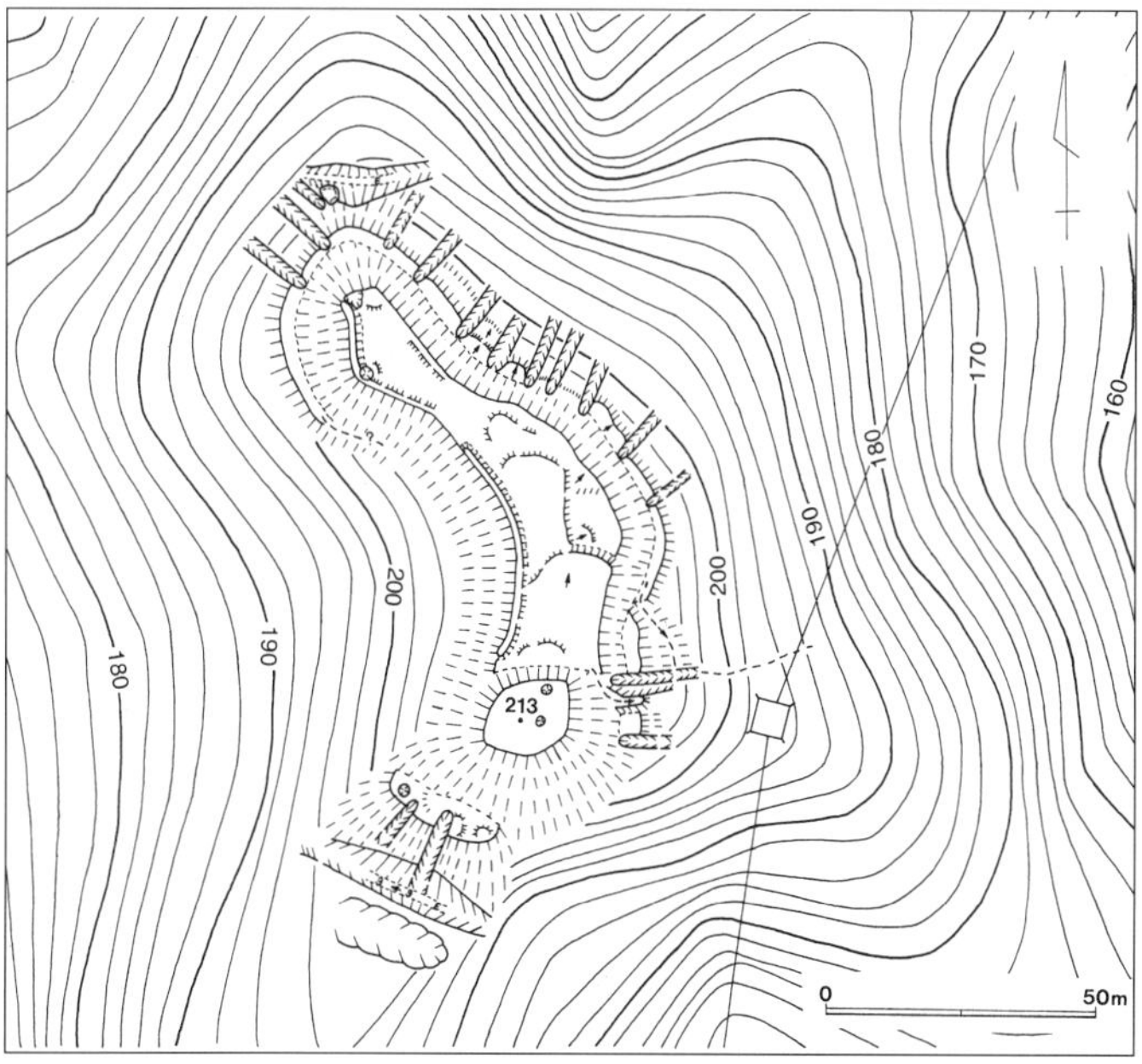

小鷹城図（岡寺良作成）

115
休松城《やすみまつじょう》

別　称　安見ヶ城、茄子町城
所在地　朝倉市柿原・板屋・堤・下渕
旧　郡　下座郡・夜須郡

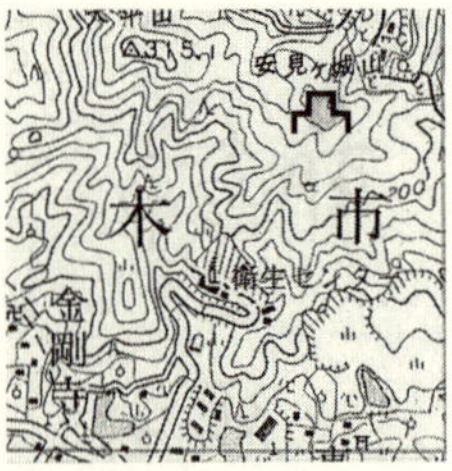

朝倉市甘木の北に位置する大平山（三一五メートル）から東へ尾根続きにある安見ヶ城山（二九九メートル）の頂上一帯にある。山頂の主郭は長さ約五五メートル、幅約一〇メートルと細長く、曲輪の内部や北縁に土塁の痕跡が一部見られる。主郭から北西に延びる尾根には小規模の曲輪が二つ、南東の尾根には主郭と同規模の曲輪が二つ、緩やかに弧を描いて同一線上に並ぶ。主郭からは北東・南西方向にも尾根が延びているが両者共に曲輪は無く、大平山へ続く南西の尾根にのみ堀切が見られる。各曲輪の周囲に竪堀は掘られていない。

この山城にまつわる事柄として、永禄一〇年（一五六七）秋の休松合戦がある。大友氏に反旗を翻した秋月種実に対し、戸次鑑連・吉弘鑑理・臼杵鑑速等の大友方が秋月へ攻め込んだ際の主戦場となったのである。『筑前国続風土記』によれば、緒戦で大友方を食い止めた秋月方は、秋月周辺の城を引き上げ古処山城に籠る。大友方では空き家となった秋月方の山城にそれぞれ陣を敷き、後陣として休松城に陣を構えた。九月三日、秋月方が夜襲をかけると、大友方は大混乱に陥り、後陣の休松城へと敗走。秋月方も休松城まで追走し敵味方入り乱れる中、大友方では同士討ちする者もあり多くの死傷者を出し、筑後まで退却していったというものである。城跡へは山麓の各地区からの登山道があるが、桜の名所である甘木公園から大平山を経由する遊歩道が歩きやすい。（隈部敏明）

中央右が安見ヶ城山、左は大平山、右奥が古処山

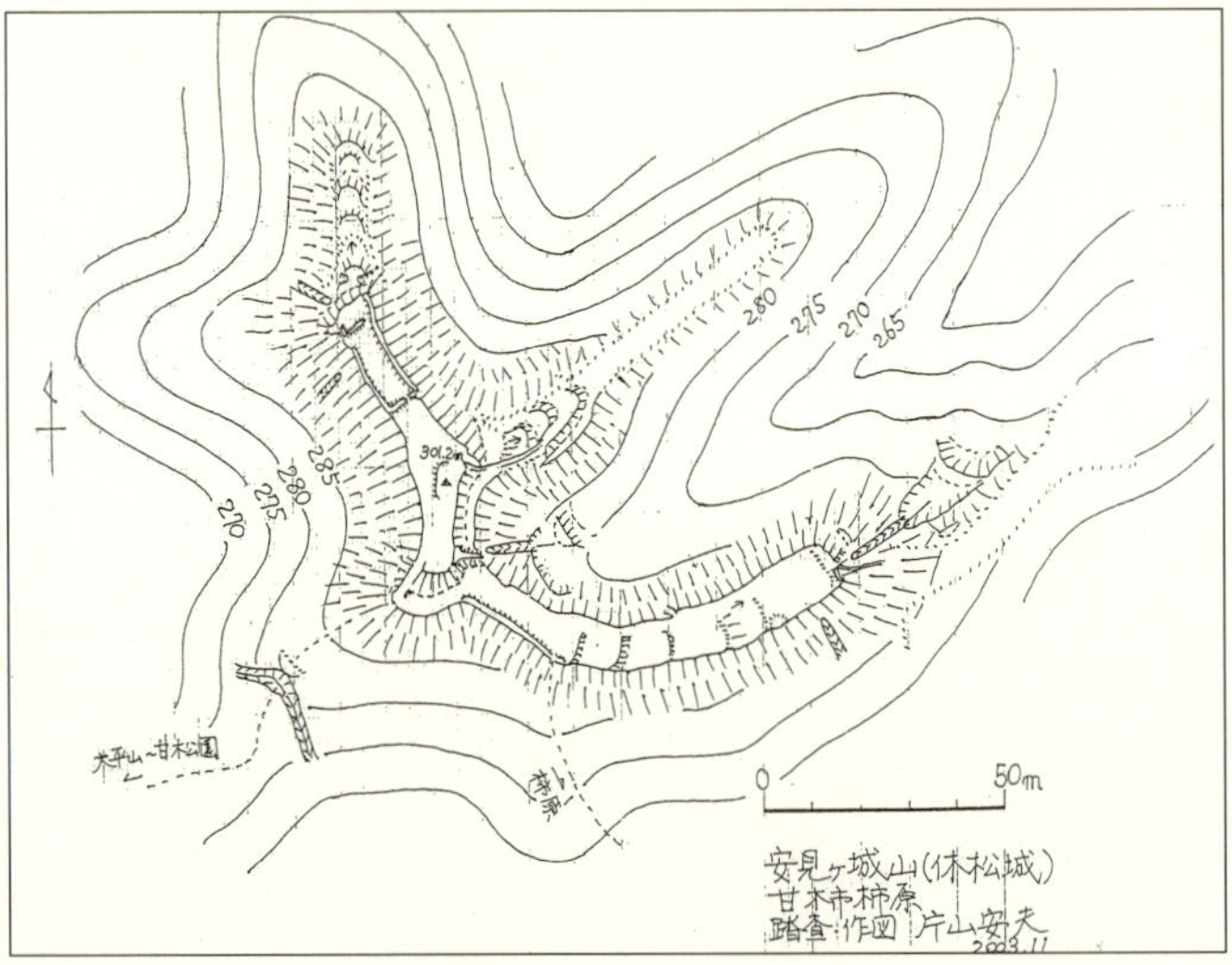

休松城図（片山安夫作成）

116
村上城《むらかみ》

所在地　朝倉市黒川黒松
旧　郡　上座郡

広蔵山の南西麓、旧黒川村（朝倉市）は、戦国期に英彦山座主が本拠とした黒川院が所在することでも知られるが、村上城は村内の黒松集落の北西側の山中にあたる標高四二七メートルの箇所に位置する。

この城の城域の範囲の特定は非常に困難である。それは城の基本をなす曲輪の平坦面がしっかりしていないばかりではなく、通常、城域を防御して区画する堀切、畝状空堀群等の防御遺構が殆ど存在しないためである。つまりは、一般的な里山で見られるような自然地形と比較しても、この場所が一見変わりがないからである。

しかし、この城の城域を特定する上で非常に重要な絵画資料が残されている。それは『古戦古城之図』の「村上古城之図」である。それを参考にした上で図化したものが、この縄張り図である。標高四二七メートルの最高所はもとより、城域の殆どが自然地形に見える。ただし、よく観察すると、最高所の曲輪の北端部とその北側の切岸は非常に丁寧に成形されており、城郭の構築をもくろんでなされたものであると考えられる。おそらく北側の標高四二三メートル地点から見上げると、それなりの城の景観を呈していたと考えられる。また、その東側にはこの城唯一とも言える竪堀が一本確認できる。さらに北側には広大な平坦面が広がるが、絵図には「畠」とあり、近世には二次利用されており、戦国期にはどうであったかは不明である。

『筑前国続風土記』には、村上定雲を城主としており、先ほどの絵図にも、城の麓に「村上屋敷跡」と記載されている。おそらく黒松一帯を治めていた小規模領主村上氏の詰城と考えられる。現地へは、高速バスで杷木停留所で下車、黒川方面のバスで、黒松下車、徒歩一五分で到着する。（岡寺良）

〔文献〕『筑前秋月城跡Ⅳ』甘木市教育委員会

村上城図（岡寺良作成　2008 年）

117 麻氏良《まてら》城

別称　麻天良城、左右良岳城
所在地　朝倉市杷木志波《はきしわ》
旧郡　上座郡

旧朝倉町の東端、麻底良山（標高三五六メートル・比高差約三〇〇メートル）に位置する。

『筑前国続風土記』には、秋月種実が喜津瀬（吉瀬）因幡・同主水を城番としたとしている。その一方で、『生駒雅楽頭殿宛覚書』（天正一五年（一五八七））には左右良岳、城主は内田善兵衛とある。その後、小早川氏の筑前支配時には、小早川氏の持ち城となり隆景の代には仁保右衛門、秀秋の代には伊藤雅楽介が入城した。さらには慶長年間に至り、筑前黒田藩の六端城の一つとなり、当城には一万五〇〇〇石で栗山四郎左衛門が入城する。元和の一国一城令により廃城したと考えられる。

そのため、現在地表に確認できる城郭の構造は、慶長年間に織豊系城郭の築城技術により大々的に改修されたものであると考えられ、戦国期においてはいかなる形態・構造を呈していたかは定かではない。以下に述べる城郭の構造については、木島孝之氏の成果を参考にしている。

延喜式内社麻天良神社が鎮座する山頂部を主郭とし、東西の尾根に曲輪が配される構造をとる。曲輪の周囲には石垣の痕跡が随所に確認でき、総石垣であったと考えられ、算木積みで積まれている。よって、氏の指摘するように、慶長年間の黒田氏の改修であると考えられる。また、aの枡形虎口やbの横矢なども同様の改修と考えられる。

その一方で、④の場所や②の東側に確認できる堀切は戦国期のものを踏襲している可能性が高いと思われるが、斜面には畝状空堀群などの施設は認められない。

また、山麓一帯には字「里城」や「政所」があり、居館の存在を予感させる。また、さらにその南側には字「杉馬場」があり、一般士分の集落が想定される。これらは、いつのものかについては判然とはしないが、おそらく慶長年間の栗山氏入城時のものと考えられる。

現状の曲輪全ての面積は、他の周辺城郭よりも一段と広いが、これは戦国期から、麻氏良城が豊後との国境にあたる杷木地域の支配の拠点とも考えられていたことを示すと共に、慶長年間には六端城の一つとして構築された理由を示しているのであろう。

筑前六端城は、基本的に細川領と境を接する豊前との国境を中心に構築されているが、この麻氏良城は、天領であった日田領と境を接する場所に位置する。おそらく幕府と親密関係にあった細川氏を敵対視する黒田氏にとって、やはり国境の変事に備えた支城をおいておく必要があったのであろう。

しかし、その必要性は他の六端城に比べて高かったとは言い難く、規模の割にはさほど緻密な織豊系の縄張りがなされていなかったことがそのことを示しているのであろう。現地へは、甘木鉄道甘木駅で下車、朝倉総合庁舎入口停留所から杷木方面のバスに乗車し、志波停留所で下車、徒歩約四五分で到着する。（岡寺良）

〔文献〕「戦国期秋月氏の城館構成」『城館史料学 第四号』岡寺良。「近世初頭九州における支城構造─黒田・細川領の支城について─」『福岡県地域史研究第 一三号』木島孝之

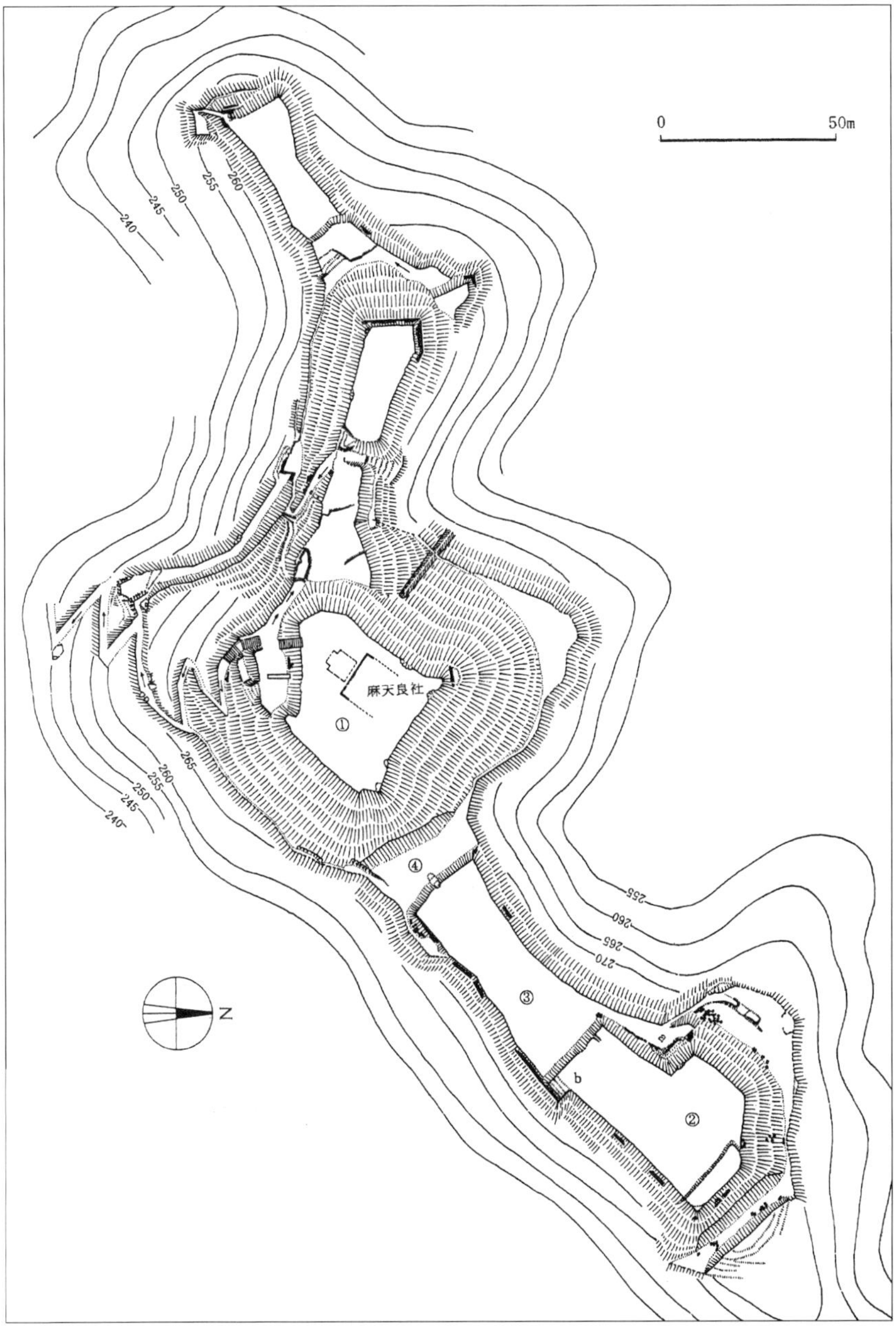

麻氏良城図（木島孝之作成）

118

長尾城《ながお》

別称　鳶山城
所在地　朝倉市杷木《はき》林田
旧郡　上座郡

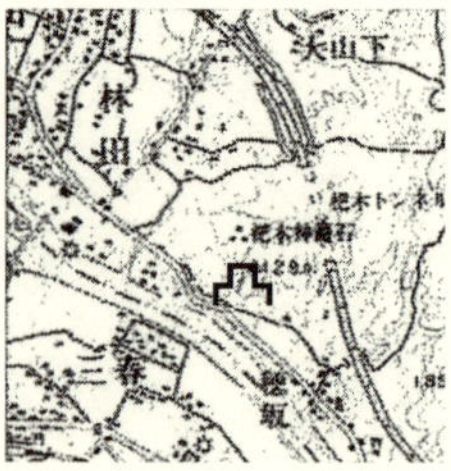

大分県境付近の旧上座郡林田村（朝倉市杷木林田）に造られた城郭で、筑後川流域の秋月氏領では針目《はりめ》城とともに最も東側に位置する。この長尾城と支城の鵜木《うのき》城一帯は、国指定史跡「杷木神籠石《こうごいし》」と重複することから、神籠石の列石や水門、長尾城の畝状竪堀群や堀切など、古代から戦国期にかけての山城遺構を一度で見学するには都合のよい城郭である。

城の縄張りは、標高約一二九メートル地点にある東西約二五メートル、南北約二〇メートルの主郭を頂上として、北側に一ケ所、南側に四ケ所の曲輪群（総延長約一八〇メートル）、さらにこの曲輪群の西側斜面に大小一五ケ所以上の帯曲輪群が造成されている。防御面を曲輪の配置状況からみると、西側に対する防御が厚い印象を持つ。

この城の最大の特徴は畝状竪堀群である。城を一周するように八〇本以上が残り、一部の崩落箇所が残っていれば、約一〇〇本の畝上空堀が約二～三メートルの間隔で隙間無く掘り込まれていたようである。この本数は県内でも最高クラスであり、この城が持つ地域的な重要性を物語っている。城域の北側は深さ約三メートルの堀切で区切られ、さらにその先に一本の堀切を設けて城境としている。

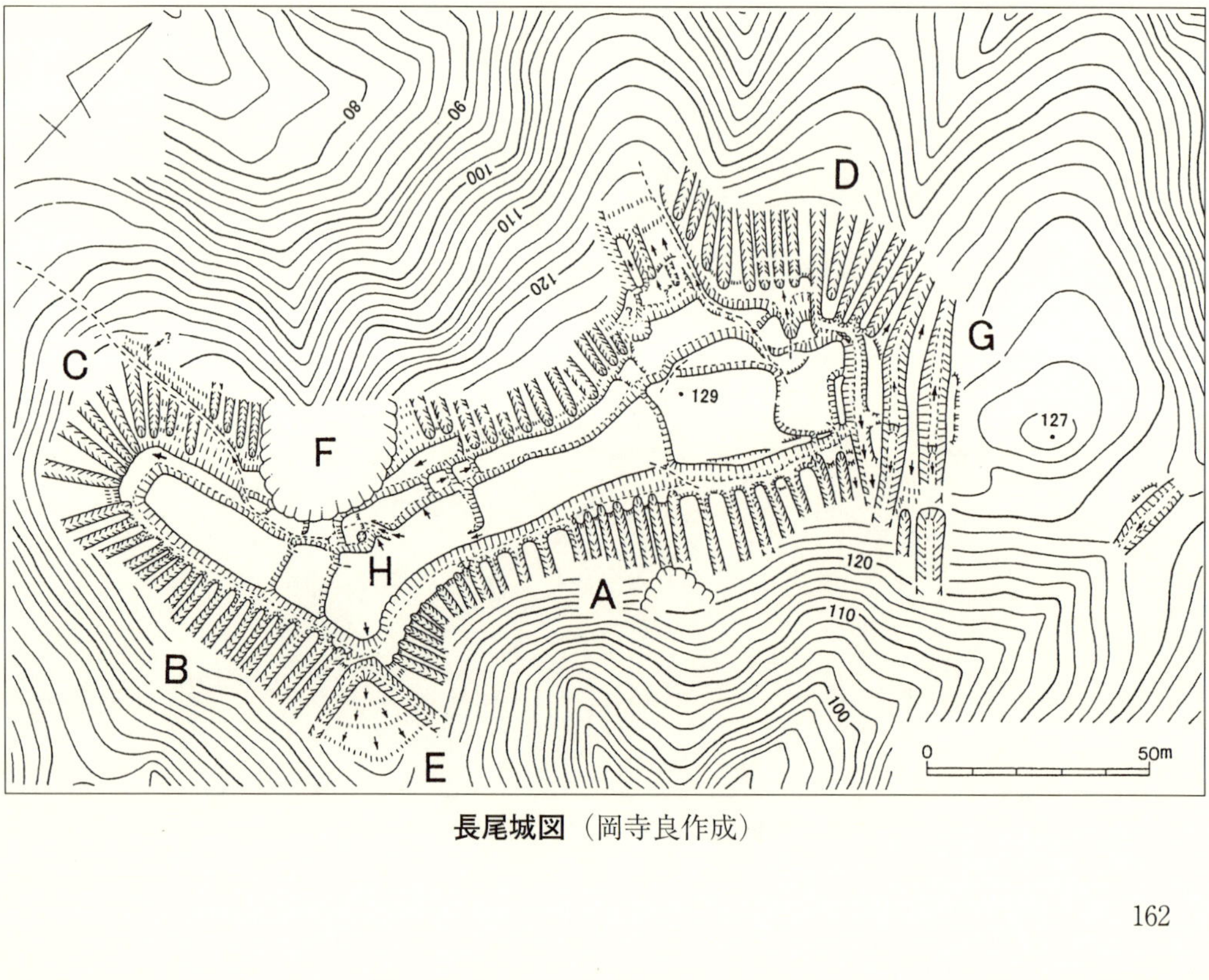

長尾城図（岡寺良作成）

その他の防御施設では土塁・横堀・犬走りなどが良好な状態で残っており、様々な要素がコンパクトにまとまった城といえる。

豊後境に築かれたこの城の築城時期は不明であるが、秋月家の記録によると木村甲斐守が城主であったという。度重なる大友氏との戦闘では、天正八年（一五八〇）一五〇〇人余りの大友勢が攻め込んだなか、木村甲斐守の妻が奮戦したことにより、小規模な城郭ながら護り徹したと伝えられている。また天正一三年（一五八五）には、大友宗麟の子田原親家がこの長尾城を攻めるため、針目城に在陣した記録も残っているなど、杷木地域をめぐる秋月氏と大友氏の覇権争いで度々登場する城である。

国道三八六号線沿いの杷木バスセンターから国道に沿って南東へ約二キロ、麓から徒歩二〇分程で長尾城の主郭へ辿り着く。現在主郭への登城口は二ケ所あるが、どちらも麓から登り、途中で分かれた尾根筋の道である。（篠原浩之）

〔文献〕『大友家文書録　六』。
『宮崎県史料　一』。
「戦国期秋月氏の城館構成」『城館史料学　第四号』岡寺良

119 鵜木《うのき》城

所在地　朝倉市杷木《はき》林田
旧　郡　上座郡

長尾城の西約四〇〇メートル、筑後川にかけて続く尾根の先端部分に築かれた城郭で、城の南側直下には筑後川が流れている。現地は長尾城とともに国指定史跡「杷木神籠石《こうごいし》」の内部で、列石が露出展示された史跡公園として整備されている。

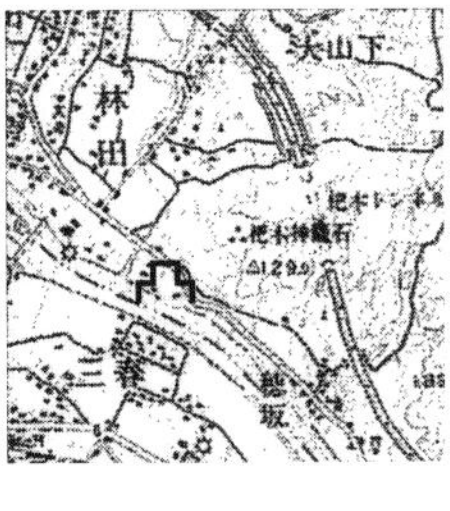

城の縄張りで現在残っているのは、標高七〇メートルの頂上地点に東西約二〇メートル、南北約四〇メートルの曲輪（主郭）や、その外側を巡る幅約一〇メートル、深さ約一メートルの横堀とその西側の腰曲輪などである。さらに北側斜面には畝状竪堀群のうち三本のみが確認できるが、城の南側半分は土取りによって城の痕跡は消滅している。

江戸時代に編纂された『筑前国続風土記』や『古戦古城図』によると、主郭の南側には一段下がった場所に東西五間、南北二八間の曲輪や堀切、西側には帯曲輪などが造成されていたようである。また城の周囲には一〇本以上の畝状竪堀群が掘り込まれている様子などがうかがえる。築城された時期は不明、城主は日田近江と伝えられているが、詳しい伝承は残っていない。この城のように横堀が主郭を巡る城郭は、夕月《ゆうづき》城（朝倉市杷木久喜宮）や『古戦古城図』、茶臼山《ちゃうすやま》城（朝倉市杷木志波）などで確認できる。

文献史料では確認されないものの立地場所や防御施設をみると、この城は明らかに筑後川の水運を掌握するために築城され、古代より戦略上重要な場所であったといえる。

国道三八六号線沿いの杷木バスセンターから国道に沿って南東へ約二キロ、麓から徒歩五分程で主郭へ辿り着く。（篠原浩之）

〔文献〕「戦国期秋月氏の城館構成」『城館史料学第四号』岡寺良

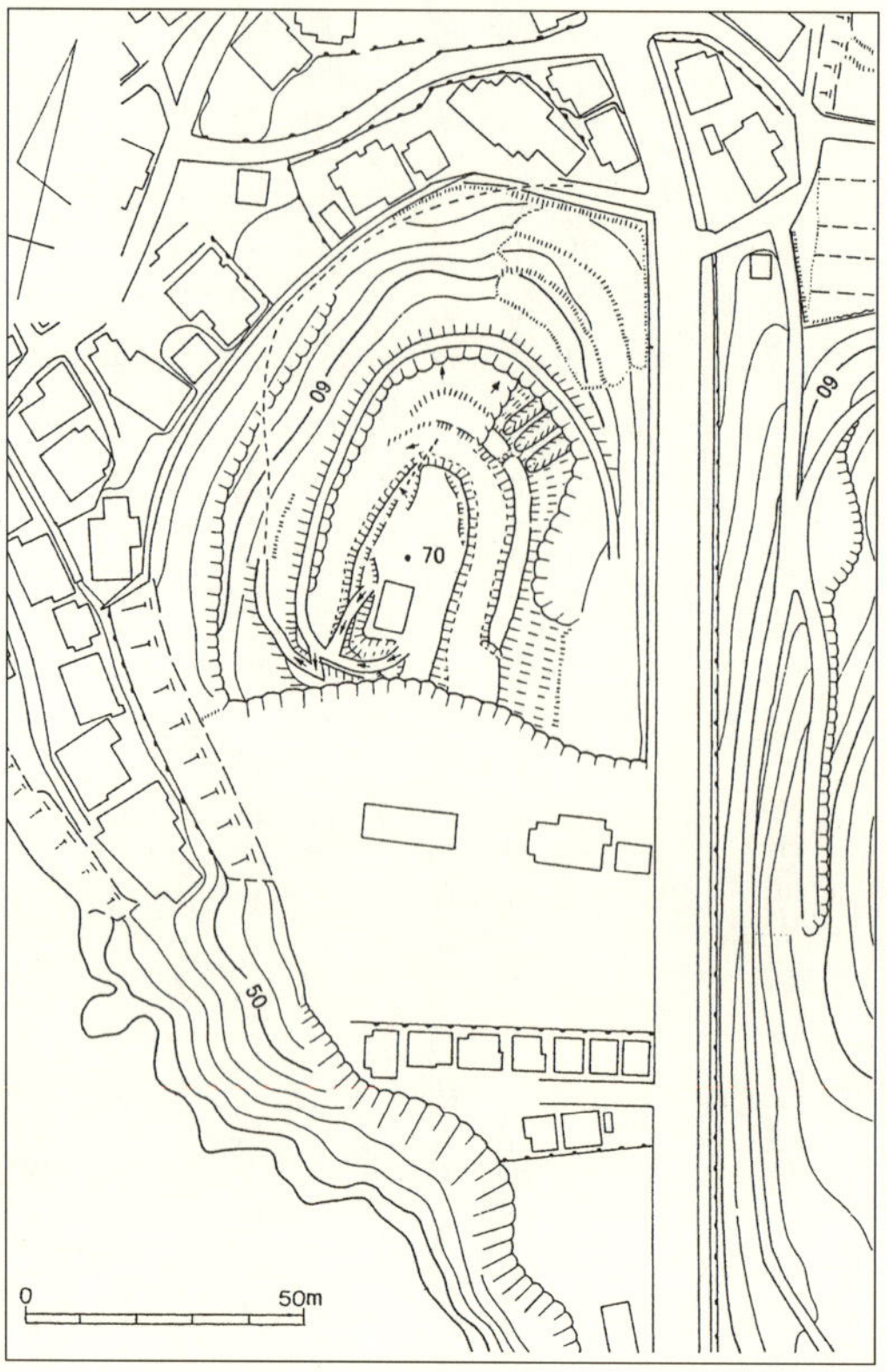

鵜木城図（岡寺良作成　2005年）

120 真《ま》竹山《たけやま》城

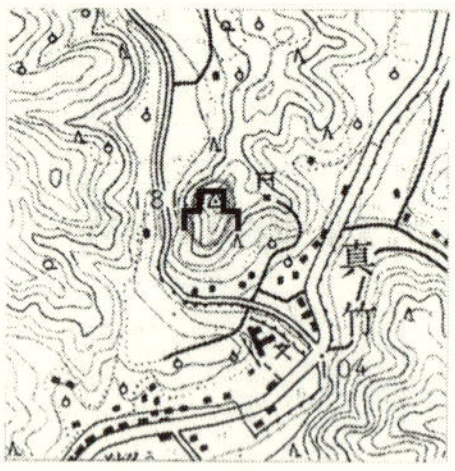

別称　真嶽城
所在地　朝倉市杷木《はき》松末
旧郡　上座郡

筑後川流域の杷木からその北東側の山間部である宝珠山《ほうしゅやま》へ抜ける途中にあたる松末の集落の裏山の標高一八一メートルの真竹山山頂に位置する。

『筑前国続風土記』には、「秋月氏の端城にして、野手讃岐という者城番たりしという。」とあり、『生駒雅楽頭殿宛覚書』の「真嶽城」記載にある城主野津手讃岐、香月九郎衛門とほぼ合致する。ともに城主の姓が、城の附近の地名に確認でき、秋月氏の家臣にして在地の小領主が支配した城であることがわかる。

現状の城は、後世の作業道の造成などにより、かなりの改変を受けているが、構造を把握する上では、さほどの支障はない。山頂部を中心に南北約三〇メートル、東西約一〇メートルの主郭のほか、その南側に曲輪が二つほど確認できるが、それらの曲輪の平坦面はあまり明瞭ではない。しかし、その曲輪群の周囲には東側の一部を除いて、先端部にテラスが付属する畝状空堀群が確認でき、現状で二〇本以上存在し、曲輪群をくまなく囲続する。尾根続きの北側は、一部に埋没があるものの二本の堀切があり、城域を画している。

おそらく曲輪を平坦面化することで、しっかりと城域を確保するというのではなく、堀切及び畝状空堀群などの遮断系の防御遺構を周囲全体に巡らすことによって、逆に自然地形も含んだ範囲を、城域として取り込もうとする縄張りの意図が見受けられると考えられる。現地へは、高速バスで杷木停留所で下車、小石原方面のバスで小河内停留所で下車、徒歩二〇分で到着する。（岡寺良）

〔文献〕「戦国期秋月氏の城館構成」『城館史料学　第四号』岡寺良

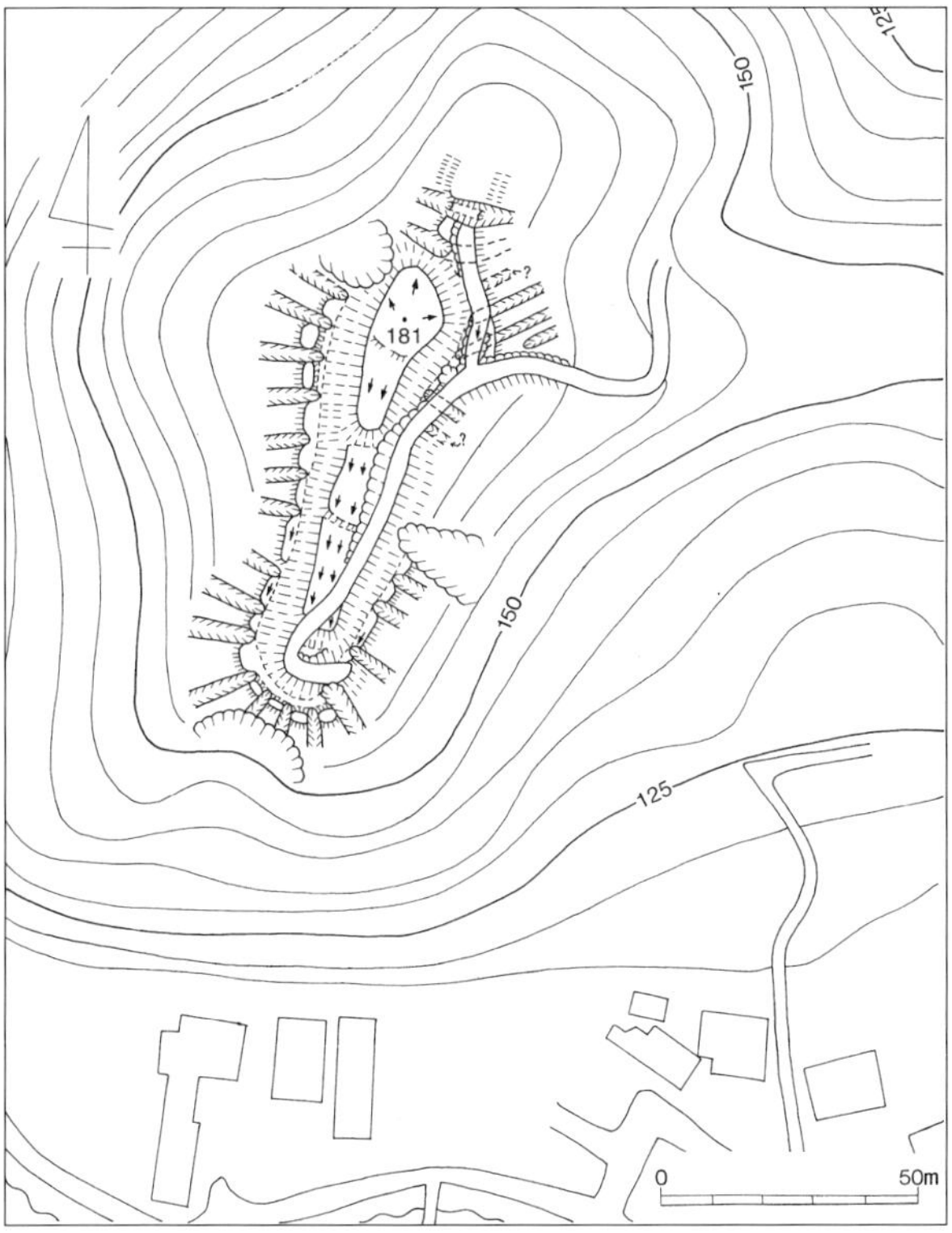

真竹山城図（岡寺良作成）

121
針目《はりめ》城

所在地　朝倉市杷木《はき》大山、大分県日田市大肥
旧　郡　上座郡

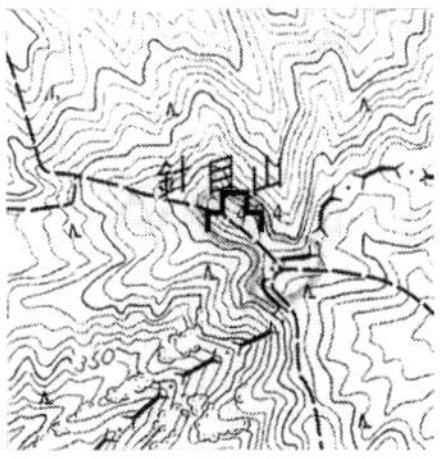

朝倉市の最東端、大分県日田市との境付近にあたる針目山（標高四八八メートル）山頂に位置する。

『筑前国続風土記』によると、秋月種実の築城とされ、初山九兵衛、大山源左衛門を城番としたが、内紛が起こり、天正九年（一五八一）に一時大友方に落ちるものの、同年の原鶴《はらづる》合戦後は、再び秋月方に戻り、中願寺《ちゅうがんじ》左近の子、中願寺下総を置いたとされている。

現地の曲輪の配置は、東側と西側に大きく二つに分かれる構造を呈している。主郭にあたる西側の曲輪群は、東西二〇メートル、南北一〇メートルの主郭と、東西にあまり平坦ではない曲輪が二つほど確認できる。そして、主郭の西側の曲輪の周囲三方には、非常に確認が困難ではあるが、約二〇本足らずの畝状空堀群が認められ、一部には横堀も確認できる。一方、主郭の東側にはほとんど畝状空堀群が認められず、東側の曲輪群へと続く土橋状の通路が存在する。東側の曲輪群は、標高四八三メートルの曲輪を中心として、その南側には二つほどの曲輪が確認でき、これらの曲輪は平坦面が非常にはっきりしている。西側の曲輪群とは異なり、畝状空堀群のような防御施設はないが、東側尾根に対して、堀切が二本確認することができる。

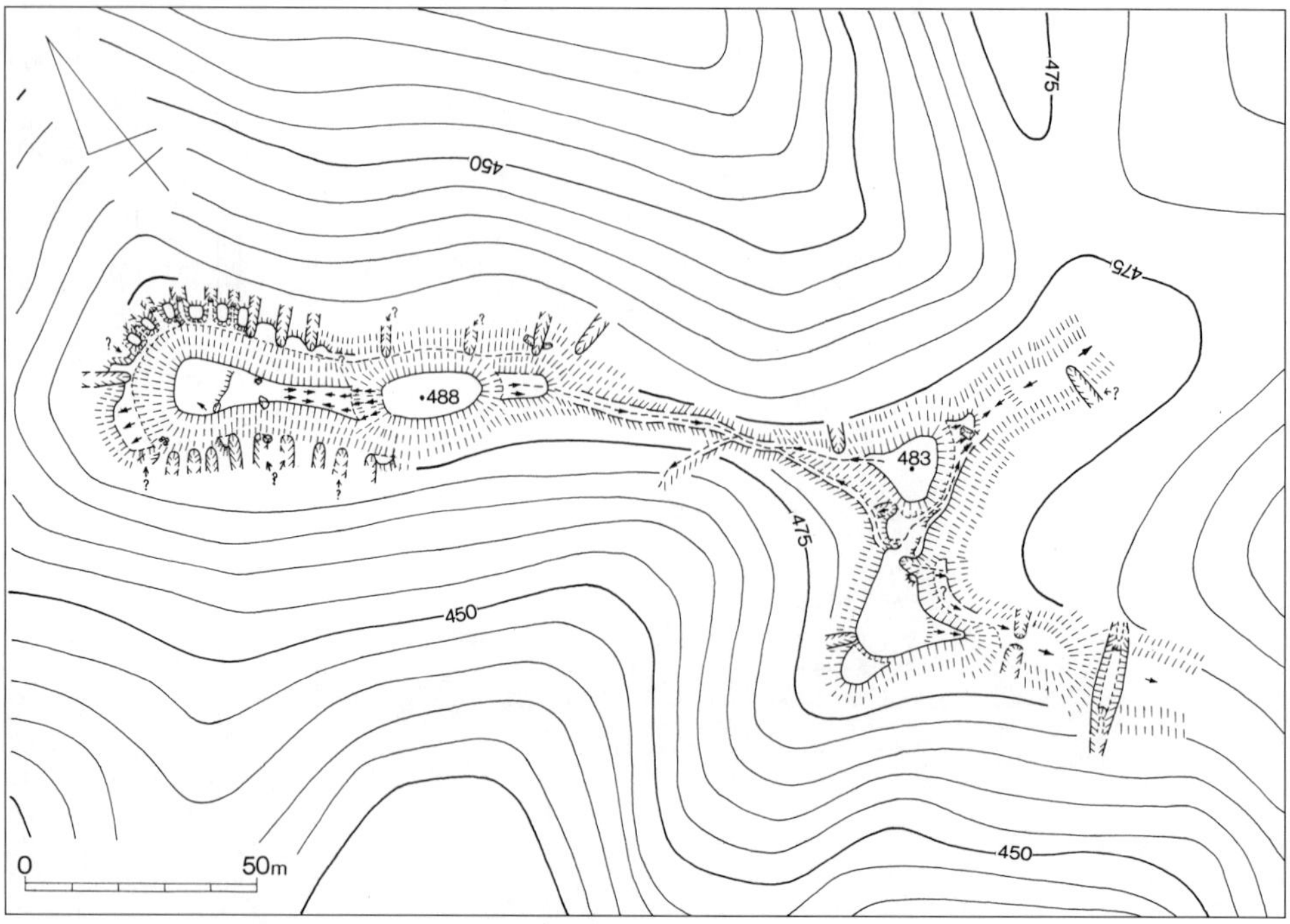

針目城図（岡寺良作成）

以上のように針目城は、東西二つの曲輪群が存在し、各々が一定の独立性を保った配置をしており、防御施設も西側には畝状空堀群が存在するが東側には存在せず、そのあり方を異としている。現地へは、高速バスで杷木停留所で下車、小石原方面のバスで池ノ迫停留所で下車し、徒歩で大山祇神社を経て、九〇分から一二〇分で到着する。（岡寺良）

〔文献〕「戦国期秋月氏の城館構成」『城館史料学　第四号』岡寺良

122
三日月城《みかづきじょう》

別称 池田山城
所在地 朝倉市杷木《はき》寒水
旧郡 上座郡

旧杷木町（現朝倉市）のほぼ中央部、池田集落の北側の山塊、標高約一九三メートルの頂部に位置する。『筑前国続風土記』には、「池田村にあり。城の形三日月に似たる故名づく。是は秋月種実取立し城なり。城番には中願寺左近将監と云う者をおかれしとかや。里屋敷の址もあり。」と記述される。また、『筑前国続風土記附録』には、「三日月城址并里屋敷址」として「山上一反四畝斗あり。里屋敷は城の南の岡にあり。里民屋敷と言う。」とあり、『古戦古城之図』には、「秋月種実之を築き、其の臣中元（願）寺左近在城す。里屋舗の址もあり。」と記載される。

主郭部の平坦面の形態は、その城名の由来にもなっているとおり細長い三日月形を呈し、東西約五〜一〇メートル、南北長は直線距離にして約一六〇メートル（実距離で約二〇〇メートル）である。非常に細長い形態で、切岸もはっきりしているため、一見これが一つの曲輪であるかのような印象を図面では受けるが、実際には、その北端部を中心とする東西約六メートル、南北約二五メートルの範囲とそこから南へ約一〇〇メートルの標高一九三メートルの地点を中心とする東西約七メートル、南北約六〇メートルの範囲が曲輪として機能し、その間は緩斜面でつながっている状況である。また、主郭の北側には東西約一五メートル、南北約二〇メートルの曲輪が見られ、城内で一番広い平坦面と言えるが、曲輪の西側の切岸は不明瞭で自然地形に続いている。そして、さらに北東側には、浅いながらも三本の堀切とその奥に一本の竪堀が見られ、この地点が城郭であることを確実に保証している。また、曲

三日月城図（岡寺良作成）

輪群の東斜面には二本の竪堀も確認できる。

以上のように、三日月城は非常にいびつな曲輪配置の城郭であるが、その原因として考えられるのは、この城郭のある地点が池田集落から米山《こめのやま》城のある米山城へ到達するルート上にあるためであろう。実際、その米山へ行くルートが、南側の曲輪を南北に貫通しており、この三日月城の細長い曲輪が、元来尾根線上の登山道を取り込んで曲輪化したものと推察される。よって、この三日月城の曲輪配置は、米山城への繋ぎの城としての性格を色濃く反映した結果であるといえよう。現地へは、高速バスで杷木停留所で下車、徒歩約三〇分で到着する。（岡寺良）

〔文献〕「戦国期秋月氏の城館構成」『城館史料学 第四号』岡寺良

123 夕月城《ゆうづき》

所在地　朝倉市杷木《はき》池田
旧　郡　上座郡

夕月城は、杷木池田の夕月神社（標高一二一メートル）に位置する。『筑前国続風土記』等の地誌類には、夕月城については何も記されていない。しかし夕月神社社伝には、文久二年に久喜宮《くぐみや》の山中より当地に移されており、戦国時代には夕月神社がこの地にはないことと、現地の遺構残存状況から、城郭として利用されたと考えられる。

夕月神社の本殿が所在する標高一二一メートル地点が主郭であり、東西約三〇メートル、南北約二〇メートルの規模を有する。城郭として評価される防御遺構として、主郭の南から西側にかけて巡る二重の横堀の存在があげられる。西側の一部については後世の道路造成により埋没、削平されているが、西側斜面に横堀の痕跡があるために推定線のように横堀が巡っていたと考えられる。内側の横堀は

夕月城図（岡寺良作成）

幅約五～一〇メートルと大きい。東側の一部も道路造成のため削平されているが、斜面の状況からそのまま東斜面に竪堀となって続いていたと考えられる。一方、外側の横堀は内側よりもやや小規模であり、さらに主郭の南側はこれも後世の道路造成によって削平されているが、そのさらに東側に小規模ながらも横堀らしきものが存在するため、内側の堀と同様、巡っていたと考えられる。

また、主郭の北側には東西一五メートル、南北一〇メートルの曲輪がある一方で、主郭から横堀を挟んで西側の平坦面は、明らかに最近になって平坦に削平している痕跡が見受けられることや切岸がはっきりしないため、元来は自然の緩斜面で曲輪ではないと考えられる。現地へは、高速バスで杷木停留所で下車、徒歩約三〇分で到着する。（岡寺良）

124 高鼻《たかはな》城

所在地　朝倉郡東峰《とうほう》村小石原《こいしわら》鼓《つづみ》
旧　郡　上座郡

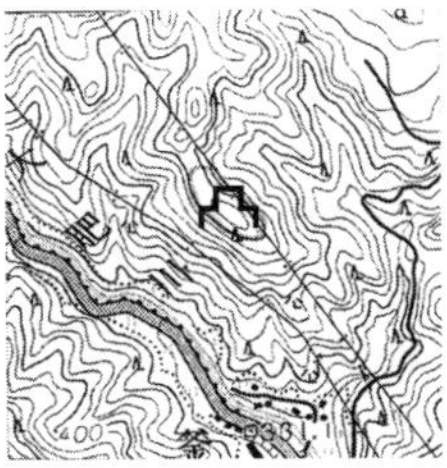

小石原から筑後川流域へ抜ける現在の国道二一一号線の途中にある鼓の集落の裏、花園山山頂（標高四六九メートル）に位置する。

城の構造は、山頂部を中心に東西約八五メートル、南北約一五メートルの主郭が配され、主郭の西端には土塁も見られる。さらにその西側に二本の堀切、さらに主郭の東側には斜面上に五本の畝状空堀群と、その下には二本の堀切が配されている。主郭は西側部分を除いてはあまり平坦とは言えず、東側はやや傾斜しており、平坦面化が行き届いているとは言い難い。

天保年間頃に描かれた『古戦古城之図』の一つに「高鼻城跡之図」があり、縄張りの様子を描いている。基本的には現状とはほとんど変わらずに描かれているが、ただ、現状五本しか確認できない畝状空堀群が一二本も描かれており、かつては空堀群がもっとあった可能性も考えられるが、その場所には現在小さな造成段が二つほ

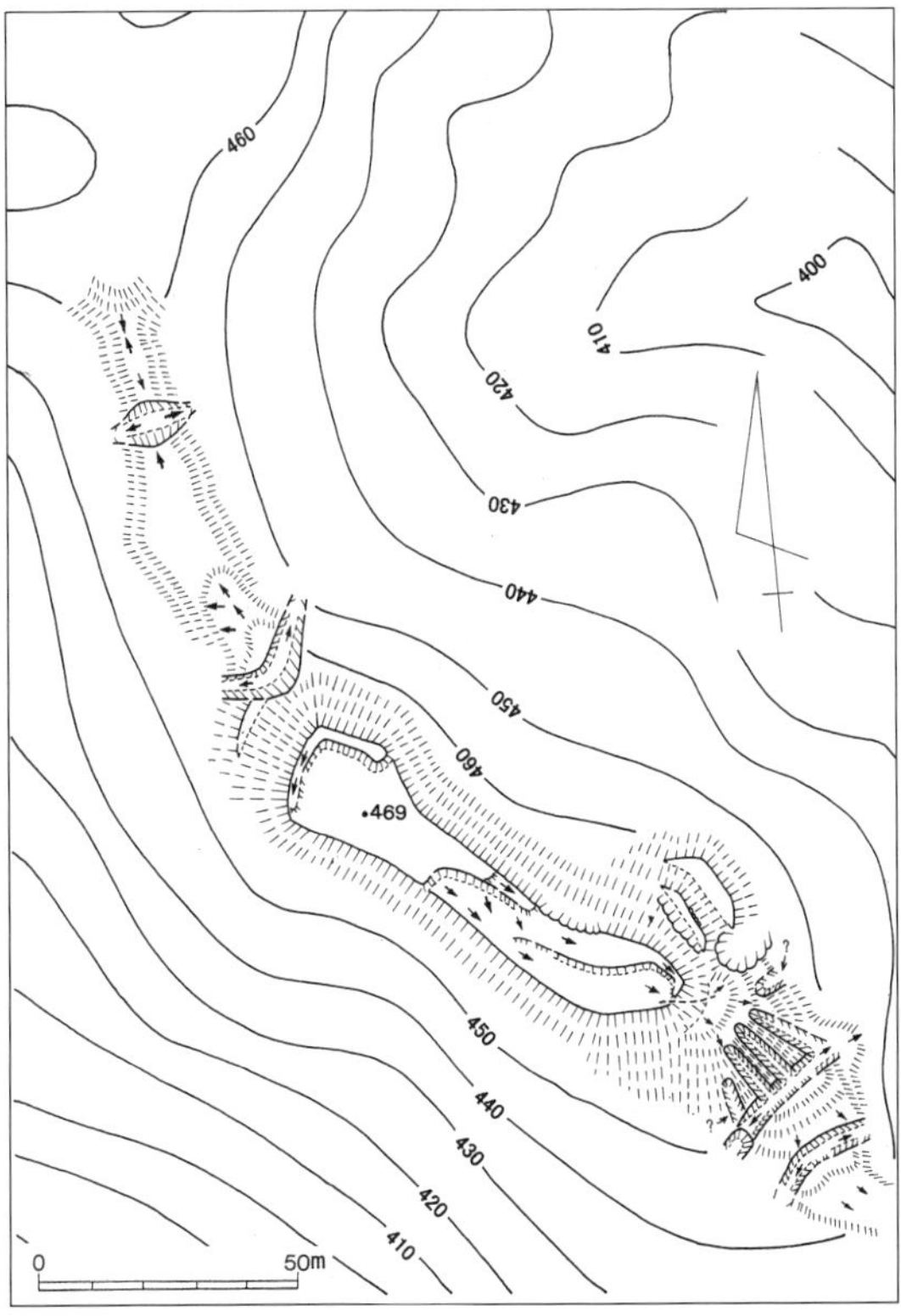

高鼻城図（岡寺良作成　2005年）

ど見られるばかりである。

『筑前国続風土記』等の地誌類には、城内に古墓があるとされているが、現在確認することはできない。また、城主不詳とされており、城主もよく分からないが、小石原と杷木《はき》に挟まれたこの立地と、畝状空堀群の存在から秋月氏に関連し、鼓集落一帯を本拠としていた小規模領主層の城と考えられる。現地へは、JR日田彦山線大行司駅から小石原方面のバスで、黒谷停留所下車、徒歩約五〇分で到着する。（岡寺良）

〔文献〕『筑前秋月城跡Ⅳ』甘木市教育委員会

125 烏嶽城《うのたけ》

所在地　朝倉郡東峰《とうほう》村宝珠山《ほうしゅやま》
旧　郡　上座郡

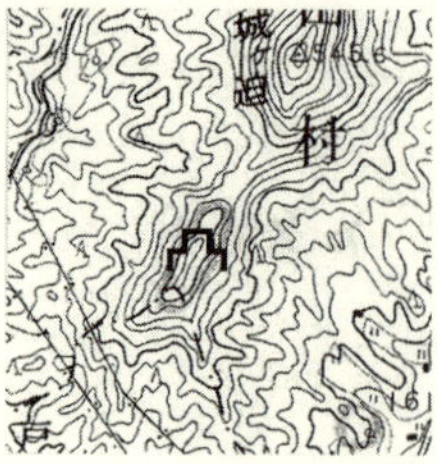

旧宝珠山村のほぼ中央に位置する城ヶ迫（標高五四五メートル）から南へ約一キロ下った尾根の平坦部（標高四三〇メートル）に烏嶽城の主郭は位置する。在地領主の森了心が城主とされている。

城の構造は非常に貧相で基本的に曲輪と呼べるような平坦面はごくわずかで、幅一〇メートル未満の痩せ尾根上を約二五〇メートルの間、不明瞭な平坦面と四本の堀切があるのみである。曲輪上にも大岩が散在しており、建築物の存在もなかなか想定しにくいような場所である。唯一、最も北側の場所は、平坦面が明瞭でかつ堀切に接して土塁も設けられている。また、この主郭から南東へ約七〇〇メートル下った麓近くには「城ノ辻」と呼ばれる単郭の城も存在する。南北約三〇メートル、東西約二〇メートルに過ぎない主郭の西側を四本の堀切が、東側を一本の堀切が防御している。また、主郭の北西側には非常に立派な石垣が見られ、戦国末期の改修の様相が窺われる。そして、この城ノ辻からは巴文軒丸瓦も採集されている。

以上のことから、山上部の烏嶽城は、日常的な使用を想定しない戦時の詰城的性格、麓部の城ノ辻は、日常的な使用も想定できる里城的性格が与えられる。現地へは、JR日田彦山線大行司駅下車、徒歩九〇分から一二〇分で到着する。（城ノ辻は、駅から徒歩約三〇分）。（岡寺良）

〔文献〕「筑前一嶽城と亀尾城」『九州歴史資料館研究論集　三四』岡寺良。「北部九州の在地系城郭に就いて」『第一回研究集会「北部九州の在地領主と城館」資料集』片山安夫

126
松尾《まつお》城

別　称　小石原城
所在地　朝倉郡東峰《とうほう》村小石原《こいしわら》
旧　郡　上座郡

　天正後期には秋月氏の傘下にあった。慶長五年（一六〇〇）、黒田氏の筑前入国で六端城となり、中間統胤が入城した。中間氏は豊前一戸城の国衆で、先の九州国割で黒田氏が豊前六郡領主として入封した際、城井・野中・山田氏ら同胞が蜂起し滅亡する中、臣従して山田氏討伐の大功を挙げ、黒田姓を拝領した。城はその後、元和城割で廃城となった。
　遺構の大部分は黒田期の改修で、主郭および副郭②の矢穴割石・裏込石を用いた総石垣や、内枡形虎口K1、横矢掛り、櫓台、礎石群が該当する。石垣の石材は、南面が大粒で矢穴割の花崗岩であるのに対し、北面のI1・I2は小粒の風化花崗岩である。これは南麓の城下集落を意識した処理と思われる。ただし、横矢掛りを成すC1・C2・C3と、主郭土塁の内側壁で横矢掛りの箇所に対応する北西・南西隅には南面と同じ石材を用いる点が注目される。織豊系縄張りの基本パーツである横矢掛りの使用を強調したのであろうか。内枡形虎口K1は、副郭②の面積の割に巨大で、単純な形の旧城に織豊系のパーツを強引に押込んだ格好である。塁線は直線的に整形され、横矢掛りが主郭に六ヶ所、副郭②に一ヶ所ある。規模の割に数が執拗で、特に主郭のものは東西軸に対称に配され、機械的でさえある。類例に宇陀松山城がある。
　南・北の斜面に畝状竪堀、主郭櫓台の直下に三重堀切がある。戦国末期北部九州は全国一の畝状竪堀地帯で、また多重堀切も稀ではない。これらは戦国末期の遺構とみて間違いない。
　当城は、他の六端城よりも軍事・格式の面で抑制されている。つまり、①面積（旧城に改修を施した範囲）が他城の四分の一にも満

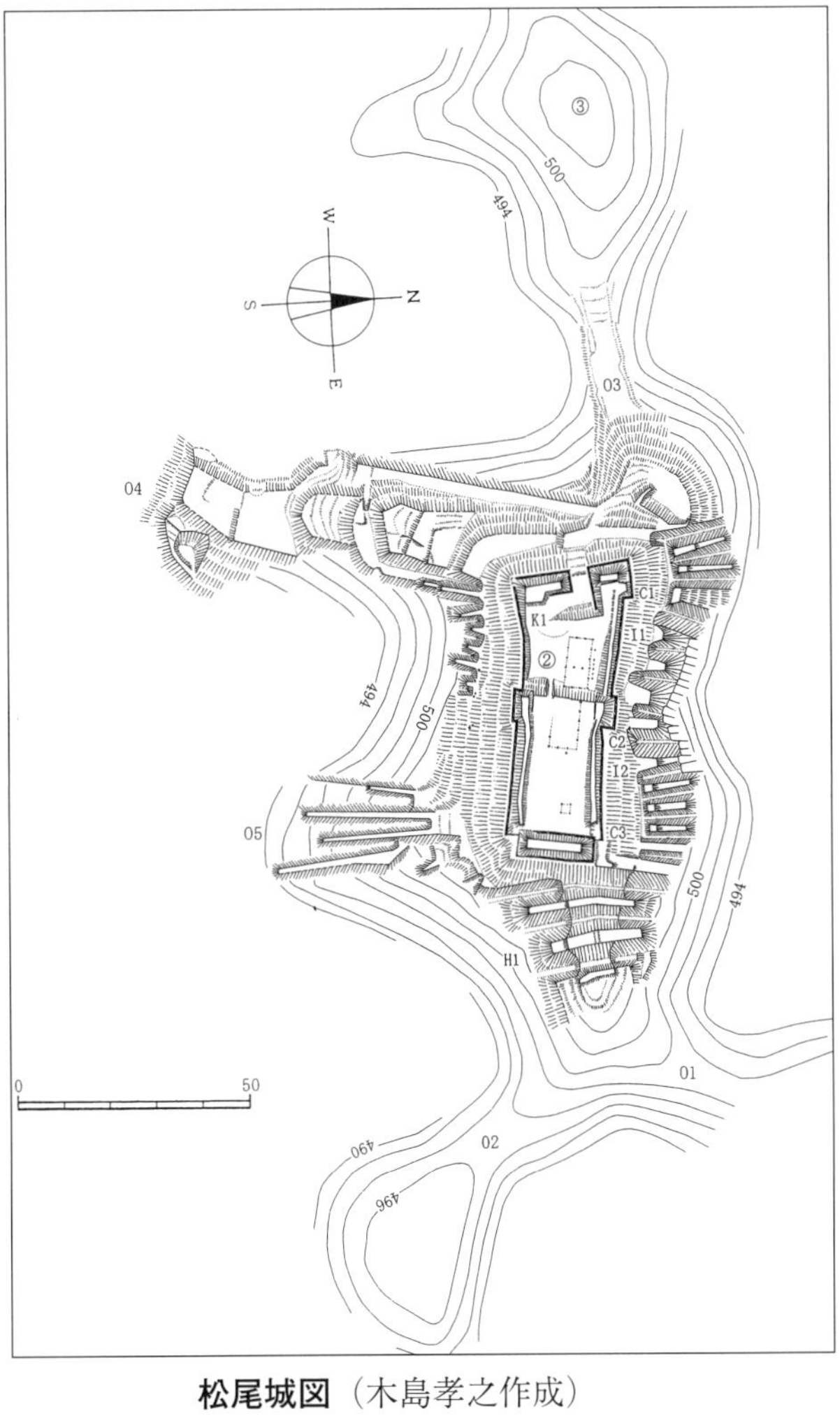

松尾城図（木島孝之作成）

たない。②他城では織豊系瓦の多用が推定されるが、当城は全掘しても瓦が皆無で、多用した形跡がない。③『慶長筑前国図』に当城だけ記載がなく、「公式な支城」の扱いにない、などである。他の端城主の家柄は、万石規模の知行と郡奉行職を併せ持つ年寄四家（井上・栗山・母里・後藤氏）と、万石の預地を持つ船手頭（三宅氏）で、何れも大譜代（最古参）にして番方では独自の備を成す。一方、中間氏は、大身の一端ながら知行は二千五百石に過ぎず、古譜代（準古参）で、しかも大組下（桐山丹波組）にあり、本来なら端城主の家格ではない。この大抜擢は、黒田家の浮沈が懸った豊前平定戦での大功を楯に持つ中間氏に対し、その伝統的家系（元城主）から来る城主身分への執着に黒田氏が妥協した結果ではないか。そのうえで、家中統制上の措置として、他の端城主との釣合いを損なわぬよう当城の様態・格式を抑制したのではないか。

杷木から西鉄バス小石原行き旧小石原小学校裏山。（木島孝之）

〔文献〕『城郭の縄張り構造と大名権力』木島孝之

松尾城主郭南東隅の横矢掛け

127 高鳥居《たかとりい》城

別　称　岳《たけ》城
所在地　糟屋郡須恵町須恵・篠栗《ささぐり》町若杉
旧　郡　糟屋郡

高鳥居城は、粕屋郡須恵町・篠栗町境にある岳城《たけじょう》山（三八一・四メートル）周辺に築かれた山城である。

一五世紀末に筑前に進出した大内氏は高鳥居城を築き、城督を配置するなど在番体制を組織した。大内氏が滅亡すると高鳥居城は史料上に登場しなくなり廃城となったとみられる。

再び、高鳥居城が登場するのは天正一四年（一五八六）のことである。島津氏と結んで大宰府に進出した秋月氏は、高橋紹運《じょううん》・筑紫《ちくし》広門《ひろかど》を攻略する。その次に、立花山城に籠る立花統虎《たちばなむねとら》を攻めるために高鳥居城を付城に取り立てた。筑後の国衆星野氏兄弟が在番し、城の改修などの準備を推し進めた。しかしながら、立花方の急襲を受け星野氏兄弟ら多数の戦死者を出し落城した。

現在、城跡には土塁や畝状空堀群、大堀切などの遺構が良好に残っている。曲輪の開口部がどういう形状をしているかは、その城の縄張り理解では重要である。その部分をことごとく破壊しており大きな損失である。一方、山頂には顕彰碑が建てられ、電波塔施設が設置されるなど改変がみられる。山頂まで作業道を通したため曲輪の開口部を中心に破壊が著しい。

高鳥居城の縄張りの特徴は次の通りである。

（1）高鳥居城は北東から南西にかけて曲輪が連なる。南側に向けて土塁を配して一体的な防塁型ラインを構える。南側斜面には多数の畝状空堀群が築かれた。
（2）畝状空堀群を構成する竪堀は、幅や長さがある程度均一であり、一定の規格で築かれている。侵入が想定される要所毎に竪堀を配するのではなく、連続して並べることで広範囲に斜面を破壊し、攻め手の侵入を防ぐことをねらったものである。大量の作業量で一斉に築かれたとみられる。
（3）規格の整った竪堀を並べた畝状空堀群により防塁型ラインを築く手法は、豊筑地域に一大勢力を築いた秋月氏の城郭に共通する特徴的な縄張り技術である。
（4）土塁と畝状空堀群を組み合せた防塁型ラインを築くことに大きな関心が払われた。その一方で、内部の空間は地形に則して曲輪が並ぶ単純なプランに留まる。防塁型ラインで囲まれた曲輪は横並びに配置され、主郭・第二郭といった序列化ができていない。

　高鳥居城の縄張りは、内部空間の充実よりも外側の防御の足場となる防塁型ラインの充実を優先させた構造と評価される。すなわち秋月氏のもとに参陣した同盟勢力を、防塁型ラインに沿って配置することを念頭に置いた縄張りである。また、畝状空堀群を用いた防塁型ラインは秋月氏の本拠で積極的に用いられた技法であり、新たに進出した最前線の城郭にも秋月氏が、同様の技法を積極的に導入したことを示す。高鳥居城は、秋月氏の縄張り技術の展開を知るためにも重要な城郭である。ＪＲ香椎線須恵中央駅からタクシー、須恵町歴史民俗資料館より登山道四五分程度。（中西義昌）

〔文献〕『高鳥居城』須恵町教育委員会

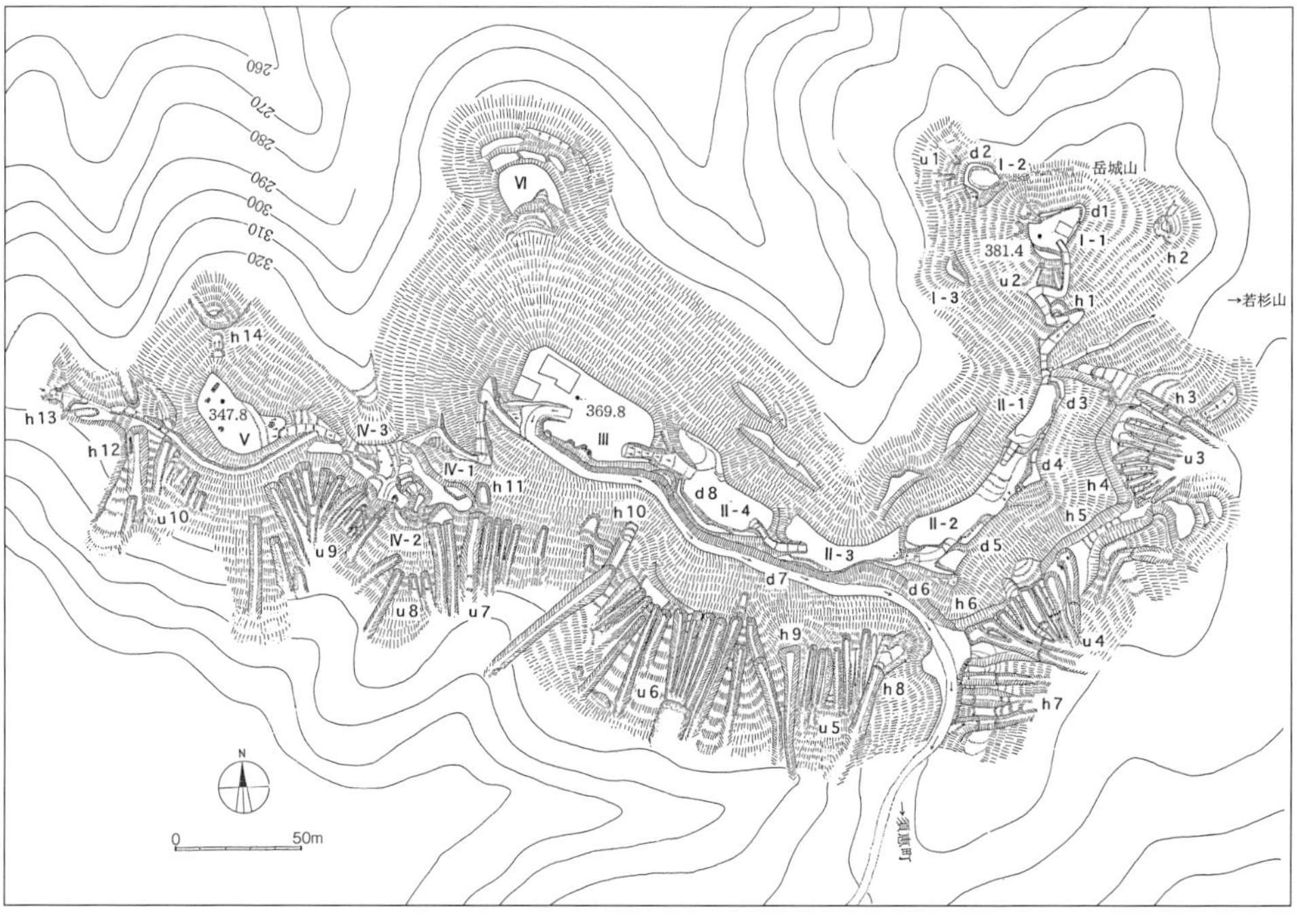

高鳥居城図（中西義昌作成　2003年）

128

丸山《まるやま》城

所在地　糟屋郡粕屋《かすや》町大字大隈字丸山
旧　郡　糟屋郡

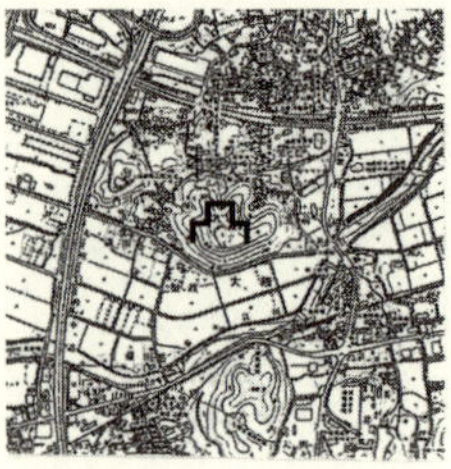

標高八六メートルの丸山山頂に築かれた小規模城郭である。粕屋平野の中央に位置しているが、この付近だけ山地が張り出していて、平野を粕屋町側と篠栗町側に分断している。博多と飯塚・鞍手方面をつなぐルートの要所といえるだろう。

丸山城に関する史料は、江戸時代に編纂された『筑前国続風土記』に、大内氏の家臣である杉氏が高鳥《たかとり》居城《いじょう》の出城として築いたと記述されている程度であり、詳細な築城・廃城時期は不明である。しかし、粕屋町教育委員会が実施した発掘調査によって、複雑な縄張り構造が判明し、天正年間まで使用された可能性が高まった。

主郭（約一四〇〇平方メートル）の北東側は、足場となる帯曲輪を二重堀切と竪堀で防御する構えである。一方主郭南西側は、二重横堀と竪堀の連携で迷路状の効果を生み出し、横堀内の敵を高低差五メートルの主郭で迎え討つという高度な縄張り技術が導入されている。また主郭の南側では、横堀を掘り残して土橋としており、虎《こ》口《ぐち》が取り付けられている点も注目である。

丸山城が最終的に使用されたとみられる天正年間は、立花氏の支配領域内にあり、敵対していた杉氏は既に鞍手郡に移っている。かつて杉氏の家臣であった黒瀬連祐が丸山城麓の大隈村（粕屋町）に留まり、立花氏と主従関係を結んだことから、城主である可能性が高いが、どのようにして高度な築城技術を習得したのか不明な点が多く、謎に包まれた城郭である。JR門松駅下車徒歩二〇分。（西垣彰博）

〔文献〕『丸山城』粕屋町教育委員会

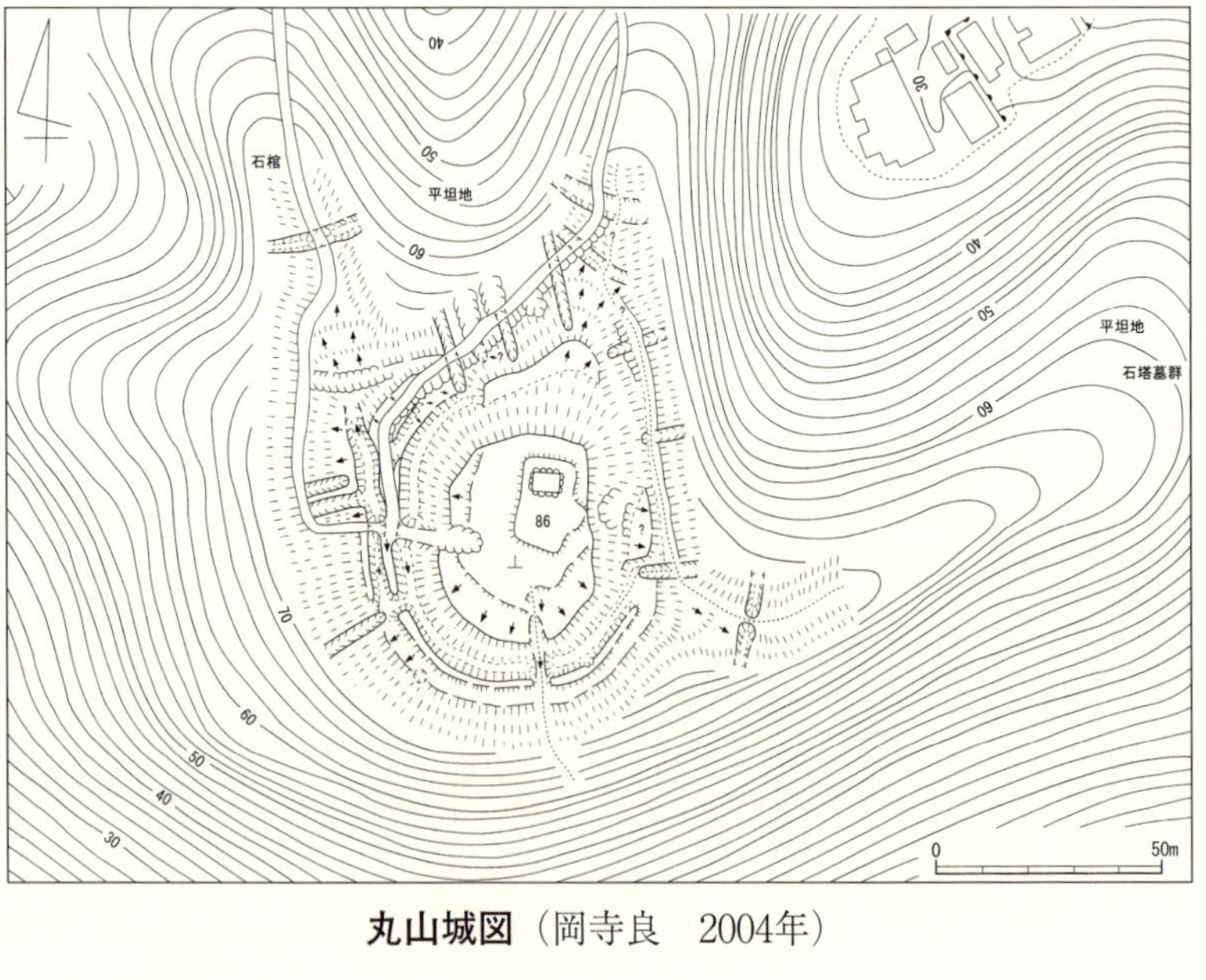

丸山城図（岡寺良　2004年）

129
米多比《ねたみ》城

所在地　古賀市米多比《ねたび》
旧　郡　糟屋郡

米多比城は、古賀市米多比にある。集落に面した里城《さとじょう》と詰城《つめじょう》（一八七・六メートル）から構成されている。里城跡の須賀神社から登り道がある。里城と詰城の間には何本か堀切がみられる。文献史料では登場しない城郭であるが、立地から米多比《ねたみ》氏の持城と推定される。

米多比氏はこの地を本貫地として土着した国衆である。永禄年間に大友方として立花山城に在番し、天正期には戸次道雪、立花統虎の指揮下に入り転戦した。後に米多比氏は立花姓を与えられ一門の待遇を受けた。天正一五年（一五八七）に米多比氏は統虎の筑後柳川転封《てんぽう》に従いこの地を離れた。

米多比城の縄張りには次のような特徴が指摘される。

（1）単郭構造ながら、曲輪の周囲に土塁と畝状空堀群でめぐらせるなど防塁型ラインの構築に強い関心を持つ技巧的なプランである。米多比城の縄張り技術は秋月氏など豊筑の国衆の築いた城郭と共通する点が多い。

（2）外側の防塁型ラインとは対称的に、内部の空間は削平が弱く何段かに分かれるなど完成度は低い。

（3）防塁型ラインで囲まれた主郭部の出入り口として平入り虎口がみられる。

（4）里城は丘陵の先端を削平した単郭構造の曲輪である。背後に

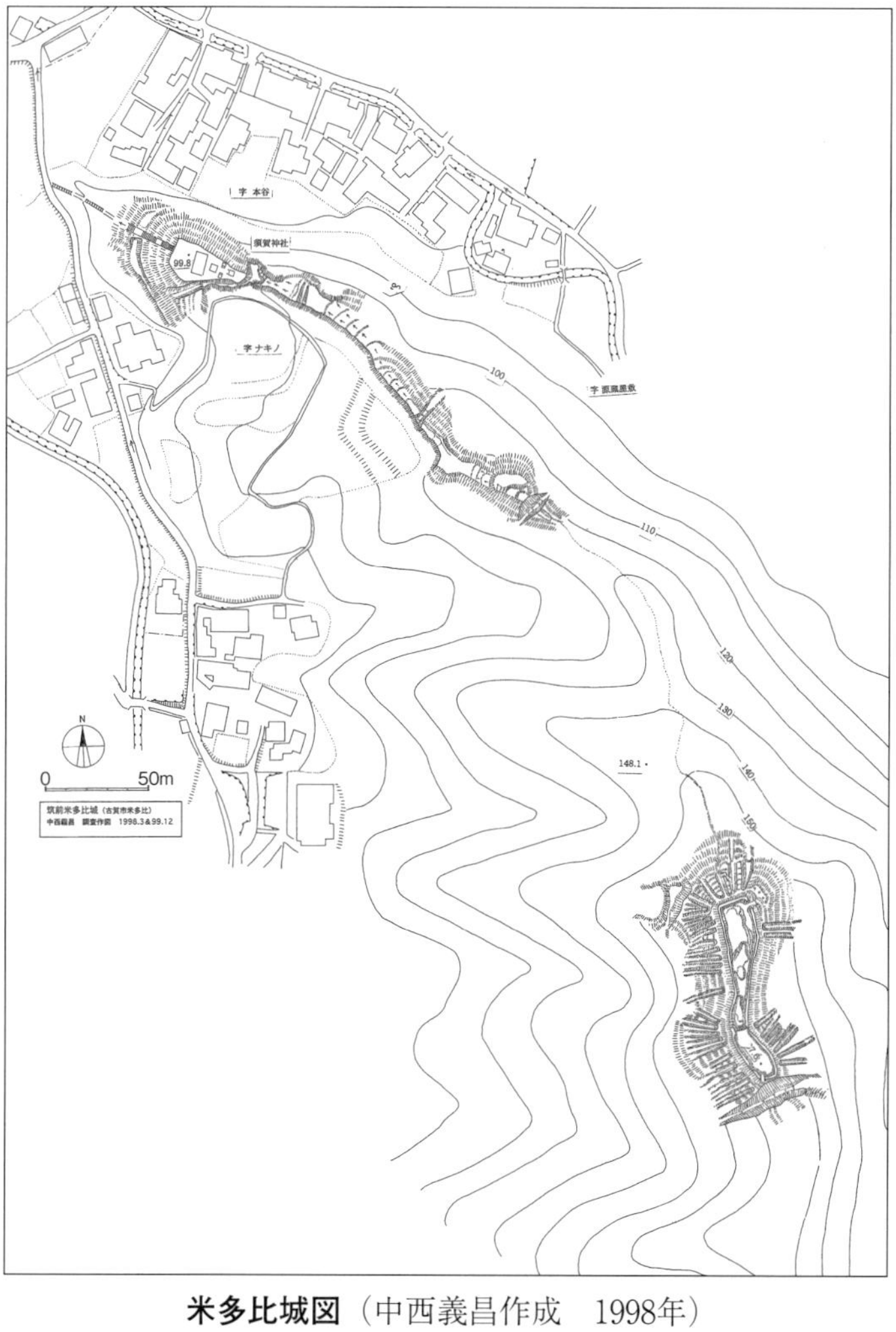

米多比城図（中西義昌作成　1998年）

堀切を持つが目立った特徴は見出せない。

米多比城の縄張り技術からは、畝状空堀群にあまり関心を見せなかった立花氏に対して、立花氏に属した米多比氏は対称的に畝状空堀群に高い関心を持ち、敵対する秋月氏など豊筑の領主と共通した高い水準の縄張り技術を使いこなしていたことがわかる。米多比城は、築城主体の政治的な立場の選択と縄張り技術の分布が異なっていたことを示す好例である。戦国時代の領主同士の関係を知る上で興味深い事例と言える。JR鹿児島線古賀駅より西鉄バス薦野行米多比バス停から徒歩一五分。（中西義昌）

〔文献〕『歴史史料としての戦国期城郭』中西義昌・岡寺良

130 つぐみ岳城

所在地　古賀市清瀧、福津《ふくつ》市舎利蔵
旧　郡　糟屋郡

つぐみ岳城は、古賀市と福津市の境にあるつぐみ岳（三四〇・二メートル）山頂に築かれた山城である。現在、明確な登山道はなく麓の清瀧寺から登る方が容易である。

天正九年（一五八一）に立花山城主の戸次《べっき》道雪《どうせつ》が宗像氏貞《うじさだ》の支配する宗像郡西郷に進攻し、つぐみ岳城を境目の番城として取り立てた。当初は院内衆に在番させたが、後に大鶴宗周（鷲ヶ岳城落城後に立花山城へ退転）が支城主となった。

つぐみ岳城の縄張りでは、次のような特徴が指摘される。

（1）南北に長い曲輪を主郭とし両端には土塁を構える。主郭の北側には土塁のない切岸に対応するように斜面に畝状空堀群を築く。一方、南側にはテラス状の曲輪があり、そこから延びる尾根筋は堀切で隔てる。攻め手に対して外側を強固に防禦することをねらった縄張りと言える。

（2）外側を土塁と畝状空堀群で囲まれた主郭の出入り口として東側に平入り虎口が造られた。

（3）外側の防御が充実する一方で、主郭の内部空間は三段に分かれるなど完成度は低い。

（4）外側の防御には土塁と畝状空堀群が積極的に用いられた。こ

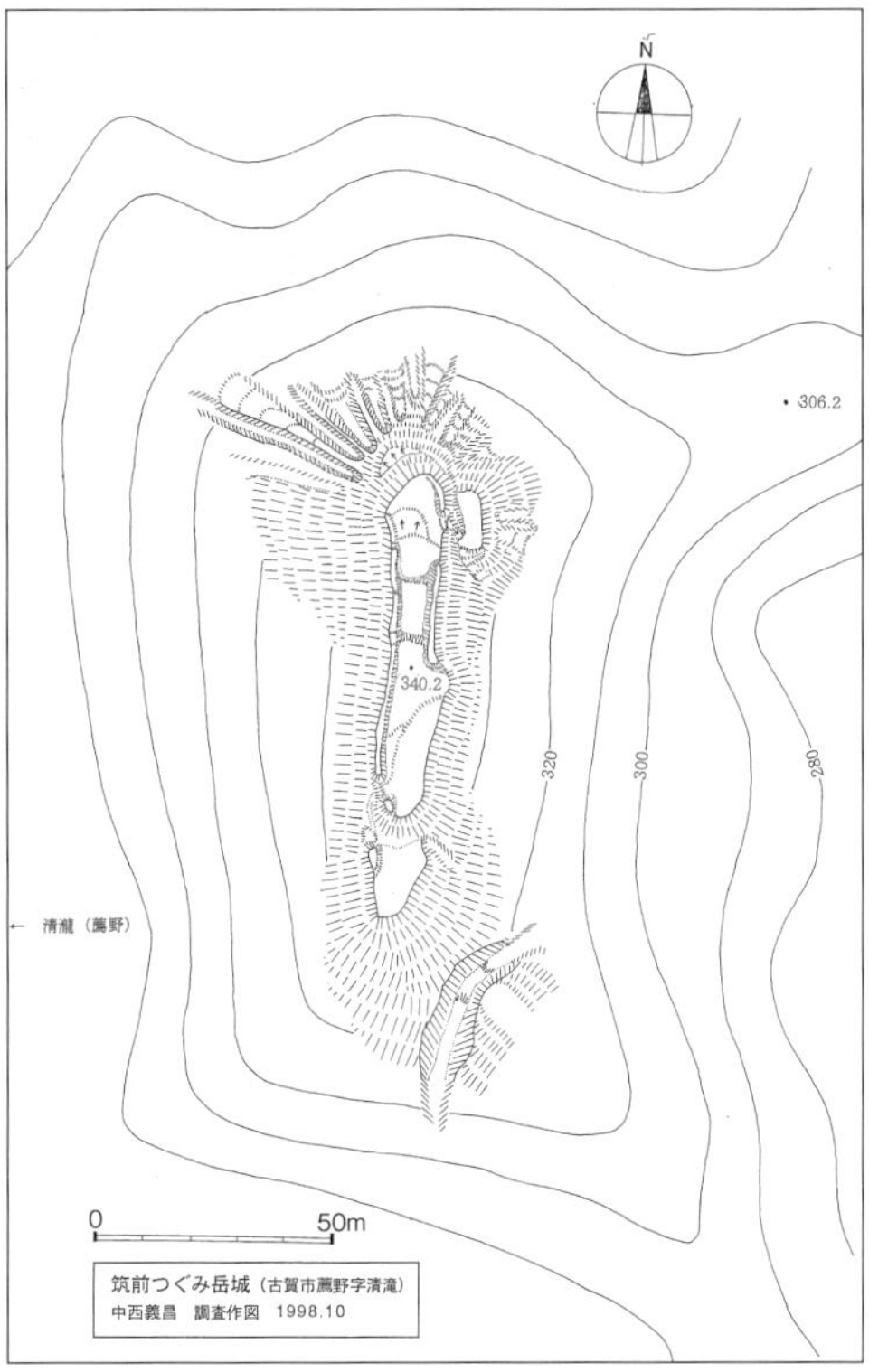

つぐみ岳城（中西義昌作成　1998年）

の縄張り技術は秋月氏など豊筑の領主に共通した特徴を示す。土塁だけを積極的に用いた立花氏とは異なる縄張り技術を用いて薦野氏がつぐみ岳城を築いたことがわかる。

　つぐみ岳城は、規模は大きくないが、当時の支城のあり方を知る重要な資料となる。敵対する秋月氏と共通した縄張りを持つ山城を接収したにも拘わらず、立花氏側は立花山城で用いた縄張り技術を支城に導入するなどの改修を加えていない。立花氏にとって、自らで用いる縄張り技術を他の支城に導入することには関心が低かったことが見て取れる。JR鹿児島線古賀駅より西鉄バス薦野行薦野バス停下車。清瀧寺まで徒歩二〇分。（中西義昌）

〔文献〕『歴史史料としての戦国期城郭』中西義昌・岡寺良

131

薦野城《こもの》

別　称　菰野城《こもの》、小松岡砦
所在地　古賀市薦野
旧　郡　糟屋郡

薦野城は、古賀市薦野の集落に隣接した薦野氏の居館跡である。小松岡と呼ばれる丘（九八・一メートル）に築かれ、現在は若宮神社と薦野《こもの》氏の墓地が並ぶ。神社の背後には現在も堀切状の地形がみられる。

　薦野氏はこの地を本貫地として土着した国衆である。薦野城は里城として機能したものとみられる。尾根続きの背後の山中には薦野氏の詰城とされる臼岳城がある。

　薦野氏は、戦国後期には大友方に属し立花山城などの在番を務めた。増時《ますとき》・成家《なりいえ》父子は、立花山城督の戸次《べっき》道雪《どうせつ》や養子の立花統虎《むねとら》（宗茂）の指揮下に入り立花方の主力として各地を転戦した。成家が道雪の養女を娶るなど立花氏一門の待遇を与えられた。豊臣秀吉の九州国分けで統虎が柳川へ転封すると、これに従い薦野を離れた。関ヶ原の戦いで立花氏が改易されると福岡藩黒田氏に招かれ福岡藩に仕え薦野の地に復帰する。以後、近世を通して支配する。薦野氏は小松岡に居館を構えて養徳山と号した。

　『筑前国続風土記』などでは薦野城は「小松岡砦」と呼ばれている。現在は若宮神社となっている平坦地が城域とみられる。小高い丘の上に立地した単郭構造の里城である。背後の尾根筋は堀切で遮断する。土塁や畝状空堀群などの使用はみられない。

薦野城は、背後の臼岳城や後に立花氏に接収されたつぐみ岳城など詰城とセット関係になった里城の事例として、国衆の動向を知る上で貴重な資料である。ＪＲ鹿児島線古賀駅より西鉄バス薦野行き薦野バス停下車。（中西義昌）

〔文献〕『歴史史料としての戦国期城郭』中西義昌・岡寺良

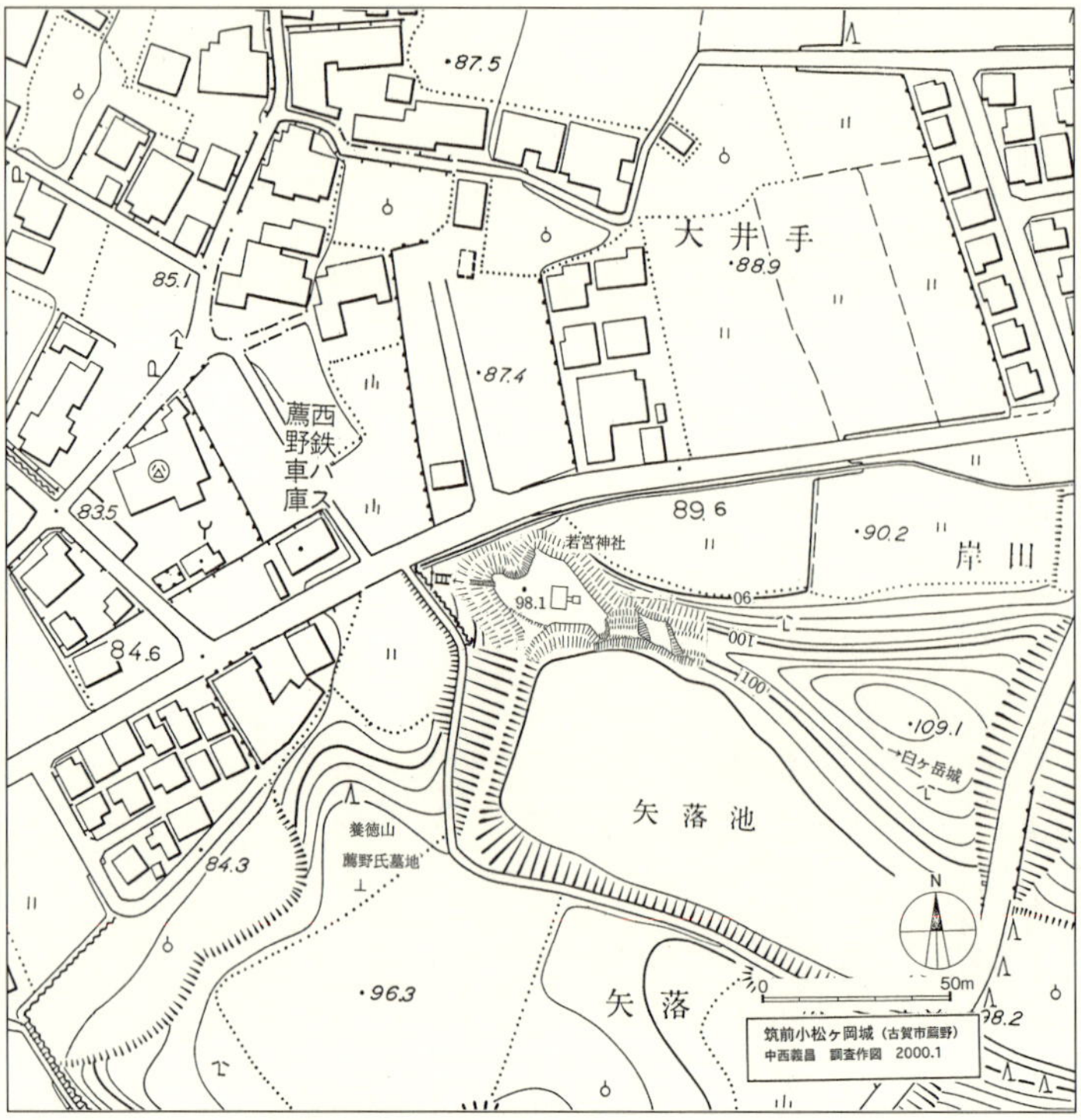

薦野城図（中西義昌作成　1998年）

132 臼《うす》ヶ《が》岳《たけ》城

別　称　薦野《こもの》臼岳《うすがたけ》城
所在地　古賀市薦野
旧　郡　糟屋郡

臼ヶ岳城は、古賀市薦野の山中にある臼ヶ岳（二九一・五メートル）山頂に築かれた山城である。『筑前国続風土記』などの編纂資料では薦野氏の持城とされる。

戦国後期の薦野氏はこの地を本貫地として土着した領主である。菰野（薦野）城は里城として機能したものとみられる。麓の小松岡には薦野《こもの》氏の居館、薦野城がある。

薦野氏は米多比氏などと共に大友方に属して立花山城などの在番を務めた。薦野増時《ますとき》・成家《なりいえ》父子は立花山城の城督となった戸次道雪《べっきどうせつ》や養子の立花統虎（宗茂）の指揮下に入り各地を転戦した。成家が道雪の養女を娶ったこともあり、後に立花氏一門の待遇を与えられた。豊臣秀吉の九州国分けで統虎が柳川へ転封すると、これに従い薦野を離れた。関ヶ原の戦いで立花氏が改易されると福岡藩黒田氏に招かれ福岡藩に仕え薦野の地に復帰する。以後、近世を通してこの地を支配する。

臼ヶ岳城の縄張りは単郭の主郭と帯曲輪があり、背後に堀切を構えるシンプルなものである。地形的には、主郭よりも高い背後のピーク（二九四・一メートル）を取り込んでおらず、堀切で遮断して城外として放棄する。必要以上に城域を広げず、限られた範囲で山城を維持する築城主体の意図がみられる。

　隣接する米多比《ねたみ》氏の米多比城・里城と比べると、臼ヶ岳城の規模は限られたものに留まる。鷹野氏の勢力から考えると城域の規模は限定されたものと言える。立花山城の在番だけでなく隣接するつぐみ岳城を立花方の支城に取り立てられるなど、大友方として被官となった立花氏の軍役に多くの兵力を割かねばいけなかった鷹野氏の立場が反映されたものと推察される。JR鹿児島線古賀駅より西鉄バス鷹野行鷹野バス停下車、徒歩四〇分。南東側から登山道あり。

（中西義昌）

〔文献〕『歴史史料としての戦国期城郭』中西義昌・岡寺良

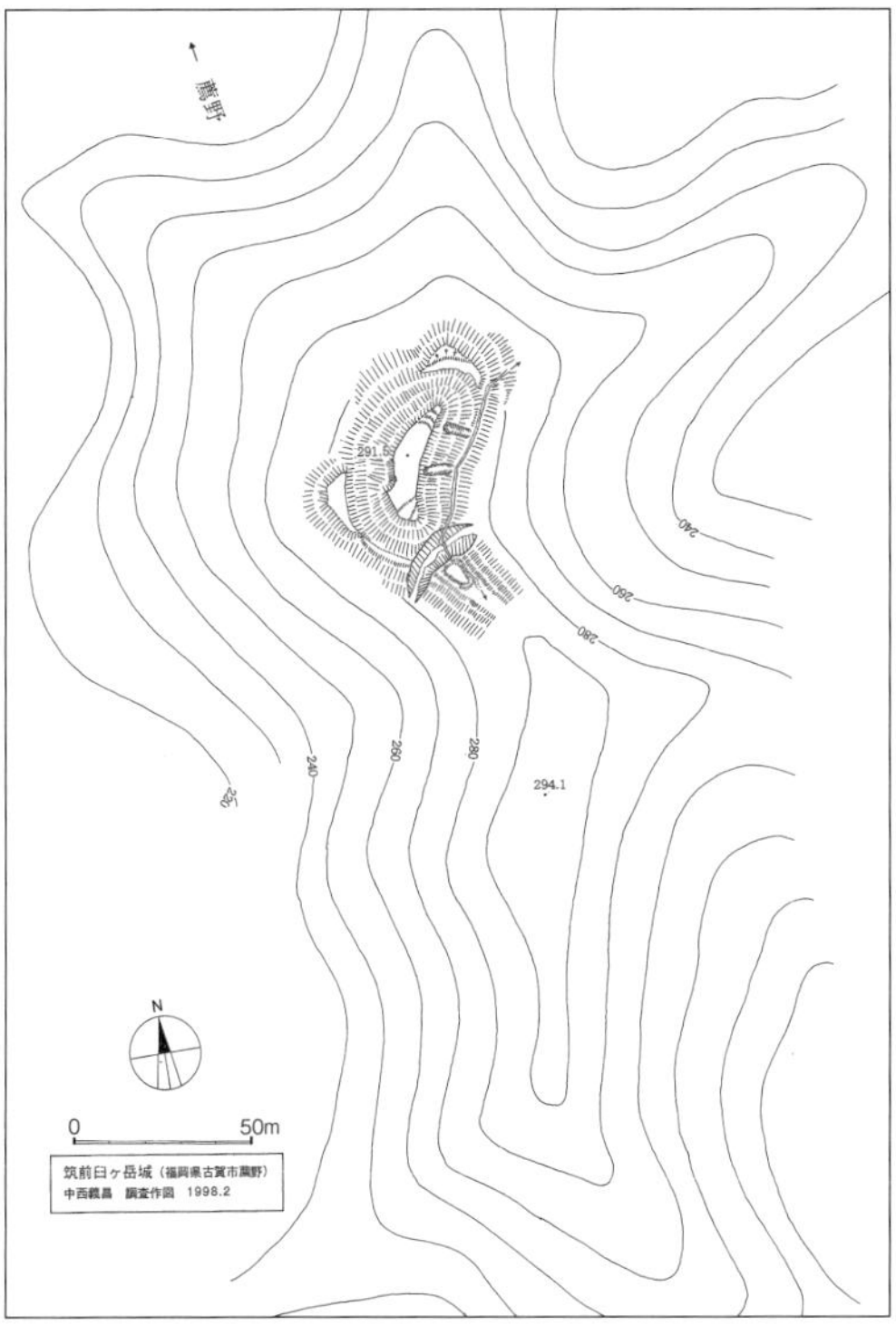

臼ヶ岳城図（中西義昌作成　1998年）

133
一ノ岳城《いちのたけ》

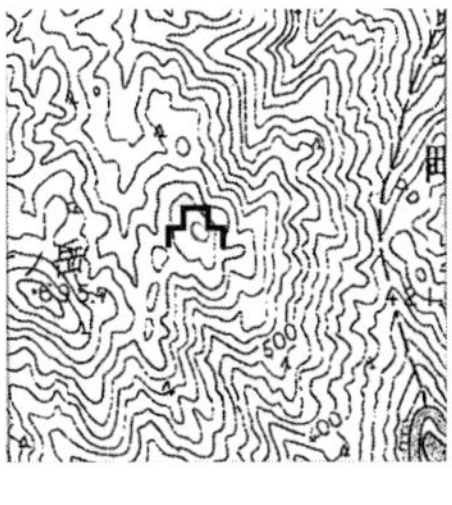

別称　一瀬城《いちのせ》、五箇山城《ごかやま》
所在地　筑紫《ちくし》郡那珂川《なかがわ》町五ヶ山《ごかやま》
旧郡　那珂郡

　一ノ岳城は那珂川町大字五ヶ山に位置し、標高六四四メートルの山頂を中心に築かれている。鎌倉時代に千葉氏が築いたと伝えられるが定かではない。戦国時代に鳥栖市の勝尾《かつのお》城に拠点を置いた筑紫氏が整備し、後に拠点として重要な役割を果たしている。起源は分からないが、文献に弘治二年（一五五六）四月に「・・筑前五箇山の城主筑紫惟門《ちくしこれかど》、大友義鎮の豊前攻略に驚異を感じ、毛利元就に通じる。・・」とあるのが初見である。翌年七月には惟門が大友を恐れ自ら五箇山の城を逃れ、八月二三日には大友方の戸次、由布両氏の軍勢が攻略している。二年後には再び城を取り戻し、永禄二年（一五五九）には朋友の秋月氏が大友方に通じ、惟門も大友方となっている。翌年七月には「大友家の下知を守ることを誓約した」とあり、「本城五箇山」という記載も見える。永禄九年（一五六六）には大友方の武将である高橋氏等と共に再び毛利に与《くみ》するが、翌年には大友氏による激しい攻撃に合い、勝尾城を後に五箇山の城に篭り、再び大友方となっている。この年には惟門が死去し、子である広門が跡目を継いでいる。天正一四年（一五八六）、島津方の軍勢により城を奪われ広門は大善寺に幽閉されるが、豊臣秀吉の九州進軍に伴い島津方が撤去すると、すぐさま五箇山の城を取り戻し、ついで勝尾城を奪回している。

その後、筑紫氏は秀吉の論功行賞により筑後上妻《かみつま》郡で一万八千石の山下城主となっており、当城もこの頃までの使用と考えられる。

尚、一ノ岳城という呼び名は、江戸期以降の文献に見られ、それ以前には五箇山の城と記されている。

一ノ丸は山上に築かれ、二ノ丸は東側にやや下った平坦地にある。西側の尾根と接続する斜面には一八条の畝状竪堀を設け、尾根と接続する所を掘り切る。尾根の西約五〇〇メートルには、広門が城を奪還する際に陣を構えたと伝えられる陣ノ尾山がある。石垣は、一ノ丸と二ノ丸とに確認され、一ノ丸は土留めを意識した低い石垣を二段に積み上げ、二ノ丸は防禦を意識してか大石を用い、高さが二メートルを超える。そこを始点とする谷沿いには曲輪群が散在する。

公共の交通機関は無く、国道三八五号線沿いの南畑ダム記念碑に車を駐車し徒歩。車は数台駐車できる。林道をしばらく歩くと、右手に尾根へ上がる小さな矢印があり、後はテープ等が目印。林道入り口から一ノ丸まで、一時間三〇分程度である。詳細は、那珂川町教育委員会まで問い合わせが必要。（茂和敏）

〔文献〕『小元文書』。『大友家文書録』。『満盛院文書』。

豆知識　城郭と地名考

最近、新しい城郭資料が増えている。従来、野山に残っている郭、切岸、堀切、畝状竪堀群などの遺構を樹木が密集する密林の中から確認する方法が取られた。新たに、城山、城腰、切寄などの字名を元に現地に赴き城郭遺構の有無を確認する方法も取り入れられ、大きな成果を挙げている。

地名考から歴史を探求する時、標準語ではなくいわゆる方言その土地の読みですること、統計的処理を活用することが大切である。

城山、城の腰、切寄の地名があれば極めて高い確率で城郭がある。城山と書いて、じょうやま、じょやま、じおやまなどと読む場合は北部九州では極めて高い確立で城郭がある。しかし、城山と書いて、しろやまと詠む場合は城郭がある確立は極めて低くなる。次に字名を採用する際注意を要する例を挙げておく。その代表が木戸である。木戸は城郭のみにあるのではない。ましてや、木戸を城戸に置き換えることは慎むべきである。堀の内という地名がある。この地名の本来の意味は河川と堤防の位置関係から生まれた地名である。つまり、堤防を基準に河川と反対側を堀の内と言う。この原則が水堀を持つ城郭にもあてはまる。このような場合、何よりも現地確認と併用して決定することが重要である。（中村修身）

134
鷲《わし》ヶ《が》岳《たけ》城

所在地　筑紫郡那珂川町南面里《なめり》
旧　郡　那珂郡

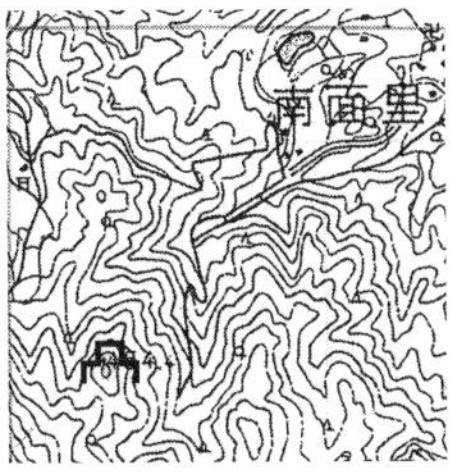

鷲ヶ岳城は那珂川町大字南面里に位置し、標高四五五メートルの山頂を中心にある。大友筑前五城の一つで、大津留氏が在城した。江戸期の文献には天文一九年（一五五〇）に大鶴上総（宗雲）が、「大友義鑑から岩門河内三百町を宛がわれ、城を築いた」とあるが、明確な築城時期は断定できない。大友宗麟が永禄四年（一五六一）に大津留氏に在城諸境目を警備するよう命じているのが、古文書に見る初見といえる。天正八年（一五八〇）には肥前の龍造寺により攻め落とされ大津留氏は安楽平城に篭城している。翌年に城を筑紫家が取ったと記録にあるが、それ以降の本城を伝える記録はない。尚、『大内氏実録』には文明一〇年（一四七八）に「大内勢、鷲岳城を攻める。この年、陶弘護・・筑前を平定する」とあるが当城とは考え難く、前身と伝えられる南西五〇〇メートルの大丸城の可能性もある。

城は南北に向く尾根上を中心に築き、周囲を石垣で囲っている。石垣は二段で、高さ二メートル程ある。二ノ丸近くから西に延びる尾根は横堀により区画を設け、南端の東側には虎口がある。通路は明瞭でないが、谷筋に向けて数箇所の石塁を伴う曲輪が存在する。集落から城への入り口と思われる岸壁には、「当城所事永禄五年…」という碑文が彫られ、南面里には、初代城主の大津留九郎鎮正が剃髪し名を宗雲と改め、永禄一二年（一五六九）に建てたと伝えられる正應寺があり、その近くには出城である藤原（滑）城もある。

城へは、西鉄バスを共栄橋で下車、車では仲ノ畝林道終点から徒歩となるが、城への登り口が分かりづらいため、事前に那珂町教育委員会へ問い合わせが必要。西鉄バス協栄橋から徒歩約一時間三〇分、仲ノ畝林道終点から徒歩四〇分。（茂和敏）

〔文献〕『筑前国続風土記』。『大友宗麟資料』。『筑紫家覚書』。

135
岩《いわ》門《と》城

別　称　龍神山《たつがみやま》城
所在地　筑紫郡那珂川町安徳・山田・上梶原
旧　郡　那珂郡

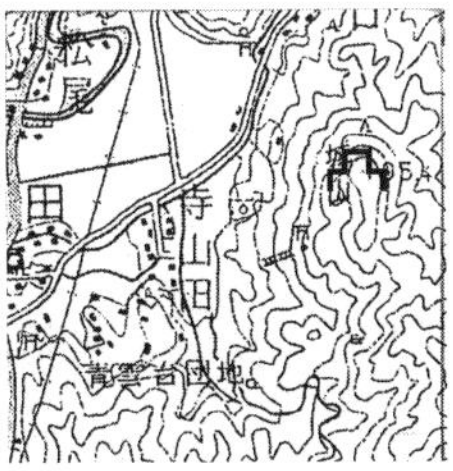

岩門城は那珂川町大字安徳・山田・上梶原に位置する標高一九四メートルの山頂を中心に築かれ、地図には城山と記されている。築城について、江戸時代の文献に長保元年（九九九）大蔵（原田）が城を築き始めたとあり、延久五年（一〇七三）には「・・原田権頭種資・・軍略上岩門城を以って常館となす」とあるが信憑性は薄い。文永《ぶんえい》・弘安《こうあん》の役後の弘安七年（一二八四）には、三度目の元軍襲来に備え、鎌倉幕府が九州の軍事重要拠点として岩門と大宰府に九州官軍の城郭を構えるよう命じており、この岩門の城が本城に比定さ

れている。当時、『蒙古襲来絵詞《もうこしゅうらいえことば》』にも登場する九州武士団の総大将武藤《むとう》（少弐《しょうに》）景資《かげすけ》が在城したと考えられ、弘安八年（一二八五）の霜月《しもつき》騒動に波及し翌年に起こった岩門合戦では、兄経資《つねすけ》との戦いで景資は敗死している。真否は不明だが、城下であったと推測される山田地区には景資の墓と伝えられる五輪塔がある。南北朝期の永和四年（一三七八）には九州探題である今川了俊が陣所を置き、家臣であった熊谷四郎左衛門が五月より翌年の二月まで在陣警固している。室町時代には山口の大内義興が明応五年（一四九七）一月から翌年四月まで岩門城の城督であった遠田治部承兼相と五月より在城した吉岡助八盛実を褒めたと記録がある。その後しばらく大内の持ち城であったことが確認でき、永正一〇年（一五一三）には麻生家明が城督を務めている。永禄一二年（一五六九）に立花山城を確保した毛利勢が岩門に出張り、筑紫方と合戦を行っており、当時、岩門城に筑紫方が居たことが推測できる。その後、大友方の志賀道輝が在城したと江戸期の文献にあるが定かではなく、それ以降、本城に関わる記載は見ることができない。

城は南北を向く尾根上に築き、町内では最も眺望が良い。尾根先端には出丸があり、南に向かって一ノ丸から三ノ丸へと続く。曲輪は出丸下と当時の城下が想定できる山田側に多く、斜面は切り岸である。那珂川町教育委員会の調査では石垣は確認できず、築城時期は特定できないが、城の整備にあたり大規模な土木工事が行われたことが分かっている。一三世紀後半から一六世紀代までの遺物が出土し、元寇の役の頃には、城として機能していたことを裏付けている。

城へは、西鉄バスの山田で下車。裂田溝《さくたのうなで》沿いに進むと案内板があり、高津神社の石段を正面に左へ進むと、郷土史研究会による木製の誘導版がある。駐車場は寺山田の裂田溝沿いにある。山田公民館より徒歩約一時間、駐車場より四〇分。（茂和敏）

〔文献〕『鎌倉幕府追加法』。『熊谷家文書』。『萩藩閥閲録』。

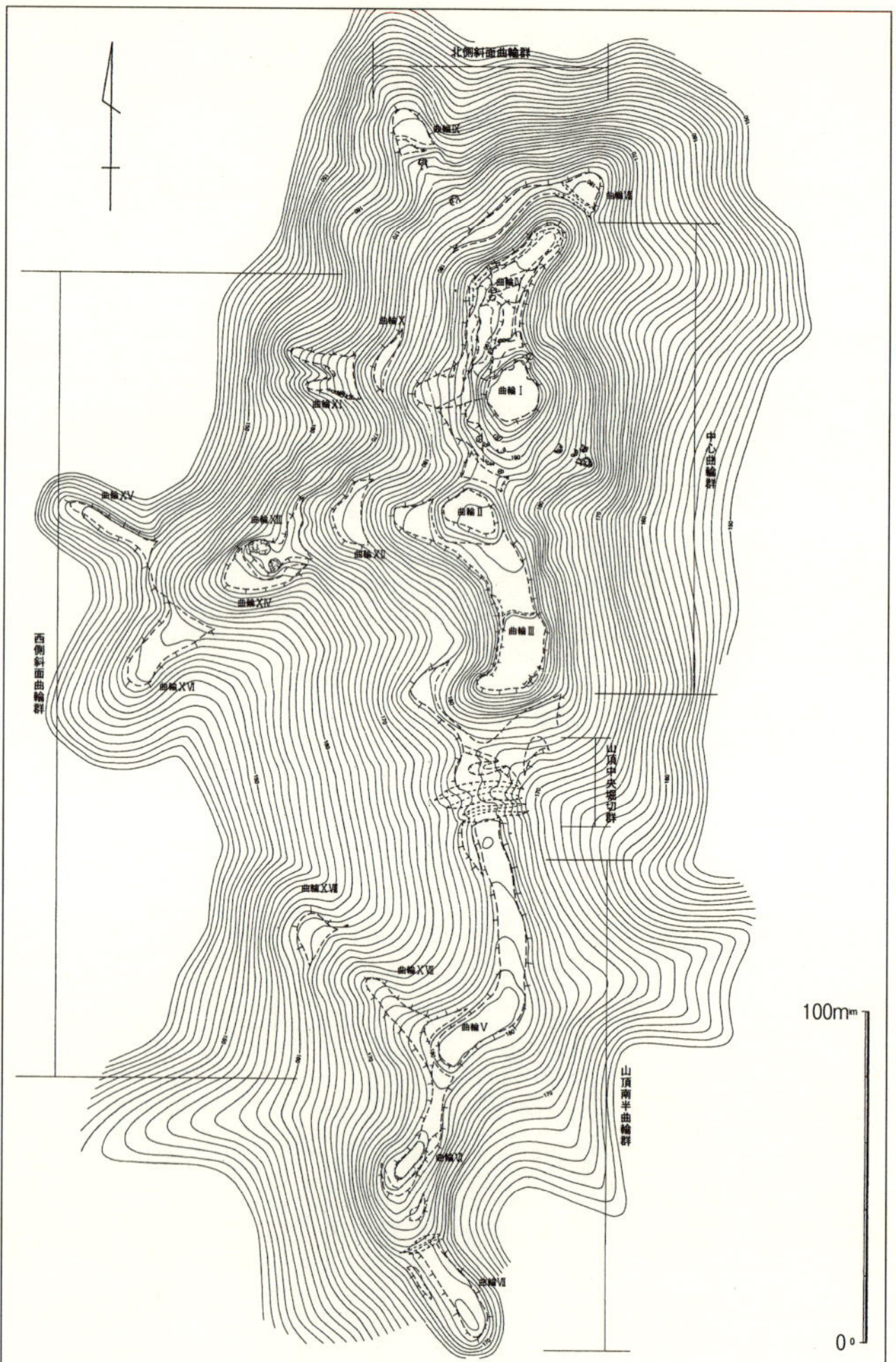

岩門城図（茂和敏作成）

136

立花山《たちばなやま》城

別　称　立花城
所在地　糟屋郡新宮町立花口、久山町、福岡市東区
旧　郡　糟屋郡

元亀二年（一五七一）から天正一五年（一五八七）六月の九州国割まで大友領の筑前守護代を務めた戸次《べつき》（立花）道雪《どうせつ》・統虎《むねとら》父子の居城として有名である。八つの峰やその尾根に跨る広大な城域に、彼等の代までに骨格を整えた大小百余の曲輪が残る。また当城は、九州国割で筑前に入封した小早川隆景が名島築城までの間、豊臣政権の指示で入居した城でもある。それにも拘らず、道雪父子の知名度に加えて隆景の在城期間が短かかったせいか、単なる「腰掛け城」と解されている。ところが城跡を見渡すと、諸所に連続型嘴《くちばし》状外枡形虎口K1・K2、食違虎口K4、横矢掛りY1～Y6、算木積み石垣I4、大粒の割肌石材を布目崩状に積んだ石垣I1～I7、防塁状の石垣L1～L7など、織豊系技術による大改修の痕跡が確認できる。

中でも注目すべきが主郭①の連続型外枡形虎口K1で、先端に櫓台状の膨らみC1・C2を持つ鎌形の「腕」が右、左掻きに二連続した後、外枡形虎口内の空間が拡充して橋頭堡的なものに発展した小曲輪②が続く。このようなプランは当時の織豊系城郭でも抜きん出ている。次が、井楼山と松尾の間の痩尾根⑯に築かれた登り石垣I5で、両者の連絡を強化する機能を持つ。延長約六五メートルあり、喰違虎口K4と空堀H1を伴う。空堀を伴う登り石垣と連続型枡形虎口は倭城に顕著である。倭城構築で毛利氏一門が多大な役割を担ったことに想像を逞しくすれば、当城が倭城の叩き台となった可能性も考え得る。

この改修は、隆景が天正一五年七月二四日付の能島村上氏宛書状の中で「當時立花普請取乱」れて毛利本国との音信も滞る状態だ、と述べていることから、入国早々に突貫で行われたようである。つまり当城は、九州で最初に織豊系城郭文化の洗礼を受けた城である。

隆景は、一六年一月下旬以前に名島浜の仮屋に常住し、名島城普請を開始する。この行動に鑑みて、入国段階で既に名島築城の構想か準備があったと思われる。ならば当城が居城であった期間は、短くみて半年余、長くても名島城が一応の完成をみる一九年正月頃までの三年半余となる。その後、城は筆頭家臣の乃美氏の預りとなる。数ある織豊系城郭の中で数年の用のための「腰掛け城」を大改修した例はない。元より数年しか在城するつもりのない当城に最先端技術で異例の大改修を施した背景には、豊臣政権が間近に目論む朝鮮出兵があった。

当時、筑前では出兵時の兵站基地構想に基づく博多町の復興が進行中で、これに関連して周辺地域の治安維持が切実な課題であった。なぜなら国衆蜂起による筑前の兵站基地構想の崩壊は即、出兵計画の挫折を意味する。特に肥後と並ぶ有力国衆の巣窟たる筑前は、寸分の油断もならない土地柄であった。これに対処す

立花山城石垣（I1）近景

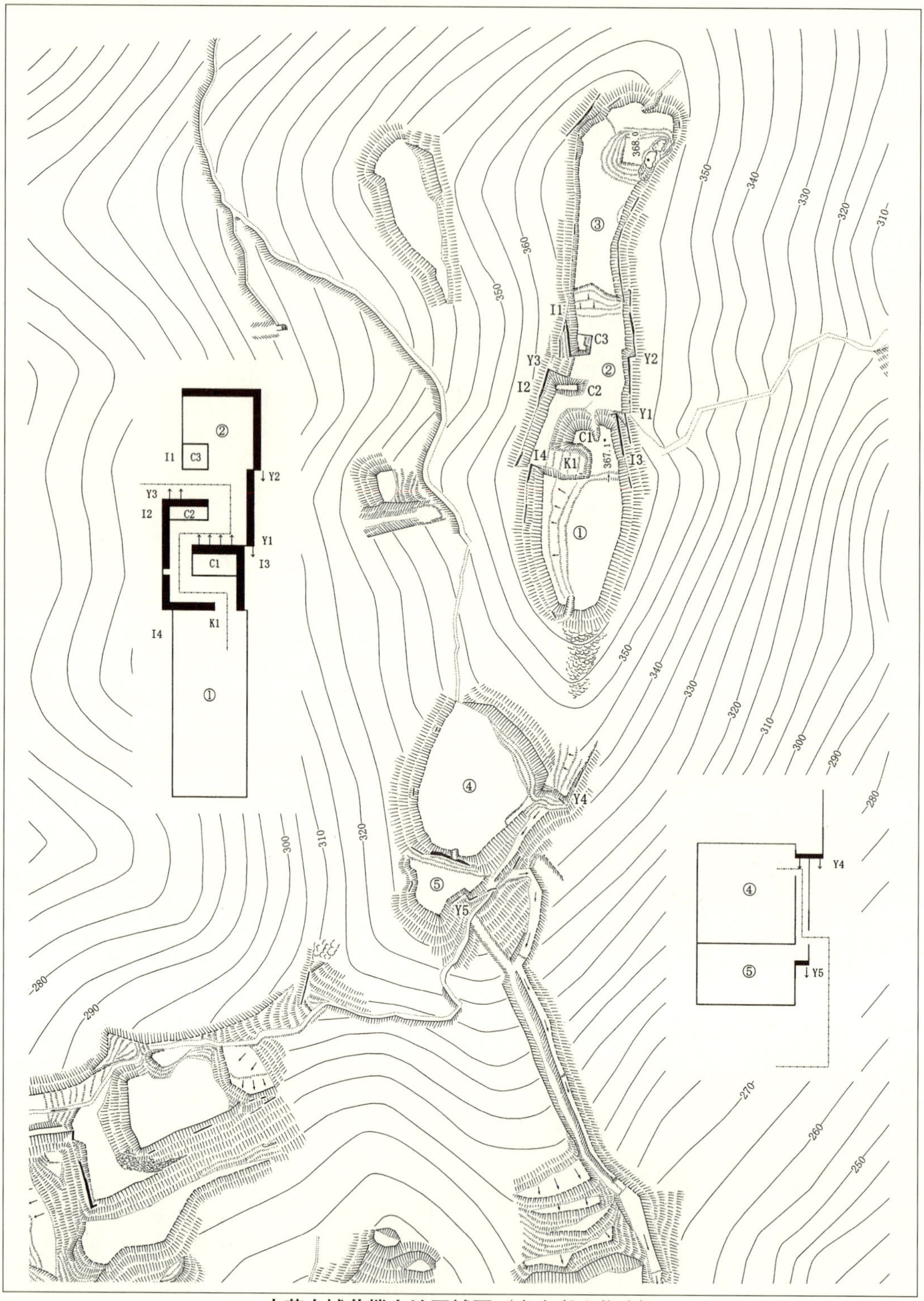

立花山城井楼山地区城図（木島孝之作成）

立花山城図（木島孝之作成）

る強固な軍事拠点の整備が急遽求められた結果、「鎮西の城」たる名島城が竣工するまでの僅かな空白期間でさえ念入りに補填すべく、特別の意識でもって用意された「高級代用の鎮西の城」が立花山城であった。事実、隆景に肥後国衆一揆討伐を命じた一五年九月の秀吉直書は、鎮圧軍の大将を隆景とし、さらに鎮圧が困難な場合、立花山城に毛利家宗主輝元を後詰に据えて事に当るよう命じている。併せて毛利氏の重鎮たる隆景の筑前入封は、強大な毛利軍に九州の静謐と来るべき朝鮮出兵の主力を荷わせるための、豊臣政権による拒絶不可能な強制的ヘッドハンティングであった。

朝鮮出兵という国家事業を目前に控えて旧族大名小早川氏は、豊臣政権から破格の大封（筑前一国ほか三郡半）の強制的な下賜と一対で、兵站基地国筑前での国衆蜂起の防止のみならず九州の静謐、ならびに織豊系築城技術の習得・実践を通じての自家さらには毛利氏全体の豊臣大名への転身を強要された。いわば当城の縄張りは、秀吉との恩顧（新恩）関係と毛利家との親族関係による強烈な板挟み状態の中で毛利家の命運を一身に背負う立場に置かれた隆景の苦悩と、国史上空前の作戦―朝鮮出兵―を秒読みに控えた最前線地の緊張を如実に語る最上級の史料といえる。

西鉄バス立花口下車、山頂まで四五分。（木島孝之）

〔文献〕「筑前立花城跡が語る朝鮮出兵への道程」『城館史料学　創刊号』木島孝之

137 名島城《なじま》

所在地　福岡市東区名島
旧　郡　糟屋郡

名島城は博多湾に注ぐ多々良川河口に築かれた海城である。海岸際の東西に延びた丘陵に本丸、長天守台、二の丸、三の丸と曲輪が延長約七五〇メートルにわたって続く。現在の福岡市東区名島に位置し、西端の名島神社を目指すと本丸へ登っていくことができる。

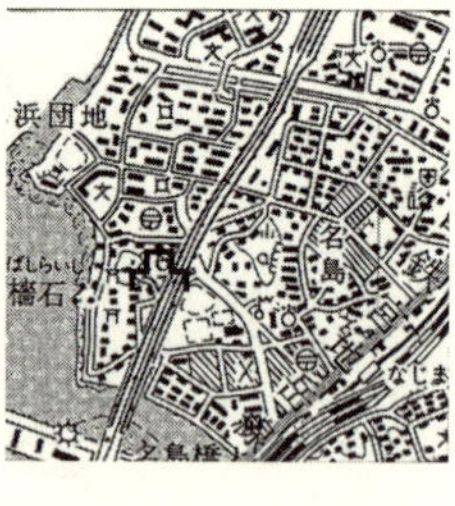

名島城は最初、立花城の支城として大友氏の家臣である立花鑑載《あきとし》が築いたという。秀吉による九州平定後、九州の要となる筑前国を小早川隆景に任せる。隆景は中国地方の覇者であった毛利元就の三男として生まれ、毛利軍の一翼を担ってきた人である。天正一六年（一五八八）前後に隆景は居城とする名島城の普請を始めた。その普請には秀吉みずからが関わったという。

秀吉は名島城に鎮西の他、もう一つ大きな役割を担わせる。それは来るべき朝鮮出兵の兵站基地とすることであった。本陣である名護屋城の後方支援活動として人員や物資の輸送、指令・情報の伝達を行う基地とした。地の利を生かした海上交通が大いに利用されたであろう。

平成一六年より本丸の公園整備に伴い発掘調査が行われた。九州では最古級となる近世城郭の技法を導入した石垣、横矢掛の形状をした出角、瓦葺礎石建ちの隅櫓台などが検出された。また、出土した瓦には名護屋城のものと同笵、同形式のものが数多く見られ、物資調達の一端が看て取れる。さらに、採取された豊臣家の家紋である桐文の塼《せん》や昭和三年の水上飛行場建設時に出土した金箔の鯱《しゃち》瓦などは名島城が秀吉の配下にあったことを強く印象づけるものである。

このように名島城は秀吉の思惑を色濃く反映しながら九州における近世城郭の幕開けを表出した城郭である。

その後、養子に迎えた羽柴秀俊（のちの小早川秀秋）、関ヶ原の戦い後の黒田長政と城主は短期のうちに変わり、城下町を広く形成できる福岡城に居城が移されると名島城は廃城となる。慶長六年（一六〇一）からの福岡城築城にあたっては名島城の石垣や門、櫓が破却、解体され運ばれたという。しかし、発掘調査では黒田氏が短期間にも関わらず修築を続けていたことが判る。また、破却された石垣も下部が残り、曲輪や大手の形状が判る部分や修築以前の古い石垣が埋もれている箇所などが発見され、未知の部分をひそませている。

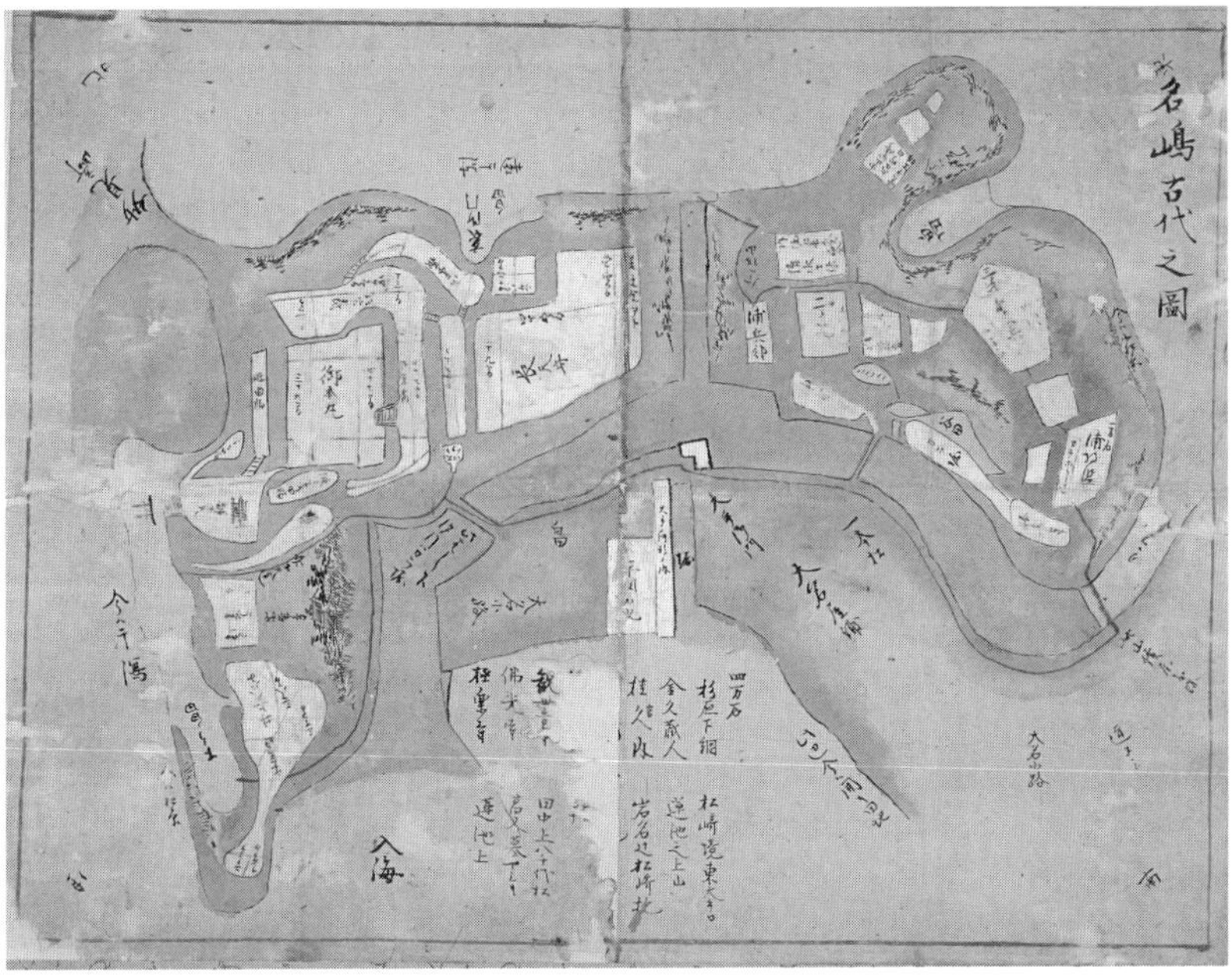

名嶋古代之図（福岡市博物館蔵　作成者作製年不明）

名島城本丸大手側石垣

西鉄宮地岳線名島駅から徒歩二〇分。西鉄バス名島停留所から徒歩一五分。（荒牧宏行）

〔文献〕『名島城跡Ⅰ』福岡市教育委員会。『名島城跡Ⅱ』福岡市教育委員会

138

御《お》飯《い》ノ《の》山《やま》城

別称　老《おい》ノ山城、笈《おい》の山城
所在地　福岡市東区香椎
旧郡　糟屋郡

御飯ノ山城は、東区大字香椎地内に位置した山城である。『筑前国続風土記』や、近世の編纂物『九州軍記』等に「老ノ山城」「笈の山城」としてみえ、江戸時代から周辺の住民たちにはその存在が知られていたと思われる。この山城は平成七年から一〇年にかけ、宅地造成工事に伴って実施された発掘調査によって全面調査がなされ、その全容が明らかになったが、山城自体はその後工事によって壊され、現在は残っていない。ここでは平成一二年刊行の報告書をもとにその様相をまとめたい。

城の根幹を成す郭は山頂部を削平した単郭の主郭からなる。ここには複数の掘立柱建物や柵が設けられ、居住性が考慮されているが、水源はなく麓から担ぎ上げる必要がある。郭の中は建物と柵でほぼいっぱいで、土塁はない。他に斜面を削りだした小郭が3箇所検出されている。注目されるのは虎口で、麓まで続く長大な竪堀の底を利用した道からほぼ直角に折れ、さらにクランクを持たせて主郭に入る構造で、底には階段を削りだしている。直進できないうえ周囲の視界もほぼ効かない。入り口付近には柱穴が検出され、櫓状の建物があったと推測されている。城の北および東には尾根が接続するが、これは堀切によって切断される。周囲には竪堀が複数設けられ、城を攻める兵の横方向の移動を制限している。以上のような縄張りが完成したのは一六世紀第四四半期に入って後のことと考えられている。しかし発掘調査の際に出土した遺物から、遅くとも一四世紀前半期には何らかの目的で御飯ノ山城が築かれ、山頂部が使われていたと思われる。麓の密接なつながりがわかる。

東区香椎台二丁目付近にあったが、現在は宅地造成により消滅した。（阿部泰之）

〔文献〕「御飯ノ山城と中世屋敷群跡」『最新研究　日本の城　世界の城』瀧本正志。『香椎B遺跡』福岡市教育委員会

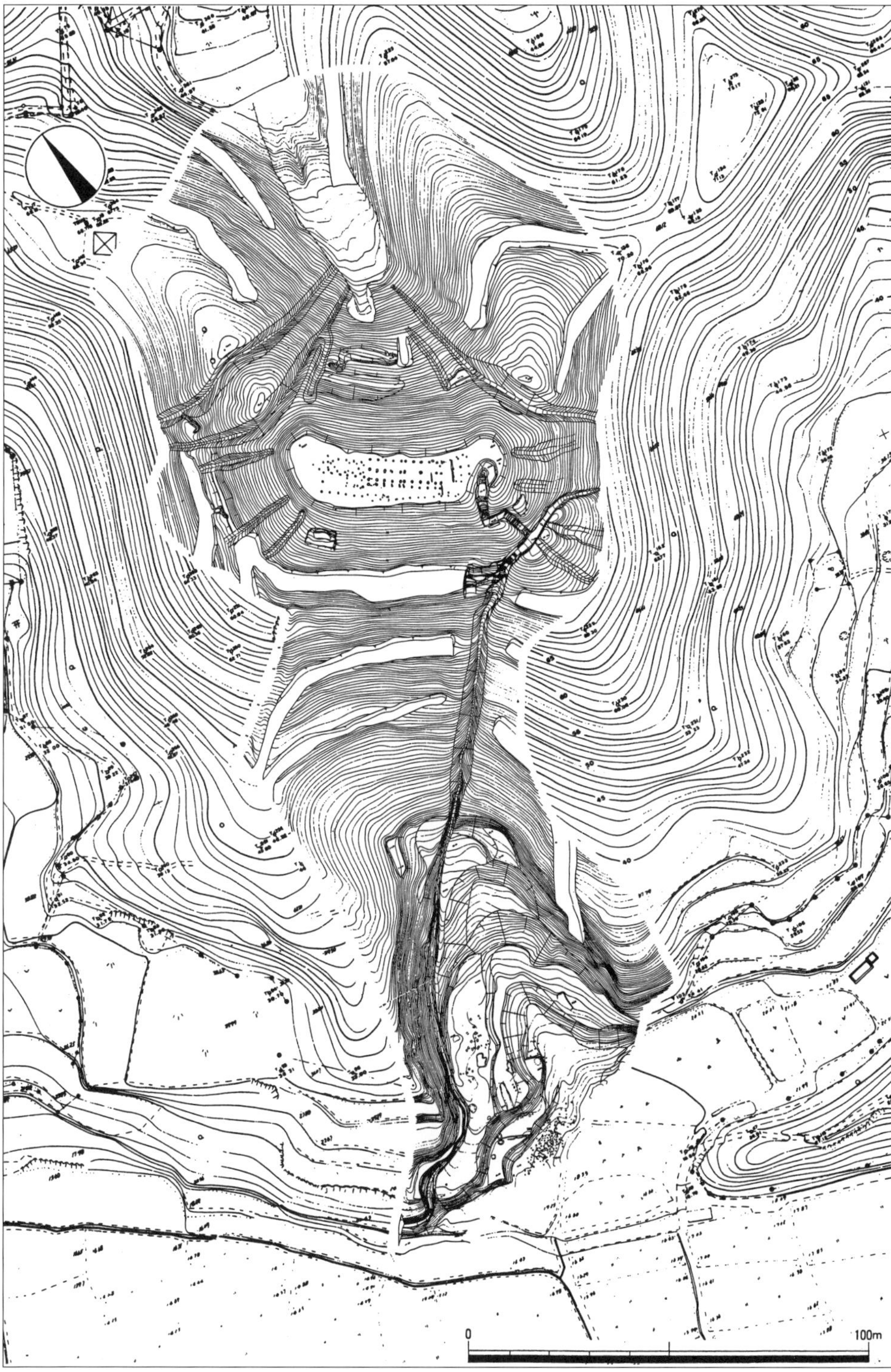

御飯ノ山城図（『香椎Ｂ遺跡』瀧本正志作成）

139 福岡城《ふくおか》

別称　舞鶴城《まいづる》
所在地　福岡市中央区城内
旧郡　那珂《なか》郡

福岡城は、福岡市中央区城内に位置する近世城郭である。慶長五年（一六〇〇）に筑前国に入部した黒田如水・長政父子は当初福岡城の北東に位置する名島城に居城を定めた。この城郭は海に面し周囲には低湿地が広がる地形で守るにやすい堅城である。しかし周辺に乾燥した平坦地が少なく、城と一体になった城下町の形成には不向きであった。そこで黒田父子は、中世以来の商業都市博多を取り込んだ新城の建設を決め、国内各所の築城適地が物色されたが、那珂郡警固村の当時福崎と呼ばれていた地に新しく城郭を築くこととなり、慶長六年（一六〇一）に築城工事が開始された。貝原益軒の筆による『筑前国続風土記』には七年をかけて築城されたとあるが、『黒田家譜』には「一両年」で城郭としての体裁を調えた、とあり、城郭の一部は築城開始の翌年、あるいは翌々年には一応の完成を見たものと推測される。

城郭の形態はいわゆる梯郭式の平山城で、韓国慶尚南道所在の晋州城を模したとも伝えられる。博多湾に面した低丘陵を造成して縄張りを行っており、古代に鴻臚館のために整地された平坦地や礎石もそれと知らずに利用されたと思われる。

この丘陵は南に延びているため、これを大きく切断し、いわば堀切状の堀を構築している。東方には一本の堀が延びて、これが独特の形態をなす要因ともなっている。これを那珂川に接続して川の西岸に石垣を構築し、城郭の東を限っている。本城の北に隣接する城下町を囲い込むものである。構築に際しては鍋島直茂の協力があったとされ、「肥前堀」と呼ばれている。西側は草香江とよばれる沼沢地を浚渫して「大濠」とした。こうして三方を自然地形を多く利用する形で区画し、城下町を囲い込んでいる。惣構としてはさらに広く、南は六本松、西は室見川まで広がっていた。しかし従来の商業都市博多は中州を挟んで橋でつながる形をとっており、博多市街の南を区切る「房州堀」はあるが、当初の目的であった町全体を取り込む形にはならず、城下町福岡と商業都市博多という二つの町が中州を挟んで存在するいわば連星状の都市として現在に至っている。肥前堀は現在埋め立てられて市街地となっており、大濠は公園として大改修がなされたためいずれも旧態は窺えない。

石垣は本丸部分および門の周辺を中心に築かれている。いわゆる打ち込みハギによって積み上げられるが、同じ壁面でも異なる複数の積み方が観察され、何回も積みなおしがなされたことが窺える。石垣が積まれていない箇所には土塁が構築されている。堀に面する部分は門の部分を除き土塁で、石垣の部分は少ない。後世の改修が著しいが、概ね近世当時のラインをたもっているとみられる。

城内の建物は現在ほとんど失われている。当初四七の櫓が築かれたとされるが、現在は国指定重要文化財の南丸多聞櫓・県指定文化財の伝潮見櫓、崇福寺に移築され仏殿となっていた潮見櫓、花見櫓（将来復元予定）、崇福寺の山門となっている本丸表御門、祈念櫓、下の橋大手門が残るのみである。

明治四年、福岡城は廃城となり、同五年以降昭和二〇年まで陸軍部隊の駐屯地としての役割を持った。城内の建物の大半が失われたのはこの間である。昭和一七年には西部軍司令部がかつての東の丸に建てられ、福岡高等裁判所裏の土塁には防空司令室のものと思われるコンクリートの構造物が残っている。

地下鉄「大濠公園」駅下車すぐの位置。（阿部泰之）

〔文献〕『物語福岡藩史』安川巌。『福岡城跡大手門』福岡市教育委員会

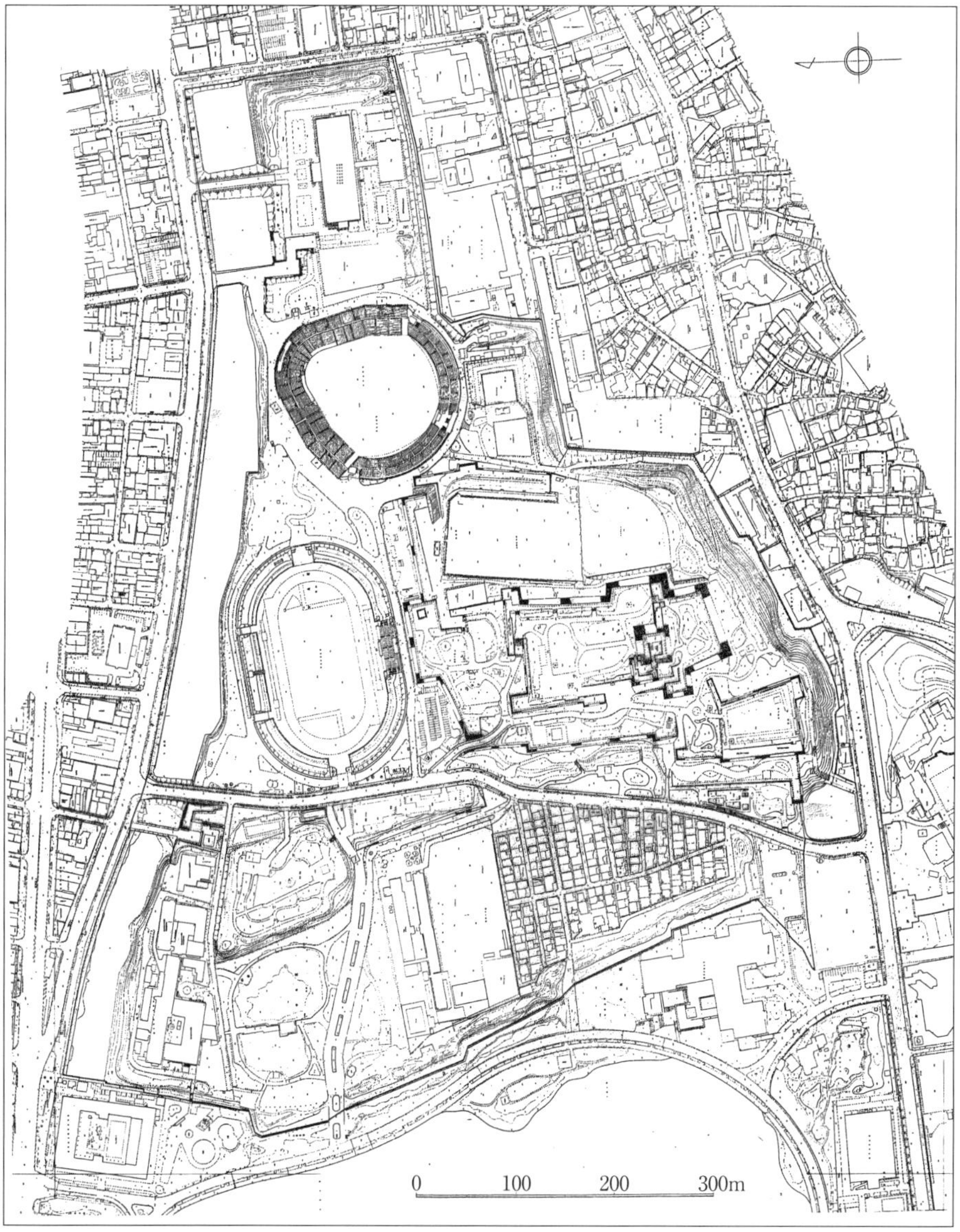

福岡城図

福岡城本丸表御門 明治初期（福岡市教育委員会提供）

140
古野城《ふるの》

所在地　福岡市南区三宅
旧　郡　那珂《なか》郡

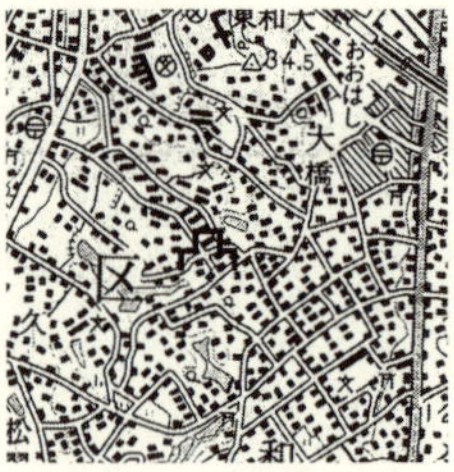

福岡市南区には二か所城跡が確認されているが、その一つである。古野城は西鉄大橋駅西側の標高二五メートルを測る丘陵上に所在していたが、現在は市街地化によって破壊され残っていない。小字名は古野である。古野城は『筑前国続風土記』などに記載があり、又、江戸時代文化年間に秋月藩士の大倉種周《おおくらたねちか》が作成した『古戦古城図《こせんこじょうず》』には、大倉が現地調査し作成した古野城の絵図が掲載されている。これによれば、城主は不詳であるが、後に的野主税入道《まとのちからにゅうどう》了心《りょうしん》という人がいたと伝わると書かれている。絵図には舌状に張り出す丘陵上に堀切や土塁で区切られた四段の曲輪があり、その北側谷部には堀切と竪堀が描かれている。曲輪の規模なども長さ七間（一間一・八メートル）～一三間の曲輪と記述されている。

的野主税入道了心は黒田藩の家臣団の中に認められる名前で、新しくても一六世紀代と考える城の時期の城主としては矛盾する。大倉種周の『古野城絵図』には城の下側に「三宅村矢臺（台）」と描かれた部分がある。この「矢臺（台）」は現在でも大橋に地名が残る。「矢台」の地名は矢を射かける台があったことから来ているといわれる。この矢台（臺）地区は地積図を見ると一辺約一〇〇メートルほどの方形区域であり、居館跡の存在が推定出来る。この地域は大橋E遺跡として指定され、現在一一か所の調査例がある。矢台地区内の第一〇次調査区、西側近隣の第七次・九次調査区では一六世紀頃の屋敷地の区画溝が確認されている。古野城の里城（館跡）が東側の大橋地区にあった可能性がある。（山崎龍雄）

〔文献〕『古戦古城之図』大倉種周。
『南区ふるさと』福岡市南区民俗文化財保存会

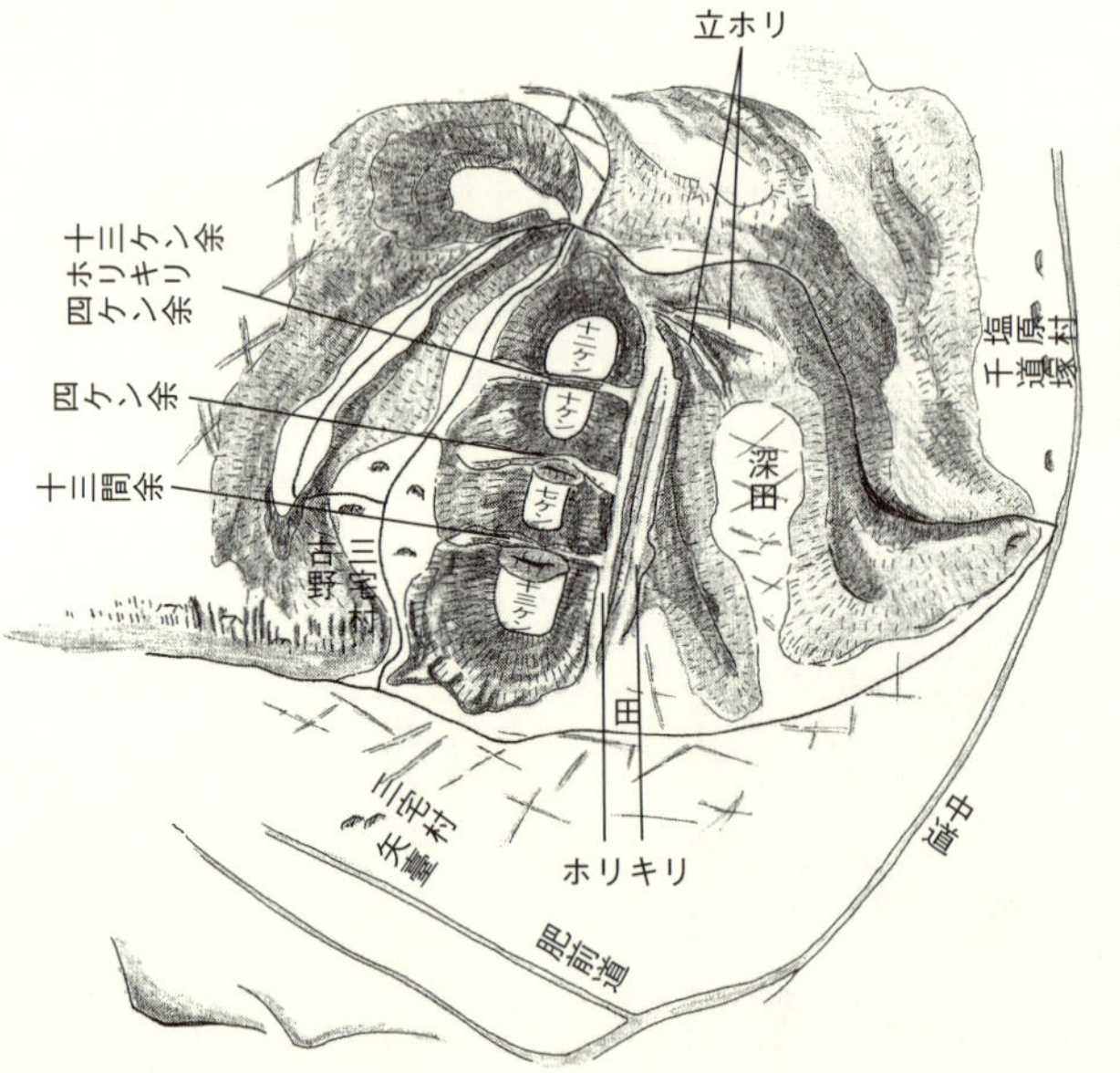

古野城絵図（大倉種周図を山崎龍雄模写）

141
稲居塚《いないづか》城

別称　鐘塚《かねづか》城、上月隈《かみつきぐま》城
所在地　福岡市博多区上月隈
旧郡　席田《むしろだ》郡

福岡空港東側の月隈丘陵上にある。博多区で山城は二か所確認されている、その一か所である。稲居塚城は『筑前国続風土記』には「上月隈村にあり、又は別所山とも云。郡士安河内筑前守《やすこうちちくぜんのかみ》と云者居たりしという。或云、立花の端城にて、戸次次郎兵衛《べっきじろうべえ》と云者籠りしと云。」とあり、『筑前国続風土記拾遺』では更に詳しく、城の規模や天正《てんしょう》年間は安河内筑前守か光安筑後守《みつやすちくごのかみ》、又は隈本筑後守《くまもとちくごのかみ》いうものが、城主であったとあり、この城の続きに金居塚城《かないづかじょう》があり、これらの城は一つの城であったと記されている。

城は地元で鐘塚山と呼ぶ標高八四メートルの山頂部にある。山頂部にある円墳の墳頂部を削平して主郭としている。その主郭の周りを狭い平坦地が階段状に巡る。主郭から西に続く尾根も平坦な曲輪が延び、破壊した古墳の石材を集めて祠にした所に、地元が建てた鐘塚城址の碑がある。鐘塚山から北西に延びる丘陵の北側裾部で発掘調査が行われ、斜面を区画するような薬研堀《やげんぼり》の空堀や堀切が見つかった。遺構の時期は戦国時代の一五世紀後半から一六世紀頃である。また周辺には「居屋敷」という地名も残っている。稲居塚城に関連した記述として『豊前覚書《ぶぜんおぼえがき》』に、天正八年（一五八〇）に戸《べっ》次道雪《きどうせつ》が、月隈村一貫古野山に「筵田《むしろだ》切り寄せ」を取り誘えた事が記されている。人数不足で「筵田拾人（原文）」に任せたとある。古野山の所在地は不明であるが、この稲居塚城である可能性が強い。

この城へは、西鉄上月隈バス停が近い。（山崎龍雄）

142
安楽平《あらひら》城

別称　荒平《あらひら》城
所在地　福岡市早良区脇山・重留
旧郡　早良《さわら》郡

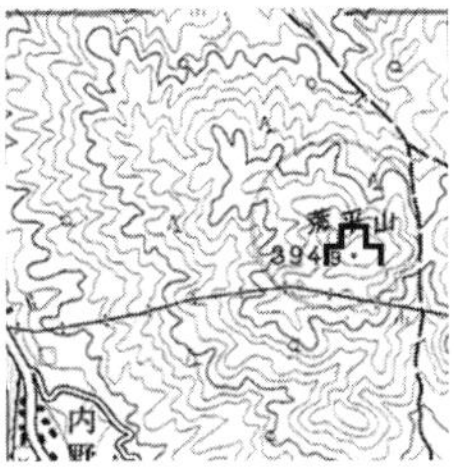

安楽平城は早良区東入部、油山から派生する一峰の荒平山の山頂部にある山城で、山頂から連なる尾根の上に曲輪・堀切が見られる。築城された時期は定かではないが、『太宰管内志』に、文明一〇（一四七八）年に「安樂平城」の名が見え、このころには城として機能していたとみられるが、この間の正確な状況はわからない。早良郡が大内氏の支配下に入ると郡代が駐在し、その後、天文二〇（一五五一）年に大内氏が滅亡した後、早良郡を支配した大友氏に接近した小田部氏が城督に任命されている。

天正八（一五八〇）年、龍造寺氏による早良郡侵攻に伴い落城した。『直茂公譜考補』に「南一方は高山ニ続キシヲ事々シク堀切リ、北東西ノ三方ハ屏風ヲ立タル様ナル嶮岨ナルニ、石垣雲ニ聳ヘ矢倉掻楯間ナク構ヘテ・・・」（天正七年）とあり、城の最終的な状態が窺える。落城後は新たに修築されることなく城郭としての機能は失

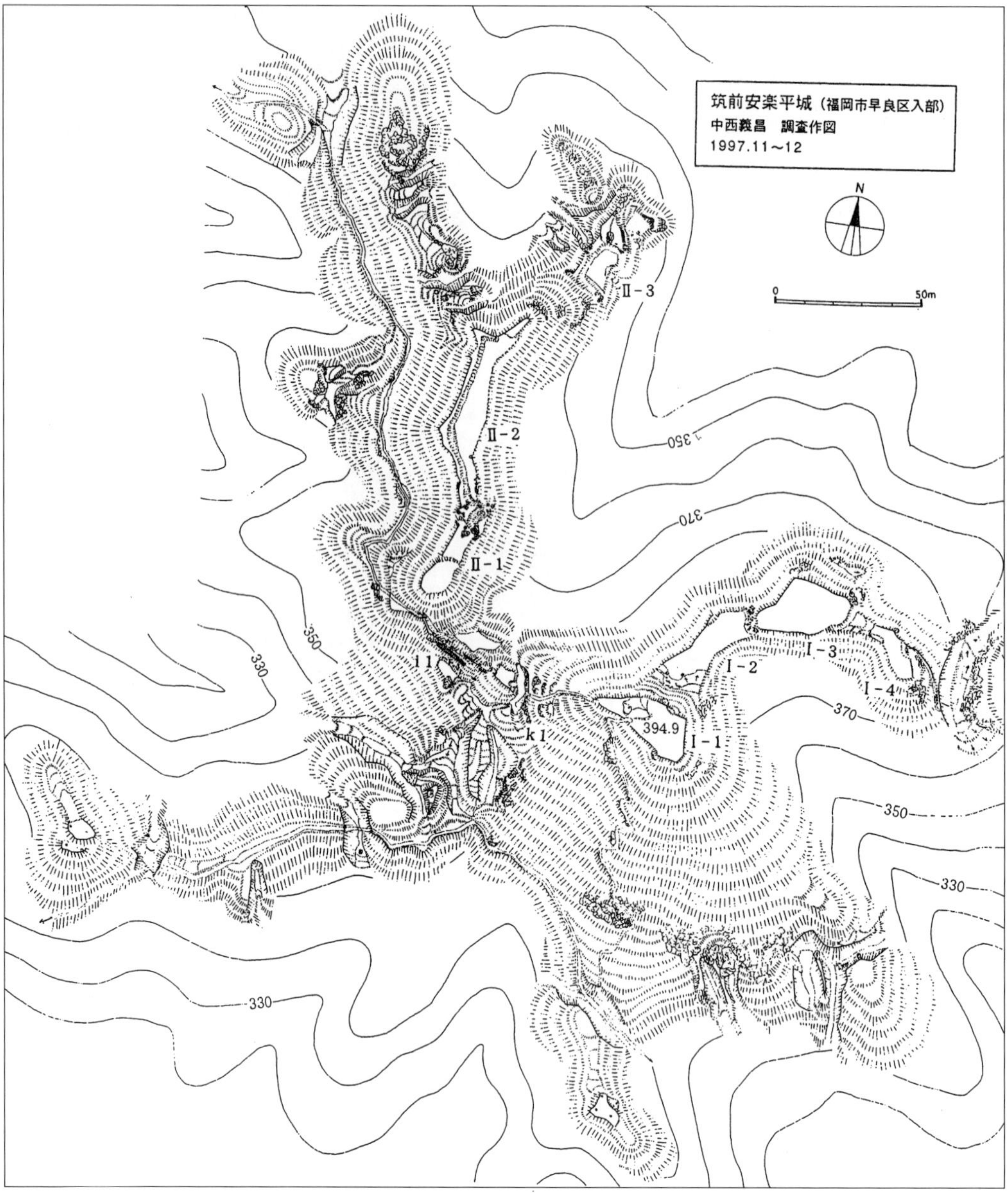

安楽平城図（中西義昌作成 1997年）

われたと推測される。

安楽平城の縄張りは郭と堀切で構成される。最高所にある三角形の主郭を中心に東西南北に尾根が延びるが、おおよそ三〇〇～三五〇メートル四方の範囲である。堀切を用いて接続するすべての尾根を切断しており、尾根沿いの進入路を遮断している。主郭には明確な出入り口（虎口）は見られない。原田氏の本城である高祖城にくらべても古いタイプの城である。土塁が築かれている曲輪が見られる。西方を意識して防塁ラインをつくっており、早良平野と荒平山麓にある早良街道を扼している。郭の外周には部分的に石垣が築かれている。現在福岡城などに見られる石垣とは異なり、二メートルほどの高さに垂直に自然石を積み上げるもので、同様の積み方は先述の高祖城にもみられる。

山城の山麓には主の居館が見

られるものが多い。安楽平城の場合、これに類する施設は今のところ不明だが、荒平山西麓周辺に郭状の削平段が複数みられ、居館があった可能性がある。そのほかにも「大門」（登城道の出入り口か?）「城の原」という地名がのこっており、荒平山麓になんらかの施設が存在した可能性は高い。

安楽平城の発掘調査例は現在のところないが、城内からは陶磁器・瓦・銅銭などの遺物が採集されていることから、山頂部の郭に瓦葺きの建物があったことが窺えるが、現在のところ詳細は不明である。

西鉄バス「谷」バス停が最寄りです。（阿部泰之）

〔文献〕「小田部氏関係史料」『福岡市博物館研究紀要 創刊号』吉良国光。『歴史史料としての戦国期城郭』中西義昌・岡寺良

143 小田部《こたべ》城

別称　堀内《ほりのうち》城、築《つき》城、小田邊《こたべ》城
所在地　福岡市早良《さわら》区有田《ありた》・小田部《こたべ》
旧郡　早良郡

小田部城は室見川東側にある高所部で標高一五メートルを測る独立丘陵の有田・小田部台地上に立地する、小田部氏の里城という伝承が残る館城《やかたじろ》である。この台地は全体が有田《ありた》遺跡群と呼ばれる、旧石器時代から現代まで連綿と続く複合遺跡である。特に弥生時代前期の環壕《かんごう》や、古代の早良郡の役所跡と思われる大型建物群が見つかったことで有名である。

小田部城は、有田集落内の宝満宮から西応寺にかけての東西一一〇メートル、南北一四〇メートルの長方形の範囲が推定地で、この地区周辺には「馬場」、「常丸」、「天神屋敷」などの地名が残る。有田遺跡群は福岡市の重要遺跡として指定され、大半が小規模であるが二三〇か所を超える調査が行われている。ジグゾーパズルのように調査成果を組合せると、台地で最も広い平坦面を持つ有田一丁目・二丁目地区で幅三～八メートル、深さ二メートルほどの溝で囲まれた方形区画群が見つかった。この方形区画群の確認範囲は小田部城推定範囲まで含めて、東西三〇〇メートル、南北五〇〇メートルを測る。遺構群の北辺は台地の狭い部分を切断するような不連続の大型土坑群で区切られる。方形区画群は溝まで含めて一辺が一一〇メートル前後の区画を基準に、一辺が五〇

調査で検出された壕跡（第133次地点）

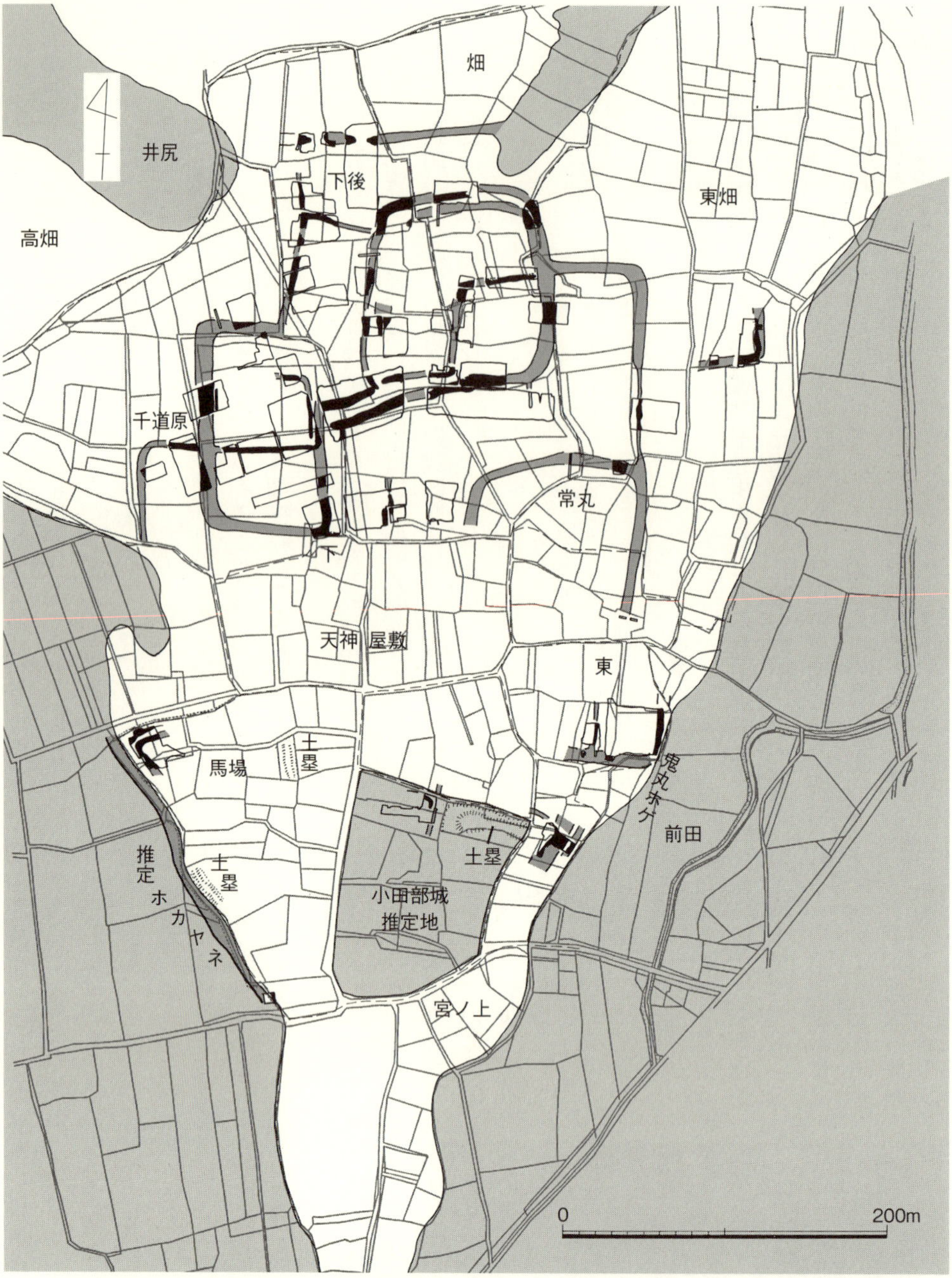

小田部城全体推定図（福岡市『有田・小田部』各報告書を基に山崎龍雄作成）

メートルの小区画が組み合わさる複雑な形状を示す。この複雑な区画群は同時期のなのか、時期差があるのかは小規模調査が多いため不明である。溝は空堀で断面は薬研堀又は箱堀を呈す。溝内からは古い時期のものも含むが一六世紀代の遺物が多く出土している。この時期が方形区画群の存在時期であり、小田部城が推定範囲より北側に広がっていたことが判明した。小田部城に関する記事は少なく、城主も築城時期も不明であるが、『歴代鎮西志《れきだいちんぜいし》』に二か所見られる。永禄《えいろく》五年（一五六二）の記事に「先遣㆘雄城右衛門大輔惟周波多隠岐守鑑員大鶴山城守鎮周。居㆓筑前㆒偵聞其實否㆖。甘子（柑子岳城か）立花荒平小田部鷹取若杉等之城塞砦。皆大友一属所㆑守。」とあり、永禄一二年（一五六九）の記事には「太宰府寶満城一岳城一瀬城筑紫城岩門城荒平城飯盛城飯場城高祖城坪子城小田部城鳥飼城…」とある。また『筑前国続風土記拾遺』の有田村の項に「古宅に在。堀内という。堀址残れり、廣宅なりしと見ゆ。是小田部氏か里城なるへし。…略…、又村南に築城といふ所あり。『鎮西要略』に小田邊城といふ見えたるは、是らをさしていふか」という記述もあり、『福岡県地理全誌』では「堀内城址」の項で『拾遺』の記述を載せている。

小田部氏は一六紀後半、大友氏家臣として安楽平城督となり、天正八年（一五八〇）の安楽平城落城まで早良郡を治めた。その出自は早良区小田部を本貫地とした国人領主であり、大内氏が滅亡後、大友氏の家臣となり勢力を伸ばした。大内氏時代の一五世紀後半代は有田は庄崎《しょうざき》氏の本拠地である。青柳文書の永正三年（一五〇六）飯盛宮行事役屋敷注文写には、有田に「常丸名」、「上之屋敷」、「治《じ》部殿屋敷《ぶどのやしき》」などがあり、治部殿屋敷は小田部郷地頭職を持っていた庄崎氏が「庄崎治部」と呼ばれていたことからその屋敷地であると思われる。調査で見つかった小田部城については、時期的に庄崎氏に関連する可能性がある。庄崎氏は、小田部氏が勢力を拡大していく過程で、郡内の他の在地土豪とともに家臣団に組み込まれていく。そして小田部城主も小田部氏に替わったのかも知れない。この城へは、西鉄バス有田一丁目バス停が近い。（山崎龍雄）

〔文献〕「小田部氏関係史料」『福岡市博物館紀要 創刊号』吉良国光。「福岡市早良区有田遺跡における戦国期曲輪状遺構の検討」『ヒト・モノ・コトバの人類学』山崎龍雄。『有田・小田部』福岡市教育委員会

144
飯盛山《いいもりやま》城

別称　飯盛城、飯守城
所在地　福岡市西区飯盛
旧郡　早良《さわら》郡

　福岡市西区の室見川の西側にある飯盛山山頂（標高三八二メートル）に立地する山城である。山城は山頂尾根筋に広がる。確認調査が実施されていないので、詳細は不明であるが、山頂部分には主郭と思われる平坦地がある。主郭部は、全長四二メートル、最大幅一四メートルを測り、二段に分かれる。中央の高所部は長さ一四メートル、幅一〇メートルを測り、早良郡惣社の飯盛神社の上宮が祀られている。大正十三年に山頂部を整地した際、ここで経塚が発見され、瓦経が出土している。その時に曲輪も改変を受けている可能性がある。この主郭の南側には腰曲輪がある。腰曲輪の周縁には土塁が巡り、その南斜面には八条の竪堀がある。また主郭西側には虎口らしき施設が確認でき、石積みの一部らしき石が露出している。その西側には西斜面を下る一条の竪堀がある。主郭北側の尾根筋には各一か所狭い削平段がある。また西側登山道に沿って延びる北東方向の尾根筋には二段の堀切と、堀切西側の尾根筋に細長い曲輪が続く。曲輪の先端には虎口らしき施設がある。

　城の築城時期・築城者については不明であるが、『筑前国続風土記』には「康安《こうあん》元年（一三六一）松浦党が山に籠り、菊池氏と戦い、…中略…、戦国時代には原田了《はらだりょうえい》栄端城となると」ある。「『北肥戦誌』では文和《ぶんわ》三年（一三五四）九州探題一色入道《きゅうしゅうたんだいいっしきにゅうどう》、同宮内少輔《くないしょうすけ》直氏《なおうじ》によって築かれた」とある。また『普聞集』では、戦国時代末には龍造寺氏の城となり、立花城の戸次道雪《べっきどうせつ》らに攻撃されたが落城しなかったと書かれている。主郭から西側糸島側に曲輪が続くのは原田氏を意識している。南斜面の竪堀群は、南側にある糸島に通じる日向峠の道からの攻撃の防御を意識して構築されている。また山頂に飯盛神社の上宮が祀られていることから、元々は飯盛神社と関わりのある城であろう。

　この城へは山裾にある飯盛神社裏から山頂へ通ずる登り道がある。

（山崎龍雄）

〔文献〕『福岡県史　近代資料編　福岡県地理全誌（六）』。『福岡県の地名』平凡社

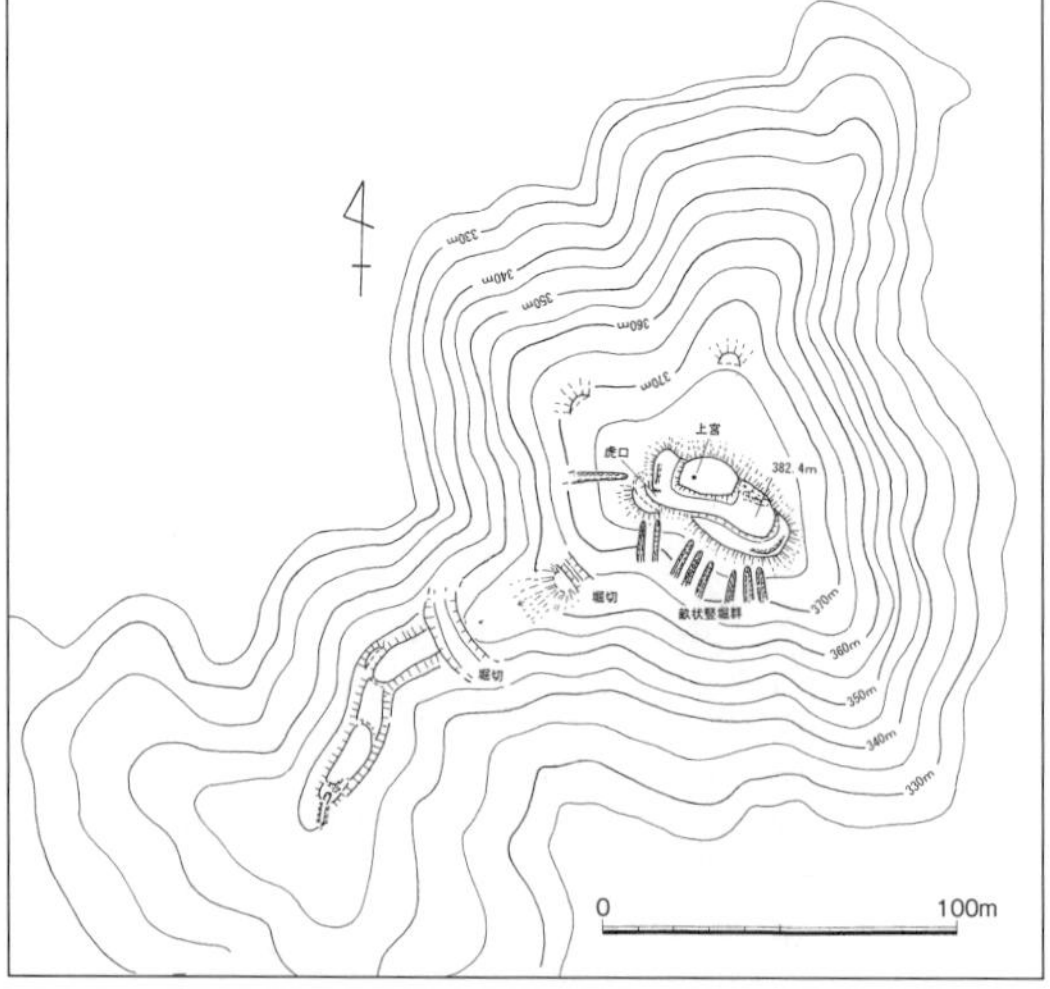

飯盛山城図（山崎龍雄作成　2008年）

145 都地城《とじ》

所在地　福岡市西区都地《とじ》
旧　郡　早良《さわら》郡

都地城は福岡市内に現存する貴重な館跡である。室見川西側の標高三〇メートル前後の河岸段丘上に立地している。都地城は複郭で北曲輪と南曲輪に分かれる。間には水路が入る。それぞれの曲輪には元々土塁と溝が方形に巡っていたが、現在は開発などでかなり破壊を受け、部分的にしか残っていない。昭和五〇年（一九七五）、畑地造成によって土塁の一部が調査されている。その成果と筆者の現地調査などをもとに復元すれば、規模は図面上の計測であるが、北側曲輪で土塁内で東辺五五メートル、西辺七五メートル、南辺八二メートル、北辺七〇メートルを測り、その外側に土塁と溝が巡る。土塁の規模は調査した部分では幅七～八メートル、高さ一・八～一・九メートルを測る。溝の規模は幅三～四メートル、深さ一・三～一・四メートルを測る。南曲輪は北曲輪より規模は小さく、内径は東辺四五メートル、西辺三〇メートル、南辺五三メートル、北辺五五メートルを測る。外側に土塁と溝が巡る。この館部分は「後都地」といわれ、その東側隣接する地区は「前都地」で矢倉があった場所という。都地城内と前都地内には各一か所古い石組み井戸が残っている。都地城は『福岡県地理全誌』に「都地《とじ》若狭守《わかさのかみ》宅址」という項目で記録されている。地元の伝承では細川《ほそかわ》五位《ごい》尉《のじょう》蔵人《くろうど》光行《みつゆき》

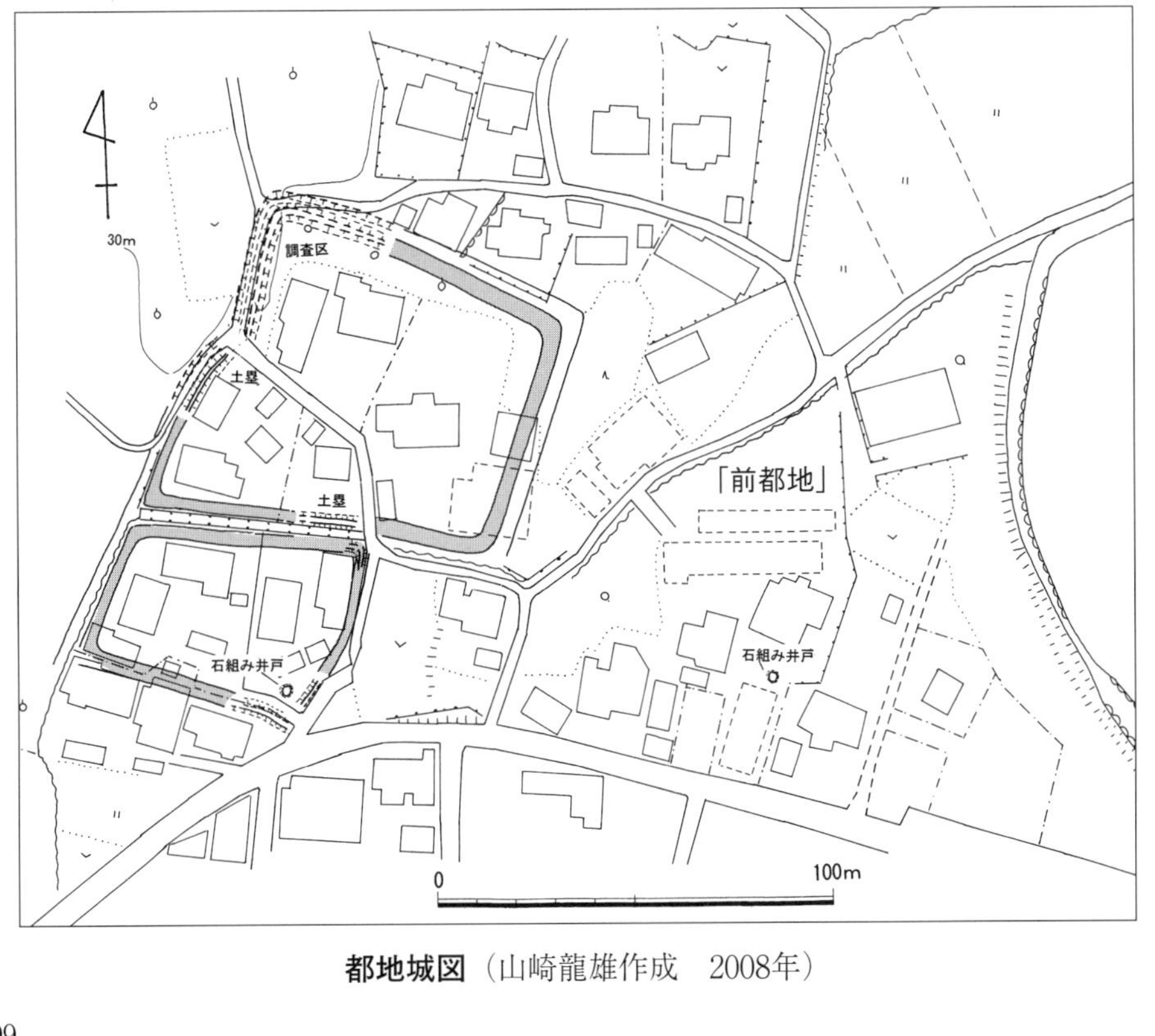

都地城図（山崎龍雄作成　2008年）

の城であるといわれ、地元在住の子孫の方がまとめられた『細川家縁起録』によれば、細川家の先祖は代々京都の北面の武将として院の御所を守護していたが、後奈良《ごなら》天皇の御代、九州に反乱が多発するため足利義輝《あしかがよしてる》公の命により、その鎮圧のために下向した。天文《てんぶん》元年（一五三二）光行二一才の時で、光行は当地に城を構え、所領三百五十町を拝領し、郡中を守護する任についた。永禄《えいろく》元年（一五五八）光行は地元の豪族小田部氏と戦い四七才で最後を遂げたという。

この城へは、西鉄バス金武小学校バス停が近い。（山崎龍雄）

〔文献〕『安楽平城物語 その2』石津司。

『福岡県史 近代資料編 福岡地理全（六）』

146 臼杵端《うすきは》城

別称 臼杵氏端《うすきしは》城
所在地 福岡市西区今津字城
旧郡 志摩郡

福岡市西部の瑞梅寺川河口に近い今津湾の内湾の北側に位置する。城は東側にある浜崎山（標高九七・五メトル）から西に延びる湾を南に臨む標高一五。七メートルの小高い丘陵上に立地している。この丘陵の頂部に二段の削平地があり、西側が一段高い。規模は略測であるが長さ九一メートル、幅一二～一九メートルを測る。現状は東側が畑地、西側は竹や雑木が茂っている。北側と東側の一段下がった所には、各一か所削平段がある。斜面は比較的急斜面であるが、南側道路側は下面が擁壁で覆われ、西側斜面は宅地造成による破壊が著しい。『筑前国続風土記拾遺』には「丘上今圃となれり」とあり、江戸時代には既に畑であり、丘上の地形は今もそれ程変化がないものと考える。城の構造としては、単郭又は複郭の比較的単純な構造である。築城者、築城時期については不明である。臼杵端城は『筑前国続風土記』によれば大友氏家臣の臼杵重察の邑城であったと記述されているが、臼杵重察という名前は文献上では見あ

臼杵端城図（中西義昌作成　1998年）

たらないが、大友氏の志摩郡代であった臼杵氏と同じ姓であり、臼杵氏との関わりのあるものが城主であったと思われる。城の西端には宝篋印塔《ほうきょういんとう》の破片が脇に寄せられている祠《ほこら》があり、地元の人の話ではそこが臼杵重察の墓であるという。今津は博多に対抗して平安時代後期に、仁和寺《にんなじ》領の対外交易の拠点として新たに開かれた港である。今津には前浜と後浜の二つの浜があり、前浜に今津の港が開かれた。この港は城の東側に推定されている。福岡市の文化財地図では、城の東側が今津海底遺跡として指定されており、過去に中国産陶磁器などが採集されている。臼杵端城は臼杵氏による今津の港を管理する機能を持っていたものと考える。海岸に面していることから、海城と考えてもよい。

この城へは、昭和バスの今津バス停が近い。（山崎龍雄）

147
柑子《こうじ》岳《だけ》城

別　称　草場《くさば》城
所在地　福岡市西区草場
旧　郡　志摩郡

福岡市西区の草場《くさば》集落東側の柑子岳（標高二五四・五メートル）の山頂に立地する旧志摩郡の中心的な城である。

柑子岳城は山頂を中心とした尾根筋に曲輪Ⅰ（通称上ノ城《かみのき》　主郭）と浅い谷を挟んで南側の尾根筋の頂部を中心に曲輪Ⅱ（通称下ノ城《しものき》）がある。曲輪Ⅰは長さ約九〇メートル、幅八メートルを測る規模、曲輪Ⅱは長さ約九〇メートル、幅一〇～一七メートルを測り、ほぼ同規模である。曲輪Ⅰは更に五区画、曲輪Ⅱは二区画の平坦面に細分出来る。この両曲輪間の浅い谷状部分は堀切状に斜面を削り底部を平坦に削平した長さ四〇メートル、幅一〇メートルの繋ぎの曲輪となる。各曲輪の斜面は急で切岸状を呈す。また曲輪Ⅱの北東側斜面を下った位置に削平地があり、その部分から放射線状に畝状竪堀群が構築されている。曲輪Ⅰの北側には堀切と竪堀が各一条ある。曲輪Ⅱの南端斜面には削平段と一条の竪堀がある。城の縄張りは南東側に防衛の重点を置いた作りであることから、今津湾を挟んで南側に対峙する高祖城の原田《はらだ》氏を意識している。ただ、曲輪Ⅰ（上城）・曲輪Ⅱ（下城）という二つの同規模の曲輪が並立して造られる城の形態は高祖城と共通するのが興味深い。城主の館跡や家臣団の屋敷地については不明であるが、麓の草場集落一帯が考えられている。また周辺には水崎山《みずさきやま》城、油比《ゆび》城、泊《とまり》城、馬場《ばば》城、

草場集落から見た柑子岳城

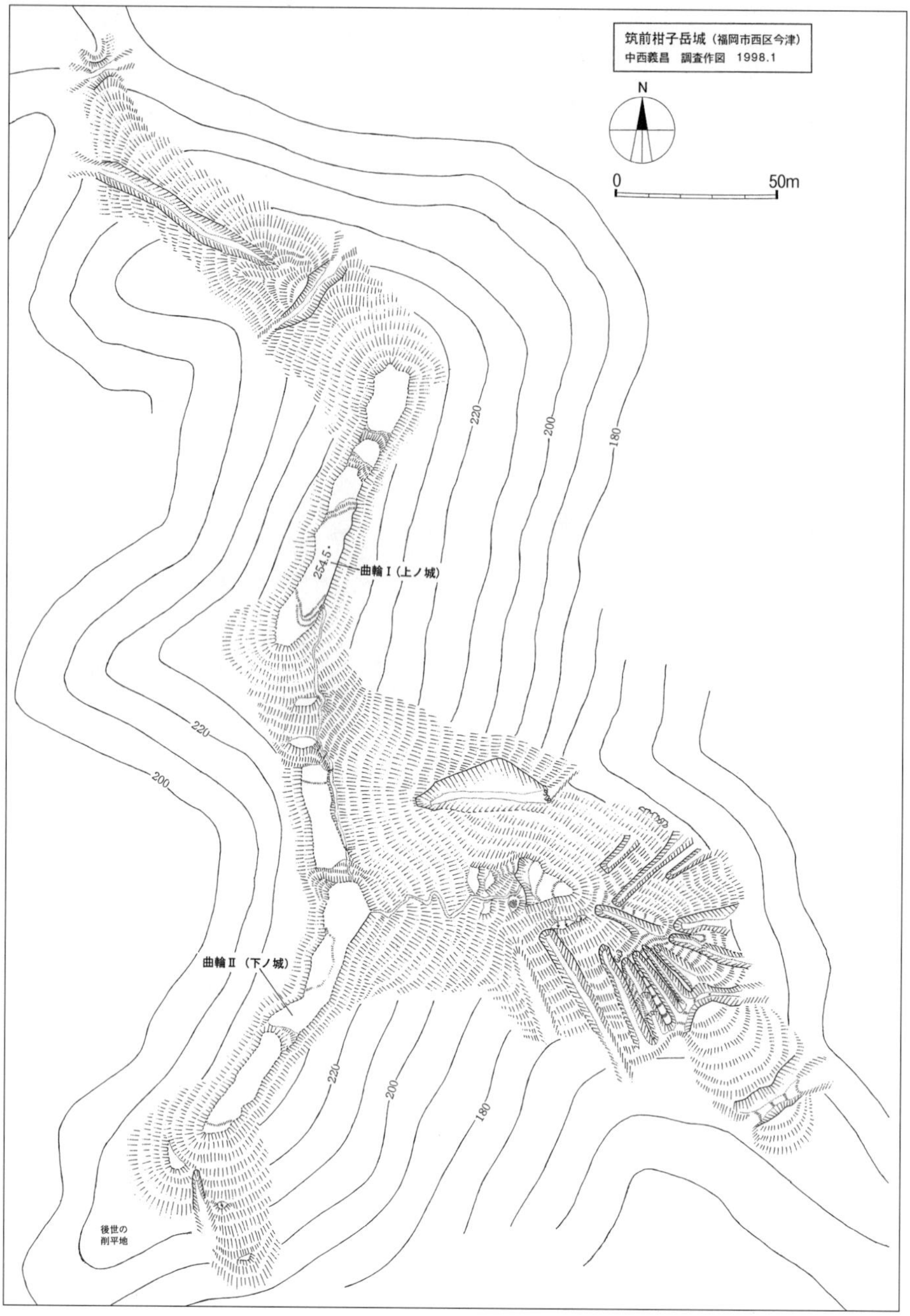

柑子岳城図（中西義昌作成）

戸山《とやま》城など大友系の城がある。

柑子岳城は大友氏の志摩郡支配の拠点の城である。志摩郡と大友氏の関わりは、鎌倉時代、豊後の大友頼泰《おおともよりやす》が元寇の恩賞地として怡土庄《いとのしょう》志摩方《しまかた》三百町《さんびゃくちょう》惣地頭職《そうじとうしき》を鎌倉幕府から与えられたことから始まる。この城は戦国時代に大友氏が築城したものであるが、その築城時期については天文《てんぶん》三年（一五三四）から同四年頃大友氏によって築かれた説（『糸島郡誌』）、永禄《えいろく》年間、大友宗麟《おおともそうりん》により築かれた説（『筑前国続風土記』）など諸説があるが、是松《これまつ》氏《し》宛《あて》臼杵《うすき》親《ちか》連《つら》知行預ケ状（『児玉韞《こだまおさむ》採集文書』）では天文二年（一五三三）、「大内氏奉行人連署状」（同文書）

では天文三年に柑子岳城の記載があり、天文二、三年頃の築城の可能性があると『福岡県の地名』では記述している。柑子岳城には大友氏の重臣臼杵《うすき》氏が志摩郡代を兼ねた城督として入る。以来臼杵氏が志摩郡代を努め、高祖城の原田氏と糸島の支配を巡ってたびたび戦火を交える。永禄《えいろく》一〇年（一五六七）高橋鑑種《たかはしあきたね》が筑紫広門《ちくしひろかど》や秋月種実《あきづきたねさだ》を誘って大友氏に敵対した際に、原田了栄《はらだりょうえい》の息子信種《のぶたね》も同調して大友氏に反旗を翻した。信種は、臼杵鎮賡《うすきしげつぐ》が高橋鑑種を打つため大宰府に出陣した隙をつき柑子岳城を攻撃し、落城させ占拠したが、鎮賡は急遽兵を帰して柑子岳城を奪還している。さらに高祖城に戻った信種を攻めている。原田了栄は息子のために、柑子岳城を攻めるが、志摩郡衆（由比・泊・元岡・古庄・小金丸・馬場・松隈の各氏）は臼杵氏に同心して原田氏の攻撃に供えている。元亀《げんき》三年（一五七二）の原田氏との池田河原の合戦で臼杵氏は敗れ、前原市潤《うるう》の平等寺で臼杵鎮氏《うすきしげうじ》は自害する。天正《てんしょう》七年（一五七九）には後任の城督木付鑑実《きつきあきざね》は原田氏の攻撃を受ける。木付氏は志摩郡衆とともに柑子岳城に籠城するが、抗しきれずに立花城に逃れ、柑子岳城は落城し、志摩郡は原田氏の支配下に入る。天正一四年（一五八六）に原田氏が豊臣秀吉に降伏し、原田氏が加藤清正の与力として肥後国移ったので、柑子岳城はそれとともに廃城となる。柑子岳城は高祖城や二丈岳城とともに糸島地域を代表する山城ではあるが、他の二城に用いられていた在地の技術による石垣や瓦葺き技術が採用されていない点が異なる。柑子岳城は原田氏の防衛構想では余り重要視されなかったのであろう。

　この城へは、山麓の駐車場から山頂への遊歩道が整備されており、城跡に登り、一周することが出来る。（山崎龍雄）

〔文献〕『大蔵姓原田氏編年史料』広渡正利編著。『歴史史料としての戦国期城郭』中西義昌・岡寺良

148
親山《おやま》城

別　称　小山《おやま》城
所在地　糸島郡志摩町親山
旧　郡　志摩郡

加也《かや》山（標高三六五・一メートル）の北側山裾の丘陵先端上（標高三一メートル）に立地する。親山城は『筑前国続風土記拾遺』では親山村の上にあっては二段半余りの畑で、三方が崖に面している。小金丸民部大輔政種《こがねまるみんぶだゆうまさたね》が城主であったと書かれている。城跡が立地する丘は立《たち》と呼ばれ、現在も畑と竹林となっている。図上で面積を測るとほぼ同規模で、この部分が『拾遺』に記された範囲と思われる。城跡の東斜面は急で、空堀と土塁が一部残っている。

　また、親山の西の谷には「日野殿屋敷」（大友氏の志摩郡の目代、日野三九郎の館跡ともいう）があり、可也山上にも城があるというが、その存在は不明である。

　親山城は『志摩町史』によれば、暦応《りゃくおう》元年（一三三八）平《たいら》種邦《のただくに》の築城とされ、近隣の師吉、小金丸、稲留、貝塚、岐支五か所を領したという。その後、応永《おうえい》六年（一三九九）に少弐貞頼が小金丸筑前宛に当該地域支配に関しての所領預状を出したことから、小

金丸氏の支配が始まる。親山城は大内氏・大友氏に属し、柑子岳城の東政所と並び西政所と称され、志摩郡の西の拠点として続く。小金丸氏は天文年間までは柑子岳城督の臼杵氏と連携を持っていたが、その後は、原田氏の支城となり、豊臣秀吉の九州平定後は、廃城なったと思われる。

城へは、昭和バス小金丸バス停が近い。（山崎龍雄）

〔文献〕『志摩町史』

149
高祖《たかす》城

所在地　前原市高祖、福岡市今宿上ノ原
旧　郡　怡土郡

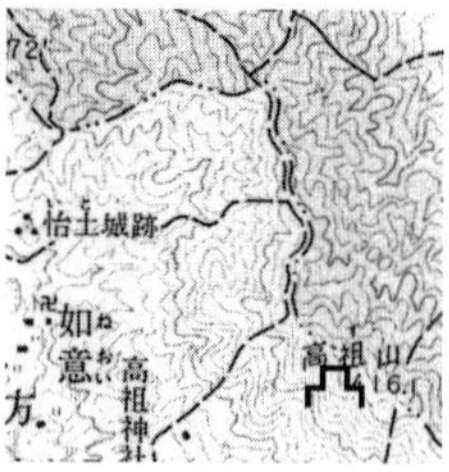

高祖城は高祖山（標高四一六メートル）の頂上部に築かれた中世山城で、鎌倉時代から戦国時代にかけて怡土郡一帯を治めた原田氏の本城であった。築城時期は文献史料の裏付けはないが、建長元年（一二四九）、原田種次が廃城になっていた怡土城の一部を再利用して築城したと伝えられる。その後、室町時代から戦国時代にかけては、原田氏は大内氏の支配下に入り、高祖城には大内氏から怡土郡代として鳥田氏が派遣される。大内氏滅亡後原田氏は一時大友氏の傘下に入る。頼みとしていた大友氏は天正六年（一五七八）の耳川の合戦で島津氏に敗北。大友氏の糸島地方における影響力の低下

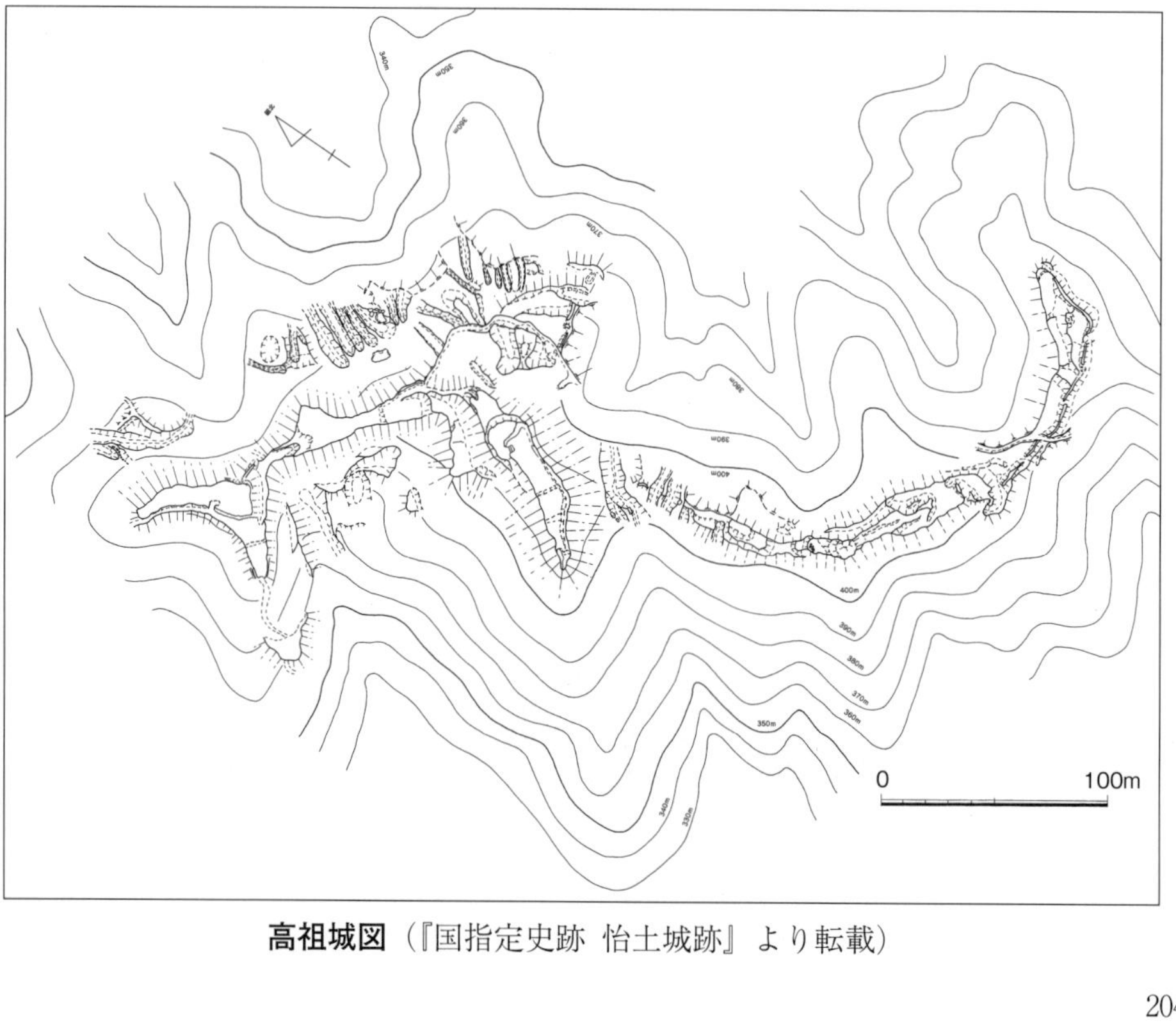

高祖城図（『国指定史跡 怡土城跡』より転載）

とともに原田氏は了栄の代に隣接する志摩郡の大友氏の郡代臼杵氏・木村氏を圧倒し、天正七年に志摩郡を併合し、糸島地方全域を治める国人となった。

天正一四年、豊臣秀吉が九州平定の軍を起こすと、島津氏に属していた原田信種は高祖城に籠もり一時抗戦を決意したが、降伏してしまう。高祖城はその後すぐ破城された。なお、高祖城下城後、原田信種は小早川隆景の傘下に入り、その後加藤清正の与力となる。

高祖城は「上の城」と「下の城」を中心として城郭が形成されている。

上の城は高祖城の最終段階における中心の郭である。上の城は三段の郭からなり、東西方向に約二五メートル、南北方向に約八五メートルを測る。各段の郭の北端部には垂直に積まれた石垣が巡り、虎口が設置されている。最も高い段の郭の東西端部には土塁が残存しており、ほぼ中央部には櫓台と考えられる基壇を伴った方形の高まりを確認できる。

上 検出石垣 下 出土瓦一式

下の城は築城当初における中心の郭であったと考えられる。下の城と上の城との間には大規模な空堀がある。現在、その空堀は下の城と上の城との間をつなぐ郭の一部となっているが、その空堀はかつて築城当初における南限を示し、上の城に城域を拡張する際に郭の一部として造成されたと考える。下の城は二段の郭からなり、東西方向に約四五メートル、南北方向に約六五メートルを測る。各段の郭の端部には垂直に積まれた石垣が巡り、虎口が設置されている。

上の城の南側には『筑前国続風土記』などに記されている「姪濱掘」に該当すると想定される空堀があり、その南側には小規模の郭群が確認できる。

平成一〇年度の発掘調査の結果、遺物としては、陶磁器、生活用土器、花瓶、多量の瓦、釘（瓦止め）等が出土している。陶磁器と生活用土器の大部分は一六世紀中頃のものであるが、陶磁器の一部と花瓶については一五世紀代のものもある。瓦については鬼瓦以下一式のものが出土しており、なかでも、大内菱と想定される家紋瓦の出土は注目に値する。瓦についてはその製作方法から時期差が想定され、新しくても豊臣秀吉の九州制覇以前のものと考えられる。

次に、遺構としては石垣、礎石、虎口、柱穴群等を検出している。石垣は復元高二メートル。大人が一抱えできるほどの石材をほぼ垂直に積み上げて階段状に構築する織豊期以前にみられる典型的な在地の石垣である。礎石間は約三・五尺、七尺を測り、裏込に瓦を転用している。虎口は階段状に地山を整地し、上面を整えた自然石をステップ部として利用している。虎口も幅約七尺を測る。

総括すると以下のようになる。①高祖城は遅くても一六世紀中頃から「城」として機能しており、出土遺物の種類から城兵のみならず、華道など風流を嗜む人物も常駐していた可能性が高い。②多量の瓦と礎石から豊臣秀吉の九州制覇以前にはすでに総瓦葺きの建物が構築されていた。③礎石間と虎口幅が約七尺を測ることから築城に際して七尺が基準の一つであったことがわかり、高祖城は規格的に構築された軍事施設であった。

最後に、調査中に石垣の前面にスロープ状に積まれた新たな石垣を検出している。この新たな石垣は、高祖城の石垣を覆い隠し使用不可能とするためのものと考えられ、「破城」の痕跡の一部と考えられる。JR筑肥線波多江駅より徒歩約三〇分。（瓜生秀文）

〔文献〕『高祖城』前原市教育委員会。
『大蔵姓原田氏編年史料』廣渡正利編。
『国指定史跡　怡土城跡』前原市教育委員会

150 波多江館《はたえ》

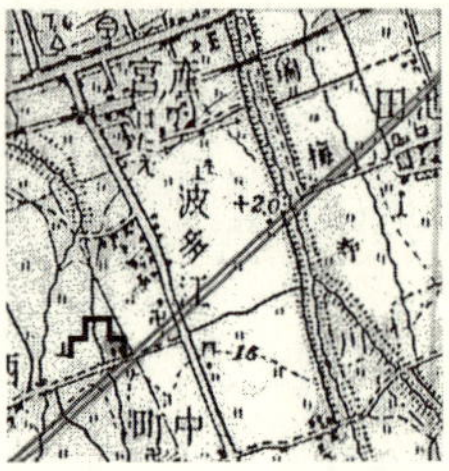

所在地　前原市波多江
旧　郡　怡土郡

波多江館は前原市波多江にある丹波屋敷と呼ばれた平地居館である。雷山川下流の平野部に位置する。土塁で囲まれた中の敷地は今日も波多江氏宅となっているので見学は留意されたい。

波多江《はたえ》氏はこの地を本貫地とした国衆であり、戦国期には怡土郡の雷山川下流域に勢力を広げた。周辺には一族が分かれて割拠したとされる。戦国後期の波多江種則《たねのり》は高祖城の原田氏に属して有力被官として主力を担った。波多江を代々拠点とし、その他に前原に近い丘陵地上の篠原城などを構えたとされる。

江戸時代の波多江館の様子については『筑前国続風土記』に「四方大堀をかまへ、高築地あり」と記されている。現在の波多江館をみると、五〇メートル四方の屋敷地からなる方形居館の様相は残すものの周辺の遺構は後世の改変が著しい。屋敷の周りには「高築地」の残存とみられる土塁が残る。これらの土塁は大半は後世に手が加えられており、削られたり規模が小さくなっているものが多い。また、その周囲にあったと思われる「大堀」も田地となって埋没しており、現在は地割で確認できる以外は、低湿地となった堀跡が部

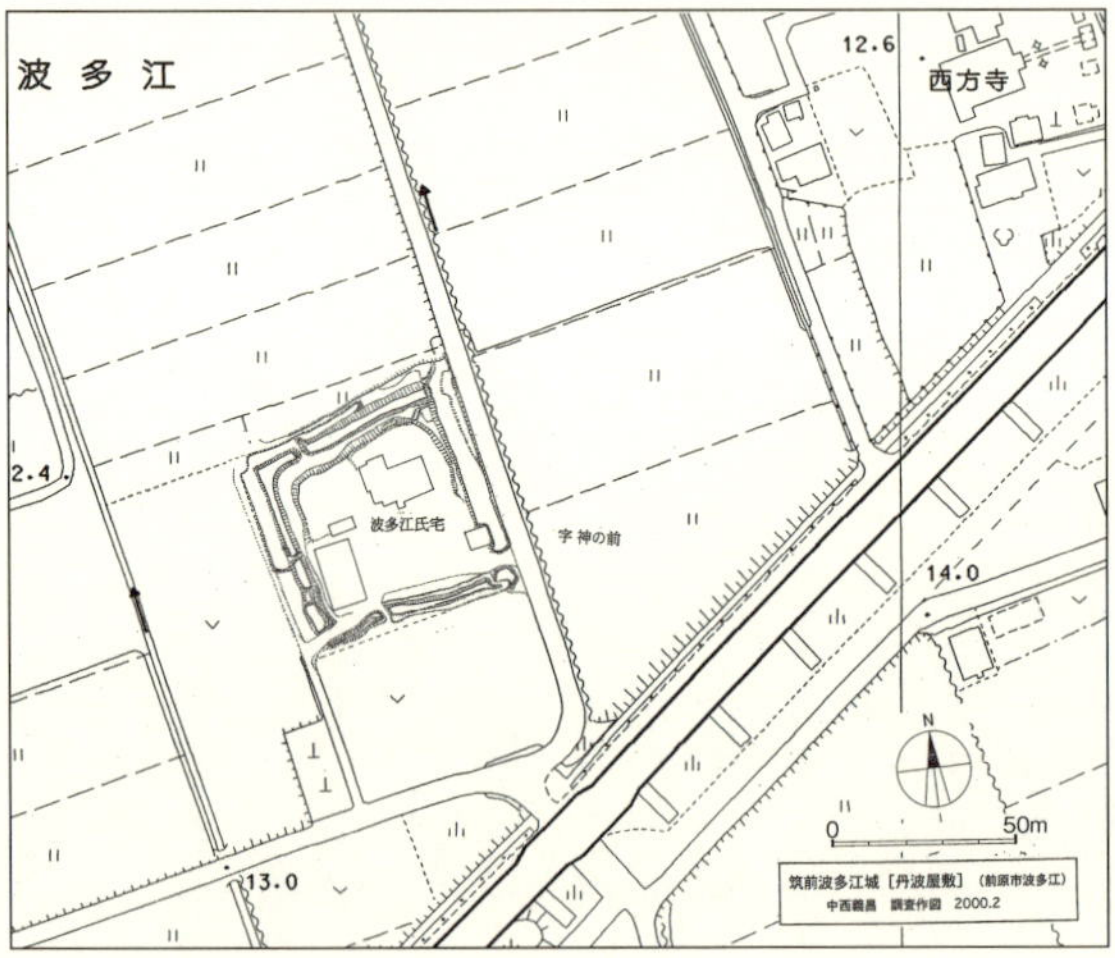

波多江館図（中西義昌作成　2000年）

分的に周囲を廻る程度である。
今日、波多江館そのものの遺構は残存状況が必ずしも良好とは言いがたい。しかしながら、北部九州には土塁を伴う平地の館城は現存するものがほとんどないことを考えると、波多江館の存在は極めて貴重なものと言える。継続的な保全と継承が期待される。

ＪＲ筑肥線波多江駅より南へ徒歩一五分程度

なお、現在も個人宅である波多江館を調査する際には故石橋逸郎氏にご協力をいただいた。地域を歩く調査では地元研究者の協力が欠かせない。末尾ながらこの項をお借りして感謝の意を示しておきたい。（中西義昌）

〔文献〕『歴史史料としての戦国期城郭』中西義昌・岡寺良。「戦国期城郭にみる戦国期国衆の領国構造」『中世城郭研究 第一八号』中西義昌

151 加布里《かふり》城

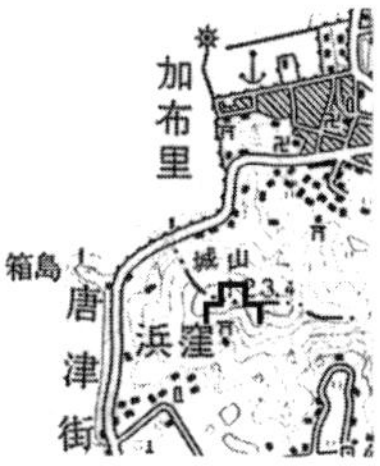

所在地　前原市、二丈町
旧　郡　怡土郡

糸島半島西側の漁港、加布里港の南西側に海に突き出した城山（一二三・四メートル）山上に位置する。『筑前国続風土記』によると原田氏の端城として岩隈（岩熊）河内が城代として籠め置かれたとされる。岩隈河内は元亀二年（一五七一）に草野氏と吉井氏の戦闘に参加して戦死しており、その後の城主については不明である。

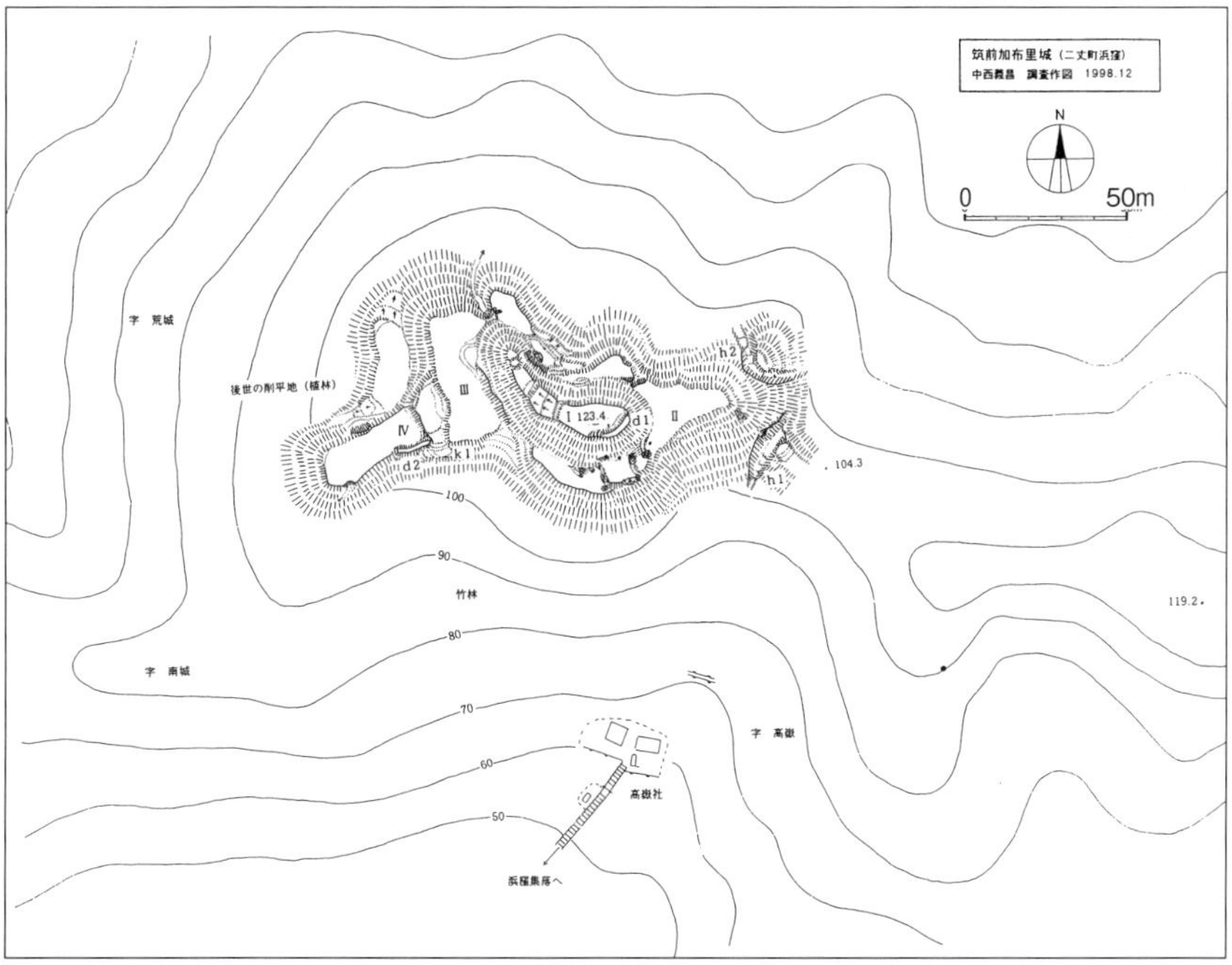

加布里城図（中西義昌作成）

加布里城の縄張りは城山の山頂部を削平した曲輪Ⅰを中心に、曲輪Ⅱ・Ⅲなどが囲むように配置されている。また、現在、加布里公園となっている丘陵部にも曲輪群と想定される箇所が確認できるため、加布里城は上部曲輪群と下部曲輪群で構成されていたと考えることができる。

加布里城の曲輪配置をみると、主郭（曲輪Ⅰ）に対して第二郭第三郭が創出されている。高祖城の支城である高来寺城・二丈岳城などのプランが単郭の域を出ない状態のなかで、加布里城は複数の曲輪を創出しており、周辺の小規模山城・丘城からは突出した存在である。おそらく、岩隈氏の後に、原田氏家臣団のかなでも有力な人物が配置されたか、或いは拠点城郭として複数の在番衆が配置された可能性が想定される。ＪＲ筑肥線加布里駅より徒歩約三〇分。

（瓜生秀文）

〔文献〕『歴史史料としての戦国期城郭』中西義昌・岡寺良

152 二丈岳城《にじょうだけ》

別称　深江岳城《ふかえだけ》
所在地　糸島郡二丈町深江
旧郡　怡土郡

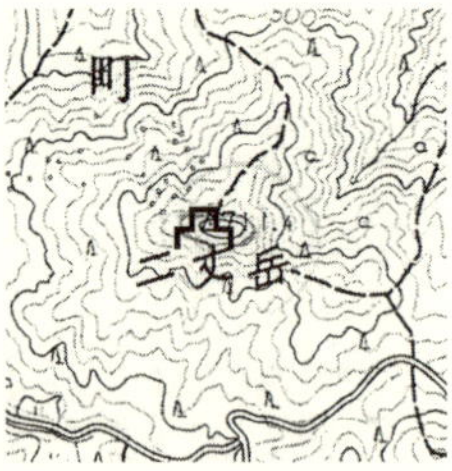

二丈町西南部にある二丈岳（深江岳《ふかえだけ》　最大標高七二一・六メートル）の山頂一帯に築かれた山城。

二丈岳城は山頂東西に延びる尾根筋を平坦に削平した主郭を中心に五か所の曲輪から構成されている。規模は長さ約一四〇メートルを測るが、各曲輪の幅は八～一六メートルと比較的狭い。主郭には国見岩と呼ばれる巨石の露頭がいくつもあり、その巨石を繋ぐように割石を積み上げた石壁がある。曲輪の縁辺には基壇に割石を積み上げた土塁（石塁）がある。曲輪斜面は急斜面であるが、花崗岩の割石などを七～八段積み上げた高さの石垣がある。特に主郭から東側曲輪南斜面で明瞭に石垣が確認出来る。虎口は西側の曲輪二に登る道の突き当たり、自然の巨石と石積みを利用して折れを加えた部分が考えられる。その西側尾根をやや下った所に幅六～七メートルを測る二重の堀切があり、その西側尾根筋は比較的なだらかな平坦面が続く。主郭部巨石周辺には焼土や瓦などの遺物が散布しており、瓦葺きの建物があったことが考えられる。曲輪三の部分には白山神社が祀られている。この曲輪三から深江方面に繋がる登山道があり、その登山道を少し降りた所に削平段があり、更に下った所に領主館及び家臣団屋敷地と思われる広い平坦面があり、この部分にも石垣や土塁が残る。

築城については、鎌倉幽閉を解かれた原田種直により高祖城の出城として築かれた説、「怡土松浦党《いとまつうらとう》」と称される中村弥次郎真《なかむらやじろうまこと》によるという説、豊後の大友氏が築いた説など諸説があるが、いずれも明確な文献上の根拠はない。ただ文献からは永享《えいきょう》三年（一四三二）に二丈岳の麓で大内盛見《おおうちもりはる》が少弐満貞《しょうにみつさだ》や大友氏が戦った深江岳（二丈岳）の戦いが行われており、その時期から城が存在した可能性はある。城主については『筑前国続風土記』では永禄の頃から原田了栄の次男草野鎮永《くさのしげなが》が居城していたと書かれているが、『改正原田記《かいせいはらだき》』では天正《てんしょう》のころは深江豊前守種秀《ふかえぶぜんのかみたねひで》が城主であったとかかれている。ただ天正一五年（一五八七）の豊臣秀吉の九州侵攻時には草野鎮永《くさのしげなが》が城主として入っており、高祖城《たかすじょう》で反抗した原田氏の降伏とともに、二丈岳城も降伏し落城する。その後は廃城となる。二丈岳城については平成二〇年度に二丈町の貴重な歴史遺産として町史跡に指定されている。

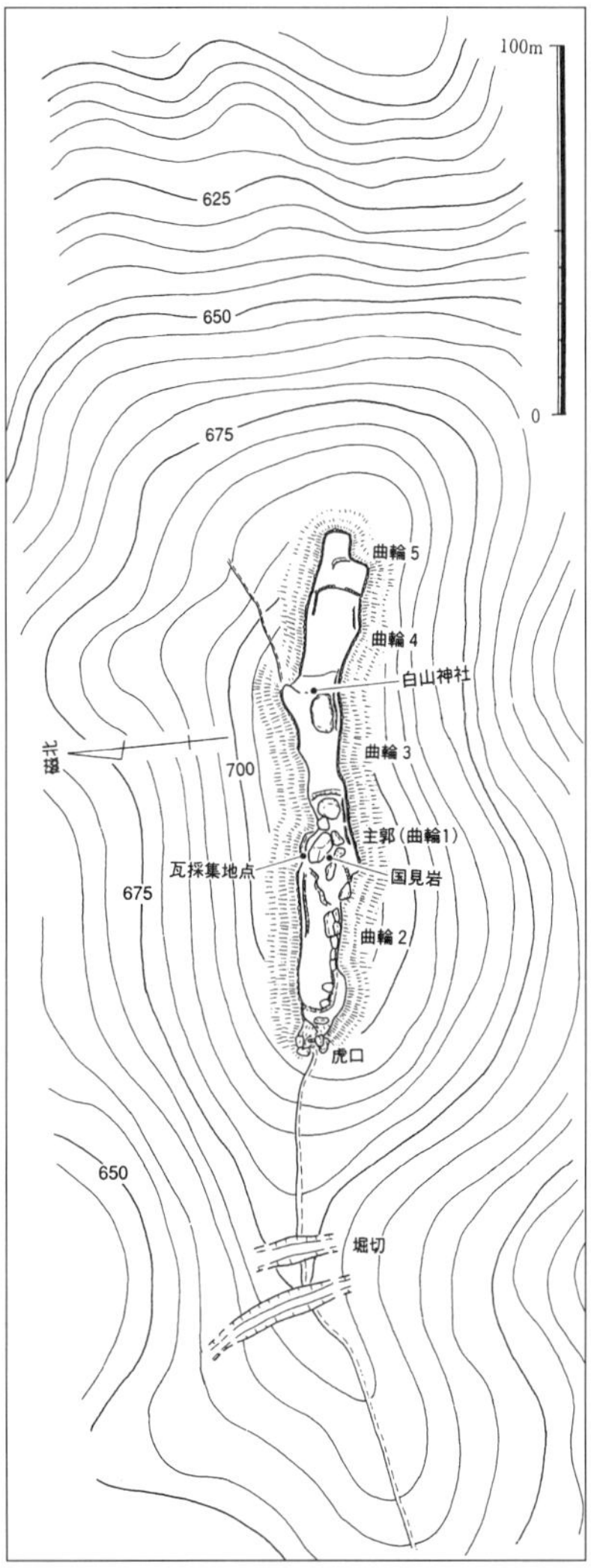

二丈岳城図（山崎龍雄作成　1997年）

二丈岳は、郡市近郊で手軽に山登りが出来るので、休日は登山者も多い。この城へは西側の木野香ランドキャンプ場から登る道と、JR深江駅から登る道がある。（山崎龍雄）

〔文献〕『二丈町誌　平成版』

二丈岳城南斜面に残る石垣

153

吉井《よしい》岳《だけ》城

所在地　糸島郡二丈町大字吉井《よしい》

旧　郡　怡土郡

福吉川左岸の吉井地区集落西側の城山（標高一六五メートル）山頂を中心に立地する山城。吉井岳城は地元豪族の吉井氏の本城であり、麓の中村集落には「館」、「御屋敷」などの地名が残る。城跡一帯は過去の蜜柑畑造成によって地形の改変を受けている部分があり、城郭遺構と見づらい部分もある。城跡は二か所確認されている。一か所は城山で、山頂部分に主郭と思われる削平地があり、そこから北西側に派生する尾根筋には一条の堀切と削平段、北東側の尾根筋は五段の削平段がある。また別の一か所はこの城山から谷を隔てて約二〇〇メートル離れた東側の丘陵部で、尾根筋先端の標高八〇～九〇メートルの頂部に細長い三段の削平地がある。その西側高所部には二条の竪堀がある。一条は北側斜面を下る竪堀で土塁が西側につき、一条は北斜面を斜めに取りつく、出入口と思われるような堀である。東側斜面には六条の畝状竪堀がある。地元の人によると東から北に曲がる林道部分は横堀跡を埋立てて道路にしたという話である。吉井岳城の築城時期は不明であるが、元亀《げんき》二年（一五七一）に原田了永の次男草野《くさの》鎮永《しげなが》と深江《ふかえ》良治《よしはる》・吉井《よしい》左京亮《さきょうのすけ》隆光《たかみつ》との間で行われた吉井浜の合戦では、草野方により吉井城下に火がかけられ、吉井岳城主の館も攻撃を受けている。この戦いは大友宗麟の命により最終的に和睦し、その後は原田氏の支配下に入る。『福岡県地理全誌』によれば吉井左京亮隆光戦死後は、楢崎《ならさき》備前守《びぜんのかみ》永祐《ながすけ》が原田信種の命により吉井岳城に入り地頭職となったという。天正一四年の豊臣軍に対しての原田氏の降伏後は、よく分からないが、廃城となったのであろう。この城跡へは、JR筑肥線福吉駅から徒歩四〇分程度かかる。（山崎龍雄）

〔文献〕『二丈町誌　平成版』

吉井岳城麓の石塔群

筑後国

筑後の概要

筑後は地形的に筑後平野という九州最大の平野が存在するので、豊前・筑前のような、山や丘陵を利用する城と違う平野の城＝平城がみられる。もちろん山岳地帯もたくさんあるので、豊前・筑前でみられるタイプも費用対効果からいって当然に多数存在していることはいうまでもない。

筑後地方は基本的に大友氏が守護を世襲した地域なので、比較的に戦乱に関わらないですんだ地域ではあるが、肥後の菊池氏が大宰府の府官の出身であるために、南北朝期にはしばしば大宰府を目指す菊池氏を主力とした軍の通路として利用され、その過程で野戦であるが大宰府へ向かう菊池氏主力の宮方軍を阻止しようとした武家方武藤氏主力の軍が正面衝突した筑後大保原の合戦などがおこっている。永享三年（一四三一）に起こった大内盛見の敗死（「筑前の概要」参照）後の幕府の収拾策として、大友氏を攻撃するために菊池氏を筑後守護職にするという処置が執られ、一時菊池氏が筑後を掌握するが、まもなく再び大友氏に奪い返されており、ほとんど戦乱らしい状況には陥らなかった。しかし大友氏の日向耳川での敗戦で、肥前の龍造寺氏が対当して筑後に攻め込み、以後豊臣政権の九州攻撃まで、筑後は大友氏、龍造寺氏、島津氏の攻防の場となる。

現在平城として知られている城跡は、いずれも発掘調査がされていないために縄張りなどは不鮮明である。特に後世に住居や水田として利用された関係で、よけいに判明しがたい。中には城と伝えられているが、屋敷跡ではないかと思われるものもかなりある。

そのなかで、一六世紀後半に築城されたという言い伝えのある城がいくつかある。柳川市大和町鷹尾の鷹尾城は田尻鑑種が築城したと伝えるが、河口に近い矢部川右岸の自然堤防上にあり、明らかに矢部川の水運を把握する位置にあった。みやま市江ノ浦の江ノ浦城も矢部川河口近くに位置し、更に支流の飯江川も臨む自然堤防上に位置しており、同様の役割を果たしたと考えていい。久留米市城島町城ノ内の城島城も筑後川左岸の自然堤防の上にあり、筑後川支流の宇田貫川に隣接している。久留米市三潴町生津の生津城は西牟田氏の城と伝えるが、これも自然堤防上の構築であり、「津」という地名から見て、川港を守る城といえる。久留米市の神代、赤司、海津、田川、下田、大川市の榎津、八女市の谷川城、柳川市の津留城、鷹尾城、以上挙げた城は、河川の流通に絡むと考えられ、豊前・筑前と比べて緩い水流が広い地域に渡って見られる筑後では特に目立つ特徴といえる。また築城時期を示す古文書などがなく、発掘調査もされておらず年代は確定しがたいところだが、いずれも一六世紀後半という伝承を持っている特徴がある。伝承通りだとすれば、豊前、筑前と同様に一六世紀後半に、この地域の河川流通を権力が把握する動きに出ていると考えられる。ただしみやま市の竹井城は一四世紀から文献にでており、全てが説明できるわけではない。

一般的な山城も筑後には存在する。典型的なのは田主丸町から吉井町にまたがる鷹取城であろう。標高八〇二メートルの山頂を中心とした城郭で、有力な豪族星野氏による築造と伝える。規模も大きく険阻だが、典型的な守りの城であり、非常時以外は山上を利用することはほとんどなかったであろう。星野氏はおそらく平安期以来の豪族であり、戦国期に現在残る鷹取城を大増築したと考えていい。

麓の日田からの道を押さえる機能は、位置がわからないが館の方が担っていたと考えられる。

　山間部にある八女郡黒木町の猫尾城は黒木氏が築いたと伝える堅固な山城だが、これも堅固なだけでなく、山間の通路の掌握を目的としている。本来は黒木氏の里城から発展した城といえそうである。同族の星野氏の本拠と伝える白石城も険阻な山城である。

　また単純に山城ということができないが、高良山は一方では宗教施設の山であるが、高良山座主自身が武力を備えた存在であり、一六世紀には大友氏の家臣化している。その関係かと思えるが、一五六〇年代末期の毛利氏の北部九州侵攻に対して、大友宗麟は戸次鑑連らを筑前へ派遣すると共に、自身も筑後へ後詰めに出張し、高良山に本陣を構えている。現地で見てみると高良山の東側の耳納連山には連続する城郭遺構が観察できる。発掘調査が行われたわけではないので、時代を特定できないが、大友氏の本陣であったことを考えると、この時のものではないかと思える。

　耳納連山東端の鷹取城は筑後から豊後へ抜ける川筋を押さえる位置に築かれた山城で、明らかに筑後—豊後の陸路を掌握する位置にある。大友宗麟の軍もここを通った可能性が高いのではなかろうか。軍事・流通上の要衝として位置づけられる城である。なお陸路を押さえる城は、一般的に高い山の上に本丸その他が構築されており、道路を押さえるには距離がありすぎるように見えるのではないかと思うが、実際には麓の部分が前線であり、実際には道路近くに城郭施設が存在しているのである。

　以上をまとめると、襲撃に備える形の逃げ込み型の城から始まり、陸路を把握するねらいを持った城が築かれ、一六世紀頃から河川流通の掌握を目的とした城が増加するという流れは、豊前・筑前と違いはない。前二者は高地に築かれ防御的面が強いが、後者は低地に築かれ、防御よりも河川流通掌握に重点が置かれている。城というよりも掌握のための武力の駐留地と考えた方がいいかもしれない。

　豊前・筑前では一六世紀の終わりの段階で、大名権力による海とつながる城が造られるが、筑後の場合には目立った海と連携した城は見られない。柳川城がこの範疇に入れれば入れられないことはないかもしれが、筑後の水路を把握する城は、大河筑後川がその代りになり、有明海とつながる事で機能的には十分だったと考えて良いのではなかろうか。久留米城などもその典型と考えられる。（木村忠夫）

〔文献〕『鎌倉幕府守護制度の研究—鎌倉期諸国守護沿革考証編—』佐藤進一。

『室町幕府守護制度の研究—南北朝期諸国守護沿革考証編—下』佐藤進一。

『太宰府・太宰府天満宮史料』竹内理三・川添昭二氏編。

『久留米市史』。その他多数

154

山隈《やまぐま》城

別称　花立城
所在地　小郡市山隈・干潟、朝倉郡筑前町四三嶋
旧郡　御原郡・夜須郡

筑前と筑後の国境、筑後平野の北方に独立してそびえ、背振、耳納、古処の山地や筑後平野を一望できる、標高一三〇・九メートル、比高一〇〇メートルの城山《じょんやま》一名花立山の山頂に主郭を置く。南北約三〇、東西約一五メートルで展望台、貯水槽、日方神社、秋葉神社等があり、秋葉神社の横に「山隈城本丸跡」と刻んだ石碑と説明板がある。説明板によれば『筑後将士軍談』に、本丸は英彦神社を祀っている所、東西七間、南北一〇間、その一段低いところが西北に突出しているのが二の丸で縦二四間、横一六間。東方に突出したのが三の丸で四三島村に属し、愛宕神社があり、縦一八間、横八間。それぞれの下方に空堀がある。正平の昔（一三五九）大保原合戦の際、少弐頼尚が本陣をおいた。戦国争乱の際は秋月種実の支城。豊臣秀吉の九州平定後、小早川隆景の一支城になるとある。

北西への尾根の曲輪は約三〇×約九メートル、北東から東への尾根の曲輪は約五五×約一五メートルで、愛宕神社、駐車場、貯水槽があり、主郭共々後世の人手が入っている。南西から西への尾根は二〇メートルほどはっきりとしない傾斜地があり、その先に幅約一〇、上段からの深さ約四、底幅約二メートル、南寄りに新しく設けたと思える土橋がある堀切。東に虎口ともとれる土塁の切れた約一

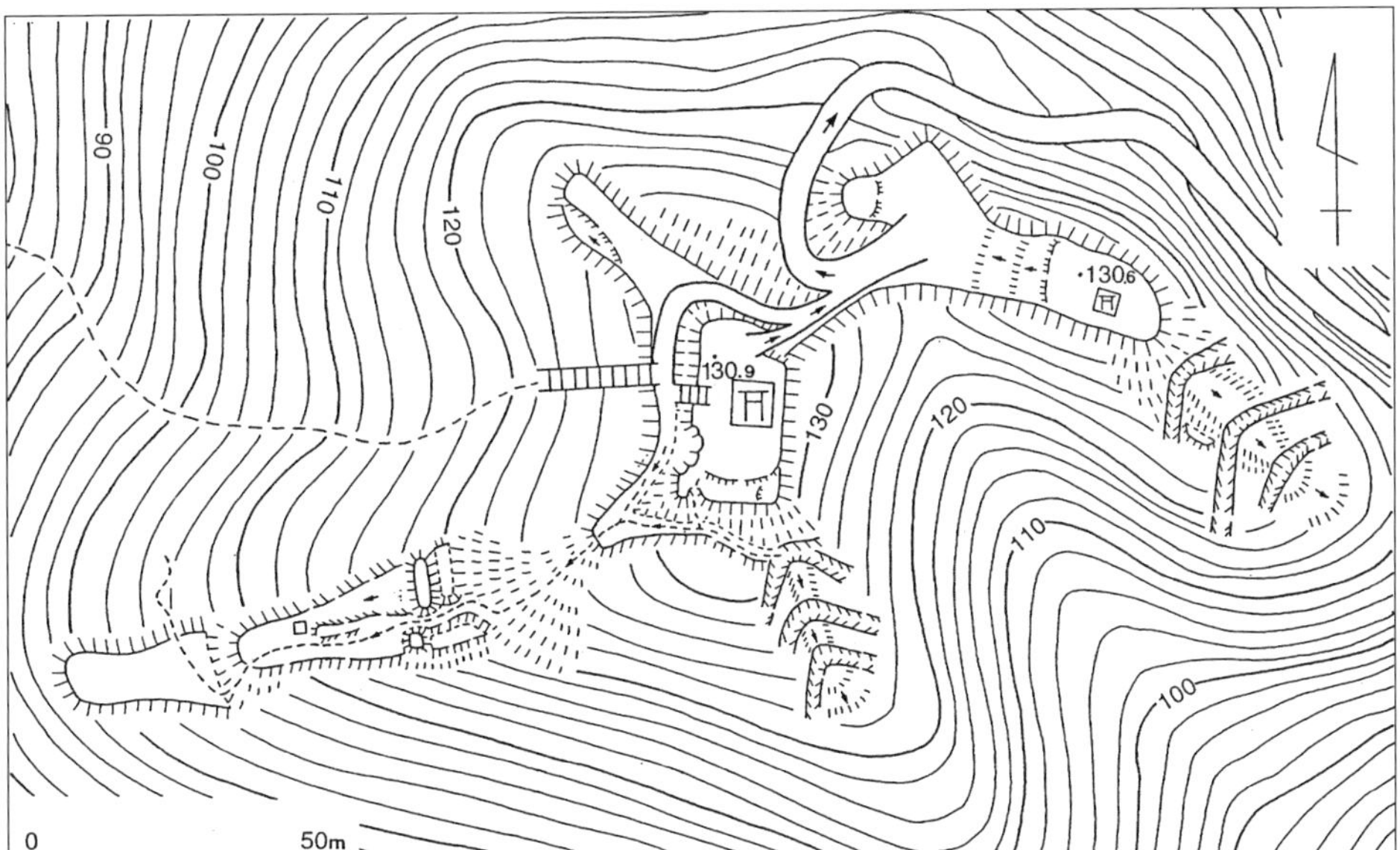

山隈城図（岡寺良作成　2000年）

五×約一〇メートルで北半分が一段低い区画。それに続く約一三×約九メートルの城山二三番札所の祠がある曲輪。西端に約二五×約一〇メートルの曲輪を配し、本丸・二の丸・三の丸・出丸と呼ばれている。

主郭と東の曲輪の南東尾根にそれぞれ三条の平面がへの字形の竪堀をともなった堀切が残り、また主郭西側の石段の北に一条、南に三条の竪堀がわずかに残る。山隈城の規模等が記述してある史料は筑前国、筑後国両方にあるが、各々数値に違いがある。『筑前国続風土記拾遺』の本丸と三の丸、「古戦古城之図」の二枚のうち一枚「夜須郡四三島村山隈山古城之図」の二の丸と三の丸の数値が現況に近い。

城跡は西鉄大牟田線三沢駅の東三・五キロ。大分自動車道筑後小郡I・Cの北二キロの城山公園の東に所在する。(田中賢二)

〔文献〕『歴史史料としての戦国期城郭』中西義昌・岡寺良。『小郡市史』

155 吹上《ふきあげ》城

所在地　小郡市吹上
旧　郡　御原郡

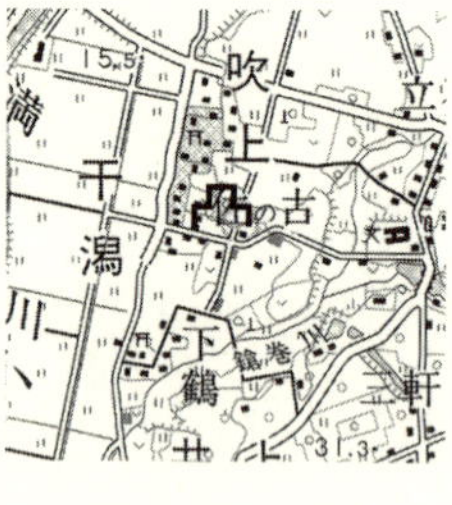

宝満川の左岸、北東二キロにある花立山の山麓台地の西端、標高二〇メートル、台地下の水田との比高約五メートルの吹上地区の、中央付近を抜けていた県道本郷基山線の旧道の南側〆野氏宅地内に「吹上城跡」と刻んだ石碑と説明板がある。説明板によれば『筑後将士軍談』に「平城也、縦二四間横一六間、三方隍アリ、南ハ長サ三〇間広二間半深一間半、水常ニ湛タリ、東ハ長サ六間広さ二間、深さ一間半、北長三〇間、広二間、深一間半並ニ水ナシ。高橋鑑直居之時代詳ナラズ」。ここを村囲いといい、南部から浦山の中部は道路から二—三メートル高い森や野原であったのを昭和初期に地下げして堀や溝を埋めた。藪の南方に「ううやしき」(大屋敷)西方の県道からの南入り口を「ううきんど」(大城戸)という城に関する地名がある。築城の時代や興亡盛衰については何等の記録もないとある。

『久留米領古城之書付』には南は二間半を横三間、東は六間を二六間としている。

石碑の南五〇メートルに唯一残存する削り残しが土塁状にある。東西約三〇、底部幅四—五メートル、高さ一部二、三メートルを計る。城館の南西角と思える所に約五メートル四方の堀が残る明治期の字図等から北・東・南にコの字形に堀を巡らし、内側を土塁とした形式の四三×二九メートル規模の居館を中心に集落を伴った南北三八〇、東西二三〇メートルほど、北・西・南に傾斜地で囲み、字「村囲い」全体を城域としていたと推定される。

城跡は、西鉄大牟田線三沢駅の東南東二キロ。大分自動車道筑後小郡I・Cの北西一・五キロに所在する。（田中賢二）

〔文献〕『小郡市史』。『筑後将士軍談』矢野一貞

吹上村字村囲い字図

156 西鯵坂城《にしあじさか》

所在地　小郡市下西鯵坂
旧　郡　御井郡

城《じょう》公民館の前に「史蹟西鯵坂城址」と刻んだ石碑と説明板がある。説明板によれば、東南二〇〇メートルばかりの所、大楠の下の石の堂の所が城の中心で、『筑後誌』に「筑紫上野介家宗が拠りし所なり。縦六〇間横二〇間の平城なり」。宗氏代々の居城であった。戦国末期島津義久により城主宗統家は衆寡敵せず全滅した。下西鯵坂邑の項には内堀と見られる溝が残っており、西に大木戸堀、南に竜の堀、普済寺の北堀と連なって外堀の跡をとどめている。東南に大御門という所もあるとある。東南二〇〇メートルは五〇メートルが正しい。『久留米領古城之書付』には、筑紫上野介家宗を上野介家来宗家としている。

この一帯を字「城ノ内」といい、明治期の字図とあまり変化していない。主郭を一〇八×三六メートルとすると、この一帯で一番高い標高約九・五メートルの旧家佐々木氏宅と北側佐々木氏宅を合わせるとほぼその規模であり、石の堂は東北角。周りの水田との比高差一・三メートルで、西と南に接して内堀跡の水路が巡り、西と南は五〇、東は一二〇、北は一五〇メートルと外側に北の一部を除き外堀跡の水路が巡る。

城跡は西鉄大牟田線端間駅の南東一・五キロ。県道七三八

号、味坂小学校の西二五〇メートルに所在する。（田中賢二）

〔文献〕『筑後将士軍談』矢野一貞。『小郡市史』

157 三原《みはら》城

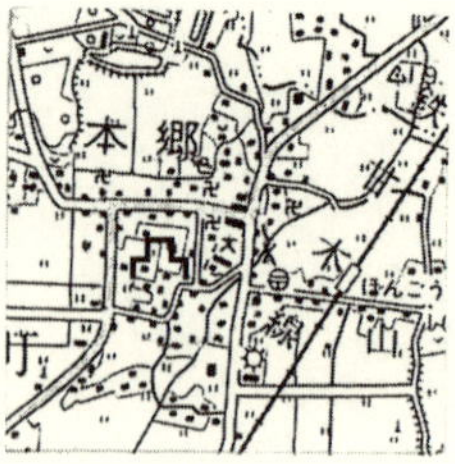

別　称　本郷城
所在地　三井郡大刀洗町本郷
旧　郡　御原郡

旧国道三二二号が抜けていた旧宿場町の中心、佐々木氏宅の前に「史蹟三原城址」と裏に「原田氏ノ一族三原氏累代ノ居城タリ」と刻んだ石碑と説明板がある。説明板に東西約一一〇メートル、南北一五〇メートルの範囲に外堀・内堀を構え、角矢倉・物見櫓などを設けた平城であった。三原氏の始祖は三原弾正時勝と伝えられ「おしどり物語」の哀話が残っている。鎌倉時代の初期、糸島郡高祖の城主原田種直の子種朝は三原氏を継ぎ、第一三代の当主になったが、入城にあたり箱崎の高良新神を勧請して、城の守護神とした。後年戦災の及ぶことをおそれて、城外に移したのが現在の本郷高良玉垂宮である。鎌倉時代には護良親王の命を受けて九州探題を攻め、あるいは多々良浜に足利尊氏の軍勢を迎え撃つなど、宮方に力を尽くしていたが、後年には武家方となり、大原合戦のときは少弐方に名を連ねている。天正四年（一五八六）三原紹心が四王寺山岩屋城で討死したこともあって、城としての役目は終った。城址はここから南の約一〇〇メートルの地点にあるとある。初めのほうは天正年間の三原城郭図からの記述と思われる。三原氏の系統は年代・人名など多種多様でわかりにくい現状である。近世の史料で規模の記述があるのは、①『筑後志』に本郷の城址第一城縦二五間横二四間の平城なり。②『筑後将士軍談』に本郷村城跡平城也、縦二五間横二四間南に長二〇間、廣八間の堀あり。③『久留米領古城之書付』に本郷村城跡竪二五間横一四間平城也。南ニ長二〇間横八間深六尺之堀有り、がある。①と②では南の堀があり、③ではその深さがあり、横が一〇間短い。どの数値も現況より大分小さい。

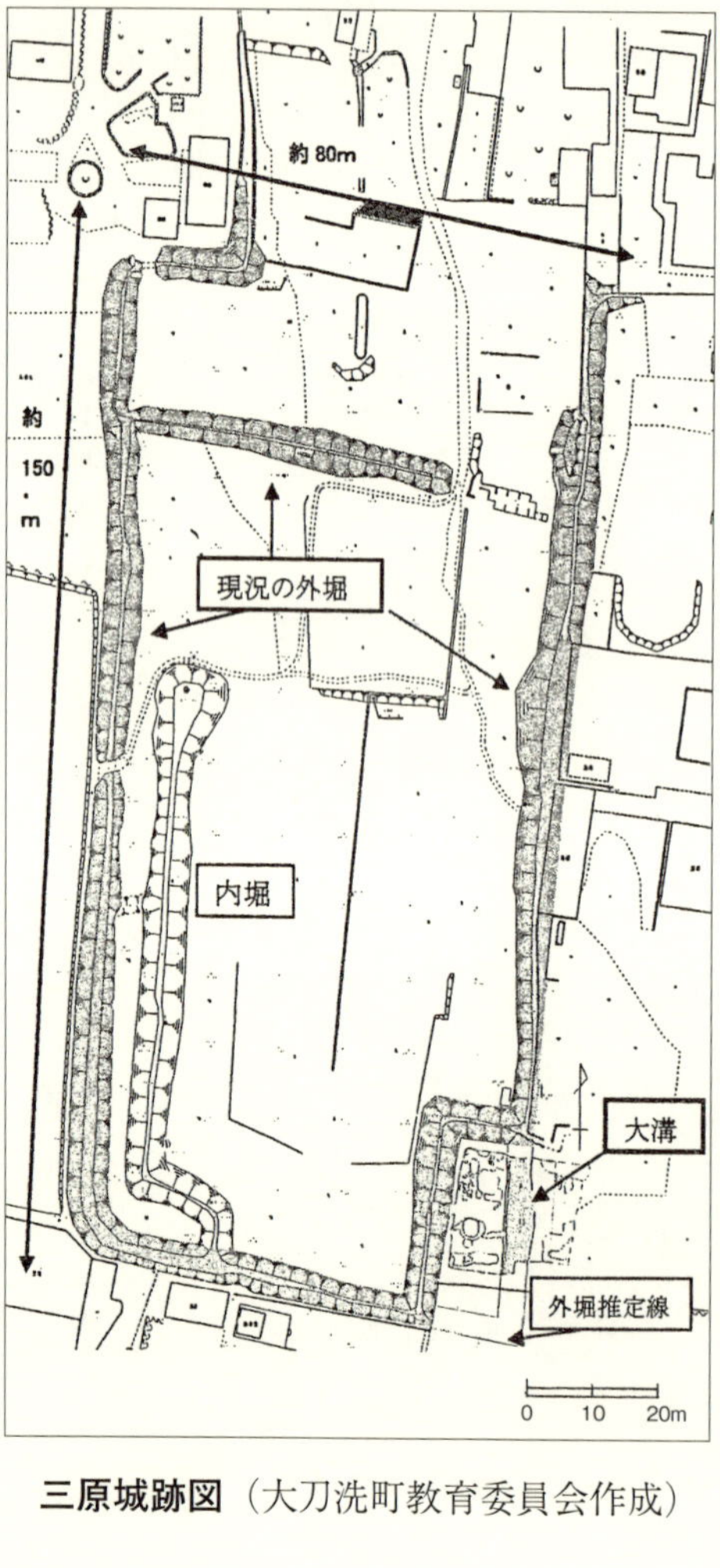

三原城跡図（大刀洗町教育委員会作成）

佐々木氏宅所有の裏の敷地、標高一六メートル前後、西の水田との比高差約二メートル、幅約五メートルの溝で区画された約一五〇×八〇メートルの畑や竹藪などの区域に比定されている。平成一六年八月に大刀洗町教育委員会がおこなった南東部の三原城址発掘調査現地説明会の資料の全体図（平成四年度の地形測量図）で分かるように南北に長い南東部の欠けた少し歪な長方形である。この地方の中世城館の平城として貴重である。

城址は、西鉄甘木線本郷駅の西五〇〇メートルに所在する。（田中賢二）

〔文献〕『三原城跡』。『大刀洗町史』

158 下高橋城《しもたかはしじょう》

別　称　高橋城
所在地　三井郡大刀洗町下高橋
旧　郡　御原郡

竃戸神社境内に「史蹟高橋城址」と刻まれた石碑と説明板がある。説明板によれば「木戸」「構口」「屋敷」の地名と北・西・南をめぐる堀が残る。『筑後国史』には「平城なり。縦五三間、横二五間、東に広さ三間の堀あり。西にまた二つあり。一つは広さ三間半、一つは二間の堀あり二の丸は縦四三間横二〇間、東西に広さ三間、南に二間の堀がある。高橋三河守鑑種先祖より続きたる采地の城なり。鑑種、大友の賞によって筑前岩屋の城を賜りこれに移る」。高橋氏の祖先は大蔵春実で地名をとり「高橋氏」を名乗る。当初上高橋城を居城としていたが、高橋長種の代に跡継ぎがなく、大友宗麟は一族の一万田右馬助に家名を継がせ、高橋三河守鑑種と名乗らせた。居城をこの地に移し、弘治年間に筑前岩屋城に移すまで居城としていたとある。『久留米領古城之書付』には五三間が五〇間、二五間が二九間、南に横二間の堀、東西が東南、南が西としている。

近年県道の改良工事による大刀洗町の発掘調査が行われたが、史料にあるような城に該当する遺構は見つかっていない。

城跡は、西鉄天神大牟田線端間駅の東三・五キロ。県道五三号と県道一四号との下高橋交差点の北西側に所在する。（田中賢二）

〔文献〕『高橋城跡』。『大刀洗町史』

159 毘沙門岳城《びしゃもんだけ》

別称　別所城
所在地　久留米市御井町
旧郡　御井郡

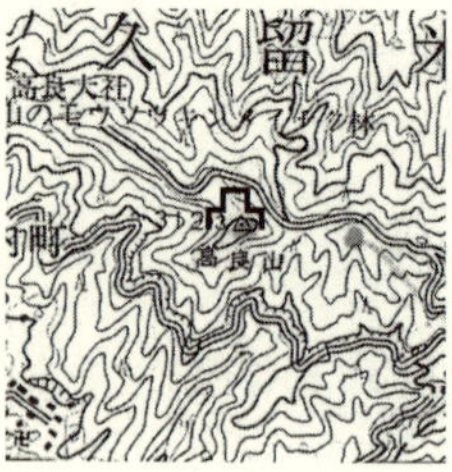

高良山は久留米市御井町に位置しており、標高三一二メートルを測る耳納山地の西端の山で、毘沙門岳を最高所とし、高良大社裏の本宮山や吉見岳・鷲ノ尾岳などの支脈上の高まりを形成しながら、平野部へと移行していく。耳納山地には、活断層が走っており、その影響から北麓は著しい急崖をなしており、平野部から眺めた姿が、あたかも屏風を立てたように見えることから「屏風山」と称されている。また耳納山地の北及び南西側には地筑紫平野が広がり、その中央を筑後川が西流している。筑後川は久留米市瀬ノ下で南西方向に流れを変え、有明海へと流れている。筑後川右岸の佐賀県三養基郡北茂安町千栗《ちりく》と高良山との間は、約九キロメートルで、筑紫平野のくびれ部に相当し、久留米地峡部と呼ばれており、その中央部を筑後川が流れている。このような地形に位置する高良山には、筑後一の宮である高良玉垂宮が鎮座しており、古くは、朝鮮式山城である高良山神籠石が築かれている。現森林公園駐車場部分には、平安時代初期の西谷火葬墳墓群が見つかっており、古代から中世・近世に至るまで、山中には多くの寺院が営まれていた。

高良山中の中世山城は、毘沙門岳城・杉ノ城・吉見岳城・鶴ヶ城・古宝殿城・磐井城・東光寺城・茶臼山城の八城が知られている。これらの城の東端にある毘沙門岳城は、別所城とも呼ばれており、高良山の山頂部、標高三一二メートル一帯に造られた中世山城である。諸伝によれば、南北朝期の延文四年（正平一四年、一三五九）筑後川合戦の際に懐良親王の本城となったと伝えられているが、築城者や築城時期については、不明である。現在は、森林公園となり、旧状を損なっているが、城の規模は、南北約二〇〇メートル、東西

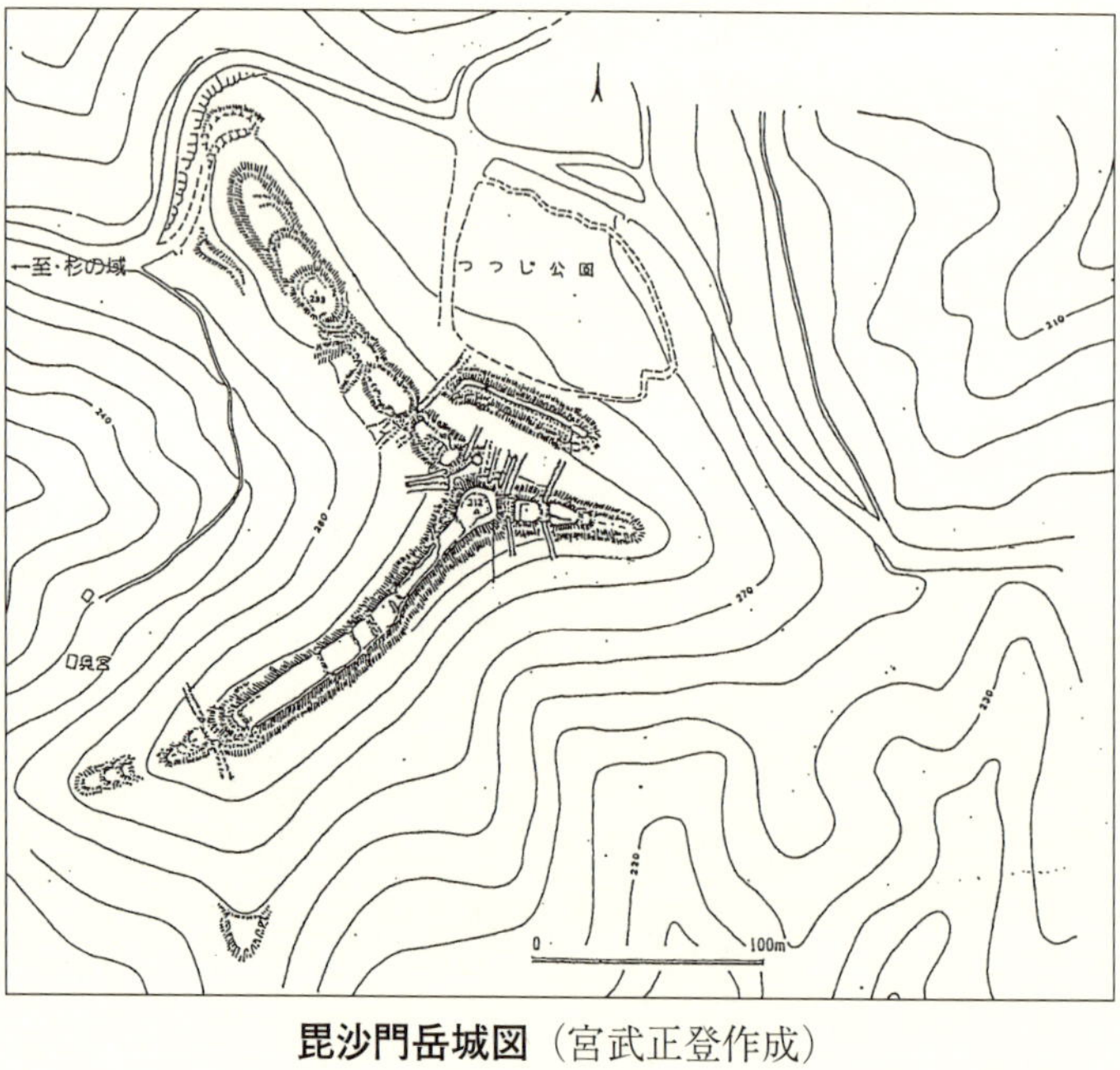

毘沙門岳城図（宮武正登作成）

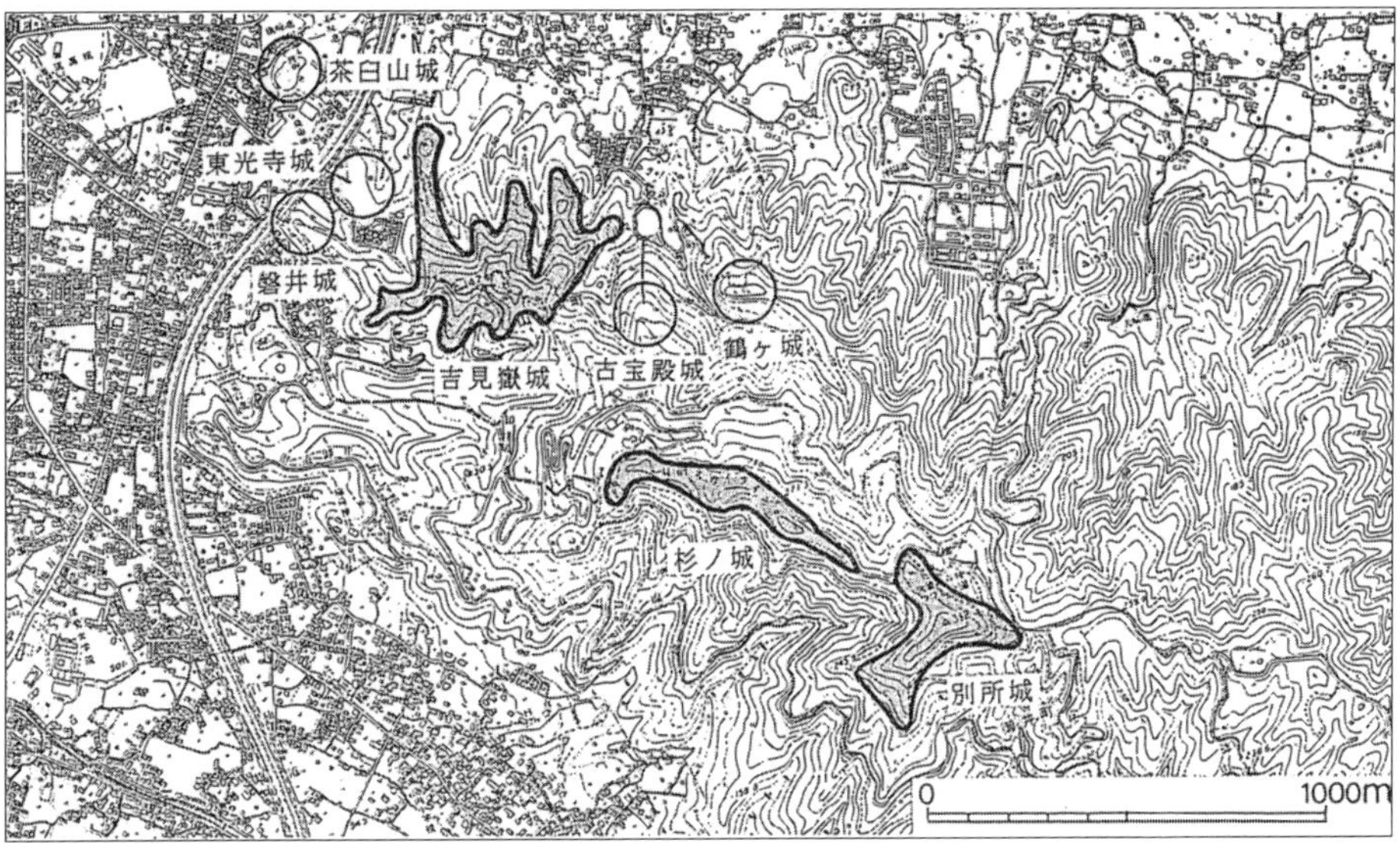

高良山中の山城分布図

一五〇メートルの「Y」字状に配された曲輪群が、残っている。最高所に主郭を置き、南西方向に延びる尾根線上に曲輪を配している。虎口の位置や形状については、森林公園造成時の削平等で不明確である。この尾根線上の曲輪群は長さ約一五〇メートル、幅約一五メートルで、周囲に土塁が巡る。主郭から東側尾根にかけても曲輪が見られ、その北側斜面には堀切から派生する竪堀及び畝状竪堀群が見られる。その下方には、長さ四〇メートルの横堀があり、その北に土塁が残っている。主郭から北西に延びる尾根線上にも曲輪がみられるが、この地は森林公園造成により削平を受け、旧状を損なっている。この尾根線の西側には、谷を挟み、杉ノ城が位置している。また、北西約七〇〇メートルには鶴ヶ城が位置している。

毘沙門岳城のこれらの遺構は、南北朝期に遡る形態でなく、寛正六年（一四六五）の大友親繁感状（志賀親家宛）に見える『高良山別所城』の時期に、大友配下である高良山勢力によって現在見られるような形態をとったものと考えられる。またこの城以外の高良山中の中世山城も、時期的にも同時期と考えられ、高良山自体が巨大な山城として、大友方の最前線の城として利用されていたものと考えられる。西鉄バス御井町下車、東へ約二二〇〇メートル。（近澤康治）

〔文献〕『筑後将士軍談』矢野一貞。『久留米市史　第七巻資料編』

160 鶴ヶ《つるが》城

別称　舞鶴城
所在地　久留米市山川町
旧郡　御井郡

鶴ヶ城は古宝殿城の東三〇〇メートルに位置する。毘沙門岳城からは尾根沿いに北西方向約七〇〇メートル、杉ノ城の北約四〇〇メートルであるが、杉ノ城との間には大谷と呼ばれている谷が入り込んでいる。

『筑後将士軍談』によれば、舞鶴城としてあり、「高良山北麓阿志岐村孤岡アリ、地名曰東光寺、一名長増山、又茶臼山、天正中座主良寛大祝保常守之大友義統状見大所蔵」とあるが、東光寺、長増山は阿志岐村になく、別の城である。長増山は茶臼山と呼ばれており、東光寺＝長増山でなく別々の城である。阿志岐村にある城は鶴ヶ城であり、東光寺城、茶臼山城は別の地点に比定されている。

標高約一六〇メートルの頂部に東西約三五メートル、南北約一五メートルの主郭を置き、直ぐ西側に一段下がって、東西三五メートル、南北一〇メートルの曲輪を置いている。周囲には土塁が巡っているが、住宅建設のため削平されたものか、僅かな高まりが残るのみである。主郭北辺中央部に平入りの虎口を設け、北側斜面に帯曲輪が巡る。北西側斜面下部にも曲輪が見られる。また、北へ延びる尾根線上にも曲輪があり、その南側前面に土塁を伴う横堀が見られる。東側尾根筋を遮断する五条の堀切は壮観である。

西鉄バス吉井方面行追分バス停下車。南へ約一キロメートル。

（近澤康治）

〔文献〕『茶臼山・東光寺遺跡』久留米市教育委員会

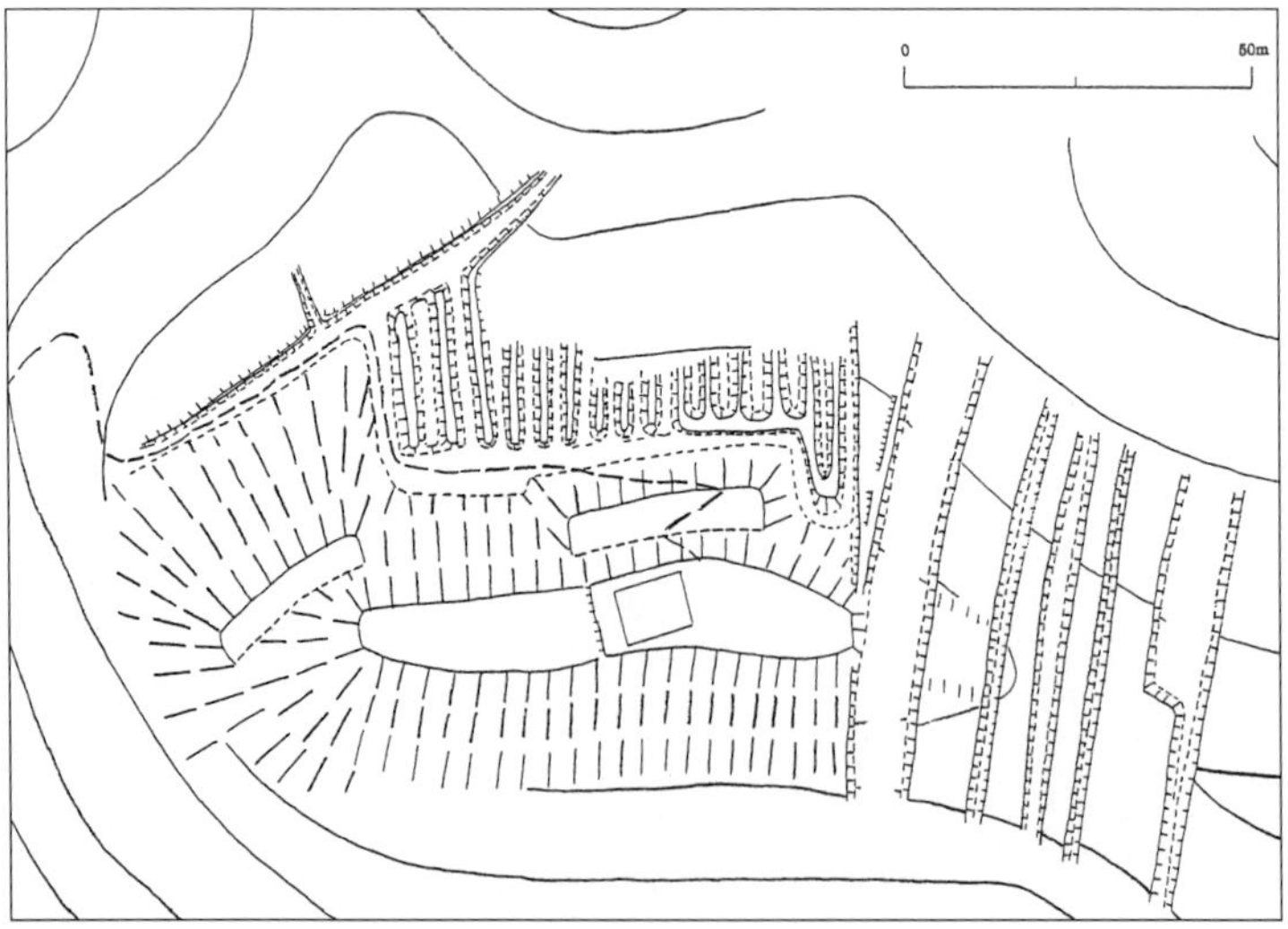

鶴ヶ城図（中村修身作成　2009年）

161
杉ノ城《すぎの》

別称　住厭《すみあき》城
所在地　久留米市御井町
旧郡　御井郡

高良山の山頂毘沙門岳から西へ延びる尾根線の頂部一帯に位置する杉ノ城は、高良の神が三韓征伐の時の本城であったと伝えられている。城の形態としては、戦国期の山城である。『高良山地名之事』には「住厭、城跡アリ、大谷ノ上、杉城トモ云、菊池氏ハ千五百騎ニテ籠城也」とあり、南北朝時代にも、この城が利用されていたことを窺わせる。

城跡の規模は、東西四五〇メートル、南北約六〇メートルを測る。城の西限は高良大社本殿裏の通称「本宮山」の東斜面にある高良山神籠石列石線沿いに堀切が見られ、この堀切が西限とも思われるが、その西側にも曲輪と思われる削平地が段上に続いている。東は耳納スカイラインで切られ不明瞭な点が多いが、毘沙門岳との境に大谷が入りこみ、ここまでを城の範囲と考える。

東西二箇所の高まりに中核的な曲輪を配置し、その北側斜面に多くの防御施設を配置している。西側の中核的曲輪の東側には南北二三メートル、東西六五メートルの大きな曲輪で、周囲には土塁が巡っている。この郭の北側斜面には、畝状竪堀群が見られる。東側の高まり部分の曲輪は標高二九〇〜三一〇メートルの地点に東西約一〇〇メートル、南北約二〇メートルの南側に土塁が見られる。北側斜面」には帯曲輪が二段に巡る。西鉄バス御井町バス停より東へ約一八〇〇メートル

（近澤康治）

〔文献〕『筑後将士軍談』矢野一貞

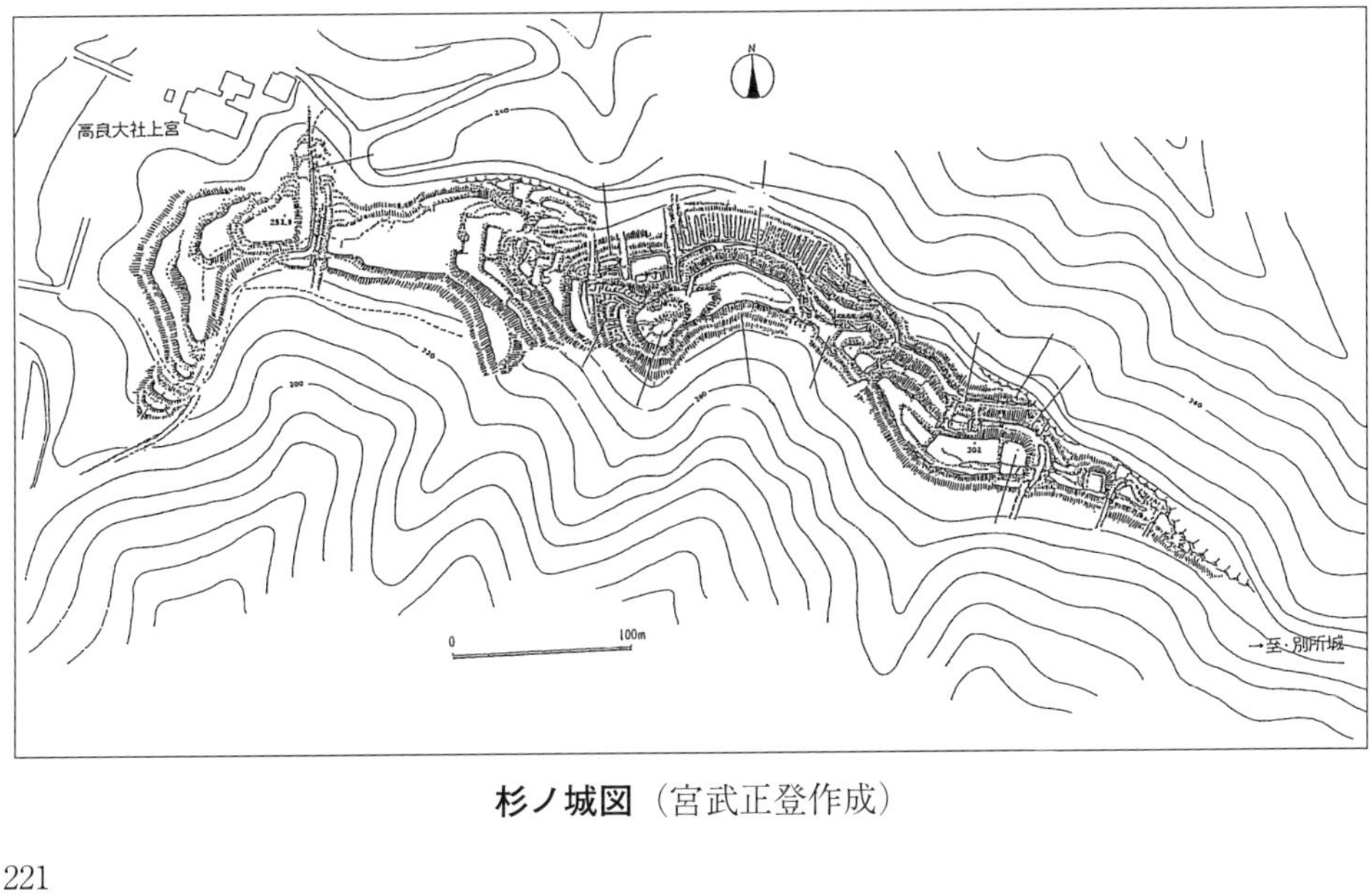

杉ノ城図（宮武正登作成）

162 吉見岳城《よしみだけ》

所在地　久留米市御井町
旧　郡　御井郡

吉見岳は高良山から北西へ延びる尾根線上の高まりで、標高一七五メートルを測る。その頂には琴平（金比羅）神社が祀られており、北及び西に広く視界が広がっている。この吉見岳の頂一帯に築かれた吉見岳城は天文二年（一五三三）八尋式部が築城したと『筑後将士軍談』に伝えられている。また『北肥戦誌』には永禄一二年（一五六九）大友宗麟の筑後攻めの時、ここに要害を固めたとしている。この時期の高良山勢力は、大友氏の支配下になっており、肥前の龍造寺氏と対峙していた。龍造寺方にとっては、筑後は豊後進出ひいては九州平定の足場であり、大友方にとっては第一次防御線であって、高良山及び筑後平野で多くの戦いが行われた。高良山一帯の諸氏勢力もその力関係で、大友方に付いたり、龍造寺方に寝返ったりしていた。天正一三年（一五八五）には島津氏が筑後を攻め、その力が筑前にまで及んだため、大友宗麟は豊臣秀吉に援助を要請した。同一五年（一五八七）秀吉は九州平定のため、下向し、同年四月吉見岳に陣を布いている。

城跡は杉ノ城西端部から約四八〇メートル北西に位置する吉見岳の最頂部に主郭を置き、西へ延びる尾根線上に曲輪を配している。主郭は東西五五メートル、南北二二メートルの長方形を呈しており、

吉見岳城図（宮武正登作成）

北辺中央部に平入り虎口が開口し、北下の帯曲輪に繋がっている。北・西・東の三方及び南側の一部に土塁が巡っている。南側の土塁は削平著しいが、昭和四九年の地形実測により等高線が土塁の推定線上で西側に突出していることにより、わずかにその痕跡を見出せる。主郭の北西及び南東の二ヶ所に曲輪が見られる。北西の曲輪は一一メートル×一〇メートル、主郭との標高差約六〇センチメートルを測る。主郭の西側斜面、一二メートル下がった地点に東西四五メートル、南北一七メートルの曲輪があり、その直ぐ西側に東西約三〇メートル、南北約二〇メートルの曲輪が見られる。以前は西側の曲輪が一段高くなっていたと伝えられている。西側曲輪の南側尾根筋には「高坊地」と呼ばれている曲輪がある。この地は高良山座主の邸宅跡と伝えられる。西側曲輪の西に、上幅約八メートルの堀切があり、主郭の東側には深さ約一〇メートルの堀切を設け、中心曲輪群の東西の境としている。東側堀切の北側尾根線上には、近世墓による階段状の削平地があるが、この削平地は城に伴う曲輪の残痕とも考えられる。この階段状の曲輪群を約二〇〇メートル下ると、幅約四メートルの堀切があり、その北側に半独立丘陵があり、曲輪群が見られる。このような出丸ともいえる曲輪群が吉見岳北尾根線上に見られ、これらの曲輪群を含めると、東西八〇〇メートル、南北四五〇メートルの規模の城となる。

　この城の築城時期や築城者については不明であるが、高良山勢力或いは、戦国時代末期の筑後地区の勢力を考えると、他の高良山中の城と同じく大友氏関係の城と考えられる。西鉄バス御井町バス停より東へ約八〇〇メートル。（近澤康治）

〔文献〕『筑後将士軍談』矢野一貞。「中世山城・吉見岳調査の記録」『久留米郷土研究会誌 第九号』山口淳、近澤康治

163 久《く》留《る》米《め》城

別称　篠山城
所在地　久留米市篠山町
旧郡　御井郡

久留米城は篠山城とも呼ばれ久留米市北西部に所在する城である。

　本城は永正年間（一五〇四〜二一）に土豪が城を築いて篠原城としたと伝えられている。その後天文年間（一五三二〜五五）に当地の土豪が城郭を再興し、天正初期に

は、高良山座主良寛の弟である麟圭が城主となっている。天正九年（一五八一）肥前の龍造寺隆信が高良山砦・西久留米城を攻めたことが見え、要害の地であったものと考えられる。天正一五年（一五八七）豊臣秀吉の九州征伐後、毛利元就の子、小早川（毛利）秀包が、筑後国山本郡・御井郡・上妻郡・三潴郡の七万五千石を与えられ、久留米城に入り、城の修築を行いまた城下町を造っている。「蜜柑の丸」といわれる旧城の南西部に新城を加え、秀吉から下賜された大坂城の一室を移し「大坂書院」と名づけたという。

　その後慶長五年（一六〇〇）関ヶ原合戦で西軍に属した毛利秀包は改易となり、翌六年、三河岡崎城主田中吉政が筑後一国三二万五千石の国主として入部し、柳川城を居城とすることになり、久留米

城は柳川城の支城として吉政の嫡子主膳正吉信が入った。元和六年（一六二〇）に田中氏の二代目忠政（吉政の四男）が病没して無嗣除封になると、翌七年有馬豊氏が筑後北部八郡（御井・御原・山本・竹野・生葉・上妻郡及び下妻・三潴の一部）二一万六千石の領主として、丹波福知山から入城した。

久留米城下図　延宝８年（1680）

そのころの久留米城は廃城同然で、早速修築が行われ、城郭が拡大され、それまで東向きであった城の構えが南向きに変えられ、領内の城であった、榎津・城島・黒木の城を崩し、久留米城再築の資材の一部としている。

新城郭の再築は、大規模な拡張工事となり、黒田・加藤両家の手伝いも受けている。それまでは町屋であった柳原や旧城東・南部を囲い込み、本丸・二の丸・三の丸・外郭を一〇年の歳月を要し、寛永八年（一六三一）ようやく城堀が完成している。この間に、本丸部分には四方に隅櫓など櫓七棟を置き、これらを二層の多門で結び城壁としている。天守閣は築いていない。

武家屋敷の建設も外郭の東に京隈、西に櫛原、南に庄島、十間屋敷、鉄砲屋敷の侍屋敷を配している。

町屋は旧来の町屋である長町（通町）・三本松町を中心にすすめられ、中町・紺屋町と広がり、城の南正面、大手門口から東一帯に両替町・亀屋町・呉服町・細工町・今町・魚屋町・八百屋町・池町などが形成され、三本松町は南方の柳川街道筋へも延びている。その後町屋は南東方向に小頭町・東方向に通町が広がり、通町筋から北方向に通外町などの町屋が形成され、元禄年間（一六八八〜一七〇四）には総軒数一五〇八軒を数えている。

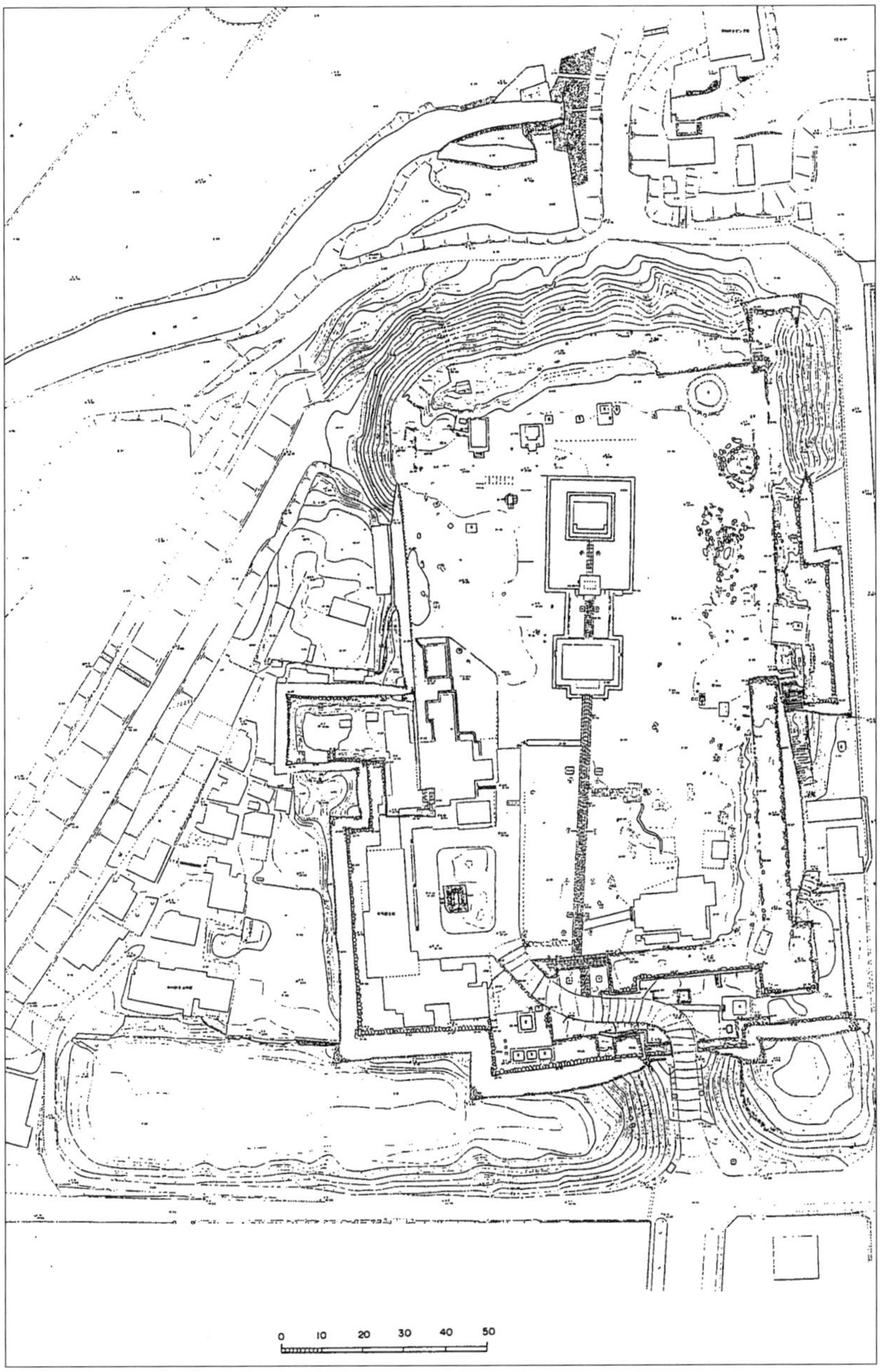

久留米城本丸平面図

ＪＲ鹿児島本線を博多から下ると、千歳川橋梁を越える際約八〇〇メートル東にこの城跡は見られる。

（近澤康治）

〔文献〕『久留米市誌 別冊』。『久留米市史 第八巻 資料編近世Ⅰ』。

164
内山《うちやま》城

所在地　久留米市田主丸町益生田
旧　郡　竹野郡

麦生集落にある城として、内山城及び麦生館が『筑後将士軍談』に見えており、ここでは、内山城について、記することとする。

内山城は『筑後将士軍談』によれば、「耳納山中ニアリ、東西五十四間、南北二十五間、（中略）星野右衛門大夫（中略）築之、落去ノ後城下町ヲ中道ニ移ス、是ヲ吉田町ト號ス集記寛延記」と記してある。また、『宇枳波』第二号「山城踏査」には、「内山城址　海抜二六〇米　城址は伽藍寺附近から派生した支脈上の突端にあって、これまで、内山城と称せられた居館跡の南東に屹然としており、宮地嶽社を祀る丘陵を左前城、小烏社を祀る丘陵を右前城とした一連のものであろう。（中略）城址は東西一〇米、南北二六米、背後は八米切落し、左右の前城とは野首で連係し、追手は崖壁で虎の口を安全にし、左右の谷は側防に備え、構相は鶴翼の形をなしている。」『筑後将士軍談』と『宇枳波』では城の規模が違い、館跡と城の違いかとも思われる。字図を見ると、海抜一四〇メートル付近に「城内」その北側に「館・東館」があり、この地に館があったものであろう。

城跡は主要地方線田主丸黒木線の第一〇カーブの北西側、標高二八八メートル付近の尾根線上の高まりを主郭とし、東側斜面に二段の帯曲輪を配している。主郭の南側には堀切が見られ、その南側に土塁を伴う小規模な曲輪がある。

西鉄バス草野経由田主丸行益永下車、南へ一五〇〇メートル。

（近澤康治）

〔文献〕『筑後将士軍談』矢野一貞。『太宰管内志』伊藤常足。

内山城堀切

165 鷹取城《たかとり》

所在地　久留米市田主丸町石垣
旧　郡　竹野郡

耳納山地の最高峰鷹取山（標高八〇二メートル）の頂上域に所在する。城の北は急崖で遮るものがなく視界は極めて良好で、筑後平野から遠く筑前、肥前、豊後の山並が一望できる。主郭に一等三角点が設置され、県内では古処山城、宝満山城、二丈岳城等とともに高所に築城された山城の代表格である。筑後の有力国人領主星野氏の城として著名で比高七五〇メートル。平時の居館と戦時における背後の山城という、根小屋式城郭の高度に発展した形態で、村田修三氏によればかなり広域を支配する国人に見られるという。

鷹取城の縄張りは北部九州の山城で多く見られる土塁や畝状竪堀を多用し、技術的にかなり進んだ段階の普請と考えられる。特に南側の土塁と併用して、整然と隙間なく掘られた畝状空堀に顕著で、構造上これ以上間隔を詰めるのは無理だろう。南は下ると星野谷で、一見この厳重な防御には疑問を感じるが、戦国期末星野谷は大友方の支配下にあったと考えられ納得できる。北面は垂直に近い断崖でなにもない。僅か北西に延びる尾根筋の処理も単純に堀切を入れるのではなく、土塁を併用して工夫がみられる。

『筑後将士軍談』所載「星野系図」によれば、築城者は星野中務大輔鎮胤《しげたね》である。鎮胤は永禄から天正期の武将で戦国期末に家督を継ぎ、星野家を再興したが天正一四年（一五八六）八月、筑前高鳥居城で弟鎮元《しげもと》他一族郎党とともに討死した。初め大友方で天正九年頃秋月方に転じ、大友方の兄上野介鎮虎《しげとら》や問注所氏と激しい戦闘を繰り返した。他の星野党城に比べおおきく時代の下がる築城である。筑後平野を広く見渡せる高所に築城した鎮胤の実力と気概が窺える。

天正三年三月二日島津中書家久は、上洛の途時筑後川隈代（神《くま》

鷹取城図（岡寺良作成）

代《しろ》）の渡を過ぎ、「さて行は、右方に草野殿の城有、猶行はほしのとの城有」と記している。天正六年（一五七八）三月書写の筑後国領主付には、星野氏に星野中務（居高取領五〇〇町）と、中星野（伯耆守）の二家があることがみえる。「星野系図」は鎮胤はじめ福丸に住み、のち竹野郡麦生村に内山城を構え、さらに高取城に居るとする。鎮胤の竹野郡東郷移動は天正の早い時期と考えられ、大友氏の衰退から一時龍造寺氏に従い、のち秋月、島津氏に与し天正の後半頃急速に勢力を拡大したと思われる。討死した筑前高鳥居城も鎮胤の縄張りである。

耳納スカイライン道の整備により、各方面から車で城の直下まで行けるが、山麓の石垣から鷹取自然遊歩道という立派な登山道がある。（片山安夫）

〔文献〕『歴史史料としての戦国期城郭』中西義昌・岡寺良。『福岡県の城』廣崎篤夫

166 神代館《くましろやかた》

所在地　久留米市山川神代一丁目
旧　郡　御井郡

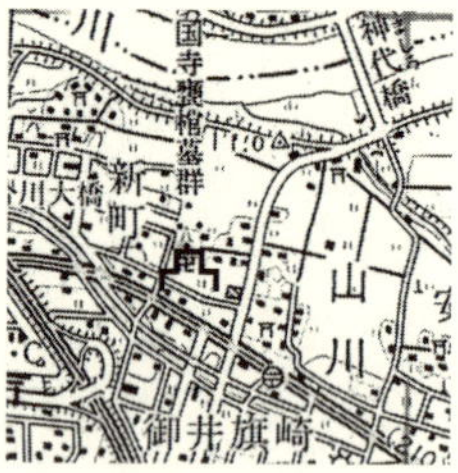

久留米市山川神代一丁目（旧御井郡神代字西神代・北神代）に所在する鎌倉期から室町期の神代氏の居館跡である。神代氏は高良玉垂命の神裔と伝え（『筑後将士軍談』）、文治元年（一一八五）高良山から神代に移り、永正年間に肥前国に逃れたとあり（『神代家伝記』）、館の存続期間はその時期までとなろう。

神代地区は筑後川左岸の標高約一〇メートルの自然堤防にあり、一一世紀中頃には筑後国府から太宰府へ通じる官道この館の東を走り、筑後川渡河地点（神代の渡）であった。また、南北朝期の暦応年間に神代氏が檀那であった神代山万法寺が足利方の政治・軍事的なシンボルとなる筑後国安国寺となっており、この地は交通・軍事上に重要な位置を占める地区であった。神代氏はこの交通の要所であった神代の渡しを管理する氏族である。

神代館は明治・大正期の耕地整理で遺構はほとんど残っていない。明治期の地図・字図で神代地区を囲む濠が知られ、久留米市教育委員会による遺構確認調査によって、この濠によって囲まれた内部は二分され、南側が安国寺境内、北側部分が神代館と推定されている。館跡の範囲は東西約一五〇メートル、南北約一〇〇メートルに及ぶ。この安国寺と神代館の配置は一四世紀初めの制作である国指定「絹

本着色観興寺縁起」に描かれた神代地区の建物配置と一致することから、神代館は正殿・脇殿をコの字形に配置されたもので、安国寺と神代館は濠を共有し、南北にならぶ形となる。中世土豪による居館と氏寺の存在形態を具体的に示すものとして注目される。

西鉄バス北野行、神代下車、二分。（古賀正美）

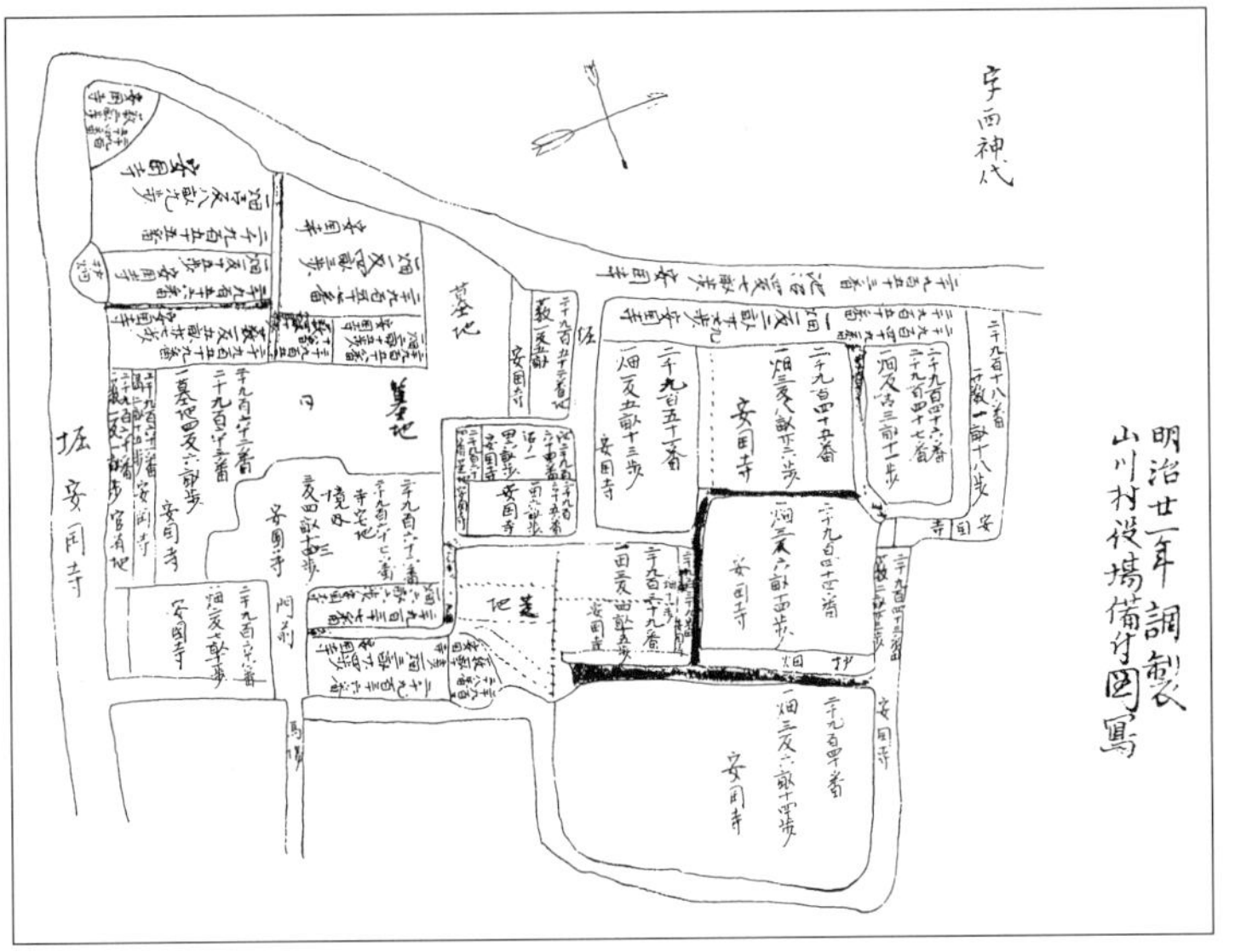

西神代区字図　明治21年（1888）

167
竹井《たけい》城

別称　竹之城、草野城
所在地　久留米市草野町吉木字竹井
旧郡　山本郡

竹之城、草野城ともいう。竹井城は草野の若宮八幡宮より南約三〇〇メートルの位置、耳納連山から北に延びる尾根筋標高約一三〇メートルの高まりにある。眼下に筑後平野が広がりその向こうには筑前の山々がみえる。

山頂を中心に城郭遺構は良く残っている。約八個の郭を二か所の堀切、一一条の竪堀からなる畝状竪堀群と切岸で防備している。畝状竪堀群は個性的で横堀や腰郭を設けることなく切岸から直接設置されている。土塁を敷設した郭もある。西側斜面にある階段状施設は後世の果樹園など農業による開作と思われる。全長六〇メートル前後と小規模城郭に属する。

『筑後将士軍談』は草野氏代々の居城としているけれど、城郭構造から詰め城と見た方がよいのではなかろうか。貞和四年（一三四六）一二月二七日付け草野孫次郎入道円真の軍忠状に「筑後国山本郷内草野警固を康永三年以来今日まで忠勤したことをたびたび御注進」と記している。さらに、貞和七年七月二日には前常陸介宇都宮冬綱は草野円真、多比良大七入道両名に筑後国山本郷草野城を修理して警固を厳重にすることを命じている。また、観応二年（一三五一）八月一三日付け兵部丞守雄から草野円真にあてた遵行状に「筑後国草野城警固事、今月一二日鎮西御教書のごとく、速やかに実施せよ」と記されている。このころ草野円真は武家方として行動している。

若宮八幡宮参道の西側にある林道を登ると林道の右側に開墾記念石碑が建っている。ここで車を降り石碑の横を藪の中に入り、三分ほどで竹井城跡に着く。（中村修身）

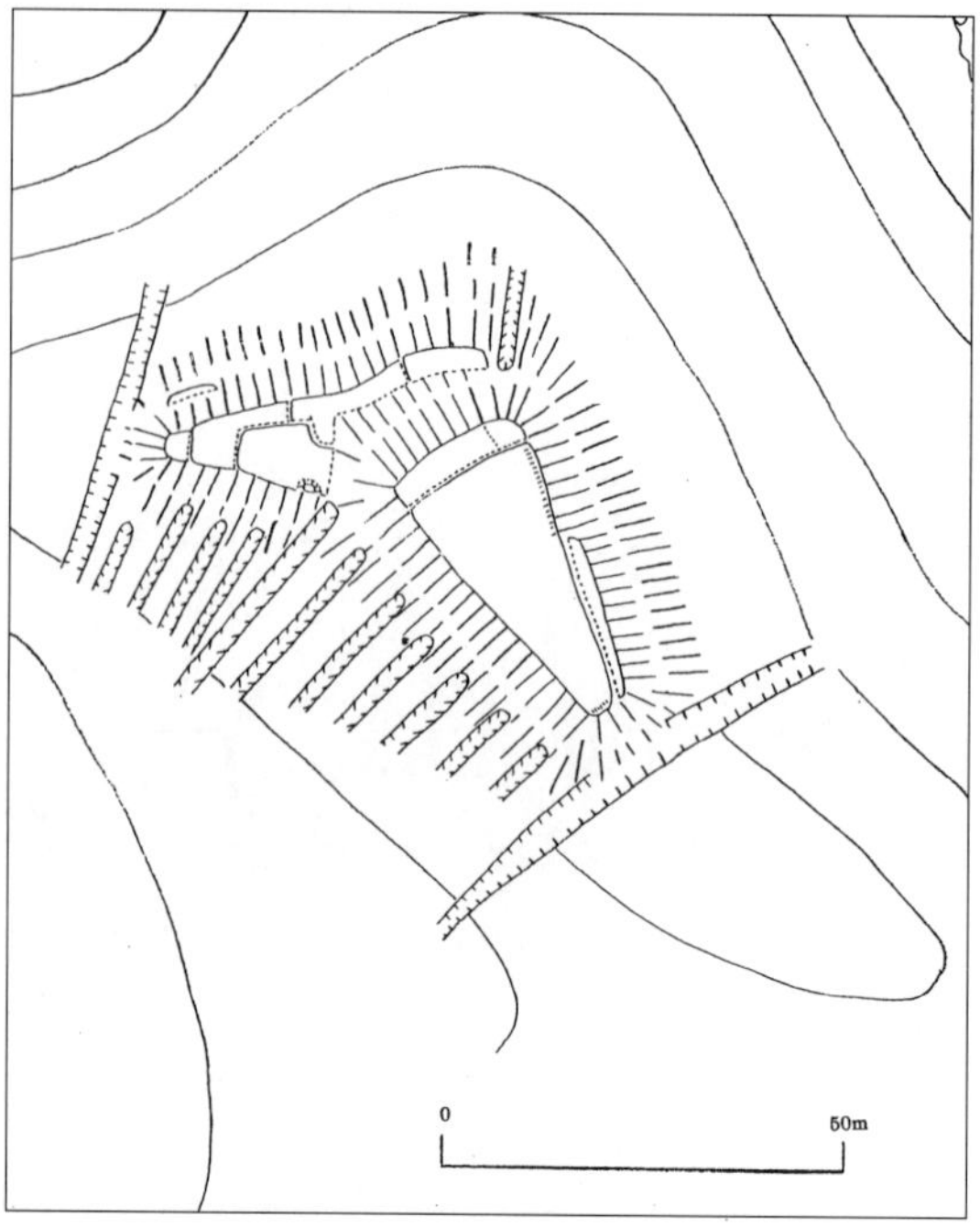

竹井城図（中村修身作成）

168
発心《ほっしん》城

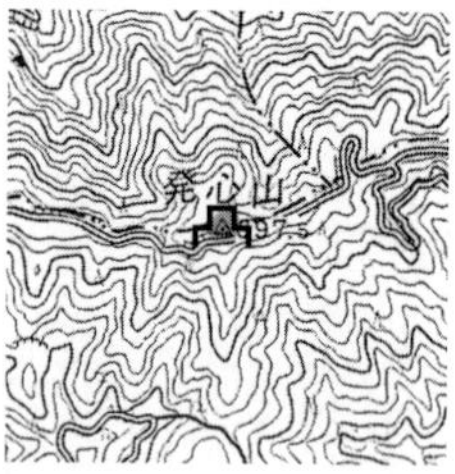

別　称　発心岳城
所在地　久留米市草野町草野、田主丸町中尾、八女市上陽町上横山
旧　郡　山本郡・竹野郡

発心山は旧久留米市の最東端草野町と旧田主丸町耳納・旧八女郡上陽町大字上横山西浦田字小谷一帯に広がっている。この山は、耳納山地の中央よりやや西側に位置しており、山頂部（標高六九七メートル）を中心として東西約三五〇メートル、南北約三〇〇メートルの規模を持つ中世山城である。この城の史料的初見は、応安八年（一三七五）門司聖親軍忠状に「発所嶽城」と出るが、本格的に城として整備されたのは天正五年（一五七七）草野家清により父祖代々の居城である竹井城が不安であるとして発心山山頂部に築いたものである。

草野氏は筑後の在国司であり、平安時代の末から天正年間まで筑後地方にかなりの勢力を持っていた。草野永平は源平の騒乱に際し源氏側として軍功をたてたので、文治二年（一一八六）に源頼朝から筑後在国司・押領使両職を安堵されている。南北朝期に入ると、初めは足利方に属し、後に宮方についたが、今川了俊の九州入り以後は今川氏に従い、幕府方として、戦っている。戦国期には大友氏麾下の大名分として領地約一四〇〇町を領していた。天正六年（一五七八）日向耳川の合戦で大友氏が島津軍に敗れると、家清は肥前

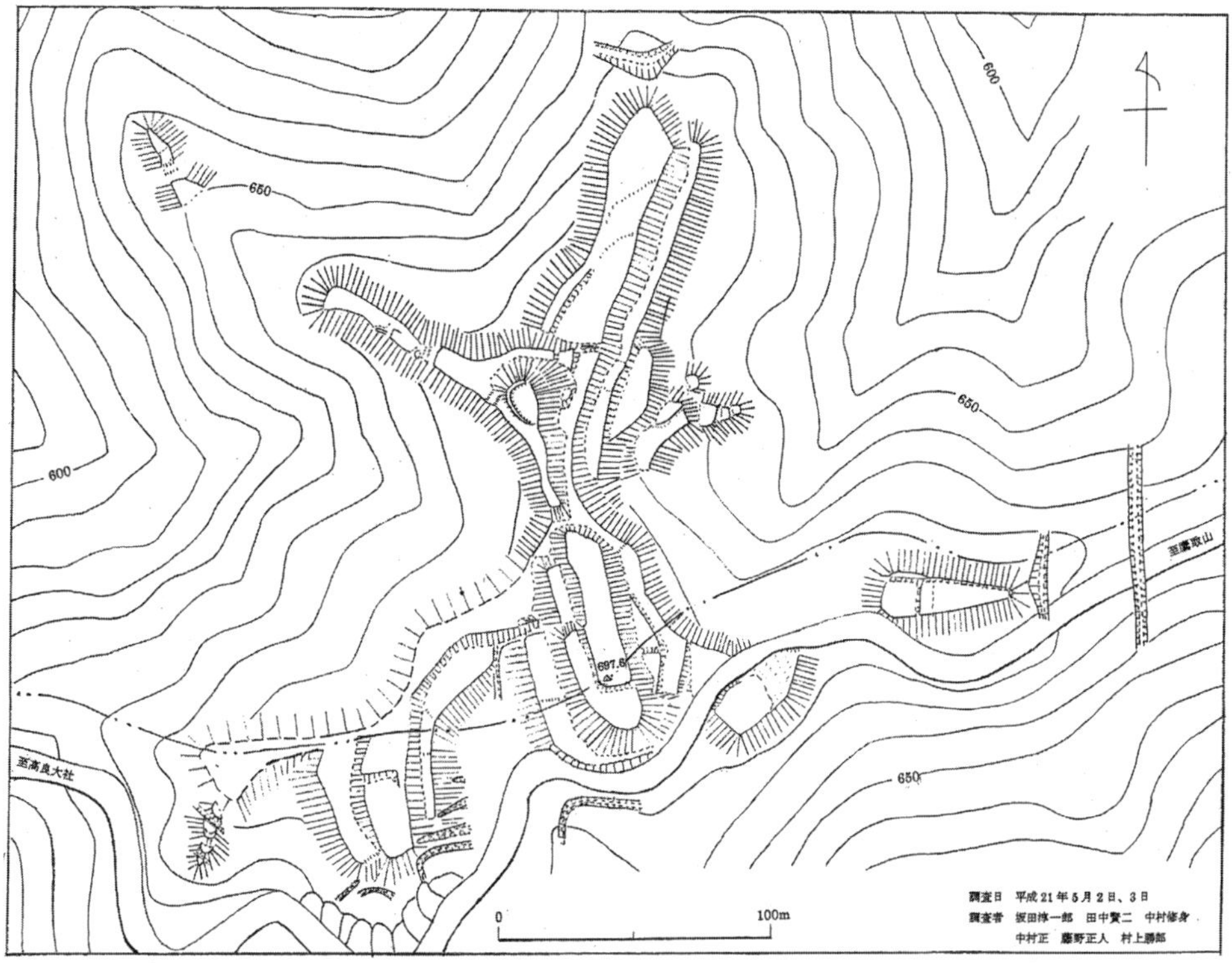

発心城図（中村修身他作成）

の龍造寺氏に寝返り、代々の居城であった竹井城が不安であるとして、発心城を築き立て篭もっている。これを大友方の武将や高良山座主良寛らが攻めているが、難攻不落であった。しかし、天正一五年（一五八七）豊臣秀吉の九州征伐の際、吉見岳に布陣した秀吉に恭順の意を表さず、天正一六年一揆の企てありと疑われ、蜂須賀家正によって肥後南関において謀殺されている。発心城に立て篭もっていた家臣達は自害し、筑後に長い間勢力を誇っていた草野氏は滅び発心城も廃城となっている。

城跡は山頂部（標高六九七メートル）に南北約六〇メートル、東西約一二メートルの主郭を置き西及び南に帯曲輪をめぐらしている。主郭部分には土塁の痕跡は認められない。北に延びる尾根線上及び北西に延びる尾根線上に曲輪を配し、北端の曲輪の規模は南北九〇メートル、東西約二〇メートルを測る。この曲輪の北側直下に幅約一〇メートル、長さ三〇メートルの尾根線を切る堀切が見られる。

主郭から東に伸びる尾根線約一〇〇メートルにも曲輪が見られ、その東側に二重の堀切が見られる。南側にも主郭の二五メートル南に小規模ではあるが、堀切があり、主郭から南西へ延びる尾根には曲輪群の南側に堀切、東側には竪堀が見られる。北と東は堀切で限られているが、西及び北西へ延びる尾根線上には堀切等は見られない。ＪＲ久大線筑後草野駅下車、南へ約三五〇〇メートル。（近澤康治）

〔文献〕『久留米市史　第一二巻　資料編考古』。
『太宰管内志』伊藤常足

169

赤司城

所在地　久留米市北野町赤司《あかじ》
旧　郡　御井郡

赤司集落をふくむ赤司城は筑後川右岸支流の陣屋川とその支流を外堀とした平城である。現在は赤司八幡社に隣接する公園・墓地・納骨堂が城址とみなされているが城郭の名残りは少ない。

西鉄電車甘木線大城駅から北に六〇〇メートルほどで左折すると陣屋川の支流となり小さな橋を渡る。右に赤司八幡、左はゲートボール場の公園となっているが、主郭となるのは公園の裏手にある墓地と納骨堂の微高地と伝えられている。八幡社から西にある参道を歩くと田中左馬允清政《さまのすけきよまさ》の墓所の栄恩寺がある。

筑後草野氏の支族である赤司氏が鎌倉時代に築城したと予想されるが、文献では　興国元年（一三四〇）九州探題である一色道猷《どうゆう》が南朝勢力と筑後豊福原など転戦して赤司城に入城すると伝えられる。

赤司城は戦国時代には大友氏の支配下におかれ、元亀元年（一五七〇）大友氏の武将の戸次道雪が筑前立花山城に移る前に一〇ヶ月ほど居城とした。

天正六年（一五七八）日向耳川合戦に敗退し弱体化した大友氏は、筑後でも龍造寺氏・秋月氏に対して劣勢となり赤司城は秋月氏の勢力下におかれる。

徳川方と豊臣方が雌雄を決した関ヶ原合戦後、慶長六年（一六〇一）筑後国北部は田中吉政に与えられ柳川城を居城とする。赤司城は筑後における東方の要として吉政実弟の左馬允清政が城主となる。

清政は赤司八幡の修築・赤司城下の整備などをおこなうが死去。

元和六年（一六二〇）田中氏の無嗣断絶によって久留米藩有馬氏の支配となり翌七年には廃城となる。

古処山系から筑後平野に流れ出る小石原川と繋がる陣屋川に接した赤司は大友氏にとって筑後支配の要地として、敵対する秋月氏には秋月から筑後川本流への侵出口として争奪戦が行われた場所でもあった。西鉄甘木線大城駅下車。

（坂田淳一郎）

170

海津《かいづ》城

所在地　久留米市安武町住吉
旧　郡　三潴郡

城址は筑後川の旧河道の自然堤防の字「城山」と字「館」を城域とした要害で、周囲のクリークを水堀として本丸・二の丸・三の丸の三つの郭と、その東西北の三方を帯郭が巡っている構造とされている。

安武は城下集落として安武古町が隣接して近世・近代にわたって街道筋として栄え、南に住吉湊があり、筑後川の水上交通の要としてにぎわい、近世久留米藩時代でも御舟番所が置かれた川湊でもある。

永正五年（一五〇八）、河内国の菅家姓茨木重政が大友義鑑《よしあき》に仕え、安武に移住して海津城を築いたと伝えられている。安武安房守鑑政《あきまさ》と名乗りのちに鑑教《あきのり》に改める。

天正四年（一五七六）、（注　三年説あり）龍造寺隆信は横岳下野守頼続《よりつぐ》を将して海津城を攻め、安武式部少輔鎮教《しずのり》は降伏して城を離れた。このとき鎮教次弟の仲右馬介政教《なかうまのすけまさのり》は奮戦するも戦死する。鎮教は降伏したが、嫡子政勝は筑後黒木氏を頼って落ち延び、その子勝教は乳母に抱かれて後を追ったと伝えられる。占領後の安武城は横岳・赤司・江口氏などが共同管理していたが、後に久留米藩支配下で廃城となる。

大正八年（一九二〇）の耕地整理によって、主郭を構成していた「城山」が掘削され、一部水堀も埋め立てられたために水城としての掘割構造がわかりにくくなり、昭和の大耕地整理で一面の広大な田園地帯となり、城址に立つ記念碑以外に城の名残りはない。旧河道沿いに立って南の住吉集落方面を望むと、筑後と肥前国境における河川交通と城郭の関係をうかがえる場所でもある。なお、久留米市の発掘調査で、一六世紀初頭から中頃にかけての在地の土師器・瓦質土器をはじめ、明代染付・青磁・白磁・李朝青磁それに備前焼に代表される国産陶磁器や木製品が出土している。

西鉄電車大善寺駅より四八番線西鉄久留米駅行きバスで約一〇分。古町バス停の西側が周囲を水濠に囲まれていた安武古町となり、古町を西にぬけて広い田園となる。筑後川旧河道跡の低地に沿って西北西に四〇〇メートルほどの城址記念碑が本丸にあたる。（坂田淳一郎）

海津城跡碑

171 田川城《たがわ》

所在地　久留米市三潴町田川
旧　郡　三潴郡

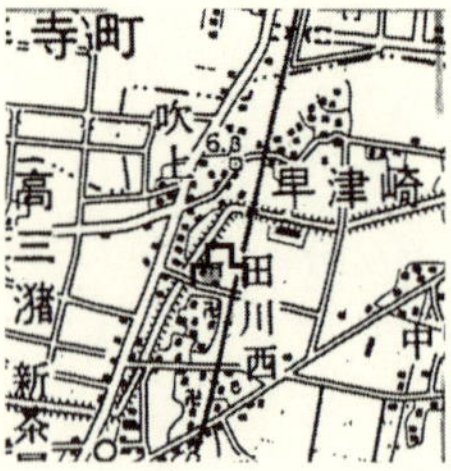

現在、城の所在地は田川地区の高良玉垂宮境内にあたる。『筑後将士軍談』によれば、田川長門守の居城とされている。田川氏については詳しいことは判っておらず、戦国時代に田川越前守が三七町歩を領したこと、田川長門守の妻は西牟田氏といわれるくらいが、わかっている程度である。

城跡の規模なども全く判らないが、東と南に溝があり、これを基に居城の規模を考えることができよう。西と北については不明であるが、『三潴町史』によれば、「耕地整理の際、お宮の北を地下げしていたら、幅三間余りで東西方向に土色が褐色化していた。田川城の堀跡だと皆がいっていたと、昔母親に聞いた」とのことであり、これが北の堀にあたると考えられる。田川城は四方を溝に囲まれていたものと推測されるが、この北の溝について、位置などは不明である。

また、県道白口壱町原線と交叉する角の北側を字「京田」「道田」「宮ノ前」「斉藤」と続き、其々三方を堀で囲まれていて、地侍の屋敷跡ともいわれているが詳しいことは分かっていない。

なお、田川長門守は、天正元年（一五七三）に龍造寺隆信が筑後に攻め入り、西牟田城を攻めた際、女婿である田川長門守が援兵に向かう途中、現在の西牟田笹原で、肥前の伏兵により戦死したとのことである。戦死した地は現在「殿様松」との俗称が残り、一本松の根元に遺族が建てた墓碑（自然石）と子孫が建てた三五〇年忌の脊柱がある。西鉄大牟田線「三潴駅」より徒歩一五分。（塚本映子）

172 江上城

別　称　江上四郎丸城、江上城Ⅰ
所在地　久留米市城島《じょうじま》町江上字館屋敷《たてやしき》
旧　郡　三潴郡

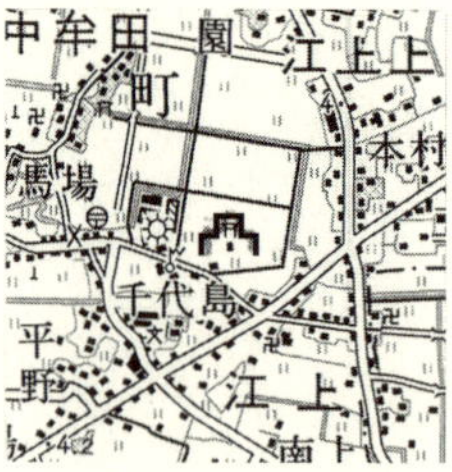

江上四郎丸城ともいう。『筑後将士軍談』は、江上本村の内、西江上と言う地、江上三郎《えがみさぶろう》忠種《ただたね》の古城跡あり。その地山王社の北に当って、中牟田村の堺である。また江上々村に館の古賀と言う地は、江上四郎の古城跡である。兄を四郎と言い弟を三郎と言う、と記している。

弟の江上三郎城も館地名である。

両者とも後世の顕彰物を見ることはできるが、当該期《とうがいき》の遺構を確認する事ができない。城跡を確認する手だてとして、字名で確認する方法、現地で遺構を確認する方法、古文書で確認する方法がある。今のところ、江上では遺構などでは確認できない事からして、字名《あざめい》を根拠に城跡と決定したものと思われる。しかし、江上城は面積四畝二歩の長方形区画で屋敷地名である。

近年の城郭調査で、里城《さとじろ》、宅所《たくしょ》などと呼ばれ、普通の屋敷とは明らかに異なる取り扱いをされ、武装した屋敷（館《やかた》）の存在が、指摘されている。筑後平野においては、治水用堀割《ほりわり》と城・館の治安維持のために掘られた堀割をどのように識別するか、問われている。

宮本大川線の城島江上上交差点の西側水田のなかにある。（中村修身）

〔文献〕『筑後将士軍談』矢野一貞

江上城近景

173 城島城《じょうじま》

所在地　久留米市城島町本丸

旧郡　三潴郡

城島城は筑後川左岸の水郷に栄える酒どころ城島にある。微高地《びこうち》に立地する久留米市立城島小学校が城郭である。小学校敷地の小字「本丸《ほんまる》」は城域の名残と見ることができる。現地は小学校南側堀割《ほりわり》を除いて、近代の開発で旧形を偲ぶことはできない。大日本帝国陸地測量部が明治四五年六月二五日に発刊した地図を参考にすると、城島城は方形で東西三八間（六八メートル）、南北四〇間（七二メートル）、外側に堀あり、南側に開く小口の幅五間で、枡形《ますがた》の痕跡はみられない。城域の面積は約四八〇〇平方メートルである。

『福岡県三潴郡誌』は、天正一一年（一五八三）西牟田家周《にしむたいえちか》が築城し転居したと、記している。天正一三年四月二八日に豊後勢が筑後城島を攻撃している。戦国時代末期のことなので、城郭が築かれていたと考えられる。天正一五年（一五八七）秀吉の国割りで、筑前国糟屋《かすや》郡立花城より柳川城に入部した立花家の支城として城島城、榎津城、赤司城が知られている。この時、立花統虎は城督《じょうとく》に薦野《こもの》三《み》河増時玄賀《かわますときげんが》を任命し、城島城勤番《きんばん》を命じている。同時に城島城の維持管理費捻出のため一三〇町（約一二八万八三〇〇平方メートル）を預けている。

柳川藩主田中吉政《たなかよしまさ》が家臣に対し出した「慶長七年台所入之掟」に

は、本城としての柳川城の存在にあわせて、城島城と久留米城、福島城、黒木城、明司城（赤司城）、榎津城、江浦城の支城の存在が記されている。『田中興廃記』など諸本には、城代とし宮川讃岐《みやかわさぬき》の名を挙げている。宮《みや》川讃岐《がわさぬき》は城代職の身分ではなく勤番を取り違えたのであろうか、検討を要する。

城島中町バス停にて下車。城島小学校を目指す、歩いて数分。（中村修身）

〔文献〕『柳川市史 資料編Ⅲ』。『筑後国主田中吉政・忠政』中野等。

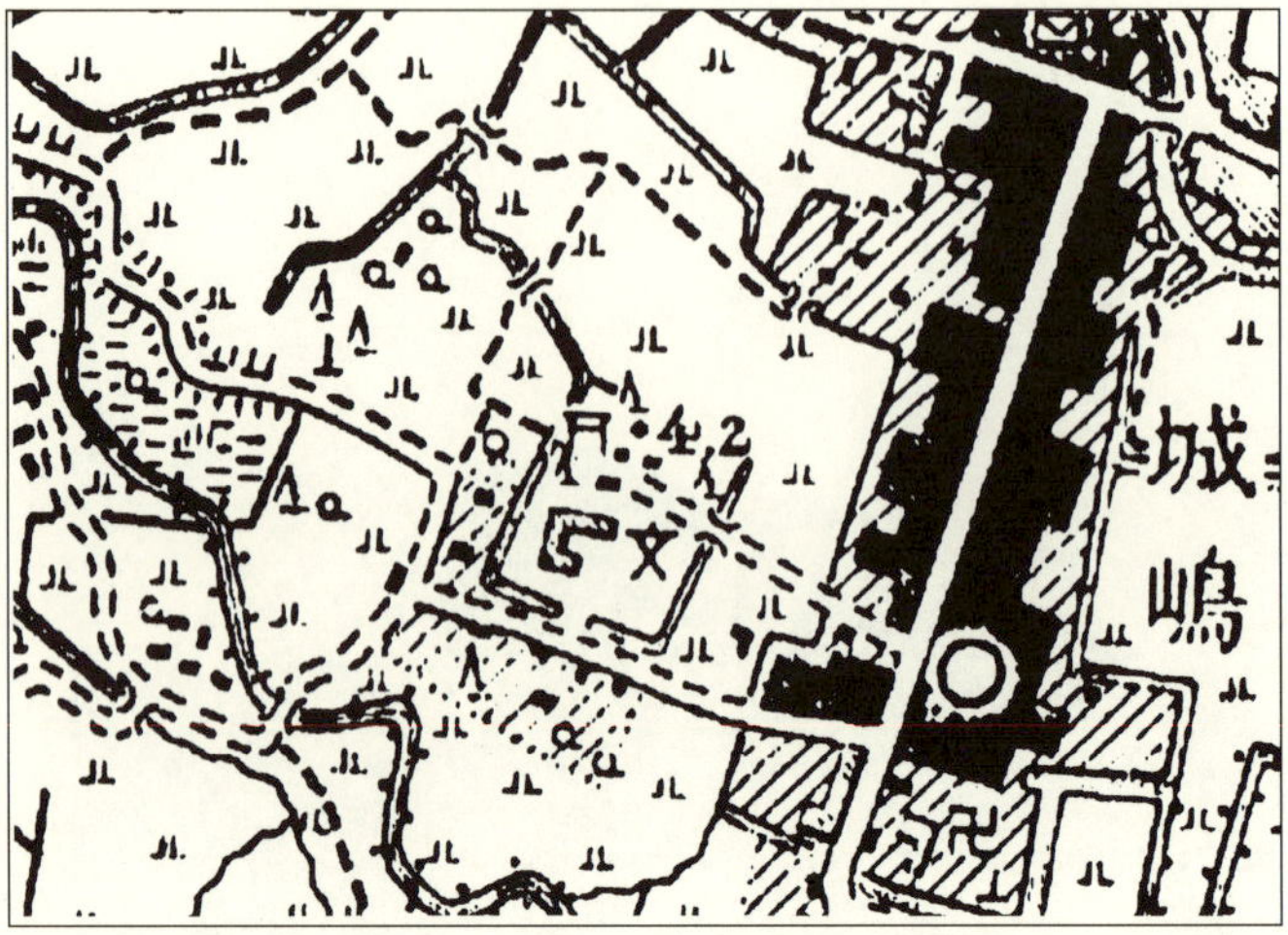

城島城（大日本帝国陸地測量部「城嶋」 明治45年6月25日より）

174 下田城《しもだ》

所在地 久留米市城島町下田
旧 郡 三潴郡

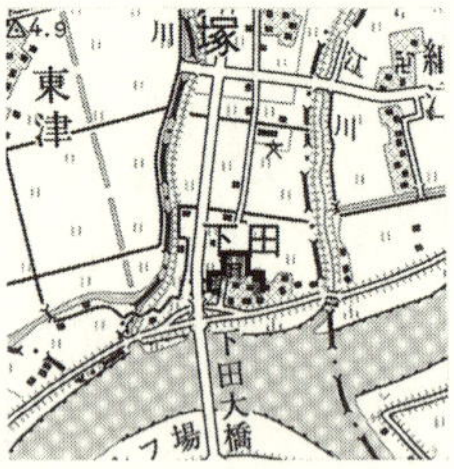

筑後川右岸の下田集落のなかにある天満宮および彦山神社敷地を下田城館または下田村館所と伝えられている。神社敷地を往時の館跡とするには広すぎなお検討を要する。いずれにしても、下田村の支配層の館跡である。寛正《かんせい》三年（一四六二）に堤貞正入道妙光《つつみさだまさにゅうどうみょうこう》が館を築いたと伝えられている。その後、堤氏は領主として居住した。

永禄《えいろく》七年（一五六四）春、大友義鎮《おおともよししげ》筑後国へ出張し高良山《こうらさん》に屯した時、堤筑前守貞元《つつみちくぜんのかみさだもと》は龍造寺《りゅうぞうじ》方に与して大友の命令に従わなかった。龍造寺氏に与した堤氏は、同年下田村の南面に長一〇町（約一〇九〇メートル）、幅一〇間（約一八メートル）の新堀《しんぼり》を掘り筑後川の水を引いて吉弘田北を大将とした豊後勢に備えた。今日では川幅を広げ筑後川本流となっている。

城島中町バス停下車。県道一三三号線を北へ約一五〇〇メートル、筑後川を渡った所に位置する。（中村修身）

〔文献〕『太宰管内志』伊藤常足。

175
榎津城《えのきのつ》

所在地　大川市榎津
旧　郡　三潴郡

筑後川に流れ込む花宗川《はなむねかわ》左岸の微高地に栄える木工の街大川市榎津にあった城郭である。榎津には城山公園、小字「城」の地名がその名残としてある。城郭遺構《じょうかくいこう》などについては確認できないが、城山公園を中心とした約四五〇〇〇平方メートルの広さを持つ方形地割りがある。周囲の町割りと異なっている点は留意すべきである。

元亀《げんき》元年（一五七〇）五月二六日、大友宗麟《そうりん》は蒲池鑑広《かまちあきひろ》に水貝《みずがい》（水ヶ江）表の攻略にあたって海上の警固が第一とし、一旦帰陣《きじん》し榎津に陣をとり対岸の肥前側の調略《ちょうりゃく》に専念するよう命じている。この時、港町榎津に城郭施設が設けられた可能性は極めて高い。

『大川市誌』によると、天正一二年（一五八四）九月一五日戸次道雪、高橋紹運《しょううん》が酒見村や榎津の在家を焼き払った時榎津砦には中野少輔清明《きよあき》が在城。

柳川藩主田中吉政が家臣に対し発布した「慶長七年台所入之掟」には柳川城、久留米城、城島城、福島城、黒木城、赤司城、江浦城それに榎津城が記されている。柳川城は本城で、残りは支城である。一方、長州藩の密偵が遺した「筑後之国之城数之事」には榎津城、江浦城、松延城、久留米城、赤司城の支城名が記されている。さらに、慶長《けいちょう》一一年（一六〇六）段階では榎津城代とし加賀源助《かがげんすけ》の名を記している。

「慶長七年台所入之掟」によると、榎津城の櫓、門の普請《ふしん》を藩主吉政が指示している。元和元年に破却されたものと思われる。（中村修身）

〔文献〕『柳川市史　資料編Ⅲ』柳川市史編集委員会。『筑後国主田中吉政・忠政』中野等

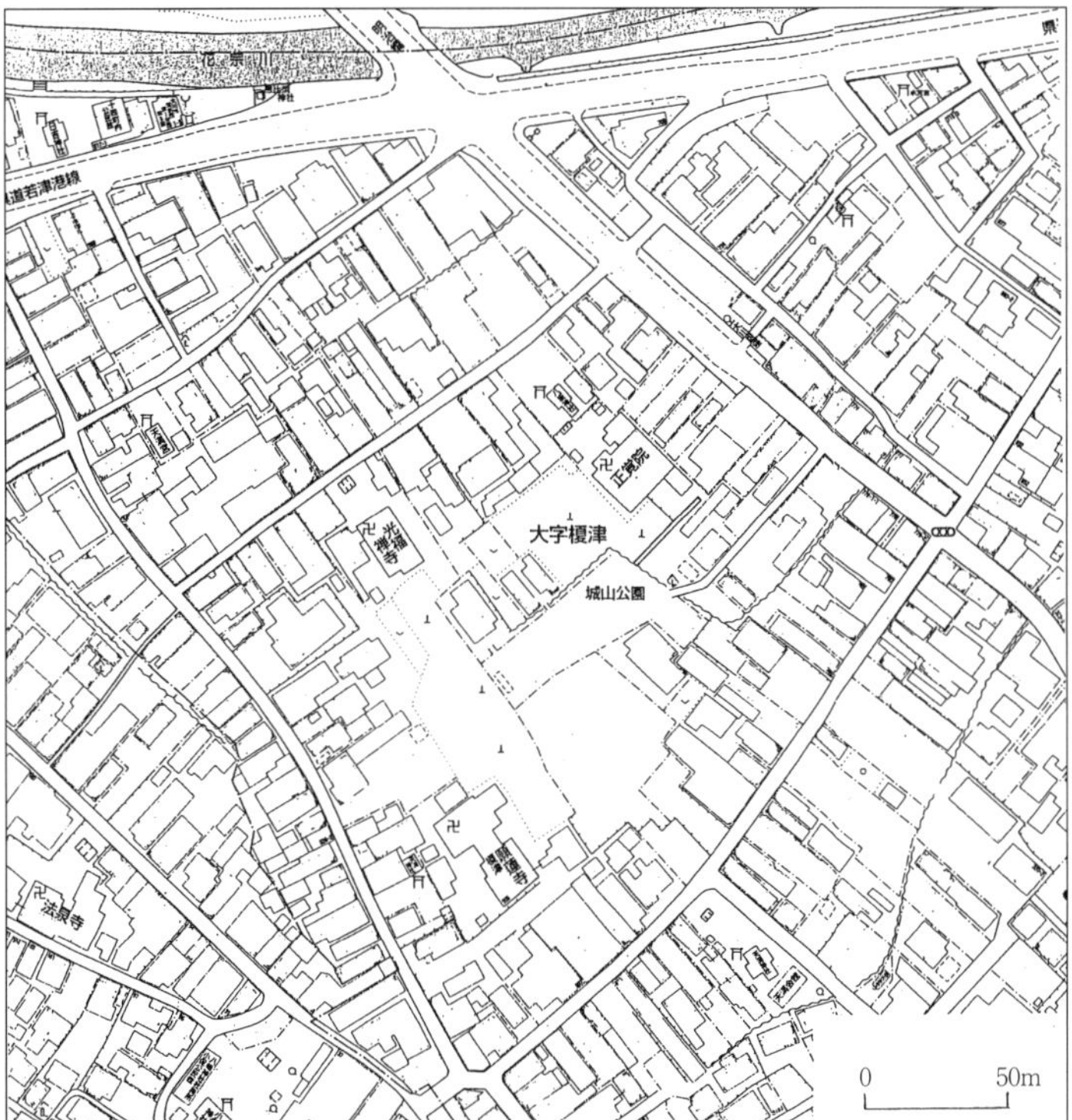

榎津城推定地（城山公園）

176
酒《さけ》見《み》城

所在地　大川市酒見字上城内・下城内
旧　郡　三潴郡

大川市風浪宮《ふうろぐう》の西約二〇〇メートル、花宗《はなむね》川の東五〇メートルにある。周囲より約二メートル高くなっている墓地が城跡と伝えられている。墓地建設のため破壊されたのか、遺構は確認できない。字が上城内、下城内であることから城と判断したのであろうか。

武見兼網が今川頼泰にあてた肥前国彼杵庄式見若狭権守兼網軍忠状に応安五年（一三七二）二月一三日杵島郡烏帽子岳御陣に凶徒が攻めてきた時、酒見城に篭ったことが記されている。『筑後将士軍談』によると、天正八年（一五八〇）龍造寺隆信は筑後国酒見村に一城を築き、鍋島信生にこれを守らせた。『大川市誌』によると、天正一二年九月一五日戸次道雪《へつぎどうせつ》、高橋紹運が酒見村や榎津の在家を焼き払った時酒見城を肥前の太田家豊が守った。また、天正一五年豊臣秀吉より柳川藩一三万二〇〇〇石を封じられた立花宗茂《たちばなむねしげ》は領内六ヶ所の支城に城番《じょうばん》を置いた。酒見城城番に由布美作《ゆふみさか》を任じた。慶長五年（一六〇〇）立花宗茂の改易《かいえき》にともない廃城。田中吉政配下口分田甚左衛門が奉行として取り壊す。田中吉政が風浪権現神主に下した慶長六年七月三日付書状に記す「古城北面の角」を字上城内、下城内と考えると極めて興味深い。（中村修身）

〔文献〕『大川市誌』。

『筑後市史　第三巻』

豆知識　畝状竪堀群《うねじょうたてぼりぐん》

城郭施設を形状からみると、平地（郭）、塁（土塁、石塁）、堀、切岸などから成り立っている。堀は横堀、竪堀、堀切、畝状竪堀群など多様な形状をしている。畝状竪堀群は戦国後半の城郭施設を代表する施設で、緩い斜面に等高線に交差して設置される竪堀の群である。研究者によって、畝状竪堀群、畝状空堀群、畝状阻塞などと称されている。

用途は、敵の横移動を妨げることを目的や投石や弓を射ることが最大の攻撃であった戦国期では効果を発揮したと思われる。畝状竪堀群は、分布に粗密があるものの日本全国山間部の中世城郭に、採用されている。福岡県下の城郭では比較的多く採用されており、北九州市長野城、宗像市蔦が岳城、朝倉市古所山城・荒平城、直方市鷹取城、立花町国見岳城、大牟田市三池城などは一見に値する。

長野城は永禄期の畝状竪堀群で竪堀の数が全国一で二四八本あり、しかも、上下二段の構造をもっていることで著名である。慶長六年に改修された直方市鷹取城はその数は多くはないが、竪堀の幅約五メートル、深さ約三メートルの規模は圧巻である。

（中村修身）

177
妙見《みょうけん》城

別　称　明顕城
所在地　うきは市吉井町富永《とみなが》
旧　郡　生葉郡

富永の背後、耳納山地北面の峰々にわたって所在する驚異的な山城である。生葉郡一帯を所領とした有力国人星野氏の本城で、縄張りは南北朝以来山岳戦を得意とした星野氏の特質を最大限に表現している。軍記がいう険難な要害の状態は今もほぼ変わらない。

妙見城の初見は、『太平記』と『大友家文書録』にいう延元四年（一三三九）の菊池武重と大友氏泰軍による妙見城をめぐる攻防あたりだろうか。「星野系図」によれば、戦国中期伯耆守親忠《ちかただ》が妙見城を居城としていた。城域は広範囲で特定し難いが、一応のまとまりをみせる「上ノ城」「馬刺場」「中ノ城」「下ノ城」を狭義の妙見城と考え図示した。「弦掛《つるかけ》」「清水城」「西城」「前城」「明顕」「下明顕」等は妙見城塞群と捉えた方が良いと思われる。作図した二〇〇〇年冬頃遺構は良好であり、雰囲気もあったが、水資源涵養事業のため、城道と「下ノ城」の一部が未調査のまま破壊された。

縄張りは戦国期末のものである。「上ノ城」（詰）、「中ノ城」（防御の中核）、「下ノ城」（居住区）が水源の谷を囲い込んだ一体型の構造で、機能的に険難な地形を活用しうまくまとまっている。山麓の居館跡（小柳氏宅一帯）から城道が延び、野首に土橋をつけた二条の堀切を設け侵入を阻害している。右手斜上方の小曲輪は堀切に狙いをつけたもの。左右は谷で急崖。堀切より先は城道が五〇メートルほど横堀状となり、曲輪側面を回り「下ノ城」の正面入口に続いているが、手前に類例をみない仕掛けがある。犬走り状にスロープした装置で、横堀に睨みをきかせている。上部はやや広く周りを石塁で固めている。「下ノ城」手前二つの曲輪は、前面に高さ一メートル強の石塁を築き虎口を持つ。曲輪群の背後を走る土塁は通路を兼用している。左手の谷は曲輪群の上方でゆるやかな傾斜となり、谷川のすぐ脇にも数段の曲輪が続く。さらに谷奥に進み、一〇メートル余りの勾配を上ると、ここにも数段の曲輪があり、その先に巨大な屏風岩（わくど岩）が行手を遮ぎる。谷の水源はこの屏風岩の下方にあり、年間一定の水量が保たれている。「下ノ城」で石臼片（六分画）を四点と一六世紀後半の中国の磁器片（白磁、染付）を数点採集した。

「中ノ城」と「上ノ城」は「下ノ城」と構造が大きく異なり、防御主体の激しい縄張りである。畝状竪堀の多用が目をひく。その使用法は地形に応じて巧みであり自在である。畝状竪堀は戦国期後半から末にかけて、全国的な使用例が見られるが、北部九州の山城で

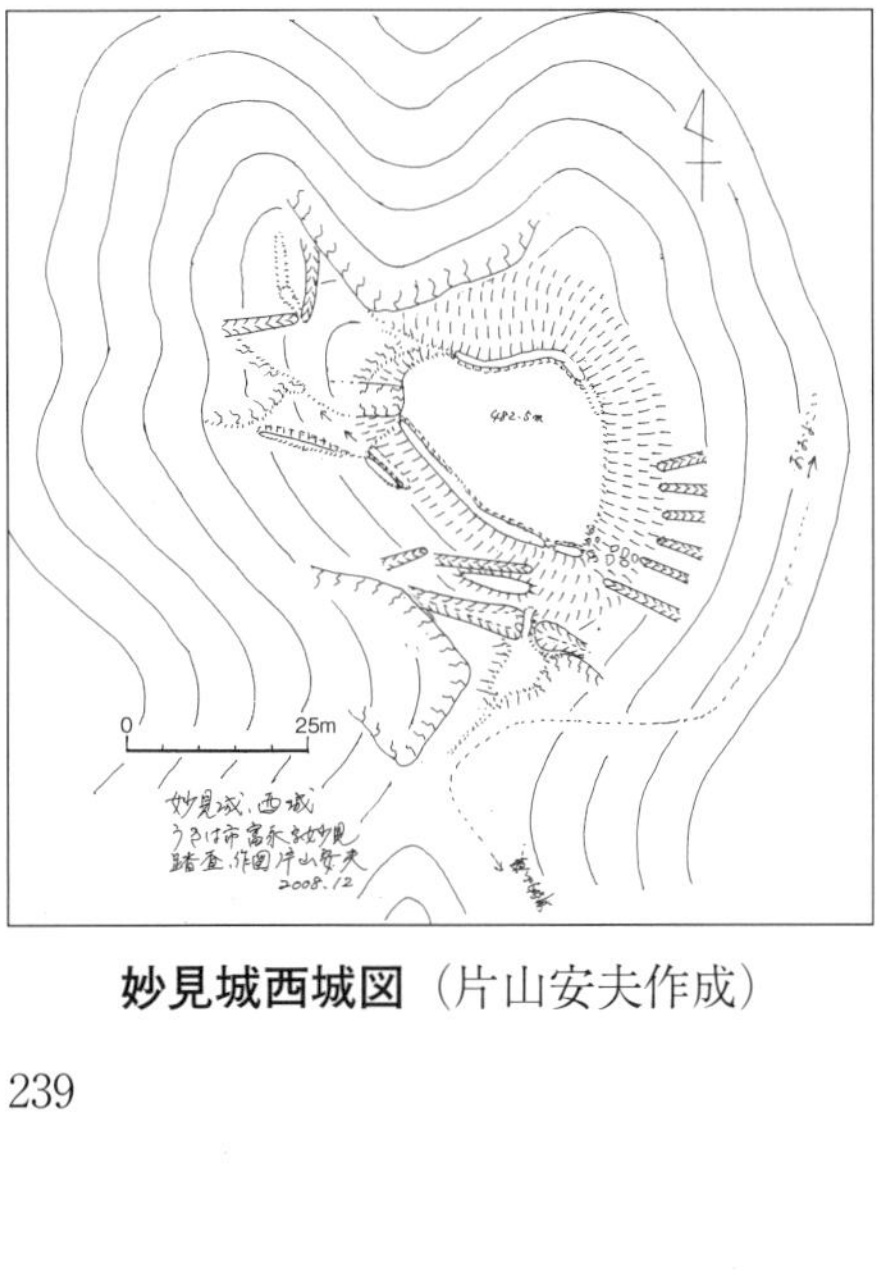

妙見城西城図（片山安夫作成）

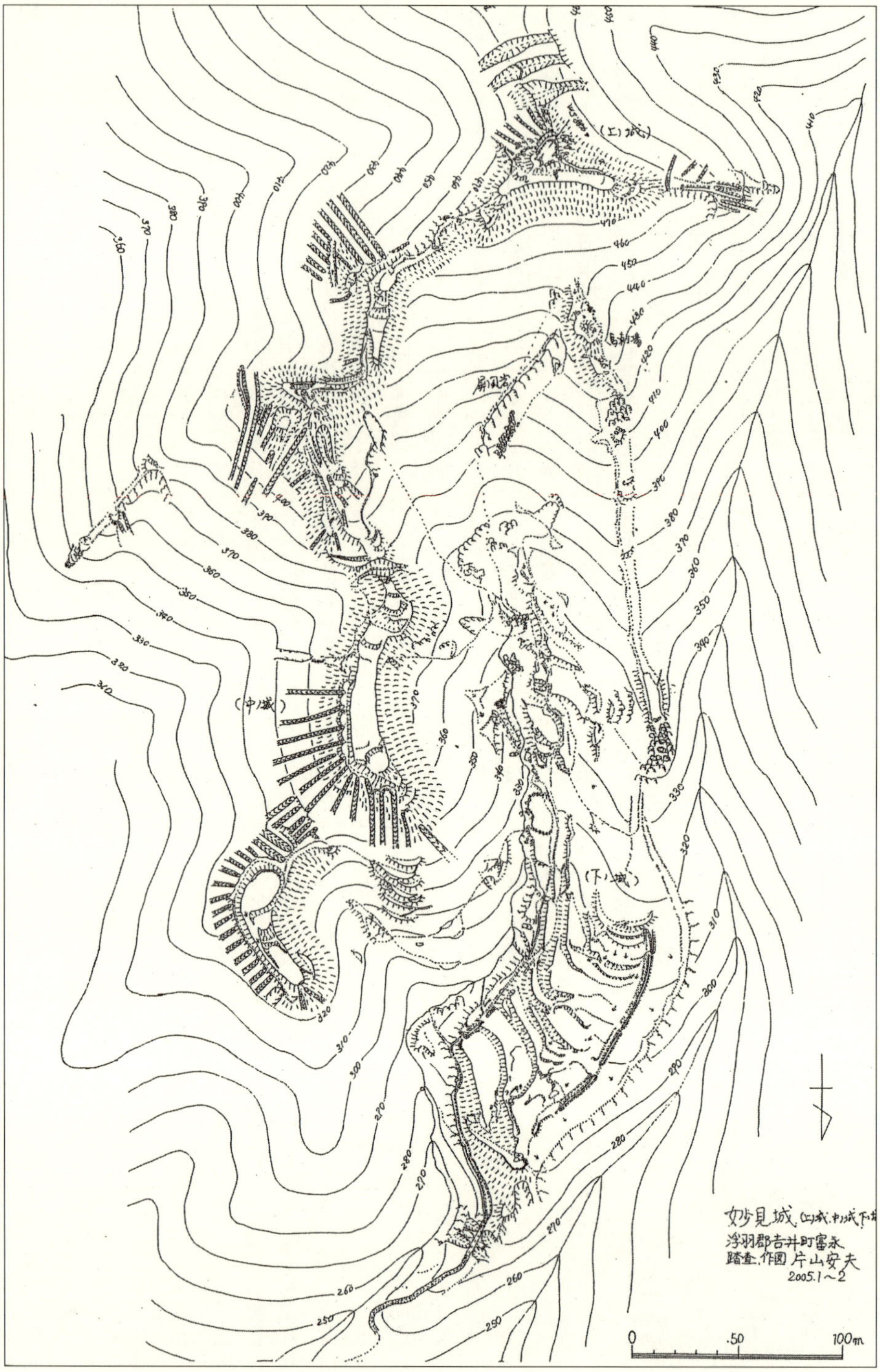

妙見城（上ノ城、馬刺場、中ノ城、下ノ城）図（片山安夫作成）

はとりわけ盛んに用いられている。福丸城、鷹取城、高鳥居城を見ても星野氏が畝状竪堀の技術において最高レベルにあったことは疑いない。なお「上ノ城」のさらに上方、岩場の上に「詰」という二段の狭い曲輪がある。また「上ノ城」より深谷を隔て「西城」がある。石塁の残る「水の手」を経て連絡する通路があるというも未確認である。「西城」は単一の曲輪で、北と南側に低い土塁が設置され、東の斜面に六条の畝状竪堀がある。尾根道がしっかりしており、妙見城塞群の城道の可能性がある。直登で弦掛の下方山嶺にいたる。途中平場が数ヶ所あるが不明。妙見城で特筆すべきは、山城における居住区が曲輪群という形で、城域内に明確に設定されていることである。雛壇状に展開する曲輪に身分差は感じられない。（しいていえば虎口を持つ下方の二つの曲輪）

確かな史料に妙見城がみえないのは不思議だが、戦国期後半頃より伯耆守系の星野氏が居城としていたことが推測できる。天正一五年（一五八七）小早川隆景領下、宿敵問注所氏により破却。

登山口は唯一、車で吉井町一〇〇年公園から山手に登る舗装路を直進、城麓の一軒家小柳氏宅前庭から尾根筋に山道（城道）がついている。（片山安夫）

〔文献〕『吉井町誌』。「筑後星野氏と生葉郡妙見城について」『北部九州中近世城郭一三』片山安夫

178

福丸《ふくまる》城

別　称　福益城、延寿寺城
所在地　うきは市吉井町延寿寺《えんじゅじ》
旧　郡　生葉郡

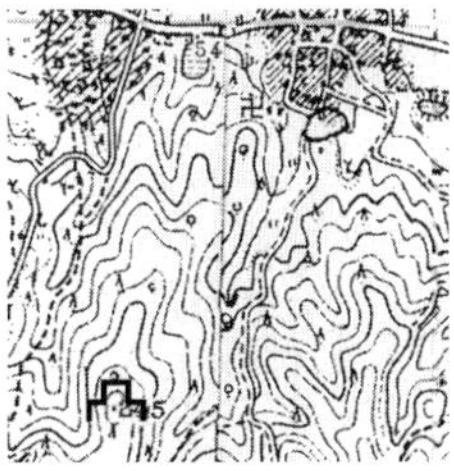

福丸城は福益字西延寿寺の集落の後方、耳納山より北に派生した尾根の標高二四五メートルの頂部一帯に展開する大規模な山城である。星野谷から移った星野氏本家代々の居城で、東には館畑《たてはた》の地名があり居館跡と伝え、延寿寺には城下町が形成されていたという。城の西南後方の山中には星野氏の本城という妙見城塞群が連なる。熊野神社の前を通る道は古く、牛鳴《うしなき》峠を越え芋川《いもがわ》に抜ける。

「星野系図」では鎌倉期二代鎮実築城とするが諸説あり不明。戦国期永禄年間頃は伯耆守系星野氏が居たが、のち豊前田川郡位登に移り（所謂糸星野）、後を分流の大友方星野氏が襲ったと考えられる。

遺構の状態は良く、複雑な縄張りから、戦国期末まで使用されたと考えられる。南北に三段の細長い曲輪が形成されており、中央の曲輪がもっとも高く主郭と見られるが、削平は甘く面積も最小で、むしろ北の曲輪が虎口を作り、削平も良く広さからも主郭の役割を担っていたと考えられる。西の斜面の二段構えの畝状竪堀は上段端末を揃え切落としで連結している。畝状に竪堀を設置すれば長さに比例して下方の間隔は開いてくる。下段で一部それを修正している。また下段南端の竪堀の上脇に犬走り状の削平がみられ、守備の移動

も考慮に入れ二段構えとしたのだろう。北の二方尾根筋の防御には、それぞれ前面に左の前城、矢城（未調査）の出城を置き大堀切で遮断している。南の鞍部の処理は厳重で、堀切と畝状竪堀を併用し、堀切対岸の小ピークにまで掘り回すという念の入れようである。北の堀切にともなう三条の竪堀も同じ手法といえる。北の曲輪の虎口斜面には二条の竪堀が設置され、一本は曲輪を一〇メートルほど切り込み、屈折させ斜面に落としておりあまり例を見ない。一本は深くて長く、途中で切落とし遮断する手法は西側と同じである。堀底を通路として侵入されるのを防ぐ意図であろう。比高二〇〇メートル余りの急崖の地形で水量は豊富である。なお東の館畑の石垣は後世のもの。

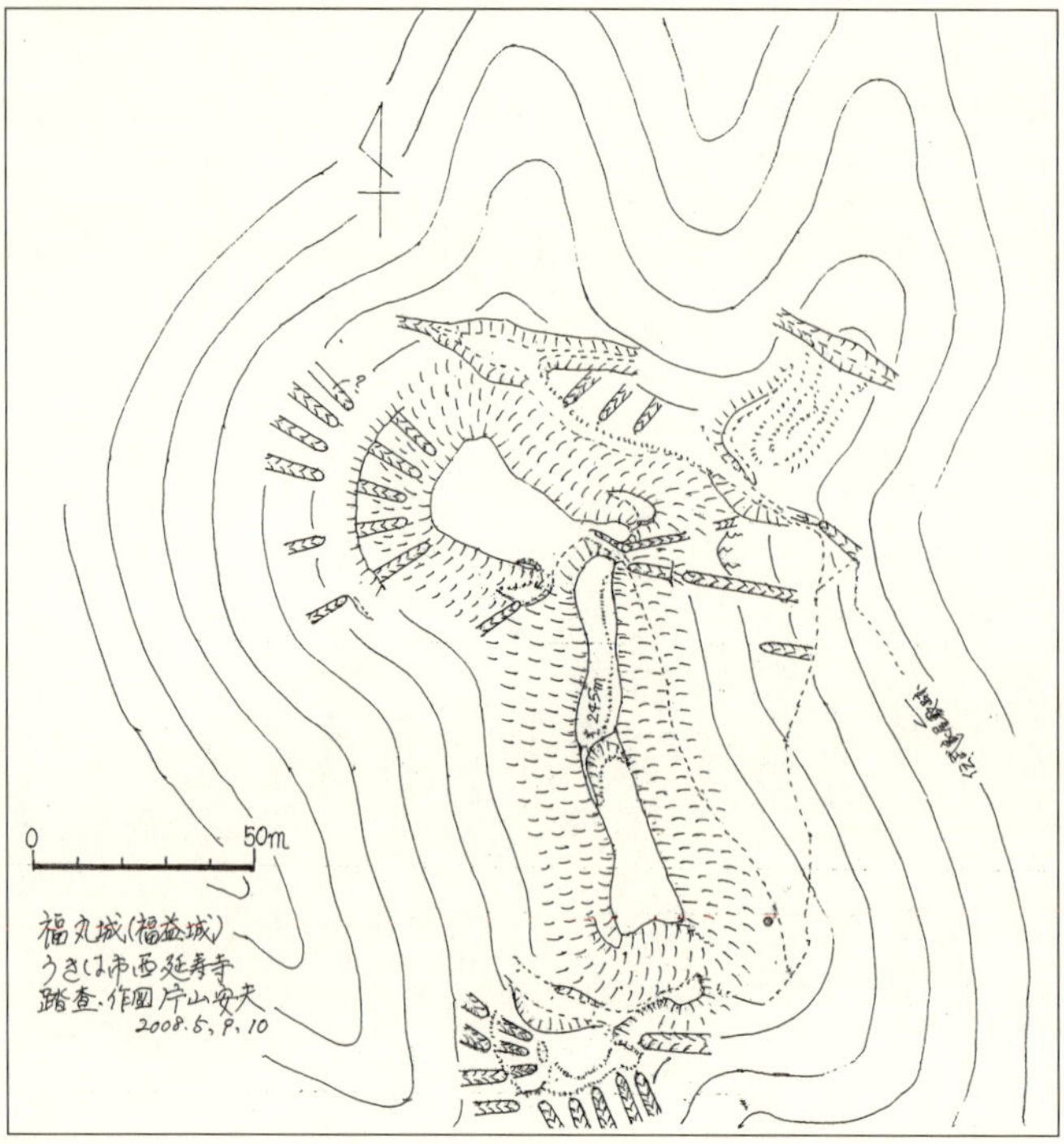

福丸城図（片山安夫作成）

　福丸城は史料に見えないが、当然幾多の攻防があったものと思われる。永正一四年（一五一七）銘の延寿寺の石塔碑文は、この頃星野氏に内紛があり、一族相争ったことを伝えている。血留《ちどめ》の伝承に言う、天正一二年（一五八四）冬大友勢が福丸城を襲ったことは史料にみえないが、事実に近いだろう。

　登山道は、館畑から山道がついているが、反対側袋田不動尊の谷から登るのが手っ取り早い。（片山安夫）

〔文献〕『福岡県の城』廣崎篤夫。『吉井町誌』

179 安山城《やすやま》

別　称　大聖寺山城、西の城
所在地　うきは市浮羽町大字流川
旧　郡　生葉郡

ＪＲ久大本線うきは駅の南西約二六〇〇メートル、大生禅寺の西後方の標高三二〇メートルの安山の山頂に築かれた山城である。大聖寺山は安山城がある安山と東の立石城がある主山（現在五葉岳の表示有り）の二つの峰を一体の山として呼ばれた山である。西の城と言う別名は東の立石城に対してのものである。立石城との間の鞍部は耳納山脈を南北に越す峠道であり、交通の要衝を押える機能も持っていた。

確実な文献史料が少ないので沿革などは明確ではないが、この付近一帯を本拠地としていた問註所氏と対立していた星野氏が問註所氏の井上城や立石城を攻めるための前進基地として築いた陣城が始りと推測される。戦国末期には筑後の唯一の大友氏方だった長岩城の問註所氏を星野氏が秋月方として攻撃しているのでその頃までは星野氏が使ったと考えられる。この頃は井上城の問註所氏は秋月方で星野氏とは味方同士であった。

城は山頂を削平した単郭の構造であり、南側に堀切を設けて立石城側からの防御性を持たせている。文献には本丸は六メートルの円形だと書かれているが現状では確認できない。主郭は東西二二メートル、南北二九メートルの略台形の平地で、北西から北側に幅数メートルの腰曲輪がある。

この城が周辺の問註所氏の城と異っているのは主郭南東斜面に造られた畝状竪堀である。数は現状では七条から九条だと見える。この畝状竪堀の存在でこの城が同じ耳納山脈にある鷹取城と同様星野氏の城であり最終の改修時期が戦国末期だと推測できる。

天正一四、一五年（一五八六、七）の豊臣秀吉の九州平定、島津氏の薩摩へ後退による星野氏の没落で廃城となったと思われる。城の入口近くまで農道が通っている。交通手段は徒歩か車である。

（村上勝郎）

〔文献〕『宇枳波　第二号』浮羽郡郷土会。『浮羽町史』

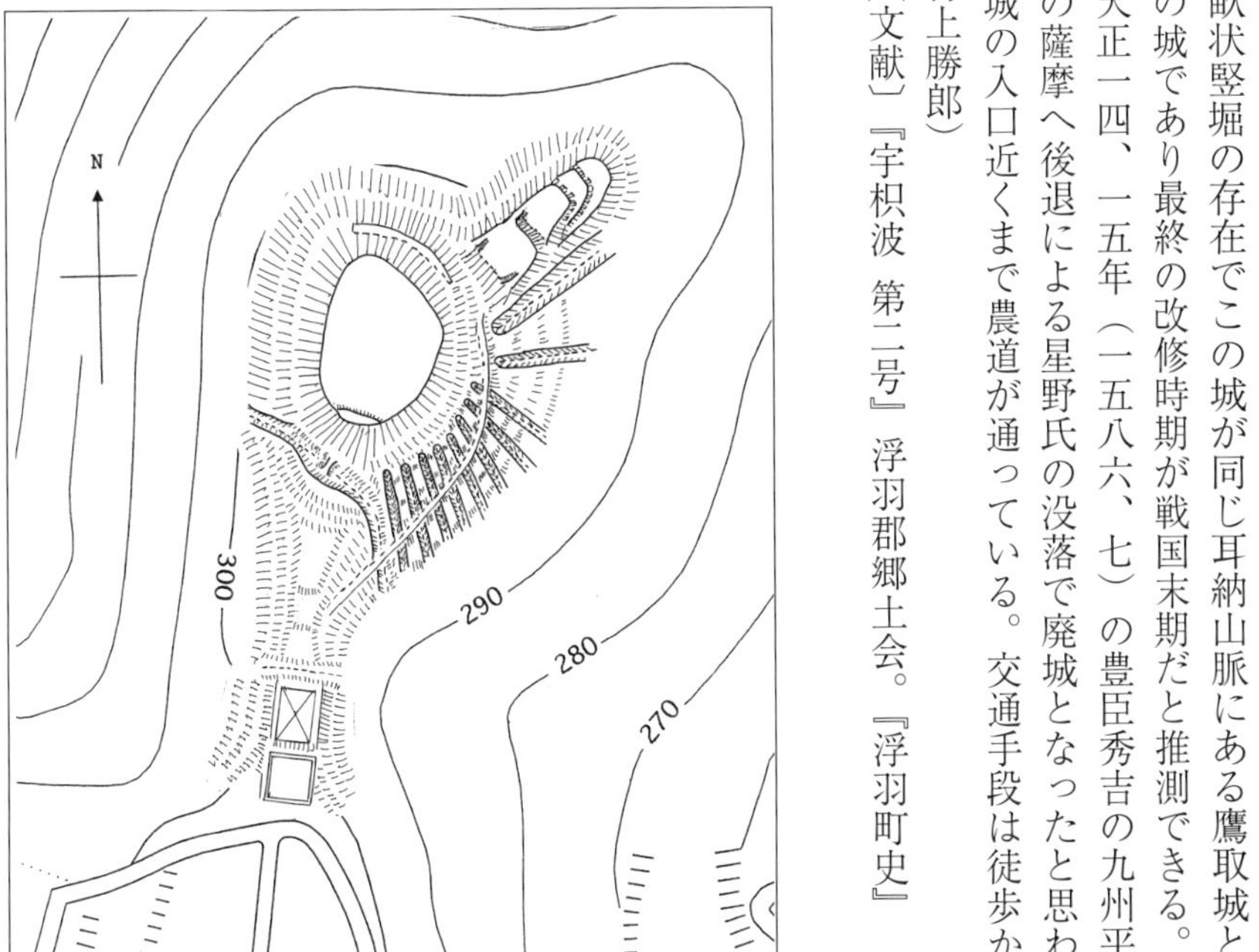

安山城図（村上勝郎作成）

180
井上城《いのうえ》

所在地　うきは市浮羽町大字小坂《おざか》
旧　郡　生葉郡

JR久大本線うきは駅の南約一五〇〇メートル、耳納山脈の東端の大聖寺山の北斜面にこぶの様な形の標高二〇〇メートルの峰上に本丸が在る。

問註所氏宗家が長岩城に本拠を移すまで本拠とした城である。平時の居館である小坂館との比高差は約一五〇メートルであり、間に三の丸や二の丸が存在した様だが柿園造成と農道工事で現状では判らない。更に背後の大聖寺主山（標高三三三メートル、現在五葉岳と呼ばれている）に立石城、本丸の西の尾根続き約三〇〇メートルの所に井上西城が在る。また、西寄り下に問註所氏の菩提寺である勝楽寺（現在無住）があり、問註所氏の墓地がある。

城の遺構が明確なのは本丸部分のみで、東西約三六メートル、南北約二七メートルの柿園となっている楕円形の平地と北東斜面の二段の腰曲輪および堀切跡と思われる西側の道路となっている切通しである。

創築は大永年間（一五二一～二八）で問註所親照が造ったと伝えられている。その子の問註所加賀守重直、町野源助重信の時に秋月勢に攻められて被害が大きかったので長岩城に移った。その後は問註所氏の分家が小坂館と合わせて居城とした。天正年間の長岩城の籠城戦の時には井上城の問註所氏は反大友方であり、長岩城を攻めた。このため天正一四年（一五八六）から一五年の豊臣秀吉の九州平定の際には妙見城、福丸城、と共に破却された。

井上城を巡る合戦は戦国初期から末期に到るまでいくつも有ったが特に有名なのが天正六年（一五七六）の星野氏との大生寺茶園畑の合戦である。この時には星野氏の大将星野重忠は討死にしている。また天正一二年には長岩城の問註所統景が井上城を攻め落とした。交通手段は、柿園の農道を徒歩か車以外にない。（村上勝郎）

〔文献〕『宇枳波　第二号』浮羽郡郷土会。『浮羽町史』

井上城の主郭を南側からの遠望

181

立石城《たていし》

別称　東城、龍王城
所在地　うきは市浮羽町大字流川
旧郡　生葉郡

JR久大本線うきは駅の南約二〇〇〇メートル、耳納山脈の東端の大聖寺山の二つの峰の内、東側の標高三三三メートル（別名は主山、現在は五葉岳の山名札がある）の頂上部を中心に東西に曲輪を並べた山城である。西の安山には安山城がある。

創築時期は明確ではないが、南北朝期の貞和年間（北朝年号、一三四五～一三六〇）に三善大膳大夫氏康が築いたとの記事が有る。現在の城の遺構は戦国後期（一六世紀半ば以降）のものである。

うきは市西部を本拠地としていた問註所氏が尾根伝いに西から侵攻して来る、星野氏に対して宗家の居館の小坂館や詰めの城だった井上城を防衛する目的で井上城の背後の尾根上に築城した城である。隣の安山城は星野氏が問註所氏を攻める際の陣城だった。

城の造りは東西に連なる尾根筋を削平して平坦地を造り、尾根上の大岩はそのまま城の曲輪の段の境として石垣代りにしている。また、主郭（本丸）の中央部（南北に尾根が出ている。）の南北に腰曲輪を設けている。北側の腰曲輪には下の井上城からの城道が存在した様だが現在は植林、柿園、薮などで判らない。

城の規模は主郭（本丸）が東西約一〇〇メートル、南北約一五～二〇メートル程度である。二の丸と三の丸が本丸の東西に数メートル下って造られている。交通手段は、農道を安山城の入口まで車で行ける。ここから車へ、山道を徒歩のみ。（村上勝郎）

〔文献〕『宇枳波　第二号』浮羽郡郷土会。『浮羽町史』

中央の山が立石城。手前の中腹に井上城がある。

182

長岩城《ながいわ》

所在地　うきは市新川《にいかわ》字長岩
旧　郡　生葉郡浮羽町

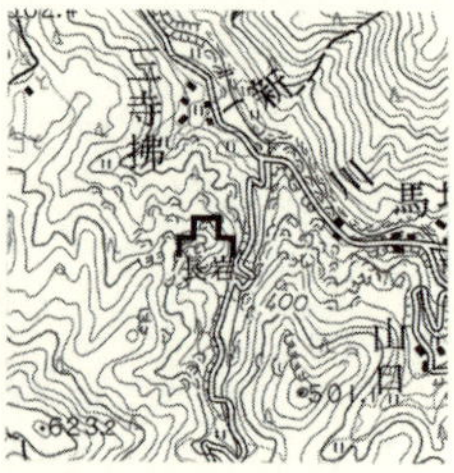

生葉郡の東部（旧浮羽町一帯）を所領とした有力国人領主問注所《もんちゅうじょ》氏の居城である。合《ごう》所《しょ》ダムの奥、隈上《くまがみ》川上流の火山性の奇岩が林立し断崖をなす岩山の間に所在する。隈上川の谷は新川、田篭《たごもり》を経て豊後津江に抜ける。長岩の北東、直線距離で約五キロに大友氏の境目の城高井岳《たかいだけ》が位置する。長岩城の前の谷合いの細道は葛籠《つづら》を経て、星野谷の平山に抜ける。葛籠集落に入る手前の左方の山が松尾城（五〇〇メートル）で、長岩の詰めといった位置関係にある。

問注所氏は鎌倉幕府の問注所頭人を勤仕した三善氏の末で、鎌倉末正和二年（一三一三）に三善康行が生葉郡に下向し土着、問注所氏を名乗り、長岩城を築いたという。また平安末文治年間に津江の領主長谷部信連《のぶつら》が築いたともいうが、委細不明で史料上に長岩城が見えるのは戦国末天正年間である。問注所氏庶家は町野《まちの》氏を称し、平川、河原氏等も同族である。

長岩城の縄張りは、東西に延びる奇岩断崖をなす岩尾根の狭い袋状の地形を活用して展開している。開口した東が正面で三方からの侵入は危険を伴う。手前説教堂の所が居館跡といわれ、裏に湧水場がある。長岩城の中段あたりまでは、公園事業のため景観を損ね旧状が一部壊されているので遺構の確認は注意を要する。説教堂を西南隅から牽制しているのが曲輪イである。高さ二メートル余りの石積みは当時のものと思う。さらに裏手高所に曲輪ロがある。前面石積みは三メートル余りで巨岩の方に延び関門を作り、上部への侵入をここで阻止する狙いがある。中段曲輪ハは最も広いが石積みはない。ここから上は遺構が改変されておらず、詰の曲輪ホにいたる通路や大岩を利用して間に石を積み込んだ小曲輪が確認できる。曲輪ホの手前は巨岩で塞がれ、僅か人が一人通れる狭い入口が設置されている。この斜面で備前大瓶の口縁部片を採集した。曲輪ホの奥は狭小となり、南に曲って大岩崖の天然の堀切となっている。北の岩崖の切れ間に対する処置も周到で、スロープを作り前面に大岩で積み上げた足場で、谷からの侵入に備えている。この斜面で青磁片数点を採集した。図示していないが、さらに上方岩場の切れ間にも石積みの跡が見られ、北側谷筋からの侵入に対する警戒度が窺える。なお岩尾根上方からの侵入は数ヶ所に天然の大堀切が

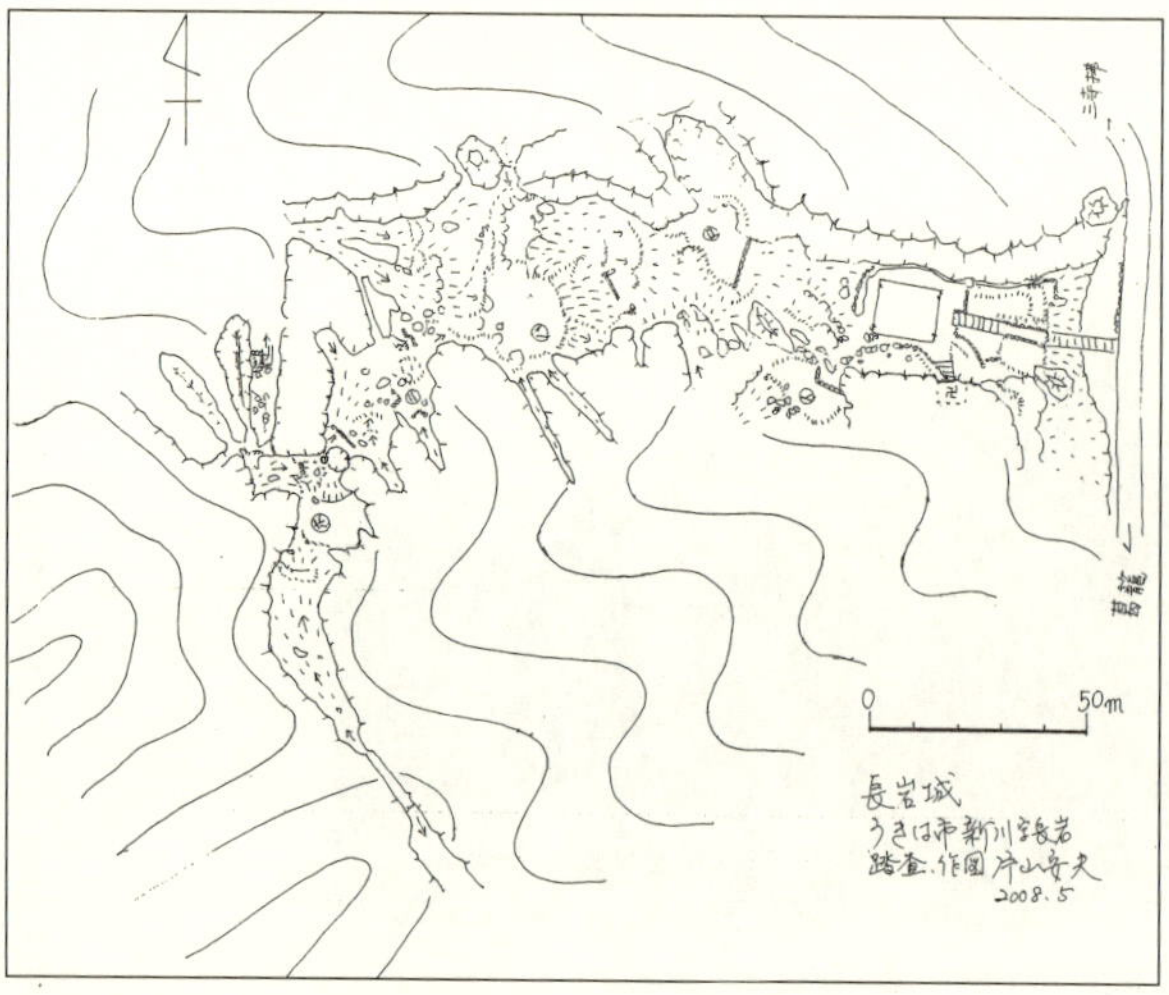

長岩城図（片山安夫作成）

あり不可能である。天正年間筑後大友方として忠節を尽し、秋月勢の重なる襲撃にも籠城して耐えた問注所氏の労苦が偲ばれる。

長岩城防御の弱点は前面の開口部であるが、実はこれには周到な処置が用意されている。谷を隔てた正面岩尾根に城郭遺構（長岩切寄）があり、（中村修身氏の御教示による）松尾城山から派生したこの岩尾根は田籠馬場に下り、長岩城正面と松尾城前面を守備する役割を担っている。西側は断崖で、南北に細長い曲輪中程を堀切で分断し、前方の曲輪を二段にして前面に土塁を設け、両側に虎口を作っている。東の谷には帯曲輪で対処している。前線の砦といった感じだが、戦国期後半の遺構だろう。

長岩城をめぐる攻防は天正年間に集中している。天正二年（一五七四）刑部入道鎮連《しげつら》の嫡子七郎統景《むねかげ》が家督を継ぐ、以後統景は刑部大輔を称し、弟加兵衛尉鎮春《しげはる》とともに大友方として「長岩一城無二貞心」を尽した。天正九年七月秋月種実、同治部（統景叔父で治部少輔町野鑑景《あきかげ》）、両星野（中務鎮胤と伯耆守鎮忠）の勢長岩に取懸り、城下の田籠村に放火、統景は応戦。この合戦以後天正一三年頃まで、両勢の合戦が長岩城下および周辺で繰り返された。天正九年一二月には長岩城糧料として統景に大友府蘭（円斎）より銀子一貫五百目が送られている。長岩城の廃城は慶長四年問注所氏の柳川移動（立花氏家臣となる）頃か。国道二一〇号から合所ダム方面に直進、棚田で有名な葛籠入口の奇岩が城跡である。（片山安夫）

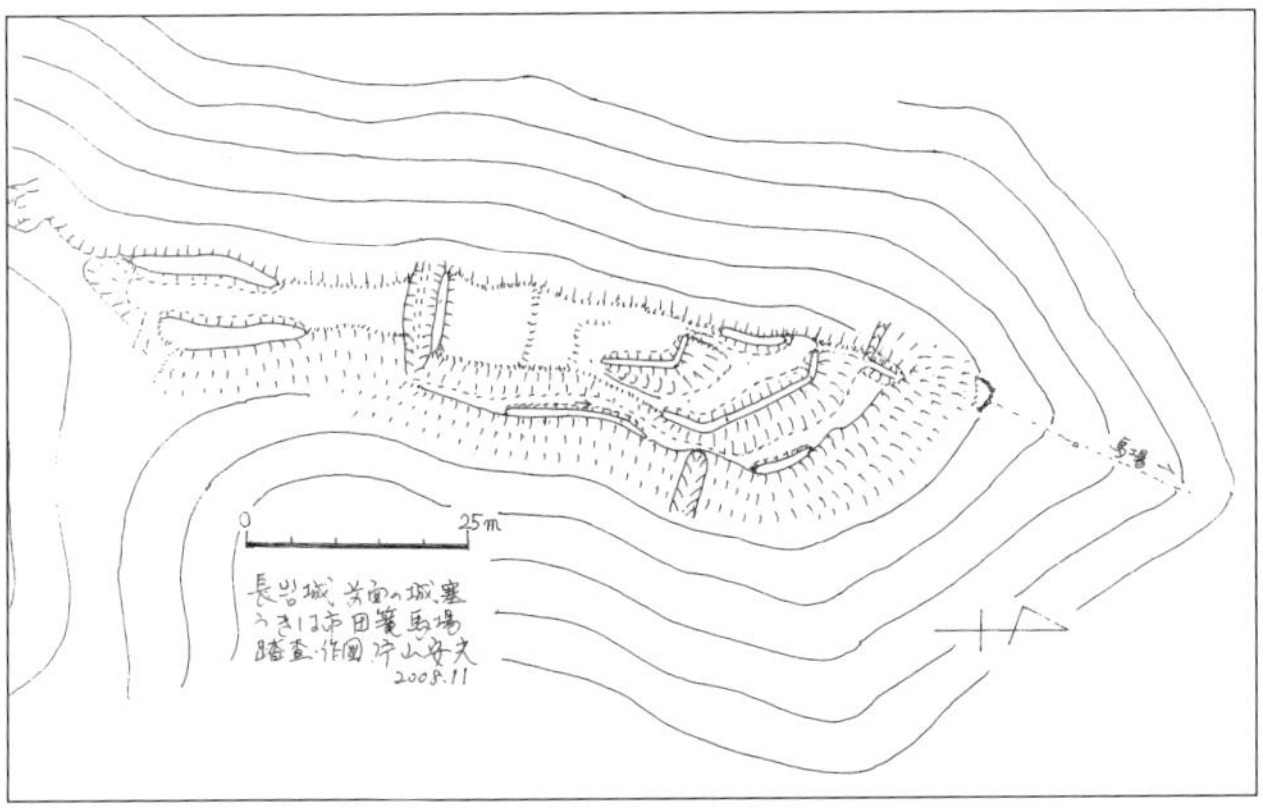

長岩切寄図（片山安夫作成）

〔文献〕『浮羽町史　上巻』
『問注所文書　一・二』文献出版

183
松《まつ》尾《お》城

別称　田籠《たごもり》城
所在地　うきは市浮羽町大字田籠
旧郡　生葉郡

JR久大本線うきは駅の南東約八〇〇〇メートル、大字田籠と大字新川《にいがわ》との境の標高五〇〇メートルの山頂に造られた山城で、問註所氏宗家の本拠である長岩城の背後を守る城であった。南東部の鞍部で山脈の本体とつながり、その他は急斜面で囲まれた場所である。

創築時期は不明だが豊後大友氏の出張の城と伝えられているので終始大友方だった長岩城の問註所氏宗家を支援する目的で戦国末期の元亀、天正年間に築城されたと考えられる。

天正一四年（一五八六）頃までの約一〇年間の秋月氏や筑後の反大友方の勢力に攻められた籠城戦の際には長岩城と共に重要な防衛拠点だった。

城の造りは居城でなく、戦術的な陣城である。頂上部を削平して東西約三〇、南北約一〇メートルの主郭とその西側に四メートル下って東西約三二メートル、南北約二〇メートルの副郭で構成される単純な造りである。南東部の鞍部を掘込み大堀切としており、居住地区だった田籠集落から最前線の長岩城を結ぶ通路でもあった。

登城口は棚田一〇〇選で有名な葛籠集落からが判りやすい。交通手段は、棚田一〇〇選の駐車場まで車で行ける。（村上勝郎）

〔文献〕『宇枳波 第二号』浮羽郡郷土会。『浮羽町史』

松尾城の南西からの遠望

豆知識　城督《じょうとく》

中世文書をめくると城督、勤番、家城、宅所などの用語が目にとまる。これらとともに、慶長年間の城代も城郭の性格を知る上で大切な用語である。

ここでは、立花山城、柑子岳城、岩屋城、花尾城や馬ヶ岳城など大規模城郭・巨大城郭を守備する城督について述べることにする。城督とは守護大名・戦国大名直属の城郭を守る最高責任者の職名である。すべての城郭の最高責任者を行政権、軍事指揮権をもつ城主と考えてきたことを思えば、城郭の歴史にとって極めて重要な資料である。

城督制度とは、寄親・寄揆（与力）組織を地域的に再編した制度である。守護大名の拠点に設置された直属の城（公城）に守護大名の職務代行者（城督）として派遣された武将にその地域の名主職、下作職の安堵権、戦功の上申権、新恩の申請権など与えその地域の名主・下作職層を寄揆とした制度である。

城督の職務として最も重要な点は名主・下作職層を中心とした軍事指揮権を持っている事である。

北部九州中近世城郭研究会顧問木村忠夫氏は城督に関して「高橋鑑種考」「戦国期大友氏の軍事組織」などに詳しく論じているので、参照されるとよい。（中村修身）

184

高井岳城《たかいだけ》

所在地　うきは市大字小塩《こじお》、大分県日田市大字川下
旧　郡　筑後国生葉郡、豊後国日田郡

JR久大本線夜明駅の南約二〇〇〇メートル、福岡県（筑後）と大分県（豊後）の境の標高四〇四メートルの独立峰高井岳の山頂にある山城で、北の麓の筑後川の水運と筑後と豊後を結ぶ街道を押さえる位置に在る。

創築時期は不明だが、戦国末期の天正年間（一五七三～九二）に現在見られる城郭遺構の城に改修された様だ。この城の目的は大友氏が筑後へ侵攻する際の足掛かり（つなぎの城）と筑後からの侵攻に対する境目の城および浮羽地区で大友方として長岩城で秋月方の攻勢に対して長年籠城して交戦していた問註所氏を支援する拠点である。

高井岳城は大友氏の直轄の城であり築城あるいは改修について大友氏から指示が出ている。そのため、いわゆる城主は存在せず、日田郡衆の在番の城として城将が派遣されていた。

この城の戦闘については天正一〇年（一五八二）頃と思われる記事が有る。この時は秋月方に攻められて落城した。

現在、山頂の主郭部にはテレビや電話の中継所が建設され取付け道路や駐車場が造られて一部破壊されているが城の遺構は良く残っている。遺構としては曲輪（中継所が存在）、堀切、横堀、竪堀、畝状竪堀、土塁などが見られる。割合緩やかな西側の緩斜面に大手口が有り、防御正面も西側だったので堀切、竪堀などが厳重で有る。山頂の曲輪内まで林道兼中継所用の道路が有るので　交通手段は、徒歩か車である。（村上勝郎）

〔文献〕『大分の中世城館　第四集』大分県教育委員会。
『宇枳波　第二号』浮羽郡郷土会

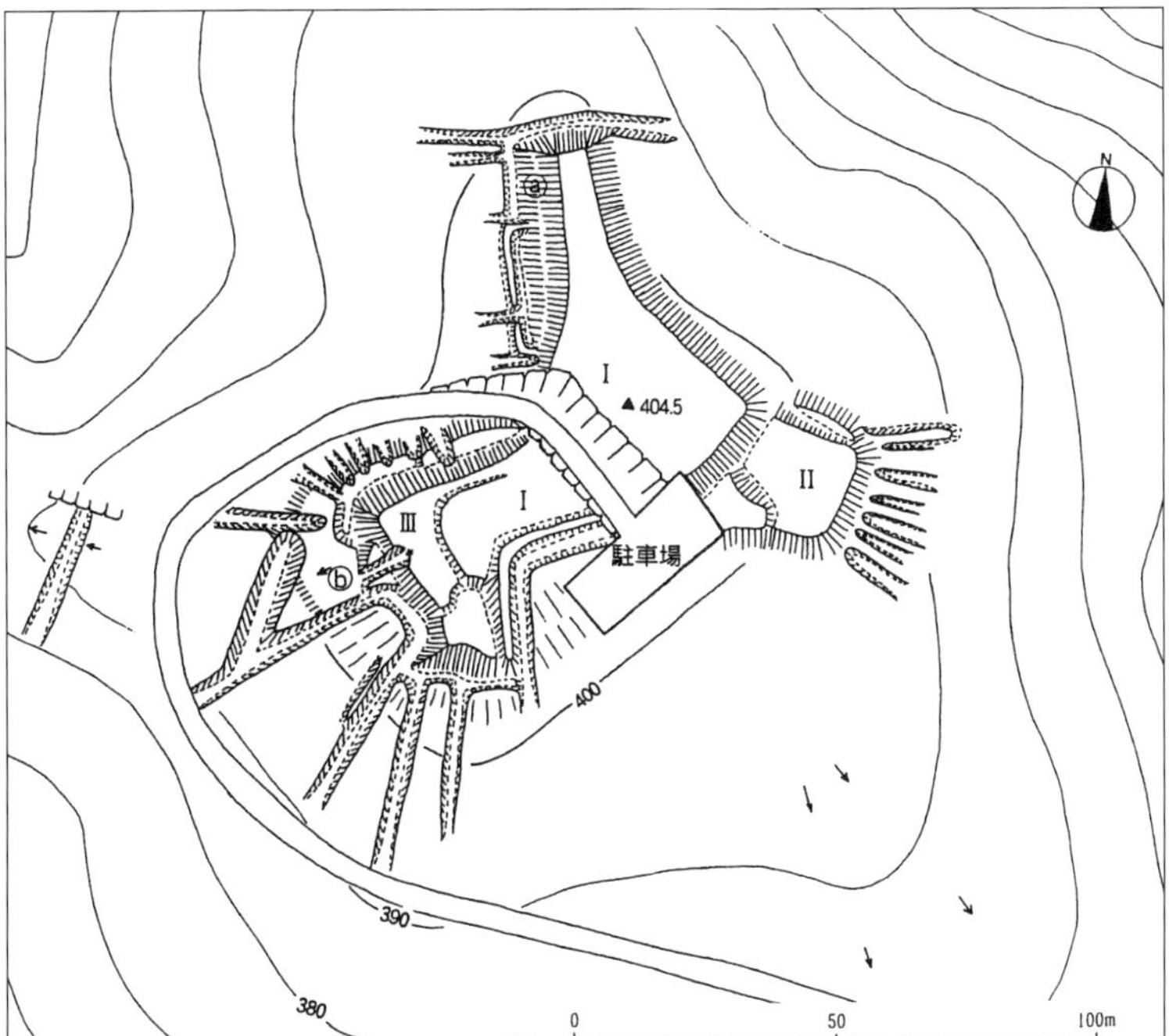

高井岳城図（大分県教育委員会　「大分の中世城館４」所載）

185
高屋城《たかや》

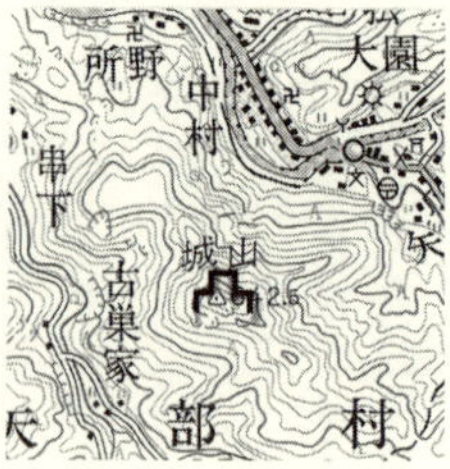

別称　矢部城
所在地　八女郡矢部村大字矢部字城山
旧郡　上妻郡

矢部村の中心地を流れる矢部川の左岸にそびえたつ標高六四二メートルの城山頂にある。山頂からは三六〇度展望でき阿蘇山、雲仙などの山々が見える。天然の要害である山頂に数個の郭が造られている。質素で小規模な城郭である。

五條氏の詰城である。矢部村は南朝の勢力圏であるが、当城郭が南北朝期までさかのぼるかどうかは今後の検討課題である。

城山への登山は古巣家集落近くまで車で行ける。後は山頂まで徒歩で約二〇分。（中村修身）

186
熊野堂城《くまのどう》

別称　大渕城、熊ノ黨城、熊野覚城
所在地　八女郡黒木町大渕
旧郡　上妻郡

大渕城、熊ノ黨城、熊野覚城ともいう。熊ノ黨、熊野覚は熊野堂の誤記の可能性が高い。

熊野堂城は矢部川左岸の標高三三二メートルの城山にある。周囲が山々にかこまれている矢部川は大分県竹田と筑後をつなぐ重要な通路である。城山は五条家屋敷跡や大渕中学校がある大渕《おおぶち》集落の南側にある。主郭部に腰郭《こしくるわ》が巡っている。堀切《ほりきり》や土塁が設けられている。全長約三〇メートルと小規模な城郭である。砦《とりで》的な用途が考えられる。五條左馬頭家臣大渕参河守が勤番か。

大渕バス停の南側の城山にある。熊野堂城のすぐ下約三〇〇メートルの距離まで車で行ける。（中村修身）

〔文献〕『筑後将士軍談』矢野一貞

187
猫《ねこ》尾《お》城

別称　黒木城
所在地　八女郡黒木町北木屋
旧郡　上妻郡

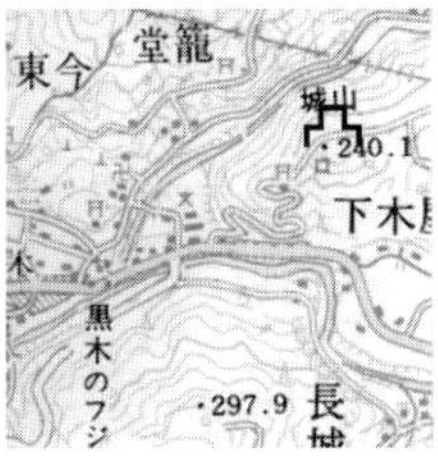

黒木は、古代より上妻郡に属する。猫尾城は、八女郡黒木町の矢部川と笠原川の合流点付近の東側山上一帯に築かれ、八女山地西側の裾野にあり舌状を呈する突端部に位置する。地理的にも奥八女地方の要衝を占め、典型的な中世の山城である。

文政八年（一八二五）、久留米藩士・村上量敏は『山土産《やまみやげ》』に「この山、尾短くて、鉢を伏せたるがごとし」と著している。史料から、仁安二年（一一六七）、徳大寺家の請いにより大蔵大輔　源助能《すけよし》が瀬高荘を管理するため、大隅国根占から当地へ移り、猫尾＝黒木城の築城は文治二年（一一八六）と伝えられる。

当初、黒木氏は根占氏を名乗ったが、地名を名字として黒木姓に改めたとされる。これより天正一二年（一五八四）、豊後・大友氏の攻略により落城するまでの四〇〇年余り、黒木氏は在地領主として室町期・戦国期を通じ、一六代にわたり本拠として近郷二一ヶ村を統治し、筑後国最大級の国人勢力を誇り、南北朝期には南朝方の最も有力な拠点の一つとなった。

黒木の地名は、史料による初見は、文保元年（一三一七）九月一〇日の「鎮西御教書」（五条家文書）で、黒木城の名は、足利尊氏による建武三年（一三三六）三月八日の黒木城攻撃に見受けられ、

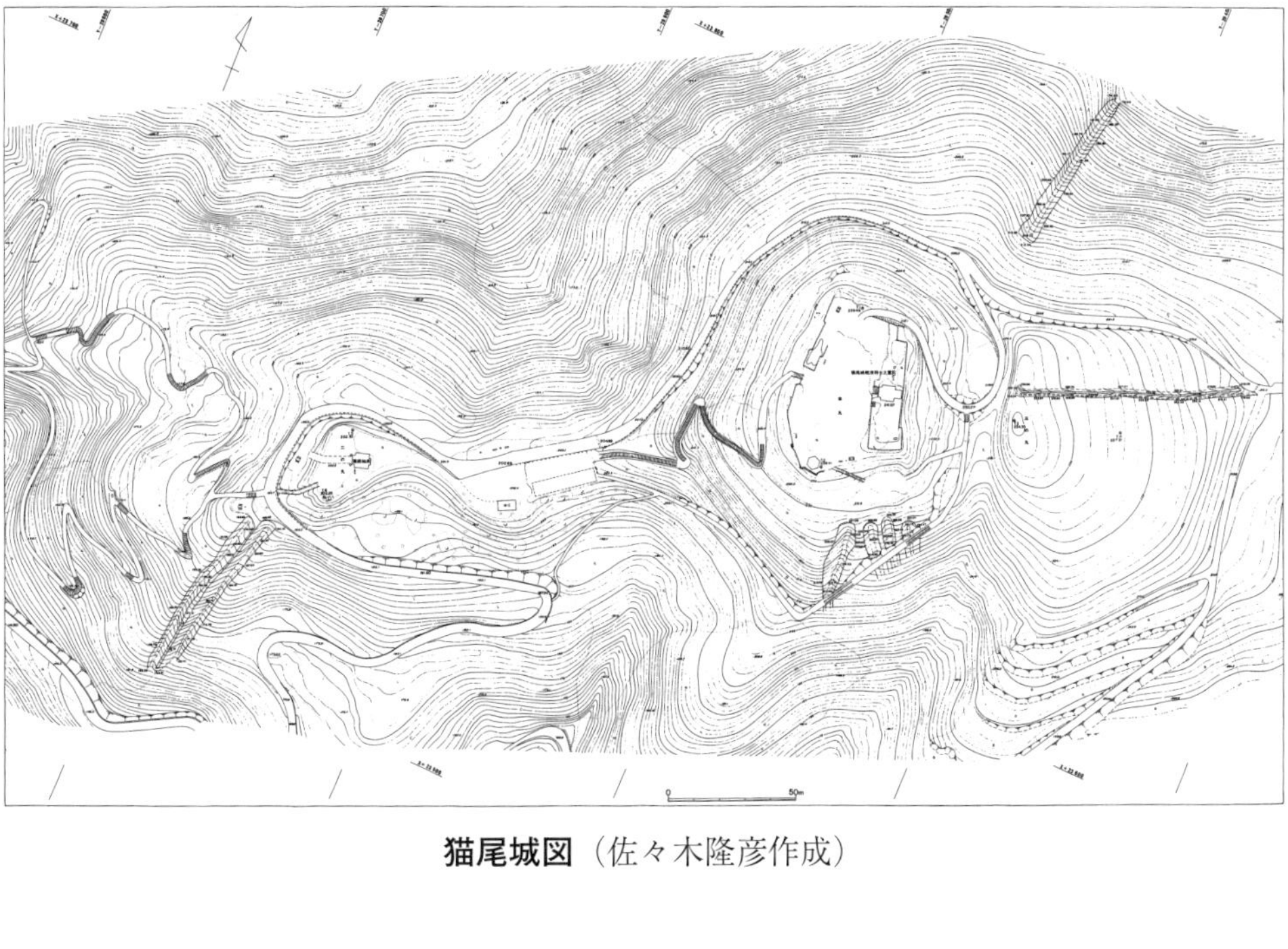

猫尾城図（佐々木隆彦作成）

黒木氏が支配する黒木の地と黒木城は、平安末期から鎌倉期にかけて成立したことが知られる。

本丸跡は標高二四〇メートル。縄張りは山頂に置かれた東西約四一メートル、南北約六八メートルの曲輪を主郭とし、緑泥《りょくでい》片岩《へんがん》の布石積みで巡らし織豊系の横矢掛を数多く設け、その足下を帯曲輪で固める。本丸跡の東一帯は、中央に城主の居館跡、南に政所跡、北端に艮《うしとら》櫓跡、南端に巽《たつみ》櫓跡があり、西一帯は、正面入口に大手門跡（推定）、その北側に酉《とり》櫓跡が確認されている。

猫尾城跡遠景（矢部川下流より猫尾城跡及び陣ノ内方面）

また、主郭の背後を大堀切で切断し、西側に延びる尾根筋に曲輪を配している。虎口は直線で進入する単純なものであるが、門脇に横矢掛を多用して防御を固めている。

二の丸跡は、馬場をはさみ本丸跡の西下に位置し、約三〇メートル四方の規模をもち、山麓に通じる西側斜面にかけて土塁《どるい》（盾状《たてじょう》畝堀《うねぼり》）が四〇メートル以上にわたり確認されている。山麓一帯には外郭と堀をもつ居館を構え「陣《じん》ノ内《うち》」と呼ばれ、平時はここを拠点として敵の侵攻に備えたとされる。三の丸跡は空堀をはさみ本丸跡の東下に位置する。

これら城郭の構成は、山頂部に主郭を配し、その足下に帯曲輪、さらに外側に曲輪を配する構造は、黒木氏時代の縄張りと伝えられている。

猫尾城は、大友氏の攻略による落城後、天正一五年（一五八七）に秀吉による九州仕置により所領は筑紫《ちくし》広門《ひろかど》に与えられ、黒木氏の支配は終焉を迎えた。なお、関ヶ原の戦後、筑後国主となった田中吉政が支城として辻勘兵衛を城主として送り、櫓や門の普請が吉政から指示されている。その後、元和元年（一六一五）の一国一城令に伴い、破脚されたものと考えられている。

本城は、中世山城の特徴をよく残す史跡として、昭和五八年（一九八三）、福岡県の指定を受け、昭和六三年度から平成二年度にかけて発掘調査を実施し、代表的遺物として土師皿、坏、白磁碗、擂《すり》鉢《ばち》、土鍋、皿（枢府磁《すうふじ》）などを検出している。

本史跡への交通は、JR鹿児島本線羽犬塚《はいぬづか》駅下車、堀川バス矢部方面行で約六〇分、黒木中学校前下車で徒歩約一五分。または九州自動車道八女I・C、もしくは広川I・C下車で約四〇分。（大島真一郎）

〔文献〕『城郭の縄張り構造と大名権力』木島孝之。
『猫尾城跡』黒木町教育委員会

188

高牟礼城《たかむれ》

別称　高群城《たかむれ》
所在地　八女郡黒木町笠原《かさはら》
旧郡　上妻郡

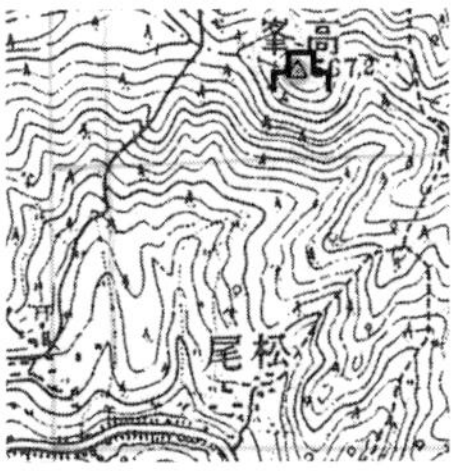

笠原の背後の山、高峰（五六七メートル）の頂上部に所在する。星野村との境界で北北東約八キロに鷹取山、その中間に伝懐良親王墓所、南西約三キロに猫尾城という位置関係である。南北朝期応安七年（一三七四）一一月、今川了俊は後退する南朝方を追い、黒木、高牟礼の両城を攻撃している。平安時代末より黒木一帯を所領とした調姓黒木氏の持ち城として、居城猫尾とともに戦略的な山城として戦国時代にわたって認識されていた。猫尾城から見ると椀を伏せたような山容で急峻な地形である。大小二つの峰にわたって遺構が展開、一部曲輪が壊されているが概ね良好である。

高牟礼城の縄張りの主体は二つの峰を連結する長大な土塁線である。総延長は約五〇〇メートルに及ぶ。これだけ積極的に土塁を採用した山城は異例である。一般に北部九州の山城において、土塁は曲輪の縁を強化するものが大半で、その形態は部分的要所に設けるものから、ほぼ曲輪全体を取り込むもの、横堀や畝状竪堀と併用するものなど、地形に対応して変化に富んだ展開を見せている。筑後では毘沙門岳城、鷹取城、犬尾城、長岩切寄、三池山城などが土塁を積極的に採用している。高牟礼城の土塁線は曲輪のみならず、城域全体を取り込むという構想があり、在地系土塁築造技術の最も進

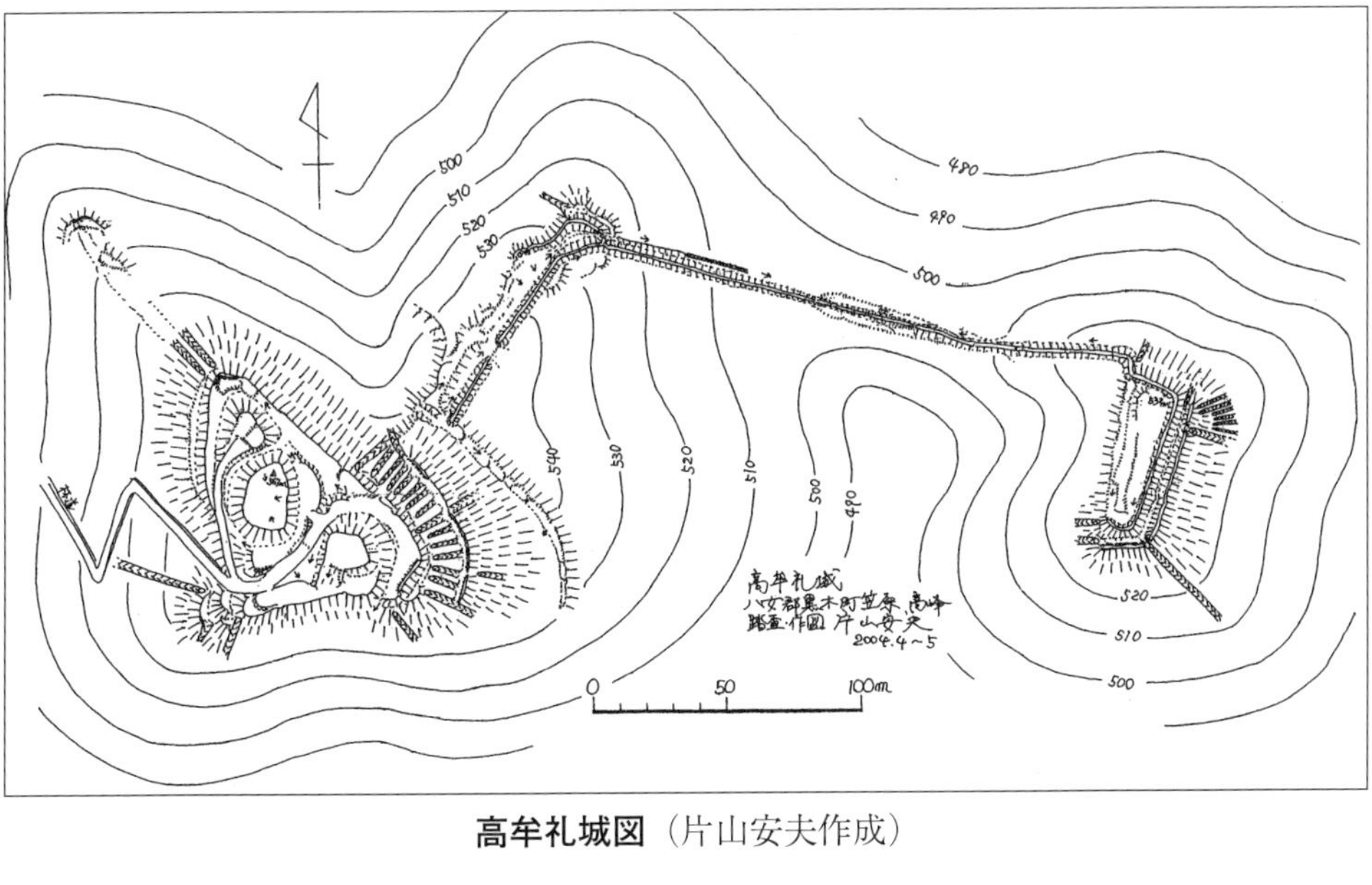

高牟礼城図（片山安夫作成）

んだ段階と考えられる。改めて縄張り全体を眺めると周到に配慮されたものである事に気付く。畝状竪堀の下部を揃え、通路を確保しているのも珍しいが、さらにその下方に並行して谷部を睨んだ帯状の曲輪を作り、土塁線の起点に連絡している。八〇メートル程伸びた線は一一〇度の角度で東の小峰へ曲がるが、ここに外側（北側）からの侵入に対するタコ壺状の関門が設けられている。主郭へ向かうにはこの尾根を利用するしかなく、その西側は急崖の谷である。この関門から小峰までの土塁は強裂で斜面で二メートル強、鞍部で一メートル強の高さがある。土塁線は折れを作り、小峰の曲輪を囲い込んで終り、さらにその外側に横堀が設置されている。東端の竪堀は主峰南端の竪堀と対応し、縄張り全体を締めている。

高牟礼城は天正一二年（一五八四）八月、大友勢の黒木攻めの際、落城した。「黒木物語」はこれ以前龍造寺の家臣多久長門、成富十右衛門が猫尾、高牟礼の普請を行ったことを伝えている。

ＪＡ笠原支所手前の山中バス停より山手に登る道がある。下松尾の集落を過ぎ、ＮＨＫ・TV塔の方向に進む。右手のピークが城跡である。（片山安夫）

〔文献〕『猫尾城』黒木町教育委員会。
「筑後黒木・高牟礼城について」『北部九州中近世城郭七』
片山安夫

189 白石城《しらいし》

所在地　八女郡星野村小竹《おだけ》の上
旧　郡　生葉郡

星野谷の奥、小竹の上方の城山（六五八・六メートル）が白石城である。四方断崖の岩山で、山頂から山腹にかけ金山稼働時のマブや平場が多く見られる。

星野村の城郭は多くが未調査で、そのためか諸書に所在について不確かな記述が散見する。「星野家伝記」（元禄年間）は星野党城として「白石・尾竹ノ上」としている。

一説には星野氏初期の居城という白石城であるが、本星野館からかなり離れた高所の岩山をいきなり居城とするだろうかという疑問が残る。居城とするなら星野谷の中央部十籠《じゅうごもり》に位置する寺ん城（地元の呼称。標高四二〇メートル）が有力であろう。筆者はこの寺ん城を高岩城と考えている。

遺構は天険をたのみ最小の手しか加えられていない。西側頂部の七×二〇メートルの細長い曲輪があるのみで、これに付随した犬走り状の通路が東側に下って四〇メートルほど伸びている。北側直下の天然の堀切である鞍部は少々手を加えた跡がある。ここから北西に尾根が伸びるが城の遺構はない。鞍部の北五〇メートル程下った所に金山の選鉱場跡の平場があり、小屋掛で住むならこの場所だろうか。ただ調べた範囲外に遺構のある可能性はある。

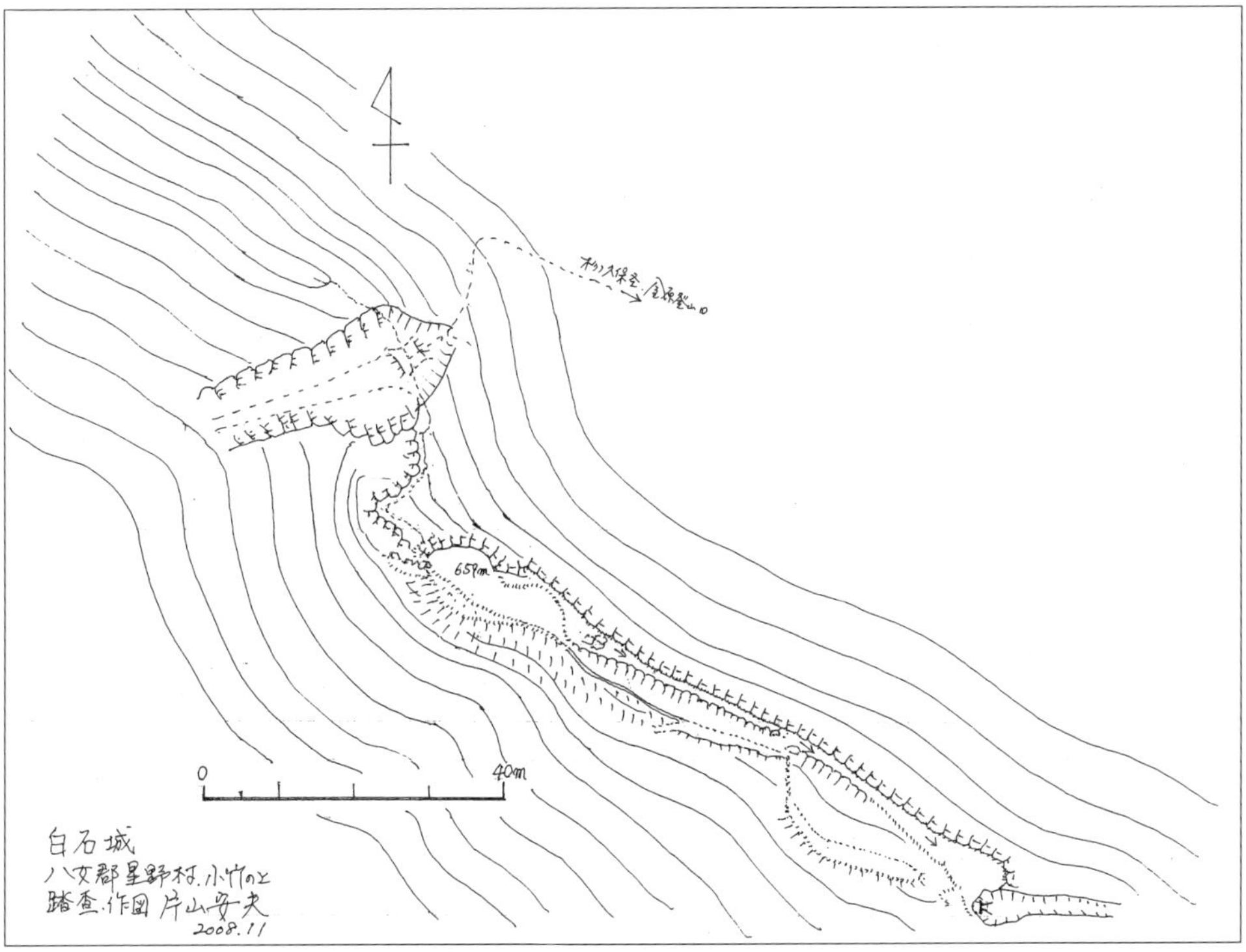

白石城図（片山安夫作成）

『筑後将士軍談』所載の「星野系図」によれば、戦国期後半頃白石城に居たのは右衛門大夫鎮虎《しげとら》で、竜造寺氏の筑後侵攻の際夜襲を受け、白石を落ち弟鎮胤《しげたね》の福丸城に移るも不仲で去り、大友氏に身を寄せ豊州で死去したという。天正七年（一五七九）一一月頃「筑後士星野上野介鎮虎」は麦生兵部大輔と日田郡に赴き同心軍労している。天正九年（一五八一）八月ごろ星野鎮虎は問注所刑部大輔統景の後援を受け、「以行《てだてをもって》」弟鎮胤のたて籠る白石要害を奪回する。竜造寺氏は天正七年に白石を落した後鎮胤を入置いていたのである。以降秋月方星野中務（鎮胤）、星野伯耆（鎮忠）、秋月治部（問注所鑑景）の軍勢が、問注所統景の居城長岩近辺に襲撃を繰り返し、激しい戦闘が続いた。

天正九年一二月七日、大友府蘭（宗麟）は問注所刑部大輔に長岩、白岩両城覚悟のため、「方角之儀」により高井岳城誘《しろこしらえ》についての奔走を要請している。白石城が問注所の持城となり、国境の高井岳へと至る生葉方面の大友防衛線の一翼を担っていた。天正一五年（一五八七）秀吉の九州仕置以後、星野谷は星野系樋口氏の管理下に入り、白石城は廃城となった。金原《きんばる》より杉ノ久保（金山の集落跡）を経て北側より回り込む登山道がある。（片山安夫）

〔文献〕「問注所文書」『西国武士団関係史料集三十一』。「大名領国支配の構造」三重野誠

190 高岩城《たかいわ》

別称　寺ん城
所在地　八女郡星野村寺ノ上
旧郡　生葉郡

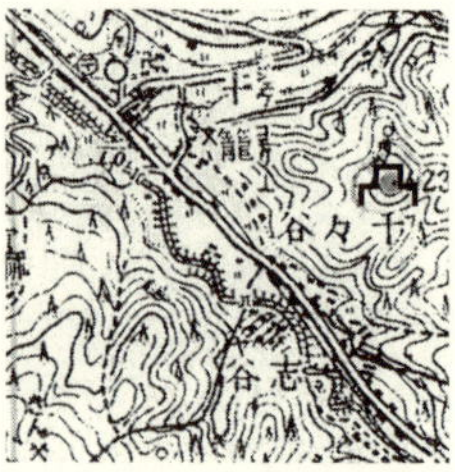

星野谷の中央十籠《じゅうごもり》、星野小学校の裏手の山（標高四二〇メートル）を高岩城と推定する。地元で寺ん城と呼ぶ。「星野系図」に星野氏祖中務大輔胤実《たねざね》、鎌倉時代嘉禄二年（一二二六）星野に来たり、本星野に館を構えのち内城《うちのじょう》、高岩の両城を築いたとあり、星野氏初期の居城とされている重要な城だが、星野村の城郭が未調査で所在不明である。

「星野家伝記」に星野党城として「高岩・千々岩ノ上」とある。千々岩の地名はなく、これ千々屋の誤記もしくは誤認と考えれば寺ん城に比定できる。また高岩の地名が広内《ひろうち》の上方にあるが、城跡の遺構はない。高岩城を本星野としている書もある。内城という地名があり混同している。内城は調査不十分だが、岩屋を穿ち石積みを施した砦のような遺構がある。

高岩城の縄張りは安山岩質の巨大な岩塊の上に展開している。下からみればまさに城名そのものである。東西二五メートル、南北六〇メートルほどの薤形《らっきょう》の曲輪の周囲を堀切や竪堀で防御している。南西の尾根筋が唯一甘いが二本の堀切と出曲輪で対処している。曲輪の北半分は削平もよく防御も集中している。畝状竪堀は岩塊を掘り崖に切り落としており、そこまでするのかという感がある。北側の竪堀は強裂である。全体に北部九州の山城に共通した縄張りで、時期は戦国期末だろう。なお西側に下った所にパイロット茶園があり、城に向かって数段の広い平場があり、城域に含まれる可能性もあるが図示していない。ともに戦国期末まで使用された白石城との縄張りの落差は何なのだろうか。白石城は戦国期末の問注所文書に散見し、大友氏の生葉方面の戦略的な城として位置づけられている。秋月勢も白石城を襲撃している。だが縄張りを見る限り天険にたよった雑な造りで、重要性が反映されていない。位置も星野谷の奥深く、あるいは鈴の耳納の尾根を越え、葛籠《つづら》に抜ける尾根道があったかもしれないが疑問は残る。一方高岩城は星野谷の中心部に位置し、当然交通の要所でもある。縄張りも星野谷の城では唯一まともである。だが史料にみえない。戦国期末星野谷を大友氏が押さえていたのは疑いないと推測されるので、眺望の勝る白石城が繋ぎの城として大友氏が重要視したというしかない。矢部の親大友方五條氏と無二の大友方問注所氏の繋ぎの位置付けであろうか。

なお豊前山国川中

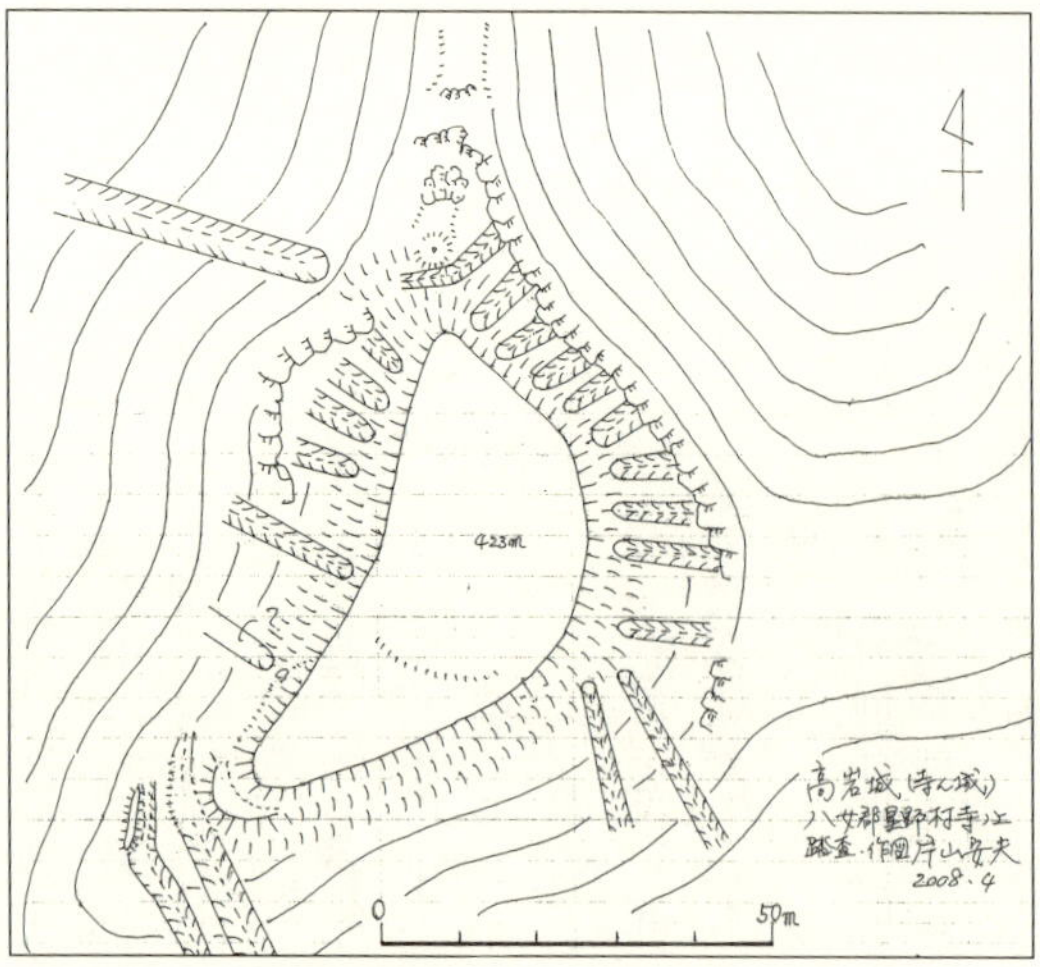

高岩城図（片山安夫作成）

流域の大友方国人中間《なかま》氏の文書（年次欠）に高岩城番の記述があるが、これは〝方角の儀〟から彦高岩城と考えられる。星野小学校裏の細い舗装道から、パイロット茶園に登る山道がある。（片山安夫）

〔文献〕『星野村史　通史編』

191 谷川城《たにがわ》

所在地　八女郡立花町谷川
旧　郡　上妻郡

勅願寺として知られる谷川寺《こくせん》の背後の山は「辻の山」と呼ばれ、その山頂部を中心に谷川城が存在する。『鎮西要略』には、「永禄中蒲池志摩守鑑廣は山下、谷川の両城による」とあり、町内の山下城を本拠とした蒲池氏の持ち城であった。『筑後将士軍談』には、「天正の頃、黒木氏余流、谷川新三郎居城也」とあり、黒木町の猫尾城を拠点とする国人領主黒木氏一族の谷川新三郎を城主とする。

谷川城の構造は、山頂部（標高八九メートル）の主郭を中心に、その周囲の幾つかの曲輪等から構成されている。主郭は、北西部は、高さ一メートル程の土塁で厳重に固められてはいるが、導線が直線的で防御的には不十分な平入りの虎口（出入口）が確認される。虎口からは北西側に城道が伸びており、堀切を挟んで北西側の曲輪に続いている。そこには後世のものかもしれないが所々に石塁もあり、また、主郭の東・南側にも曲輪が確認できるが、周辺は寺院に関連しもしくは後世の開墾て改変を受けており、確実な箇所を図化した。

以上のように谷川城は谷川寺に非常に近接して造られており、当時寺と城との間に、密接な関係が存在したと考えられる。城主の谷川氏も、その名から考えても在地（谷川村）の小領主であり、決して大きな勢力ではなかったにせよ双方に深く関わった一族であろう。

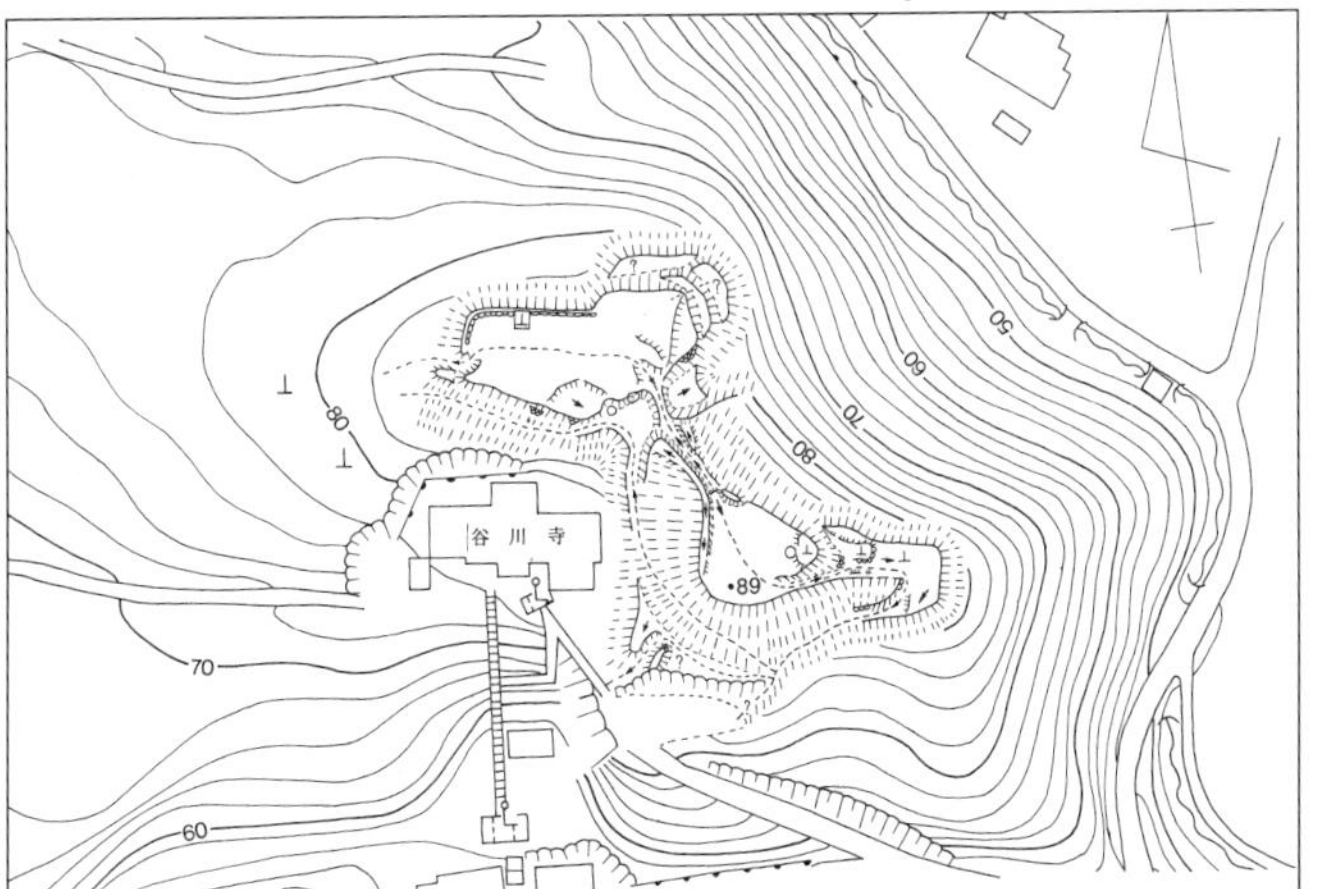

谷川城図（岡寺良作成）

谷川城は天正一二（一五八四）年に豊後大友方の戸次道雪、高橋紹運に攻められ猫尾城と共に落城し、廃城したと考えられる。

現地へは、JR鹿児島本線羽犬塚駅下車、堀川バス矢部方面へ乗車。福島停留所で山中行へ乗り換え、光友農協前停留所で下車し、徒歩一〇分で到着する。（岡寺良）

〔文献〕「谷川寺境内の「谷川城」について」『筑後立花　谷川寺』岡寺良

192
兼松城《かねまつ》

所在地　八女郡立花町兼松
旧　郡　上妻郡

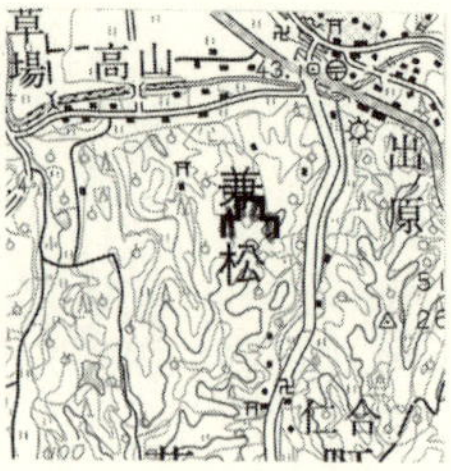

辺春川《へばるかわ》の左岸、辺春川に架かるもみじ橋の南西約三四〇メートルに位置し、南北に延びる尾根筋《おねすじ》の標高一〇七メートルの城山《じょうやま》にある。権現神社が鎮座することから別名を権現山《ごんげんやま》ともいう。兼松集落が眼下に、さらにその北側に八女平野が目の前に広がっている。辺春川に沿って登り小栗《おぐり》峠を越えると熊本県山鹿市そして菊池市にいたる。

城郭遺構は果樹園造成や工場用地造成などの開発により破損され変形している部分がある。城山に二の郭と三ヶ所に三本の堀切《ほりきり》の痕跡が確認できる。城域は全長約七〇メートルである。小規模な城郭である。

天文二年（一五三三）一〇月一三日付けの西牟田親毎が天満宮大鳥居信岡にあてた書状によると、兼松城を守る西牟田親毎は敵方が往復しているとのことで待ち伏せたところ通行中の大鳥居氏配下川村兄弟を敵と間違えて殺してしまった事、死体の確認をして大変驚いている。まったくの間違えであるので納得して欲しいと、記されている。

『筑後将士軍談』に天正の頃豊饒美作守鎮連居城などと記している。県道八二号線の堀川バス兼松三ヶ角《かねまつみつかど》下車、東南に道行き七〇〇メートルに位置する。（中村修身）

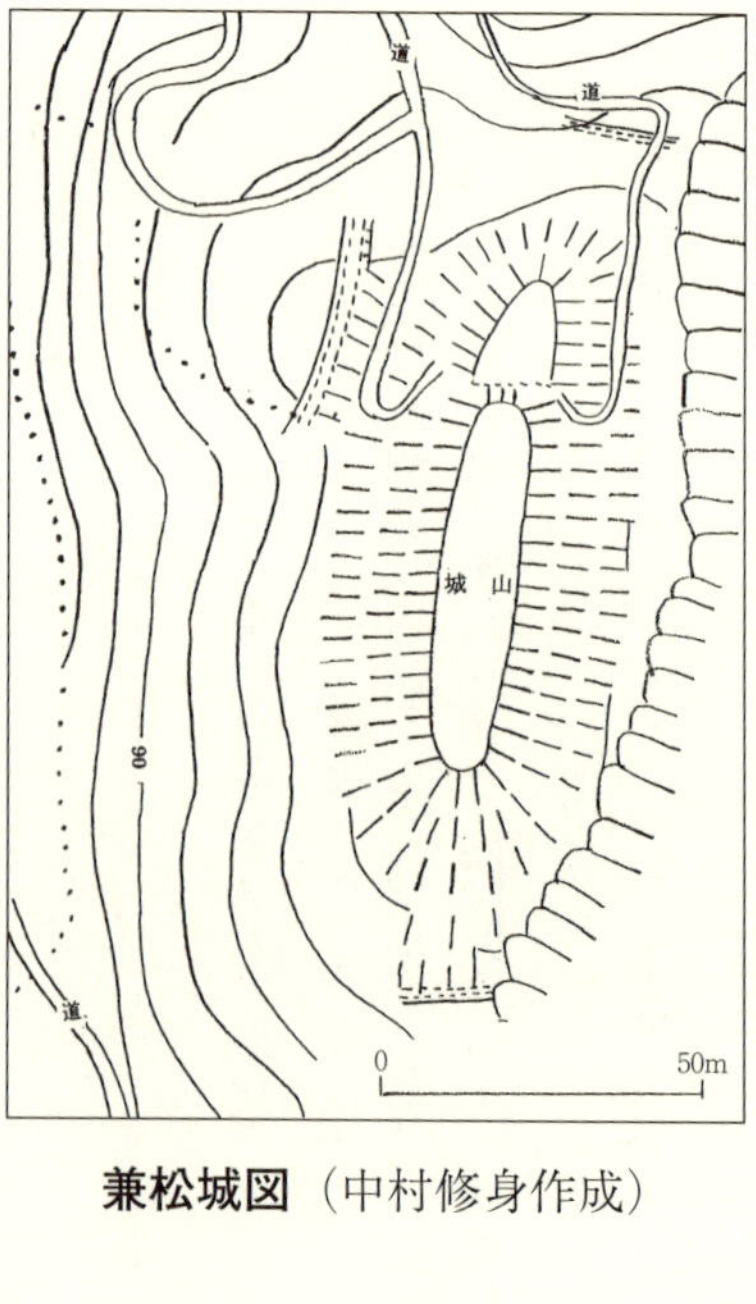

兼松城図（中村修身作成）

193 山下城《やましたじょう》

別　称　鞍掛城、笹城、人見城
所在地　八女郡立花町北山城山
旧　郡　上妻郡

鞍掛城《くらがけじょう》、笹城《ささじょう》、人見城ともいう。矢部川の支流白木川《しらきがわ》左岸の城山（標高一四一メートル）の頂きにある。山頂には大正七年に建てられた山下城の石碑がある。東側は白木川を挟んで約七〇〇メートルの地点に国見山城がある。山下城北側の城ノ谷を下ると山下集落にいたる。その向こうに八女平野が広がる。近年の蜜柑畑《みかんはたけ》などの開発によるとみられる階段状平場が多数あり正確には把握しがたいが、東西に延びる尾根筋に山頂から西に幅一〇から二〇数メートル、全長約一五〇メートルにわたって数ヶ所の郭、三ヶ所五本の堀切などが造られている。東側の二本の堀切は城郭にともなうものか判断に苦しむ。中規模な城郭である。

『蒲池家譜』には、蒲池能久《かまちよしひさ》が山下城をはじめて築くと、している。このほかに蒲池鑑広《あきひろ》が山下城を築く、と記すものもある。

天正七年（一五七九）六月一六日、大友義統《よしむね》は蒲池鎮運に対して、龍造寺に屈せず山下城の籠城《ろうじょう》を賞し、救援のための出陣を伝えた。

同七年一二月三日蒲池鑑広、同鎮運は龍造寺隆信に降伏、豊後大友氏とは手を切ることを密約する。天正一二年（一五八四）九月三日付けで立花道雪《たちばなどうせつ》は薦野増時《こものますとき》に、山下城麓の合戦も決着し、蒲池鎮運は詫びて来たので、柳川近辺、瀬高上下、鷹尾城、三池郡まで焼き払い、各々申し会わせて引き返するから、まもなく筑後国も静謐《せいひつ》を取り戻すだろう、と伝えている。

『豊前覚書』によると、左近殿は天正一五年（一五八七）四月八日に筑前国秋月より一一里山下城の受け取りに陣替えをした。天正一五年四月一五日付けの豊臣秀吉から黒田勘解由に宛てた書状に筑後国方面の情勢が記されている。高良山、三池とともに山下城も降

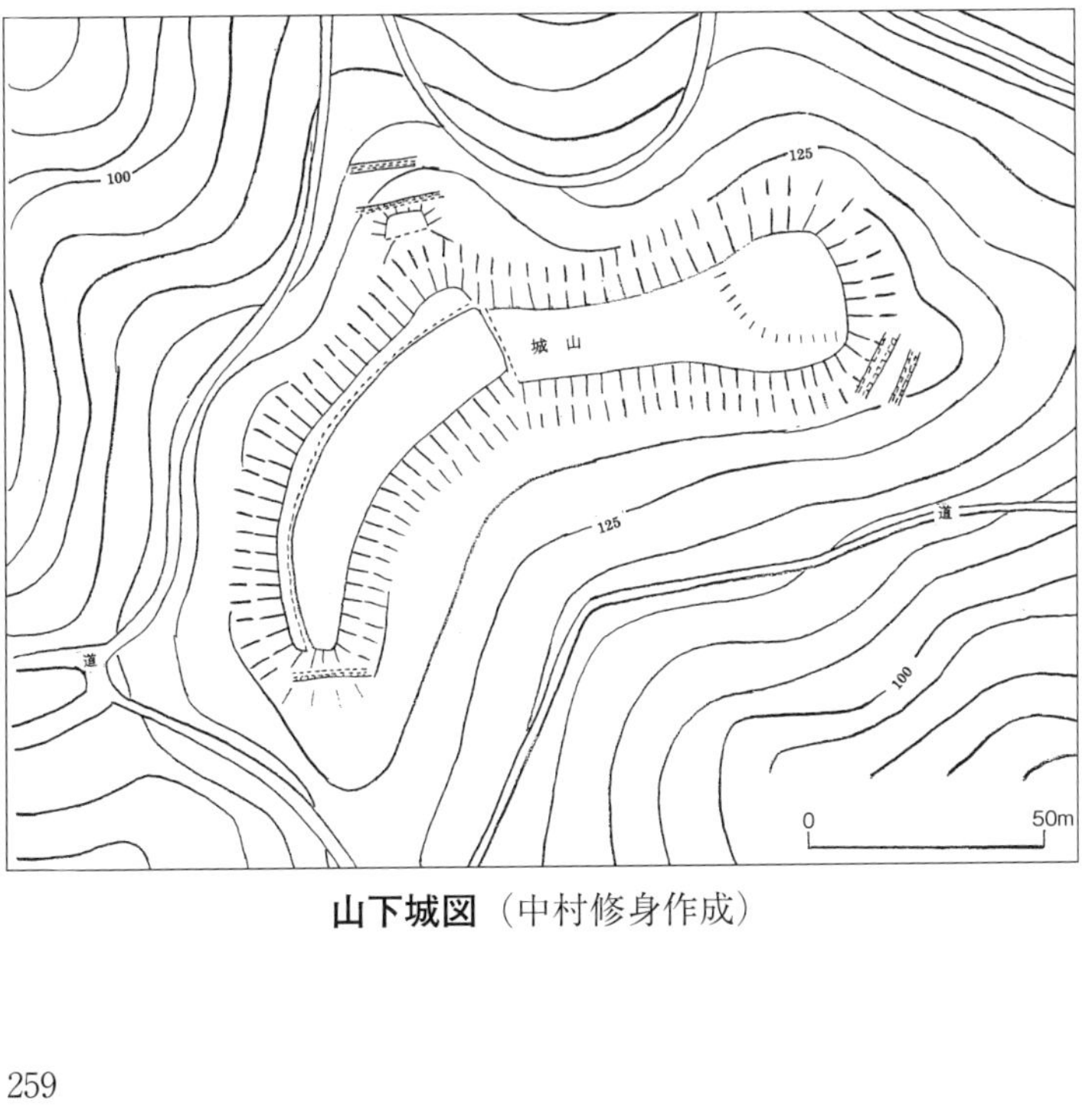

山下城図（中村修身作成）

伏したことが記されている。
天正一五年、筑紫《ちくし》廣門《ひろかど》は豊臣秀吉より上妻郡を封じられ、山下城を本城とした。慶長五年（一六〇〇）石田三成に与した廣門は山下城を加藤清正に明け渡した。廣門は清正の預かりとなる。清正は山下城の城番として加藤百助を置く。その後廣門は熊本に招かれ清正より家禄を与えられる。県道四号線山下バス停下車、西に道行き約一七〇〇メートルに位置する。（中村修身）

〔文献〕『柳川市史 資料編Ⅲ』

山下城遠景

194

国《くに》見《み》山《やま》城

別称　国見岳城
所在地　八女郡立花町北山　国見山
旧郡　上妻郡

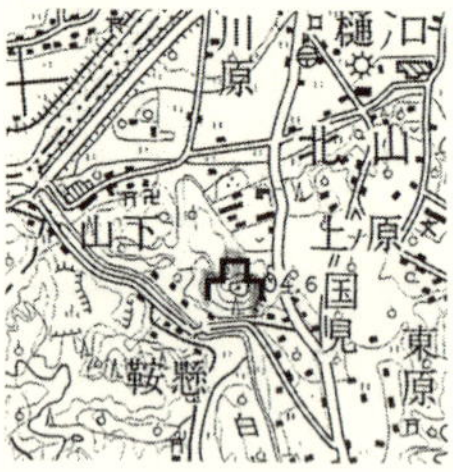

国見岳城ともいう。矢部川支流白木川右岸の国見山（標高一〇四メートル）にある。白《しら》木川《きがわ》を沿って南に行き矢部谷峠を越えると熊本県玉名郡和水《なごみ》町にいたる。国見山城は山下城から白木川を越え東側約七〇〇メートルの位置にある。山下城と混同しないように注意されたい。山下城より目立つ。

国見山城の遺構は、八女農業高等学校北山実習場の造成で一部（堀切と横堀）破壊されているが、横堀にかこまれた四の郭とその外側に二の郭、それに竪堀《たてぼり》一五本からなる畝状竪堀群《うねじょうたてぼりぐん》などがよく残っている。各竪堀は細く非常に長く他地域に例を見ない個性である。東西に延びる尾根筋に造られた城域は郭部分が全長約七〇メートルと小規模城郭であるが丁寧に造っている。

県道四号線山下バス停下車、南に道行き約五〇〇メートル道路の西側の山頂に位置する。（中村修身）

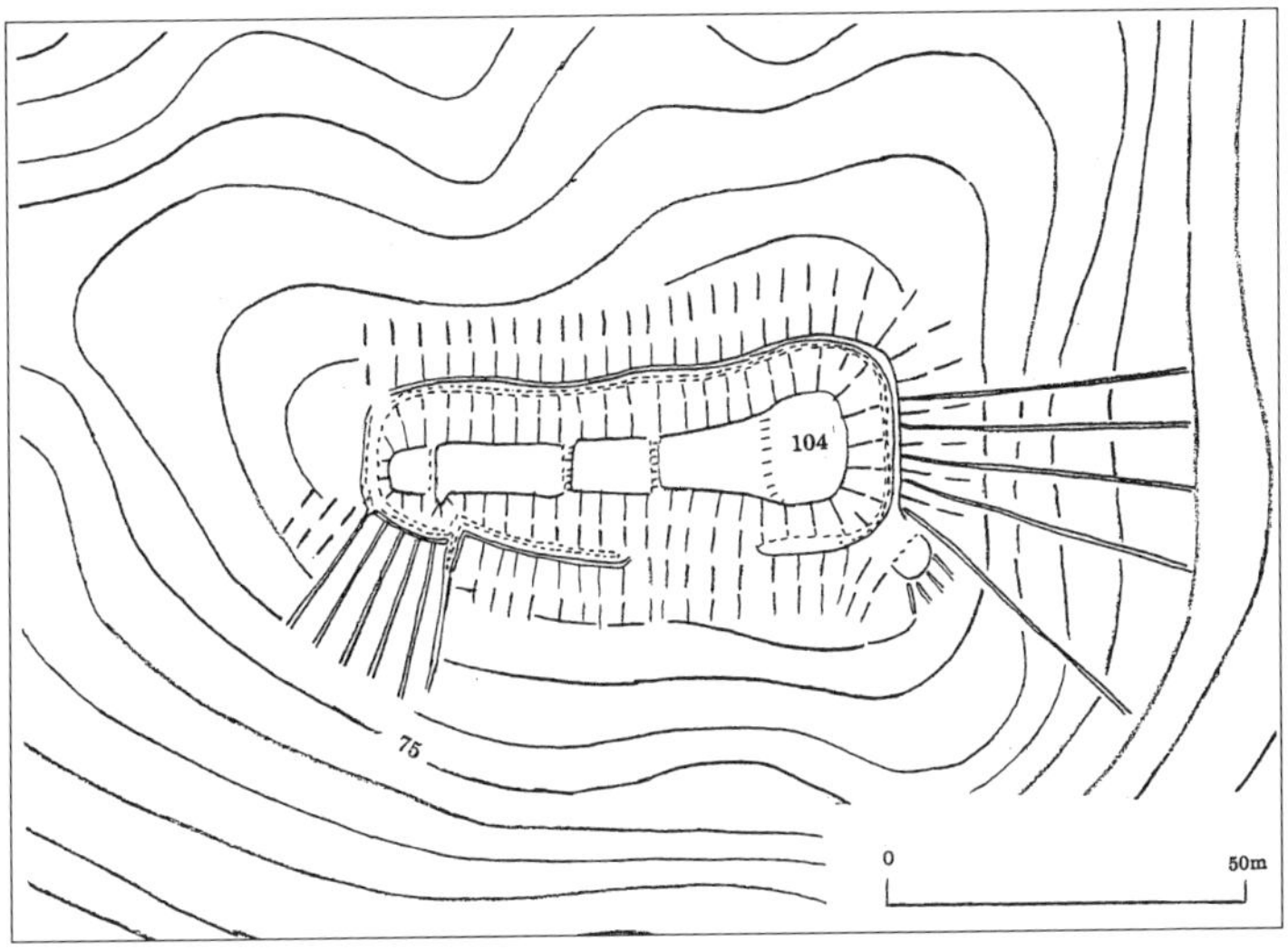

国見山城図（中村修身作成）

195
三ノ瀬《さのせ》城

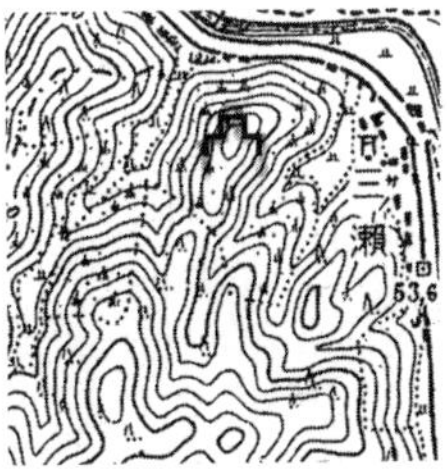

所在地　八女郡立花町下辺春三ノ瀬　城山
旧　郡　上妻郡

辺春川沿いは古くより筑後と肥後を結ぶ重要通路で、現在でも国道三号線が走っている。三ノ瀬城は辺春河内（辺春川流域）の筑後平野側からの入り口、辺春川の左岸の城山（標高約一二〇メートル）の頂きにある。城山頂からは筑後平野が一望でき、筑後平野から辺春谷への侵入を防ぐに絶好の位置に造られている。辺春川支流前河内川沿いに南下すると熊本県和水《なごみ》町和仁にいたる。

辺春川流域には三ノ瀬城、前河内城《まえこうちじょう》、高須田城《たかすだじょう》、熊川城《くまノかわじょう》、熊本県なごみ町坂本城があり、いずれも小規模である。地元では三ノ瀬城、高須田城、熊ノ川城、前河内城および坂本城を総称して辺春城とする見解が強い。

三ノ瀬城の北、西、南斜面の多数ある細長い平場は昭和三〇年代の果樹園造成で段々畑の可能性が高いので図示しなかった。頂上部もかなり改変されているが、五ないし六個の郭と二ヶ所の堀切と畝《うね》状竪堀群《じょうたてほりぐん》は確認できる。城郭の全長約七〇メートルである。

天正七年（一五七九）であろうか、龍造寺隆信はへはる（辺春）及び兼松表を攻め、辺春入道紹真を降伏させた。三潴郡下田村堤筑前守貞元《さだもと》は龍造寺家門の婿となり大友氏を見限り龍造寺に与し、天正一〇年三月三日竜造寺に兵を借り、辺春の城を攻撃した。従う者は堤貞長、堤忠之など、その数五〇〇余りの兵である。辺春薩摩守鎮信は高良山玉垂宮大祝鏡山安常、稲員《いなかず》大蔵大輔安茂《やすもり》らに応援をえて応戦するも、同月一一日辺春の城陥落。辺春鎮信をはじめ保常、安茂、以下兵士ことごとく戦死。この戦いにより大友より稲員氏に褒美がくだされた。

天正一五年（一五八七）七月ごろ肥後国人衆が蜂起する。豊臣秀吉は小景川左衛門佐隆景、小早川秀包らに肥後国衆一揆鎮圧を命じる。隆景配下の粟屋四郎兵衛尉、朝枝右京亮に安国寺恵瓊《あんこくじえいけい》を付けて辺春氏の本拠筑後国辺春の城を包囲した。その数四千余騎。辺春城の陥落も和仁城（田中城）陥落と同じ天正一五年一二月五日であろう。辺春親行は降伏し切腹した。同年一二月一〇日の書状で秀吉は隆景、安国《あんこく》寺恵瓊《じえいけい》の和《わ》仁《に》、辺春両氏が立て籠もる和仁城辺春両城攻撃を労っている。

国道三号線の堀川バス三の瀬バス停北西約三〇〇メートルに位置する。（中村修身）

〔文献〕『陰徳記』香川正矩。

『田中城跡Ⅺ・Ⅻ』三加和町教育委員会

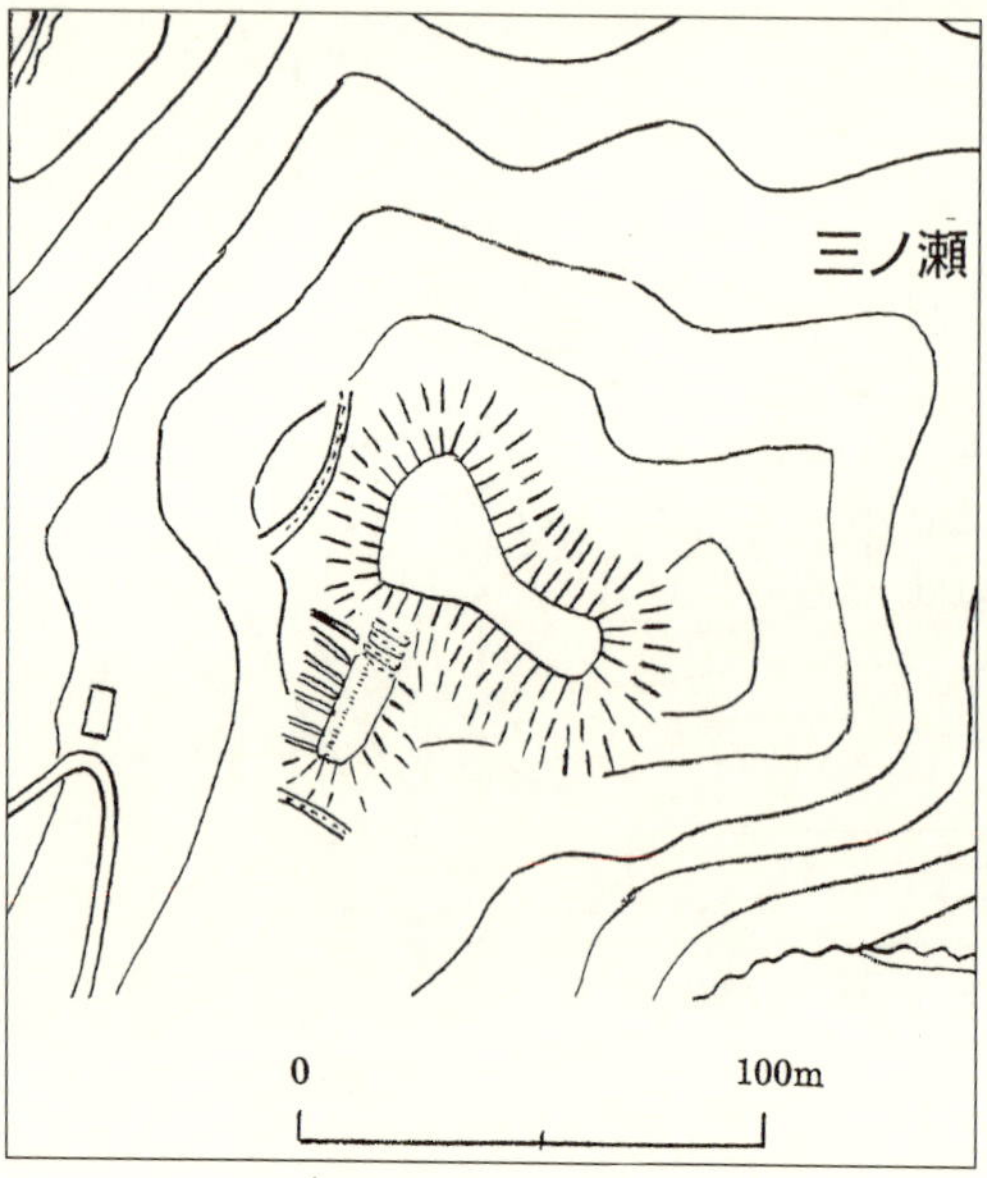

三ノ瀬城図（中村修身作成）

196 熊ノ川城《くまのかわ》

所在地　八女郡立花町上辺春熊川
旧　郡　上妻郡

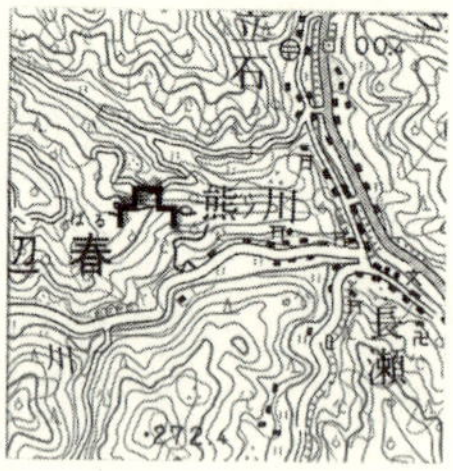

『福岡県の城』は当城を辺春城としている。ここではその説はとらない。辺春川沿いは古くより筑後と肥後を結ぶ重要通路で、現在でも国道三号線が走っている。熊ノ川城は上辺春小学校の北側約三〇〇メートルにあり、東西に延びる尾根筋にある。地元では城山（標高二〇五メートル）と呼んでいる。南側眼下に辺春川支前河内川や熊本県和水《なごみ》町和仁へ越える坂本越えをのぞむことができる。

熊ノ川城の西側および主郭部は茶畑造成によって破損している。熊ノ川城縄張りの概略図は現地調査をもとに主郭部は復元を、他は現況図を記した。郭は五つの郭が復元できる。郭群の下約一〇メートルに腰郭《こしくるわ》が設けられている。それには部分的に土塁が敷設されている。腰郭の東側約一〇メートルの尾根筋に堀切が一本設けられている。城域は東西に全長約六〇メートルである。小規模な城郭である。

辺春川流域には三ノ瀬城、高須田城、熊ノ川城、前河内城さらに熊本県なごみ町坂本城がある。いずれも小規模城郭である。地元では前河内城を辺春氏の本城とする見解と三ノ瀬城、高須田城、熊ノ川城、前河内城および坂本城を総称いて辺春城とする見解がある。後者の支持者が多い。前河内城は辺春流域の四城郭のなかで最も簡素で小規模な城郭である。

天正七年（一五七九）であろうか、龍造寺隆信はへはる（辺春）及び兼松表を攻め、辺春入道紹真を降伏させた。三潴郡下田村堤筑前守貞元《さだもと》は龍造寺家門の婿となり大友氏を見限り龍造寺に与し、天正一〇年三月三日龍造寺に兵を借り、辺春の城を攻撃した。従う者は堤貞長、堤忠之などその数五〇〇余りの兵である。辺春薩摩守鎮《しげ》信《のぶ》は高良山玉垂宮大祝鏡山安常、稲員《いなかず》大蔵大輔安茂《やすもり》らに応援をえて応戦するも、同月一一日辺春の城陥落。辺春鎮信をはじめ保常、安茂、以下兵士ことごとく戦死。この戦いにより大友より稲員氏に褒美がくだされた。

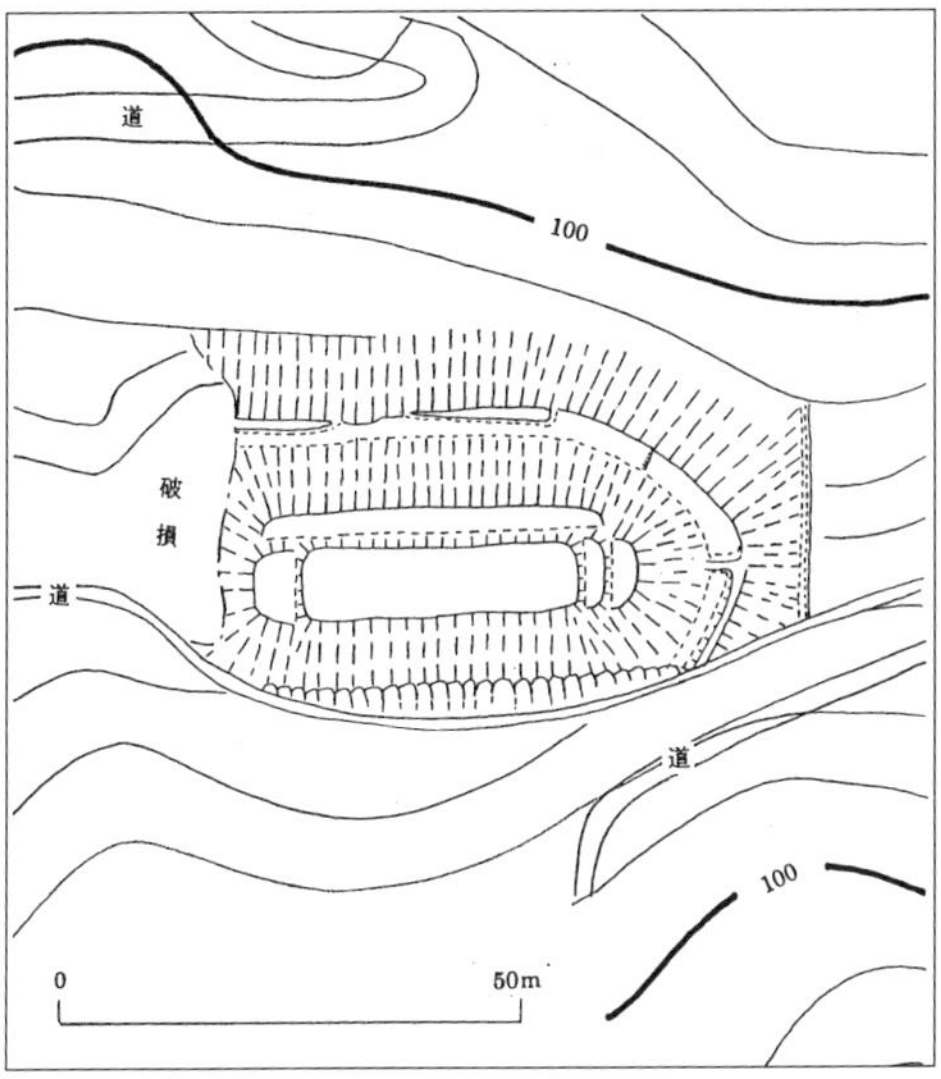

熊ノ川城図（中村修身作成）

天正一五年（一五八七）七月ごろ肥後国人衆が蜂起する。

豊臣秀吉は小早川左衛門佐隆景、小早川秀包らに肥後国衆一揆鎮圧を命じる。

隆景配下の粟屋四郎兵衛尉、朝枝右京亮に安国寺恵瓊《あんこくじえいけい》を付けて辺春氏の本拠筑後国辺春の城を包囲した。その数四千余騎。辺春城の陥落も和仁城（田中城）陥落と同じ天正一五年一二月五日であろう。辺春親行は降伏し切腹した。

同年一二月一〇日の書状で秀吉は隆景、安国寺恵瓊《あんこくじえいけい》の和仁《わに》、辺春両氏が立て籠もる和仁城辺春両城攻撃を労っている。（中村修身）

〔文献〕『陰徳記』香川正矩。
『田中城跡Ⅺ・Ⅻ』三加和町教育委員会

197 鷹尾城《たかお》

別称　笹ノ城
所在地　八女市大字山内字鷹尾
旧郡　上妻郡

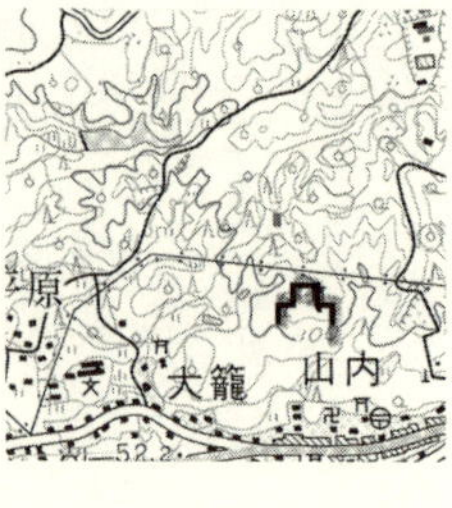

鷹尾城は星野川右岸の標高約一二九メートルの金比羅山にある。約五〇〇メートル北東には犬尾城があり、星野川を越えた南側には立花道雪が陣を取ったと言われている丘陵がある。

鷹尾城の南側約二五〇メートルの位置には東館跡が確認されている。鷹尾城は非常時の詰城で山内集落の一角にあるこの館は日ごろの住まいの役割を担う。鷹尾城跡には五個の郭に横堀、三ヶ所六条の堀切、急斜面の切岸などの施設が良く残っている。ほかに横堀から派生し堀切を取り込んだ腰郭がある。堀切の大きなものは幅約五メートルである。中規模城郭である。『筑後将士軍談』は犬尾城の支城と記している。犬尾城と鷹尾城の規模を比べてみた時再検討の必要を感じる。

堀川バス内山郵便局前で下車、後は徒歩にて十分程度。途中から山道で分かりにくい。城跡に祠あり。（中村修身）

〔文献〕「福岡県八女市大字山内所在の戦国期城館の検討」『九州歴史資料館研究論集 二七』岡寺良

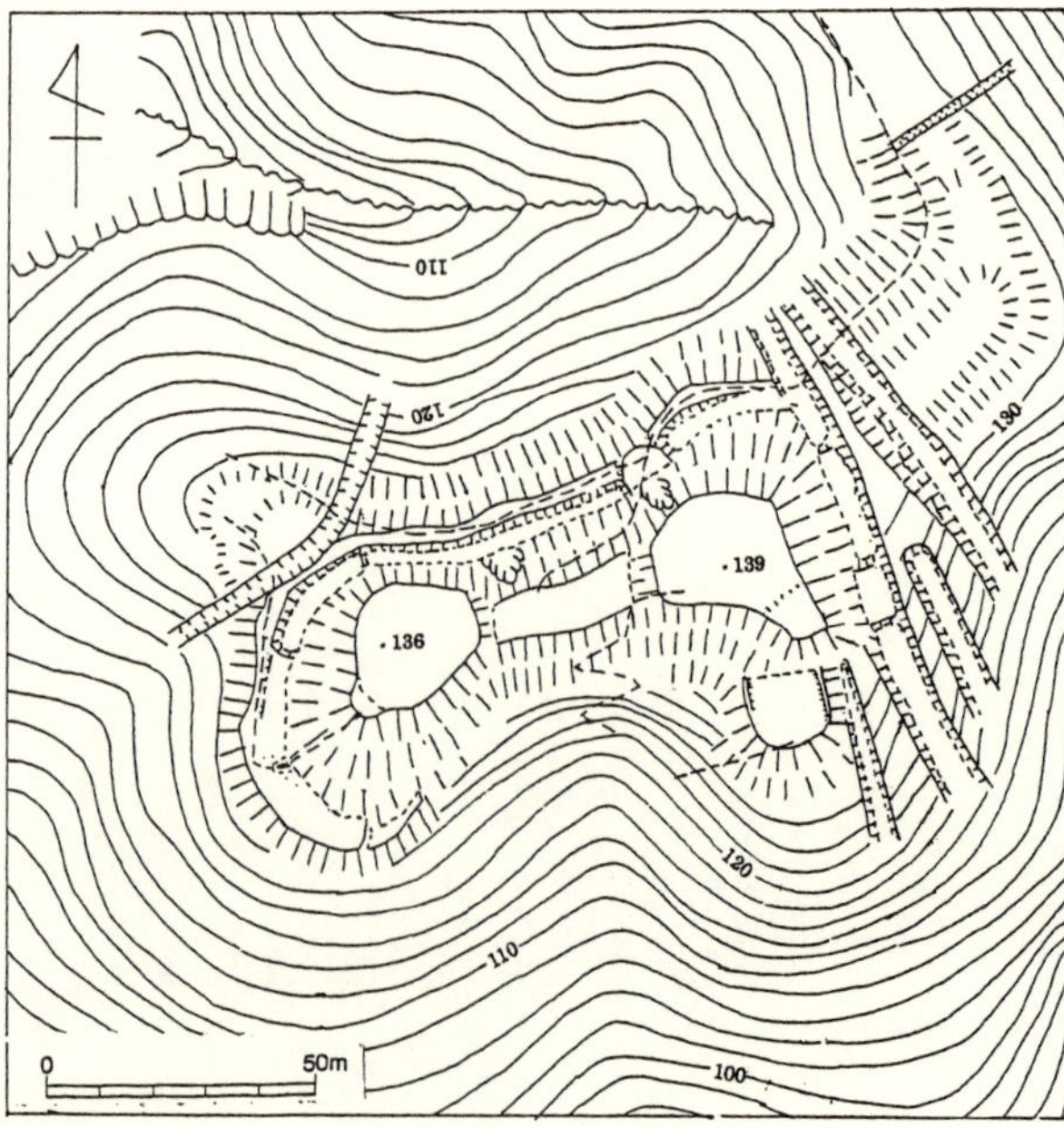

鷹尾城図（中村修身作成）

198 犬尾城《いぬお》

別称　川崎城、生駒城
所在地　八女市山内《やまうち》
旧郡　上妻郡

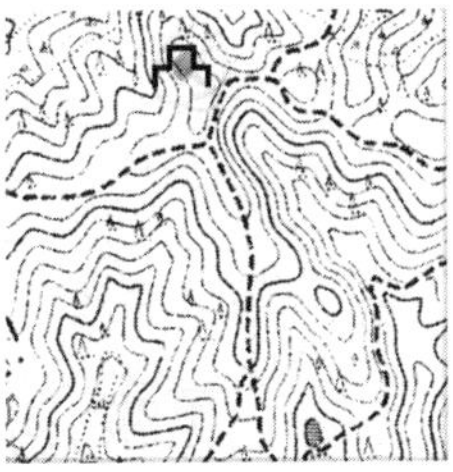

山内の集落の背後の城山（標高一八六メートル）が犬尾城である。黒木、星野氏と同族調《しらべ》姓河崎氏の居城である。南西約五〇〇メートルの位置に鷹尾城があり、東に茶臼山城、南麓には居館跡という東館《ひがしだて》、西館《にしだて》の地名がある。平安時代末建久二年（一一九一）調党黒木助能の嫡男河崎三郎定宗が築城したというが、遺構は戦国期末のものである。発掘調査では一五世紀を遡る遺物は出土していないという。道路工事で堀切の一部が壊され、旧状を失っている。

犬尾城は河崎氏の居城として独立した規模を有するものではなく、山麓の居館と里城（鷹尾城）の詰としての位置付で築城されたもので、この様な所領の中心部に線上に城郭が配置される構造は、戦国期の中小国人領主によく見られ、河崎氏もその範囲内に留まっていたといえる。（天正の筑後領主坪付では二五〇町）縄張りは南北に細長い約一二×八五メートルの曲輪の周囲を堀切や横堀、土塁で防御する単郭構造である。戦国期後半、北部九州で盛んに採用された畝状竪堀はここでは堀切を補強する役割でしかなく、防御の主体は東側の横堀にある。横堀の採用は戦国期末頃と見るのが一般的で、ここでは一部三重になるなどの処理がみられ、技術的にはかなり進んでいる。

戦国期の河崎氏は大友氏の配下であったが、朽網親満《くたみちかみつ》の乱に加担する等動向不安定の国人であった。犬尾城に関わる戦闘は史料では不明だが、『北肥戦史』には天正七年（一五七九）七月筑後に進攻した龍造寺勢によって河崎出羽守鎮堯《しげたか》の伊駒野の城が落城している。

国道四四二号線を車で山内に向かうと童男山《どうなんざん》古墳の案内標識がある。その脇道をさらに登ると城跡にでる。（片山安夫）

〔文献〕『犬尾城』八女市教育委員会。「福岡県八女市大字山内所在の戦国期城館の検討」『九州歴史資料館研究論集 二七』岡寺良

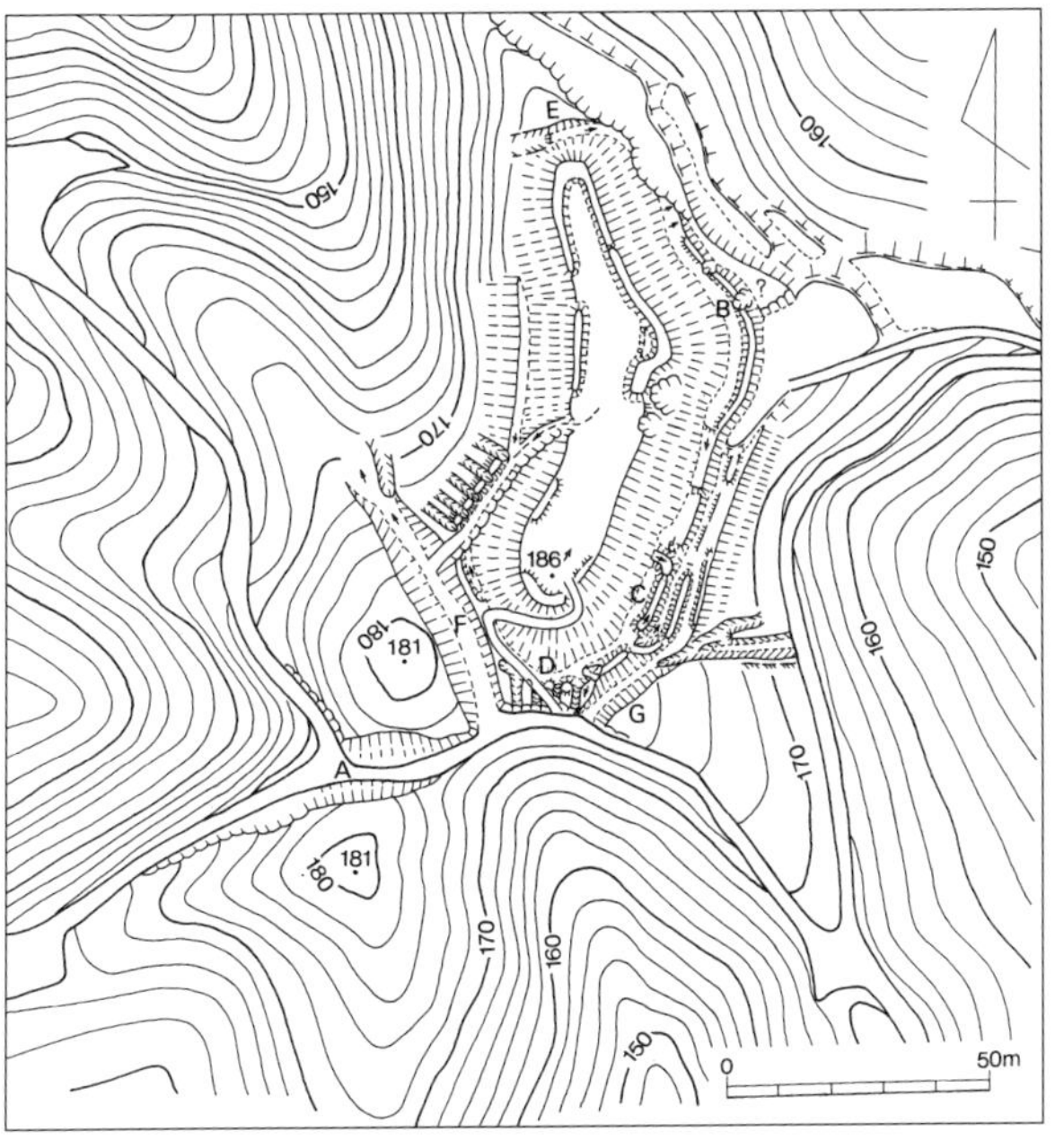

犬尾城図（岡寺良作成）

199 福島《ふくしま》城

所在地　八女市本町
旧　郡　上妻郡

熊本県境に連なる山脈から矢部川筋に出るいくつかの谷が開ける中流域に形成された平野の中心地に八女福島がある。三方を山に囲まれ上妻郡一帯の押さえとなり、また久留米からの山鹿道を押える位置にあたる。

城跡は八女市本町周辺にあって、八女福島の中心の市街地となり、北の公園及び八女市役所等の公共施設地として利用されて、わずかにその輪郭が見える。

天正一五年（一五八七）筑紫広門によって築城されたといわれる。本丸は東西七〇メートル×南北四〇メートルで、二の丸は東西六三メートル×南北六〇〇メートルの平城である。総曲輪が東西九〇〇メートル×南北六〇〇メートルで三重の堀をめぐらしている。広門時代は砦程度の小規模なもので、三重の堀を持つ規模になったのは田中吉政の時代で、福島古城図が残っている。本丸・二の丸の周りに外郭（侍屋敷）があり、堀を隔ててその東・南・西側に紺屋町・宮野町・京町・古松町・矢原町などがコ字形に続き、これらの町の外囲に堀が巡っている。町屋は城郭に付随した姿で堀によって外敵から防御される総郭型の構造となっている。

慶長六年（一六〇一）田中吉政が関ヶ原の戦いの功により、筑後一国三二万五〇〇〇石の大守として柳川城を本城とし、福島城は東部の押さえとして支城の機能を持たせた。吉政は本丸・二の丸を築き、多門櫓を修営し、堀を深くし城を高くした。この城には次男の田中久兵衛康政を置き三万石を与えている。しかし元和六年（一六二〇）に田中忠政が没して無嗣除封となって、福島城は破却されている。

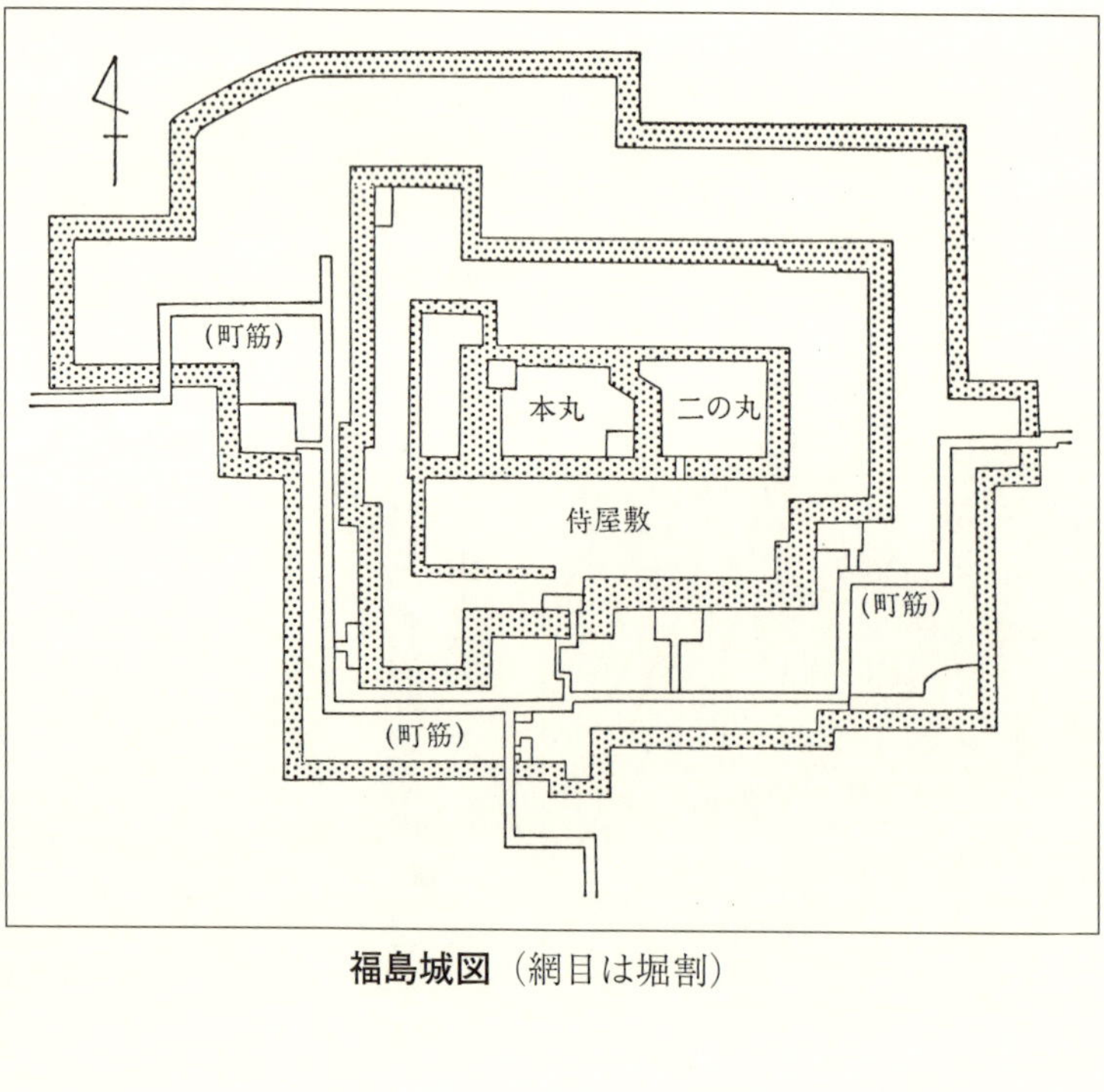

福島城図（網目は堀割）

現在、公園に天主台跡と「福島城址」の石碑、武道場に内堀の一部、八幡宮横に外堀の一部が残り、わずかに面影を残しているにすぎない。

当時の遺物としては、瓦類等が中央公民館に展示されているが、その中でも福島城の屋根の棟の両端につける鯱が一点残っている。これは一見に値するものである。

西鉄大牟田線西鉄久留米駅前から西鉄バス八女行にのり、八女バスセンター下車。または、堀川バスでＪＲ久留米駅前から八女行にのり八女バスセンター下車。徒歩五分。（副島邦弘）

〔文献〕『八女市史　上巻』

（伝）福島城出土鯱
（八女市歴史資料館蔵）

200 知徳城《ちとく》

所在地　八女郡広川町広川知徳
旧　郡　上妻郡

花宗川《はなむねかわ》の右岸、下広川小学校校庭の東側丘陵が知徳城である。城山《じょうやま》と呼ばれている。近くを中世の主要な道（太閤道）が通っている。熊野神社《くまのじんしゃ》建設などで地形が変わっていて、遺構《いこう》については判断が難しいが、南北に延びる丘陵の先端に南北約三〇メートル、東西約四〇メートルの郭があたり、これには土塁状の遺構が遺っている。東側には幅約二メートル、深さ約一メートル長さ約三〇メートルの横堀《よこぼり》がある。以前は西側にもかなりの規模の横堀が山腹にあったが、小学校の運動場拡張によって削り取られたという。南、東、西側は切り立った崖で、尾根筋にあたる北側は人の手によって造り出された崖面がある。集落に近接した小規模な城郭である。

知徳城遠景

県道八六号線下広川幼稚園前バス停下車。下広川小学校運動場の横の丘陵にある。（中村修身）

201 鬼《おに》ノ《の》口《くち》城

別　称　甘木城
所在地　八女郡広川町大字水源字鬼口
旧　郡　上妻郡

鬼之淵集落の北側尾根筋先端標高約一五〇メートルにある。城郭のある尾根筋先端の峰を甘木山と言う。七個の郭がある。そのうち三郭には土塁が敷設されている。郭群の北側尾根筋は幅約七メートルの堀切で防備している。郭に設けられた土塁は幅二メートルと広い。城内に入る小口と通路が南側にある。通路は郭に連なり枡形虎口で郭内に入る。全長約六〇メートルの小規模城郭である。北側に延びる尾根筋に二本の堀切がある。

『筑後将士軍談』によると、甘木家棟が築城。常に住む館は城の西約五四〇メートルにあると記している。この館は馬場集落のあたりと推測される。さらに、同書は天正一四年（一五八六）薩摩軍防衛のために鬼ノ口城を築くと記している。

広川役場から東に約四キロの鬼之淵集落北側山中にある。広川に架かる鬼之淵橋より徒歩にて一〇分弱で城郭に着く。城内には昭和五五年一月建立の鬼ノ口城跡の石碑がある。（中村修身）

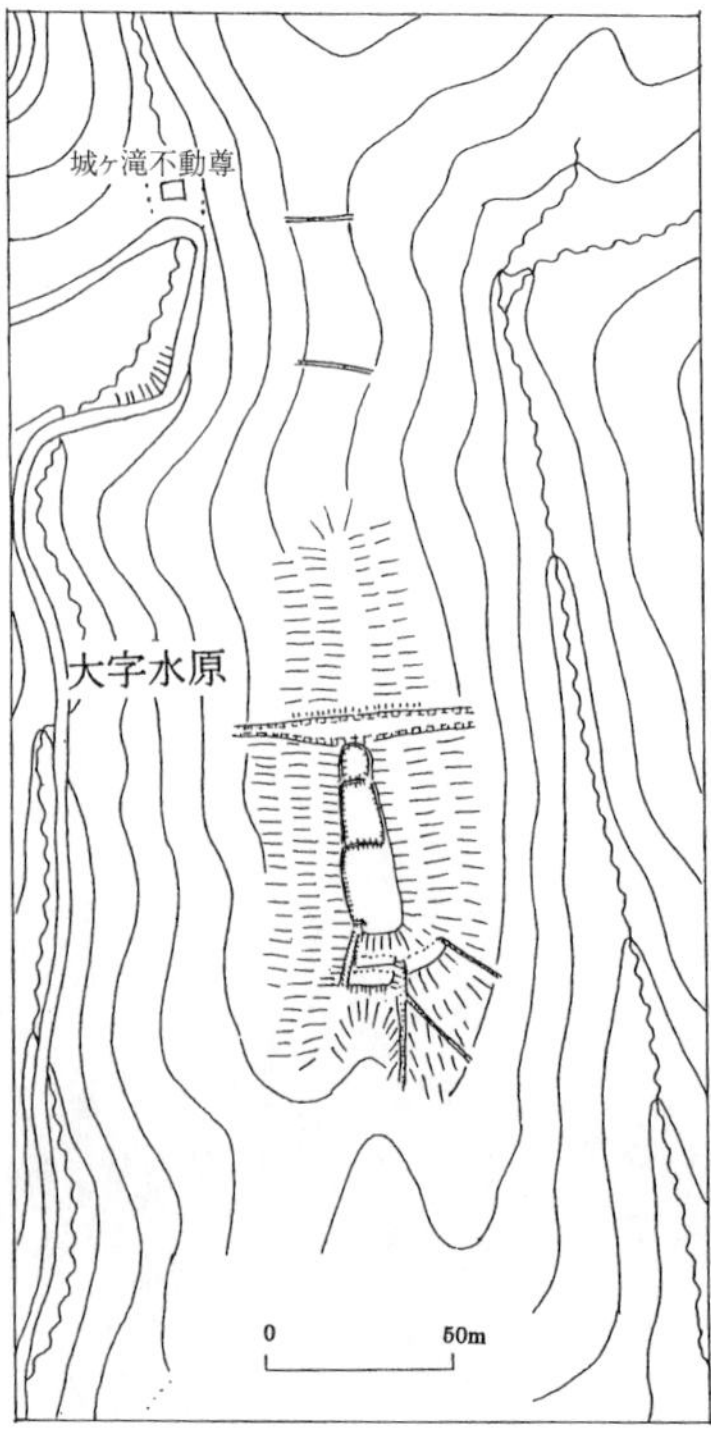

鬼ノ口城図（中村修身作成）

202 西牟田城《にしむた》

所在地　筑後市西牟田
旧　郡　三潴郡

西牟田城について、所在地及び城の規模に至るまでその詳細は現在ほぼわかっていない。伝承では、筑後市西牟田の流地区に西牟田城があったといわれている。現在、周辺は田や畑、宅地とその姿を偲ぶことはできない。付近は標高五メートルの平地で、周りを広い二重の堀で囲まれていたという。

『筑後地鑑』には「西牟田ナル古城」として記載があり、寛元年間に西牟田弥次郎家綱が三島から地頭職として赴任した際に城を築いて館を構えている。五万余石があり、以後天正年代に至る三〇〇年間維持されていった。西牟田氏は始め大友氏の幕下となったが、後に大友に叛いて竜造寺山城守隆信に就き、憤慨した大友氏に攻められ、城を囲まれたとされる。西牟田城は要害が固くはなく、天正七年に生津城を築城した。

西牟田城周辺は、生津城が築かれた後も、西牟田郷の中心として栄え、北に延びる町並みが城下町としての働きを保っていたのであろう。町並みに今なおどこか古めかしい面影を留めているようである。JR鹿児島線西牟田駅より徒歩三〇分。（塚本映子）

〔文献〕『筑後市むらの生いたちの記』右田乙次郎編。『筑後地鑑』西以三

203 溝口城《みぞぐち》

所在地　筑後市溝口
旧　郡　下妻郡

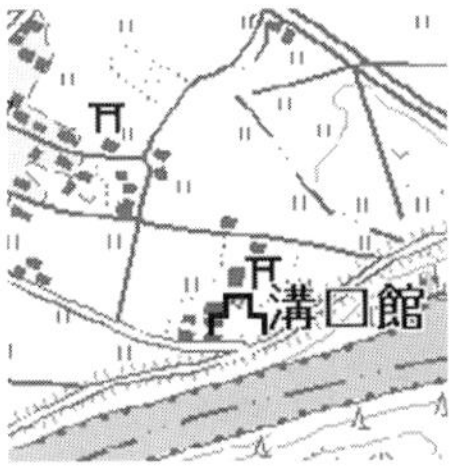

溝口氏は小弐氏系とも宇都宮氏系とも伝えられ、筑後一五城主（筑後国有力在地領主）である。矢部川を挟む小田・溝口集落を領有しており、筑後から肥後に抜ける街道の通る唐尾の渡しは、経済面・軍事面での要地である。

天文一九年（一五五〇）五月一五日、筑後・肥後国境の大津山で菊池義武の軍勢と大友方軍勢との合戦で、大友方の蒲池十郎の顕注文受領の二二日大友義鎮発給の書状に溝口要害攻略を油断なく早々と行うようにと書かれている。

同二六日、蒲池・田尻両氏に溝口要害攻略を祝い、さらに三池氏の攻略も促している義鎮発給の文書がある。

天正八年（一五八〇）、城将山下覚信が龍造寺隆信軍に攻められ落城し、山中に避難した住民は青竹を切ってキセルにしてタバコを吸ったという逸話があり、名将覚信を偲ぶキセル祭りが毎年一二月一三日竈門神社で行われる。

溝口竈門《かまど》神社が城の馬場と伝えられるが、城館の位置は長年の矢部川の氾濫と堤防の建設によって確認できていない。

八月下旬の竈門神社千明灯で溝口城を模した城のイルミネーションが灯される。船小屋温泉バス停より東へ約三キロで、溝口集落の東にある。（坂田淳一郎）

204 柳川城《やながわ》

別称　柳河城
所在地　柳川市本城
旧郡　山門郡

筑後川と矢部川の二つの川に挟まれた低湿地にできた平城で、柳川市の中心本城町一帯にある。主郭部は柳城中学と柳川高校の敷地となっている。遺構は学校敷地のため、ほとんど面影を残さず、柳城中の運動場の片隅に天守閣跡と称される石塁と後年建てられた「柳川城址」の石碑が見られる。掘割は城跡を中心に網の目のように掘られ、有事の際に備えて三つの水門を造り水城の仕組をもっている。現在その堀割を〃川下り〃として観光客をよんでいる。

この城は、文亀年間（一五〇一―〇四）に国侍である蒲池氏の持城として築かれたとされるが、草創については不明である。その後蒲池氏は柳川城を居城としたが、天正九年（一五八一）肥前龍造寺氏の持城となり、天正一五年（一五八七）には豊臣秀吉によって九州国分けが行われ、筑前立花山城主立花宗茂が三潴、山門、三池四郡一〇万石の大名に取り立てられ入城した。

立花氏は慶長五年（一六〇〇）の関ヶ原の戦いに際して西軍の石田方に属したため、柳川城は東軍の徳川方に属した黒田・加藤両氏の包囲を受けて、宗茂は開城するにいたった。立花氏は所領を失い（後に陸奥棚倉に一万石で大名に復帰する）、代わって三河岡崎から田中吉政が筑後一国三二万五〇〇〇石で入封して筑後藩の成立となった。吉政は国を固めるため、久留米・八女福島・黒木（猫尾）等の支城群を配置した。本城である柳川城を積極的な城郭整備に着手した。慶長七年（一六〇二）国元の留守をまもる「三奉行」らに対し、城門の造営や天守台の建造から石垣の敷木調達、本丸・西の丸の作事、さらに堀割水際に設ける虎落にまで

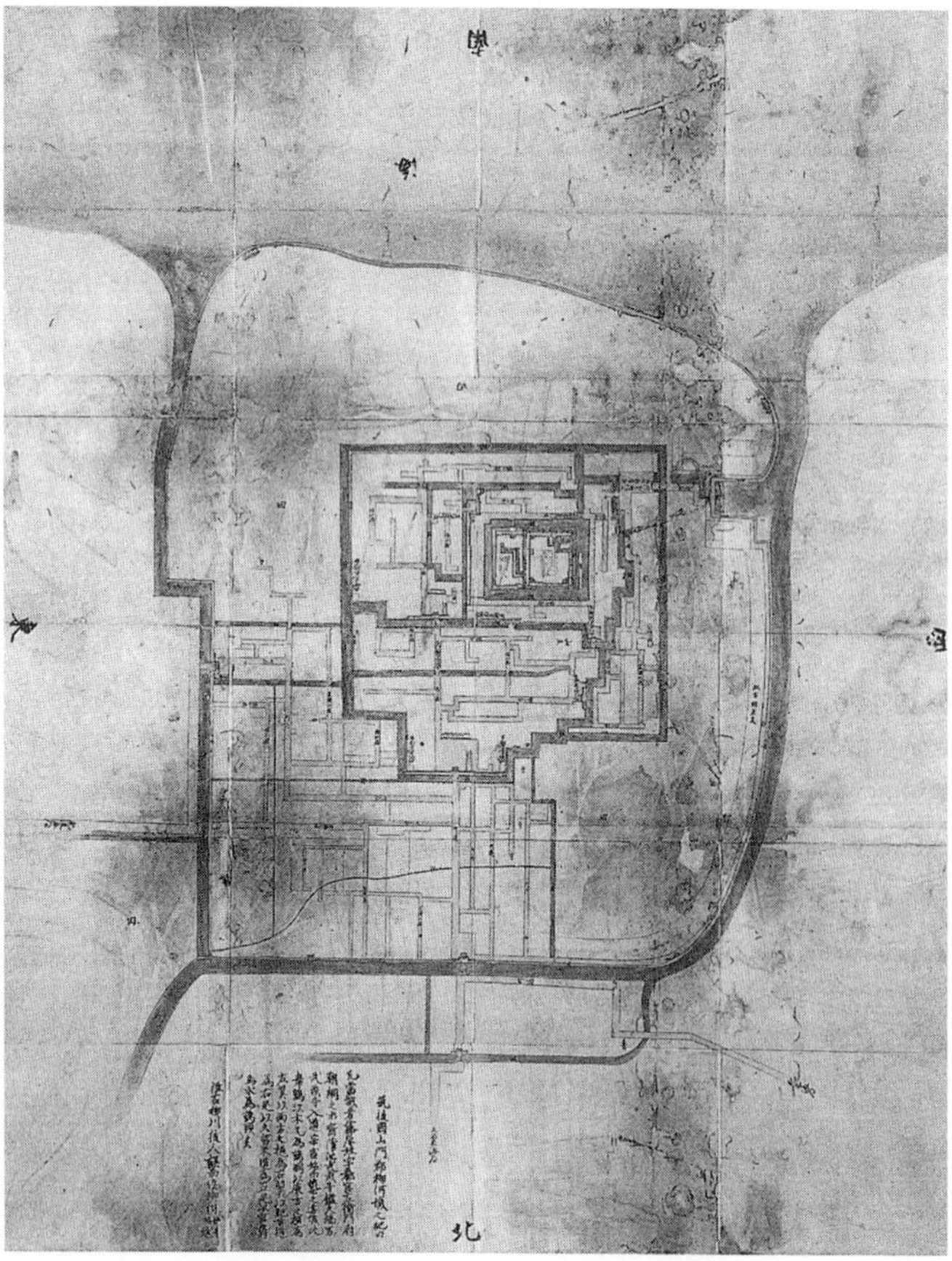

柳川城絵図（福岡県立図書館蔵）

細かな指示を書き送る。

五層の天守閣も吉政の代に成ったもので、後日立花氏時代の絵図には主郭部として石垣で囲まれた本丸とその東に隣接する二の丸が描かれている。吉政が指示した「西の丸」が何を指しているのか定かではない。また『慶長七年台所入之掟』では、柳川城や天守閣造営について指示が多く出されている。しかしながら、田中家は無嗣改易となり、元和六年（一六二〇）末から再び立花氏の居城となり、本丸・二の丸を囲むように三の丸が展開している。三の丸は重臣たちの屋敷が連なっていて御蔵（東三の丸）や御厩（南三の丸）も設けられていた。これが西の丸になるのか疑問である。以後、立花氏の居城として明治維新を迎えた。明治五年（一八七二）失火によって天守閣を含め本丸などを焼失してしまっている。

西鉄大牟田線西鉄柳川駅下車、徒歩二五分。または、南筑交通バス（西鉄柳川駅から沖端南町行）柳川高校前下車、徒歩二分。

（副島邦弘）

〔文献〕『柳川市史　新柳川明証図会』

205 蒲池《かまち》城

別　称　鎌池城
所在地　柳川市西蒲池宮の前一帯
旧　郡　三潴郡

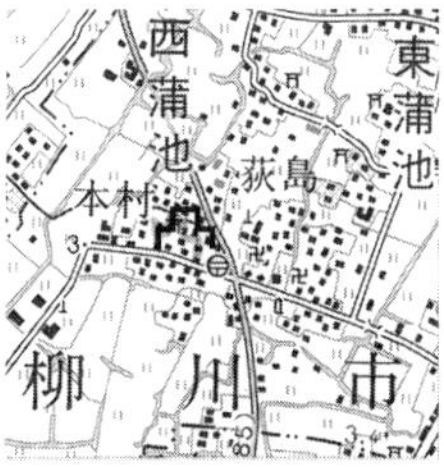

国道三八五号線西側の西蒲池《にしかまち》集落がある微高地に城郭がある。この辺りを本村と言う。三島神社《みしまじんしゃ》およびその周辺には城と関連するとおもわれる幅二～三メートルの堀や使用されていない堀跡も含めて数カ所を確認する事ができた。三島神社の敷地は東西五四メートル、南北三八メートルの長方形の区画をしており、四方を堀が巡っている。さらに、長方形郭内は周囲より約一メートル高くなっていることから城の中心的施設と思われる。しかし、その全容は明らかではない。今後に供するため図には城郭に伴うと思われる堀割《ほりわり》と堀割跡を描きこんだ。なお、東蒲池の崇久寺の西側に蒲池城跡の石碑が建っているあたりを蒲池城跡とする見解もある。低湿地でもあり立地としても城郭に適していない。

応安五年（一三七二）七月、豊前国の隈元政幸《くまもとまさゆき》は今川了俊《りょうしゅん》の弟今川頼泰《よりやす》に従って下妻《しもつま》郡の本郷、楢林《ならばやし》両陣、瀬高の坂田原合戦を経て鎌池城（蒲池城）に至り、宿直警固にあたっている。今川了俊は、永和二年（一三七六）五月七日付け書状で阿蘇惟村《あそこれむら》に筑後出陣の時は蒲池城に配備されている肥後衆と合流するよう求めている。この頃、大友親世配下吉岡民部丞《よしおかみんぶのじょう》も蒲池城に居り活躍している。武家方の一大拠点である。

蒲池城は西鉄大牟田線蒲池駅の西、約二八〇〇メートルに位置する。（中村修身）

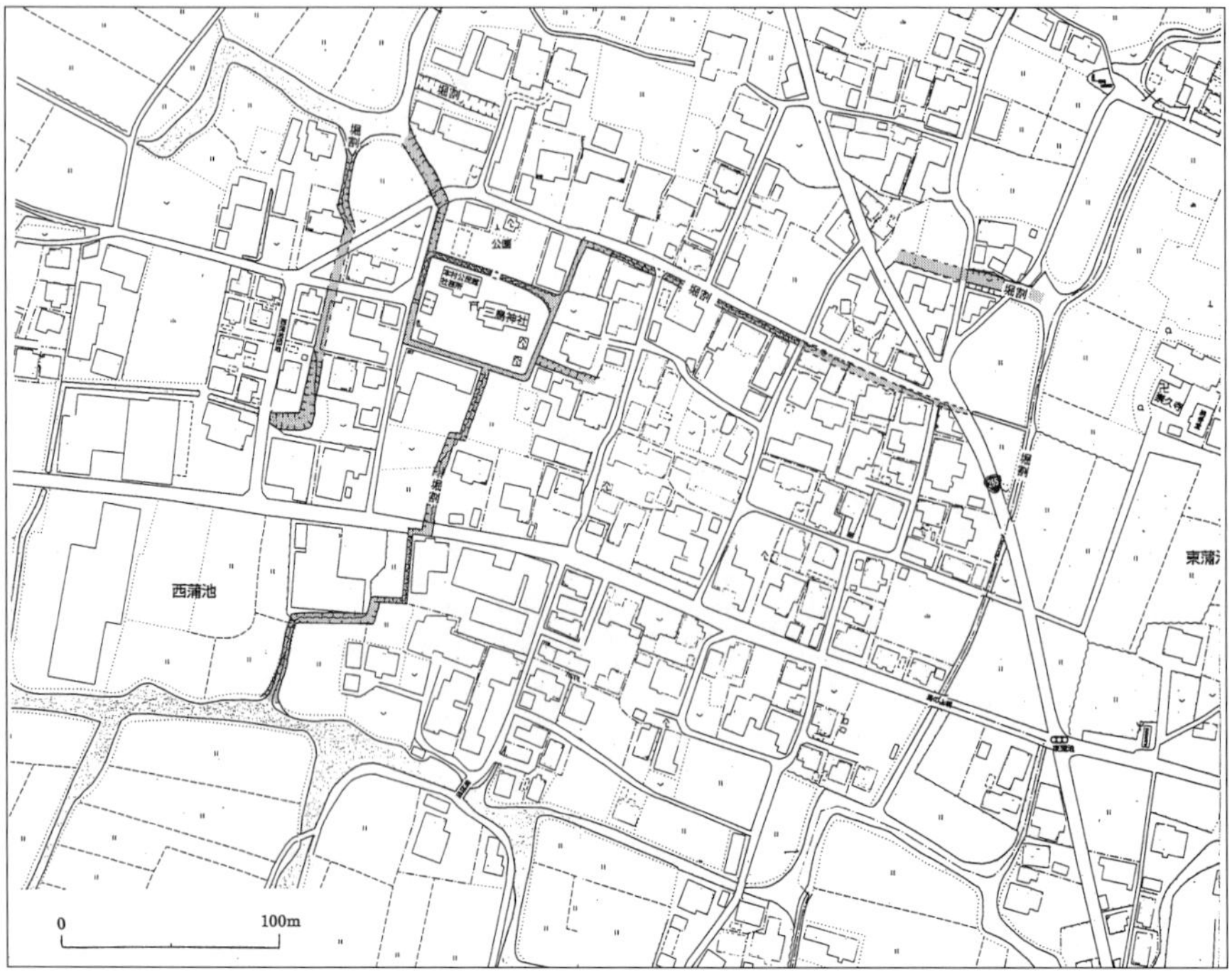

蒲池城図（中村修身作成）

206 塩塚城《しおつか》

所在地　柳川市山門町塩塚
旧　郡　山門郡

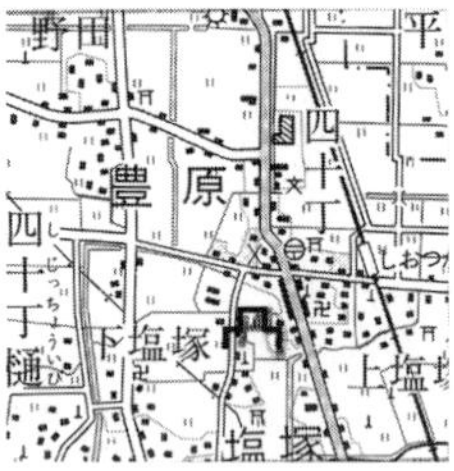

西鉄大牟田線塩塚駅の西約三五〇メートルに、塩塚城址の顕彰碑《けんしょうひ》が所在する。昭和五〇年代までは田園風景が広がっていたが、近年宅地化が進み旧地形は解り難くなっている。昭和四四年に建てられた塩塚城址の顕彰碑周辺は、昭和六〇年頃まで一面は水田であり、城郭の立地としては適切ではなく検討を要する。調査対象地として現在塩塚集落がある微高地を含めるべきではなかろうか。こうしてみると、『筑後将士軍談』の塩塚城を佐留垣城《さるかきじょう》に当てる説の紹介は見落とせない。

『太宰管内志』によると、天正九年（一五八〇）龍造寺隆信は蒲池鎮並《かまちしげなみ》に居城の破却を命じる。これに対して蒲池鎮並舎弟、蒲池統春《むねはる》らは塩塚城に立て籠り抵抗した。蒲池統虎《むねとら》、並安《なみやす》ならびに一族郎従等を召集し戦う。

塩塚城跡の石碑

寄せ手の先陣は田尻鑑種《たじりあきたね》、二陣は小代親傳《しょうだいちかみち》であった。（中村修身）
〔文献〕『太宰管内志』伊藤常足。『筑後将士軍談』矢野一貞
『筑後国主田中吉政・忠政』中野等

207 津留《つる》城

所在地　柳川市大和町西都留
旧　郡　山門郡

津留城は柳川市鷹尾城《たかおじょう》から北へ約一キロメートルにある。現在矢部川右岸にある西津留《にしつる》集落を堀割で防備した二つの長方形区画が城郭と考えられる。城域《じょういき》は周囲の水田より幾分高く約一万八千平方メートルの面積である。津留城があった天正年間の矢部川は西都留集落の北から西そして南側を蛇行《だこう》しており、西津留集落は天然の要害地となっていた。主要地方道大和城島線の東側横と西津留集落の西側をゆるやかに湾曲《わんきょく》して流れる堀割《ほりわり》とそれに添う道は旧矢部川の名残である。

みやま市堀切城、同江浦城、同浜田城とともに田尻氏（鷹尾城）の端城で、天正一一年（一五八三）ころの城番は田尻岩見守《いわみのかみ》である。西鉄大牟田線塩塚駅より東に道行き約二〇〇〇メートルに位置する。西都留集落の中央に石碑が建っている。（中村修身）
〔文献〕『柳川市史　資料編Ⅲ』。

津留城図（中村修身作成）

208
鷹尾城《たかお》

別称　高尾城
所在地　柳川市大和町鷹ノ尾
旧郡　山門郡

鷹尾城の位置、縄張りの復元は充分とはいえない。鷹尾集落内鷹尾神社が鎮座《ちんざ》し東西にのびる微高地は、東、南、北を旧矢部川が取り囲んでおり自然の要害《ようがい》となっている。

ここでは、鷹尾集落に土塁の痕跡《こんせき》を留めないようなので、堀割とその痕跡を調査することで鷹尾城の縄張りに迫ることとしたい。鷹尾集落の中に丘陵（集落）を南北に遮断する堀割が五条確認できる。集落の西端の堀割は幅が一七メートルを超える。また集落内の堀割もそれに匹敵する規模に復元できる。それらの堀割を東西につなぎおおむね長方形区画の痕跡を読み取ることができる。集落西端の大堀の近くに大手口の字名が残っている。鷹尾神社東側の崖と堀は城郭遺構の可能性が強く、いいかえると主要地方道大和城島線が城域の東端を示すのではなかろうか。

鷹尾城は蛇行した旧矢部川に取り囲まれており、天然の要害の地である。大規模な城郭である。天正の動乱期を生きた上井覚兼《うわいがっけん》は鷹尾城を田尻氏の住城と評している。

天文四年（一五三五）と思われる九月三日付け書状で田尻伯耆《ほうき》守《のかみ》親種《ちかたね》は大友義鑑《おおともよしあき》に居城《きょじょう》水手《みずがて》損傷のため鷹尾に新城《しんじょう》を造り移転する事の許可を求めた。小田部民部少輔は新城移築が義鑑に了承され

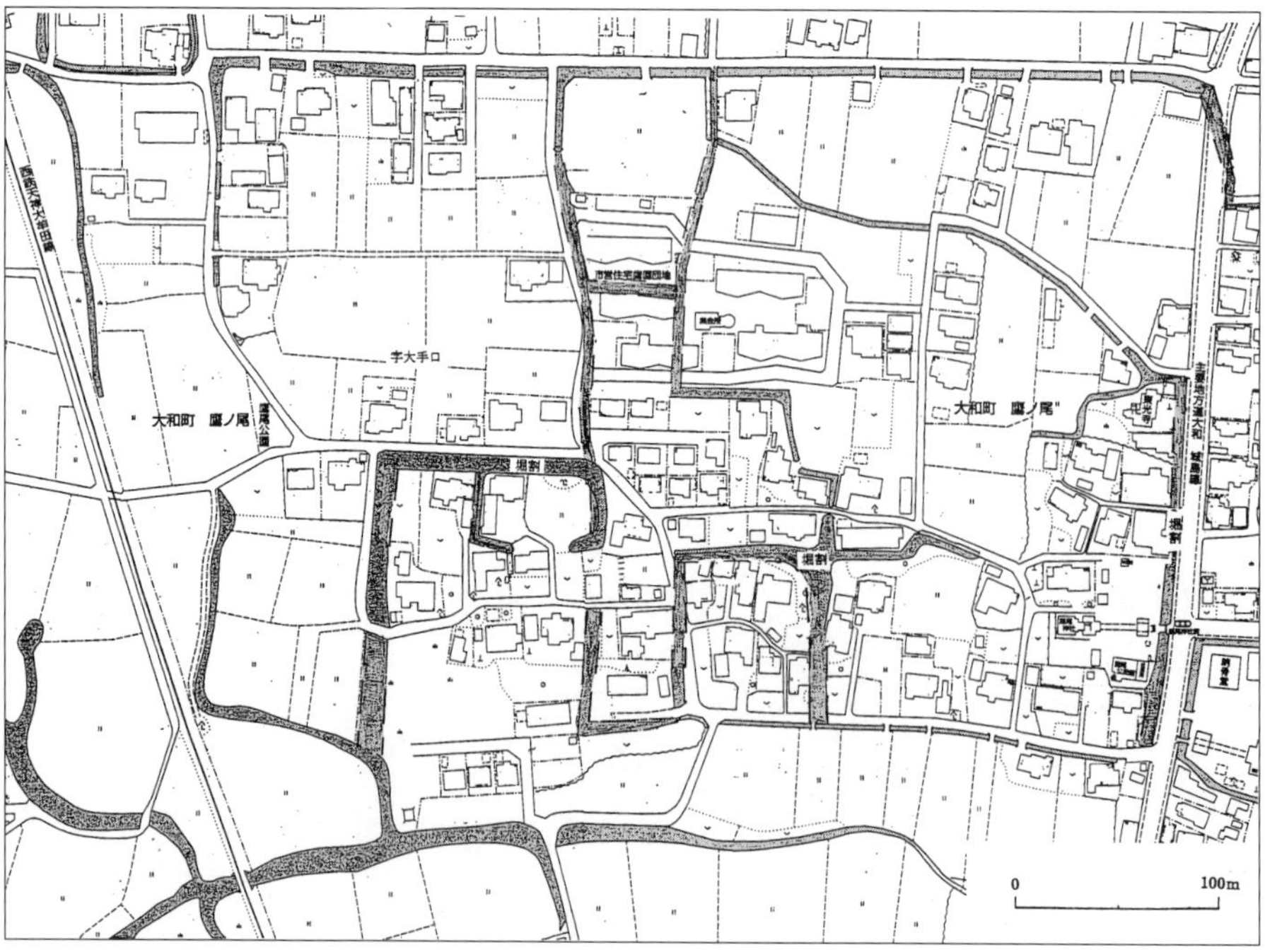

鷹尾城図（中村修身作成）

たことを悦ぶとともに田尻氏の取合いを疎略《そりゃく》にしない意向を伝えている。

天文一九年（一五五〇）四月筑後国で三池《みいけ》上総介《こうずけのすけ》、溝口丹後守、西牟田らが争乱の折、田尻伯耆守親種、田尻又三郎は大友義鎮方として鷹尾城に在城し数日間防戦した。四月二八日には鷹尾城に攻め懸かった三池勢を撃退した。

天正七年（一五七九）ごろ田尻鑑種は隆造寺隆信親子へ起請文を送り、所領安堵と盟約を結んだ。天正一〇年（一五八二）八月頃、龍造寺山城守隆信、龍造寺民部太輔久家《みんぶたいすけひさいえ》に対し田尻伯耆守鑑種の謀反の曲風説が広まる。龍造寺山城守隆信、龍造寺民部太輔久家は田尻鑑種に対して、鑑種謀反の曲風説は龍造寺からのものではないこと、相互の信頼回復を要請、このようなことが再度に及べば鉾楯の覚悟であるとの起請文《きしょうもん》を送った。九月一九日には蒲池鎮運は田尻鑑種の鷹尾籠城に際して起請文を送り、同盟を約束した。鍋島飛騨守信生は鹿子木氏に命じて、田尻氏立て籠もる鷹尾城攻略のため向城《むかいのじょう》を造る。一一月二五日、田尻氏は島津氏に兵船の支援を要請した。島津氏は天正一一年（一五八三）正月六日柏原左近将監、滝聞越後守に出船を命ずる。閏《うるう》正月二八日帰陣、田尻氏の要請は初秋に加勢を願っていること、龍造寺方の多数の警固船を島津方の兵船で撃退して欲しいことが要請された。二月二八日嶋津氏は田尻氏支援の兵船指揮を再び柏原左近将監に命ずる。三月一五日田尻氏支援の兵船は未だ揃わず。七月ころから鍋島信生《なべしまのぶお》、高良山座主麟圭《りんけい》等の仲介で和議の交渉が水面下でおこなわれた。

一一月一五日に田尻鑑種は島津氏に使者を遣わし、龍造寺氏と和平交渉があったこと、また、それにもかかわらず島津氏の下知《げち》に従う意向をつたえた。一一月二七日、龍造寺隆信、同政家は田尻長松丸に、降伏を受け入れるとともに今後疎略《そりゃく》にしないことを約束し、和議が成立した。また、鍋島信生や龍造寺氏老臣等は鷹尾城の明け渡しを条件に田尻氏の身の安全および領地二〇〇町（一九八万二〇〇〇平方メートル）を保証している。同時に田尻鑑種は本城として鷹尾城と支城として江浦城、堀切城、浜田城、津留城の保持が認められた。天正一二年（一五八四）一〇月七日の時点では、妻子は龍造寺氏に人質《ひとじち》として取られている。大友義統は朽網宗歴に、田尻氏への援軍《えんぐん》が豊前方面への陣替《じんが》えのため機を逸したことを伝えるとともにその対策を命じた。さっそく田尻氏との接触《せっしょく》を計った。一方田尻氏は島津氏へ筑後の情勢と自分の立場を伝えた。

西鉄大牟田線西鉄中島駅より西へ約一〇〇〇メートルに位置する。

（中村修身）

鷹尾城の堀

〔文献〕『柳川市史 資料編Ⅲ』。『筑後国主田中吉政・忠政』中野等

209 蒲船津城《かまふなつ》

所在地　柳川市蒲船津
旧　郡　山門郡

柳川市から筑後市に通じる国道四四三号線の蒲船津バス停の南側に位置するとされている。『若菜《わかな》篭《のかご》』と言う書籍が蒲船津城に関する記載の最初であろうか、しかし、『若菜篭』に記されている蒲船津城の内容に不自然な点が多々見られる。現地の説明板には正確な位置は良くわからないとしながら、当該地をあてた理由として、次郎丸、旗角目や門《もん》の内《うち》などの地名があることを挙げている。これらの地名が城郭を表しているとするには他にも傍証が欲しい。もう一つの理由として周囲の水田より幾分高い微高地を幅約六メートルの堀割が囲んでいることが挙げられている。堀割《ほりわり》が縦横《じゅうおう》無尽《むじん》に巡らされている筑後平野であるだけに用水と城堀《しろほり》の違いを明らかにすべきである。その他には土塁などの遺構は見られない。伝えられている蒲船津城は蒲船津集落と密接に関連している。

『太宰管内志』には、天正一〇年（一五八二）春、鍋島《なべしま》飛騨《ひだ》守《のかみ》信《のぶ》直《なお》率いる下村生運、富田《とみた》喜左衛門《よしざえもん》は蒲池《かまち》益種《ますたね》が籠城する蒲船津城を包囲し攻落し、益種を討取った、と記している。

西鉄バス蒲船津バス停より数分に位置している。（中村修身）

〔文献〕『太宰管内志』伊藤常足

蒲船津城推定地　3000分の1

210
堀切《ほりきり》城

所在地　みやま市高瀬町河内堀切
旧　郡　山門郡

柳川市鷹尾城から南東約一・五キロメートル、筑後平野のまっただ中に位置している。西鉄大牟田線中島駅から東約一キロメートルの堀切集落内にある。堀切集落内の荒仁神社横、幅約三メートルの堀に囲まれ周囲より約一メートル高くなっている所が堀切城である。面積約二二〇〇平方メートル、小規模な城郭である。農村集落と密接な関連を持った城郭である。

みやま市江浦城、同浜田城、柳川市津留城とともに田尻氏（鷹尾城）の端城である。『太宰管内志』には、天正一〇年（一五八四）竜造寺政家は肥前勢を率いて田尻氏を攻めた時堀切城の城番は大木宗繁《むねしげ》と、記している。田尻家文書によると、天正一一年（一五八三）ころの城番は福山将監である。上井覚兼《うわいかくけん》日記の天正一三年（一五八七）九月一八日項に、島津氏が堀切城を落とし、一九日の項には島津氏と鍋島氏が堀切城と江浦城の事で対立したことが記されている。また、伊集院忠棟《いじゅういんただむね》は蒲池鎮運に堀切城を落としたことを告げ、味方になるよう申し入れた。

九月二九日に上井覚兼の所へ堀切城の新納右衛門佐より書状が出されている。

ＪＲ鹿児島本線南《みなみ》瀬高《せたか》駅より西南に道行き二五〇〇メートルに位置する。（中村修身）

〔文献〕『柳川市史　資料編Ⅲ』

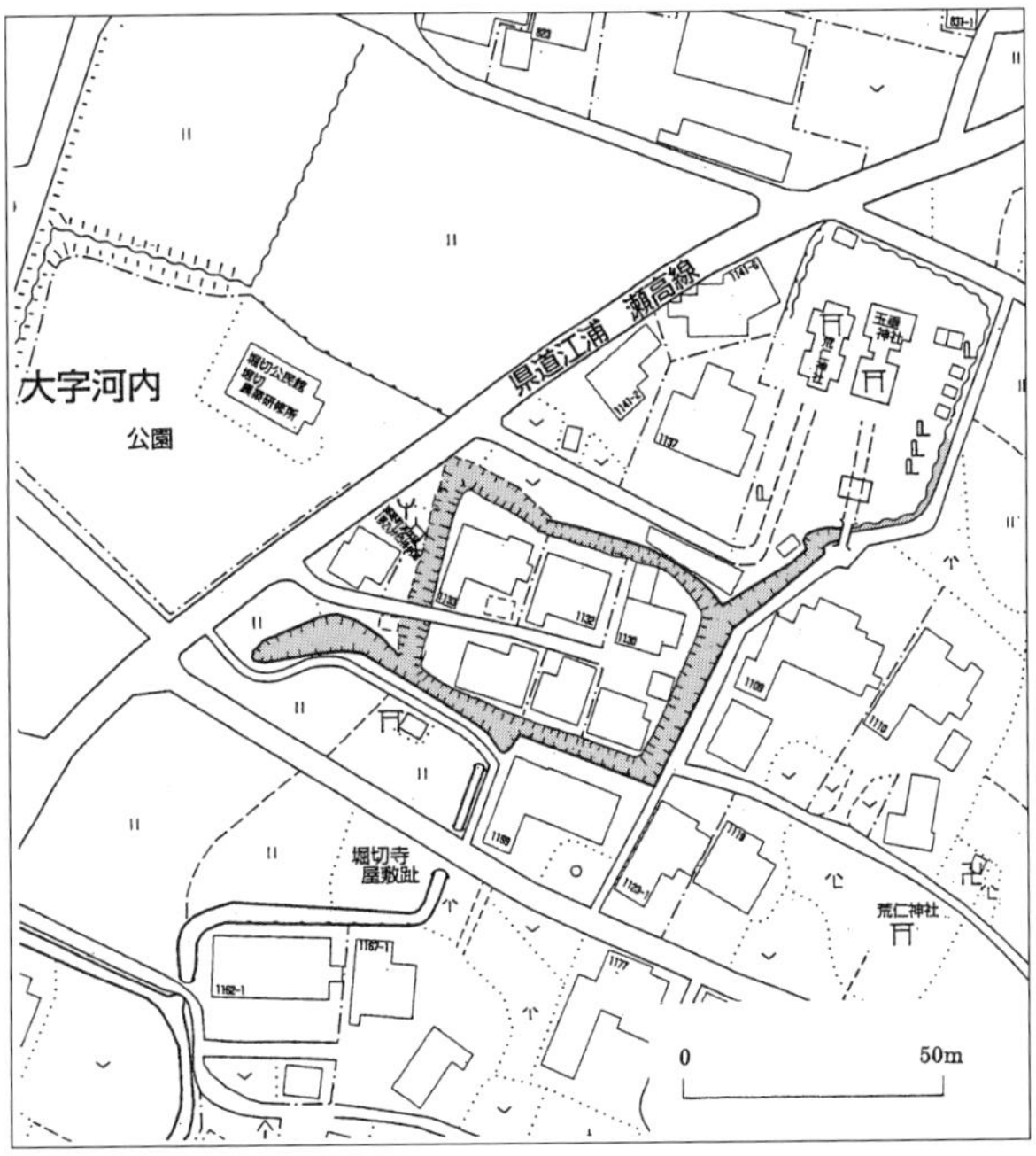

堀切城図（中村修身作成）

211 竹井城《たけのい》

別称　萱津城《かやつ》、竹井萱津城
所在地　みやま市高田町竹飯《たけのい》
旧郡　三池郡

萱津城《かやつじょう》、竹井萱津城ともいう。飯江川左岸の竹飯《たけのい》集落が位置している低丘陵の西端、竹海小学校西側とする説などがあるが、確定に至っていない。竹飯は竹井が変化したと云われている。竹井城は四つの寺院が存在する竹飯集落と密接に関連する場所と思われる。

康永二年（一三四三）七月四日守護方荒木家有らは凶徒等が立て籠もる竹井萱津城をせめた。

大友義鎮は、天文一九年（一五五〇）七月一三日の竹井原合戦での田尻伯耆守の働きに対して感謝状を贈っている。（中村修身）

〔文献〕『太宰管内志』伊藤常足

満願寺石碑群（竹井氏の墓）

212 宮園城《みやぞの》

所在地　みやま市高瀬町大字大廣園
旧郡　山門郡

宮園城《みやぞのじょう》は矢部川支流大根川《おおねがわ》左岸の微高地とされている。宮園集落内の東照寺《とうしょうじ》境内の一部が城跡と伝えられている。当該地は大根川の蛇行によって出来た楕円形《だえんけい》の島であり、本丸、東二の丸、西二の丸の地名が付けられている。これら地名から城郭と判断したのであろうか。なにか他に証明するものが欲しい。近年の東照寺改築にともない旧地形が失われていることもあって、城郭《じょうかく》に関する遺構《いこう》は見られない。「宮園城武士無名戦死者供養の碑」が立っていたようだが、今は見あたらない。

『旧柳川藩志中巻』に宮園城址、東山村大字大廣園にあり。東西一〇間南北二八間、集落の西南にあり、と記している。仮にこれを基に判断すると、砦などの小規模城郭となる。東西一〇間南北二八間の面積規模は本丸、東二の丸、西二の丸の字を合わせた面積よりはるかに小さい。今後の調査研究が待たれる。

JR鹿児島本線南瀬高駅下車、東へ道行き約二三〇〇メートルに位置する。東照寺を尋ねるとよい。（中村修身）

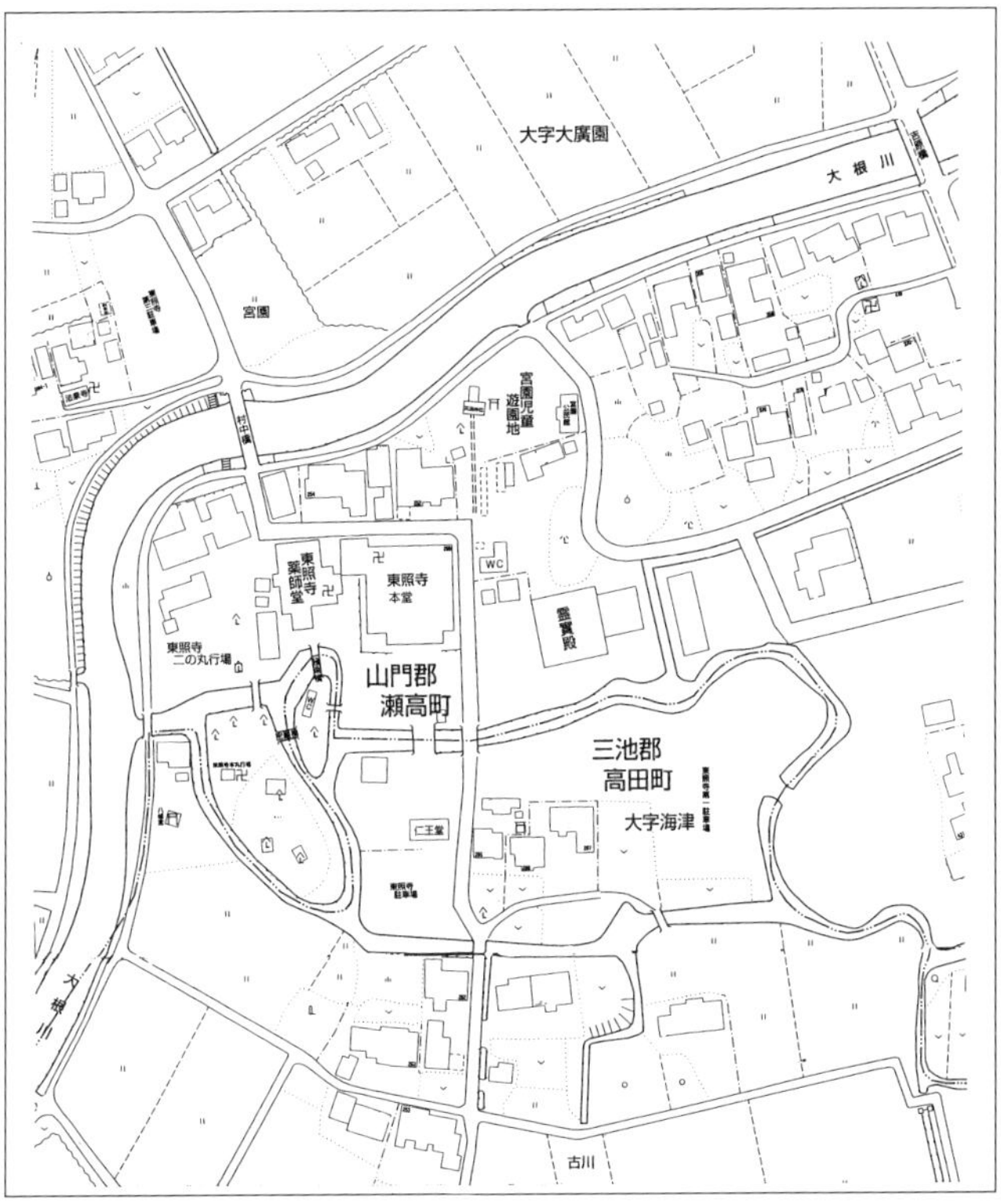

宮園城推定地

213
松延《まつのぶ》城

別　称　吉井城
所在地　みやま市高瀬町松田字松延
旧　郡　山門郡

吉井城《よしいじょう》ともいう。柳川から熊本県南関《なんかん》を経て山鹿へ通じる国道四四三号線吉井信号の東側約三〇〇メートルに位置し、水田に囲まれた独立した低い台地である。この地域の堀割、水田区画、土地の高低など景観《けいかん》は昭和五九年代と大きく変わってしまった。ここでは昭和五九年当時の記録をもとに平成一八年の地図で縄張《なわば》り復元をした。

この台地（城跡）を少し離れて、南側には集落や寺院があり、東側には鎮守の森がある。周囲の水田と台地（城跡）の比高差は約三メートルである。東西八五メートル、南北七〇メートルの変形六角形の台地とそれを囲む堀割《ほりわり》がある。堀割は幅約四～五メートルで城郭の名残と思われる。台地上の城郭にともなう旧形は後世の畑作などで変形されているため確認しづらいが、北、東、西側の各縁に土塁の痕跡をみることができる。石垣などは確認できない。

なお、この台地に近接して、堀割に囲まれた地区を東二の丸、西二の丸、南三の丸、北三の丸などの地名がある。これを城域とする見解がある。一の丸、二の丸の地名は筑後平野では水田や畑の名を示す場合も多く、城跡と決定するにはそれなりの検討を要するとの意見も多い。

天正一二年（一五八四）一一月四日、筑後松延へ龍造寺家晴《いえはる》が攻

め込んだ折、大友方として蒲池鎮運が応戦し撃退した。蒲池勢も甚《じん》大《だい》な損失を被った。龍造寺方は松延城《まつのぶじょう》の摂取を狙ったのであろうか。毛利藩の密偵《みってい》か遺した「筑後之国之城数之事」によると江浦城、松延城、赤司城、榎津城、久留米城の田中柳川藩の支城が記されている。さらに、慶長一一年（一六〇四）段階では松延城主とし松野主《まつのしゅ》馬《め》の名を記している。田中吉政が家臣に対して出した「慶長七年台所入之掟」には松延城は記載されていない。松野主馬は元来小早川秀秋の家臣であったが、慶長八年秀秋の死去による小早川家の断絶の後、田中吉政に仕えたと伝えられていることとあわせて、短い田中支配のなかでの変遷と見る事ができる。

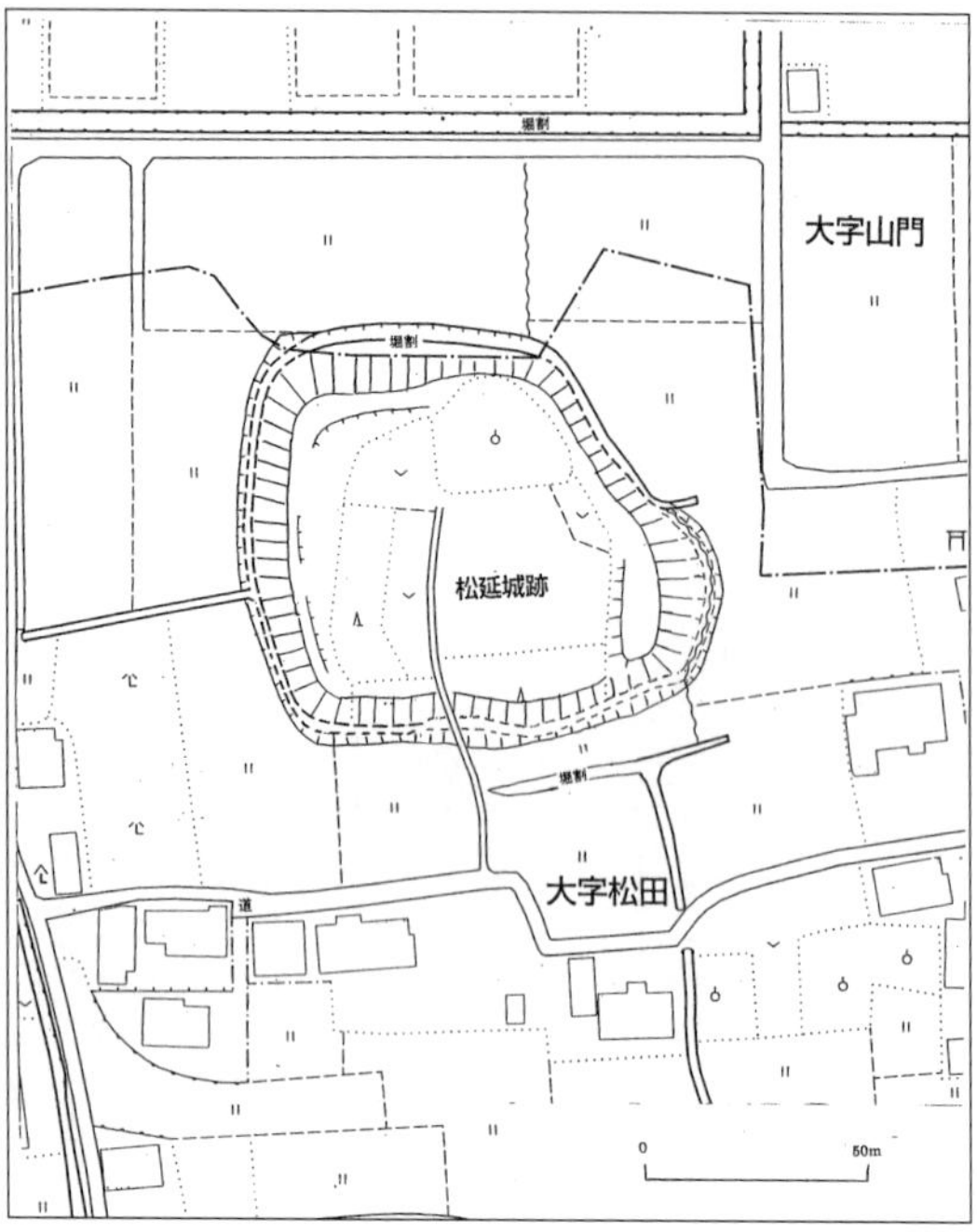

松延城図（中村修身作成）

国道四四三号線団地前下車、東へ道行き約二五〇メートル、田んぼの中にある。（中村修身）

〔文献〕『柳川市史 資料編Ⅲ』。
『筑後国主田中吉政・忠政』中野等

214
田尻城《たじり》

所在地 みやま市高田町大字田尻
旧 郡 三池郡

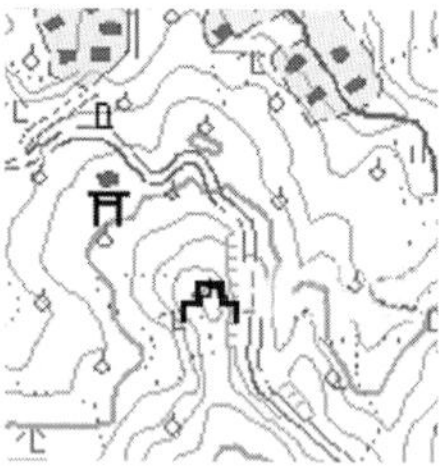

矢部川の支流飯江川に沿った山麓集落の田尻地区背後の丘陵を城郭としている。中腹に田尻氏祖を奉る森山宮という神社があり、その裏側山林に遺構がある。

連郭式山城である田尻城は南側の標高一一〇メートルのミカン畑の山から派生する尾根上にあり、尾根がくびれた場所を二本の堀切で切断している。高低差一〇メートルの切岸の上が数段の帯郭を左右にもつ幅五メートル、南北約二〇メートルの主郭となる。高低差五メートルの堀切を降りて第二郭となる不整地の郭が西に曲がる。その先の竹林に皇太子夫妻（元天皇）成婚の石碑がある。

さらに階段状に整地された尾根を下ると森山宮となるが、通路は北側のミカン畑の作業道で森山宮拝殿裏に出る。城内は古いミカン畑が荒廃した竹林になっており、縄張りの帯郭にミカン畑の段差が連続して造成されており、どこからが遺構なのか判別できない。

田尻氏は寿永年間（一一八二〜八四）太宰大監原田種成の三男種実が三池庄田尻に移り住み田尻三郎と称したのが始まりと言われる国人領主で、大蔵春実の後裔と言われている。田尻氏は筑後守護職大友氏の旗下、筑後一五城主のひとりと数えられた勢力であり、寛正六年（一四六五）の菊池氏により筑後守護職奪還戦においても菊池方につく南筑後武将のなかで大友方としての姿勢を示している。

天文四年（一五三五）九月、大友義鑑は田尻親種から申請のあった、田尻城水の手の損傷を理由に鷹尾新城（柳川市大和町鷹ノ尾）への城郭移築を赦しており、一二月、鷹尾城築城の祝儀を贈っている。居城としての使命はこの頃に終わっていると思われる。

移転した鷹尾城は、矢部川下流域の湿地帯に囲まれた津留・江ノ浦・浜田・堀切城など四支城とともに、後年の龍造寺隆信の猛攻を耐え抜いている。

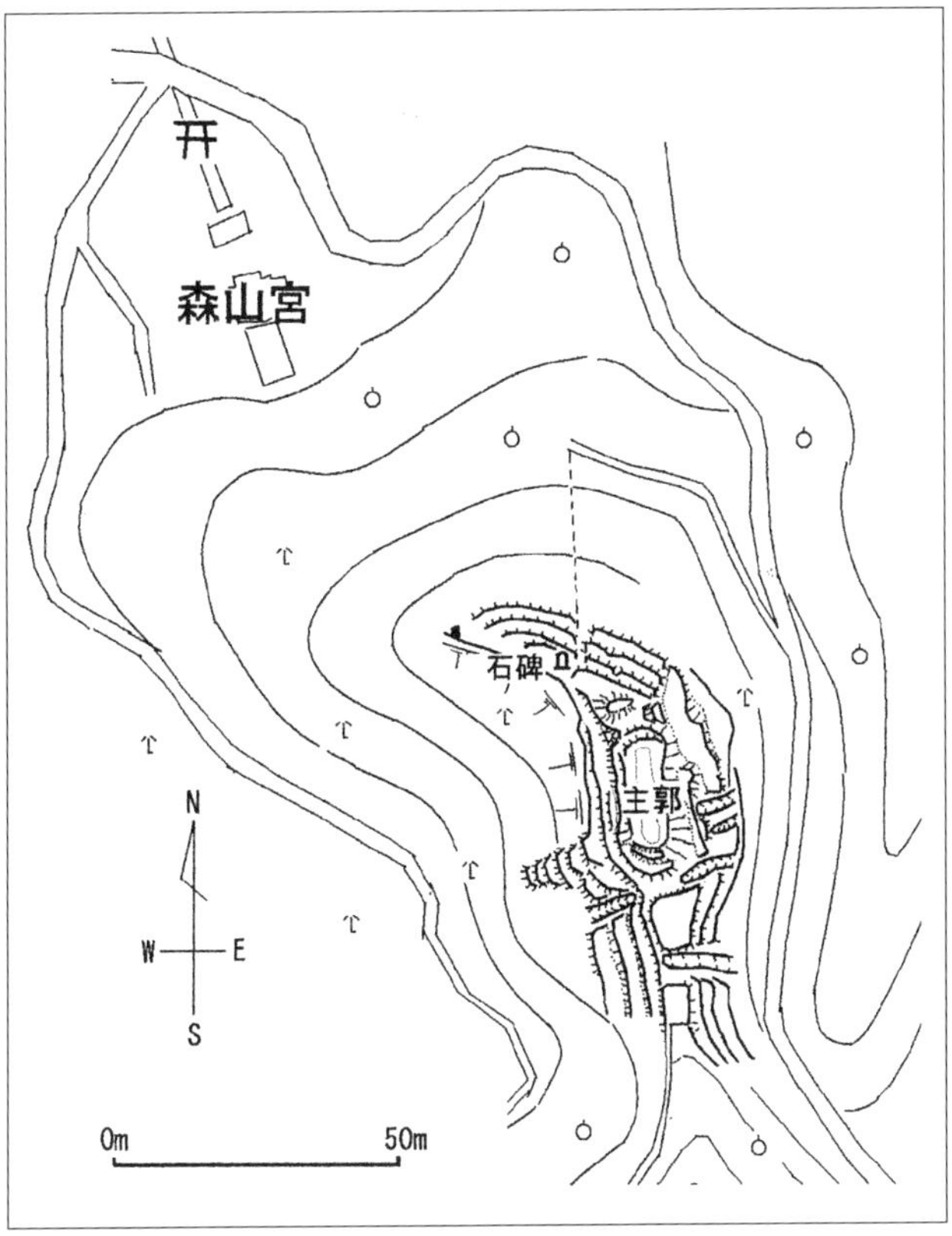

田尻城図（坂田淳一郎作成）

田尻城遠景

田尻城へはＪＲ鹿児島本線南瀬高駅から県道七一四号線を南東へ三キロメートルで田尻集落の田尻橋。集落を山側にぬけて森山宮参道をのぼりたどり着ける。タクシー・マイカー利用が勧められる。（坂田淳一郎）

215
浜田《はまだ》城

所在地　みやま市高瀬町浜田
旧　郡　山門郡

柳川市鷹尾城《たかおじょう》から東へ一・七キロメートル、筑後平野の真っ只中に位置している。矢部川の東側浜田集落の東側、天満宮の東側に周囲より一段高い方形区画を堀が巡っている。堀は幅約六メートルで、三方は良く残っている。東側の堀は埋もれているが細長い窪地として痕跡を辿ることはできる。面積約四五〇〇平方メートル、小規模な城である。天満宮も四方に堀が巡っており、城域の可能性は残る。なお、浜田城の位置については浜田集落の別の位置を比定する見解もある。いずれにしても、農村集落と密接な関連を持った城郭である。

みやま市堀切城・同江ノ浦城・柳川市津留城とともに田尻氏（鷹尾城）の端城《はじろ》であり、天正一一年（一五八三）ころの城番は田尻大蔵である。

JR鹿児島本線南瀬高駅より西南に道行き約一三〇〇メートルに位置する。（中村修身）

〔文献〕『柳川市史　資料編Ⅲ』

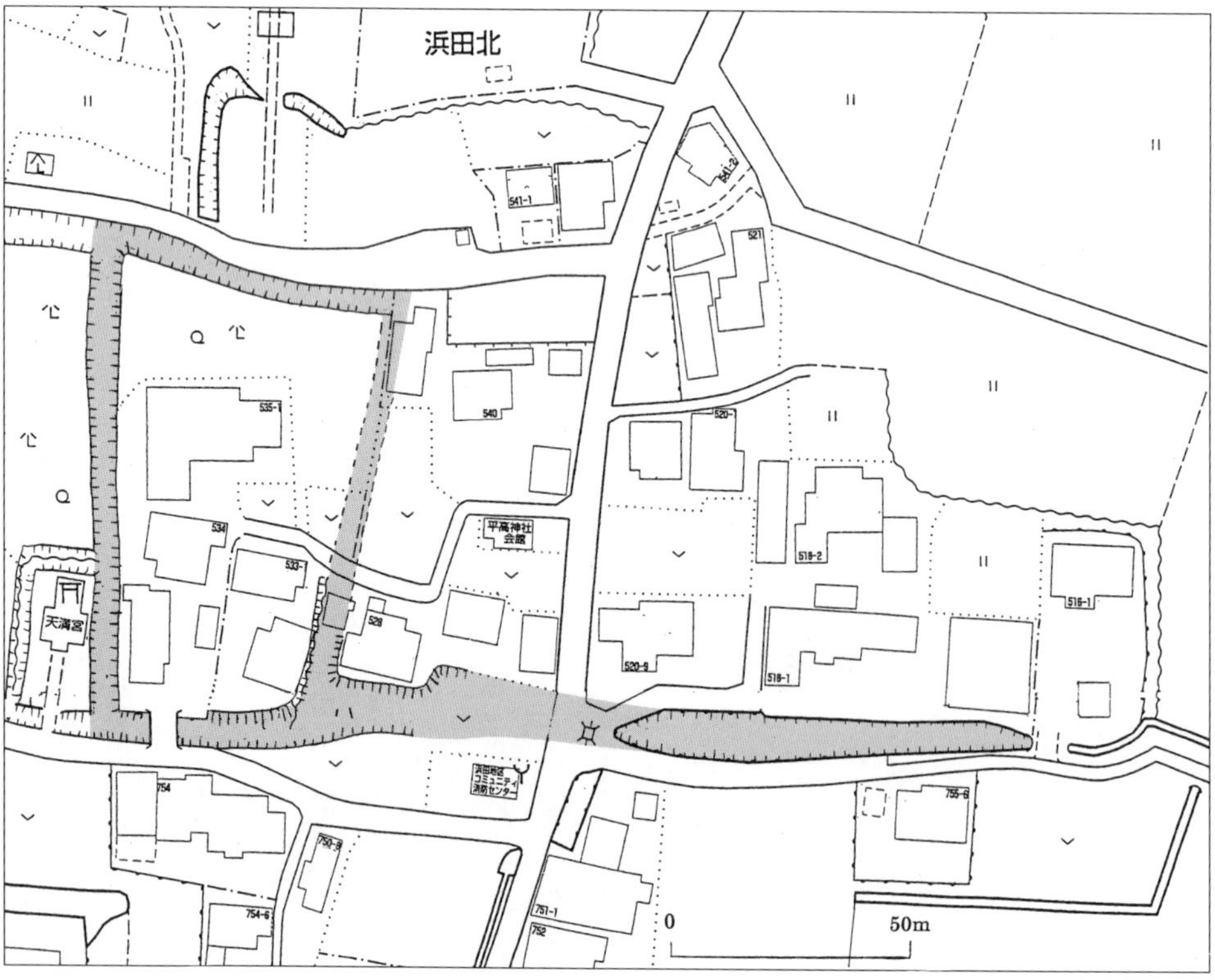

浜田城図（中村修身作成）

216

江《え》ノ《の》浦《うら》城

別称　江村之城、江浦之城
所在地　みやま市高田町江浦
旧郡　三池郡

当該地は旧矢部川河口近くの左岸にあたるが、慶長期以前は有明海に面し、その後の干拓で西側が広大な水田となった。西鉄大牟田線江の浦駅から北、約一キロメートルの交差点に本丸の表示がある。ここは掘割に囲まれ、北、南、西側よりいくぶん高い一万八〇〇〇平方メートルの概ね方形区画となっている。縄張り図の破線部分は圃場《ほじょう》整備によって堀割が埋め立てられた。伝承《でんしょう》どおりこの地が江ノ浦城である。中規模な城郭である。

天正一〇年（一五八二）一二月一〇日、田尻氏は江村之城（江ノ浦之城）へ攻め寄せた龍造寺勢を撃退した。田尻氏（鷹尾城）の端《は》城《しろ》であり、天正一一年ころの城番は田尻龍哲《りゅうてつ》である。天正一二年有馬合戦で田尻了哲（龍哲）が戦死したのにともない、隆造寺政家は了哲の息子田尻彦七郎に江之浦三三町の知行を認めた。これにともない田尻彦七郎は江浦城番も命じられたと考えられる。天正一二年一〇月七日の上井覚兼日記によると、田尻鑑種は島津方に、江浦には豊後勢の支配下にあるが、そのなかに配下の者がいるので調《ちょう》略《りゃく》すれば容易に江浦城は攻略できる、と告げてきている。天正一三年（一五八五）九月一八日項には、島津氏が堀切城を落とし、島津勢が到着したことが記している。一九日の項には島津氏と鍋島氏が

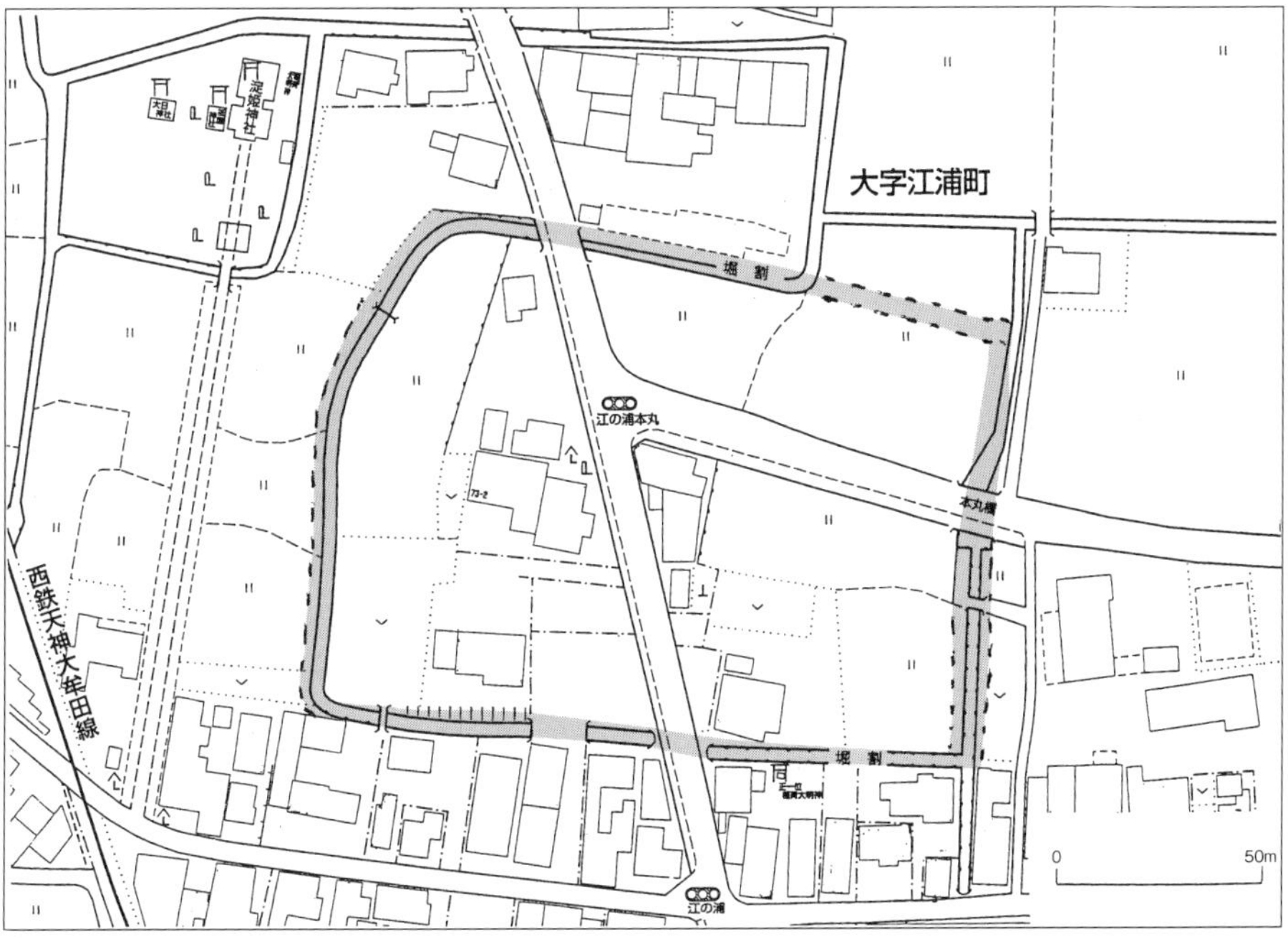

江ノ浦城図（中村修身作成）

堀切城と江ノ浦城の事で対立したことが記されている。また、九月一九日に伊集院忠棟は蒲池鎮連に対し、阿蘇氏は降伏し堀切城は陥落した、江浦城も三日中に陥落させるので、早く味方になって忠節を尽くすよう申し入れた。まもなく、島津勢は江ノ浦城を攻め落とした。

長州藩の密偵が遺した「筑後之国之城数之事」によると田中柳川藩の支城として江浦城、松延城、赤司城、榎津城、久留米城が記されている。さらに、慶長《けいちょう》一一年（一六〇四）段階では江浦城代とし宮川《みやがわ》才兵衛の名を記している。才兵衛の名に関しては、伊万里市種親寺所蔵の江戸時代前半に描かれた「鷹尾城付近図」の江ノ浦城と思われる箇所に「才兵衛へとり遺し候城」の記述があり興味深い。

江ノ浦城西側堀の名残

（中村修身）

〔文献〕『柳川市史 資料編Ⅲ』。『筑後国主田中吉政・忠政』中野等

217 今福《いまふく》城

別称　豊福城
所在地　みやま市高田町今福
旧郡　三池郡

豊福城《とよふくじょう》ともいう。矢部川支流飯江川左岸丘陵にさしかかるあたりにある今福池の西側横、今福集落の南に位置する城山が今福城である。現在、水天神社《すいてんじんしゃ》が祭られている城山《じょうやま》は標高約二〇メートルのゆるやかな起伏の独立丘陵である。丘陵上を陣取る郭群は切岸《きりぎし》と土塁で防備されている。土塁の発達や防御《ぼうぎょ》を良く考えた虎口《こぐち》は目を見張るものがある。

あまり類例をみない。面積約三三〇〇平方キロメートルと自然地形を利用した小規模城郭である。

天文一九年（一五五〇）豊後国での二階崩《にかいくず》れの変《へん》後、大友義鎮《おおともよししげ》は家督を継承した。これに対して、菊池義武《きくちよしたけ》とそれに与する筑後の諸氏は挙兵した。田尻氏、上蒲池氏、下蒲池氏は大友義鎮方として各地で戦った。義鎮方の田尻伯耆守親種は、同年七月二三日に今福、新開陣所に攻め懸かり小山山城守、小山対馬守など数十人を討ち取り勝利した。田尻伯耆守親種方も鳥丁三郎、塚本和泉守、西彦八郎など多数の死傷者を出した。

現在見ることができる今福城は天正後半期に改築されたものであろう。

国道二〇九号線今福バス停下車、北東約五〇〇メートルに位置し

ている。（中村修身）

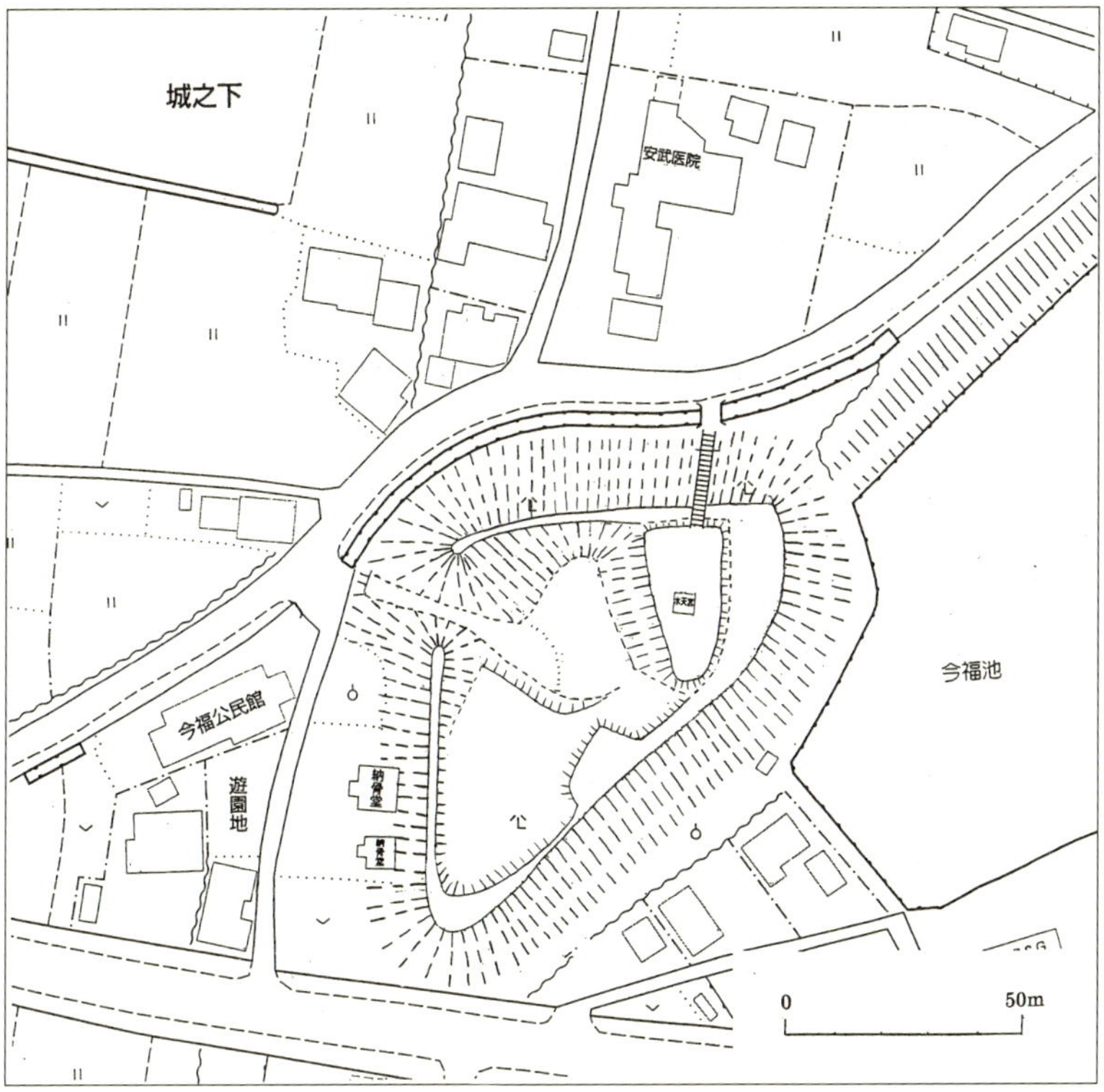

今福城図（中村修身作成）

豆知識　堀

中世の城郭で目に付くのは、竪堀、横堀、堀切である。畝状竪堀群がある。いずれも空堀で水は入っていない。これらは形状からの名称である。具体的な用途としては、堀の中は敵から見られる事なく移動ができること、敵の侵入を食い止めることなどがあげられる。いわゆる防御施設である。

各所に堀を設ける傾向は山地部の山城に多くみられ、筑後平野などの平野部の城郭（柳川市鷹尾城）は、近世城郭に普通に見られる堀と同様な水を湛えた堀が造られている。城の堀と用水などに使われる掘割との区別が難しくその実態は今後の調査に委ねられている。

城郭と関連が深い施設、在地領主の館（宅所）も水を湛えた堀を設けている場合がある。中世の城郭や館の水を湛えた堀は自然地形的な要因か、水管理が要因なのか興味ある課題である。

中世と近世では城郭の形態が著しく変わる。その一つが水を湛える堀である。行橋市馬ヶ岳城の長さ約一〇〇メートル、幅一〇メートルの水を湛えた堀は、北部九州の山城で最初の例である。島津討伐の途中、豊臣秀吉が馬ヶ岳城に宿泊したことを思えば大変興味深い。

（中村修身）

218

舞鶴《まいづる》城

別称　飯江城
所在地　みやま市高田町大字舞鶴　琴平山
旧郡　三池郡

飯江城《はえじょう》ともいう。飯江小学校の南、約五〇〇メートルの城山にある。城山は琴平山《こんひらやま》と呼ばれ、標高約九〇メートルの山頂には白峰神社が祭られている。舞鶴城東側の飯江川が開削した谷は古くより、福岡県筑後平野から熊本県南関《なんかん》町に通じる主要往還であり、中世の主要往還も太閤道として残っている。

琴平山頂部に四の郭と北東側山麓に一の大きな帯郭がある。城域《じょういき》と城外《じょうがい》は堀切《ほりきり》で区切られている。また、二の郭群は堀切でそれぞれ独立性を確保している。白峰神社（主郭）東側斜面に一〇数段の階段状《かいだんじょう》遺構《いこう》があるが、城郭との関係については今後の調査研究にまちたい。全長約一〇〇メートルであるが、小規模な城郭である。天正中頃の築城と思われる。

国道四四三号線山川会館バス停下車、南に見える山、道行き八〇〇メートルに位置する。（中村修身）

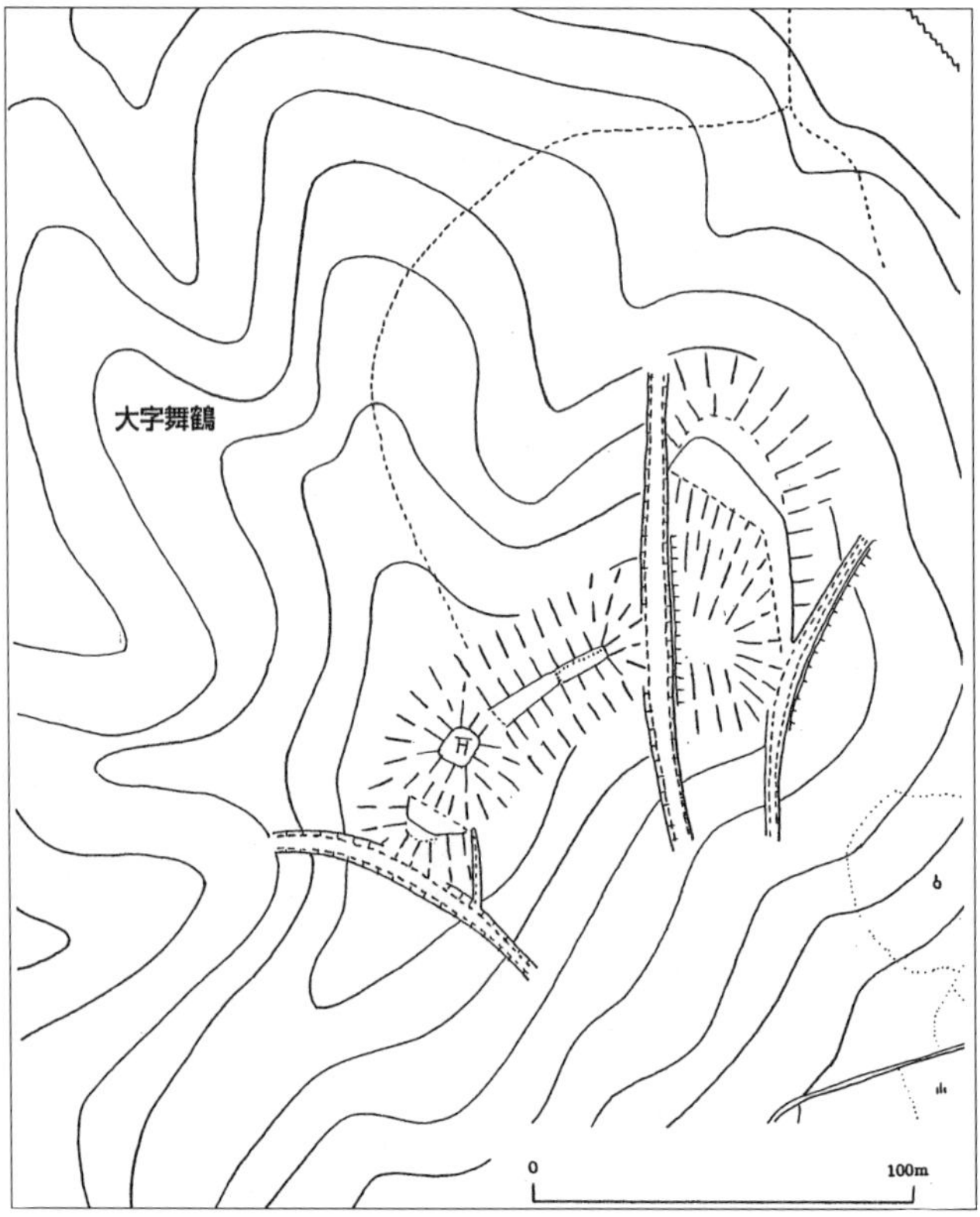

舞鶴城図（中村修身作成）

219

内山《うちやま》城

所在地　大牟田市吉野内山
旧　郡　三池郡

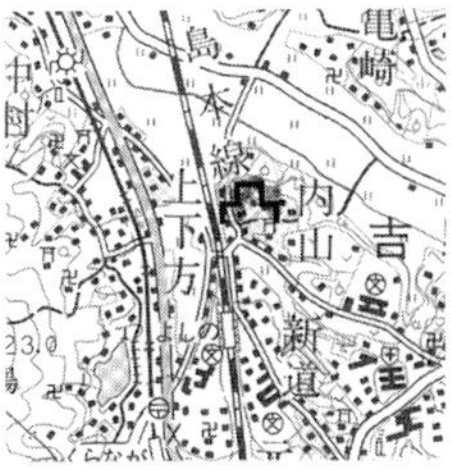

東から西に延びる標高約一〇メートルの平らな丘陵が城跡とされている。城の南に山内の集落がある。城域は諸説あるけれど、城畑地名の南、十三仏《じゅうさんぶつ》を祭っている丘陵が城跡である。その根拠として、丘陵西端から東に一五〇メートルにある切り通しの道を、丘陵を遮断する空堀を転用したものと見ることができる。この空堀は長さ約四〇メートル、幅約九メートル、深さ約四メートルである。また、この空堀の西側城域内に大きな堀状の窪地（長さ約三〇メートル、幅約一三メートル、深さ六メートル）がある。記憶によると少なくとも昭和五六年まではこの大きな堀状の窪地はなかった。ちなみに、この遺構を含めて縄張りに関しては今後の検討が望まれる。城域東側の丘陵北辺に残っている土塁などの遺構は旧農村の屋敷にともなう遺構である。

内山城はＪＲ鹿児島本線吉野駅の北側約三〇〇メートルにある。

（中村修身）

内山城図（中村修身作成）

220

三池山《みいけやま》城

別称　舞鶴城、今山嶽城
所在地　大牟田市今山
旧郡　三池郡

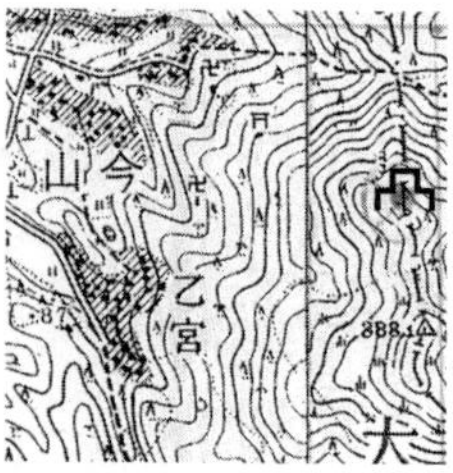

今山の背後の三池山（古くは今山嶽）に所在する大規模な山城で、三池（三毛）郡一帯を所領とした三池氏の本城である。山頂ではなく北の八合目（標高三六六メートル）、三池宮周辺一帯に展開する。これは頂上部が平坦で変化に乏しい地形のためと考えられる。三池山は肥後南関町との境界で眺望はよく、北の尾根は八角目峠《はっかくめ》を経て大間山《だいまやま》（標高二二五メートル）に通じる。三池郡の中心部大間の若宮八幡宮一帯が大間城で、三池氏の居館跡に比定されている。

　三池山城は別名を舞鶴城といい、その名のとおり鶴が翼を広げた様な形状である。三池宮拝殿の建つ曲輪が主郭で、北から東北に三段の曲輪、東南から東に三段の曲輪が張り出し、その外側を堀切や畝状竪堀で防御している。曲輪で囲い込んだ谷部は急斜面で防御装置は設置されていない。南の山頂を経て荒尾方面と、東南関の肥後方面に二重に置かれた堀切、特に外側のものは深く長く強裂である。主郭の南東から東に細長く伸びた曲輪は、最大の面積を有し、南側に高さ一メートル弱、巾一・五メートルの石塁を設ける。その下方の段違いの短い畝状竪堀は特異なものである。三池山城が県内畝状竪堀群の南限で、その南肥後に入ると小代《しょうだい》筒ヶ岳城の外郭で確認され、さらに天草、人吉でも確認されているが、採用例としては極め

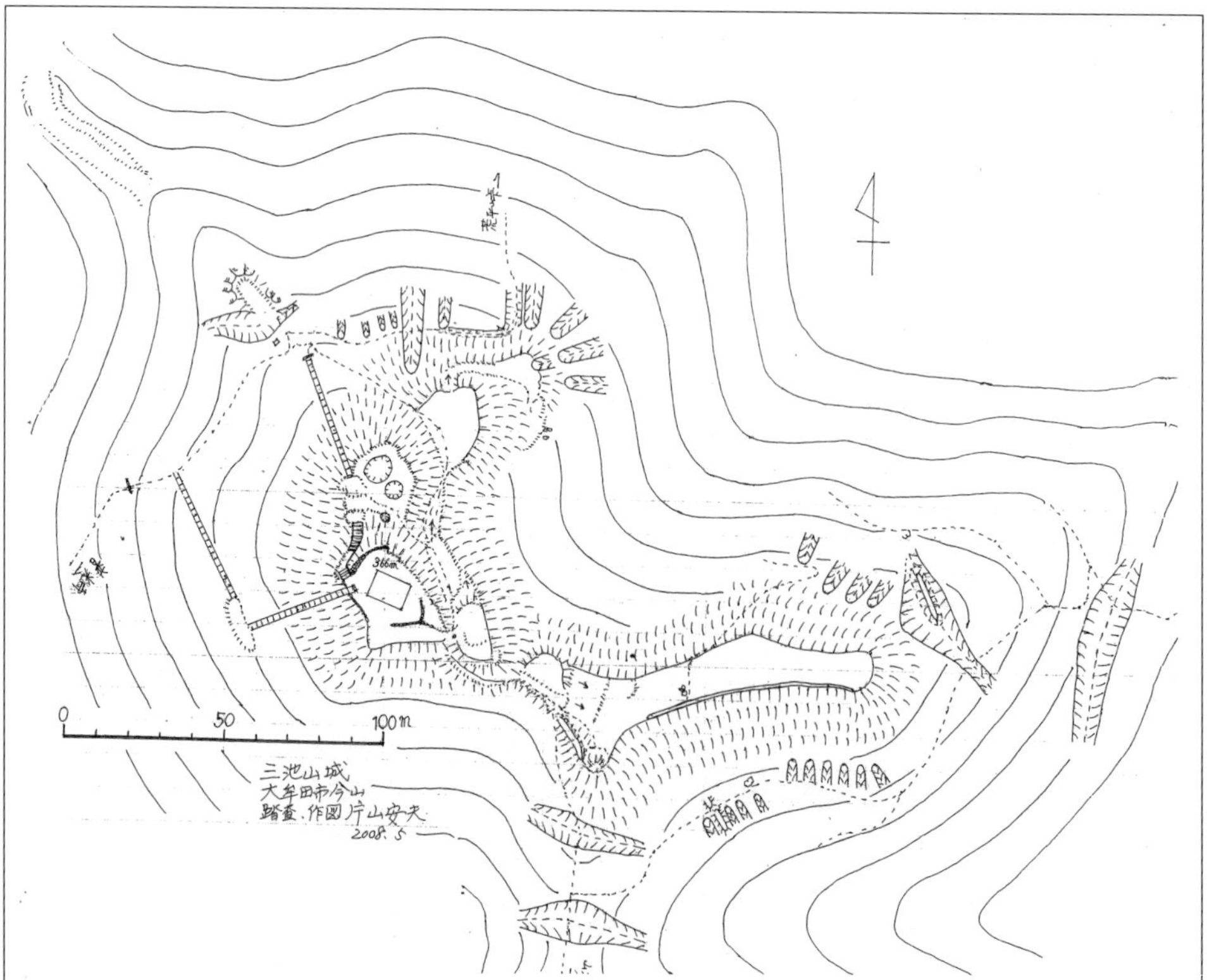

三池山城図（片山安夫作成　2008年）

て少なくなる。主郭周囲の石垣は後世神社建立時のものであるが、東に一段下がった曲輪の東の切岸は垂直状で土砂の下に高石積みがある可能性がある。主郭の北一段下がった曲輪には伝説（三毛郡から三池郡になった地名の由来）の三つの小さな池がある。鎌倉建久三年（一一九二）に出現し、年中定量を保ち涸渇したことがないという。遺構は主郭を除けば極めて良好で、土塁（石塁）ラインと畝状竪堀の併用、堀切の中に土塁を設けている等からやはり戦国期末頃の改修と考えられる。特に肥後方面に向けての警戒を強く感じる。

三池山城の所見は南北朝期貞和四年（一三四八）一色範氏の深堀時広宛書状に「□後国凶徒等、今月一六日、於□池城致合戦」とあるのが初見といわれる。三池氏は鎌倉御家人で蒙古襲来頃、安芸定時が一族とともに九州に下向、肥後鹿子木《かのこぎ》荘に入り、その後子の貞宗が三池南郷（白銀《しろがね》川以南）の地頭職を得て土着、三池氏を称し領主化したという。鹿子木氏は同族。戦国期には大友氏の被官となり、三池北郷にまで支配を拡大し有力国人となった。天正の領主坪付では「三池上総介居今山城ニ五〇町」である。

天文年間二度三池氏は菊池氏に呼応し、大友氏に叛いているが、この時拠点としたのが三池山城である。天文三年（一五三四）三池上総介親盛《ちかもり》は、南筑の西牟田、川崎、溝口、蒲池氏等とともに菊池義宗に与党するが、大友義鑑に討伐された。弟の上総介親員《ちかかず》が大友氏に帰順して家督を継ぐが、天文一九年（一五五〇）肥後の争乱で再び溝口氏等と菊池氏に応じ、四月田尻中務親種《ちかたね》と鷹尾城で合戦、七月には田尻勢と今福《いまふく》合戦で敗れ三池山城を落去している。いずれの反乱も背後に菊池氏と関係の深い鹿子木氏が関与していた事は大友氏発給文書から明らかである。その後上野介親高《ちかたか》が大友義鎮の承認を得て跡を継ぐが、永禄一〇年（一五六七）九月筑前休松《やすみまつ》合戦で死去、三池氏は一族郎党多大の被害を受けた。その後子の上総介鎮実《しげざね》が家督を継ぎ、終始大友方として三池山城を拠点に勢力を維持した。天正八年（一五八〇）龍造寺旗下の柳川城蒲池鎮並の大友方引入れに鎮実が尽力している。秀吉の九州平定後、三池郡は高橋統増の領地となり、鎮実は三潴郡一五〇町を与えられ立花氏の与力となった。

八角目峠からと、三池氏の開山と伝える普光寺《ふこうじ》の脇より登山道があり、手前には三池藩立花氏の菩提寺紹運寺《じょううんじ》がある。（片山安夫）

〔文献〕『三池氏の古文書』大牟田市歴史資料館。
『大和町史　資料編』

221
甘木《あまぎ》城

所在地　大牟田市甘木字城
旧　郡　三池郡

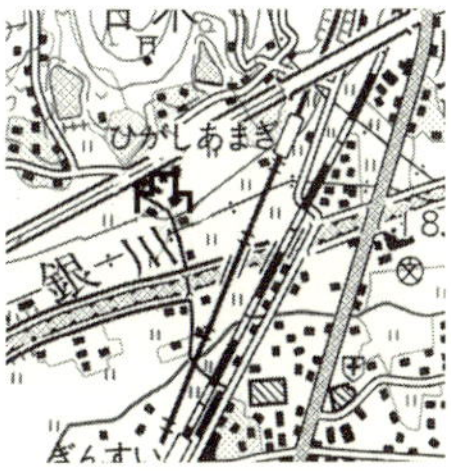

甘木山の南側、干拓地に突き出した岬の先端の高まりとされている。西鉄東甘木駅の西約三〇〇メートル、甘木公民館の横といわれている。現状は畑地と宅地が入り混ざっている。城郭を示す遺構は見あたらない。城とした根拠は小字《こあざ》「城」のようである。城や城ヶ崎の地名は城郭の場合と海や平地に突き出した丘陵をさす場合もあ

るので検討を要する。（中村修身）

222 大間《だいま》城

別称　大間館
所在地　大牟田市三池大間
旧郡　三池郡

大間館ともいう。大間神社の西側と東側に堀跡が残っている。西側の堀跡は幅約一八メートル、深さ約二メートル、長さ約二一メートル、東側の堀跡は幅八メートル、深さ約二メートル、長さ約三七メートルである。又、神社の北側は長さ五三メートルの直線が高さ約二メートルの崖となっている。この崖は堀の一部である。南側は良く判らないが、全体像は堀に囲まれた方形区画館の可能性が強い。いずれにしても後世にかなり改変されており大まかなことしか判らない。

数十年前まで大間館と呼ばれていたが、はっきりした理由は解らないが、大間館に接して「古城《ふるしろ》」の地名があることが、影響したのであろうか。いつの間にか大間城と呼ぶようになったと思われるが、形態から判断すると館跡である。

『筑後将士軍談』には、三池摂津守師貞が造る。みやま市今福城より移りここに住む。子孫代々これを守る。上総介鎮實《こうづけのすけしげざね》は秀吉公征西後三潴《みづま》郡内に釆地を給う、と記している。城館の形態からすると今福城より大間城の方が古いと思われる。

JR鹿児島本線銀水駅の東約一五〇〇メートルの大間神社が大間館である。大間神社の北側横をほぼ東西方向に県道手鎌《てがま》三池《みいけ》線が走っている。（中村修身）

〔文献〕『筑後将士軍談』矢野一貞

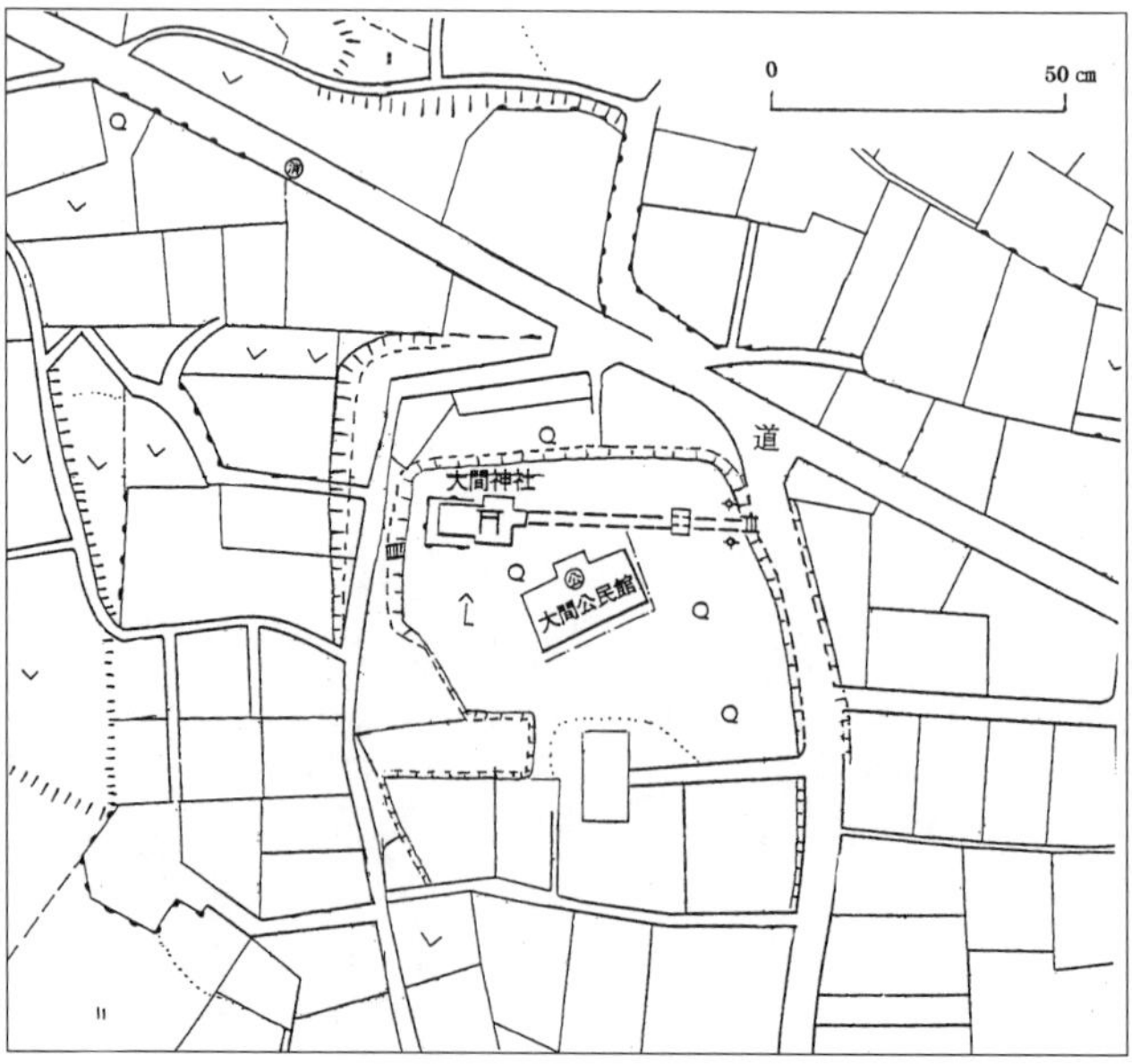

大間館図（中村修身作図）

福岡県内城郭一覧

福岡県城郭一覧（本文に記載した城郭は除く）

豊前国

城名	所在地	内容
東明寺城	北九州市門司区東門司二丁目（旧企救郡）	竜門町林間公園となっている標高一一二メートルの山頂を中心に曲輪が残る。大友氏の門司城攻め時の門司城の出城か、あるいは大友方の向城か。
金山城	同市門司区大字大積（旧企救郡）	大積小学校の背後の金山（標高二一六メートル）の山頂に有る。曲輪が残る。大積系門司氏の城と考えられるが詳細不明。
丸山城	同市門司区大字大積（旧企救郡）	白野江植物園の南西の標高四二メートルの尾根上ある丘城で堀切、土塁、曲輪が残る。大積系門司氏の城と考えられるが詳細不明。
伊川城	同市門司区大字伊川（旧企救郡）	円楽寺の裏山一帯が城跡と伝わるが、墓地となって改変されている。堀切一条有り。伊川系門司氏の城と伝わる。
柳城	同市門司区大字大里（旧企救郡）	戸上山から北東に伸びる尾根先端部（標高約一一五メートル）に有る。住宅地で大きく改変されている。柳系門司氏の城と伝わる。
陣山城	同市門司区大字畑（旧企救郡）	別称畑城。畑地区の海岸傍の標高八〇メートルの独立丘陵上に有る。大友氏の門司城攻め時の大友方の陣城、あるいは毛利方の出城かは不明。主郭部が土取りで消滅した。
恒見城	同市門司区大字恒見（旧企救郡）	鳶の巣山から北に延びる尾根の先端部に有ったがセメント原料採取で破壊・消滅した。門司城の出城か。
寒竹城	同市門司区大字吉志（旧企救郡）	別称吉志城。九州道の吉志ＰＡが城跡に造られて消滅した。門司城の出城と伝わるが、詳細不明。
筆立山城	同市門司区門司（旧企救郡）	門司城の出城あるいは出丸である。門司城の南端の鞍部の南の小山（標高一〇五メートル）に有った。現状が遺構かどうか不明。
若王子城	同市小倉北区富野（旧企救郡）	須賀神社の背後の城ノ尾山からの尾根の先端の峰上（標高一八〇メートル）に有る。門司城の出城と伝わる。曲輪が残る。

富野城	北九州市小倉北区下富野二丁目付近（旧企救郡）	福岡教育大学付属小・中学校の校地に有ったと伝わるが詳細は不明。
恵里城	同市小倉北区南丘一丁目（旧企救郡）	別称成腰城。紫川の西岸の戦国時代の南への幹線道路を見下す丘（標高三三メートル）の上に有った単郭と堀切一条の城。宅地化で消滅した。詳細不明。
長尾城	同市小倉南区大字長行（旧企救郡）	別称高野山城。標高一二三メートルの山の上に在る。北の恵里城、虹山城との連携が推測される城。曲輪、堀切が残る。沿革等は不明。
宝積寺城	同市小倉南区大字合馬（旧企救郡）	合馬竹林公園の西の山の山頂（標高二〇〇メートル）に有る。曲輪が残る。長野氏系と考えられるが沿革等は不明。
水上城	同市小倉南区大字山本（旧企救郡）	別称水上塁。小舟山城の南西の標高四二三メートルの山頂に有る。曲輪、堀切が残る。途中の尾根上にも平地や堀切が有る。小舟山城と一体の山城と考えられるが沿革等は不明。
椎山城	同市小倉南区大字志井・徳吉（旧企救郡）	別称古川山城。北九州霊園の西の尾根上（標高二二一メートル）に有る。曲輪、堀切が残る。『応永戦覧』に名前が出るが沿革等の詳細は不明。
丸城	同市小倉南区若園五丁目付近（旧企救郡）	別称北方城。大内盛見の陣所と伝わるが詳細は不明。平城で明治期までは遺構が見えたと言われている。
貫城	同市小倉南区貫（旧企救郡）	南朝方の新田氏が築城と伝わる。戦国期は新田氏の後裔の貫氏の城。曲輪、土塁、空堀が一部残る。標高二六メートルの丘城。
下長野城	同市小倉南区長野（旧企救郡）	現在住宅団地となった平等寺山に在ったとされるが、存在したことが確認できない。本書では長野城攻めの東尾根の陣城群の西端部に在る城郭遺構を比定する。堀切、土塁が残る。沿革等の詳細は不明。
朽網城	同市小倉南区朽網（旧企救郡）	苅田松山城と向い合う位置に有った単郭の城。東九州道の工事で消滅。発掘調査が行われた。
赤松ケ畑城	同市小倉南区大字道原（旧企救郡）	別称赤松城。畑集落の南の標高五三九メートルの峰上に在る。単郭の造りで曲輪とその西側に幅一〇メートル程の浅い箱堀状の堀切が残る。沿革等の詳細は不明。
塔ケ峰城	同市小倉南区大字井手浦（旧企救郡）	平尾台の西に聳える塔ケ峰の西に突出た標高四一四メートルの尾根上に在る。沿革等の詳細は不明。

徳力城	北九州市小倉南区大字志井（旧企救郡）	別称大鍋山城。椎山城から北に伸びる尾根上に在ったが土取等でほぼ消滅した。沿革等の詳細は不明。
片野城	同市小倉南区片野（旧企救郡）	詳細不明。
葛原城	同市小倉南区葛原（旧企救郡）	詳細不明。
蚊田城	同市小倉南区（旧企救郡）	詳細不明。
高畑城	同市小倉南区道原（旧企救郡）	鱒淵貯水池の北の標高四三九メートルの峰を中心に尾根上に曲輪を並べた山城。沿革等の詳細は不明。
小森城	同市小倉南区小森（旧企救郡）	詳細不明。
母原城	同市小倉南区母原（旧企救郡）	詳細不明。
春吉城	同市小倉南区春吉（旧企救郡）	詳細不明。水上城と同じか。
徳光村城	同市小倉南区（旧企救郡）	詳細不明。長尾城と同じか。
生方城	京都郡苅田町（旧京都郡）	詳細不明。
浦河内城	同郡みやこ町勝山浦河内（旧京都郡）	障子ケ岳城の北の尾根上に在る。曲輪、堀切が残る。沿革等の詳細は不明。
十鞍山城	同郡みやこ町勝山大久保（旧京都郡）	十鞍山の山頂に在る。詳細は不明。
毘沙門城	同郡みやこ町犀川木井馬場（旧仲津郡）	神楽城の南の丘の上に在る。曲輪、堀切、土塁が残る。伝承が無く詳細は不明だが神楽城の出城と考えられる。
山鹿城	同郡みやこ町犀川山鹿（旧仲津郡）	今川の右岸の低い丘の上に在る。宇都宮氏の一族、西郷氏の出城と伝わる。曲輪、土塁、空堀が残る。
因州城	同郡みやこ町（旧仲津郡）	大坂城と同一の城か。詳細は不明。
大谷城	同郡みやこ町（旧仲津郡）	馬ケ岳城と同一かその一部の可能性が考えらるが詳細は不明。
戸垣城	同郡みやこ町犀川上高屋（旧仲津郡）	詳細不明。
犬丸城	同郡みやこ町犀川犬丸（旧仲津郡）	詳細不明。
大熊城	同郡みやこ町犀川大熊（旧仲津郡）	詳細不明。

横瀬城	京都郡みやこ町犀川横瀬（旧仲津郡）	築上町の小川内城と同一の城と考えられる。
須江城	同郡みやこ町犀川末江（旧仲津郡）	詳細不明。
黒岩城	同郡みやこ町光冨（旧仲津郡）	黒岩城山（標高一八七メートル）の山頂に在る。曲輪が残る。宇都宮氏の出城と伝わるが沿革等の詳細は不明。
惣社城	同郡みやこ町惣社（旧仲津郡）	詳細不明。
稗田城	行橋市下稗田（旧京都郡）	詳細不明。
高来城	同市高来・入覚（旧京都郡）	近年牧場として城跡が大きく削られて遺構は消滅。足利氏が城主だったと伝わるが沿革等の詳細は不明。
長尾城	同市長尾（旧京都郡）	詳細不明。
二塚城	同市二塚（旧京都郡）	詳細不明。
野崎城		詳細不明。
須磨園城	同市須磨園（旧京都郡）	詳細不明。
塔ケ峰城	同市矢山・入覚（旧京都郡）	別称矢山城。塔ケ峰（標高三〇六メートル）の山頂に有る。三、四段の曲輪と堀切が残る。沿革等の詳細は不明。
宝山城	同市宝山（旧京都郡）	宝山集落の中心の王埜八幡宮の社地である丘が城跡である。安東氏が城主だったと伝わる。遺構は改変が多くはっきりしない。
天生田城	同市天生田（旧仲津郡）	馬ケ岳城の出城と伝えられるが沿革等の詳細は不明。
矢留城	同市矢留（旧仲津郡）	馬ケ岳城の出城と伝えられるが沿革等の詳細は不明。
平島城	同市西泉（旧仲津郡）	詳細不明。
福富城	同市泉中央（旧仲津郡）	詳細不明。
稲童城	同市稲童（旧仲津郡）	覗山城と同一の城と考えられる。
久津尾崎城	同市沓尾（旧仲津郡）	祓川河口の港だった沓尾集落の背後の山の上に在ったと伝わるが城跡遺構ははっきりしない。今井祇園社の宮司の城と伝わるが詳細不明。

蓑島城	行橋市蓑島（旧仲津郡）	以前は島だった今川河口の蓑島集落の背後の山の上に在った。大内氏の家臣杉氏の城と伝わるが詳細不明。
城井郷城	築上郡築上町寒田（旧築城郡）	別称城井上城、木の江城。城井谷の奥の岩に囲まれた谷に在る。宇都宮氏の詰めの城と伝わるが、蔵地あるいは村民の逃込みの城の可能性が高い。
溝口館	同郡築上町寒田（旧築城郡）	城井川の右岸、大平城の麓に在った宇都宮氏の平時の居館である。現在は水田、畑となっている。
若山城	同郡築上町本庄（旧築城郡）	別称本庄城。宇都宮氏の菩提寺天徳寺の背後の山頂に在った。宇都宮氏の初期の頃の本城と伝わるが出城だった可能性、また天徳寺寺地が里城だった可能性もある。
小山田城	同郡築上町本庄（旧築城郡）	宇都宮氏の出城の一つで城井谷の東の尾根上に在る。天正一六年の黒田勢との合戦時に使われた。
勝山城	同郡築上町本庄（旧築城郡）	詳細不明。
釜倉城	同郡築上町上香楽（旧築城郡）	別称鎌倉城。宇都宮氏の出城の一つで城井谷の東の尾根上に在る。天正一六年の黒田勢との合戦時に使われた。
宇都宮氏館	同郡築上町松丸立屋敷（旧築城郡）	宇都宮氏の居館の一つ。発掘調査が行われ、建物跡、堀跡、土塁の痕跡が見つかっている。
元山城	同郡築上町赤幡（旧築城郡）	詳細不明。
築城城	同郡築上町築城（旧築城郡）	旧築城町役場および極楽寺一帯が城跡と伝えられるが遺構は見られない。沿革等は明確でない。
別府城	同郡築上町上別府（旧築城郡）	県道52号線沿いの日吉神社の地が主郭部分と推定されるが詳細不明。大友勢が豊前北部に出陣の際の中継拠点だった。
楠城	同郡築上町上別府（旧築城郡）	別府城と同一の城と推測されるが詳細不明。
真如寺城	同郡築上町真如寺（旧築城郡）	二ケ所有るとの伝承有り。詳細不明。
野々中城	同郡築上町西八田（旧築城郡）	別称八田城。西八田の集落内に在った平城で宅地化および耕地整理等で遺構はほとんど消滅した。宇留津城の賀来氏関係の城と伝えられる。
岩丸城	同郡築上町岩丸（旧築城郡）	詳細不明。

湊城	築上郡築上町湊（旧築城郡）	詳細不明。
有安城	同郡築上町有安（旧築城郡）	詳細不明。
高塚城	同郡築上町高塚（旧築城郡）	詳細不明。
茶臼山城	同郡築上町船迫（旧築城郡）	船迫窯跡公園の西にある小規模山城。沿革等の詳細は不明。
鳥越城	豊前市中村（旧上毛郡）	宇都宮氏一族の仲蜂屋氏系の城と伝わる。詳細不明。
角田城	同市中村（旧上毛郡）	宇都宮氏一族の仲蜂屋氏系の城と伝わる。詳細不明。
平原城	同市川内平原（旧上毛郡）	大富神社の西の丘陵の先端に在った城で後世の改変が大きい。櫛狩屋城の出城と伝えられるが沿革等の詳細は不明である。
八屋城	同市八屋前川（旧上毛郡）	東光山宝福寺の南に在った丘城で曲輪部分は住宅地となったが空堀が一部残る。山田氏の一族八屋（蜂谷）氏の城と伝えられる。
安祥寺城	同市八屋今吉（旧上毛郡）	ほぼ方形の周囲に空堀や水堀跡が残る館城である。宇都宮氏の配下の宮尾氏の館跡と伝えられる。
筆垣城	同市八屋今吉（旧上毛郡）	詳細不明。安祥寺城と同じか。
大村城	同市大村（旧上毛郡）	宇都宮氏の一族、山田氏の城と伝えられる。耕地化で城の遺構はほとんど消滅している。発掘調査で城の存在が確認された。
赤熊城	同市赤熊（旧上毛郡）	詳細不明。
沓川城	同市門沓川（旧上毛郡）	詳細不明。
市丸城	同市門市丸（旧上毛郡）	市丸の集落内に在り、中心部は寺院、神社となっている。周辺が発掘調査されている。
三毛門城	同市三毛門（旧上毛郡）	詳細不明。
荒堀城	同市荒堀（旧上毛郡）	詳細不明。
今市城	同市今市（旧上毛郡）	詳細不明。
黒土城	同市久路土（旧上毛郡）	別称久路土城。旧久路土小学校周辺が城域と伝えられるが遺構は消滅。詳細不明。
廣瀬城	同市廣瀬（旧上毛郡）	詳細不明。

鬼木城	豊前市鬼木（旧上毛郡）	鬼木氏宅周辺が城域と伝えられるが城郭遺構は見られず、屋敷程度だったと考えられる。
薬師寺城	同市薬師寺（旧上毛郡）	宗像神社と寺院の地が城域だったと考えられる。詳細不明。
狭間城	同市狭間（旧上毛郡）	詳細不明。
青畑城	同市青畑（旧上毛郡）	詳細不明。
住城城	同市山内（旧上毛郡）	別称墨城。詳細不明。
如法寺城	同市山内（旧上毛郡）	宇都宮一族の如法寺氏の本城と伝えられるが遺構ははっきりしない。
下川内城	同市下河内（旧上毛郡）	如法寺城の出城と伝えられているが詳細は不明である。
岡城	同市下川底（旧上毛郡）	合岩中学校の地に城が在ったと伝えられるが遺構は消滅している。詳細不明。
小畑城	同市下川底（旧上毛郡）	詳細不明。
天和城	同市天和（旧上毛郡）	詳細不明。
大河内城	同市大河内（旧上毛郡）	詳細不明。
岩屋城	同市岩屋（旧上毛郡）	詳細不明。
郷城	同市篠瀬（旧上毛郡）	詳細不明。
四ノ瀬城	同市篠瀬戸符（旧上毛郡）	別称日ノ瀬城。宇都宮氏の重臣、渡辺氏の城と伝わり、麓の屋敷と一体の詰め城だった。天正一六年の黒田氏による宇都宮鎮房謀殺後廃城と考えられる。
求菩提城	同市求菩提（旧上毛郡）	別称求菩提砦。求菩提の小倉口に在ったと伝わる。南北朝期に新田氏の城だったと伝わり、戦国戦国末期は宇都宮氏の端城だったようだ。詳細は不明である。
高城	同市中川底大稗（旧上毛郡）	経読岳から北東に伸びた尾根の先端部の標高三六一メートルの峰上在った城で、宇都宮一族の城と推測される。
林崎城	築上郡上毛町東下（旧上毛郡）	旧大平村役場の地が城地で、役場の前に存在した旧友枝中学校の建設で遺構が消滅した。
原井城	同郡上毛町原井（旧上毛郡）	旧原井小学校の地が城跡と伝わる。学校建設で遺構は消滅している。百留氏の出城と伝わるが詳細は不明。
代金城	同郡上毛町百留（旧上毛郡）	山国川の西岸沿いの標高一二〇メートルの尾根上に有った。尾根筋に曲輪跡の平地が残る。

百留城	築上郡上毛町百留（旧上毛郡）	別称百富城。山国川の西岸沿いの百留集落に有ったと伝わる平城。住宅地化で遺構は消滅。百留氏の出城と伝わる。
秋吉城	同郡上毛町下唐原（旧上毛郡）	別称下唐原城。秋吉氏の城と伝わるが詳細は不明。
壇の城	同郡上毛町下唐原（旧上毛郡）	別称榎木城。南北朝期からの薬丸氏の城と伝わる。詳細は不明。
光明寺城	同郡上毛町西友枝（旧上毛郡）	友枝氏の城と伝わる。天正年間まで存在したと伝わるが詳細は不明。
松尾山城	同郡上毛町西友枝（旧上毛郡）	天正六年頃に野仲氏が松尾山医王寺の在る山に臨時の陣城を築城したものと推測される。詳細不明。
大桐城	同郡上毛町東上（旧上毛郡）	『築上郡志』に城跡と言われているところ有りと記載されている。詳細は不明。
牛王城	同郡上毛町矢方（旧上毛郡）	鎌倉時代に創築で始め佐々木氏、後矢方氏が城主となったようだが、天正八年野仲氏に攻められ落城し、矢方氏は滅んだと伝わる。
日熊城	同郡上毛町中村（旧上毛郡）	戦国末期、日熊氏の居城。「道の駅しんよしとみ」の北に有る丘が城跡だが、土取や工場建設、墓地などで遺構はほぼ消滅。北側の水堀も埋められた。
緒方城	同郡上毛町緒方（旧上毛郡）	佐井川東岸の緒方集落の南側が城跡。南端に土塁と空堀が残る。
成恒城	同郡上毛町成恒（旧上毛郡）	佐井川東岸の成恒の吉富神社の社地が城跡と伝わる。神社の背後に水堀の痕跡が見られる。
田島崎城	同郡上毛町成恒（旧上毛郡）	詳細不明。
尻高城	同郡上毛町尻高（旧上毛郡）	別称司高城。創築は南北朝期と考えられる城で、覚円寺の西方付近に在ったと考えられる。尻高氏、あるいは津留氏の城だったと伝わるが詳細不明。
吉岡城	同郡上毛町吉岡（旧上毛郡）	吉岡集落の北の畑地が城跡。遺構は明確では無い。天正一五年の黒田氏入封後にに廃城、破却された。
中村城	同郡上毛町中村（旧上毛郡）	佐井川の東岸の景幽寺一帯が城跡と伝わるが遺構は明確では無い。南の日熊城との関係が判らない。
安雲城	同郡上毛町安雲（旧上毛郡）	南北朝期から戦国後期に存在した様だが沿革等は不明。新吉富保育所が有る城ケ原に在った。黒川の西岸の河岸段丘上に造られた館城だった様だ。明確な遺構は無い。

鶴林城	築上郡上毛町安雲（旧上毛郡）	南北朝期（一三世紀〜一四世紀）の城だった様だ。山田集落の山田一号古墳の丘とその北麓が城だったと考えられている。古墳の周囲に平地が有り、曲輪と思われる。現在、古墳の石室内には稲荷神社の祠がある。
幸子城	同郡吉富町幸子（旧上毛郡）	幸子古集落内の西光寺の境内地が城跡と伝えられる。矢頭氏歴代の城だったが天正六年にに野仲勢に攻められて落城した。その後は広津山城の端城になったと伝えられるが天正一五年の黒田氏入部頃に廃城となったと考えられる。
赤池城	田川郡福智町赤池（旧田川郡）	別称庄ケ辻城。戦国期に赤池地域の豪族だった長谷川氏一族の城。市街地化で遺構は消滅した模様。詳細不明。
上野城	同郡福智町上野（旧田川郡）	別称立屋敷、勝木館。勝木氏の城で江戸時代は上野手永大庄屋屋敷となる。現在は上野焼の窯元となっている。
観音寺城	同郡福智町上野（旧田川郡）	興国寺の南の独立丘陵上に有る。曲輪、堀切が残る。初め勝木（香月）氏が築城するが、戦国末期は秋月氏の城番が入る。
城道寺城	同郡福智町上野（旧田川郡）	上野城の出城と伝えられる。詳細は不明。
諏訪山城	同郡福智町上野（旧田川郡）	彦山川右岸の鞍手郡との境に在る上野城の出城と伝えられる。ホテル建設で破壊された。
切寄城	同郡福智町市場（旧田川郡）	春日神社の地が城跡で天正一五年の廃城後に土塁は壊され堀は埋められた。長谷川氏の城だった。
石松砦	同郡福智町市場（旧田川郡）	切寄城の出城と伝えられる。詳細不明。
伊方城	同郡福智町伊方（旧田川郡）	所在地が不明。伊方の集落内と考えられているが市街地化で消滅か。
新田城	同郡福智町弁城（旧田川郡）	弁天城の東の尾根上に在る。弁天城の出城か。
弥次郎畑城	同郡福智町弁城（旧田川郡）	彦山川の右岸の丘の上に在った。現状では遺構は良く判らない。詳細は不明である。
那岐野城	同郡福智町金田（旧田川郡）	別称名木野城。一部墓地になっているが、曲輪跡・土塁・堀切が残る。。大友氏配下の麻生氏の城と伝わる。
神埼城	同郡福智町神埼（旧田川郡）	別称日王城。山岳寺院を転用した城だったようだ。
南木城	同郡福智町神埼（旧田川郡）	詳細不明。

糸田城	田川郡糸田町中糸田（旧田川郡）	南北朝期の糸田氏の城と伝わるが、戦国期は荒牧氏が入った様だ。竹林内に曲輪、切岸、腰曲輪が残る。
鎮西原城	同郡香春町中津原（旧田川郡）	鎮西八郎為朝の館跡との伝承がある。旧田川農林高校の校地となって遺構は無い。
手切城	同郡香春町香春（旧田川郡）	詳細不明。香春八幡宮の上に在る小さな城のことか。
柿下城	同郡香春町柿下（旧田川郡）	詳細不明。
採銅所村新城	同郡香春町採銅所（旧田川郡）	新城山（標高四〇四メートル）の山頂に単郭の曲輪と堀切二条が残る。北の茶臼山城と一体の城と考えらるが詳細は不明である。
秋野城	同郡赤村赤（旧田川郡）	明確な遺構が無く位置が特定できない。詳細不明。
赤城	同郡赤村赤（旧田川郡）	詳細不明。秋野城と同じ城か。
大内田城	同郡赤村内田（旧田川郡）	詳細不明。
小内田城	同郡赤村内（旧田川郡）	詳細不明。
龍円城	同郡川崎町安真木真崎（旧田川郡）	別称立遠城。秋月氏の端城。廃業した彦山湯遊共和国の北側の山に有った。最近の土取で遺構は破壊された。
木城	同郡川崎町安真木内木城（旧田川郡）	秋月氏の端城。耕作地となっていた。屋敷地風の曲輪が残る。
安宅城	同郡川崎町安真木（旧田川郡）	別称陣ケ尾城。詳細不明。
川崎城	同郡川崎町川崎（旧田川郡）	標高一二七メートルの城山に在ったのか、詳細不明。
田原城	同郡川崎町田原（旧田川郡）	始めは田原氏の城だったが戦国末期は秋月方だった星野氏の金国城の出城だったと伝えられる。田原の正八幡宮の背後の高地に在ったが炭鉱の社宅地になって消滅した。
椎の木城	同郡川崎町池尻（旧田川郡）	別称椎木谷城。田川市との境の標高一三六メートルの峰からの尾根上の連郭式の城。切岸、土塁、堀切跡が残る。沿革等は不明
大善寺城	田川市伊加利（旧田川郡）	建武年間に創築、応永戦覧に記事が有る。炭鉱の坑道陥没や住宅地（城山団地）となって消滅。
糸城	同市位登（旧田川郡）	詳細不明。

金国城	田川市猪国（旧田川郡）	金国山の中腹の尾根（標高二九〇メートル）の上に在る。南北朝期に菊池氏が創築したと伝わる。堀切、土塁、曲輪が良く残る。
立尾城	同市猪国（旧田川郡）	金国山の支尾根の先端（標高約二〇〇メートル）にある。秋月方だった筑後の星野氏一族の築城と伝わる。堀切・土塁・曲輪・畝状竪堀が残る。
猪膝城	同市猪膝（旧田川郡）	詳細不明。川崎城のこととも考えられる。
上伊田城	同市伊田町（旧田川郡）	詳細不明。
津野城	田川郡添田町津野（旧田川郡）	位置、沿革等は不明。
黒岩城	同郡添田町津野（旧田川郡）	位置、沿革等は不明。
添田城	同郡添田町添田（旧田川郡）	位置、沿革等は不明。岩石城あるいは城山砦と同じ城か。
平岡城	同郡添田町添田（旧田川郡）	位置、沿革等は不明。
弓張岳城	同郡添田町添田（旧田川郡）	岩石城の南の標高四八〇メートルの山頂に有る。曲輪、土塁、堀切が残る。岩石城の出城あるいは攻城時の付城とも考えられるが詳細は不明。
真木城	同郡添田町庄（旧田川郡）	別称陣ヶ尾城。岩石城の出城と伝わる。曲輪、堀切が残る。真木小学校の東の丘陵上に有る。
野田城	同郡添田町野田（旧田川郡）	加茂神社の背後の丘陵上に有る。堀切、曲輪段が残る。沿革等は不明。
大豆塚城	同郡添田町桝田（旧田川郡）	ＪＲ日田彦山線の豊前桝田駅の東、彦山川右岸の熊野神社の背後の山の上に南北に長い曲輪が残る。虎口は東側だったと考えられる。虎口を構成していたと考えられる土塁が残る。岩石城攻めの際の豊臣方の城と伝わるが、沿革等は不明。
宝ヶ岳城	同郡添田町落合（旧田川郡）	宝ヶ岳（標高四八九メートル）の山頂の二つの峰を中心とした城で、北斜面は切岸、二つの峰の間に箱堀状の堀切（曲輪か?）、南峰の南屋根に三条の堀切が残る。沿革や北の屋根続きの中元寺城と関係は不明。
殿倉岳城	同郡添田町落合（旧田川郡）	沿革等の詳細は不明である。下落合城と同じ城か。
下落合城	同郡添田町落合（旧田川郡）	沿革等の詳細は不明である。殿倉岳城と同じか。
上落合城	同郡添田町落合（旧田川郡）	『岩石城』で屋形原城とされている城か。沿革等の詳細は不明である。

城山砦	田川郡添田町添田（旧田川郡）	添田中学校の南の尾根上に有る。岩石城を守る出城と考えられる。曲輪、土塁、堀切が残る。
不動滝の砦	同郡添田町添田（旧田川郡）	不動滝の上に在り、岩石城の登城道を守る砦だったと考えられる。曲輪跡、堀切跡が残る。
丸岡城	同郡大任町大行事安永（旧田川郡）	安永神社の社地に在ったと伝えられる城。『応永戦覧』に記載があるだけで城主、築城、廃城等の沿革ははっきりしない。遺構は明確でなくおそらく応永六年に落城して廃城となったと思われる。
若木城	同郡大任町大行事秋永（旧田川郡）	『応永戦覧』に記事が有る城で丘陵上に有る。墓地やゴルフ場となって改変されたが曲輪の形有り、堀切も残る。
白土城	同郡大任町大行事西白土（旧田川郡）	東光寺の背後の丘が城跡で、稲荷山横穴群も有る。神社の造営で遺構が破壊された。沿革等の詳細は不明。
福田城	同郡大任町大行事福田（旧田川郡）	丘陵上に有ったが水道施設で破壊、消滅した。沿革等の詳細は不明。
建徳寺城	同郡大任町今任原（旧田川郡）	一条氏の居城と伝わるが沿革の詳細は不明。建徳寺古墳群の中と言われるが城越城と同一とも考えられる。
蛇面城	同郡大任町今任原道善（旧田川郡）	『応永戦覧』に記事が有る城で曽我氏の居城と伝わる。丘陵上に曲輪、土塁、空堀、石塁が残る。
桑原城	同郡大任町今任原桑原（旧田川郡）	沿革、位置等の詳細は不明。明神山城と同じ城か。
成光城	同郡大任町大行事成光（旧田川郡）	沿革、位置等の詳細は不明。
玄己山城	同郡大任町今任原峰（旧田川郡）	赤村との境の尾根上に有る。応永の頃山名五郎氏久の城だったと伝わる。

（村上勝郎編）

筑前国

城名	所在地	内容
中島城	北九州市戸畑区・若松区（旧御牧郡）	別称若松城。洞海湾入口の中島にあったが消滅。『萩藩閥閲録』井上文書に、永禄十二年都波田中島小田村備前守とあり。後、黒田氏六端城。
戸畑の城	北九州市戸畑区元宮町（旧御牧郡）	消滅。小田村氏の館と考えられる。
天賀城	同市戸畑区菅原（旧御牧郡）	消滅。詳細不明。
高塔山城	同市若松区修多羅（旧御牧郡）	麻生氏出城と思われる。後、大庭隠岐守種景との関係が伝えられている。
濱田城	同市若松区白山一丁目（旧御牧郡）	消滅。麻生氏出城と伝えられている。
楽丸城	同市若松区安屋楽丸（旧御牧郡）	郭、堀切等残る。小規模城郭。
篠谷城	同市八幡東区大蔵一丁目（旧御牧郡）	別称篠山城、笹原城。消滅。麻生氏出城。大蔵中学校の校舎敷地となっている。
鷹見岳城	同市八幡東区前田、八幡西区市瀬（旧御牧郡）	権現岳（標高六一七・四メートル）に位置。詳細不明。
大門城	同市八幡東区春の町（旧御牧郡）	別称上の山城。現在、華頂寺の境内。遺構消滅。
強洞陣	同市八幡西区藤田（旧御牧郡）	別称河頭山陣。花尾城の西北、河頭山（標高二一三・一メートル）に位置。堀切残る。
市ノ瀬城	同市八幡西区市瀬（旧御牧郡）	標高一六二・六メートル。竹の尾城と割子川を挟んで北にあり。堀切が残る。
本城城	同市八幡西区本城（旧御牧郡）	別称蛭子谷城。本城霊園建設により消滅。
別当山城	同市八幡西区別当（旧御牧郡）	造成により消滅。花尾、帆柱城と園田浦城の中間に位置。
馬乗城	同市八幡西区上津役（旧御牧郡）	「城の腰」の地名あり。造成により消滅。小規模城郭。
比津城	同市八幡西区上津役（旧御牧郡）	詳細不明。
畑城	同市八幡西区畑（旧御牧郡）	別称畑山城。畑貯水池の堰堤南にあり。香月氏の居城と伝わる。消滅。
古賀城	遠賀郡水巻町古賀（旧御牧郡）	遠賀川東岸、豊前坊山（標高八四メートル）にある。天正一四年豊臣軍接収。麓の報恩寺に「城の越」の地名残る。

千代丸城	遠賀郡遠賀町千代丸（旧御牧郡）	別称城の辻城。小早川隆景の臣、安増甚左衛門の居城と伝えられている。（標高四七・二メートル）の山上に平地がある。
城ノ越城	同郡遠賀町尾崎上越（旧御牧郡）	千代丸城の北約一キロメートルの丘陵に「城の越」の地名が残る。
城ノ越城	同郡遠賀町上別府城の越（旧御牧郡）	千代丸城の南の丘陵に位置。「城の越」の地名が残る。旧室木線敷設により消滅。
竜王山城	同郡岡垣町三吉八竜（旧御牧郡）	位置不明。比定される山崎神社の西の山上には、明確な城郭遺構は見当たらない。
雨乞山城	同郡岡垣町手野（旧御牧郡）	別称手野城、三吉城。三吉と手野の境にある百合山に位置。宗像氏の端城と伝えられている。峠を挟んで北の山頂にも曲輪あり。
熊山城	同郡岡垣町三吉（旧御牧郡）	標高七二メートルの独立丘陵に城郭と思われる削平地あり。
龍昌寺城	同郡岡垣町高倉（旧御牧郡）	『岡垣町誌』によると龍昌寺裏山に小規模な三つの郭と堀切が残る。
猫城	中間市上底井野（旧御牧郡）	別称月瀬城。月瀬八幡宮がある高さ二〇メートルの独立した丘陵にある。天正年間は、宗像氏の出城と伝えられている。
雲取山城	直方市上頓野（旧鞍手郡）	雲取山山頂（標高六〇七メートル）に位置。山頂より西に伸びる尾根に、郭、堀切がある。
髻《もとどり》城	同市上頓野（旧鞍手郡）	雲取山の北西にあり。小規模城郭。
塔ノ峰城	宮若市龍徳（旧鞍手郡）	犬鳴川東岸、光明寺の裏手の山（標高一〇〇メートル）に位置。空堀の跡残る。
稲築城	同市龍徳（旧鞍手郡）	別称稲付城。鞍手共立病院の東、稲築山にあったといわれる。砕石により消滅。
本城城	同市本城城（旧鞍手郡）	本城の地名は、元は粥田庄の本庄と思われる。祇園岳城から南の犬鳴川に伸びた丘陵に二重堀切が残る。
高取城	同市鶴田（旧鞍手郡）	竜ヶ岳城の東、鶴田丘陵の東端にある高取山に推定される。詳細不明。
下有木城	同市下有木坂元（旧鞍手郡）	別称坂元城。「城崎」といわれる丘陵上に位置。単郭構造で尾根を堀切で遮断している。
六郎丸城	同市上有木六郎丸（旧鞍手郡）	別称榎城。北に赤木峠を越えて宗像へ通じる道路に沿い、南前面の低地を一望にとらえる要衝の地である。
内山城	同市倉久内山（旧鞍手郡）	別称古野城。古戸野（古殿）にあったと伝えられる。詳細不明。
岩永左衛門の城	同市四郎丸（旧鞍手郡）	四郎丸と上有木の境、城崎とよばれる小高い山頂にあったと伝えられる。詳細不明。

白山城	宮若市東蓮寺（旧鞍手郡）	鞍手町と旧宮田町の境、標高一六三メートル地点に位置、高圧線敷設工事のため改変。
長井鶴城	同市長井鶴（旧鞍手郡）	詳細不明。
宮田城	同市宮田（旧鞍手郡）	詳細不明。
上有木城	同市上有木井堀（旧鞍手郡）	六郎丸城と同じか、詳細不明。
山下城	同市山口山下（旧鞍手郡）	山下川左岸丘陵にある。尾根を堀切で遮断した単郭構造の城郭。
茶臼山城	同市山口茶臼（旧鞍手郡）	茶臼山（標高一五〇メートル）に位置。堀切、土橋、腰郭が確認できる。山口川沿いにあり、宗像と福間方面の分岐点になっている。
片山城	同市山口堤ヶ内（旧鞍手郡）	弥ヶ谷に向う道の西側尾根筋に比定される。
尾園城	同市山口尾園（旧鞍手郡）	別称尾園本城、宮山城。山口八幡宮の裏山にある。腰郭、土塁が確認できる。
岡田城	同市山口三郎田（旧鞍手郡）	畑川を西に見下ろす位置にある。細長い主郭と腰郭からなり、郭の両端に堀切を設置。
畑黒巣城	同市山口大坪（旧鞍手郡）	馬口集落の東側二五〇メートルの尾根筋に平場がある。再調査を要する。
高丸城	同市山口柿木田（旧鞍手郡）	高丸山（標高二六五メートル）に位置。山頂を中心に平場が点々と数箇所ある。
堀谷城	同市沼口堀ノ内（旧鞍手郡）	詳細不明。
都市原《とちばる》城	同市沼口都市原（旧鞍手郡）	詳細不明。
乙野草場城	同市乙野立林（旧鞍手郡）	篠城の北北西約二〇〇メートルに位置。二つの郭、横堀、土塁、四本の竪堀からなる畝状竪堀が確認できる。
篠城	同市乙野前手（旧鞍手郡）	別称篠崎城。竜王池北西標高三〇三メートルに位置。複数の郭と横堀、土塁、竪堀が確認できる。
金丸城	同市金丸（旧鞍手郡）	詳細不明。
竹垣城	同市竹原（旧鞍手郡）	詳細不明。
友池城	同市原田桂松（旧鞍手郡）	天満宮南、丘陵頂上部に位置。広い平地が造られ、腰郭が廻る。小金原合戦に関連する城郭の可能性もある。
稲光城	同市稲光（旧鞍手郡）	神屋根（標高一一四メートル）に位置。尾根沿いに約七〇メートルの郭があり、西尾根に二条の堀切あり。小金原合戦の主戦場。

清水城	宮若市黒丸清水（旧鞍手郡）	別称清水ヶ城。『筑前国続風土記拾遺』に、清水村南に岳宮とて小山あり城跡なりとある。
丸尾城	同市黒丸丸尾（旧鞍手郡）	「形吉《なりよし》」といわれる標高三二六メートルの尾根筋に位置。土塁を設け、南尾根筋を堀切で遮断。
六社八幡城	同市黒丸丸尾（旧鞍手郡）	別称平山の古城。平山集落に近い六社八幡宮西に二つの山城がある。各々の距離は、約一〇〇メートルであり、連携した城郭と考えられる。
金生《かのう》城	同市金生鬢鏡（旧鞍手郡）	別称白旗城。白山上宮の西、高山（幸山）の東西に伸びる尾根に約一〇の郭と堀切三本が残っている。城主として入田将監の名が伝わっている。
鬢鏡《びんかがみ》山城	同市金生鬢鏡（旧鞍手郡）	白山上宮の東、鬢鏡《びんかがみ》山にある。主郭と腰郭があり、主郭の東尾根筋に堀切が一本ある。
地蔵山城	同市湯原大城（旧鞍手郡）	犬鳴川右岸の丘陵上にあり。単郭構造の山城か。大型円墳の可能性もある。
吉川下村城	同市下乙藤（旧鞍手郡）	集落西の標高八六メートルの丘陵に位置。力丸方面に抜ける道の西にある。
浦山城	同市平（旧鞍手郡）	詳細不明。
音丸城	鞍手郡鞍手町新北（旧鞍手郡）	剣岳城の南西、天満宮のある丘陵に位置。空堀等が残る。
腰山城	同郡鞍手町新延（旧鞍手郡）	別称城の腰山古城。福地山の山頂に位置。堀切、竪堀が残る。
古野城	同郡鞍手町木月（旧鞍手郡）	別称春日城。古月小学校のある台地にあったという。館跡か。
権現山城	同郡小竹町御徳（旧鞍手郡）	御徳集落の東、権現山山頂（標高一五〇メートル）に位置。造成により改変か。
山崎城	同郡小竹町新山崎（旧鞍手郡）	「城尾」の地名あり。詳細不明。
勝野城	同郡小竹町勝野（旧鞍手郡）	詳細不明。
茶臼山城	宗像市三郎丸（旧宗像郡）	字「一の構え口」にある。岳山城の西の山腹、標高約一五〇メートルに位置。土塁が廻る帯郭を持つ城郭遺構あり。岳山城を構成する城郭の一部と思われる。
今井城	同市三郎丸（旧宗像郡）	消滅。翁社の場所に比定される。「今井城」の小字が残っている。
赤城《あかぎ》	同市陵厳寺（旧宗像郡）	岳山城の番所と伝わる。妙湛寺の西に、「赤城」の地名が残る丘陵あり。
平等寺城	同市平等寺（旧宗像郡）	別称草場城。岳山城の北、金山より西に派生した長い尾根に堀切と複数の郭がある。石峠を監視するための城か。

上山堡	宗像市平等寺（旧宗像郡）	『筑前国続風土記拾遺』にあり。金山北岳のすぐ北に削平地あり。地蔵峠を監視する目的の砦か。
石丸城	同市石丸（旧宗像郡）	岳山城の番所と伝わる。「城の越」の小字あり。遠賀（城山峠）、鞍手（猿田峠）から、赤間に向かう通路の合流点に近い。造成により消滅。
田久城	同市田久（旧宗像郡）	別称城棒城。詳細不明。
須恵城	同市須恵（旧宗像郡）	消滅か。小字「堀の内」という場所に比定される。大正時代の地図に「城」という地名あり。
朝城	同市朝町（旧宗像郡）	別称城浦堡。『筑前国続風土記拾遺』によると鞍手郡との境の丸い山という。「城ヶ浦」という小字が残っている。詳細不明。
吉田城	同市吉田（旧宗像郡）	別称十郎ヶ城。樽見川の北、前障子山に比定される。西の谷に崩れた石塁を伴う削平地あるも、明確な城郭遺構は見当たらない。大障子城との混同も考えられる。
大障子城	同市多礼・吉田（旧宗像郡）	鎮国寺の南の丘陵にあり、主郭と思われる場所は、水槽設置により改変されているが、鎮国寺へ続く尾根に三条の堀切が残っている。
草崎城	同市神湊（旧宗像郡）	草崎半島の一の岳から二の岳にかけて削平地が確認できる。宗像水軍の拠点神湊の守城と推定される。
勝島城	同市勝島（旧宗像郡）	勝島は、草崎半島から北西約三〇〇メートルに位置し、海上からの攻撃に対し神湊を防御する位置にある。島の最高地点に「城の辻」という地名が残る。
地島城	同市地島（旧宗像郡）	城腰。白浜港を見下ろす祇園山（標高一四二メートル）山頂付近に削平地あり。
城腰	同市大島（旧宗像郡）	大島港の北の台地に「城腰」の地名が残る。港を押さえる位置にある。
大穂《おおぶ》城	同市大穂（旧宗像郡）	大穂集落の北。もと天満宮のあった山上（標高約九〇メートル）に単郭構造の城郭遺構らしきものがある。
許斐里城	同市王丸（旧宗像郡）	許斐岳城の麓、六之神社背面尾根に、堀切で区画された単郭構造の城郭がある。
勝浦城	福津市勝浦（旧宗像郡）	名子山より南に続く尾根にあり。宗像大社より津屋崎方面へ抜ける道路（大坂越）を直下に望む位置に削平地あり。同道路を監視するための城と思われる。
螻蛄羽子《けらはご》城	同市本木（旧宗像郡）	立花方、舎利倉の鶇《つぐみ》岳城に対する宗像氏の出城。

城の浦城	福津市本木（旧宗像郡）	螻蛄羽子城の南にありと伝えられている。詳細不明。
宝林城	同市本木（旧宗像郡）	詳細不明。
高宮城	同市畦町（旧宗像郡）	許斐山の西にあり、博多往還に沿った位置にある。許斐岳城の出城と思われる。
吉原の里城	同市八並（旧宗像郡）	許斐岳城の里城、侍部殿《じゅうとんだん》谷、右近屋敷などの地名が残る。
宮地岳城	同市宮司（旧宗像郡）	宗像氏の港湾、津屋崎の押さえの城か。天正九年戸次道雪勢宮地岳を奪うと伝える。
上西郷城	同市上西郷（旧宗像郡）	「城」という小字が残っている。
亀山城	同市福間駅東三丁目（旧宗像郡）	西郷川の北、亀山神社付近に比定される。「切寄」の小字あり。地籍図には、周囲に堀状の細長い地割が確認される。
香雫城	同市福間南一丁目（旧宗像郡）	井原氏の館跡と伝えられている。詳細不明。
香葉城	同市（旧宗像郡）	香雫城の西にある。深川氏の館跡と伝えられている。詳細不明。
鷺白城	古賀市筵内（旧糟屋郡）	筵内集落の北東部丘陵地に比定される。周囲に「城の谷」「城の裏」の小字がある。
青柳新城	同市青柳（旧糟屋郡）	立花氏の出城。青柳の東方谷山との境の高い山にあったという。遺構消滅か。
四万城	同市青柳（旧糟屋郡）	立花氏の出城。青柳新城の西隣にあったとされる。遺構消滅か。
古子城	同市青柳（旧糟屋郡）	古子山（岳越山　標高一一八・九メートル）に位置。野田氏との関連が推定される。
上山田城	糟屋郡久山町上山田（旧糟屋郡）	上山田集落の背後にある城山（標高九〇メートル）山頂に位置。単郭構造の城郭。
下山田城	同郡久山町下山田・新宮町立花口（旧糟屋郡）	立花山の東南尾根（標高一八〇メートル）に位置。派生する尾根を堀切で遮断。東側斜面に畝状竪堀、登り土塁。郭内に石積みが残る。『北部九州中近世城郭情報誌14』。
葛城	同郡久山町久原（旧糟屋郡）	「葛城」の小字あり。詳細不明。
飯盛城	同郡篠栗町金出（旧糟屋郡）	飯盛山に位置。篠栗より焼山峠に至る道から、鞍手方面猫峠に抜ける分岐点を押さえる位置にある。
草場城	同郡篠栗町若杉金山浦（旧糟屋郡）	高鳥居城の北東、飯盛城との中間に位置する。詳細不明。
飛尾城	同郡須恵町佐谷（旧糟屋郡）	詳細不明。佐谷の地は、穂波郡へ抜けるショウケ越の麓に当たる。

頭巾山城	糟屋郡宇美町宇美（旧糟屋郡）	宝満山の北東二キロにある頭巾山（九〇一・八メートル）にある。宝満城の東尾根防衛を目的とした城と思われる。
賀良山東城	同郡宇美町井野・大野城市乙金東（旧糟屋郡）	唐山（井野山）に位置。展望台と林道により改変。立花氏の出城として天正後期、箱崎宮座主坊が勤番。
賀良山西城	同郡宇美町井野・大野城市中（旧糟屋郡）	砕石により改変あり。北西にあった岩転び越えを押さえる位置にある。立花氏の出城として天正後期由布氏、大鶴氏が在番。
牛頸城	大野城市牛頸（旧御笠郡）	別称不動城。造成により、主郭（標高九三・三メートル）の南半分喪失。筑紫氏の出城。
堂ノ山砦	筑紫野市武蔵（旧御笠郡）	天拝山城から北に伸びる山稜の先端に位置。尾根の前後を堀切で遮断。堀切と連動した腰郭がある。
飯盛城	同市武蔵（旧御笠郡）	天拝山城から南東へ伸びる山稜の先端付近に位置。堀と一体化した土塁を有する出郭を有する。『古戦古城之図』にあり。
筑紫氏居館	同市筑紫（旧御笠郡）	別称原田城。筑紫小学校一帯に比定される。「城の腰」等の小字が残る。付近に筑紫神社あり。
柴田城	同市天山（旧御笠郡）	筑紫氏の出城。宮地岳南麓、宝満川に面した標高五一メートルの独立丘陵に位置。郭、横堀、土塁残る。『古戦古城之図』にあり。
長岡城	同市永岡（旧御笠郡）	筑紫氏の出城。造成により改変。山口川が宝満川に合流する地点に面した低丘陵先端に位置。柴田城と対になり、大宰府方面への道を押さえる位置にある。館城と考えられる。
蘆城	同市阿志岐（旧御笠郡）	別称あまか城、天城。宝満川の東岸、宮地岳山頂の南西中腹標高三二四メートルに位置。
米噛城	同市二日市北七丁目（旧御笠郡）	小字「陣尾」にあり。西鉄二日市駅東側約五〇〇メートル地点、防衛庁敷地内標高七一メートルの小丘陵上に位置。『古戦古城之図』にあり。
笹尾城	同市大石（旧御笠郡）	詳細不明。
龍ヶ城	同市吉木（旧御笠郡）	県農業総合試験場北側、標高二三二メートルの尾根上に位置。東の尾根を堀切で遮断。南側斜面に畝状竪堀がある。高橋氏出城。『古戦古城之図』にあり。
和久堂城	同市杉塚・大宰府市大佐野（旧御笠郡）	別称佐野之城。造成により改変。筑紫氏の出城。

尾崎城	大宰府市大佐野（旧御笠郡）	筑紫氏の出城。和久堂城を中軸とする、岩屋城に対する前線基地。
浦ノ城	同市連歌屋二丁目（旧御笠郡）	四王子山東南山腹標高八〇メートルに位置。宅地化され消滅。
白水城	春日市下白水（旧那珂郡）	下白水北東の丘陵地に推定される城で一部福岡市南区曰佐三丁目にかかる。那珂川の河岸段丘の一角を利用した、筑紫氏の城郭。
中原里ノ城	筑紫郡那珂川町中原（旧那珂郡）	天正十年戸次立花勢が、岩門庄に攻め入ったとき、大久庵という村の入口に七、八間の堀をめぐらし郷人が立てこもったと『豊前覚書』は伝える。
老林《おとなばやし》城	同郡那珂川町別所（旧那珂郡）	標高一三八メートルの松尾（老林）山の頂上に位置。麻生氏の城と伝えられている。
隈本ノ城	同郡那珂川町西隈（旧那珂郡）	筑紫氏の出城。郭、堀切が残っている。
新城山城	同郡那珂川町西隈（旧那珂郡）	詳細不明。
猫嶺城	同郡那珂川町不入道（旧那珂郡）	城の西、南面を那珂川が蛇行する。土塁堀切が残る。岩戸庄と筑紫氏の本貫地五か山を結ぶ位置にある。
山田ノ城	同郡那珂川町山田（旧那珂郡）	筑紫氏の出城。岩門城のことか。
蟻塚ノ城	同郡那珂川町（旧那珂郡）	筑紫氏の出城。詳細不明。
大塚遺跡	同郡那珂川町安徳（旧那珂郡）	標高四二～五六メートルの丘陵先端に位置。戦国期山城跡と推定される。主郭周囲に掘を廻らせていた。宅地造成により消滅。
城腰城	同郡那珂川町上梶原（旧那珂郡）	詳細不明。
藤原城	同郡那珂川町南面里（旧那珂郡）	鷲ヶ岳城の麓にあり、位置的に同城の里城の可能性が考えられる。
大丸城	同郡那珂川町南面里（旧那珂郡）	詳細不明。
亀ノ尾城	同郡那珂川町（旧那珂郡）	別称虎ヶ岳城、笹城。亀尾峠の東にあり。一の岳城の支城で、亀尾峠の監視の役割を担った城と思われる。
白土城	同郡那珂川町五ヶ山（旧那珂郡）	別称猫城。筑紫氏の支城か。坂本峠の北、大野谷と小河内谷の合流点に位置。
三日月山城砦群	福岡市東区香椎（旧糟屋郡）	立花山城の南、三日月山（陣山）山頂を中心に三日月山より続く南東尾根にも掘切や削平段多数あり。永禄十二年毛利氏による立花陣の遺構か。『北部九州中近世城郭情報誌17』。

城尾城	福岡市博多区東平尾公園一丁目・糟屋郡志免町南里（旧席田郡）	月隈丘陵の北部に「城尾」の小字がある。公園建設により改変。
席田青木城	同市博多区空港前五丁目・糟屋郡志免町別府角石（旧席田郡）	志免町にまたがる標高四一メートルの丘陵に、発掘調査により城郭遺構が発見された。中山城（中山遺跡）。
稲城	同市博多区空港前二丁目（旧席田郡）	月隈丘陵の先端に「稲城」の小字あり。詳細不明。
諸岡館	同市博多区諸岡（旧那珂郡）	低丘陵上に立地する方形館跡。土塁と溝が残っていたが調査後開発で消滅。
鳥飼城	同市中央区鳥飼（旧那珂郡）	『豊前覚書』に天正八年戸次道雪が、鳥飼村に籠もった肥前方を破るとある。遺構消滅と思われる。
曲淵城	同市早良区曲淵（旧早良郡）	曲淵貯水池南側、曲淵神社に位置。社殿の裏側に堀切が残る。館部分は貯水池に沈んだという。曲渕河内守の居城と伝えられる。
三瀬城	同市早良区曲淵・佐賀市三瀬（旧早良郡）	別称城の山城。金山西側の佐賀県境標高八四六メートルの山上に位置。神代《くましろ》氏の本城である三瀬宿の三瀬城とは別の城。
金山城	同市早良区石釜（旧早良郡）	熊の城ともいう。佐賀県佐賀市三瀬村との境、金山山頂（標高九六七、二メートル）に位置。神代氏に関る城と思われるが詳細不明。
池田城	同市早良区大日寺（旧早良郡）	大教坊氏の居館か。詳細不明。
茶臼城	同市早良区重留（旧早良郡）	安楽平城の出城。土生氏との関連が推定される。
本城	同市早良区内野（旧早良郡）	別称内野村古城。天正年間、竜造寺氏が安楽平城を攻めたときの陣所。宅地造成で消滅。
兎道嶽城	同市早良区東入部（旧早良郡）	安楽平城の出城。詳細不明。
陣ノ原古城	同市早良区西入部（旧早良郡）	詳細不明。
北浦城	同市西区能古島（旧早良郡）	別称城ヶ崎城。能古島南東側、海岸を望む丘陵（標高二二メートル）に位置。尾根を堀切で遮断。博多湾の水運を監視するための城か。
東ノ城	同市西区能古島（旧早良郡）	渡船場西側丘陵先端部に位置。
探題城	同市西区愛宕（旧早良郡）	別称西国探題城、姪浜探題城。姪浜の東、愛宕山上に比定される。造成により改変。北条氏の探題の居城と伝えられている。検討を要す。

戸山城	福岡市西区桑原（旧志摩郡）	桑原集落の南東にある戸山山上に位置する。城域の両端を堀切で切断した単郭構造の城。大神氏の居城と推定される。
星山城	同市西区今宿青木（旧志摩郡）	別称生松原古城、直鳥城。遺構消滅か。
青木城	同市西区今宿町（旧志摩郡）	高祖山から北に派生する尾根上、相原観音の西標高六二・四メートルに位置。南と東に堀切あり。高祖城の出城か。
鷺城	同市西区今津（旧志摩郡）	臼杵氏端城の北東側の丘に比定される。現在、丘の西半分は削り取られている。牧園氏の居城と推定される。
城角	同市西区今津（旧志摩郡）	今津地区北西部の丘陵地麓には、「城角」や「立浦」など小字が確認される。
水崎城	同市西区元岡（旧志摩郡）	水崎集落の北方、水崎山に比定される。在地領主水崎氏の居城と推定される。
徳永城	同市西区徳永（旧志摩郡）	細峯城か？「屋形所」の地名あり。詳細不明。
浦城	糸島郡志摩町桜井（旧志摩郡）	別称岩松城。単郭構造の城で、部分的に削り出しの土塁が見られる。在地領主浦氏の居城と推定される。
松隈城	同郡志摩町松隈（旧志摩郡）	松隈集落の北側山上に位置する。単郭構造の城で、大友氏の柑子岳城督と思われる臼杵氏に従った松隈氏の居城と推定される。
志摩野城	同郡志摩町馬場（旧志摩郡）	馬場集落の北側丘陵に「ジョウミチ」という通称地名がある。馬場氏、由比重富氏との関係が推定される。
西田城	同郡志摩町井田原（旧志摩郡）	別称井田原村古城。井田原地区の西田集落の近くに小さな丘があり、「城ノ前」「城ノ辻」という通称地名が確認される。古庄氏関連の城郭と思われる。
姫島城	同郡志摩町姫島（旧志摩郡）	『筑前国続風土記』に姫島神社の上の山を城山というとある。
新城山城	同郡志摩町芥屋（旧志摩郡）	『糸島郡誌』に新町の北三町にあり。絶頂に礎石残れり。と伝える。
邊田の砦	同郡志摩町小富士（旧志摩郡）	肥前松浦郡城山草野中務少輔が家臣江川采女の砦址と伝えられている。『糸島郡誌』
泊城	前原市泊（旧志摩郡）	泊地区の小字に残る「タチ」「城崎」「大日堂」「桂木」に各々泊氏一族の城館が存在したと推定される。
油比城	同市油比（旧志摩郡）	油比地区の西側にある丘には「ユヒノシロ」という通称地名が確認される。油比氏の屋敷と推定される。

浦志館	前原市浦志（旧怡土郡）	浦志氏の館。堀と土塁が近年まで残っていた。
高来寺城	同市高来寺（旧怡土郡）	高祖城の出城。高祖城の北西側丘陵標高一〇四・五メートルの尾根上に位置。
鬼ヶ城	同市高祖（旧怡土郡）	高祖城の出城。高祖城の南側尾根上に位置。
上原館	同市高祖（旧怡土郡）	天神森という。原田氏家臣上原氏の居館と伝えられている。
篠原城	同市篠原（旧怡土郡）	舞岳城の南東約八〇〇メートル、糸島高校の敷地あたりと思われる。
小倉城	同市篠原（旧怡土郡）	詳細不明。
有田城	同市有田（旧怡土郡）	有田氏の居城。詳細不明。
舞岳城	同市前原（旧怡土郡）	別称前原の城。茶臼山の山頂に位置。現在、篠山公園となっている。頂上部の郭を除き、造成により改変が著しいが、南側尾根筋に削平段が残る。
城山城	同市板持（旧怡土郡）	詳細不明。
筒城	同市雷山（旧怡土郡）	雷山神籠石の周辺と考えられる。詳細不明。
旗振峰城	同市雷山（旧怡土郡）	旗振峰の西南にあると伝えられている。高祖城と二丈岳城とを結ぶ中継地点の役割を担った砦の可能性がある。
松尾城	同市飯原（旧怡土郡）	旗振嶺の西に連なりたる処にあり。西掃部森國が在城と伝えられる。詳細不明。
小倉山城	同市川付（旧怡土郡）	長糸字小蔵の西にある山上と伝えられている。詳細不明。
古城	糸島郡二丈町淀川古城（旧怡土郡）	二丈岳山麓、淀川集落背面の標高七二メートルの独立丘陵に位置。平坦地あり。二丈岳城の里城か。
宝珠岳城	同郡二丈町長石（旧怡土郡）	長石宝満宮西側、標高六二メートルの舌状丘陵上に位置。西左近鎮兼在城と伝える。
波呂城	同郡二丈町波呂城（旧怡土郡）	宝珠岳城の東北東七五〇メートルにある標高四八メートルの舌状丘陵上に位置。西長門守豊国居城と伝える。宝珠岳城の出城。
高祖崎城	同郡二丈町石崎（旧怡土郡）	別称石崎城。原田氏出城、後、寺沢氏が代官を置く。一貴山小学校の場所が城地とする説もあるが、糸島斎場北側標高二五メートルの山も通称「城山」と呼ばれている。
十防山城	同郡二丈町吉井（旧怡土郡）	十防山（標高五三五メートル）の山頂に位置。吉井岳城の詰城と伝えられている。

城崎山城	糸島郡二丈町上深江（旧怡土郡）	原田氏の端城。比定される字「越道」、「松ヶ崎」には丘陵があったが道路等開発により改変された。
山野城	嘉麻市山野（旧嘉麻郡）	八幡宮北西「城の辻」に位置。現在、水槽が設置されている。宇佐宮司（到津氏）の城で、永禄年間に、大友の将奈多鑑基に攻められたと伝えられている。「古戦古城之図」にあり。
鷺山城	同市岩崎（旧嘉麻郡）	稲築橋ほとりの断崖の高地に位置。秋穂氏の居城と伝えられている。
日野山城	同市上臼井（旧嘉麻郡）	金比羅山（琴平山）山頂（標高一一三メートル）に位置。小早川隆景の家臣、日野左近が居城したと伝える。
小岳城	同市上臼井（旧嘉麻郡）	上臼井の南十三町小岳《おだけ》山にあると伝えられている。高階盛綱の居城と伝える。
陣の原城	同市馬見（旧嘉麻郡）	毛利城の北東約五〇〇メートル、標高二〇〇メートルの舌上台地通称「陣の原」に堀切で区画する単郭構造の城郭あり。『北部九州中近世城郭情報誌12』。
塘迫《つつみがさこ》城	同市小野谷（旧嘉麻郡）	小野谷の東南約四〇〇メートルの城山に位置。秋月種実の出城。
遠見が尾城	同市小野谷（旧嘉麻郡）	小野谷の南にあり、秋月種実の出城と伝えられている。詳細不明。
片辺城	同市椎木（旧嘉麻郡）	椎木の西、約五〇〇メートルに位置。山上に平地あり。
花尾城	同市桑野（旧嘉麻郡）	桑野の東一・二キロメートルに位置。
大王山城	同市上山田（旧嘉麻郡）	別称帝王山城。豊前との国境、擂鉢山（標高二一三・二メートル）に位置。東の尾根に堀切が残る。小早川秀秋の家臣日野龍右衛門が居城したと伝えられている。
筒見城	同市下山田辻（旧嘉麻郡）	鴨ヶ岳（標高二〇六メートル）の山頂に位置。詳細不明。
岸殿城	同市下山田中山田下（旧嘉麻郡）	別称岸取古城、高城。城主不詳。「古戦古城之図」にあり。
木城	同市上山田（旧嘉麻郡）	『古戦古城之図』に木城宅跡の記載あり。詳細不明。
萱城	飯塚市勢田明神（旧嘉麻郡）	筑前と豊前の国境近くに位置。詳細不明。
城腰城	同市佐与城腰（旧嘉麻郡）	発掘調査により郭、切岸、溝状遺構が確認されている。
赤坂城	同市赤坂（旧嘉麻郡）	庄内河内と稲築平野を結ぶ交通の要衝に位置。

城腰城	飯塚市有安（旧嘉麻郡）	国道二〇一号線笠松峠の南、筑前から豊前に至る道路に沿って位置。球場のある一帯に「城ノ腰」の小字が残る。造成のため消滅か。
元吉城	同市庄内元吉（旧嘉麻郡）	筑前と豊前との国境を監視できる位置にある。国道二〇一号線の北、鹿毛馬（字城本谷）との境、元吉から大門に渡る二つの頂に郭がある。
茶臼山城	同市阿恵（旧穂波郡）	阿恵四郎丸の南約六〇〇メートル、茶臼山山頂に位置。高橋氏に対する秋月氏の出城。
丸屋城	同市大分（旧穂波郡）	大分の西、大分山蛇谷にある。
鬼杉城	同市内住大野（旧穂波郡）	内住大野の南十五町の山上にある。『古戦古城之図』にあり。
懸尾城	同市内住（旧穂波郡）	内住の南、大小田にある。『古戦古城之図』にあり。
向山城	同市馬敷（旧穂波郡）	馬敷の西にある。詳細不明。
一の谷城跡	同市平塚（旧穂波郡）	平塚の南にある。詳細不明。
高石山城	同市内野（旧穂波郡）	内野の北にある。秋月氏の築城と伝えられている。『古戦古城之図』にあり。
桑木城跡	同市内野（旧穂波郡）	内野の西にあると伝えられている。
藤ノ木城	同市忠隈（旧穂波郡）	穂波東中学校背後の金毘羅山に位置。改変あり。
宮山城	同市津原（旧穂波郡）	別称津原城、城山城。老松神社一帯が城址。造成のため破壊。『古戦古城之図』にあり。
城ヶ尾城	同市舎利蔵（旧穂波郡）	字城ヶ尾にある。詳細不明。
小呉竹《おくれたけ》城	同市目　尾《しゃかのお》（旧穂波郡）	目尾の南にあると伝えられている。詳細不明。
大日寺城	同市大日寺（旧穂波郡）	大日寺村の南、城ノ尾にあると伝えられている。詳細不明。
許斐山城	同市幸袋（旧穂波郡）	別称木の実山城。白旗山の南東、許斐神社のある丘陵に位置。遠賀川の水運監視のための城か。『古戦古城之図』にあり。
伊川城	同市伊川（旧穂波郡）	伊川村の北にあると伝えられている。詳細不明。
鯰田城	同市鯰田（旧穂波郡）	鯰田の西南にあると伝えられている。詳細不明。
葛山城	同市庄司（旧穂波郡）	庄司の北、小竹町との境に位置。採石場により改変。笠置城の出城と伝えられている。
立岩城	同市立岩（旧穂波郡）	宇佐宮立岩別府との関係が考えられる。詳細不明。
潤野城	同市潤野（旧穂波郡）	潤野の北にあると伝えられている。詳細不明。

川津城	飯塚市河津（旧穂波郡）	河津の東にあると伝えられている。詳細不明。
茶臼山城	嘉穂郡桂川町寿命（旧穂波郡）	寿命の東南、茶臼山にあると伝えられている。詳細不明。
城尾城	同郡桂川町土師（旧穂波郡）	土師村の西南にあると伝えられている。詳細不明。
阿弥陀ヶ峰城	朝倉郡筑前町久光（旧夜須郡）	小鷹城の西、阿弥陀ヶ峰（標高一四〇メートル）山頂に位置。秋月氏の出城。
中牟田城	同郡筑前町中牟田（旧夜須郡）	現在の中牟田集落一帯で、堀の跡が一部残る。
栗林城	同郡筑前町栗田（旧夜須郡）	栗田谷の中央に久保というところがあり、その東の権現堂の裏山に位置。
砥上城	同郡筑前町砥上（旧夜須郡）	詳細不明。
桜川砦	同郡筑前町弥永（旧夜須郡）	詳細不明。
杉本城	朝倉市秋月野鳥（旧夜須郡）	秋月氏の居館跡と伝えられる。黒田氏の秋月城の地に推定されている。
坂田城	同市上秋月（旧夜須郡）	別称上秋月城。上秋月八幡宮の北西約一〇〇メートル、標高一一五メートルの尾根先端（茶畑）に堀切を設けた単郭構造の遺構あり。
福嶽城	同市下秋月（旧夜須郡）	主郭の南側に堀切あり。山頂は、無線局建設により破壊。
塒山城	同市佐田（旧上座郡）	鳥屋山（標高六四五・一メートル）に位置。『古戦古城之図』にあり。
高山城	同市杷木志波（旧上座郡）	天正年間、大友氏と秋月氏が、原鶴周辺で戦ったとき、秋月種実が本陣にしたという。
本陣山城	同市山田・杷木志波（旧上座郡）	旧杷木町の西端、本陣山頂（標高一三五メートル）に位置。古墳を利用した小規模城郭。
前隈山古城	同市杷木志波（旧上座郡）	志波の集落近くの丘陵、標高七四メートルの柿畑に位置。
ひはた山城	同市杷木志波（旧上座郡）	別称茶臼山城。志波古城。『古戦古城之図』にあり。前隈山城の北に位置。開墾により改変。
烏山城	同市杷木志波（旧上座郡）	『星野家譜』に記載あるも、詳細不明。
米山城	同市杷木白木（旧上座郡）	米山山頂（標高五九〇メートル）を中心とした「長城」とその北約三〇〇メートルの標高五九七メートルの「丸城」からなる。
茶臼山城	同市寺内（旧下座郡）	寺内ダムの西側尾根先端標高一二七メートルにある。南西尾根に堀切あり。三奈木氏との関係が推定される。

岩切山城	朝倉市三奈木（旧下座郡）	三奈木小学校の東隣、清岩寺の裏山（標高約八〇メートル）にある。主郭南東に堀切あり。
茄町城	同市屋形原（旧下座郡）	大仏山山頂に位置。秋月氏の端城。
小田城	同市小田（旧下座郡）	詳細不明。
蔦岳城	朝倉郡東峰村福井（旧上座郡）	詳細不明。
庄林城	同郡東峰村福井猿喰（旧上座郡）	猿喰山山頂標高二七三・五メートルに推定される。山頂付近は「城ぼし」と言い伝えられている。
城の辻城	同郡東峰村宝珠山伊王寺（旧上座郡）	別称鳥岳城、岩屋城。宝珠山氏の居館跡。岩屋駅の上の丘陵（標高三一五メートル）に位置。刀剣、磁器等の遺物が出土。

（藤野正人編）

筑後国

城名	所在地	内容
大板井城	小郡市大板井（旧御原郡）	詳細不明。
乙隈城	同市乙隈字北小路（旧御原郡）	乙隈館。『筑後将士軍談』に高さ一間半の土塁、深さ一間半の堀の存在を記す。今は確認できない。
干潟館	同市干潟堀ノ内・他（旧御原郡）	土塁が残っているという。
小郡村館	同市開畑（旧御原郡）	長者の館と言う。
上高橋城	三井郡大刀洗町上高橋（旧御原郡）	遺構の確認はできない。高橋図書頭武重が住む
三原館	同郡大刀洗町本郷（旧御原郡）	長録年中三原種朝の館と言う。三原城のことか。
鳥飼城	同郡大刀洗町三川鳥飼（旧御原郡）	鳥飼集落の中に鳥飼城址碑あり。遺構などの痕跡は見られない。新田義信住む。
小塩城	うきは市小塩字笹隈（旧浮羽郡）	別称笹隈城。小塩は「こじょう」と訓む。山北氏の築城と言う。現地確認できず。

東山城	うきは市小塩字烏山（旧浮羽郡）	別称烏山城。小椎尾氏の城と言う。標高四五〇メートル東山にありという。
峯山城	同市浮羽町西原口（旧浮羽郡）	詳細不明。
長瀬城	同市浮羽町西原口字城丸（旧浮羽郡）	城丸土神社を城跡という。遺構は見られない。天正の頃野村主殿この城を守ると言う。
保木城	同市浮羽町保木岸山（旧浮羽郡）	別称岸山城、原口城。遺構は見当たらない。
煎隈館	同市浮羽町東原口（旧浮羽郡）	別称入熊館、尼ノ長者居館。豊前坊の場所を館という。城郭遺構は見られない。
一瀬館	同市浮羽町朝田（旧浮羽郡）	町野源助重信居住という。『筑後将士軍談』は一瀬館を小阪城としている。
大石城	同市浮羽町高見字久保（旧浮羽郡）	別称久保城。東高見ゲートボール場が城跡という。『筑後将士軍談』によると四方に堀跡あり。今は確認できない。大石丹後守居住と言う。
井上館	同市浮羽町大村（旧浮羽郡）	別称大村居館。門註所氏の館跡。堀跡ありと言う。
隈上城	同市大字隈字浦田（旧浮羽郡）	別称西隈上城。薬局の西側。『筑後将士軍談』は土塁、堀あり。今は確認できない。星野高実当城にて大友の兵を防ぐ。
井上西城	同市流川（旧浮羽郡）	井上城の西側約一〇〇メートルにある。郭、堀、土塁が残っている。
小阪館	同市流川字小坂（旧浮羽郡）	沖積平地より約一五メートル高い台地の平地をあてている。門註所氏代々の館。
切寄城	同市浮羽町新川切寄（旧浮羽郡）	全長約六〇メートル。三郭、堀切、土塁あり。今回確認。（本文長岩城参照）
万貫城	同市浮羽町妹川（旧浮羽郡）	別称満願城、満願寺城、万貫寺城。詳細不明。
妹川城	同市浮羽町妹川字平家ヶ城（旧浮羽郡）	別称平家城。城山標高五八六メートルにありと言う。
福益館	同市吉井町延寿寺（旧浮羽郡）	別称延寿寺館。星野高実の居という。詳細不明。
小城	同市吉井町延寿寺小城（旧浮羽郡）	別称古城、谷山城。小規模城郭。
福丸前城	同市吉井町延寿寺（旧浮羽郡）	詳細不明。
矢城	同市吉井町延寿寺（旧浮羽郡）	詳細不明。
星野村城	八女郡星野村内城城（旧生葉郡）	小規模城郭。星野胤実築城と言う。
十籠館	同郡星野村十籠（旧生葉郡）	樋口次郎太郎築城という。

高島城		星野鎮実築城という。
千々谷館	八女郡星野村千々谷（旧生葉郡）	樋口越前守の隠居館という。
浦館	同郡星野村浦（旧生葉郡）	樋口越前守後に浦館に移る。
本星野館	同郡星野村本星野（旧生葉郡）	星野胤實の館という。
稲員館	久留米市北野町稲数（御井郡）	圃場整理が行われており、遺構の確認はできない。
古賀城	同市北野町（御井郡）	平城。筑紫上野介家臣萩尾麟賀住む。所在地確認できず。
五郎丸城	同市北野町五郎丸（御井郡）	別称古賀館。久留米市宮ノ陣町古賀又は八丁島筑紫上野介家臣萩尾麟賀住む。
五郎丸館	同市宮ノ陣町五郎丸（御井郡）	集落のなかにある。近藤氏代々の館跡。
草場城	同市宮ノ陣町草場（御井郡）	別称草場村館。赤司資清居館の跡という。
明星岳城	同市高良内町（御井郡）	明星山にあり。
東光寺城	同市山川町（御井郡）	長増山別名茶臼山にあるという。天正一一年正月二五日、大友家加判衆連署で高良社大司に長増山勤番が命ぜられ、御城料が与えられた。
高瀬城	同市御井町高良山（御井郡）	高瀬氏城という。詳細不明。
古宝殿城	同市山川町（御井郡）	詳細不明。比定地には寺院跡がある。
隈城	同市田主丸町中尾字耳納（竹野郡）	詳細不明。
管館	同市田主丸町下管（竹野郡）	別称管村館。管氏の館跡という。下管の八幡神社をあてている。
冠平家城	同市田主丸町冠（竹野郡）	詳細不明。『筑後将士軍談』によると字のみが残っていると言う。
奴田館	同市田主丸町怒田（竹野郡）	詳細不明。
平家城	同市田主丸町諏訪（竹野郡）	巨勢川畔の字草場を館跡という。遺構は確認できない。
諏訪館	同市田主丸町諏訪（竹野郡）	草場氏の館。所在地は確認できない。
新田城	同市田主丸町石垣字城ヶ谷（竹野郡）	新田四郎の居城との伝えあり。約一〇郭あり、中規模城郭。
城氏城	同市田主丸町石垣（竹野郡）	麓の城。城十郎太郎の城という。現地の確認できない。

星野城	久留米市田主丸町石垣（竹野郡）	星野重安築くという。
石垣城	同市田主丸町石垣（竹野郡）	ミツカ城ともいう。道路で一部破壊。郭、堀切などがある。建武五年三月三日石垣城で合戦。応安八年二月門司左近将監入道聖親申軍忠事に石垣城の記載。
権現岳城	同市田主丸町森部字耳納（竹野郡）	詳細不明。
小川村館	同市田主丸町小川（竹野郡）	集落の南東にあり。大友家臣小川伊賀守の居館。
観音寺城	同市田主丸町石垣字山王西筋（竹野郡）	詳細不明。
内山館	同市田主丸町麦生（竹野郡）	東西三八メートル、南北三〇メートルの方形区画に堀と土塁をめぐらす館。平成一七年ころ破壊。
高丸城	同市田主丸町益生田（竹野郡）	星野右衛門大夫築城。小規模城郭。箱形の堀切。約十の郭。
小丸城	同市田主丸町益生田（竹野郡）	高丸城の北側直下にある。三の郭と二二条の畝状竪堀群。
平家城	同市田主丸町益生田（竹野郡）	大谷山にある。小規模城郭。
益永城	同市田主丸町益生田（竹野郡）	標高三五九メートルの北に延びる尾根にある。
高野城	同市田主丸町益生田字鏡懸？（竹野郡）	詳細不明。
西葛尾城	同市田主丸町益生田字西葛尾（竹野郡）	標高三〇一メートルの尾根にあり、全長五〇メートルの小規模城郭。
姥ヶ城	同市田主丸町知徳字善院（竹野郡）	詳細不明。位置確認できず。
松門寺城	同市田主丸町松門寺（竹野郡）	松門寺村平家城。検討を要する。
上笹尾城	同市田主丸町竹野字善院（竹野郡）	詳細不明。
中笹尾城	同市田主丸町竹野字笹尾（竹野郡）	詳細不明。
下笹尾城	同市田主丸町竹野字三明寺（竹野郡）	詳細不明。
富本城	同市田主丸町竹野字富本堂所（竹野郡）	詳細不明。
柳坂城	同市山本町柳坂（山本郡）	サラメキ岳にありと言う。高良山大弐は柳坂表にて発心岳の悪党を追い払う。

耳納城	久留米市山本町字耳納（山本郡）	耳納山頂をあてている。二ヶ所の比定地がある。
上ノ城	同市草野町草野（山本郡）	約五郭、畝状竪堀群、堀切、土塁などが残っている。応安八年二月門司近将入道聖親軍忠申事に紅桃林城とある。上城・下城・中城をさすと考えられる。
下ノ城	同市草野町草野（山本郡）	郭、堀切、土橋などが残っている。（上ノ城参照）
中ノ城	同市草野町草野（山本郡）	郭、堀切などが残っている。（上ノ城参照）
釣井城	同市草野町吉木（山本郡）	『筑後将士軍談』に草野氏代々の城とあり。
吉木館	同市草野町吉木（山本郡）	赤司氏代々の館。検討を要する。
吉野尾館	同市草野町（山本郡）	草野氏代々の館。
飯田館	同市善導寺町飯田（山本郡）	村中にある。飯田六郎永信の館と言う。
宗崎館	同市宗崎（旧三潴郡）	詳細不明。
大石館	同市大石町（旧三潴郡）	別称大石村館。陣の内という。伊勢生まれ大石越前守の館。詳細不明。
大隈城	同市大熊（旧三潴郡）	別称大隈村城。大隈左近将監の城という。
春野屋敷	同市原古賀町（旧三潴郡）	堀ありという。詳細不明。
荒木館	同市上荒木（旧三潴郡）	上荒木村にあり。近藤備後の居館という。
荊津館	同市藤吉（旧三潴郡）	荊津伊賀守の館。
白口館	同市荒木町白口（旧三潴郡）	白口中村館。川の南にあり。堀あり。一木但馬守の館。
内野城	同市大善寺町（旧三潴郡）	詳細不明。
西牟田本村館	同市三潴町西牟田本村（旧三潴郡）	『筑後将士軍談』によると西牟田家老臣中弾弾正が居たという。現地確認できず。
西古賀館	同市三潴町古賀（旧三潴郡）	西牟田家老臣高橋次郎の館。天満宮があてられている。横に堀跡あり。
福間館	同市三潴町福間（旧三潴郡）	別称福間村館。西牟田家臣田中大膳の館。
高三潴館	同市三潴町高三潴池田（旧三潴郡）	村の南辺にある。弓頭宮が跡地か、三方堀あり。高三潴式部少輔の館。
犬塚城	同市三潴町玉満字原巳（旧三潴郡）	城跡遺構は確認できない。天正六年隈右京の城という。検討を要す。

生津城	久留米市三潴町生津（旧三潴郡）	圃場整備のため消滅。天正七年西牟田家周築城。天正一一年落城。
生津館	同市三潴町生津（旧三潴郡）	『筑後将士軍談』に記載あれど、詳細不明。
江島城	同市江島（旧三潴郡）	天正六年江島遠江守の城。
江上城Ⅱ	同市城島町江上字館（旧三潴郡）	天正六年楢原左京の城。江上四郎の古城。林松寺の横。
西田口城	三潴郡大木町西田口（旧三潴郡）	地名が城内。遺構は見られない。田口刑部の城。大川市田口小学校付近という。
横溝城	同郡大木町横堀本村字城の内（旧三潴郡）	別称城の内城。現地に遺構は確認できない。
蛭池館	同郡大木町蛭池（旧三潴郡）	今は遺構の確認ができないが、『筑後将士軍談』に堀あり。西牟田老臣牟田筑前守家村の館。西牟田筑前守の館の看板あり。
流村館	同郡大木町流本城（旧三潴郡）	現地の確認できない。
大薮城	同郡大木町大薮（旧三潴郡）	天正一二年蒲池鑑廣砦を構え中村末吉らに守らせる。
福間館	同郡大木町福土（旧三潴郡）	福間村営はこれか。天正一二年隈右京亮、三潴式部、杉左近大夫ら営を構える。
津村城	大川市津字城跡・二ノ丸（旧三潴郡）	遺構はみられない。
下林城	同市下林（旧三潴郡）	詳細不明。
木室城	同市本木室（旧三潴郡）	天正一二年木室又兵衛、この城で肥前の兵を防ぐ。
鷹取城	柳川市上宮永町（旧山門郡）	『若菜篭』によると東西四八間、南北五〇間に堀が巡る。蒲池家の砦か。
佐留垣城	同市大和町佐留垣（旧山門郡）	天正九年龍造寺勢蒲池残党を佐留垣城で討取る。堀跡が残っている。
今古賀城	同市三橋町今古賀字前田（旧山門郡）	天正中より慶長五年まで立花右衛門大夫これを守る。
垂見城	同市三橋町垂見（旧山門郡）	『直茂譜』は蒲船津城を垂見城としている。
久末城	同市市三橋町久末（旧山門郡）	詳細不明。
大善城	筑後市吉田字大善寺（旧下妻郡）	別称吉田城。村中にある。
馬間田城	同市馬間田（旧下妻郡）	井口紀伊守の城。
下妻城	同市下妻（旧下妻郡）	『筑後将士軍談』には営跡と記す。天正一二年蒲池鑑廣輪番で守り、肥前の兵を防ぐ。

折地城	筑後市折地（旧下妻郡）	天正一二年九月、戸次鑑連は蒲池鎮運が折地村に付城を造り近辺の悪党を討果した事を賞した。
中牟田城	同市中牟田（旧下妻郡）	塚本大膳の城。詳細不明。
中牟田館	同市中牟田（旧下妻郡）	長島八郎助高の館。天正一一年大友旗下斉藤三河守ら立て籠り肥前勢を撃退すること度々なり。
下牟田館	同市下牟田（旧下妻郡）	中富入道了三の館。
東山館	八女市山内（旧上妻郡）	犬尾城の館とされている。小規模な館。
茶臼山城	同市長野（旧上妻郡）	別称長野城。茶臼山にあり。川崎城の支城と言う。現地不明。
柳島城	同市柳島城ノ峰（旧上妻郡）	天正一二年立花道雪陣跡。遺構は確認できない。
酒井田館	同市酒井田字長田（旧上妻郡）	水田の中に痕跡あり。酒井田氏代々の館。
蒲原館	同市蒲原（旧上妻郡）	村の中央に堀跡があったと言う。梶原家仕臣蒲原祐安の館と言う。
国武館	同市市国武（旧上妻郡）	堀跡。中野大善館。
本村館	同市本村本守館山（旧上妻郡）	村中にありと言う。大津山氏の館という。
吉田館	同市吉田（旧上妻郡）	村東にありと言う。吉田氏の館。
鶴見山館	同市豊福上野（旧上妻郡）	川崎三郎定宗の館。
川瀬城	八女郡広川町大字広川字西山（旧上妻郡）	蒲池氏の家臣矢賀部大学これを守る。団地造成の土取りで旧景が残っていない。
山王山城	同郡広川町長延字西山（旧上妻郡）	別称長延城Ⅰ。村の北にあると言う。稲員氏築城と言う。現地不明。
萩尾城	同郡広川町長延上字城ノ尾（旧上妻郡）	別称長延城Ⅱ。集落北の山中にあると言う。現地不明。
一條館	同郡広川町一條字大坪（旧上妻郡）	城とも記せり。
古賀館	同郡広川町大字新代字西屋敷（旧上妻郡）	『校訂筑後国史』東西四〇間、南北四六間、四方に堀ありという。稲員氏代々の館。

轟城	八女郡上陽町轟（旧上妻郡）	地名が城山である事から城郭とされたようである。
地下名城	同郡黒木町笹原字鹿子尾（旧上妻郡）	別称大岩空堀城。詳細不明。
大岩屋名城	同郡黒木町笹原字鹿子尾白牧（旧上妻郡）	『筑後将士軍談』は向城としている。
筑足城	同郡黒木町大淵月足（旧上妻郡）	別称月足城。筑足氏代々の城。日向神社を城にあてている。城郭遺構はなし。
鷲岳城	同郡黒木町木屋字四条野（旧上妻郡）	遺構はみられない。小規模城郭であろうか。黒木四郎定善築城という。
高城	同郡黒木町木屋字四条野（旧上妻郡）	地名が高城から城郭とされたようである。遺構は見られない。
梨木山陣跡	同郡黒木町木屋字四条野（旧上妻郡）	高城の東三五〇メートルを城郭としている。遺構は見られない。
兎城	同郡黒木町土窪字山ノ谷（旧上妻郡）	別称鬼城。鬼は兎の誤字と思われる。詳細不明
峯切寄陣跡	同郡黒木町木屋（旧上妻郡）	猫尾城と対峙。
アイノツル城	同郡矢部村アイノツル（旧上妻郡）	別称アイノツル城。当該地（アイノツル）は旧河原にあり。詳細不明。
栗原城	同郡矢部村栗原（旧上妻郡）	栗原氏代々の城。現地確認に至らず。
山崎城	同郡立花町山崎（旧上妻郡）	比定地に城郭遺構なし。天正一二年立花道雪、紹雲は山崎に陣を取る。
高須田城	同郡立花町下辺春高須田（旧上妻郡）	別称菴城。天正一〇年堤氏これを落とす。この時辺春薩摩守鎮茂死す。小規模城郭。
前川内城	同郡立花町前川内城山（旧上妻郡）	郭、石垣、一部欠損。小規模城郭。地元では辺春氏本城と言う。辺春能登守守る。
白木城	同郡立花町白木（旧上妻郡）	天正の頃豊饒左馬大夫のこれを守るという。小規模城郭？。
本郷城	みやま市瀬高町本郷（旧山門郡）	所在地不明。天正一二年檀大炊助、蒲池鑑廣のため、当城にて肥前の兵を防ぐと伝えられている。
小田城	同市瀬高町小田（旧山門郡）	明応文亀の頃、溝口常陸介同帯刀これを守る。天文一九年四月九日山田城の記載あり。
江崎城	同市瀬高町垂見字飯森（旧山門郡）	位置不明。
大木城	同市瀬高町大木（旧山門郡）	大木集落内に昭和時代に建てられて顕彰石碑がある。遺構は確認できない。
瀬高城	同市瀬高町上庄（旧山門郡）	別称瀬高庄城。本村の西北の牛御前森というところ。『筑後記』に黒木兵庫頭の兵士ここを守ると記す。

吉岡城	みやま市瀬高町吉岡（旧山門郡）	所在地不明。吉岡加賀守、蒲池鑑廣のためこの城にて肥前の兵を防ぐ。
竹井館	同市竹飯長者原（旧山門郡）	竹井城とは別か、所在地不明。
北関城	同市山川町北関（旧三池郡）	所在地不明。
茶臼山城	大牟田市倉永（旧三池郡）	詳細不明。
西の原城	同市豊持の北方（旧三池郡）	詳細不明。
大奥の城	同市怒縄田字丸（旧三池郡）	詳細不明
原内山城	同市下内字中門（旧三池郡）	詳細不明
堀口城	同市三池市（旧三池郡）	建武元年大友貞載は堀口城の糸田貞義を攻め落とす。現地不明。

（中村修身編）

協力者

大任町教育委員会　香春町教育委員会　北九州市教育委員会　北九州市立自然史歴史博物館　九州歴史資料館　久留米市教育委員会　立花町教育委員会　北部九州中近世城郭研究会　英彦山研究会　福岡市教育委員会　福岡市博物館　別府大学　みやこ町歴史博物館　柳川市教育委員会　八女市教育委員会　行橋市教育委員会　岡崇　白峰旬　瀧本正志　廣崎篤夫　三輪嘉六

図版・写真提供者

大分県教育委員会　大任町教育委員会　小郡市教育委員会　北九州市教育委員会（財）北九州市芸術文化振興財団　北九州市立自然史歴史博物館　九州歴史資料館　久留米市教育委員会　黒木町教育委員会　国土地理院　国立公文書館　上毛町教育委員会　新宮町立歴史資料館　太刀洗町教育委員会　地域相研究会　築上町教育委員会　那珂川町教育委員会　直方市教育委員会　英彦山研究会　福岡県教育委員会　福岡県立図書館　福岡市教育委員会　福岡市博物館　福岡市埋蔵文化財センター　宮若市教育委員会　柳川古文書館　八女市教育委員会　阿部泰之　占部元子　瓜生秀文　大島真一郎　岡寺良　片山安夫　木島孝之　坂田淳一郎　茂和敏　田中賢二　瀧本正志　中西義昌　中村修身　中村正　廣崎篤夫　藤野正人　宮武正登　村上勝郎　村田修三　山崎龍雄

（敬称は略させていただきました。）

執筆者一覧

阿部　泰之　北部九州中近世城郭研究会会員
荒牧　宏行　福岡市埋蔵文化財センター
井上　信隆　北部九州中近世城郭研究会会員
○瓜生　秀文　北部九州中近世城郭研究会会員
大島真一郎　黒木町教育委員会生涯学習課
小方　良臣　山口八幡宮宮司
○岡寺　　良　九州歴史資料館学芸員
小川　秀樹　行橋市教員委員会文化課文化財保護係長
小田　正雄　北部九州中近世城郭研究会会員
○片山　安夫　北部九州中近世城郭研究会会員
○木島　孝之　九州大学大学院人間環境研究院助教
○木村　忠夫　北部九州中近世城郭研究会顧問
木村　達美　みやこ町教育委員会文化係主査
隈部　敏明　北部九州中近世城郭研究会会員
古賀　正美　久留米市文化観光部文化財保護課
栗山　伸司　北九州市教育委員会埋蔵文化財担当課長
坂田淳一郎　北部九州中近世城郭研究会会員
　　　　　　城郭フォーラム会員
塩濱　浩之　上毛町教育委員会文化係
茂　　和敏　那珂川町教育委員会社会教育課
篠原　浩之　朝倉市教育委員会文化財課
須原　　緑　飯塚市教育委員会文化財保護課主査
副島　邦弘　日本考古学協会会員
　　　　　　北部九州中近世城郭研究会会員
○田中　賢二　北部九州中近世城郭研究会会員
下高　大輔　城郭談話会会員
○近澤　康治　北部九州中近世城郭研究会会員
塚本　映子　久留米市文化観光部文化財保護課
中西　義昌　竹田市歴史民俗資料館学芸員
中原　　博　行橋市教員委員会文化課文化財係
◎中村　修身　北部九州中近世城郭研究会会長
中村　　正　北部九州中近世城郭研究会会員
西垣　彰博　粕屋町教育委員会社会教育課
野村　憲一　香春町教育委員会教育課主任技師（文化財）
福島日出海　嘉麻市教育委員会
○藤野　正人　北部九州中近世城郭研究会会員
◎村上　勝郎　北部九州中近世城郭研究会会員
　　　　　　小倉郷土会会員
○山崎　龍雄　福岡市教育委員会文化財第二課主任文化財主事
吉田　和彦　杵築市教育委員会
米田　鉄也　北部九州中近世城郭研究会会員

◎編集委員代表　○編集委員

あとがき

私が福岡県内の城郭研究を始めてずいぶん時間が流れた。この間、城郭の所在地の確認から、城郭の範囲のとらえ方、お城、取手（砦）と館を一括で取扱っている実態、中世城郭も近世城郭と同じ概念で取扱っている実態などに直面した。これらの問題を解決した訳では無いが、最近になってどうにか、お城好きの皆さんに城郭の位置と縄張を中心にそれなりに情報を提供できる段階になりました。しかし、城郭の調査研究をすればするほど奥が深く、経験を重ねることによって以前には判らなかったことや見えなかったことが段々と判明してくる面白さは何とも言えないものです。皆さん一緒にお城を調査しませんかと、誘いたくなります。

今回の『福岡県の城郭』刊行に当って、仲間内ではまだまだ調べ残したことが沢山あり、それらが終ってから刊行してはとの声も多数あった。福岡県内の中世城郭の縄張研究を中心に据えた書物として刊行に踏切ったのは、我々の調査研究はすればするほど奥が深かまって終りが無いことに加えて仲間の数人が六〇才を超えたのを機会に一区切りとして、成果を発表しご批判をいただくべきとの考えに立ったからです。さらに古くからの友人銀山書房の首藤卓茂氏が出版元を引き受けていただいたからです。

ご批判やご教示をふまえて次の一歩を踏み出すことが新しい城郭研究となるではなかろうかと考えたからです。

現時点では福岡県内の中世城郭調査としてはこの本『福岡県の城郭』を超えるものは無いと自負しています。歴史好きの皆さん、是非とも本書を片手に中世城郭探訪、研究調査をしてみませんか。そして、城館跡に垣間見える戦国武士、百姓が活躍した中世史に足を踏入れて見ませんか。たのしいですよ。

中村修身

私が本格的に中世城郭の世界に足を踏入れたのが約一〇年前、パソコン通信時代の城郭フォーラムに参加してからです。それまで長年に渡り近世城郭中心の城巡りを続けていました。

中世城郭の魅力にはまり込み出した頃に北部九州中近世城郭研究会の活動を知り、同会の本格活動開始時から入会して活動を続けています。その後定年退職してからは中世城郭探訪、調査が生活のかなりな部分を占めるようになり、現在福岡県内の三〇〇ヶ所以上の中世城館に登城しています。研究会の活動の中で、市町村誌を含む既存の出版物などには詳しい紹介もなく、所在もはっきりしていなかった山城をいくつか探し当てて情報誌などで紹介をして来ました。

全国的に文化庁の補助事業として県単位で実施されている「中世城館の悉皆調査」が福岡県では実施される見通しが全く見えないことから、自分自身の気力、体力が有る内に何かまとまった形に出来ないかと考えていました。中村修身会長他の福岡県内の北部九州中近世城郭研究会の活動メンバーでこの辺で一度まとめようとなったので今回の『福岡県の城郭』刊行が実現出来ました。執筆者、協力者の皆さん方ご苦労様でした。

これから一〇年後の更なる福岡県の中世城郭研究の向上を若い方々に期待します。

村上勝郎

福岡県の城郭

2009年10月30日　第１刷
編集　福岡県の城郭刊行会
（代表 中村修身・村上勝郎）
発行　銀山書房（かぼちゃ堂内）
〒811－1122　福岡市早良区早良４丁目25－14
電話　092－804－4706
ファックス　092－834－6474
印刷製本　有限会社九州コンピュータ印刷
ISBN　978-4-9904890-0-7
定価はカバーに印刷